改革開放
40年
與香港

陳多 主編

責任編輯	顧　瑜
封面設計	陳曦成
版式設計	任媛媛

書名	改革開放 40 年與香港
主編	陳多
出版	三聯書店（香港）有限公司
	香港北角英皇道 499 號北角工業大廈 20 樓
	Joint Publishing (H.K.) Co., Ltd.
	20/F., North Point Industrial Building,
	499 King's Road, North Point, Hong Kong
香港發行	香港聯合書刊物流有限公司
	香港新界大埔汀麗路 36 號 3 字樓
印刷	美雅印刷製本有限公司
	香港九龍觀塘榮業街 6 號 4 樓 A 室
版次	2019 年 1 月香港第一版第一次印刷
規格	16 開（185 × 255 mm）576 面
國際書號	ISBN 978-962-04-4410-4

目錄

序言 董建華 / xi

編者的話 陳多 / xiii

第一篇　總論

第一章　改革開放的歷史變遷與未來路徑　/ 002

一、中國經濟發展的歷史比較　/ 003

二、對外開放帶來顯著增長和發展實績　/ 009

三、對外開放進入高質量發展階段　/ 013

四、擴大對外開放、全面建成經貿強國　/ 017

第二章　改革開放是中國實現現代化的必由之路　/ 021

一、中國改革開放是人類歷史上最輝煌的實驗　/ 021

二、飛速增長的中國經濟總量　/ 023

三、走向現代化科技強國之路　/ 030

四、走向現代化富裕強國之路　/ 042

五、改革開放是中國走向現代化的必由之路　/ 046

第三章　香港在中國改革開放中的作用居功至偉 / 055

一、中國引進外資的「第一功臣」/ 055

二、中國全方位開放的「中介」與「橋樑」/ 058

三、帶動珠三角地區成為世界製造業中心 / 061

四、打造深圳經濟特區「一枝獨秀」的重要因素 / 068

五、對中國的城市化和現代化發展功不可沒 / 071

六、中央政府對香港貢獻的高度評價 / 072

第四章　改革開放中的香港 / 075

一、改革開放、「一國兩制」與香港回歸 / 076

二、改革開放對回歸後香港的影響 / 078

三、新情況、新問題、新挑戰 / 093

第二篇　香港與內地區域合作 40 年

第一章　區域合作 40 年：從引進外資到大灣區建設 / 102

一、影響香港與內地區域合作的因素 / 102

二、直接投資和貨物貿易主導下兩地的區域合作 / 105

三、貿易自由化與投資便利化背景下的區域合作 / 114

四、全面推進互利合作背景下的粵港澳大灣區建設 / 123

結語 / 133

第二章　粵港合作 / 136

一、「前店後廠」：縱向產業一體化 / 136

二、地區產業升級的發展：「前店後廠」全面破局 / 140

三、從珠三角製造到珠三角服務：粵港的服務業合作 / 145

四、從粵港澳城市群到大灣區 / 149

第三章　深港合作 / 156

一、因緣際會：從深港灣區到粵港澳大灣區 / 157

二、歷史視角：深港合作三大發展階段 / 160

三、現實發展：深港合作全方位多層次展開 / 164

四、2050 展望：國家發展戰略下的深港協同 / 170

五、推進深港協同能力和協同體系建設 / 174

第四章　滬港合作 / 177

一、滬港經濟合作的現狀與特點 / 178

二、滬港合作成效顯著 / 188

三、滬港新一輪合作的前景展望 / 193

結語 / 197

第五章　京港合作 / 200

一、京港經貿往來 40 年 / 201

二、京港合作的成就與問題 / 206

三、京港合作的前景展望 / 212

第三篇　香港與內地經貿合作 40 年

第一章　產業合作 40 年：從貿易到專業服務 / 220

一、40 年來兩地經貿合作之演進 / 220

二、深化兩地經貿合作之方向和條件 / 231

三、未來深化合作的具體領域 / 237

第二章　貿易投資合作 / 249

一、兩地經貿交流日益密切 / 249

二、兩地經貿合作的基礎、特點及影響 / 261

三、兩地經貿合作發展的影響及展望 / 273

第三章　金融合作 / 288

一、香港國際金融中心的崛起與地位提升 / 288

二、紅籌股和 H 股的發展與香港證券市場轉型 / 290

三、銀行業合作與人民幣離岸業務發展 / 295

四、QDII 與 RQFII 制度下基金管理業的合作發展 / 301

五、滬港通與深港通開啟與發展 / 304

六、邁向全球性國際金融中心樞紐 / 310

第四章　大型基建的合作與協調 / 315

一、充分發揮港珠澳大橋在大灣區建設中的效用 / 315

二、完善連接香港和內地的三層級軌道交通系統 / 324

三、推動粵港澳大灣區機場群的協同發展 / 331

結語 / 340

第五章　科技創新是香港與內地產業合作的新動力 / 342

一、改革開放 40 年來兩地科技創新合作的過程及總結 / 343

二、香港科技創新的問題及優勢 / 347

三、兩地科技創新合作的目標路徑及重點領域 / 352

四、支持兩地科技創新合作的政策建議 / 357

第六章　航運物流 / 361

一、航運物流合作發展回顧 / 361

二、粵港澳大灣區港口群現狀 / 369

三、趨勢與願景 / 380

結語 / 385

第七章　旅遊合作 / 390

一、改革開放 40 年來香港與內地旅遊合作的歷程 / 390

二、香港與內地旅遊合作的特點 / 396

三、香港與內地旅遊合作的挑戰 / 399

四、內地自由行政策對香港旅遊業的效應及問題 / 402

五、香港與內地旅遊合作的前瞻 / 406

第四篇　香港與內地在其他領域的合作與互動

第一章　文化交流與教育合作 / 414

一、文化領域 / 415

二、教育領域 / 430

結語 / 442

第二章　社會工作交流合作 / 445

一、改革開放以來社會工作教育在中國內地發展的歷史及先導角色 / 446

二、社會工作教育在中國迅速發展的原因 / 446

三、改革開放以來香港與內地社會工作之交流與合作 / 450

四、香港與內地社工界的交流合作成果可喜 / 457

五、關於香港與內地社會工作交流合作的反思 / 458

六、香港與內地社會工作交流合作之前瞻 / 461

第三章　　內地土地政策改革中的香港經驗 / 464

一、土地政策改革 / 465

二、「土地租借」制度的「香港模式」/ 466

三、為內地土地政策改革提供顧問與培訓服務 / 470

結語 / 473

第四章　　在港中資企業對國家改革開放的貢獻 / 477

一、40 年來在港中資企業的發展及對內地貢獻概述 / 477

二、代表性中資企業在改革開放不同時期作出的貢獻 / 486

結語 / 495

附錄

附錄一　　大事記 / 498

附錄二　　中國內地與香港之間貿易投資統計 / 534

一、貿易統計 / 534

二、投資統計 / 540

三、金融統計 / 543

四、旅遊統計 / 546

五、區域經貿統計 / 549

序言

1978 年，在鄧小平先生領導下、以中國共產黨第十一屆三中全會為標誌，國家開啟了「改革開放」的歷史征程。

在過去短短的 40 年間，全國一致上下求索，帶着銳意進取、艱苦奮鬥、頑強拚搏、實事求是的精神，加上與時俱進及創新的思維，大力解放社會及經濟生產力，摸着石頭建立和完善中國特色社會主義制度。目前，國家的綜合國力已大幅提升，從低收入國家跨入中上等收入國家行列，國家的購買力和國際貿易額排名世界第一，國內生產總值上升到 121 兆美元，世界排名第二，而且已成為世界第二大外商直接投資國、第二大對外直接投資國、第二大國際發明專利國，以及世界最大的國際旅遊出境國（2017 年突破 1.3 億人次）、出國留學人員國等等。

雖然國家還在「兩個一百年」的奮鬥道路上，但國際地位已經是舉足輕重：一方面成為世界經濟增長的主要穩定器和動力源，促進了人類和平與發展事業；另一方面為世界帶來新的模式，建立開放型經濟新體制，形成全面開放新格局。

香港的社會發展與繁榮穩定跟國家的改革開放息息相關。在改革開放 40 週年之際，我們有必要回望過往香港及內地之間從社會經濟、政治民生，到文化交融等各個領域之間的互動，為未來香港進一步融入國家發展，發揮國家所需、香港所長，共同實現「中國夢」，提出有意義和具創新性的參考觀點。

本書綜合了香港及內地專家的集體智慧、獨特經驗和專業知識，為讀者呈現國家改革開放的歷程壯舉，以及香港在當中發揮的積極作用。承先啟後，我們一同見證着大時

代的發展：改革開放首 40 年的印跡、香港回歸 21 年的里程碑、新時代中國特色社會主義發展的起步。

董建華

第 13 屆中國人民政治協商會議全國委員會副主席

香港特別行政區首任行政長官

編者的話

2018 年是中國改革開放 40 週年。這 40 年來，中國創造了人類歷史上前所未有的奇跡：實現了大規模的經濟和社會轉型、保持了長達數十年的高速增長、用最短的時間使一個古老的東方大國和平崛起，屹立於世界民族之林。

回顧 40 年來改革開放波瀾壯闊的發展歷程，我們除了讚嘆它帶給這片土地翻天覆地的巨大變化外，還有必要進行認真的總結、深刻的反思和對未來不懈的探索。我們知道，如果把農村比作這次改革的發源地，那麼毗鄰香港的廣東珠三角地區則毫無疑問是對外開放的最前沿。因此，我們在改革開放這部鴻篇巨製中，選擇香港作為其中一個切入點，既是為了紀念那 40 年不可磨滅的回憶，也是希望能站在改革開放的新起點，去續寫更加多姿多彩的篇章，這就是編寫本部書稿的初衷。

一

改革開放給當代中國社會帶來的深刻變化是有目共睹的，小到每一個社會成員、每個家庭，大到每一個地區、每個省市，廣到每一個行業、每個社會領域進而到整個國家，其變化速度之快、程度之深、範圍之廣，滄海桑田，世所罕見。

一組數字對比清晰地反映了 40 年來中國經濟的變化：1978 年，中國經濟總量佔全球總量的 1.8%，微不足道；2017 年這一佔比上升到 14.8%，中國成為全球第二大經濟體。1978 年，中國人均 GDP 僅 384 美元，排在全球倒數第七位；2017 年達 9,281 美

元，已邁進中等收入國家門檻。

透過這些數字的變化，不難看到，在這個「春天的故事」裏，我們的國家用自己獨特的方式一步步走進了現代社會。首先，實現了工業化：改革開放前，雖然能做到原子彈爆炸、衛星上天、萬噸輪下水，但中國工業的骨幹大多是前蘇聯援建殘存的少數項目，但後來只用了不到 30 年時間，就建成了一個舉世無雙、規模龐大、行業齊全的現代工業體系，成為唯一擁有聯合國產業分類中全部工業門類的國家。今天中國的工業產值，不僅超過了美國，而且幾乎等於位列之後的美日德三國之和。工業產品中，產量和規模居世界第一的不勝枚舉，從煤炭、鋼鐵、水泥、化肥、發電、造船、汽車、工程機械等重工產品，到集成電路、家用電器、紡織化纖、糧油食品等輕工消費品，再到高速公路、高鐵、地鐵、水運、港口、隧道、電網、互聯網通訊等能充分體現製造業實力的基建項目，我們真的難以想像，如此巨大的變化居然就發生在眼前。

其次，推進了城市化：改革開放之初的 1978 年，中國城鎮人口只有 1.7 億，城鎮人口佔全部人口比重只有 17.9%，百萬人口以上的大城市屈指可數；而到 2017 年，城鎮常住人口總數達 8.2 億，城市化率水平為 58.52%，400 萬人口以上的超大城市比比皆是，還出現了上千萬甚至數千萬人口的超特大城市和城市群，而且這個趨勢還將持續多年。

最後，工業化和城市化的快速推進大大提高了整個國家的現代化水平：1978 年，中國一年的汽車產銷量是 10 萬輛，2017 年達到 2,940 萬輛，成為全世界最大的汽車產銷國，汽車成為尋常百姓家庭的標配；1978 年，老百姓每賺 100 元錢就有 60 元需用來購買食品，即所謂恩格爾系數為 60，2017 年這一系數降為 39，意味着中國百姓的支出結構有了明顯改善，可以支配更多的財力去追求美好的生活；1978 年時中國沒有一座超過 200 米的高樓，到今天全世界 10 幢最高的大樓中有八幢是在中國；1978 年，中國沒有一家私營企業，全都是國營企業且在世界 500 強中微不足道，40 年後，這一數字從零增加到 115，其中 25 家是民營企業；同樣從零起步的數字還有中產階層的數量，2017 年，中國中產階層超過 2.3 億，與除美國外所有發達國家的人口之和相當。與國家現代化水平有關的數據還有很多，如城鎮生活的便捷性已達到甚至超過了許多發達國家，電

子支付、快遞物流、手機信號覆蓋等受到很多來華外國人的交口稱讚；在高速公路、鐵路、航空、城市交通等領域，中國與發達國家相比也毫不遜色。當然，現代化是一個漫長的過程，中國的現代化還處在初級階段，有的硬件設施起點很高，擁有明顯的後發優勢，而軟件配套還相對落後，但我們只用了三四十年時間就達到了發達國家歷經一兩百年才達到的高度，確實是拜改革開放所賜。

再來看香港，內地的改革開放也給這裏帶來了巨變。自上世紀 80 年代始，香港企業開始將生產環節轉移到珠三角，形成「前店後廠」的產業分工格局，珠三角的低廉勞動力和土地資源與香港的體制機制、資金和國際市場資源形成優勢互補，讓珠三角地區迎來繁榮；而擺脫了勞動密集型製造業的香港，則專注發展金融、貿易、航運和專業服務，開始了產業升級的自我涅槃。隨着香港回歸和中國「入世」，這種互惠互利的合作不僅層次在不斷提高、程度在不斷深化，領域也在不斷擴大，給兩地民眾帶來越來越多的福祉。

但是，由於內地和香港處於不同的發展階段，經濟增速上的差異致使香港原來相對於內地的領先優勢明顯減弱，具體表現在四個方面：一是在經濟體量對比上出現逆轉，香港 GDP 總量從改革開放初期的相當於內地的三分之一下降到近年的不足 3%，內地很多省市都超過了香港；二是在經濟功能上也表現為此起彼伏，香港的部分傳統優勢因經濟活動離岸化而逐步趨於減弱，且由於內地的全方位開放被部分替代；三是在經濟影響力上，內地因素對港的影響已遠遠超過香港對內地的影響，在「泛珠」、「一帶一路」、粵港澳大灣區等國家重大建設規劃中，香港都只是一個重要的配角；四是中資企業在香港主要經濟領域中所佔份額不斷擴大，對相關行業的提升及帶動作用越來越顯著。這種地位角色的轉換，不僅使兩地合作的形式、領域範圍、深度及廣度都發生了深刻的變化，也給兩地民眾帶來了不同的感受。因此，40 年來在改革開放的大背景下，內地與香港在各個領域的合作交流在穩步推進並取得重大成就的同時，也遇到了很多新的問題，需要去認真面對。而這些內容正是本書的主題，20 多位作者從不同角度對此作了詳盡的論述，相信讀者讀過本書後，會得到想要的答案，此處不再贅述。

總之，正如習近平主席在 2018 年博鰲亞洲論壇演講中總結的，中國改革開放 40

年，全國人民眾志成城，砥礪奮進，極大解放和發展了中國社會生產力。改革開放這場中國的第二次革命，不僅深刻地改變了中國，也深刻地影響了世界。

書中多位作者也都反覆強調了同一個觀點：改革開放是中國走向現代化的必由之路。

二

40 年前，得益於恢復高考，我從一個上山下鄉知識青年成為文革後首批大學生，進入高等學府學習、工作，親歷了改變中國命運的改革開放迄今為止的全過程。1986 年直至 2016 年年底退休，機緣巧合下又有幸在國務院港澳事務辦公室港澳研究所工作，見證了香港從回歸前 10 年到回歸後 20 年的風風雨雨。40 年的職業生涯與改革開放相伴，四分之三的工作履歷與香港相關，這只能算是一種緣分吧。俯首回望這不平凡的 40 年，感慨萬千，所思所想，不吐不快，卻又感到力不從心。這個主題實在是太大了，時間跨度長、涉及內容多、覆蓋領域廣，無論在學識還是能力上，僅憑一己之力都難以駕馭。因此，當去年 11 月香港三聯書店總編輯侯明女士打來電話，跟我談到擬在紀念改革開放 40 週年之際出版一本改革開放與香港的專著、並希望由我負責該書策劃和組織工作時，我沒有猶豫便馬上答應了。於我而言，接受這樣一項任務既感榮幸，又是不容推卸的責任。侯總後來專程來京，我們就該書的體例形式、主要內容、篇幅字數、出版時間等作了簡單交流後，這項工作就正式啟動了。

在考慮這本書的框架體系時，我的主要思路是：1. 要對中國改革開放 40 年的總體面貌作一個綜合性描述，完整準確地反映改革開放的歷程、取得的成就、經驗和教訓以及未來的發展路向；2. 對改革開放 40 年來香港在其中所處的地位、扮演的角色、發揮的作用以及內地與香港兩地經貿關係的發展變化作客觀、實事求是的評價論述；3. 對改革開放 40 年中香港社會經濟的發展轉型、對香港未來的發展路向作深入探討和科學預判；4. 對未來進一步密切內地和香港經貿合作關係、對香港如何在國家「一帶一路」和粵港澳大灣區建設發展中發揮更加積極的作用提出科學、可行的政策建議；5. 內地與香港的

交流合作始於經貿，但絕不局限於這個範圍，在「一國兩制」框架下，隨着國家改革開放的不斷深入和擴大，兩地合作的領域會愈加廣泛，在取得更大成就的同時，也可以想見必然會遇到更多的問題，需要兩地的政府和民間人士凝聚共識，積極面對。

在書稿的撰寫思路和大致的框架體系得到出版方首肯後，隨之而來的就是儘快確定撰稿人。應該說，這是一項難度上絕不亞於構思內容、確定寫作大綱的艱巨任務。首先，撰稿人必須全面了解和準確把握時間跨度近半個世紀的改革開放全歷程以及各主要時間節點的特徵、對不同時期內地與香港合作交流以及發展的歷史和現狀有比較深入細緻的研究、有跨區域多領域不同學科的研究基礎和資料積累；其次，要體現這是一本由兩地學者聯手完成的學術性專著，除了要保證撰稿人中來自內地和香港作者的比例外，還須兼顧撰稿人的學術背景及其在該研究領域的學術影響力；最後一點，其實也是最不容易的，符合上述條件的撰稿人都是所在領域的資深專家，自己本身有繁重的工作任務和早已安排的研究寫作計劃。當時已是 2018 年 1 月，而按照出版方要求，4 月底便須完成並提交全部初稿。此時此刻，香港剛剛度過聖誕假期，內地高校正值學期之末，各位老師都在忙着完成手頭工作，準備迎接一年中難得的寒假和春節團聚，在這個時候約稿的難度之大可想而知。但是讓我深感意外的是，所聯繫的近 30 位擬邀請為本書撰稿的專家教授幾乎異口同聲地明確表示願意參與，且不附帶任何條件。大家都認為這是一項很有意義的工作，作為港澳研究領域的學者，在迎來國家改革開放 40 週年的時候，認真回顧和總結內地和香港共同擁有的那段經歷，攜手探索未來的發展路向，既是職責所在，也是義不容辭。雖然最終根據個人專業特長、研究範圍、資料積累情況以及實際工作安排等因素僅確定了 20 餘位撰稿人選，但一想到當時的情景，至今仍感動不已。

三

如前所述，最終確定的寫作團隊共 20 餘人，突顯了以下幾個特點：其一，資深。作者均為教授、研究員，許多擁有博士學位，平均年齡接近花甲之年，最年長的中山大

學鄭天祥教授已年逾八旬；其二，體現兩地學者聯手。在作者的地域構成上，內地佔三分之二，香港居三分之一；其三，作者自身經歷豐富，來自不同地區的院校、政府及民間的智庫、專業研究機構，很多人不僅見證了改革開放和兩地交流合作從起步到不斷深入、發展的主要過程，而且直接或間接參與過不同時期一些重大政策措施出台的起草及諮詢論證工作，主持並參與過許多重大課題的研究，出版或發表的專著、論文不計其數，許多體會、見解既直接又深刻。

按照擬就的框架體系，本書共分五個部分 22 個單元：第一部分總論是對改革開放及內地與香港合作交流的整體論述，分四個單元；第二部分是從區域合作的角度論述改革開放 40 年來的兩地合作，共分五個單元，分別從內地與香港通過區域合作實現互補共贏的整體情況，以及粵港、深港、滬港和京港這四個區域合作的重點地區分別加以論述；第三部分是從 40 年來內地與香港在經貿領域合作的擴大來反映兩地合作的不斷發展和深化的趨勢，共分七個單元，分別從兩地間在貿易投資、金融、基礎設施建設、科技與創新、航運物流及旅遊等產業領域的合作加以論述；第四部分是對第三部分的補充和延伸，共分四個單元，分別從兩地間在文化教育、社會工作、土地政策改革及企業管治等非經貿領域的合作，進一步反映出隨着改革開放的擴大和深入，內地與香港之間的合作交流也在與時俱進、不斷發展；第五部分是附錄，分兩個單元，分別為大事記和重要統計數據，旨在為讀者提供一份加深認識和了解 40 年來內地與香港的合作交流隨着改革開放不斷擴大與深化的參考資料。

第一部分分別由三位知名學者擔綱。**張燕生**研究員曾在國家發改委工作，其專業研究領域是宏觀經濟和國際金融與貿易，擔任過發改委宏觀經濟研究院對外經濟研究所所長和發改委學術委員會秘書長，現為中國國際經濟交流中心首席研究員，主持或參與了數十項國家重點研究課題。接到本書撰稿邀請時，他正在國外開會、調研，回來後在百忙之中完成了本書的開篇之作 ——「改革開放的歷史變遷與未來路徑」。現任中國體制改革研究會副會長的**李羅力**教授上世紀 80 年代即從北京中央機關調到深圳特區工作，歷任深圳市政府辦公廳副主任、市委副秘書長，鄧小平先生南巡期間兼任市接待辦主任，負責安排並全程陪同了老人家在深圳的活動。從 1993 年起，他參與創辦中國（深圳）綜

合開發研究院並任副理事長兼秘書長，多年來筆耕不輟，迄今為止已在他關注的中國改革開放、深港經濟等領域發表了數十萬字論文與專著。由於其特殊的工作經歷，他對曾直接參與過的深圳對外開放以及深港合作等一些重大議題有深切體會和獨到見解。儘管因年齡關係已離開一線工作多年，但他從來沒有放下過寫作的筆。今年春節後，他從國外女兒家休假歸來，短短一個月的時間，幾萬字的巨作一氣呵成。**劉兆佳**教授是全國港澳研究會副會長，曾長期擔任香港特區政府中央政策組首席顧問，並連任三屆全國政協委員。從香港中文大學社會學系榮休後，他以每年一本的速度連續出版了四部關於香港問題的專著，涉及香港政治、政制發展、社會管治、港人政治心態等多個領域。作為特區政府智囊的前首腦，劉教授參與了許多關係到兩地交流與合作的重大事項的決策與諮詢，又長期從事研究工作，也是香港與內地媒體熱心追逐的對象，因此他對書中所涉及的許多內容都爛熟於心，儘管已年逾古稀，但卻是 20 多位撰稿人中第一個完成寫作並提交初稿的。

第二部分有五個單元，分別由五位專家執筆。**陳廣漢**教授長期擔任中山大學港澳研究所所長、港澳珠江三角洲研究中心主任，同時還在許多政府部門、研究機構擔任顧問、諮詢專家，是港澳經濟研究領域的知名學者。他主持完成過許多涉及粵港澳區域合作的重大研究項目，這次他在本書中攜博士生**劉洋**承擔了改革開放 40 年來內地與香港區域合作這一部分的寫作，將其多年來在該領域的研究心得貢獻給讀者分享。其餘四個單元的撰稿人分別是內地與香港經貿合作的四個重鎮——粵港、深港、滬港和京港合作研究領域的佼佼者：暨南大學**封小雲**教授一直是港澳經濟研究領域的領軍人物之一，特別是在粵港澳合作方面作過長期、深入、有針對性的研究，成果豐碩；中國（深圳）綜合開發研究院港澳經濟社會研究中心主任**張玉閣**研究員長期關注港澳經濟、深港合作領域，曾主持參與過深港合作共同提升國際競爭力、構建深港都會圈、粵港澳大灣區建設等課題，對深港合作領域的研究有多年的積累和深入的思考；上海社會科學院港澳研究中心主任**尤安山**研究員多年來主持編寫《滬港經濟年報》、與香港中文大學合作研究《滬港城市競爭力比較》課題，在港澳經濟以及滬港合作領域發表各類研究成果近百萬字，是撰寫滬港合作內容的最佳人選；對外經貿大學國際經濟研究院副院長**莊芮**教授的主要研究

方向是國際區域經濟合作、亞太經濟以及中國對外開放與自貿區，主持和參與過數十個國家、省部級科研項目，屢獲殊榮。京港合作的研究雖不屬她的主要研究領域，但依靠多年的學術積澱和扎實的研究功底，還是攜助手**蔡閎林**很快完成了這部分內容的寫作。

第三部分是佔本書篇幅比例最大的一部分，分七個單元，並且在草擬提綱時沒有限制，是開放式的。40 年來，隨着改革開放的不斷深化，內地與香港在經貿方面的合作不僅規模日益擴大，其領域也不斷拓寬。中國銀行（香港）有限公司資深經濟研究員**王春新**博士的研究領域極為廣泛，國際國內香港，大到政治經濟、社會民生，小到金融投資、貨幣利率，都有涉獵。他曾在香港特區政府中央政策組工作多年，借調期間專責處理涉及兩地合作的研究項目，後又長期關注並參與了多項相關的研究，因此對內地與香港在很多經貿領域的合作情況非常熟悉，有許多獨到的見解。**劉雪琴**研究員是商務部研究院台港澳研究中心主任，長期從事中國對外貿易、大陸與台港澳地區經貿關係的研究，主持參與過多項涉及內地與香港在貿易投資領域合作的研究課題，發表過許多有一定影響的論文和研究報告，她與商務部研究院助理研究員**白光裕**共同撰寫了貿易投資合作的單元。**馮邦彥**教授在港澳研究圈裏知名度很高，一是因他資深，上世紀 80 年代中期即在香港東南經濟信息中心從事香港經濟研究，二是由於高產、著作等身，幾十年來先後出版過涉及香港經濟、產業轉型、財團歷史等的專著 10 多部。他曾經擔任暨南大學特區港澳經濟研究所所長，在他的研究領域裏，香港金融一直處於很重要的位置，他也發表過很多相關的論文和研究報告。香港一國兩制研究中心研究總監**方舟**博士和**龔夏雯**研究主任的選題側重與研究思路不同於一般學者，可能與其所在機構的智庫性質有關，他的研究更偏重於規劃和實操，因此關於兩地在大型基礎設施建設方面的合作有很多獨到的研究心得。中國（深圳）綜合開發研究院常務副院長**郭萬達**博士是港澳研究領域相對年輕的資深專家，由於年富力強，除了主持該院的日常工作外，還有許多社會兼職，包括全國港澳研究會副會長、深圳市社會科學聯合會副主席等。繁重的日常工作之餘，作為一位嗅覺敏銳的學者，他善於發現問題、作出判斷、提出解決辦法，在本書中他與同事、新經濟研究所執行所長**曹鐘雄**博士共同承擔撰寫的兩地在創新科技領域的合作這部分內容，就是他在看到原擬提綱之後主動提出增加的選題。中山大學港澳珠江三角洲研

究中心**鄭天祥**教授是內地第一批從事港澳研究的知名學者，近 30 年前即參加了當時關於如何修建伶仃洋大橋（現名港珠澳大橋）的討論，是著名的「雙 Y 方案」的最早設計者之一，此後幾十年他一直堅守關於內地與港澳特別是珠三角地區港口、航運及大型基建的配套合作與整合的研究，如今已年過八旬，仍活躍在港澳研究第一綫，這次他攜助手南京大學城市規劃設計研究院深圳分院項目總監**韋婕妤**博士承擔了兩地合作領域中關於港口航運部分的撰寫工作。暨南大學特區港澳經濟研究所**陳章喜**教授承擔的是書中關於內地與香港在旅遊領域的合作，這得益於他從事區域經濟及港澳研究 30 年的深厚功底及 10 多部專著、30 多項課題、上百篇論文的積累。

第四部分的內容比較特殊，一是在於內容不夠系統及資料匱乏，因此寫作難度極大；二是內地學者對這一部分內容的研究涉獵不多，尋找作者不易，其原因恐怕也是在於多年來內地與香港的合作主要是集中在經貿領域，其他領域起步較晚，沒有官方統計數據作支撐，無法進行定量的分析等；三是儘管難尋作者，但大家都認為這部分內容非常重要，在總結改革開放 40 年來內地與香港的合作時是不可或缺的，並且這部分也是開放的，今後兩地的合作交流更多地會通過這個領域來體現和推動。這一部分四個單元內容的寫作由六位專家執筆完成，這六位專家中只有一位來自北京大學，其他都來自香港本地，他們當中除李浩然外，其餘各位均不相識，惜未謀面。香港陳樹渠紀念中學校長**招祥麒**博士酷愛中國傳統文化，中國古典文學造詣深厚，多年來他致力於參與並推動香港與內地在教育、文化領域的合作交流，深刻體會到這項工作的重要。這次經香港中文大學當代中國文化研究中心榮譽研究員**凌友詩**博士的大力舉薦，有幸邀請到招校長參與本書寫作，為我們貢獻了一篇觀點鮮明、內容豐富、資料翔實的力作。香港理工大學前副校長**阮曾媛琪**教授是知名的社會學學者，她不僅在理論研究領域有諸多建樹、著述頗豐，而且在社會工作實踐中身體力行，從中學時的一次義工經歷開始了迄今長達 30 多年的社工生涯。多年來，她積極投身內地的社會工作教育，並與多家機構合作，把現代社工理念引入內地，推動內地的社工事業發展。關於兩地在社會工作領域合作這部分內容，原打算請香港著名智庫團結香港基金的**孫文彬**博士執筆，但她經過再三思考，認為阮曾教授是更適合的人選。於是在她的大力幫助下，阮曾教授和北京大學的**王思斌**教授

加入本書寫作團隊，令我們有幸讀到兩位教授對兩地在社會工作領域合作的精彩論述。**李浩然**博士是法學專家，曾當選過「香港十大傑出青年」，現為香港特區政府基本法推廣督導委員會教師及學生工作組召集人、華潤集團粵港澳大灣區發展辦公室主任。在農曆新年一個偶然機會見面時，我們談起正在進行的組稿工作，他思維敏捷，很快提出了兩個選題，並且主動承擔了聯繫作者、統籌內容以至親自主筆的工作。香港的房地產運作模式是內地城市開發管理學習借鑒的一個重要方面，在兩地合作中留下了許多經驗和教訓，「樓花」、「按揭」的稱謂在內地沿用至今。李浩然博士與基本法基金會研究員**陸子瑋**先生聯手為我們提供了一個觀察改革開放 40 年來兩地合作交流的新視角。駐港中資企業回到內地投資被人開玩笑稱為「假洋鬼子」，但幾十年來，中資企業不僅為香港當地的繁榮穩定、為內地改革開放、為國企走出國門作出了巨大貢獻，而且也通過投資建廠把香港國際化的企業管治經驗帶到了內地，因此在本書的章節裏中資企業是一個不可或缺的主題。感謝李浩然博士與華潤集團戰略研究中心港澳研究室主任**何禹欣**女士為本書填補了內容上的缺憾。

第五部分是附錄，分大事記與重要統計兩個單元，由我的兩位同事 —— 國務院港澳事務辦公室港澳研究所**白小瑜**博士和**楊麗**博士分別承擔。兩位女博士日常工作繁忙，壓力很大，孩子尚且年幼，她們只能擠出夜間或節假日的空閒時間一點點地蒐集與整理資料。附錄的內容雖說只起輔助閱讀的作用，但由於時間跨度長，特別是早期資料不夠系統完整，令完成這項工作的難度和強度很大，比如第一家在內地開業的港資企業究竟是哪一間？在哪裏？從目前公開資料看存在很多版本，也很難一一核實，只好從簡處理為第一批港資企業。再比如早期的外貿、外資均把港澳兩地合在一起統計，這樣同分開後的數據就不是同一口徑，缺乏可比性，等等。因此，儘管這份附錄存在很多不盡如人意之處，但相信它對讀者加深認識和理解本書的內容是有幫助的。

在此僅以個人名義向各位撰稿人及雖未直接參與寫作、但為本書作出貢獻的各位朋友表達崇高的敬意和真摯的感謝。

我還要感謝德高望重的**董建華**先生在百忙之中為本書作序：作為國家領導人，他高瞻遠矚，指出改革開放是強國富民、實現中華民族偉大復興的必由之路；作為首任特

區行政長官，他立足現實，認為香港要進一步融入國家發展，必須要做到國家所需和香港所長的有機結合；作為一位受人尊敬的智庫領袖，他語重心長，特別肯定了本書的選題，對參與其中的作者、編者和出版者給予讚許鼓勵。

最後要感謝香港三聯書店和侯明總編輯為本書組稿和出版給予的大力支持，感謝本書責任編輯顧瑜博士替我分擔了大量瑣碎的事務性工作，如果沒有她們的幫助和支持，僅靠我一己之力，無論如何是無法在這麼短的時間裏完成這項工作的。

改革開放 40 年，絕不是終點，而是一個時代新的起點；內地與香港的合作也沒有走到盡頭，隨着改革的全面深化和對外開放的日益擴大，兩地間的合作交流還將不斷以更新的形式、更廣的範圍展現出來，讓我們共同期待更加美好的明天！

陳多

國務院港澳事務辦公室港澳研究所前所長、研究員
全國港澳研究會前副會長兼秘書長

第一篇
————

總論

第一章

改革開放的歷史變遷與未來路徑

2018 年是國家改革開放 40 週年值得紀念和回顧展望的重要日子。在人類社會的歷史長河裏，40 年可謂彈指一揮間。然而，在中華民族數千年上下求索、連綿不息的文明史中，這 40 年則有着非同尋常的重大意義。習近平在博鰲亞洲論壇 2018 年年會開幕式上指出，「1978 年，在鄧小平先生倡導下，以中共十一屆三中全會為標誌，中國開啟了改革開放歷史征程。從農村到城市，從試點到推廣，從經濟體制改革到全面深化改革，40 年眾志成城，40 年砥礪奮進，40 年春風化雨，中國人民用雙手書寫了國家和民族發展的壯麗史詩」[1]。

在歷史上，中華民族在大多數時期執行的都是開放包容的政策體系，由此創造了人類社會唯一沒有中斷的燦爛的中華文明。[2]然而，作為歷史片段的一段閉關鎖國政策，包括內部缺少變革活力和發展動力，最終也造成了中華民族近代被動捱打的慘痛經歷。習近平指出，人類社會發展的歷史告訴我們，開放帶來進步，封閉必然落後。中國開放的大門不會關閉，只會越開越大。這是中華民族從近代歷史中汲取的慘痛教訓，凝練成中國人民永世難忘的集體記憶，成為推動中華兒女前仆後繼勇於變革的強大動力。時任 OECD 秘書長（2007 年）Angel Gurria 在安格斯・麥迪森所著《中國經濟的長期表現》一書的序言中指出，「當歷史學家回顧我們所處的時代時，可能會發現幾乎沒有任何國家的經濟發展像中國的崛起那樣引人注目。可是，當他們進一步放開歷史視野時，他們將看到那不是一個崛起，而是一個復興」[3]。

這 40 年，中國推動了體制從計劃經濟轉向市場經濟、發展從低收入國家轉向中

高收入國家、結構從封閉型經濟轉向開放型經濟的歷史性變革。正如習近平所指出：「改革開放這場中國的第二次革命，不僅深刻改變了中國，也深刻影響了世界。」中國已經成為世界第二經濟大國、第一製造大國、第一貨物貿易大國、第一外匯儲備大國。按照可比價格計算，中國 GDP 年均增長約 9.5%；以美元計算，中國對外貿易額年均增長 14.5%。中國人民生活從短缺走向充裕、從貧困走向小康，現行聯合國標準下的 7 億多貧困人口成功脫貧，佔同期全球減貧人口總數 70% 以上。

展望未來，中華民族將繼續推動更高水平的開放、更高標準的改革、更高質量的發展，分兩步建成富強民主文明和諧美麗的社會主義現代化強國。在這個過程中，中國將成為負責任大國，在維護和平的國際環境和穩定的國際秩序、構建國際宏觀經濟政策協調機制、承擔提供全球公共產品的責任等方面發揮重要作用；中國將成為開放型經濟大國，在贏得全球經濟話語權、完善國際經濟規則體系、建立逆週期的經濟金融穩定機制等方面扮演重要角色；中國將成為包容的發展大國，和國際社會一道，共同創造開放包容的人類命運共同體。

一、中國經濟發展的歷史比較

（一）中國與西歐 29 國經濟發展的歷史比較

中華民族為什麼會錯過 17、18 世紀世界工業化和現代化這班車，是有志之士長期上下求索的問題之一。習近平曾說過，「國雖大，好戰必亡。中國歷史上曾經長期是世界上最強大的國家之一，但沒有留下殖民和侵略他國的紀錄」。福山教授認為：

「我們現在理解的現代國家元素,在西元前三世紀的中國業已到位。其在歐洲的浮現,則晚了整整 1,800 年。」[4] 然而,為什麼在 1820 年中國的 GDP 佔世界 GDP 的比例高達 32.9%,[5] 卻在 1840 年第一次鴉片戰爭後接連輸給了西方列強呢?這裏通過中國與西歐 29 國經濟的歷史比較,可以發現兩大經濟體在幾個關鍵性時期的位勢發生了深刻變化(見表 1):

表 1　中國和西歐 29 國經濟的比較

年份	人口（百萬）			人均 GDP（1990 國際元）			GDP（1990 億國際元）		
	中國	西歐	歐／中	中國	西歐	歐／中	中國	西歐	歐／中
公元 1	59.6	24.7	0.414	450	450	1	268	111	0.414
1000	59	25.4	0.430	450	400	0.889	266	102	0.383
1300	100	58.4	0.584	600	593	0.988	600	346	0.577
1400	72	41.5	0.576	600	676	1.127	432	281	0.650
1500	103	57.3	0.556	600	771	1.285	618	442	0.715
1820	381	133	0.349	600	1,204	2.007	2,286	1,601	0.700
1913	437	261	0.597	552	3,458	6.264	2,413	9,023	3.739
1950	546.8	304.9	0.558	439	4,579	10.430	2,399	13,962	5.820
2001	1,275.4	392.1	0.307	3,583	19,256	5.374	45,698	75,503	1.652

資料來源:〔英〕安格斯．麥迪森著,郝小楠、施發啟譯:《世界經濟千年統計》,北京大學出版社 2009 年版,第 256 頁。

　　第一個時期是 15、16 世紀。在歷史上明清採取海禁等閉關鎖國政策僅僅是一個片段,然而不幸的是,這個片段恰恰出現在西歐發生深刻的政治經濟社會變革、為第一次工業革命奠定堅實基礎的重要時期。在地理大發現和大航海時代,西歐開始進入商業資本主義社會,雖然西歐 29 國的 GDP 規模仍遠落後於中國,但其人均 GDP 開始趕上並超過中國。林毅夫認為,中國在以經驗為基礎的技術發明方式方面佔優勢,是中國經濟在前現代社會長期領先西方的主因;當西方在 15、16 世紀出現了科學革命,18 世紀中葉技術發明轉向以科學為基礎的實驗時,中國卻未能完成這個轉變,

因此在很短時間裏，和西方的技術差距迅速拉開。[6]

第二個時期是 1820 年前後。17、18 世紀，西歐發生了第一次工業革命。在這個世界政治經濟社會格局發生前所未有的歷史性大變革時期，由於各種複雜的政治經濟社會等原因，中國卻缺席了。關於缺席的原因，世界科技史學家李約瑟（Joseph Needham）認為，公元 2 世紀開始，中國科技開始領先於西歐，在 2 至 15 世紀，中國發展水平長期高於西歐。[7] 艾爾文（Mark Elvin）認為，中國在宋朝（960-1280 年）取得長足進步，但後來一直在一個較高的發展水平上徘徊直到 19 世紀。1400 至 1820 年間，中國人口增長明顯快於西歐。[8] 麥迪森認為，世界發展的一個重要特徵是西歐經濟在相當長時期內的超常表現。在西元 1000 年時，它的收入水平下降到亞洲和北非之下。但經過漫長的復興後，它在 14 世紀時追趕上了中國（當時世界的領先經濟）。到 1820 年時，它的收入和生產率水平超出世界其他地區兩倍。[9] 林毅夫則認為是科舉制度激勵「學而優則仕」，而不是學習求索數學和可控實驗。[10]

第三個時期是 1913 年前後。在 1870 至 1913 年期間，世界發生了兩件足以改變人類歷史的大事件：一是在英國的大力推動下，發生了人類社會第一次經濟全球化。1870 年創立國際金本位制，建立了西歐國家主導的自由貿易政策體系，世界經濟進入一個開放期；二是發生了第二次產業革命，以內燃機、電動機為代表的更高資本密集型技術和產業的發展，帶來了世界經濟增長的興盛期。新崛起的美國和被視為比英國工業化落後 100 年的德國把握住這個歷史性機遇，[11] 實現了經濟的快速崛起。中華民族沒有能夠把握住這個機遇，在內外矛盾的衝擊交織下，於 1911 年爆發了辛亥革命，清王朝滅亡。在 1913 年前後，西歐 29 國的人均 GDP 達到中國的六倍多，GDP 總規模為中國的 3.7 倍。

第四個時期是 1949 年新中國建立之後。到 1950 年，西歐 29 國的人均 GDP 已是中國的 10.4 倍，GDP 總規模已達到中國的 5.8 倍。中國人均 GDP 仍停滯在 1890 年的水平。即使在舊中國經濟最穩定的 1930 年代，如截至 1936 年，外資產出份額分別佔中國生鐵產量的 80%，原煤產量的 80%，發電量的 76%，棉布產量的 69%，捲煙產量的 57%，航運噸位的 69.5%，鐵路里程的 90%。外資在華銀行約 32 家，分支銀行 141

所，在華資產 19 億美元，在金融業務中佔壟斷地位，並控制了中國的海關和財政。[12]
新中國建立的前 30 年，獨立自主、自力更生、不依賴外援是當時發展經濟的基本指
導思想。在特定歷史條件下，中國選擇了一條基於計劃經濟、國家集中有限資源優先
發展重化工業的工業化發展戰略。按照麥迪森的時間序列數據，前 30 年的發展業績
沒有改變中國經濟在世界經濟中比重下降的趨勢。

第五個時期是 2001 年前後。改革開放全面改變了中國的經濟社會面貌，到 2001
年中國加入世界貿易組織（WTO），西歐 29 國的人均 GDP 從是中國的 10 倍下降到
五倍，西歐 29 國的 GDP 從中國的 5.8 倍減少到 1.6 倍。2003 至 2012 年，中國經濟年
均增長率達到 10.7%。到 2014 年，國際貨幣基金組織的報告預測說，按照購買力平價
計算，中國經濟的總規模已經超過美國，成為世界第一經濟大國。[13]諾貝爾經濟學獎
獲得者斯蒂格利茨提出，2015 年將進入中國世紀元年。從這以後，中國與發達國家人
均 GDP 和經濟福利之間的差距開始持續收窄。[14]

（二）中國經濟與日本和印度經濟變遷之比較

中國和日本、印度是亞洲現代化進程中的三個代表性大國。按購買力平價計算，
可以看到中國、日本和印度人均 GDP 在不同發展時期的差異。

一是在 1820 年。這時西歐 29 國的人均 GDP 已達到中國的兩倍，GDP 規模已達
到中國的 70%，西歐整體已進入了現代化和工業化發展進程，而中國經濟卻陷入長期
低速增長甚至停滯的局面而無法自拔，[15]中歐之間的現代化和工業化差距在進一步拉
大。然而，1820 年的中國和日本、印度的經濟基本上在同一個起跑綫上，印度和日本
當時的人均 GDP 分別是中國的 89% 和 111%（見表 2）。

二是 1870 年。印度和日本的人均 GDP 分別是中國的 101% 和 139%。當世界經
濟進入自由貿易和第二次產業革命時代之際，日本在 1868 年成功發動了明治維新，
不僅在制度和技術層面上，而且在器物、組織和價值觀等文化層面上全面學習西方，
迅速率先發展成為亞洲第一現代化強國。中國卻分別在 1840 和 1856 年遭受了兩次鴉
片戰爭的重創，從此揭開百年苦難歷程。

表 2　中國和日本、印度按購買力平價衡量的人均 GDP 比較　　　　　　　　　　（國際元）

年份	中國	印度	印度／中國	日本	日本／中國
1820	600	533	0.888	669	1.115
1870	530	533	1.006	737	1.391
1890	540	584	1.081	1,012	1.874
1900	545	599	1.099	1,180	2.165
1913	552	673	1.219	1,387	2.513
1929	562	728	1.295	2,026	3.605
1938	562	668	1.189	2,449	4.358
1950	439	619	1.410	1,921	4.376
1960	673	753	1.119	3,986	5.923
1970	783	868	1.109	9,714	12.406
1978	979	966	0.987	12,585	12.855
1992	2,098	1,341	0.639	19,430	9.261
2001	3,583	1,957	0.546	20,683	5.772

資料來源：［英］安格斯‧麥迪森著，郝小楠、施發啟譯：《世界經濟千年統計》，第 178-182 頁。

三是 1913 年。印度和日本的人均 GDP 分別是中國的 122% 和 251%，三個大國之間的人均經濟差距開始拉闊。到 1950 年，印度和日本的人均 GDP 分別是中國的 141% 和 438%。由於日本經濟已經進入世界現代化和工業化發展軌道，到新中國建立，日本人均 GDP 相對中國增長了四倍多。即便是英國殖民統治下的印度，其人均 GDP 也相對中國增長了 60% 以上。

四是 1978 年。印度和日本的人均 GDP 分別是中國的 99% 和 13 倍。從 1950 年至中國改革開放，正是世界經濟的一個深度開放期，世界絕大多數地區都從中受益，尤其是日本和東亞「四小龍」。然而，無論是中國還是印度都沒有從中獲得開放紅利，文革結束之時，中國經濟到達了崩潰的邊緣。印度經濟的表現更差。

五是 2001 年。印度和日本的人均 GDP 分別是中國的 55% 和 5.8 倍。中國加入 WTO 之後，中國對外開放進入一個加速時期，大大縮小了與日本之間的發展差距，顯著拉大了與印度之間的發展差距。2017 年，按市場匯率計算，中國的 GDP 規模是

印度的五倍、日本的 2.5 倍。中國對外開放 40 年，開始進入高速增長轉向高質量發展和社會主義現代化強國建設階段。

（三）結論：對外開放是福禍相依的雙刃劍

通過上述分析，可以得出以下三個初步結論：

一是對外開放主動趨福避禍、化弊為利是贏得開放紅利的基礎條件。國際環境無論是全球化還是逆全球化、科技革命驅動還是勞動生產率減速、主要經濟夥伴是競爭態勢還是開放合作，都是福禍相依、有利有弊，關鍵看如何趨福避禍、化弊為利。如同樣是 1870 至 1913 年的經濟全球化時期，英國因忙於海外擴張而忽視新產業革命機遇，由盛而衰，美國和德國由弱轉強；同樣是 1985 年的匯率升值，日本付出 20 年停滯的代價，德國則轉危為安；同樣是 1990 至 2007 年的現代全球化時期，美國綜合國力下降，中國綜合國力上升。國際環境總是福禍相依、有利有弊，主動開放就要做好風險防範，被動開放就要盡力轉危為機。對外開放的意願、適應和行動與本國國情、發展階段和承受能力相一致，對於提升對外開放效率、便利化和能力起到了決定性作用。

二是對外開放都會經歷傳統與現代文明的激烈衝撞。中、日、印在成為世界經濟大國的進程中，必然會經歷與域內守成大國之間競爭與合作的複雜博弈關係，經歷與域外守成大國之間政治經濟文化的全面衝突和較量，經歷與周邊中小經濟體之間的利益交換和責任擔當。日本作為先行者，已經經歷過成為現代化強國、雁行模式領頭羊、世界工廠和創新中心的輝煌，同時也輸在世界大戰、美日較量、「日本第一」的大格局博弈中。中國作為復興進程中的新興大國，新征程充滿大國戰略博弈挑戰的風險。逆全球化、全球勞動生產率減速、大國經濟政治衝突風險加劇的國際環境，正在孕育着國際經濟新格局、新秩序、新體系形成和發展的機遇。中國能否獲得發展的重要戰略機遇期，重要的不是對手是否強大，而是能否做好自己的事，轉危為機。

三是中華文明能否順應世界大勢實現現代化，這是一場大考。對外開放 40 年成就了中華民族復興大業，我們比歷史上任何時期都更接近、更有信心和能力實現中華

民族偉大復興的目標。同時，也更加考驗中華民族的戰略定力。從新中國前 30 年的站起來，到改革開放 40 年的富起來，再到未來 30 年建成現代化強國，如何根本性地突破發展模式路徑依賴的鎖定效應是一個大挑戰；在成為負責任大國、開放型經濟大國、包容型發展大國的進程中，如何在中美、中歐、中日、中俄、中印之間構建戰略互信關係並形成責任、利益和命運共同體，在維護「和平的國際環境和穩定的國際秩序」的方針下，如何在「一帶一路」共商共建共享過程中形成先進適用技術、先進適用標準和先進適用規則，並且能夠與西方基於規則的價值觀體系形成融合對接，都考驗着「中國智慧」。

二、對外開放帶來顯著增長和發展實績

（一）堅持擴大對外開放的基本國策不動搖

改革開放 40 年以來，中國的 GDP 從 2,165 億美元增加到 12.24 萬億美元，按人民幣可比價格計算，增長了 33.5 倍，年均增長 9.5%，遠高於同期世界經濟年均增長 2.78% 的速度。中國已由一個落後的農業國成長為世界第二經濟大國、第一製造大國、第一對外貿易大國、第一外匯儲備大國。

堅持對外開放的基本國策為中國在傳統計劃經濟和國際市場經濟之間搭建了一座橋、打開了一扇窗，引入了國際市場經濟因素，引入了外來競爭壓力，引入了全球先進發展理念和優質要素，開了十幾億中國人民的全球化、現代化、市場化的「竅」，創造了中國經濟 40 年來的發展奇跡。

對外開放的本質是改革。過去 40 年的發展堅持了實踐是檢驗真理的唯一標準，從實際出發探索對外開放的內在規律；堅持了漸進開放、增量改革、先試點後推廣，逐步掃清了擴大對外開放的體制機制障礙；堅持了從歷史和實際出發的對外開放方式，在新中國前 30 年發展的基礎上，探索改革開放未來的路徑，由淺入深、逐步深化；堅持了隨時應對開放中的國際重大風險和外來衝擊，穩中求進；堅持了改革開放與穩定發展之間的統籌協調，在開放中探索、探索中改革、改革中前行。

（二）對外開放的路徑選擇：代工貼牌還是自主發展

當今世界上有歐洲、北美、東亞三大生產網絡形成了三足鼎立的世界格局。東亞又有兩種不同的模式：以台港澳企業為代表的代工、貼牌的生產模式；以日韓企業為代表的自主生產體系。改革開放初期，中國市場經濟的第一桶金是台港澳投資企業用「三來一補」的方式送來的，同時也送來了代工、貼牌的生產模式。

值得探索的是，代工貼牌生產方式為什麼會持續 30 年。直到 2008 年，加工貿易出口（外資企業為主、代工貼牌為主、低端組裝為主）的規模都大於一般貿易出口（本

表 3　改革開放以來中國貿易方式的變化 　　　　　　　　　　　　　　　　　　（億美元）

年份	一般貿易出口	一般貿易差額	加工貿易出口	加工貿易差額	其他貿易出口	其他貿易差額	加工貿易出口／一般貿易出口（%）
1981	208	4.34	11.31	-3.73	0.79	-0.71	5.44
1985	237.30	-135.42	33.16	-9.58	3.04	-4.0	13.97
1993	432.00	51.35	442.36	81.76	43.04	-252.52	102.4
1999	791.35	120.95	1,108.82	373.04	49.14	-201.67	140.12
2003	1,820.34	-56.66	2,418.49	789.14	143.45	-477.77	132.86
2008	6,628.62	907.69	6,751.14	2,967.37	927.17	-893.75	101.83
2012	9,878.99	-344.89	8,626.77	3,814.02	1,981.38	-1,166.05	87.32
2015	12,147.92	2,923.9	7,975.3	3,509.2	2,611.47	-494.06	66.65

資料來源：海關統計。

地企業為主、自主為主、低端為主）（見表3）。一方面，代工貼牌不需要自主技術、品牌和渠道，容易發展；另一方面，代工貼牌在短時間內容易形成規模，容易出政績。

（三）兩次危機對中國對外開放模式調整的影響

一次是 1997 年 7 月爆發的亞洲金融危機。這是亞洲生產網絡的危機。此前，經濟學家克魯格曼批評東亞奇跡是外延式增長而不是集約式增長，靠增加投入而不是生產率實現增長的模式，將很快會達到增長極限。[16] 亞洲金融危機打擊了日本、韓國的半導體、汽車、鋼鐵等大企業集團，也影響了中國學習日韓發展模式的信心和決心。

當時為美歐代工貼牌的台灣企業未遭受到亞洲金融危機的打擊。有一種觀點認為，為美歐代工貼牌比獨立自主發展本國技術更有效率，既可以搭上美歐技術進步和金融效率的便車，又可以節約自主研發、品牌和營銷渠道的支出，這種流行觀點對中國產生了一定影響。

另一次危機是 2008 年 9 月爆發的國際金融危機。這次危機沉重打擊了歐美生產網絡。東亞模式在這個時期出現了分化。韓國人均 GDP 在 2005 年超過了台灣。其中一個原因是台灣用代工貼牌的模式搭上美國企業的便車，而韓國是用自主方式搭上中國大陸的經濟便車。事實證明，美國經濟和產業空心化拖累了台灣經濟和產業競爭力。

與此同時，中國大陸的經濟進入高速增長的黃金時期，接連出現了消費升級浪潮，先後帶動了輕紡工業、重化工業、裝備製造業的快速增長。由於台灣遭遇了美國產業空心化的危機，韓國搭上了中國大陸產業轉型升級的便車，最後導致台灣和韓國取得了不同的增長業績和產業競爭力，如三星在集成電路上超過了台積電。

（四）新形勢下結構調整比總量增長更重要

2009 年以來，中國的經濟結構調整出現了不平衡的發展態勢。從廣東、江蘇、山東三省的經濟數據比較可以看出，2009 年以來，江蘇、山東在多數年份的 GDP 增速、工業增加值增速要快於廣東，但廣東在多數年份的用電量、貨運量、信貸餘額增

長率、地方財政收入增長率、進出口增長率要好於江蘇和山東。也就是說，總量增長的速度競爭在一個較長時期內掩蓋了結構轉換的質量競爭差距，呈現出不同的增長實績和動能轉換效率（見表 4）。然而，廣東省內的發展差距明顯大於浙江、江蘇和山東。

表 4　沿海四省 GDP 增速的比較　　　　　　　　　　　　　　　　　　　　（%）

地區	2016 年	2017 年
全國	6.7	6.9
廣東	7.5	7.5
江蘇	7.8	7.2
山東	7.6	7.4
浙江	7.6	7.8

資料來源：中國國家統計局。

　　我們可以觀察到廣東省有三種不同的發展模式：一種是以招商引資為重點，一種是以民營經濟為重點，還有一種是以體制創新為重點。這三種模式在國內有一定的代表性。然而 2013 年以來發生了新變化：招商引資的模式開始培育內生性增長因素，民營經濟的模式開始轉向招商引資，體制創新模式開始構建跨境創新網絡。一個變化是政府公共服務和公共產品供給不足的短板開始得到補足，如職業教育和技術培訓、共性技術和公共技術服務、公共醫療保健等；另一個變化是開始積極探索公共治理體系和治理能力現代化，政府改革成為推動高質量發展、建設現代化經濟體系的重點。

三、對外開放進入高質量發展階段

（一）推動高質量發展的內涵

中國共產黨第十九次全國代表大會（十九大）報告明確提出：「中國經濟已由高速增長階段轉向高質量發展階段，正處在轉變發展方式、優化經濟結構、轉換增長動力的攻關期，建設現代化經濟體系是跨越關口的迫切要求和中國發展的戰略目標。」推動高質量發展，建設現代化經濟體系，要在保持經濟穩定增長、穩中求進的基礎上，推動質量、效率和動力三大變革；要在解放思想、形成共識的基礎上，從小事做起，把高質量發展貫徹落實在「五位一體」總體佈局、「四個全面」戰略佈局的方方面面；要在實事求是、遵循規律的基礎上，把握高質量發展的客觀規律，順應質量動態、相對、可逆、漸進的發展大勢。

現階段，重點應解決好三個問題：

一是要站在全球視野和全球格局的高度，從全面貫徹落實創新、協調、綠色、開放、共享五大發展理念入手，全面理解高質量發展的豐富內涵，聚焦化解不平衡不充分發展的主要矛盾。

二是要站在歷史新起點上，從需求、供給、要素投入產出、分配、宏觀循環五大研究分析角度入手，構建推動落實高質量發展的「四樑八柱」和結構框架，因地制宜、從實際出發、量力而行、推動落實高質量發展。

三是要站在現代化發展新征程上，從指標體系、政策體系、標準體系、統計體系、績效體系和政績考核六大體系建設入手，構建推動落實高質量發展的激勵導向和實績評估機制，推動基於高質量的體制創新、科技創新、文化創新。

（二）推動高質量發展要落實在方方面面

在穩增長基礎上實現高質量發展。中國經濟已由高速增長階段轉向高質量發展階段。過去高速增長時期重點解決速度和有無的問題，現在重點解決質量和好壞的問題，以前重點是破解人民日益增長的物質文化需要和落後的社會生產之間的矛盾，現在重點是破解人民日益增長的美好生活需要和不平衡不充分的發展之間的矛盾。實現高質量發展要突出階段性和全面性兩大特徵：階段性特徵是強調規模和速度的時代已經過去，中國發展已經進入了滿足人民日益增長的美好生活需要的新階段；全面性特徵是指高質量發展要體現在經濟、政治、社會、文化、生態等方方面面，要體現在供給、需求、要素投入產出、分配、宏觀循環等方方面面。因此，需要推動質量變革、效率變革、動力變革，形成高質量發展新動力。

高質量發展要體現生產力和生產關係的辯證統一。中國共產黨的十九大報告指出，實現「兩個一百年」奮鬥目標，實現中華民族偉大復興的中國夢，不斷提高人民生活水平，必須堅定不移把發展作為黨執政興國的第一要義，堅持解放和發展社會生產力，堅持社會主義市場經濟改革方向，推動經濟持續健康發展。為此，要營造推動高質量發展的市場環境、投資環境、營商環境、創新環境和政策環境，全面解放和發展社會生產力。其中的一個關鍵環節，就是全面深化政府改革。凡是市場機制能夠起決定性作用的領域，政府要持之以恒地為市場經濟營造公平競爭的發展環境，凡是市場機制不能起決定性作用的領域，要更好地發揮政府的作用，由政府推動治理體系和治理能力現代化，最大限度地滿足全社會對公共產品和公共服務供給的需要。只有政府、市場和社會在推動高質量發展上形成了合力，才能夠建立堅實的制度保障和行動驅動力。

推動高質量發展，建設現代化經濟體系，要始終以滿足人民對美好生活的需要為發展的根本目標，下大氣力解決好不平衡不充分發展的主要矛盾。一方面，解決不平衡發展問題的基本要義是堅持公平，要充分調動各級政府公共服務責任、企業和個人社會責任的能力，形成社會互助網絡，維護社會和諧和公平正義。另一方面，解決不

充分發展問題的基本要義是提高效率，要充分依靠市場競爭壓力、全方位國際合作助力和公平競爭秩序形成合力，形成持續提高全員勞動生產率和全要素生產率的動力機制，解決不充分發展的矛盾。

實現高質量發展需要實現三個轉型：從數量追趕轉向質量追趕；從規模擴張轉向結構升級；從要素驅動轉向創新驅動。推動高質量發展建設現代化經濟體系最根本的還在於深化改革，以增強經濟的活力、創新力和競爭力，包括現在正在推進的供給側結構性改革，這是根本途徑。

高質量發展一定是高效益發展，應充分體現在經濟、社會和生態效益的綜合治理和改善上。經濟效益主要通過促進產業邁向全球價值鏈中高端的位置，一方面在現有產業基礎上提高，另一方面創造新的價值鏈。其中，提升全社會研究與試驗經費支出水平，產出更多高效適用的發明專利、馳名商標、高知識含量版權和商業機密。社會效益主要通過提升社會治理能力，最大限度地提高人民的社會滿意度、社會和諧體驗和幸福感。生態效益主要通過污染治理、生態修復和保護、循環經濟、綠色發展，充分實現人與自然的和諧發展。

高質量發展要求高質量的區域城鄉空間佈局，需構建一個總體明確、邊界清晰且功能互濟的區域城鄉空間佈局。區域協調的實質是生產力優化佈局，形成區域發展水平趨同的內在協調機制。高質量發展是一個質量動態上升的發展趨勢，這是相對、漸進、漸變、逐步的演進過程，關鍵在於怎樣推動其向「更高質量」再前進一步，再上一個台階。日本近年來出現產品質量下降、科研競爭力下降的問題，其原因在於那些曾經支撐日本高質量發展的制度因素和質量作業管理因素被改變，這說明高質量發展是可逆的。中國不同地區的具體情況不同，也有各自不同的高質量發展的標準。因此，高質量是一個辯證的哲學觀點，不同地區的「更高質量」的意義不同，一是與發展全局有關的高質量，二是與局部轉型升級有關的高質量，三是不能脫離中國以及國內各個地區的歷史起點去看待「更高質量」，四是產業適度發展、尊重規律、循序漸進，五是城鄉融合，全面深化農村改革，推動農村各項事業發展，堅持質量興農，樹立「產能安全」的糧食安全觀，積極培育多元化的鄉村振興主體。

高質量發展一定要處理好基於高質量的政府和市場關係。堅持市場在資源配置中的決定性作用，更好地發揮政府作用。一方面，要重視解決好南北發展差距擴大的問題，核心是解決好華北、西北、東北經濟新舊動能轉換嚴重滯後的問題，解決好發展缺少活力、市場缺少壓力、社會缺少激勵的問題，加大簡政放權的改革力度，把市場環境、營商環境、投資環境培育好。研究複製推廣深圳、佛山、東莞等政府服務中的經驗和做法；另一方面，要重視解決好高質量發展對政府公共產品和公共服務質量提出的「更高質量」要求的問題，從治理體系和治理能力現代化的角度，推動落實法無授權不可為、法無禁止皆可為、法定責任必須為的法治建設，讓法定機構和專業治理人員進入公共服務的主戰場。

（三）對外開放進入高質量發展階段

　　形成全面開放的新格局，是高質量發展的內在要求。2017 年，中國的進出口總額達 277,921 億元，相當於國內生產總值的 33.6%；實際使用外資 8,775.6 億元人民幣，同比增長 7.9%，全年利用外資規模創歷史新高。中國已成為拉動世界經濟增長貢獻最大的國家，已形成世界上人口最多的中等收入群體，已織就了世界上最大的社會保障網。在對外開放已達到較高水平的基礎上轉向高質量發展，下一步工作的着力點應當是增強全球綜合運作能力。以「一帶一路」建設為統領，推進基礎設施互聯互通，推進產業和服務貿易全方位國際合作，建立自由貿易區網絡，形成雙向互濟的開放格局；應優化區域開放格局；創新對外投資方式，促進國際產能合作，形成面向全球的貿易、投融資、生產、服務網絡，加快培育國際經濟合作和競爭新優勢；要通過主動擴大進口優化貿易結構，提高對外貿易的質量和效益，支持經濟的持續平穩增長；要提高利用外資水平，重點吸引技術、知識密集型產業投資，鼓勵外商投資科技研發、服務外包等領域和中西部地區；要重視開放條件下的經濟安全問題，防範國際資本非正常流動對中國經濟的衝擊。

　　高質量發展要求建立更高層次的開放型經濟。從出口促進、招商引資驅動的外向型經濟體制轉向出口與進口並舉、引進來與走出去並舉、製造業與服務業並舉的開放

型經濟新體制，最本質的變化是利率、匯率、稅率、貨幣和價格的形成機制和激勵導向更加趨於中性。「發展更高層次的開放型經濟」，推動「一帶一路」建設，形成全面開放新格局，是新時代提出的新要求。習近平總書記曾經指出，「一帶一路」的定位是今後相當長時期對外開放和對外合作管總的規劃。

四、擴大對外開放、全面建成經貿強國

中國共產黨的十九大報告明確提出：「中國共產黨人的初心和使命，就是為中國人民謀幸福，為中華民族謀復興。」「在全面建成小康社會的基礎上，分兩步走在本世紀中葉建成富強民主文明和諧美麗的社會主義現代化強國。」這是在 1987 年的十三大提出「三步走」戰略、2012 年十八大提出「兩個一百年」奮鬥目標的基礎上，進一步明確了 2050 年建成社會主義現代化強國的宏偉目標（見表 5）。

第一個時間節點是 2020 年決勝全面建成小康社會。在統籌推進「五位一體」總體佈局、協調推進「四個全面」戰略佈局的基礎上，決勝三年，打好防範化解重大風險、精準脫貧、污染防治三大攻堅戰。第一個一百年奮鬥目標有望如期實現。然而，要進入創新型國家行列，實現科技進步貢獻率提高到 60% 以上、知識密集型服務業

表 5　現代化強國進程與經貿強國戰略的比較

年份	現代化新征程[17]	經貿強國戰略	中國製造 2025	創新驅動戰略
2020	全面建成小康	夯實經貿大國基礎	基本實現工業化	創新型國家
2035	基本實現現代化	基本建成經貿強國	製造強國中等	創新型國家前列
2050	成為現代化強國	全面建成經貿強國	製造強國前列	科技創新強國

資料來源：中共十九大報告及其他相關資料。

增加值佔國內生產總值的 20%、研究與試驗發展（R&D）經費支出佔國內生產總值 2.5% 的目標，還需要作出艱苦不懈的努力和採取創新進取的措施才可能實現。

第二個時間節點是 2035 年基本實現社會主義現代化。到那時，中國將躋身創新型國家前列；國家治理體系和治理能力現代化基本實現；國家文化軟實力顯著增強；全體人民共同富裕邁出堅實步伐；現代社會治理格局基本形成；生態環境根本好轉，美麗中國目標基本實現。然而，提前 15 年基本實現社會主義現代化，還要作出艱苦卓越的奮鬥。

第三個時間節點是 2050 年把中國建成富強民主文明和諧美麗的社會主義現代化強國。到那時，中國物質文明、政治文明、精神文明、社會文明、生態文明將全面提升，實現國家治理體系和治理能力現代化，成為綜合國力和國際影響力領先的國家，全體人民共同富裕基本實現，中國人民將享有更加幸福安康的生活，中華民族將以更加昂揚的姿態屹立於世界民族之林。

從經濟貿易強國建設的進程看，也將有三個重要時間節點：

第一個時間節點是 2020 年夯實經貿大國的基礎。2017 年年底召開的中央經濟工作會議提出，要在開放的範圍和層次上進一步拓展，更要在開放的思想觀念、結構佈局、體制機制上進一步拓展。有序放寬市場准入，全面實行准入前國民待遇加負面清單管理模式，繼續精簡負面清單，抓緊完善外資相關法律，加強知識產權保護；促進貿易平衡，更加注重提升出口質量和附加值，積極擴大進口，下調部分產品進口關稅；大力發展服務貿易；繼續推進自由貿易試驗區改革試點；有效引導支持對外投資。

第二個時間節點是 2035 年基本建成經貿強國。十九大報告提出，開放帶來進步，封閉必然落後。中國開放的大門不會關閉，只會越開越大。要以「一帶一路」建設為重點，堅持「引進來」和「走出去」並重，遵循共商共建共享原則，加強創新能力開放合作，形成陸海內外聯動、東西雙向互濟的開放格局；拓展對外貿易，培育貿易新業態新模式，推進貿易強國建設；實行高水平的貿易和投資自由化便利化政策，全面實行准入前國民待遇加負面清單管理制度，大幅度放寬市場准入，擴大服務業對

外開放，保護外商投資合法權益；凡是在中國境內註冊的企業，都要一視同仁、平等對待；優化區域開放佈局，加大西部開放力度；賦予自由貿易試驗區更大改革自主權，探索建設自由貿易港；創新對外投資方式，促進國際產能合作，形成面向全球的貿易、投融資、生產、服務網絡，加快培育國際經濟合作和競爭新優勢。

第三個時間節點是 2050 年全面建成經貿強國。預期中國將建成全球負責任大國，[18] 成為全球開放型經濟強國，[19] 成為全球包容性發展大國[20]。一是要積極參與全球經濟治理機制合作，推動國際經濟治理體系改革和完善，促進全球貿易投資自由化、便利化；二是要遵守國際規則，維護國際秩序，深度參與全球價格、規則的制定，做有責任、有擔當的大國；三是要樹立共同、綜合、合作的安全觀，積極推動全球平衡、包容和可持續發展。

本章作者：張燕生

中國國際經濟交流中心首席研究員

注釋

1　習近平：〈開放共創繁榮　創新引領未來〉，2018 年 4 月 10 日海南博鰲亞洲論壇主旨演講。

2　學者認為，中國經濟在宋朝（960-1280）達到鼎盛時期；18 世紀中葉英國發生工業革命的主要條件，中國早在 14 世紀明朝初年就基本具備。然而，這個時期恰恰是中國經濟從長期領先西方世界轉向長期低速增長甚至停滯狀態的轉折點。見 [英] 安格斯·麥迪森著，伍曉鷹、馬德斌譯：《中國經濟的長期表現》，上海人民出版社 2008 年版；林毅夫：〈李約瑟之謎、韋伯之問和中國的奇跡〉，《北京大學學報》（哲學社會科學版）2007 年 7 月第 44 卷第 4 期，以及相關的學術文獻。

3　[英] 安格斯·麥迪森著，伍曉鷹、馬德斌譯：《中國經濟的長期表現》，上海人民出版社 2008 年版，序言，第 1 頁。

4　[美] 弗朗西斯·福山著，毛俊杰譯：《政治秩序的起源》，桂林：廣西師範大學出版社 2012 年版，第 18 頁。

5　[英] 安格斯·麥迪森著，伍曉鷹、馬德斌譯：《中國經濟的長期表現》，第 36 頁。

6　　林毅夫：《李約瑟之謎、韋伯之問和中國的奇跡》，第 6 頁。

7　　［英］安格斯・麥迪森著，郝小楠、施發啟譯：《世界經濟千年統計》，北京大學出版社 2009 年版。

8　　轉引自［英］安格斯・麥迪森著，郝小楠、施發啟譯：《世界經濟千年統計》，第 257 頁。

9　　［英］安格斯・麥迪森著，伍曉鷹等譯：《世界經濟千年史》，北京大學出版社 2003 年版，第 36 頁。

10　　同注 6，第 18 頁。

11　　［美］威廉・阿瑟・劉易斯著，梁小民譯：《增長與波動》，北京：華夏出版社 1987 年版。

12　　趙德馨主編：《中華人民共和國經濟史（1949-1966）》，鄭州：河南人民出版社 1988 年版，第 67-68 頁。

13　　按照市場匯率計算，2015 年歐盟 28 國的 GDP 為 14.72 萬億歐元，中國為 9.75 萬億歐元，美國為 16.64 萬億歐元。見布魯蓋爾研究所、英國皇家國際事務研究所、中國國際經濟交流中心、香港中文大學劉佐德全球經濟及金融研究所：《中國—歐盟經濟關係 2025：共建未來》，2017 年版。

14　　［美］約瑟夫・斯蒂格利茨：〈中國世紀從 2015 年開始〉，美國《名利場》雜誌 2015 年 1 月號。

15　　同注 5。

16　　［美］克魯格曼：〈東亞奇跡的深化〉，美國《外交事務》1994 年。

17　　中國共產黨的十九大報告提出，明確堅持和發展中國特色社會主義，總任務是實現社會主義現代化和中華民族偉大復興，在全面建成小康社會的基礎上，分兩步走在本世紀中葉建成富強民主文明和諧美麗的社會主義現代化強國。

18　　負責任大國將在構建國際經濟秩序和規則方面作出重大貢獻，在推進國際宏觀政策協調機制方面作出表率，在承擔全球公共產品供給責任方面以身作則。

19　　國際經貿規則的制定權掌握在「大國」手中。「大國」不是人口多少或面積大小，也不是經濟規模大小或人均收入高低，而是對世界經濟的領導力和影響力大小。「大國」一般具有三種能力：一是全球市場的領導者或主導者。「大國」對全球市場有很強的合成議價能力，在全球市場上具有價格風向標和價格決定者的地位。如果不具有全球定價權，無論其在全球市場上所佔份額有多大，也只能算成「小國」；二是全球經貿規則的領導者或主導者。「大國」對全球經貿規則擁有決定權或主導權，在規則談判中，有舉足輕重的控制力和影響力。如果一國經濟規模很大，卻沒有全球經貿規則制定、修訂的主導權和影響力，那麼，也只能是個「大塊頭」的追隨者和規則的接受者；三是全球經貿調整責任的承擔者和領導者。當世界經濟或國際市場上出現了大的週期性或結構性波動，就需要有「大國」出來承擔調整失衡的責任，維持全球經濟相對均衡和市場價格基本穩定。如果「大國」始終是順週期的追隨者和全球責任的推卸者，再大也只能起到「小國」的作用。

20　　包容性發展大國不僅在國內，而且要在全球範圍內推動平衡、開放、普惠、包容、共享發展。

第二章

改革開放是中國實現現代化的必由之路

一、中國改革開放是人類歷史上最輝煌的實驗

40 年前,中國共產黨領導 10 多億中國人民,進行了一場無疑是人類歷史上前無古人、後無來者的最偉大、最成功的改革開放,不但給這個古老的國家帶來了前所未有的巨大變化,而且創造了人類發展史上的奇跡。

事實上,對於中國改革開放 40 年來取得的巨大成就,無論怎樣高度評價都不為過。不過,也許國外領導人、知名人士和媒體的評價更加客觀,更有說服力。

早在 10 年前,德國前總理施密特在接受專訪時就指出:「當今的中國非常有吸引力,因為中國進行着一項偉大的實驗。以鄧小平為首的新一代領導人進行了迄今為止最輝煌的實驗:已持續四分之一世紀的經濟繁榮是世界上無與倫比的。」[1]

加拿大《環球郵報》發表評論說:「我們從未見過任何類似於中國正在發生的一切。世界上曾有過其他國家(和地區)以驚人的方式騰飛:20 世紀五六十年代的日本以及六七十年代的韓國、香港與遠東地區其他『小虎』。但是,從未有過如此之多的人口、如此之多的行業產生了如此之大的改變。即使美國那樣引人注目的崛起也不能真正與中國奇跡相提並論。工業革命期間,英美兩國在 50 年內實現了真正的人均收入翻一番。而中國如今每九年就能實現一次。」[2]

西班牙西中企業家委員會主席指出，中國的改革開放開創了歷史上最大規模的經濟革命。迄今為止，沒有一個如此龐大的民族在如此短的時間裏在經濟條件和物質生活方面實現了如此驚人的飛躍。歷史將會證明，中國的崛起是我們這個時代世界上最重要的現象。[3]

「中國發展太快了！」這句話幾乎成了每一個真正了解中國並且為中國的發展成就感到震驚的外國人論及中國時的感受。10 多年前，美國《國際先驅論壇報》就曾刊登了一篇題為「我們生活在『中國年』」的文章。文章作者分析估算指出，中國的一年等於英國的 3.87 年、美國的 4.28 年，相當於尼日利亞的 30 年，而中國每七個小時發生的變化更是相當於非洲小國馬拉維整整一年的變化。所有國家的生活變化都無法跟上中國速度，只有到中國才能體會到那種炫目的感覺；在中國，每一個變化都可能是撩動世界脈搏的驚奇，每一次進步都可能會創造一個新的奇跡。中國以前所未有的變化速度向前發展，這種變化使中國這個文明古國不斷煥發勃勃生機，更給世界帶來了新的節奏和生命力，賦予了整個世界和人類發展以新的意義。

到 2017 年年底，在這個世界上，無論哪個國家的領袖、政客、媒體甚至大部分民眾，不管他們持有何種政見，不管他們對中國抱有好感還是惡意，不管他們對中國的未來「看多」還是「看空」，但有一個事實是眾所公認的，那就是經過改革開放 40 年的發展，中國經濟已經達到空前強大的地步。目前，中國不僅是世界第二大經濟體，而且仍然是增長最快的經濟體之一，更是 2008 年爆發世界金融經濟危機後的 10 年來表現最出色的經濟體，從某種意義上說，它已成為當今對世界經濟貢獻最大、拉動整個世界經濟前行的「火車頭」。

二、飛速增長的中國經濟總量

2017 年中國的 GDP 總量達到 12.27 萬億美元，與改革開放前 1978 年的 2,683 億美元相比，在 40 年裏增長了令人難以置信的 45.7 倍。1982 年中共十二大曾明確宣佈了國民經濟翻兩番的奮鬥目標，那就是從 1980 年到 20 世紀末，力爭用 20 年時間使中國工農業的年總產值翻兩番。但事實卻是，到了 2017 年，中國僅僅用了 40 年時間，GDP 就翻了五倍半，而且在長達 40 年的時間裏，年均增長速度達到了驚人的 9.5%，這不能不說是世界經濟發展史上一個前無古人的偉大奇跡。

1978 年，中國的 GDP 排名遠遠落後於美歐日等發達國家，世界排名僅為第 15 位；然而到了 2012 年，僅僅過了 34 年，中國的 GDP 就超越了日德英法意等上百年的老牌發達國家，成為僅次於美國的世界第二大經濟體，用 30 多年的時間走完了發達國家上百年甚至數百年才走完的發展歷程，創造了人類經濟發展史上的神話。此外，2012 年中國作為世界第二大經濟體與第一大經濟體美國的 GDP 之比為 46.7%（7.43 萬億美元：15.92 萬億美元），2017 年兩者之比約為 64.7%（12.27 萬億美元：19 萬億美元），五年時間裏差距縮小了將近 20%。由於中國現在每年的經濟增速基本穩定在 6% 以上（國家統計局最新公佈：2012 至 2017 年中國 GDP 年均增長率為 7.2%），而美國則基本是在 2% 左右，所以世界上絕大多數權威經濟預測機構都認為，中國至少應在 2035 年左右就會超過美國成為世界第一大經濟體；而不少更加樂觀的預測更認為，也許到 2030 年左右，中國就有可能成為世界第一大經濟體。

（一）世界第一工業大國

六年前，筆者曾在自己的博客上發表過一篇文章，歷數了中國當時有多少個世界第一（後來筆者發現這篇博客文章在網絡上被廣泛傳播和引用）。

筆者在那篇文章中指出，早在 2010 年，中國就超過了美國成為全球製造業第一

大國。2010 年世界製造業總產值為 10 萬億美元。其中，中國佔世界製造業產出為 19.8%，略高於美國的 19.4%；但如果用聯合國的統計數字，按 2011 年年初的匯率計算，中國製造業產值為 2.05 萬億美元，而美國製造業為 1.78 萬億美元，那麼中國製造業產值高出美國就不只是 0.4%，而是高達 15.2%。當然，中國比美國高出多少並不重要，重要的在於，美國從 1895 年直到 2009 年，已經在製造業世界第一的「寶座」上穩坐了 114 年，而中國製造業能夠在產值上一舉超過美國，這無疑是中國的一個偉大歷史性跨越，創造了人類經濟發展的新紀元。

改革開放剛開始的 1978 年，中國的工業總產值僅為 1,607 億元人民幣，按當時匯率折算，僅為 1,074.1 億美元，在全球排名不但遠落後於人口比中國少得多的美日德英法意加等發達國家，也大大落後於某些快速發展的新興國家。但是，到了 2010 年，在不到兩代人的 32 年時間裏，中國製造業總產值增長了 18.1 倍，超過美國而穩居世界第一。試問在世界經濟史上，有哪個國家能夠做到這一點？

在那篇文章中筆者還指出，2012 年，在世界 500 種主要工業品裏，中國有 220 種產品產量位居全球第一位。其中主要產品包括生鐵、粗鋼、煤炭、水泥、電解鋁、精煉銅、化肥、化纖、平板玻璃、工程機械、汽車、造船、彩電、手機、集成電路、計算機、冰箱、空調、洗衣機、微波爐、數碼相機、服裝、紡織品、鞋類、家具、食品，等等。

2012 年到現在，又是六年過去了，那麼現在中國的工業又發展到什麼水平了呢？

現在的中國，不但繼續雄霸世界第一工業大國的「寶座」，而且 2017 年的工業總產值比美國、日本、德國這三大世界工業強國加在一起的總和還要多。

（二）世界第一農業大國

當今的中國，不僅是第一工業大國，而且還是第一農業大國。

中國是世界第一的糧食生產大國。2017 年中國糧食總產量為 6.18 億噸，根據聯合國糧食及農業組織（FAO，以下簡稱「糧農組織」）統計，中國的穀物產量佔世界總量比重一直處於世界第一位。2009 年，在全球 19 種主要農產品產量中，中國雄居

世界第一位的就有 12 種。

中國是世界第一漁業大國，2017 年中國的水產品產量為 6,900 萬噸，連續 28 年雄居世界第一，佔世界水產品總量的 60% 以上。

中國是世界第一養禽業大國。2017 年中國的禽蛋產量超過 3,000 萬噸，佔世界總產量的 41.8%。

中國是世界第一肉類生產大國。2016 年中國的肉類產量為 8,540 萬噸，佔世界肉類總產量將近三分之一。

中國是世界第一蔬菜生產大國。2017 年中國蔬菜總產量為 7.74 億噸。據聯合國糧農組織統計，早在 2007 年中國蔬菜播種面積和產量就已穩居世界第一，分別佔世界總量的 43% 和 49%。

中國是世界第一水果生產大國，2016 年水果產量為 2.83 億噸，佔全球市場份額的五分之一左右。

（三）世界第一進出口貿易大國

2012 年，中國進出口貿易總額為 3.87 萬億美元，首次超過了美國的 3.82 萬億美元，成為世界第一大進出口貿易國，與 1978 年的 167.6 億美元相比，增長了驚人的 230 倍。

此後幾年，由於受國際市場主要是歐美市場萎縮的影響，中國的進出口總額一度下滑，但是 2017 年中國進出口總額時隔兩年後重回 4 萬億美元，同比增速達 14.2%，創 2012 年以來新高。其中，出口同比增長 10.8%，進口同比增長 18.7%，仍然雄居世界第一進出口貿易大國「寶座」。

（四）世界第一外匯儲備大國

2017 年，中國外匯儲備仍然穩定在 3 萬億美元以上，高居世界第一位。而 40 年前的 1978 年，中國外匯儲備僅有 1.67 億美元，人均只有美元一角七分，泱泱世界人

口第一大國，外匯儲備卻接近於零。

（五）世界第一公路運輸大國

到 2015 年年底，中國公路總里程達 458 萬公里，位居世界第一位。1980 年中國
公路總里程只有 88.3 萬公里，且沒有一條高速公路。37 年之後的 2017 年，中國的高
速公路通車里程已達 13.1 萬公里，覆蓋了全中國約 98% 的人口超過 20 萬的城市。
中國高速公路的通車里程，2014 年就已達 10 萬公里，超越了美國的 9.2 萬公里，到
2017 年已連續四年穩居世界第一。

（六）世界第一鐵路運輸大國

早在 2006 年，中國鐵路即以佔世界鐵路 6% 的營業里程，完成了佔世界鐵路四
分之一的運輸量，創造了四個世界第一：旅客週轉量世界第一，貨物發送量世界第
一，換算週轉量世界第一，鐵路運輸密度世界第一。其中旅客週轉量比第二位的印度
高出近 900 億人公里，是美國、俄羅斯兩國總和的 3.8 倍，是日本的 2.7 倍；完成貨
物發送量比第二位的美國多近 10 億噸，是俄羅斯的兩倍多，是印度的 4.8 倍；完成換
算週轉量比第二位的美國高 1,300 億噸公里，是俄羅斯的 1.5 倍。

最重要的是，中國是世界第一高鐵運營大國。截至 2016 年 12 月底，中國高鐵運
營里程已超過 2.2 萬公里，佔世界高鐵運營總里程的 60% 以上，位居全球第一。目
前，中國高鐵與其他鐵路共同構成的快速客運網已達 4 萬公里以上，在運營里程、運
行時速、在建規模、發展速度等各個方面均位居世界第一。

特別值得一提的是，1964 年日本新幹綫通車，時速 200 公里，成為世界高鐵之
鼻祖。從那時起直至 2011 年最高時速達 320 公里的最快新幹綫列車投入運營，日本
用了近 50 年的時間。而中國第一次着手引進時速 200 公里的高速列車技術是在 2004
年，到 2008 年年底，第一條具有自主知識產權的高速鐵路 —— 京津城際鐵路通車運
營，時速已達 350 公里。這標誌着中國只用了四年多的時間就走過了日本近 50 年的

高鐵建設之路。而到了 2016 年，又只用了短短八年時間，中國高鐵的運營里程就佔世界高鐵運營總里程的 60% 以上。中國高鐵這種令人目眩的發展速度，令世界所有國家都驚嘆不已。

（七）世界第一港口運輸大國

2017 年，中國港口完成貨物吞吐量 140.07 億噸，位居世界第一位。而 1978 年中國港口貨物吞吐量僅為 2.8 億噸，40 年時間裏，竟然增長了令人震驚的 50.3 倍。

1978 年之前，中國僅有一座在建的集裝箱（編按：貨櫃）碼頭，那就是 1974 年 6 月開始在天津新港興建的第一個集裝箱碼頭。這個集裝箱碼頭經過七年的建設，第一個泊位於 1981 年 12 月正式交付使用。也就是說，1978 年時中國的集裝箱港口吞吐量為零。然而到 2017 年年底，中國集裝箱港口吞吐量已達 2.38 億標準箱，連續 12 年保持世界第一，尤其是在 2016 年年底全球港口貨物吞吐量前 10 位排名中，中國「軍團」包攬了七個席位；而在前五名中，除新加坡港外，其餘全部是中國的港口。上海港排在世界第一位，而深圳港、舟山港和香港港則分列第三、四、五位。

（八）世界第一能源生產大國

2017 年，中國能源生產總量達到 36.7 億噸標準煤，居世界第一。其中原煤產量為 36.5 億噸，位居世界第一位，產量超過世界排名第二位到第十位國家原煤產量的總和。

（九）世界第一發電大國

2017 年，中國的年發電量達 6.5 萬億千瓦時。而早在 2011 年，中國淨發電量總額達 4.47 萬億千瓦時，已超過美國的年淨發電量 4.1 萬億千瓦時，躍居世界第一。

此外，在以水電、風電為主的可再生能源領域，中國發電裝機規模已位居世界第一。早在 2012 年 10 月底，全國 6,000 千瓦以上水電廠裝機容量已達 2.06 億萬千瓦，

位居世界第一；全國併網風電裝機已達 5,589 萬千瓦，也超過美國，升至全球榜首。

要特別指出的是，過去 15 年中，全球可再生能源快速發展，但中國可再生能源發展速度比世界平均速度更快。2016 年全球核能產量增長 1.3%，增加了 930 萬噸油當量。中國增長 24.5%，全球核能生產淨增長全部源自中國。中國核能增量（960 萬噸油當量）比 2004 年以來任何國家的年增量都要高。此外，中國對生物質能和地熱能的利用，也進入世界前列。

（十）世界第一互聯網大國

中國電話用戶居世界第一。截至 2017 年，中國電話用戶達到 116.1 億戶，其中移動用戶 13.6 億戶，均居全球第一位。

中國網民規模居世界第一。截至 2017 年 6 月，中國網民規模已經達到 7.51 億人，半年共計新增網民 1,992 萬人，半年增長率為 2.7%。互聯網普及率為 54.3%，較 2016 年年底提升 1.1%。

至於電子商務，中國早在 2012 年就超過美國，成為世界第一。2012 年是中國網絡購物狂飆猛進的一年。這一年，僅淘寶和天貓的交易額就突破萬億元；這一年，中國網絡購物用戶規模達 2.42 億人，遠遠高於第二名美國 1.7 億人的規模；2009 至 2011 年，中國在網上購物的互聯網用戶比例就從 28% 飆升至 36%，而到了 2012 年又進一步飆升至 42.9%，成為世界第一，這無疑是中國電子商務史上的一個里程碑。到了 2017 上半年，中國電子商務交易額已經達到 13.35 萬億元，同比增長 27.1%。

更值得一提的是，中國的電子商務已成為帶動就業的重要新興產業。截至 2017 年 6 月，中國電子商務服務企業直接從業人員超過 310 萬人，由電子商務間接帶動的就業人數已超過 2,300 萬人。大量的電子商務平台、應用、服務、物流、支付等企業誕生，相關的網絡、金融等專業性電商服務發展迅速，催生了圍繞着電子商務產業鏈上下游的就業人員。

（十一）世界第一基建能力大國

關於基建能力，儘管到目前為止世界上還沒有對這方面進行統計和排名，我們還不能用數字來比較和說話，但現在中國已經是全球工程機械最大的製造基地，所有門類的工程機械中國都能製造。而且中國的基建能力傲視全球，這幾乎已是全世界各國政府、專家和民眾的共識。

現在中國不但能夠建造世界最長的高速鐵路、世界最長的跨海大橋、世界最長的海底隧道、世界最高的跨山鐵路公路橋、世界最大的電網工程、世界最大的射電望遠鏡，甚至全球 300 米以上的高樓有將近 70% 是中國建造的，而且中國基建的速度和效率也引起了世界各國的驚嘆。連當今美國最著名的企業家埃龍・馬斯克也在推特上發文讚嘆說：「中國先進基礎設施發展速度比美國快了 100 多倍。」

當然，我們在這裏歷數中國在經濟發展上的世界第一，絕對沒有認為中國經濟已經非常了不得之意，事實上中國的經濟與發達國家相比還處於很落後的水平，中國的生產效率與發達國家相比還有很大的差距。生產同樣數量和質量的產品，中國所需投入的資金和人力物力遠遠大於發達國家，能源消耗和資源消耗水平遠遠高於發達國家；此外，中國產品的技術含量還遠遠不夠，大多數產品還屬中低檔次，在世界上能夠居於領先地位的高端產品和品牌產品數量還很少，特別是中國生產的許多已經達到高端序列的產品中，核心技術還掌握在美國等發達國家手中。因此，總體來說，中國的經濟還處於比較粗放的發展階段，中國經濟真正能夠在質量和核心技術上趕上和超過發達國家，還需經過一段十分漫長的發展道路，還需作出極大且十分艱苦的努力。

三、走向現代化科技強國之路

（一）中國的高端產品開始走向世界

雖然中國經濟的成長速度已被世界所矚目，中國也早已成為公認的「世界工廠」，但是多年來大家都認為，中國只是一個為歐美市場提供勞動密集型低端出口產品的國家，中國產品幾乎成為「廉價低端產品」的代名詞。然而今天，這個評價開始有了質的變化。因為中國的科技實力正在迅速提高，中國的高端產品已經開始走向世界。如上所述，中國經濟發展的速度和生產產品的數量還不足以說明中國經濟發展的水平，只有經濟發展的質量和生產產品的質量，才是中國經濟發展水平的真正標誌。

漢諾威工業博覽會是全球最大的工業技術博覽會，被稱為「世界工業發展的晴雨表」。如果我們持續關注近年來漢諾威工業博覽會消息的話，我們就會發現，中國的企業及其高端技術和高端產品，越來越多地出現在這個世界工業發展頂級水平的展示會上。可以毫不誇張地說，近年來，每屆漢諾威工業博覽會上中國參展的企業都是除東道主德國外在數量和參展面積上居首的。2012 年德國漢諾威工業博覽會共有來自 69 個國家和地區的大約 5,000 家企業參展，來自中國的約有 500 家企業，佔了全部參展企業的十分之一；到 2015 漢諾威工業博覽會，參展的中國企業的數量已超過 1,100 家，參展企業數量僅次於東道主德國，佔來自全球 65 個國家和地區的 6,500 多家參展企業的約六分之一。2017 年漢諾威工業博覽會共吸引來自全球 70 個國家和地區的 6,500 家參展商，參觀人數達 20 多萬，而人工智能機器人和能源轉型解決方案成為該屆博覽會的重點。在該屆博覽會的海外展商中，中國展商數量及參展面積仍居首位。不僅如此，在這樣頂級的世界工業博覽會上，中國企業生產的越來越多的高端產品已經可以與歐美和日本的同行同台競技了。由此可見兩點：一是中國在製造業領域正從「低端」向「高端」大步邁進；一是中國企業非常注重學習、吸收、借鑒和引進國外

先進技術和先進產品，非常注重創新自己的技術，非常渴望在自己所在的領域內生產出世界先進的高端產品，打造出自己響亮的品牌。

除了德國的漢諾威工業博覽會外，每年在美國拉斯維加斯舉辦的消費電子展，也是全球頂尖的最新電子產品的展示會。中國的企業和產品近年來也開始在這個展示會上大放異彩。在 2016 年的展示會上，單是名稱中帶有「深圳」字樣的中國企業就達數百家，在目錄中佔了整整五頁。與之相呼應的是，今天創維、海爾、中興、華為和小米等電子產品品牌都已在全球站穩腳跟，並不斷提升自己的市場份額和加快領先的步伐。可以說，在今天的智能家電市場、家用健康衛生技術和機器人領域，越來越多的中國製造商成為行業的潮流引領者，決定着該領域在全球發展的節奏。

還有些國際機構和媒體從另外的角度來觀察中國製造業的巨大進步。英國《金融時報》網站報道說，中國正從低工資的製造商向高科技的溫床轉變。他們所觀察到的，是中國製造商開始自行製造高價值的中間產品，而以往中國都是從韓國等發達經濟體進口這些產品，中間產品佔中國進口產品的比例已從 2011 年的 66% 左右降至 2015 年的 52%。該報道還指出，韓國是許多科技含量較高產品的傳統出口國，但現在中國正在強勢進軍這些領域。近年來韓國企業在手機和平板電視等領域的市場份額不斷被中國企業搶佔。隨着中國繼續大力發展製造業，還將有更多的韓國出口企業遭受衝擊。中國汽車企業在新興市場表現不俗，可能很快就會開始爭奪韓國企業的市場份額。中國也正在迅速搶佔造船業的市場份額。近年來，中國從日本造船企業那裏奪走了一些市場份額，最近更取代韓國成為全球最大的造船國。僅 2016 年第一季度，中國造船企業就贏得了全球近一半的商業造船訂單，將韓國的市場份額壓縮至 7.4%，中國藉此加強了對全球造船市場的控制。[4]

在這裏我們看到一個非常重要的觀點，那就是人們一般只留意到最終產品在國際市場上的高端與否和佔有市場的份額多少，並把它看作是一國製造業進步的標誌，而沒看到能夠大量減少中間產品進口，並轉由本地企業來生產，同樣是中國製造業的巨大進步，是中國產品走向價值鏈高端的重要標誌。

過去作為世界工廠，中國需要進口從鋁到晶片等大量的原材料和零部件。這種狀

況一直持續到幾年前。但如今許多企業已經改為從中國本土供應商採購超過 70% 的原材料。有數據表明，去年中國進口的用於生產其他產品的零部件及原材料的總值，比上一年下降 15%，這是因為中國出口商在生產中越來越少地使用進口零部件和原材料。另有數據顯示，中國出口產品中使用進口原材料的比例，在過去 10 年裏平均每年下降 1.6 個百分點。此外，為了打造國內的高端製造能力，中國政府宣佈了一項計劃，那就是到 2020 年，要使中國製造的 40% 的核心基礎零部件、關鍵基礎材料能夠實現自主保障，到 2025 年，還要將這一比例提高到 70%。

事實上，更多人是從最具代表性的中國大企業的變化來分析中國製造正在從低端快速地走向高端的。近年來，中國的很多明星企業開始在世界上嶄露頭角，它們為中國品牌贏得了巨大的國際影響力，並且以其技術和產品向世界宣告，中國產品「廉價」的形象正在成為過去。這尤其體現在世界著名的華為公司身上。且不說華為已成為全球最大的電信設備供應巨頭，僅以華為生產手機為例，直到 2011 年華為公司還作為手機的初級設備製造商為客戶貼牌生產智能手機，但到了 2016 年後，它已經成長為僅次於三星和蘋果的全球第三大手機製造商。

當下的中國，類似華為這樣開始以先進的技術和頂尖的產品走向世界的企業還有很多。難怪美國《福布斯》雜誌 2016 年 5 月發表一篇文章驚呼「中國製造」變「酷」了！「中國製造」不再意味着廉價、質量低劣、不時尚，備受尊重的本土品牌已經出現，其中一些不僅追上外國對手，還開始在國內外市場實現超越。拿手機來說，直至 2011 年，中國國內 70% 的智能手機銷量還是來自蘋果、三星、諾基亞等三大外國品牌；然而只經過了四年，到 2015 年，中國國內的十大暢銷智能手機品牌中，就有七個是中國本土品牌。通過中國手機市場的變化就可以看到，許多中國品牌極大地提升了產品質量，「中國製造」不再是質量差的同義詞。現在，中國製造商開始推出最前沿、最精密、高質量的產品。

還有不少國際媒體關注到，中國採用本土計算機芯片製造出來的「神威太湖之光」比美國最厲害的超級計算機還要快四倍。此外，在基因編輯、大數據分析和 5G 移動通訊技術領域，中國的專家也是世界上最好的。尤其是近年來中國企業的產品在

半導體、太陽能、風能、電動車、高鐵、核能、電子商務、智能手機、私人飛機和機床等各個領域，都在挑戰全球領先者的地位。這些跡象都充分表明，中國的製造業正在追趕西方，在某些情況下甚至超過了西方。

（二）中國在科技領域的快速邁進令人驚訝

毫無疑問，中國產品快速從低端向高端邁進，是與近年來中國在科技領域的迅猛發展分不開的。

經過不懈努力，近年來中國科技領域已經出現了由過去的與世界發達經濟體相比的「跟跑」到「並行跑」乃至在一些領域「領跑」的重大轉變，形成了完整的創新價值鏈和科技體系，取得了一大批有國際影響的重大成就。

載人航天、深海探測、超級計算、煤化工、人工智能等持續突破，帶動了相關科學、技術和工程領域的發展。高速鐵路、特高壓輸變電、高難度油氣田、核電、超級水稻等領域的技術逐漸成熟，開始向國外出口。鐵基超導、中微子、量子信息、外爾費米子、納米科技、空間科學、幹細胞和再生醫學、生命起源和進化等若干前沿和新興領域研究取得一批世界領先的重大成果。化學、材料學、物理學、工程學、數學、地學等主流學科已接近世界前列。

中國科學院科技戰略諮詢研究院和科睿唯安公司等發佈的《2016 研究前沿》報告指出，在國際 180 個熱點前沿和新興前沿中，中國表現卓越的研究前沿有 30 個，超過了英國、德國、日本、法國，僅次於美國，位列世界第二。這 30 個表現卓越的研究前沿覆蓋了八個領域，在化學、材料科學領域比較集中，在物理、生物、工程、數學、計算機等領域分佈均勻。

美國國家科學基金會發佈的《科學與工程指標 2016》顯示，中國已成為僅次於美國的世界第二研發大國，在研發投入、科技論文產出、高技術製造增加值等重要指標方面已居世界第二位。近 10 年來，中國的研究與試驗發展經費支出以高出 GDP 增速的速度增長，從 2008 年的 0.46 萬億元增長到 2017 年的 1.75 萬億元，佔 GDP 比重達 2.3%，佔全球研發支出的 20% 以上。中國在世界學術的產出佔比，已由 20 年前的不

到 3% 上升到 2015 年的 18% 左右。從 2008 到 2014 年，專利申請量與授權量分別增長 400% 和 450%，分列世界第一位和第二位。

衡量一個國家科技水平的主要指標之一是在權威期刊上發表論文的數量。在這方面，中國實現了神奇的飛躍。在 2001 年時，美國人發表論文的數量是中國人的 20 倍，到 2016 年這一優勢已經縮小為三倍，中國已超越德國和英國，位居世界第二。中國作者的論文被引用次數也增至美國的 55%，總體上排在美英德之後，位列世界第四。

在科技人才方面，2016 年中國的科技人力資源超過 8,000 萬人，工程師數量佔全世界的四分之一，每年培養的工程師相當於美國、歐洲、日本和印度的總和。

同時，2016 年中國的高技術產品世界佔比已超過 27%。麥肯錫全球研究所發佈的《中國對全球創新的影響》表示，2016 年中國在計算機產品和製造程序的改善兩個領域的創新領先世界。中國移動互聯網、移動支付和共享經濟走在世界前列，普及程度遠超世界其他任何地區。到 2016 年，中國高鐵在短短的 10 餘年時間裏投入運營的里程達 2.2 萬公里，佔世界高鐵總里程的 60% 以上，中國成為世界上高速鐵路運營里程最長、在建規模最大的國家，代表了「中國製造」成長的速度。

中國還在 2015 年提出了「中國製造 2025」規劃，這個規劃是旨在推進中國科技目標的各種雄心勃勃的計劃之一。它借鑒了德國的「工業 4.0」戰略，勾勒出了製造業從低端勞動密集型產業向智能科技時代轉變的藍圖。有外媒指出，中國吹響了向世界科技強國進軍的號角，同時也意味着中國已經將科技競爭力視為與經濟實力、主權實力一樣，是奠定自己現代超級大國地位的三大支柱之一。目前，中國正在全力引進上萬名全球頂尖科技人才，這項人才引進工作也是中國努力成為世界科技超級大國戰略的組成部分，即在通過「中國製造 2025」規劃努力調整產業政策的同時，打造中國的科技實力。

美國畢馬威管理諮詢公司的最新調查顯示，中國在引領顛覆性科技突破方面正不斷縮小與美國的差距。這份全球科技創新最新年度調查報告是畢馬威對全球 841 名高科技行業高管進行調研後撰寫的。調查顯示，中國正在出現的顛覆性科技突破激活了

自身的創新經濟。中國各地爭相複製矽谷的科技創新藍圖並進一步探索，而且越來越成功。調查還顯示，被調查者在回答哪個國家最有希望產生具有全球影響力的顛覆性科技突破時，中國獲得的支持率為 25%，略高於前一年的 23%；而美國雖然在調查中仍保持領先地位，但它的支持率已經從前一年的 29% 降至 26%，只比中國高一個百分點，兩者幾乎並駕齊驅。被調查者在回答認為哪個城市有望成為下一個全球高科技創新中心時，上海的排名領先於紐約、東京、北京和倫敦。同時也有些被調查者認為，深圳在未來的調查中排名會升高，因為這個城市最響亮的品牌如華為和騰訊，會提升這個城市的全球知名度。[5]

發展人工智能，也是中國近年來科技高速發展的重要體現，它同樣標誌着全球科技領域的力量平衡正在發生改變。中國過去多年來一直羨慕地看着西方發明驅動這個數字時代的軟件與芯片，如今自己也成了人工智能領域的一個重要參與者。甚至不少國際專家都認為，在這方面中國距離美國只有一步之遙。

2016 年，中國國家發改委、科技部、工信部及中央網信辦印發了《「互聯網＋」人工智能三年行動實施方案》，決定到 2018 年打造人工智能基礎資源與創新平台，並形成千億級的人工智能市場應用規模。中國政府的目標是基礎核心技術有所突破，總體技術和產業發展與國際同步，並基本建立人工智能產業體系、創新服務體系、標準化體系。為此，中國政府決定推進人工智能研發和產業化項目，開發智能家居、智能汽車、智能無人系統和智能可穿戴設備等產品。中國政府將向人工智能企業提供資金支持。此外還將加強人工智能知識產權政策研究，這是為了積極保護人工智能開發者的知識產權。

美國《大西洋月刊》網站 2017 年 2 月發表的一篇文章，對近年來中國在人工智能領域裏的突飛猛進作了十分生動和深刻的闡述。該文的標題是：中國人工智能興旺發展 —— 中國的大學和大型科技公司在研究和應用人工智能方面開始超越美國。文章說，來自世界各地的人工智能研究人員都會出席的美國人工智能促進會年會，2017 年的年會本定於 1 月底舉行，但由於這一時間與中國的春節衝突了，因此最終改期舉行。要是在過去，中國的這個節日可能不是什麼大問題，但現在中國研究人員

對年會來說已經不可或缺，沒有他們的參與，會議簡直就開不成。這是因為在這個歷來由美國主導的年會上，中國研究人員表現出色。中美兩國的研究人員貢獻的、獲得認可的論文數量不相上下。而在僅僅三四年前，這種情況是根本不存在的。這是十分出人意料的，令人印象深刻。文章還說，中國在人工智能研究領域中的快速崛起引起了人們的關注。2016 年 10 月，時任美國總統奧巴馬公佈了一項人工智能研究的「戰略計劃」。該計劃稱，在「深度學習」——目前人工智能研究中一個十分熱門的子領域——方面發表的期刊文章數量上，美國不再是世界領先。而超越美國的國家就是中國。這不僅是在學術研究中存在的情況，中國的科技公司同樣在人工智能上與美國爭鋒。百度、滴滴和騰訊等公司全都建立了自己的人工智能研究實驗室。由於這些公司都擁有龐大的用戶群，它們都掌握了訓練人工智能來察覺某種規律性所需的大量數據。像微軟和谷歌一樣，中國的科技公司也看到了人工智能的巨大潛力。該文還指出，中國政府對高校科研的總體投資在一定程度上促進了該國在人工智能領域的成功。僅僅在幾年前，第一次在國際人工智能領域的會議上還只是見到來自中國頂尖的清華大學和北京大學的研究論文，而現在卻已經有來自中國各地名牌大學研究人員的論文。該文最後說，在中國產生研究成果的速度要比矽谷等大多數地方快得多，在新成果的實際應用方面，中國公司的行動也要快得多。[6]

此外，與中國頗具雄心的人工智能發展規劃相呼應，中國計劃在世界機器人領域也要取得支配地位。根據「中國製造 2025」規劃和 2016 年 4 月發佈的一個機器人產業發展五年規劃，中國政府計劃讓重要的經濟部門通過機器人實現自動化。這些重要部門包括汽車製造、電子產品、家用電器、物流和食品生產。同時，中國政府希望，到 2020 年，自主品牌工業機器人在中國市場所佔份額提高到 50%。在機器人領域，儘管目前擋在中國前面的是日本、韓國、德國和美國等老牌機器人技術超級大國，但中國具有三大超越優勢，一是市場需求增長優勢，二是生產製造規模優勢，三是為此可以投入的雄厚資金優勢。2016 年，中國工業機器人的銷量達 9 萬台，同比增長約 30%，佔當年全球工業機器人總銷量的約三分之一。

在金融科技領域，中國近年來的發展更是驚人。可以毫不誇張地說，中國已成為

世界金融科技領域的領頭羊。2017 年中國不但已成為世界上最大的電子支付市場，遙遙領先其他國家，而且在世界創新性最強的金融科技公司名單中，前五名有四家是中國企業。如今，中國的金融科技領域發展前景很好。在這個領域裏，世界其他國家都將向中國學習。

中國金融科技的崛起在三個領域尤為明顯。第一個是在日常生活中顯而易見的移動支付。如今絕大多數的中國網民使用移動設備上網。電子商務巨頭阿里巴巴的支付寶迅速成為消費者首選的移動錢包，此後騰訊公司在其非常流行的微信應用裏加上了支付功能，中國主要的搜索引擎百度也推出了自己的錢包。競爭引發一系列創新，在西方沒有流行起來的二維碼，卻在中國的餐館和商店裏隨處可見，為商家和用戶收付款提供了最方便的形式。微信和支付寶的許多支付功能在世界其他地方也有，但沒有整合在一起；而在中國，所有這些不同的功能都集中在一個平台上，手機可以當錢包用，使用率非常高。2016 年中國移動支付的流水超過 38 萬億元，是美國市場體量的50 倍，而五年前移動支付在全世界幾乎還不存在。

中國領先世界的第二個領域是互聯網借貸。大部分國家的銀行都忽視小額借貸者。這個問題在中國尤其嚴重。金融科技填補了這個空白。電子商務再一次提供了推動力：互聯網購物平台開發了借貸服務，利用客戶的交易和個人信息建立信用分數。在中國最大的兩家電子商務門戶網站阿里巴巴和京東上消費的人，能夠方便地借到一般不到 1 萬元的小額資金。螞蟻金服和京東在其平台上還放貸給商戶，其中許多都是長期被銀行忽視的小企業。

中國金融科技第三個強大的領域是投資。最大的突破是阿里巴巴 2013 年推出了互聯網基金餘額寶，用戶可以得到比銀行高的利息率，而且風險很小。2014 年，騰訊推出了理財通。與此同時，陸金所則已經超越其原本的 P2P 模式，成為一家金融「超市」，提供個人貸款、資產擔保證券和保險等服務。

此外，在追逐國內市場客戶快速增長所提供的海外機會之際，中國的科技巨頭公司還正在把它們的雲業務推向世界。騰訊、阿里巴巴都在 2017 年上半年宣佈在海外大舉投資雲計算基礎設施。這些企業在數據處理、託管和相關服務上宣佈了總價值達

12 億美元的投資項目。這也使中國在數據處理、託管和相關服務領域成為世界第二大投資力量，僅次於美國 69 億美元的投資總額（由於亞馬遜、谷歌和微軟要擴大它們在數據中心和雲服務方面的全球網絡）。

近年來中國科技領域的飛速發展，還表現在另外一個往往被人忽視的方面，那就是國內高科技企業的海外併購風起雲湧，呈現出前所未有的擴張局面。事實上，中國企業邁開稱雄世界科技行業的步伐，就是從東南亞開始的。對中國企業來說，東南亞地區有世界上最大的華人群體，且東南亞國家的經濟發展潛力也備受中國科技巨頭看好。因此近年越來越多的中國科技企業進入東南亞國家尋求商機，使得東南亞的科技行業將面臨巨變。單是 2016 年，中國對東南亞最大的六個國家的直接投資幾乎增加了一倍，達到 378 億美元。不僅如此，2016 年中國企業在海外尤為活躍，兼併、收購開銷超過了 2,070 億美元。中國一些最大的科技企業已經開始了它們的全球擴張腳步，向歐洲、美國和東南亞等地區拓展。其中 2016 年前九個月，中國企業就向美國企業投資了 35 億美元。據有關專家估計，在接下來的幾年中，投資額可能還會增加。

（三）中國式創新成效突飛猛進

中國近年來在科技領域突飛猛進的發展，與中國正在以舉國之力追求創新密不可分。

2012 年中共十八大以來，中國把科技創新作為提高社會生產力和綜合國力的戰略支撐，將其擺在國家發展全局的核心位置，形成從新理念、新戰略、新綱要、新規劃到新行動的一整套創新理論體系和行動綱領，把發展的基點放在創新上，使之成為引領發展的第一動力。

2016 年，中國召開了「科技三會」，提出中國科技創新「三步走」戰略目標，即到 2020 年時進入創新型國家行列，到 2030 年時進入創新型國家前列，到新中國成立 100 年時成為世界科技創新強國。

基於這樣的戰略規劃，中國的創新環境日臻完善，資源配置、計劃項目管理、科技成果轉化和人才評價等問題正在得到解決。在改革科技計劃管理方面，優化整合了

百餘項各類計劃，形成了自然科學基金、重大專項、重點研發計劃、基地和人才專項、技術創新引導專項（基金）等五類科技計劃；在創新項目機制方面，實現了從基礎研究到示範應用的「全鏈條一體化」；在優化人才發展環境方面，院士制度改革正在有序推進；同時，「千人計劃」、「百人計劃」等人才計劃引進和培養了大批高端人才，近五年回國人才超過110萬人。此外，在大眾創業、萬眾創新方面，建成了各類眾創空間2,000多家，國家科技企業孵化器、加速器2,500多家；2015年在孵企業超過10萬家，培訓上市和掛牌企業600多家。

由於「中國創新力量」快速崛起，中國科技創新正在深刻地改變世界創新版圖。以中國科學院為代表的國家戰略科技力量和北京大學、清華大學等一批研究機構正向世界一流研究機構邁進。中科院在2016年湯森路透發佈的「全球最具創新力政府研究機構25強」中排名第11位，比2015年上升五位；2016年北京大學、清華大學在多項排名中進入世界大學百強。

由康奈爾大學、英士國際商學院和世界知識產權組織共同完成的《2016年全球創新指數》報告認為，中國已躋身世界最具創新力的經濟體25強，與瑞士、英國和美國等國家比肩。過去九年裏，《全球創新指數》報告根據82個指標對100多個經濟體進行了調查，其中一個重要指標被稱為「創新質量」，看重的是大學的品質、科技出版物數量和國際專利申請數量。中國在創新質量的排名中升至第17位，成為這一指標中中等收入經濟體的佼佼者。

在中國，創新不僅是政府在實施的戰略，同時也是中國企業尤其是民營企業所鼎力追求的目標。多年來，中國企業一直被認為是仿造西方市場各種產品技術的山寨企業，但是這種情況正在發生根本的變化。中國企業的技術創新正在經歷從局部趕超到全面趕超的過程，中國的創新一代企業已準備好與世界頂級高科技品牌正面競爭。隨着中國企業開始更關注產品質量，它們正越來越多地意識到自身潛力，並在國際市場上贏得份額。對於已經在華經營的外國企業來說，中國公司讓競爭變得更加激烈了。中國國內品牌正努力奮鬥，甚至比外國公司還肯幹，而且更頻繁地着手開發創新性的產品、研製創新性技術、制訂創新性的管理和營銷模式。此外，中國企業擁有龐大的

國內市場這一巨大優勢，它們可以首先在國內市場上試驗新服務和產品，然後再將之推向國際市場。這個試驗過程尤其具有中國特色，因為中國在測試新政策時也是先進行地方試點，然後再推廣到全國。為此，中國企業的生產率也在提高。英國《經濟學人》週刊說，中國的生產率遠高於印度和越南，到 2025 年預計以每年 6% 至 7% 的速度增長。事實上，中國的製造業正在從「中國製造」轉向「中國創造」。在所有製造業和供應鏈中，每天都有大量的創新性活動出現。中國歐盟商會最近對歐洲在華公司進行的一項調查也顯示，60% 的在華歐盟公司認為在 2020 年前中國公司會縮小同歐洲公司的創新差距。

中國式創新活動的另外一個重大特點，就是「大眾創業、萬眾創新」。該政策是在 2015 年 3 月中國國務院總理李克強在全國人大會議上正式提出的。2012 年，民營企業在中國創造了 37.1% 的國內生產總值。推動大眾創業、萬眾創新，既可以擴大就業、增加居民收入，又有利於促進社會縱向流動和公平正義。這其中所包含的期待是，通過促進大眾創業，來打破一些人壟斷權力和財富的情況，建設每個人都有夢想的社會。但是即使建立了大眾創業、萬眾創新的機制，如果實際創業的人數較少，那也是空談。不過，對於當今的中國來講，對這點似乎不必擔心，因為中國的創業情況可以說是非常活躍。國際研究組織「全球創業觀察」的調查結果顯示，儘管各年份有所差異，但中國的成年人中，有 13% 至 24% 的人要麼是在準備創業，要麼是創業 42 個月以內的早期企業家，而且其中有不少創業成功的典範。全球最大的消費級無人機生產商大疆創新科技有限公司，就是一家由三名當時在香港科技大學讀書的中國內地研究生於 2006 年創辦的企業。

大疆公司之所以能夠創新創業成功，與其總部所在地深圳擁有培育製造業創業公司的優越環境密不可分。深圳成立了許多「創客中心」，為打算創辦創業公司的人提供支持，不但可以免費或以極低價格提供辦公場地和各種辦公及電子設備，而且還扮演天使投資人的角色，可提供 20 萬至 200 萬元範圍內的創業資金。大眾創業、萬眾創新政策提出後，像這一類的創業支持設施在中國各地紛紛湧現。

此外，在中國，民營企業在成長過程中遇到的最大苦惱在於，很少有金融機構願

意向民營中小企業提供貸款。為打破這種金融業現狀，中國政府允許民間資本進入銀行業。於是，科技巨頭阿里巴巴、騰訊等迅速成立了互聯網銀行。阿里巴巴設立的網商銀行是只提供 500 萬元以下小額貸款的銀行，貸款對象包括電商賣家、農村企業家、互聯網相關新企業等。據說，如果有貸款申請，該銀行可以利用雲計算立刻回覆能否提供貸款。另外，騰訊公司設立的微眾銀行是一個存貸款均通過電腦和智能手機來操作的特殊銀行，經營方針似乎也是只提供低息小額貸款。這種嶄新的銀行嘗試到底會取得多大成果尚不得而知，但值得注意的是，支撐大眾創業的金融機制正在逐漸形成。

美國世界政策研究所網站曾於 2016 年 2 月 24 日發表了一篇文章，題目是「中國逐漸成為領先的科技創新國家」。文章說，中國的經濟繼續發展，現在較少依靠低端的出口型製造業，多靠增加內需的高科技製造業與研發。「中國製造」不再意味着廉價小飾品和仿冒手包。美國國家科學委員會最近的一份報告顯示，在創新、研發方面帶頭的是中國，其受過良好教育的勞動人口精於科學、技術、工程和數學。報告顯示，從 2003 到 2013 年，中國加大對研發項目的投資，每年增加 19.5%，增幅遠高於美國。中國的高科技製造和知識密集型資源的增長堪稱顯著。據美國國家科學委員會的報告，中國在高科技製造業方面排名第二，僅次於美國。中國的創新和增長長遠戰略計劃，不同於西方短期的、以季度為單位的計劃。所以，中國政府對研發的投入越來越多。我們開始看到中國在某些領域雄厚的技術和發展，這是世界其他國家為了解中國前進方向所需要注意的預兆。[7]

此外，還有國外觀察家注意到中國近年來出現的一個重要轉變，那就是 10 年前許多高科技行業的觀察家還在抱怨說中國沒有足夠多的大膽創新人才，那時中國的企業還不大願意承擔創新的風險，然而今天，中國已經湧現出了大量的年輕技術人員，他們自信且大膽。這一代人不僅具有創新精神，而且也敢於承擔風險。已經有一些 20 來歲的年輕人早早就開始創業了，他們中有些人剛大學畢業，有些甚至是退學創業。現在，中國的大城市湧入了大量雄心勃勃的創新者和創業者，他們不再想去谷歌或蘋果這樣的公司上班，而是想創立下一個谷歌或蘋果。更重要的是，在中國只要

有可實現的想法和一些經驗，就能找到資金。2014 年，風投為中國初創企業投入了創紀錄的 155 億美元，創業者不僅獲得了資金支持，還獲得了寶貴的建議和指導，同時網絡在綫服務和硬件領域蓬勃發展也為他們提供了創業和創新的條件。從某種意義上說，中國社會的這個轉變，也是引發中國創新熱潮的一個根本原因。

四、走向現代化富裕強國之路

中國改革開放 40 年，不僅在經濟上取得了舉世矚目的驚人成就，而且在社會發展上，也取得了 40 年前無法想像的巨大進步。

世界和亞洲著名的政治家、已故新加坡前領導人李光耀在改革開放 30 週年接受記者專訪時，曾經對中國的社會發展進步作了一番評價，他指出，中國自 1978 年以來所發生的變化是令人感到驚奇的。在上世紀 70 年代，像北京和上海這樣的大城市，樓房也是破爛不堪的。不論是白天還是晚上，到處都是自行車，街道上燈光昏暗，人們穿的都是灰色或藍色毛式服裝。而現在的中國城市，特別是那些沿海城市，則擁有以驚人速度湧現的高樓大廈及寬闊的高速公路。從揚子江到浦東，到處都修建了橋樑和隧道，從上海的新機場到浦東修建了磁懸浮列車。女士和男士們都衣着整齊、色彩豐富，有西裝，也有牛仔褲。人們穿得像日本、韓國或新加坡等任何一個現代化國家的人們一樣好。中國經濟的發展令人們的生活水平不斷提高，為人們提供了比以往更好的生活方式。由中國的設計師、工程師及工人們修建的新的高樓大廈是高水準的，寬闊的道路、橋樑、機場和集裝箱碼頭也是如此。令人印象更深的是年輕一代的教育水平及他們對自由市場、經濟、金融、銀行業、法律及科技的了解正在不斷提高。許多年輕人已經到國外留學並且做得很好，也有不少人已經返回中國工作或者

從事教育工作。中國擴大及新建學校、大學、研究所及智庫等重視教育的做法將會提高下一代中國人的競爭力。現在許多中國人都能夠閱讀和書寫英文，一些人英語也講得很流利。再過四五十年，中國與發達國家在科技、經濟、治理及法治上的差距將會進一步縮小。

現在站在改革開放 40 年的角度，再回頭來看李光耀對中國改革開放 30 年的評價，就感覺到這種評價還是遠遠不夠的。改革開放 40 年給中國所帶來的變化實在是太巨大了，涉及到 14 億人口泱泱大國的所有政治、經濟、文化、法律、社會管理、人民生活，甚至所有的衣、食、住、行、教育、醫療、就業、社保以及人們的思維方式、行為方式、生活方式、社交方式、賺錢方式、儲蓄方式、消費方式等等，真是很難用語言來全面地概括和描述。如果一定要用一兩句話來概括的話，那只能說在這 40 年期間，中國社會發生了史無前例、天翻地覆、無可估量和無比巨大的歷史性變化和歷史性進步，並且正在使中國以令人目眩的速度，在政治、經濟和社會生活的所有方面，追趕着當今世界發達國家，正在用一兩代人的時間，走完西方發達國家已經走了上百年甚至幾百年的現代化發展進程。

1. 1978 年剛剛改革開放時，中國的人均 GDP 只有 155 美元，甚至低於世界上最貧窮的撒哈拉沙漠以南的非洲國家，在當時世界銀行公佈的 140 多個國家中排名墊底。然而到了 2017 年，中國的人均 GDP 已經達到 8,583 美元，在不到 40 年的時間裏增長了驚人的 55 倍，在 185 個國家中排名上升至第 74 名，赫然已經進入了中等收入國家的行列。一個佔全世界五分之一人口的國家，能夠在那樣一窮二白的基礎上，在 40 年的時間裏，實現年均 9% 以上的經濟增長，這絕對是一個史無前例的經濟奇跡。

2. 1978 年，中國 84% 的人處在每天 1.25 美元這樣一個國際貧困綫標準之下。改革開放 40 年來，中國已有超過 7 億人擺脫了貧困，這不僅對中國人民來說是一個巨大的經濟和社會進步，而且對世界減貧事業也作出了重大貢獻。聯合國《2015 年千年發展目標報告》顯示，中國對全球減貧的貢獻率超過 70%，中國在全球減貧方面起到了火車頭的作用。聯合國秘書長古特雷斯評價中國的減貧成就時說：「我們不應忘記，過去 10 年，中國是為全球減貧作出最大貢獻的國家。」聯合國糧農組織駐華代

表馬文森也表示，如果沒有中國的貢獻，聯合國 2030 年可持續發展目標中的脫貧目標是不可能實現的。[8]

3. 40 年來，中國不僅大幅度地減少了貧困人口，而且絕大多數人民群眾的可支配收入都呈現了驚人的增長。在過去 40 年裏，1978 年中國城鎮居民人均可支配收入只有 343 元，但到了 2017 年增長到 25,974 元，39 年時間裏增長了 75.7 倍；農民人均純收入由 1978 年的 133 元增長到 2017 年的 13,432 元，39 年時間裏增長了將近 101 倍。完全可以這樣說，如果自己與自己比，絕大多數中國民眾的生活水平都有了大幅度的提升，都走上了吃穿不愁的生活富足之路。

4. 1978 年中國還有 81% 的人生活在農村，只有 19% 的人生活在城市。但是到 2017 年，經過改革開放 40 年，中國的城市化水平已經大幅度提高，人口城市化率已經達到 58.5%。今天，不但已經有將近 60% 的中國人生活在城市中，而且中國城市建設的現代化水平也達到了世界各國的前列。

5. 每個國家的平均預期壽命長短，是衡量一個國家社會經濟發展的綜合指標。平均預期壽命的提高不但意味着經濟發展水平的提高，也意味着社會醫療水平、社會福利水平和社會保障能力的提升。改革開放初期的 1982 年，中國人的平均壽命為 67.7 歲（已經比 1949 年的 35 歲大幅提升了將近 33 歲），而到了 2017 年，中國人的平均預期壽命已達到 76.5 歲，在 35 年時間裏又明顯提高了將近九歲。數據顯示，中國的平均預期壽命在世界同等經濟發展水平的國家中已經居於領先的地位。

6. 1978 年中國還處於憑票供應的計劃經濟和短缺經濟時代，人民群眾生活所必需的糧食、食油、食鹽、食糖、魚、肉、煤炭、火柴、棉布以及自行車、縫紉機等商品，幾乎一切都被列入「計劃經濟」，都要憑票供應，而且往往還因短缺而無法滿足人們最基本的生活需要。而現在，伴隨着改革開放 40 年市場經濟的建立和完善，中國已經成為各種物質產品極大豐富的國家，商店裏和網購平台上各種商品琳琅滿目，與所有發達國家和發達地區已經完全沒有差別。不僅如此，改革開放 40 年來，中國收入較高的中產人群已經達到 3 至 4 億人，甚至超過了美國全國總人口，這使得今天的中國有着世界上獨一無二的市場購買力，從天上的飛機到地上的汽車、火車，從所

有的衣食住行到各種最先進的電子設備，從文化、影視到旅遊，從網絡、移動裝備到金融、股票，中國無一不是全球最大的市場，成為全球所有生產商、供應商、跨國公司競相追逐的目標。這一切在 40 年前甚至在 10 年前都是無法想像的。

7. 1978 年，中國還是一個以遍地都是灰藍服裝為標誌的十分單調的社會，改革開放 40 年後，中國已經成為一個充滿生機和活力的社會。中國人不但在穿着打扮和所有吃、住、聽、看、玩各個方面均與發達國家沒有任何差別，而且在電子商務、網絡購買、移動支付等各個方面，已經超過了絕大多數西方發達國家，遠遠走在了這些國家的前面。

8. 此外，今天中國民眾已經從各種思想束縛中解放出來，中國社會內在的活力已經在很大程度上釋放出來。中國的政府公共服務、社會治理、民主法治建設都在不斷追趕着世界先進的潮流，中國人的民族自尊心在經濟社會發展中重新樹立起來，中國人民的精神面貌正在發生深刻的變化，「振興中華，趕上時代」，已經成為具有寬廣的世界眼光的當代中國人對愛國主義和民族精神的新理解，中華文明已經走上了偉大的復興之路。

「毛澤東讓中國人民站起來，鄧小平讓中國人民富起來，習近平讓中國人民強起來」，中國的老百姓用最通俗明白的語言，為改革開放 40 年的中國作了最生動的總結。

五、改革開放是中國走向現代化的必由之路

（一）中國能夠走上現代化發展道路歸根結底是因為改革開放

眾所周知，今天中國能夠走上現代化強國之路，歸根結底是由於中國通過改革開放，徹底地擺脫了原有的以階級鬥爭為綱的思想路綫，把經濟發展作為全黨全國的中心任務；徹底地擺脫了原有的計劃經濟發展模式，把發展市場經濟作為自己經濟發展的根本道路；徹底擺脫了原來的閉關鎖國政策，把對外開放作為自己的根本發展方針；徹底擺脫了原有的平均主義「大鍋飯」治國理念，把一部分人和地區先富起來，再帶動全國人民都富起來，作為富民強國的根本理念。

（二）中國改革開放的第一階段：以改革帶開放

然而，中國的改革開放並不是一帆風順的，而是充滿了尖銳鬥爭，經歷了十分坎坷甚至面臨夭折的艱難過程。

從 1978 到 1992 年鄧小平南巡之前，是中國改革開放的第一階段。這一階段的主要特徵是以改革為主、開放為輔。

在這一階段裏，中國的經濟體制改革的道路走得十分艱難和緩慢。除農村改革和私營經濟改革在較短的時間裏就取得了巨大的成功外（主要原因是它們都在計劃經濟體制外，不涉及體制內複雜的關係），就城市改革主體來說，無論是國有企業改革還是計劃管理體制改革，無論是財政管理體制改革還是稅收管理體制改革，無論是價格管理體制改革還是流通體制改革，無論是收入分配體制改革還是人事制度改革，無論是金融體制改革還是外貿體制改革，其主要的方式和路徑還是來自於體制內的「自上而下」的改革。而這種自上而下的改革在沒有外力對傳統計劃經濟體制給予強力衝擊

和打破的前提下，遇到了舊勢力和固有利益集團十分頑強的抵抗和重重阻力；同時，由於改革者沒有可供借鑒的成功經驗，也發生了改革措施的重大失誤（例如 1988 年的「價格闖關」），使改革付出了沉重代價。因此，這一階段的城市改革異常艱難，層層受阻，步履維艱。

之所以說在這個階段中國的改革開放主要是以「改革」為主，是因為「對外開放」在這一階段並沒有上升到主要層面。而且這個時期的「對外開放」政策也明顯體現出一種「自上而下」的特點，這一方面體現在國家「自上而下」的外貿進出口體制改革，另一方面體現在中國當時所採取的一些引進外資等特殊開放措施在地域上還受到嚴格的限制，主要局限在若干經濟特區、沿海開放城市以及開發區、保稅區等等。同時，「開放」的性質也受到嚴格的限制，主要是在上述指定的少數地區進行試點。此外，從實踐來看，只有廣東珠三角包括深圳等少數地區因具備了天時、地利、人和各方面的條件採取了大膽的開放步驟和措施並取得了明顯的效果，其餘大部分經濟特區、沿海開放城市和開發區、保稅區，都很少有所作為，基本上與「開放」前沒有太大的變化。

因此可以說，在這個階段，就「改革」與「開放」的關係來看，其主要特點是「以改革來帶動開放」。但由於改革的步子邁得很艱難，因此開放也受到很大局限，就全國絕大多數地區來說，開放的步子根本沒有邁起來。

此外，還應注意到，在這個階段，中國的改革主要還是在內部進行，基本上還是一場封閉式的改革。一方面，雖然中國已經提出了開放的政策，但對外開放的政策措施還十分謹慎，仍有各種較多和較嚴格的限制。另一方面，從開放和引進外資的效果來看，這個階段進入國內的境外資本，主要還是港台中小加工貿易企業，而且主要是在廣東和福建等地區。因此，雖然當時的中央領導已經提出「要與國際慣例接軌」，但從實際情況來看，從國家經濟主體運行和改革開放的主要內容來看，中國當時尚未與國際環境大規模接軌。

由於這種封閉式的改革，使得中國的傳統體制沒有受到外力給予的強力而有效的衝擊，不能出現「裏應外合」式的大突破。既然是要搞從傳統計劃經濟體制向市場經

濟體制「轉軌」，卻不去直接面對國外發達的市場經濟體制，不去與它們「接軌」，不去學習和借鑒它們對我們有益的成功做法和經驗，這也成為當時中國的經濟體制改革總是不能邁出大步和無法取得明顯成效的因素之一。

（三）鄧小平南巡引致的大開放是改革開放走向成功的歷史轉折點

在改革開放的第一個階段裏，對外開放不但受到嚴格的地域和政策的局限，而且當時中央最高層內部對「對外開放」也有完全不同的看法。有些老資格的領導人還對建立特區、引進外資表示十分強烈的反對。他們針對開放和引進外資所帶來的一些負面問題大作文章，發表各種講話和文件，上綱上綫，批評指責。而上面傳來的這些強烈的反對和批評聲音使處於開放前沿的幹部感到十分緊張，壓力極大。這些文件和講話給人們一個強烈的信號，那就是廣東搞「開放」搞過頭了，甚至是搞錯了，因為這是「開口子」，讓「外國資本家和國內投機分子統統出籠，大搞投機倒把」；搞經濟特區也是錯的，因為這會「糊裏糊塗地上了外國人的當，越陷越深，最後成了『國中之國』」，言外之意是這些經濟特區會再次成為外國的「租界」；而且這些又都被上升為「資本主義思想腐蝕與社會主義思想反腐蝕的嚴重鬥爭當中的一個重要環節」。

人們在這裏再一次看到了那個時期中國黨內兩條路綫的激烈交鋒。堅持社會主義經濟是計劃經濟和公有制的那些人（包括當時中央的一些主要領導人），他們在開放政策方面持同樣的限制和反對的態度。他們即使同意「開放」，也只能是有限度的，不能衝擊計劃經濟體制和公有制（這也是「鳥籠經濟」在開放政策方面的具體體現）。而廣東的開放一開始就打破了這個界限，因而遭到他們強烈的反對和批評。儘管在中國開放初期確實出現了許多事先沒有想到的種種負面問題，但是從當時的反對者的態度來看，他們不是要認真研究問題、解決問題，而是藉這些問題橫加指責、上綱上綫，最終的目的是要讓「開放」停下來，甚至收回去。

又是鄧小平在這個關鍵的時刻站出來給「開放派」撐了腰。1984 年春節期間，鄧小平到廣東、福建等地視察，他在幾個特區揮筆題詞，大力支持和肯定廣東的改革

開放。在深圳的題詞是：「深圳的發展和經驗證明，我們建立經濟特區的政策是正確的。」在珠海的題詞是：「珠海經濟特區好。」在廈門的題詞是：「把經濟特區辦得更快些更好些。」這無疑是對中央實施開放政策和建立經濟特區政策的堅定支持，是對廣東和福建兩省地方領導大膽和開創性地推進改革開放的明確肯定和巨大支持，也是對所有仍然對開放政策和特區政策抱有懷疑、反對和指責態度的人們的一個強有力的反駁。

然而，中國改革開放取得成功的真正歷史轉折點是 1992 年的鄧小平南巡所引致的大開放。

1988 年「價格闖關」失敗和 1989 年出現嚴重政治風波後，中國的改革開放受到了巨大的衝擊和挫折，中國的經濟在治理整頓的過程中也出現了嚴重的停滯而陷入低谷；同時，以美國為首的西方國家對中國的制裁和封鎖，以及蘇聯東歐社會主義陣營的崩潰和瓦解，令中國的改革開放面臨着前所未有的嚴峻國際環境。在這樣一種內外形勢下，中國當時興起了一股強烈的否定改革開放、要回到所謂「正統的馬列主義和社會主義」的極左思潮。中國改革開放當時面臨的形勢十分嚴峻，隨時有放慢、停滯、甚至走回頭路「夭折」的危險。

正是在這樣一種情況下，鄧小平進行了轟動世界的「南巡」。

現在大家都公認，鄧小平南巡的最大意義是理論上和思想上的偉大突破。鄧小平的南巡講話吹響了中國改革開放的又一次新的號角，是引導中國的改革開放走出困境、重新踏上坦途的新時期的偉大宣言，並且從根本上結束了極左思潮對中國改革開放的阻撓和困擾，從而成為中國改革開放的偉大轉折點。從實踐上看，它則是把中國的改革開放由「以改革為主」轉變為「以開放為主」的一個重要的歷史拐點。現在回頭來看，它甚至從根本上改變了整個世界的經濟和政治格局，改變了人類歷史的進程。因此，鄧小平南巡的作用和意義，無論怎樣形容都不會過分。

在這裏人們又一次體會到，為什麼說鄧小平是中國改革開放的偉大英明領袖，為什麼說鄧小平是改革開放的「總設計師」，為什麼說是鄧小平打開了中國的大門，為什麼說是鄧小平堅定推行了中國對外開放的政策。的確，如果沒有鄧小平，中國的開

放政策從一開始就可能扭曲、變形、甚至夭折。沒有鄧小平就絕對沒有中國改革開放的今天。

（四）中國改革開放的第二階段：大開放推動大改革

中國實行改革開放 40 年來，「改革開放」這四個字總是連在一起的，已經成為中國民眾十分習慣的一個口頭禪。因而在許多人的心目中，兩者不但緊密相連，而且幾乎等同，改革就等於開放，開放就等於改革，殊不知這完全是兩回事。改革不等於開放，開放也不等於改革。

無論歷史或現在，世界上有許多國家搞過改革，但是沒有搞過開放；也有許多國家搞過開放，但是沒有搞過改革。只有中國，只有鄧小平，把「改革」和「開放」聯繫在一起，作為整個中國變革和轉型的統一手段，以「改革」來推動「開放」，以「開放」來促進「改革」，同時又把「改革開放」作為整個國家的發展綱領和旗幟高高舉起，這在古今中外歷史上還是第一次。正是由於中國，正是由於鄧小平，才把「改革開放」這個名詞推向全世界，在全球各地廣為人知；也正是有了中國這個「改革開放」成功的範例，才使許多發展中國家以中國為榜樣，開始走上改革開放的道路。

而鄧小平九二南巡作為中國改革開放的一個偉大轉折點，從實踐上看，它起到的根本作用就是把廣東和深圳經濟特區作為改革開放的典範，特別是把深圳經濟特區改革開放所取得的經驗和成果推廣到全國去，使全國各地都掀起了以開放和引進外資為標誌的改革開放新浪潮。換言之，九二南巡使在改革開放第一階段中只局限於個別地區的「開放」試點模式，成為全國各個地方普遍的發展模式，從而推動了整個中國的「大開放」，使中國改革開放進入了以開放為主的第二個發展階段。

大開放所導致的大量外資進入，不但使中國的經濟發展風生水起，而且由於吸引外資要按國際慣例辦事，從而大大地促進了政府轉型、法治建設、市場化推進、非公經濟發展等領域改革的深入進行。其中最重要的就是觀念的轉變，由於大開放，由於外資的大量引進，由於中國與世界不斷接軌，由於中國打開大門開始觀察、研究和接納世界，中國人上至中央領導，下至國家部門、省市地區的各級黨政官員以及學界、

商界、媒體及百姓，人們的眼界大大開闊，觀念大大轉變。正是通過這種大開放及與國際社會的全面接軌，社會理念、政府行為、法治觀念、經濟管理體制、企業行為、市場競爭機制、市場經濟發展程度、資源要素配置機制、企業家的經濟管理水平、勞動力的素質水平、各級官員的宏觀及專業管理能力和水平等等，都實現了巨大的進步和提高。另一方面，由於觀念轉變了，各方面的傳統行為和傳統勢力的抵抗和阻力也就在潛移默化中逐步瓦解了。因而我們看到的事實是，鄧小平九二南巡後所實現的以大開放為主的第二階段裏，中國在推進各方面經濟制度改革時，受到的理論和意識形態上的阻力比第一階段要小得多。當然，隨着對外開放和國際化程度的不斷提高，各級黨政領導的知識、能力和本領都提高了，逐步學會了市場經濟那一套，因而進行市場化的經濟體制改革時，無論是思路方案還是實施操作，也都比較成熟、合理，比較符合中國的實際國情，從而成功率也大大提高了。

總之，鄧小平南巡後，中國改革開放出現的這種「以開放帶改革」的巨大轉變，完全可以用「隨風潛入夜，潤物細無聲」來形容，既沒有出現 80 年代那種大的「折騰」，也沒有發生 80 年代那種激烈的爭論，社會各個方面都不同程度地迅速擺脫和改變了以往在計劃經濟體制時代所形成的思維慣性及行為慣性，從而將計劃、財政、稅收、金融、外貿、國企等各方面的改革都推動到了前所未有的廣度和深度，而「社會主義市場經濟理論」也正是在這樣的歷史前提下比較順利地確立起來的。

此外，開放不僅是促進中國經濟管理體制、社會管理體制實現突破性改革的催化劑和巨大動力，而且它所帶來的經濟飛躍發展和中國財政經濟實力的大大提高、基礎設施和投資軟硬環境的根本改善、資金和資源供給的大量增加，也是無與倫比的。同時，大量外資企業（特別是港台中小加工貿易企業）進入後為千千萬萬「洗腳進城」的農民和國企下崗工人提供再就業機會，由此而推動的中國工業化和城市化進程的巨大發展，以及外資企業在微觀層面上對國有企業的競爭衝擊和對民營企業的刺激成長，都為中國的經濟體制改革創造了第一階段所不具備的空間和能力，從而實現了以增量的飛躍帶動存量的巨大進步。

（五）加入 WTO：中國成為世界工廠

　　進入新世紀以來，以中國 2001 年 12 月加入世界貿易組織（WTO）為標誌，中國不但完成了由封閉型經濟走向開放經濟時代的演進和飛躍，而且成為全球最開放的經濟體。因此，在這個開放經濟時代的全新階段，中國不僅在融入國際經濟循環中獲得更加廣泛的發展空間，而且在迎接經濟全球化的機遇和挑戰中獲得了體制創新的動力。正是由於中國在全球產業轉移和信息、資金全球化的最佳時機實現了整個國家的大開放，因而成為這次全球化新浪潮中的最大贏家。在這個過程中，中國的經濟大大發展了，中國的國力大大增強了，中國各方面的管理、制度和觀念大大進步了，中國人民的生活水平大大提高了。更重要的是，中國風生水起的大開放和大改革，加速了世界各地的工業向中國大陸遷移的速度，因而中國入世後不到 10 年就成為了「世界工廠」。

　　2005 年，中國成為全球第一大家具出口國；2006 年中國陶瓷出口量超過意大利，位居全球第一，佔全球比重高達 19.35%；此外，中國還成為世界第一大鞋類生產國和出口國，出口了 77 億雙鞋，相當於給全世界每個人做了一雙鞋；中國成為世界上最大的紡織品出口國，出口紡織品佔世界總量的四分之一；中國也是世界第一大玩具生產國，歐美國家玩具市場中 70% 的產品來自中國。到 2007 年，也就是即將迎來中國改革開放 30 週年之際，根據中國輕工業聯合會統計，中國的上百種輕工產品如鐘錶、自行車、縫紉機、電池、啤酒、家具、塑料加工機械、日用陶瓷、燈具、空調、冰箱、洗衣機、微波爐、鞋、鋼琴、地膜等產量都位居世界第一。[9]

　　不僅如此，進入 21 世紀尤其是中國加入世貿組織後，幾乎全世界的加工業都轉向中國內地。從世界各大經濟報紙上天天都可以看到類似這樣的消息：東芝關閉了它在日本的電視機廠，並把它們為國內生產的工廠遷往中國；NEC 計劃把它在中國為日本生產的計算機部分由 10% 提高到 17%，以便與台灣計算機業基於在大陸生產而提高的競爭力進行抗衡，並阻止自己在計算機領域的滑坡；美能達停止自己在日本的照相機生產，並以其在上海生產的照相機取而代之；國際商用機器把自己生產和銷售

40 個千兆字節的主板轉讓給中國的長城集團；摩托羅拉自 1992 年以來，在華投資約 100 億美金，從而令中國成為它在美國之外的第二大生產基地，在生產手機的同時，還生產半導體組件；西門子把它在上海的工廠建成了世界上最大的手機生產廠，自 2002 年以來就由此向德國銷售。

進入 21 世紀後，中國也成為了世界信息工業的加工廠，計算機硬件的絕大部分都在中國生產。台灣信息工業產品的生產有半數以上也是在大陸實現的。2000 年，台灣的顯示器在世界市場的佔有份額是 58%，而其中 60% 是在大陸生產的；台灣的掃描儀在世界市場的佔有量是 91%，但是其中的 85% 來自於大陸工廠。台灣的計算機生產量在 1999 年還高於大陸，但是在 2000 年大陸的生產量就超過了台灣。大陸和台灣的生產量超過了日本，而且一躍成為世界計算機硬件的生產中心。與此同時，世界上的半導體加工業也開始了向中國的遷移。芯片的澆鑄生產企業是在台灣發展起來的，此後新的芯片澆鑄生產企業也在大陸建立起來了。不僅如此，中國還成為了最大的鋼鐵、肥料、自行車、鐘錶、電冰箱、電視機以及電話通訊中轉設備等的生產基地。

而且，加入世貿組織後的中國不但成為了世界工廠，而且由於經濟的迅猛發展、社會富裕程度的迅速增強、民眾購買力的極大提高，中國也成為全球最大的市場。世界上各種各樣的產品，從化妝品到食品到生活用品，從服裝到箱包到家用電器，從文化產品到健康產品到旅遊產品，從汽車到萬噸油輪到大型客機，從採掘設備到建築設備到精密機床，從原材料產品到中間製成品，從石油天然氣到礦產資源，中國無不成為全球最大的銷售市場。

正是由於中國成為「世界工廠」和「世界市場」，因而在進入 21 世紀後，中國對拉動全球經濟增長作出了巨大貢獻。

本章作者：李羅力

中國體制改革研究會副會長

注釋

1 《參考消息》2008 年 5 月 5 日。

2 《環球時報》2007 年 10 月 8 日。

3 《參考消息》2007 年 10 月 22 日。

4 〈中國沿價值鏈上移攪動亞洲〉,《參考消息》2016 年 8 月 1 日。

5 〈中國科技突破方面緊追美國〉,《參考消息》2017 年 3 月 10 日。

6 〈中國在人工智能領域研究快速崛起　正在超越美國〉,《參考消息》2017 年 2 月 20 日。

7 〈中國創新戰略將改變遊戲規則〉,《參考消息》2016 年 2 月 26 日。

8 〈中國成為全球減貧「火車頭」〉,《參考消息》2017 年 6 月 27 日。

9 〈中國有多少世界第一〉,《網易財經》2013 年 11 月 4 日。

第三章

香港在中國改革開放中的作用居功至偉

一、中國引進外資的「第一功臣」

只要提到中國 40 年來改革開放的巨大成就，就不能不提到香港。因為香港在中國改革開放中，特別是在中國早期的改革開放中發揮了居功至偉、不可替代的巨大作用。從這個意義上來說，沒有香港，就沒有中國今天的改革開放成就。當然，如果沒有中國內地的改革開放，也不會有今天香港所取得的發展成就，及其在全球經濟中仍然具有的某些中心地位。

（一）香港是中國引進外資的第一來源地

正是在這樣一個歷史進程中，香港發揮了第一個不可替代的重大作用，那就是帶來了中國改革開放後的第一波境外投資浪潮。從 1978 年一位港商在東莞開辦中國內地第一家來料加工廠以及 1979 年香港企業家註冊北京航空食品公司以建立中國第一家合資企業起，直至整個 90 年代，香港在內地的投資遍及全國各地。

事實上，改革開放頭 20 年裏，香港一直是內地最大的外資來源地。據中國商務部統計，截至 2007 年年底，內地累計批准香港企業直接投資項目 28.58 萬個，實際利用港資 3,085.3 億美元；至 2008 年 9 月底，內地實際使用港資增加到 3,415.9 億美元，

分別佔全國累計批准外資項目數的 45.2% 和實際利用外資總額的 40.4%。

值得注意的是，這些所謂「港資」其實並非都是香港本土資本，其中相當一部分是出自於外國企業在香港的分公司，它們通過香港這個重要渠道來向大陸投資，因此香港成為內地吸收外資的最大來源地。

由此可見，在整個 80 年代，中國 80% 以上的境外直接投資都來自於香港，那時它還是英國領地。90 年代後，儘管因各國的直接投資大量進入中國，致使港資佔內地引進外資的比重有所下降，但是在投資數目和利用外資總額上，香港仍然遙遙領先，仍然排在第一位，且絕對量不斷增加。

（二）香港投資大規模向內地轉移的內在原因

造成香港投資大規模向內地轉移的根本原因，一方面是由於中國大陸的改革開放為香港製造業的大發展創造了資源豐富、成本低廉、政策優惠、市場廣闊的寬鬆有利環境；另一方面是由於香港製造業在本土的發展受到了空間狹小、資源短缺、成本高漲、競爭激烈的嚴重局限。

香港土地資源十分短缺，有專家估計，在香港 1,077 平方公里的土地面積中，適宜城市發展的用地只有 20% 左右，而工業用地則僅有九平方公里。由於 70 年代後經濟發展的急劇膨脹使香港土地價格空前飆升，香港工業用地的拍賣價格從 1959 年的每平方米 105 港元上升到 1992 年的每平方米 41,000 港元，33 年間上漲了 390 多倍。香港的商業用地、生活用地和工業用地的價格均已高居世界各大城市前列。此外，五六十年代香港製造業勞動力成本低廉的優勢早已喪失殆盡，到了 90 年代，香港製造業工人的平均工資已大約是馬來西亞的五倍、泰國的六倍、菲律賓的七倍、中國內地的七至 10 倍。因此，將大量勞動密集型製造業外移是香港廠商在國際市場競爭中做出的一項十分明智的選擇。香港廠商利用內地低廉的勞動力、廠房和原材料，為自己找到了降低生產成本、提高國際競爭力的最佳出路。[1]

香港成為內地引進外資的「第一桶金」和外資最大來源地，除了上述所說的由於香港本土成本急劇上升使傳統工業失去國際競爭力外，還有另外兩個根本原因，一是

因為香港與中國內地，尤其是與廣東珠三角地區有特殊的地緣、人文和血緣的歷史傳統聯繫和親情關係；更主要的是中國大陸改革開放的優惠政策，尤其是價廉質優的勞動力以及廉價的土地資源，給了香港中小企業發展的天賜良機，使香港的這些中小企業生產成本大大降低，國際競爭力大大增強，從而在中國大陸的改革開放中獲得了生存發展的巨大空間。

（三）香港是外資大規模進入中國的「成功示範」

不僅如此，香港還是外資大規模進入中國的「成功示範」。由於新中國在建立後的 30 餘年中都處於與世隔絕的封閉狀態，再加上中國多年來採取對資本主義「趕盡殺絕」的態度，而且一直都在對資本主義和資產階級進行無休止的「階級鬥爭」，因此，儘管中國已經結束了文化大革命，進入了以經濟建設為中心的新時期，提出了要搞改革開放的戰略目標，提出了擴大開放、引進外資的政策，但對於絕大多數外國投資者來說，他們實在是太不了解中國這個所謂「共產黨鐵幕」下的國家。光憑共產黨提出的新政策、新說法，沒有幾個外國資本家敢真正到大陸來投資。他們不知道在中國這樣的體制下能否賺錢，更害怕一旦政策變了，就有可能「血本無歸」。而就是這些港台中小企業，在實行改革開放政策的大陸投資設廠後，成為了不但可以生存發展，而且可以大賺其錢的成功樣板和範例。從這個意義上說，沒有 80 年代港台中小企業在大陸投資成功的「榜樣」，就沒有 90 年代後歐美日（也包括港台）大企業、大資本對中國內地的大舉進軍，也根本不可能有今天中國經濟的騰飛和中國改革開放成功的偉大輝煌。

綜上所述，香港中小企業的投資不但是中國引進外資的「第一桶金」，而且在整個八九十年代，港資在所有的引進外資中都佔有最大的比重，從這個意義上說，香港毫無疑問是中國開放引資的「第一功臣」。由於香港對中國引進外資發揮了不可替代的重要作用，因此這個作用不僅對中國的開放是功德無量的，而且對於整個中國改革開放的歷史進程來說是怎樣高度評價都不過分的。

二、中國全方位開放的「中介」與「橋樑」

在改革開放的頭 20 年裏，香港一直是中國對外開放主要的「中介」和「橋樑」。香港的角色主要體現在以下四個方面：第一，香港是外資進入中國最主要的門戶和橋樑；第二，香港是中國進出口貿易最重要的中轉口岸；第三，香港是中國內地企業與國際接軌的「中介」與「橋樑」；第四，香港所開創的「前店後廠」模式成為中國內地與世界經濟接軌的主要模式。

（一）香港成為外資進入中國最主要的門戶和橋樑

從外資進入中國的門戶和橋樑來看，80 年代，中國 80% 以上的境外直接投資都來自於香港；直至 90 年代中期，仍然有許多國際大資本是通過香港來向大陸投資的（即把對華投資的總部放在香港，負責接單、營銷、策劃和管理，把生產廠家和具體項目放到內地）。換言之，90 年代中期在中國利用外資總額榜上佔據遙遙領先地位的香港資本，其中已經有很大一部分是香港以外的境外資本，他們利用香港這個重要的渠道來進入內地投資。

（二）香港是中國進出口貿易的主要渠道和門戶

從中國進出口貿易的中轉口岸來看，80 年代香港是中國內地對外轉口的最重要渠道，通過香港轉口的貨物佔整個中國進出口貿易總額的 80% 以上；90 年代特別是90 年代中期以後，雖然中國內地通過香港轉口的貨物在中國進出口貿易總額中所佔的比重已經大大降低，但是香港仍然是中國內地最大的轉口貿易平台。

另一方面，香港帶動了中國出口加工貿易產業的大發展。1980 年，中國出口加工貿易的產值只佔中國外貿出口的 10%，但到 1997 年它已成為中國外貿的最重要部

分，佔總外貿出口額的 52.3%（達 1,869 億美元）。到 1998 年，加工貿易對中國 GDP 的貢獻率達到 11.4%，對 GDP 增長的貢獻率達到 84%，而且在全國範圍內，直接從事加工貿易的就業人員達 6,000 萬至 7,000 萬人。

（三）香港成為中國內地企業與國際接軌的中介與橋樑

80 至 90 年代，內地絕大多數省市地區都在香港設立了辦事處或「窗口」企業，通過這些企業來實現引進外資和開展對外貿易，從而對於內地引進外資和擴大進出口貿易方面發揮了重要作用，成為中國內地企業與國際接軌的中介和橋樑。

進入 21 世紀後，隨着中國經濟的不斷強大以及中國向海外投資的逐漸興起，香港成為中國對外開放又一個新的中介和橋樑，成為中國企業走向海外的重要橋頭堡，成為中國企業海外融資的重要平台。據香港交易所統計，2007 年年底在港交所掛牌上市的內地企業已達 439 家，比 1997 年年底增加 338 家；當年集資總額為 3,621 億港元、成交總額為 115,494 億港元，分別比 1997 年增長 2.17 倍和 7.59 倍；年底市價總值 120,490 億港元，比 1997 年年底增長 21.06 倍。1997 至 2007 年的 11 年間，內地企業在香港股市所佔比重大幅上升，其中上市公司數量佔比由 15% 上升至 35%，年集資額佔比由 46% 上升至 65%，市價總值佔比由 16% 上升至 58%，年成交金額佔比由 38% 上升至 69%。內地企業相繼來港上市，不僅籌集了寶貴的發展資金，而且提升了公司治理水平和國際競爭力。

（四）香港開創的「前店後廠」模式成為整個中國八九十年代與國際投資接軌的主要模式

香港製造業向內地的轉移，令香港由過去的生產與管理合一的製造中心轉變為離岸生產的管理服務中心。眾多在內地設廠的港商都把主要的勞動密集型的生產工序和生產綫配置在內地，而把保留在香港的公司職能轉變為進行生產的前期和後期的管理與服務，從事尋求訂單、擴大市場、組織原材料供應、收集加工信息、開發設計產

品、營銷策劃、品質管理、財務管理以及改進包裝等工作，這就是所謂的「前店後廠」生產模式。中國內地出版的《港澳經濟》1996 年第 5 期刊載了一份有關香港製造業發展趨勢的調查報告，該報告指出，香港許許多多只有少量資本和少數員工從事製造業的小廠商，內遷後迅速發展成為在內地擁有成百上千員工的生產基地，同時在香港又設有財會、供銷和設計研究部門，這種「前店後廠」式的企業，僅在珠江三角洲地區就有兩三萬間之多。

這種「前店後廠」的新經濟合作模式，一開始主要是香港與珠三角地區的經濟合作模式，後來這個與內地合作的模式更伸延至長三角、京津冀以及覆蓋全國各地區。

不僅如此，在整個八九十年代中期，台灣、韓國、日本以及許多國際大資本，為了保持與香港在國際市場競爭中處於同一起跑綫，也為了保證自己投資的安全，都採用了「前店後廠」的模式，即以香港為其「前店」所在，如本文前述的那樣，把對華投資的總部放在香港，負責接單、營銷、策劃和管理，而把「後廠」放在內地，即把生產廠家和具體項目放到內地。

因而，香港中小投資企業所創造的這種「前店後廠」的模式，成為八九十年代中國與國際投資接軌的最普遍也是最重要的形式。

由於香港對中國的全方位開放發揮了不可替代的中介與橋樑作用，因此，我們要再說一次，這個作用不僅對中國的開放是功德無量的，而且對於整個中國改革開放的歷史進程來說也是怎樣高度評價都不過分的。

三、帶動珠三角地區成為世界製造業中心

（一）帶動珠三角地區率先實現經濟起飛

香港對中國改革開放的另外一個不可替代的巨大貢獻，就是不僅帶動珠三角率先實現了經濟起飛，而且還將其打造成為全球矚目的世界製造業中心。

康拉德‧賽茨在《中國：一個世界強國的復興》一書中寫道：

> 香港投資的絕大部分進入廣東，因為它是與香港接壤的省，而且還是許多香港人的故鄉。在廣東，他們講相同的方言，也有許多親戚關係。在中國開放前，廣東還是一個貧窮的農業為主的省份。通過與香港的合作，廣東成了經濟增長速度最快的省、最富的省，而且成了市場經濟的「領頭省」。廣東在中國整個出口額中佔到了 40% 的份額。廣東出口的大部分是出口加工：在成千上萬的小工廠裏，年輕的中國女孩子在縫製銷往世界的襯衣、服裝；來自農村的工人製作着玩具、運動器材、粘接運動鞋、校對電子電器、加工時髦的禮物和聖誕節裝飾品，等等。廣東的珠三角至今依然是一個世界輕工業中心，它以低價商品養育着這片土地上富有起來的人們。[2]

1978 年 9 月，港商在東莞虎門鎮建立首家「三來一補」企業 —— 太平洋手袋廠，揭開了香港中小企業投資珠三角的序幕。自此以後，港商投資源源不斷湧入珠三角，成為 40 年來廣東自始至終最大的外來投資者。

香港工業早期的北移，採取了「來料加工」的形式。在珠三角開廠的香港廠商，提供營運資金、機器設備、物料、產品設計和負責產品銷售。珠三角則提供土地、廠房、水電及勞動力等本地投入。在初期的合作模式中，珠三角的收益主要反映在「加工費」上。在 1979 年，改革開放的首年，全國收取的「加工費」總額只有 2,700 萬美

元，但到 1986 年它已增加至 34,000 萬美元（約 12.6 倍），其中約 80% 是由廣東省收取的，而全國的 36,000 家「來料加工」企業的絕大部分也是位於珠三角。在 1985 年後，北移工廠多採用了新的合作與合資企業方式，使內地企業或負責單位更深入地參與風險與管理的承擔。至 1995 年，香港廠商與廣東省共簽署了 23,605 項合作及合資生產合同，實際總投資達 140 億美元。在 1979 至 1995 年間，工業性投資佔了香港在廣東省總投資額的 63%，達 252 億美元。

由於後期工業北移多採取合作及合資形式，我們可對北移工業作進一步估計。1995 年珠三角一共有三類涉及外資的企業（三類涉及外資的企業：來料加工、合作生產及合資企業）8,044 家，僱用勞工 273.8 萬人，另外還有參與來料加工的鄉村集體企業共 44,571 家，僱用勞工 246.2 萬人。因此，香港在珠三角擴大了出口導向型工業，為該地區創造了共 520 萬的直接工業就業職位，產生了 2,530 億元人民幣的年產值（分別等於珠三角 34.4% 的就業人數和 68% 的工業產值）。以整個廣東省計，它們貢獻了全省三成就業及 71%（395 億美元）的出口總值。[3]

以港資為主的外商投資的進入，使廣東尤其是珠三角經濟發展突破了過去長期存在的資金、技術等生產要素瓶頸的約束，大大釋放了這個地區潛在的巨大生產能量，把地區經濟發展與國內、國外兩個市場日益緊密地結合起來，參與了國際分工，從而極大地促進了珠三角融入經濟全球化的浪潮中，極大地增強了珠三角的區域經濟綜合實力和國際競爭力。

20 世紀 80 年代，港商通過「三來一補」和興辦「三資」企業的方式將紡織服裝、製鞋、玩具、鐘錶、食品、塑料製品等日用消費品的加工工序遷移至珠三角一帶，極大地促進了該地區輕工業的發展，並使其經濟發展水平迅速超過了長期以來一直在中國經濟中居於領先地位的大上海和長三角地區。

80 年代末，「喝廣東水，吃廣東飯」風行全國，甚至「的士」、「打工仔」、「打工妹」等當時廣東的流行詞語也風靡全國，標誌着這個地區對全國的影響力達到了歷史上空前的水平。

20 世紀 80 年代後，港商又大量投資電風扇、電冰箱、電視機、空調等耐用消費

品的生產，為珠三角日後發展成為全國最大的家電生產基地奠定了基礎。珠三角不僅是全國最大的飲料、鐘錶、鞋業、玩具、家具、建築材料和家用電器生產基地，而且是全國最大的高新技術產品製造基地和最新崛起的重工業製造基地。

據廣東省對外貿易經濟合作廳統計，到 2007 年年底，港澳在廣東的直接投資項目超過 10 萬個，實際投入 1,200 多億美元，佔廣東實際吸收外來資金的三分之二，其中絕大部分投資來自香港。

（二）香港製造業轉移為何主要在珠三角

珠三角雖然毗鄰香港，但它在 1980 年仍是個落後的農村經濟區城，與二戰後初期的情況差不多。珠三角面積 23,200 平方公里（約為香港面積的 23 倍），當時人口約 1,300 萬（約為當時香港人口的三倍）。上個世紀 50 年代以來，它一直是香港急劇增加的城市人口的蔬菜及農副產品供應基地，同時，它通過提供合法與非法移民的方式為香港的工業經濟補充短缺的勞動力。1978 年的改革開放導致香港工業北移，增加了珠三角大量的就業機會，不但逐步遏止了珠三角人口向香港的外移，也解決了其自身發展的瓶頸，參與了香港出口導向型工業的擴展。珠三角進取的放開策略，使它通過利用香港，為南中國參與全球化和工業化開闢了一個新渠道，使南中國的工貿有更自主和更大的發展。

在 1985 年，香港的工業勞工每月平均工資是 2,202 港元，但同樣的勞工在珠三角只收取 220 港元。因此，單是勞動力成本已足以吸引大量的香港工業北移。1990 年年底，廣東省共有 2 萬家這樣的工廠，加工合同達 86,249 份，已投入的港資達 7.7 億美元，估計僱用了勞動力 80 萬至 120 萬人，而這些工廠約八成是位於毗鄰香港的珠三角。

據香港政府工業署 1996 年對香港製造業進行的抽樣調查，1996 年港商在外地擁有生產設施的工廠中，96.1% 集中在中國的內地，在東南亞各國的只佔 3.9%。而設在中國內地的工廠又主要集中在廣東省的深圳、東莞和廣州等地，佔總數的 90.4%。此次調查還顯示，未來有計劃在外地擴充生產的港商，仍視中國內地為首選地點。在全

部有計劃向外地擴充生產的工廠中，有 89.2% 選擇中國內地作為最理想的發展地點。而其中仍以廣東省為最熱門的理想發展地區，佔總數的 80%。

另據統計，1989 至 1992 年間，香港在中國內地進行的外發加工業務有 94% 是在廣東，僅深圳和東莞兩地就佔 60%（分別為 43% 和 17%）。從 1984 到 1991 年，港商在國內直接投資約 125 億美元，其中在廣東就達 83 億美元，佔投資總額的 66.4%；而且港商在廣東的直接投資絕大部分是對製造業的投資，至 1993 年年底，港商在珠三角地區的製造業投資就已經達到 70 億美元的規模，有 3 萬多家企業為港商從事生產（與同期香港本地製造業企業總數 34,000 家的數量大致相等），受僱員工約 320 多萬人（是同期香港本地製造業從業人員 50.5 萬人的六倍）；其中「三資」企業近 2 萬家，受僱員工約 140 萬人；「三來一補」企業 1 萬多家，受僱員工約 180 多萬人。

香港製造業的轉移主要集中在珠三角地區的現象，引起了人們的關注。改革開放十幾年來，儘管國內其他地區同樣創造各種優越的投資環境和優惠的投資政策吸引港資，但除了房地產商外，香港製造商在國內其他地區的投資並不多。究其原因，除了珠三角地區的勞動力和土地資源豐富、成本低廉和可以在幾個經濟特區享受優惠政策外，主要還是因為香港與珠三角地區地理位置毗鄰，交通通訊便利；另外，改革開放後珠三角地區基礎設施發展迅速，配套生產的工業基礎也比較完備；更為重要的是，香港與珠三角地區文化背景相同，在這裏設廠或開展加工業務，無論是從觀念的溝通還是從對工人的培訓以及對企業的管理上，都比較容易操作，管理成本相對較低。因而無論是在提高產品的產量質量方面還是在提高勞動生產率方面，無論是在擴大市場容量還是在降低成本方面，在珠江三角洲地區的成功機會都遠遠大於內地其他地區，獲利也豐厚得多。

（三）香港製造業北移對珠三角產業發展的帶動作用

珠三角的對外開放是以香港製造業合作為起點和基礎的，在此基礎上，通過引進國際投資、發展加工貿易等途徑參與國際分工，從而使珠三角結束了閉關鎖國的時代，邁進與投資國際化、貿易國際化緊密結合的國際化生產過程，融入了當今經濟全

球化的浪潮之中。因此，香港製造業的轉移雖然主要涉及勞動密集型的加工貿易出口產品的中小企業，本身並沒有太多的技術含量，但由於這些中小企業都是與國際市場接軌的，都是為發達的歐美市場提供產品的，它們的市場網絡廣泛、信息傳遞靈敏，加上製造業普遍採用 OEM（代工）生產方式等因素，所以往往能掌握到發達國家的某些先進或適用技術。

同時，香港製造業在轉移過程中實際上也轉移了其已掌握的現代化的、先進適用的生產工藝和技術、管理方法和經營機制，轉移了國際市場生產、發展和競爭的信息，也轉移了按國際慣例運作的市場意識和經營理念。這對於當時生產力低下、經營管理和市場經濟觀念落後的中國內地來說，已經是一個很大的提升和進步。因此，香港製造業北移使珠三角地區爆發出了前所未有的經濟高速增長和巨大經濟活力，從而使香港和珠三角地區很快成長為當時公認的世界上最具經濟活力的地區之一，成為20 世紀最後 10 年國際經濟發展的新增長點，對中國華南乃至整個中國的改革開放和社會發展進步都形成了巨大推動力。

香港中小企業家對珠三角的投資，初期是以「三來一補」這種加工貿易企業最低一級的業態形式來進行的。因為「三來一補」是一種投資少、簡便快捷、收效快、而且進退容易的生產合作形式。所以在中國改革開放之初，港商在還不太了解內地的社會經濟、法律環境以及市場運作機制的情況下，首先在毗鄰的、交通較為便利的深圳、珠海等經濟特區和東莞、中山等地進行試探性的投資，開展「三來一補」生產業務，以減少風險。這類投資屬回鄉投資的小企業居多。在 1979 至 1983 年間，「三來一補」方式的外來投資佔外商製造業投資的 60% 以上。

隨着內地經濟體制改革的逐漸開展，吸引外資的優惠政策陸續出台，投資環境建設速度加快，加之香港中小企業家越來越嘗到投資的甜頭，對向內地投資越來越放心，因此從 1984 年廣東和中央政府先後出台一系列鼓勵外商興辦「三資」企業（中外合資企業、中外合作企業、外商獨資企業）的政策後，「三資」企業便迅速發展起來，成為外商（主要是港商）投資的主要方式。從下表可以看到，到了 1985 年，「三資」企業投資所佔的比重從 1983 年的不到 40% 上升到了 50.9%；1991 年又上升到

90.9%；而到 1995 年則已上升至 98.9%，補償貿易和加工裝配佔製造業外來投資的比重則分別下降至 0.7% 和 0.4%。可以說，原來港商投資的「三來一補」企業至此已基本轉變為「三資」企業。

表 1　廣東製造業實際利用外資構成（1979-2001）　　　　　　　　　　　　　（億美元）

年份	利用外資總額	補償貿易		加工裝配		「三資」企業	
		金額	比重(%)	金額	比重(%)	金額	比重(%)
1979-1985	14.36	2.45	17.1	4.59	32	7.32	50.9
1986-1991	87.57	4.26	4.8	3.75	4.3	79.56	90.9
1992-1995	259.14	1.76	0.7	1.14	0.4	256.24	98.9
1996-2001	569.48	1.38	0.2	63.97	11.3	504.13	88.5

資料來源：《廣東五十年》和各年《廣東統計年鑒》。

　　香港製造業北移的過程，就是使珠三角地區的製造業從最簡單的「三來一補」為主的加工貿易，發展到以進料為主的加工貿易；再從進料為主的加工貿易發展到以「三資」企業為主的加工貿易。這種加工貿易階梯式提升的過程，本身就是珠三角產業結構從勞動密集型為主向資本技術密集產業、高新技術產業升級的過程，就是國際經濟合作範圍從港澳台地區不斷向世界上其他國家、地區，特別是向與發達國家跨國公司合作擴展的過程，同時也是參與國際分工的層次從垂直型分工邁向垂直型與水平型相互融合的發展過程。隨着這個過程向前推進，珠三角工業化已逐步開始進入高級發展階段；已從作為香港境外最大的製造業加工生產基地，發展成為世界加工工業中心。由此可見，香港在推動珠三角地區迅速與國際接軌以及提升國際競爭力方面，所發揮的作用也是十分巨大的。

（四）帶動珠三角地區成為中國最大的外貿進出口基地

　　由於最早進入珠三角地區的香港中小企業幾乎都是出口加工貿易型企業，而且都是以來料加工、來樣加工、補償貿易和進料加工為主要內容，因此，大批香港中小企

業的進入，極大地帶動了珠三角乃至整個廣東地區的對外加工貿易發展，並且使廣東迅速成為 80 年代全國最大的出口基地。

1986 年，在廣東的港資企業加工貿易產品出口額僅為 7.05 億美元，僅佔整個廣東出口貿易總額的 16.6%；但到了 1987 年，廣東的加工貿易產品出口額就迅速增至 67.94 億美元，在整個廣東出口貿易總額中所佔比重也猛升至 67%，從而一舉取代一般貿易，成為廣東尤其是珠三角地區出口貿易的主要方式。到 1989 年，廣東加工貿易出口已突破 100 億美元，佔當年廣東出口貿易總額的 71.3%。在此後 10 多年裏，廣東加工貿易產品出口額佔出口貿易總額的比重一直保持在 70% 以上。可見，廣東尤其是珠三角出口貿易的增長是伴隨着加工貿易的增長而增長的，如果沒有加工貿易的發展，就沒有出口貿易的穩定增長；廣東出口貿易在全國出口貿易中的比重，也不可能在多年裏穩定在 35% 至 40% 之間。

另一方面，加工貿易出口的增長，是以加工貿易進口的增長為條件的。1986 年廣東加工貿易進口額僅有 9.16 億美元，但到了 2001 年就已增加至 504.44 億美元。自 1987 年以來，廣東加工貿易進口額一直佔各年進口貿易總額的比重為六成左右，主要都是為生產出口商品而進口的各種設備、物料、半成品和零部件。

此外，迅猛發展的加工貿易還帶動了廣東出口產品結構的優化和不斷升級。1993 年以前，廣東出口加工貿易是以來料加工為主的。但從 1993 年開始，進料加工貿易就以明顯高於來料加工貿易的速度向前發展，佔當年出口加工貿易總額的比重也首次達到 52.9%，從而一舉取代了來料加工貿易的地位，成為廣東加工貿易的首要形式，且以後各年的比重均在 60% 以上。

同時，加工貿易方式優化和結構水平的提高是與產業結構、出口商品結構提升相隨相伴的。加工貿易結構優化直接反映到珠三角產業結構升級上來，尤其在 20 世紀 90 年代後半段，電子信息和電氣機械及專用設備等產業進料加工業務迅速增長，帶動了廣東機電產品出口的增長。1990 年，廣東機電產品出口總額僅有 63.9 億美元；2001 年已增至 553.8 億美元，11 年裏增長了 7.6 倍，佔出口總額比重也從 28.7% 提高至 58%。

此外，正是由於珠三角地區加工貿易的迅猛發展，帶動了珠三角地區高新技術產品出口經歷了從無到有、從少到多的發展過程。2001 年珠三角地區的高新技術產品出口額已達 222.8 億美元，佔全省出口總額的 23.4%。深圳是珠三角地區高新科技產業產值及出口值居首位的城市，高新技術產品出口佔加工貿易出口總額的比重達三成以上，其中 2002 年為 38.3%，已接近四成。

加工貿易還使廣東的出口創匯能力躍上一個新水平。加工貿易方式結構和商品結構的提高，必然帶來經濟效益的提高和出口創匯能力的提升，這可以從加工貿易系數的提高得到充分的證明。加工貿易系數是加工貿易出口額與進口額之比。它的提高表明了一個國家或一個地區出口創匯能力的提高，也間接代表着出口商品結構的優化和水平的提高。[4]

綜上所述，沒有上世紀 80 年代香港中小企業帶動珠三角地區及廣東加工貿易的迅猛發展，就沒有珠三角地區在中國乃至世界進出口貿易中至關重要的地位。因此，毫無疑問，香港在這方面的貢獻也是功德無量和不可替代的。

四、打造深圳經濟特區「一枝獨秀」的重要因素

_____

（一）毗鄰香港使深圳經濟特區擁有特殊的地緣優勢

眾所周知，深圳經濟特區是中國改革開放的一面旗幟，是中國改革開放取得巨大成功的標杆，也是中國改革開放的窗口和實驗地。儘管深圳經濟特區能夠取得巨大的成功取決於許多因素，但毗鄰香港的特殊地緣優勢，無疑是最重要的因素之一。

1979 年，中央政府通過了《中外合資經營企業法》，成立了深圳經濟特區。1980年通過了《廣東省經濟特區條例》。特區成立後，首先制定的發展策略就是「依託香港發展出口型輕加工工業」。這一策略成為其後中國外向型經濟發展的主要方向，促成了香港與內地經濟合作的新模式。

不論是在深圳特區創辦初期形成以加工貿易為主要特點的外向型經濟，配合香港產業轉移形成深港產業分工格局，還是在經濟快速發展中逐漸形成並確立以高新科技、金融、物流及文化四大產業為支柱的產業結構，香港始終都發揮着向深圳轉移產業、融通資本、經貿合作以及提供國際市場通道等重要作用和明顯影響，形成深圳經濟發展中的「香港因素」。正是通過為香港產業提供配套服務、不斷追趕香港發展步伐，深圳經濟和城市建設實現了快速起飛和超常規發展。此外，借鑒香港自由港政策和出口導向型經濟模式，深圳特區成立以來對外開放度不斷擴大，推動了深圳外向型經濟的建立與開放型經濟的發展。

（二）香港成功的發展模式成為深圳最重要的借鑒和榜樣

回顧中國改革開放以來的發展歷程，不論是以市場經濟體制為導向的當代中國經濟體制轉軌進程，還是憑藉比較優勢、後發優勢以及本土優勢而實現的中國經濟發展進程，基本上都是按照「摸着石頭過河」的漸進模式，通過學習借鑒市場經濟國家的現實做法、不斷與國際規則接軌等具體路徑來逐漸實現並不斷推進的。

對於深圳經濟特區而言，最為現實的參照體毫無疑問就是香港。不論是在深圳特區確立以市場為導向的經濟體制，還是在深圳特區升級發展進程中完善並率先建立中國特色社會主義市場體制和經濟運行調控體系，香港始終都發揮着十分重要的影響和作用，成為深圳在建立市場經濟和調控體系、完善政府管理等方面學習和借鑒的參照，由此成為深圳特區轉軌中的「香港因素」。

首先，深圳學習香港成熟的市場經濟體制，積極推進市場經濟體制改革。從總體來看，不論是在培育市場主體、發展市場中介組織，還是在完善市場結構與市場體系、建立經濟運行與調控機制等方面，深圳都大量借鑒了香港市場經濟模式的相關做

法與經驗啟示，通過制度創新率先邁向了特區的體制轉軌之路。正是通過對市場體系、市場機制、市場調控等方面的改革探索，形成制度模式層面的創新，深圳特區才得以率先建立社會主義市場經濟體制。

其次，深圳參照香港自由港政策，在經濟發展的制度安排方面大膽創新，形成了有助於經濟成長的政策支持體系。包括香港在內的「東亞模式」，大都以政府替代方式直接發育和擴張市場，通過制度創新而形成有助於經濟成長的發展戰略與政策措施。按世界銀行的概括，這方面的制度創新包括：合理選擇以出口導向為主的發展戰略；重點扶持與推動升級的產業政策；圍繞資源有效配置和提高勞動生產率的高儲蓄與投資、利用外資、吸收國外先進技術的基本經濟政策；確保經濟穩定運行、政府指導與市場調節相結合、增長與公平兼顧的宏觀經濟管理政策。顯然，深圳特區在這些方面也進行了有益的探索，形成了以香港自由港政策為參照體的政策保障與支持體系。

再次，深圳借鑒香港法治體系，逐漸建立和不斷完善市場經濟規則與運行秩序。從深圳特區的發展歷程來看，一方面在經濟領域內參照香港做法建立法規體系，規範運作秩序，如按照國際慣例制訂和執行涉外合同，在特區優惠稅率下制訂稅收條例和完善稅收徵管，訂立勞動條例保護外資企業正常的勞資關係，根據國際規則開展對外經貿與金融活動；另一方面，在社會服務領域特別是公共產品和准公共產品供給上，也同樣參照香港模式建立起符合深圳實際要求的相關規則和運作秩序，初步形成包括住房、醫療、教育、市政、社會服務等在內的公共產品和准公共產品供給體系，為特區的公共服務均等化進行了有益的探索。

五、對中國的城市化和現代化發展功不可沒

（一）對中國城市化發展的基礎設施建設貢獻巨大

康拉德‧賽茨在《中國：一個世界強國的復興》一書中指出，80 年代末期，香港的大型資本集團如長江實業、新世界發展集團、恒隆地產、恒基兆業地產、合和實業等也出現在內地。他們修建收費高速公路和橋樑，興建寫字樓、高級賓館、商業大樓和別墅區，從而使中國不少地方迅速顯示出大城市的氣象。此外，香港的賓館飯店集團、商業集團以及其他的高級連鎖網絡也隨之進入了內地。總之，香港在很大程度上改變了中國的城市面貌。[5]

不僅如此，進入 80 年代後，整個珠三角大都市圈快速形成了一派繁榮景象：一條條高速公路、高等級公路蜿蜒伸展，一座座巍峨長橋凌空飛架⋯⋯僅 1984 年短短一年，即有三洪奇大橋、細滘大橋、沙口大橋和容奇大橋先後落成通車。創新的模式使廣東特別是珠三角地區，成為全國基礎設施條件最好的地區之一，也使珠三角的發展優勢獲得質的飛躍。

進入新世紀後，珠三角地區已成為全球知名的大都市圈，其城市化水平已邁入了國際先進行列。而中國珠三角地區的城市化發展，是由該地區與香港之間強大的相互依存關係所驅動的。

（二）對解決中國城市化進程中的就業問題發揮重要作用

眾所周知，中國改革開放和經濟高速發展的一個根本前提是，在急劇的工業化、城市化和市場化進程中，所帶來的大量農村勞動力轉移和城市國企工人下崗問題，必須得到妥善的解決。這個問題若不解決，那麼中國經濟不但不可能出現奇跡，甚至反而早就陷入混亂和動蕩之中了。

在這方面，香港同樣為中國的改革開放作出了巨大的貢獻。

2002 年香港工業總會和香港經濟研究中心發佈的《香港在珠三角的製造業調查報告》指出，2001 年，大約有 1,000 萬員工為香港公司在廣東的製造業提供直接或間接的服務，其中大約 475 萬員工為香港的「三資」企業工作，而其餘的 504 萬員工則為香港在大陸投資的「三來一補」企業工作。

深圳綜合開發研究院 2004 年發佈的《大珠三角整合策略研究報告》中有關珠三角外來打工情況的調查也指出，據統計，2003 年珠三角地區大約吸引外來勞動力 1,500 萬左右，而且都是在中等以上的城市。外來勞動力主要分佈在製造業，而製造業方面又主要是分佈在外資企業。根據廣東省 2000 年人口普查的資料分析，80% 的外來勞動力分佈在珠三角地區的外商製造企業中，而當時珠三角地區的外商製造企業中，港資企業佔 80% 以上。

六、中央政府對香港貢獻的高度評價

曾任中央人民政府駐香港特別行政區聯絡辦公室主任的高祀仁在 2009 年第 1 期《求是》雜誌上發表了〈香港在國家改革開放中的地位和貢獻〉一文。他在文中指出，香港同胞率先大膽到內地投資建廠，不僅為改革開放和引進外資注入了「第一桶金」，而且發揮出巨大的示範效應，激發了外商投資中國的信心，帶動世界各地的企業家隨後紛至沓來。

其次，在推動中國實現 GDP 高速增長中，在拉動中國經濟增長的「三駕馬車」中，「香港在投資和出口兩個方面都發揮了巨大的、持續的推動作用」。1979 至 2007 年，香港一直是內地最大的直接投資來源地。

內地累計吸收香港直接投資項目 28.85 萬個，實際使用港資累計 3,085.33 億美元，佔內地引進外資項目和實際利用外資的 45.2% 和 40.4%。

香港還是內地最大的海外籌資中心。

在香港上市的內地企業，包括 H 股公司、紅籌股公司及非 H 股民營企業，總數已達 453 家，累計籌集資金超過 1.9 萬億港元。

再次，香港一直是內地與國際市場聯繫的重要橋樑。

香港外國銀行多、投資基金多、跨國公司地區總部多，很多外資通過香港進入內地。香港市場規則與國際接軌，許多內地企業到香港設立窗口，學習借鑒香港做法，為走向世界積累了經驗。香港與國際市場聯繫廣泛，是內地企業和商品進軍海外的「中轉站」。

此外，香港在中國改革開放和建立社會主義市場經濟體制過程中，還發揮了有益的借鑒作用。

在內地從高度集中的計劃經濟體制向社會主義市場經濟體制轉型的過程中，香港市場經濟的理念、管理模式和規範做法提供了有益的借鑒。經濟特區的發展就是從學習香港、引入市場經濟成份開始的。在國有企業股份制改革過程中，香港金融市場不僅發揮了融資渠道的作用，而且對推動國有企業建立現代企業制度和完善公司治理結構產生了重要影響。內地的商品房改革、城市規劃、市政建設、城市管理、土地管理、社會保障體系建設、公務員管理和社會服務等，都大量借鑒了香港的經驗。

總之，香港在中國改革開放中發揮了不可替代的作用，為國家的改革開放和現代化建設作出了巨大貢獻。

本章作者：李羅力
中國體制改革研究會副會長

注釋

1　薛鳳旋：〈香港與中國內地 ── 回顧香港的經濟發展〉，載 ResearchGate 網站，2017年 12 月 23 日，資料來源：https://www.researchgate.net/publication/322040258_xianggangyuzhongguoneide--huiguxianggangdejingjifazhan（最後訪問時間：2018 年 11 月 25 日）。

2　［德］康拉德・賽茨著，許文敏、李卡寧譯：〈大中華：中國大陸、香港、澳門、台灣、海外華人〉，載氏著：《中國：一個世界強國的復興》，北京：國際文化出版公司 2007 年版。

3　同注 1。

4　饒美蛟、陳廣漢編：《港澳與珠江三角洲的經濟合作》，三聯書店（香港）有限公司 2006 年版，第四章第二節。

5　同注 2。

第四章

改革開放中的香港

　　香港作為中國不可分離的部分，與內地在悠長的中國歷史中從來都是密不可分，國家的諸般變遷都對香港產生了廣泛和深遠的影響。即便香港在 1843 至 1997 年間經歷了英國殖民統治，但內地在過去 100 多年的滄桑變化中依然為香港帶來許多衝擊和影響。可以說，香港的歷史與中國的歷史息息相關，香港的興衰成敗與「中國因素」聯繫甚深，因此絕對不能把香港的歷史與中國的歷史割裂開來。[1]

　　國家改革開放 40 年，在近半個世紀的時期裏，內地固然發生了翻天覆地的變化，而香港也經歷了巨大的變遷。最為重大的變化無疑是香港自 1997 年開始從英國的一塊「殖民地」轉變為中華人民共和國實踐「一國兩制」的一個特別行政區。在國家改革開放 40 年的前半段（1978-1997），香港仍處於英國殖民管治之下，而在後半段（1997-2018）則是中華人民共和國的特別行政區。國家的改革開放，在這兩段時間內都對香港產生了重大的影響。改革開放戰略不但是「一國兩制」方針政策形成和成功實踐的前提、香港得以順利回歸祖國的先決條件，也是香港在回歸後能夠保持繁榮穩定的不可或缺的要素。與此同時，國家的改革開放更在很大的程度上改變了香港的政治、經濟和社會形態，香港與國家的關係以及香港人的思想心態。國家改革開放在香港及在香港與國家之間所引發的變遷雖然總體上是正面的，是對國家和香港都有利的，但它卻又為「一國兩制」的實踐帶來了新的問題和挑戰。香港如何能夠好好地抓住國家發展帶來的機遇來發展自己、同時利用自身優勢為國家的發展作出貢獻，而且又能夠妥善處理好那些新問題和新挑戰，不但關係到「一國兩制」的成功實踐，也關

係到香港的長期穩定和發展。

　　引致回歸以來香港經歷的種種變化的原因甚多，但國家通過改革開放迅速崛起肯定是最重要的原因。本章集中探討國家改革開放和崛起為香港帶來的影響。誠然，要準確判別、分離和梳理國家改革開放和崛起作為一個因素或「變量」對香港的影響殊為不易，因為香港經歷的幾乎所有的變遷都或多或少受到其他因素的左右。

一、改革開放、「一國兩制」與香港回歸

　　從一開始，「一國兩制」方針便是國家的改革開放戰略的有機組成部分，也是建設中國特色社會主義的一項重要戰略部署。2017 年 10 月 18 日，習近平總書記更把成功實踐「一國兩制」確定為「實現中華民族偉大復興的必然要求」，[2] 由此可見「一國兩制」的重大戰略意義。改革開放戰略提出後不久，由於英國「租借」「新界」99年的租約將於 1997 年屆滿，如何從英國人手上收回香港很快便進入了中國政府的議事日程。中國政府制定「一國兩制」方針以解決「香港前途問題」的主要目標，既是要通過和平談判收回香港，使國家的統一向前邁出重要一步，又是要讓香港在 1997年回歸後能夠長期保持繁榮穩定，積極為國家的社會主義現代化事業服務。如果沒有國家的改革開放戰略確立在先，很難設想會有「一國兩制」方針的提出；反之，如果沒有國家的改革開放戰略作為支撐，「一國兩制」即使努力推行，也難以讓香港順利回歸祖國和保持它對國家的價值。

　　改革開放戰略對香港回歸祖國之所以重要，是因為它得到國際社會和香港人的普遍認同和支持，認為對中國現代化建設有利，對世界和平有利，可以讓中國成為國際社會中一名重要和負責任的成員，也對維持國際社會和香港人對香港的信心具有積

極意義。因此，作為改革開放戰略下的「一國兩制」方針必然會有利於香港的長期繁榮、穩定和發展，也會有利於延續香港原有的資本主義制度和獨特的生活方式。在國家改革開放的大背景下，一方面英國人難以對香港回歸中國過分刁難，另一方面絕大部分香港人也得以緩解對香港前途的疑慮和恐懼。由於各方面都從正面態度看待香港回歸中國一事，並願意彼此以互諒互讓態度解決問題，國家便得以順利以和平談判的方式讓英國人答應在 1997 年撤離香港，並承諾在交還香港前「負責任地」管理香港以期達致平穩過渡。

然而，儘管英國人同意交還香港，但還是對香港的未來別有懷抱，總是要千方百計地在 1984 至 1997 年的過渡期內按照英國人的意圖去塑造回歸後的香港，特別是改變香港的政治格局。[3] 他們希望通過大量政治、行政、法律和管治方式的改革來削弱行政機關的權力和功能，鼓動香港人對中國政府不滿，提升香港人對民主的訴求以及扶植各種反對中國共產黨的政治力量，目的是要讓那些與中國政府對抗的勢力執掌香港特別行政區的政權，即便達不到目的也要讓日後的香港特區政府難以有效管治。在過渡期內，中英兩國政府圍繞着香港特區政權的爭奪戰此起彼落，造成了政治動蕩的局面，對香港的平穩過渡和順利回歸甚為不利。1989 年春夏之交發生的「六四事件」在相當程度上動搖了香港人對香港前景的信心。「六四事件」發生後一段時間，中國和西方國家之間的關係陷入低谷，以美國為首的西方陣營對中國施加各種制裁措施。緊接着的是東歐劇變、蘇聯解體和東西方冷戰的終結。一時間國家陷入極為困難的處境。隨着國際政治和國內政治的波動，英國伺機在香港問題上挑戰中國，讓香港掉進政治混亂的泥潭中。香港人移民外地的人數陡升，民眾對國家能否堅持改革開放戰略心存困惑，對香港的前景更是憂心如焚。不過，國內政局趨穩，鄧小平先生的南巡和國家改革開放速度的加快和幅度的擴大，及中國政府以「另起爐灶」的方式主動積極處理香港回歸問題，都對香港的局勢和香港的人心發揮了巨大的穩定作用，在恢復香港人對香港前景的信心、粉碎英國人的圖謀和穩定國際社會對香港的支持上意義重大。

此外，儘管在過渡期內香港內部政治爭鬥不斷，但在國家的改革開放戰略下，香

港與內地的經濟往來愈趨密切，國家的「引進來」策略通過香港得以貫徹，香港的產業結構也因此得以快速轉型，推動了香港的經濟發展、改善了香港人的生活條件，從而產生了一個政治爭鬥熾烈但經濟卻欣欣向榮的「矛盾」局面。即便房地產有過熱現象，經濟狀況仍然良好，對穩定過渡期內香港的局面和香港的平穩過渡大有裨益。

可以這樣說，沒有國家的改革開放戰略為後盾，便不會有對香港有利的「一國兩制」方針的提出，國家就無法用和平方式讓英國人交還香港，香港人也不會對香港的前景懷抱信心；進而，在國際、國內和香港政治動盪的情況下，香港也無法從英國「殖民地」平穩過渡為中華人民共和國的特別行政區。

二、改革開放對回歸後香港的影響

「一國兩制」的要義，除了推進國家的統一大業外，還在於保持香港的資本主義制度和生活方式 50 年不變，讓香港得以憑藉其獨特的、難以取代的各種優勢為國家的社會主義現代化建設作出貢獻。各方面一般的估計是，內地的發展會不斷取得佳績，經濟增長和人民生活水平提高等目標會按照鄧小平先生和其他國家領導人的設想逐步實現。在那 50 年內，即便內地的發展速度比香港的發展速度快一些，但彼此之間的經濟差距只會逐步縮窄，而內地對香港在發展上的「依賴」也會持續下去，不會發生重大的變化。與此同時，香港原有的資本主義制度、社會狀況和政府的管治方式雖有改進的需要以應對香港社會的變遷，但卻無需作出重大的改動。再者，不少人認為，在香港回歸祖國後一段相當長的時間內，國家的改革開放戰略不斷推進並取得成果，中國在國際上的影響力雖有所增加，但難以撼動國際格局；而且在鄧小平先生的「韜光養晦」方針的指導下集中精力謀發展，儘量避免引發國際爭端，因此國家的發

展會在一個良好和穩定的國際環境中推進。

然而，原本的設想和估計與國家往後的發展實況差距之大，是改革開放之初國外和國內各方面完全意想不到的。在改革開放 40 年當中，中國以前無古人的速度、幅度持續性崛起，經濟總量已經位居全球第二位，成為世界上首屈一指的經濟體已是指日可待。40 年來，中國內地各項經濟、產業機構、社會、民生、環境、科技、教育、國防和幸福指標都有長足的改進。[4] 國家的發展模式已從「引進來」轉為「引進來」和「走出去」並重。經濟增長的推動力由過去過度依賴出口和基礎建設投資轉為更多倚重內部消費和創新，並由偏重經濟發展轉向全方位和均衡發展。中國與世界各國在經濟、貿易、金融、人員交往等領域來往愈趨密切，國家的利益無遠弗屆。在快速融入國際社會的同時，國家的國際地位和在國際事務上的影響力遠非過去所能比擬。

相反，儘管香港回歸後在發展上仍然取得一定的進展，而且成果比不少西方國家為佳，但與內地相比則在發展速度、幅度和全面性上相差甚遠。[5] 誠然，鑒於香港已經是一個成熟的小型經濟體，而且在回歸以來備受政治內耗和管治維艱所困，經濟增長和產業轉型乏力可以理解，但仍然難免令人失望，尤其是香港在回歸後，雖然得到國家改革開放帶來的大量發展機遇，但卻未能充分抓住。

可以這樣說，國家在過去 40 年崛起之快之急，和對「一國兩制」在香港實踐所帶來的衝擊，遠遠超乎「一國兩制」設計者的預期和想像。當中央提出「五十年不變」的時候，很難會估計到香港會因為國家的急速崛起而發生巨變，而內地的劇變又極大地改變了香港與內地的關係。國家的崛起不僅為國際格局帶來衝擊，而且也改變了香港面對的國際環境。

（一）香港面臨的國際環境的改變

國家改革開放 40 年期間，國際形勢發生了翻天覆地的變化；中國的急速崛起本身既是一項重大變化，同時也為世界帶來不少變化。國際形勢的變化，不單改變了中國面對的國際環境，也為香港面對的國際環境帶來了許多不明朗因素。

「一國兩制」在 1980 年初正式提出時，基於雙方都有聯手制衡蘇聯的擴張主義的戰略需要，中國和西方的關係頗為良好。西方對中國的改革開放懷抱憧憬，並傾向給予鼓勵和支持。西方的設想，是要把中國納入由美國主導的、體現西方的自由民主價值觀的「自由全球秩序」之中，並促成中國走上和平演變之路和向西方靠攏。在這個難得的國際環境下，西方對中國以「一國兩制」方式解決「香港前途問題」持正面態度，甚至期盼香港作為奉行西方制度和價值觀的地方，在回歸中國後能夠帶動中國向西方屬意的方向發展。

　　可是，中國的崛起並非是依循西方屬意的模式和道路而達致的，而是因為國家走上了一條具有中國特色的社會主義現代化建設道路。這條道路同時突出政府的功能和市場的作用，並以全面發展、公平公義和國家富強為鵠的。中國發展的成功，在世界上削弱了西方模式的吸引力，為其他發展中國家在發展道路上提供另類選擇。[6]中國綜合國力的大幅提高，讓國家得以在國際事務上發揮重大影響力，同時也讓國家更有力量去維護自己的核心利益，尤其是維護國家主權、領土完整和海洋權益。

　　東西方冷戰結束後，不少西方人沉醉於西方「勝利主義」之中而忘乎所以，堅信西方制度和價值觀無堅不摧，而由美國主導建構的「自由全球秩序」和全球化進程將會千秋萬代延續下去。在一段短時間內，世界上曾經出現由美國霸權主導的「單極世界」的現象。然而，中國的崛起、俄羅斯的復興和一些新興國家的崛起，讓「多極世界」成為未來世界的發展方向。

　　2008 年爆發的全球金融海嘯、美國捲入中東的亂局而不能自拔、西方經濟陷入長期混亂和困難、英國脫歐、西方國家內部受困於一系列難以處理的問題（民粹主義、民族主義、民族衝突、宗教摩擦、移民與難民問題、恐怖主義、排外情緒、分裂主義）、西方國家政府和主流政黨管治乏力和流失人民支持，以及西方人對西方的民主制度和價值的懷疑日益增多等情況都大大削弱了西方的團結性、穩定性、硬實力和軟實力。西方對於由自己創建的全球秩序和由自己推動的全球化進程的認同和支持出現了動搖，西方人對西方的前景憂心忡忡，各種「西方沒落論」甚囂塵上。[7]

　　面對中國與其他新興國家的崛起、西方的走弱和全球經濟重心向東亞地區移動，

西方人的憂慮感和不安全感陡升，而自信心則不斷走低。西方一方面在經濟上越來越多採取貿易、金融和投資保護主義策略以作自保，另一方面則意圖通過軍事、政治、外交、意識形態、經濟等手段遏制中國的崛起，當中尤以美國最為積極。西方人相信，中國的崛起對美國和西方的利益和安全構成嚴重威脅，如果中國在俄羅斯的配合下一躍而成為歐亞大陸板塊的霸主的話，則西方主導世界的格局便會戛然結束；在中國主導下，世界將會進入「威權」和「霸權」肆虐、民主和人權隳廢的「黑暗時代」；西方所構建的世界秩序將無以為繼，西方的安全和利益亦將不保。這些情況是美國和西方絕對不能接受的。

近幾年來，美國和一些西方國家對中國的遏制力度不斷加強。美國在 2017 年年底發表的《國家安全報告》更把中國定性為美國的戰略競爭對手，[8] 不少美國戰略專家和學者更相信中美爆發戰爭的機率不低，最有可能的觸發點為台灣和南海問題。美國意識到隨着中國國力的提升，美國不能像以往那樣單憑自己的力量就足以遏制中國，因此轉向爭取和聯合盟友一起對付中國。除了強化美日軍事同盟外，美國還積極拉攏中國的周邊國家和地區如印度、越南、澳大利亞、台灣等對中國進行圍堵。

西方對回歸後的香港的態度已經出現了微妙的改變。回歸前，當香港仍然是西方陣營成員的時候，西方當然視香港為同路人，對香港事務甚少指手劃腳。即便香港已經回歸中國，西方起初對香港可以帶領中國走和平演變道路仍心存期盼和憧憬。不過，當西方認定中國只會走自己的道路，而這條道路又會讓中國富強起來和成為西方的重大威脅後，近年來美國和一些西方國家對香港的批評、責難和恐嚇的言行有上升的趨勢。一些在香港發生的反對中央和香港特區政府的暴力和非暴力抗爭事端往往都可以窺見西方勢力乃至台灣的影子。個別在香港發生的衝突比如 2014 年爆發的「佔領中環」行動更被內地的官員和專家認定為「劍指」中國，並帶有「顏色革命」色彩的政治圖謀。

可以想像，未來西方對香港不友好的動作會接踵而來，這對香港與西方的關係不利。儘管在中國擁有對香港的主權和全面管治權的情況下，香港的反對勢力根本無法奪取香港特區的政權，但西方乃至台灣一些勢力還會死心不息地鼓勵、配合和支持他

們在香港和內地興風作浪。鑒於香港對國家的發展和穩定仍然相當重要,不能排除在金融、貿易、思想、文化、教育和媒體等領域會被外部勢力滲透和利用的可能性,從而產生不利於內地和香港安全與發展的後果。再者,隨着西方經濟力量的減弱,對經濟全球化、自由化和多邊經濟合作的質疑及各種保護主義和民粹主義的抬頭,香港恐怕也難以如過去那樣在發展上獲得西方的鼎力支持。

從國家改革開放初期西方對「一國兩制」和香港的重視與支持,到如今改革開放 40 年後西方對香港的懷疑和批評,香港所面對的國際環境在西方與中國戰略較量愈趨熾烈的氛圍下也會愈趨複雜和嚴峻。當西方認定香港在今後中國進一步崛起的過程中有着獨特和不可替代的角色時,西方和外部勢力對香港的姿態有可能會更具威脅性。

(二) 香港在國家發展中地位和角色的轉變

自從中華人民共和國成立以來,香港在國家不同階段的發展中都發揮着獨特的、不可替代的作用。改革開放之前,香港是國家至關重要的外匯來源地,也是國家可資利用來突破西方國家以聯合國名義圍堵中國的缺口。改革開放初期,在國家以「引進來」為主的發展戰略下,香港成為內地引進資金、人才、信息、技術等發展要素的主要來源地和通道。隨着改革開放的不斷推進、國家經濟的高速發展、內地產業結構的持續優化和調整、國家發展方式的變革和中國經濟與世界經濟密切結合,香港在國家發展上的重要性和貢獻仍然是非常明顯的。正如習近平主席於 2017 年 6 月 30 日在香港特別行政區政府歡迎晚宴上所着重指出的:「香港同胞一直積極參與國家改革開放和現代化建設,作出了重大貢獻。對此,中央政府和全國人民從未忘記。香港同胞不僅完全有能力、有智慧把香港管理好、發展好,而且能夠繼續在國家發展乃至世界舞台大顯身手。」香港與內地經濟關係的不斷發展和變化也反映在內地對香港經濟越來越重要之上。隨着國家經濟起飛,大量內地企業、資金和人才進入香港,以香港為基地進行集資、提升營運和管理素質,以進軍內地、香港和世界。中資企業數量眾多,不少規模龐大、擁有巨額資產,並已經成為香港股市的主要增長動力。正如郭國燦和

劉海燕所言：「近 40 年來，香港中資藉助內地改革開放與香港國際金融中心及香港回歸這幾大因素，迅速崛起。內地 40 年快速經濟增長為香港中資的發展提供了發展的動力和廣闊的市場，而香港開放自由的資本市場，則提供了多元的融資通道和不竭的資金來源。香港中資的快速發展和壯大，反過來又促進了香港的繁榮穩定和內地的改革開放。」[9]

隨着香港與內地經濟關係越來越密切，香港在經濟上逐步融入內地已經是不可逆轉的大趨勢，而中央在引領香港經濟發展的角色上也顯得越來越重要。西方主導的全球化退潮和西方經貿及金融保護主義的冒起都迫使香港與內地建立更緊密的「優勢互補」和「互利共贏」的合作關係。為了促進兩地的經濟關係和推動香港產業結構的優化和轉型升級，中央不斷出台各種既讓香港受惠、又對國家發展有利的政策和措施。《內地與香港關於建立更緊密經貿關係的安排》（CEPA）、方便內地同胞前往香港的「自由行」安排、粵港合作、深港合作、前海發展、內地服務業市場對香港開放、給予在內地的香港人更多在生活、就業、就學和營商上的方便、不斷擴大香港的人民幣業務等，都是具標誌性的舉措。

在國家新一輪的改革開放戰略中，「一帶一路」倡議、粵港澳大灣區建設、人民幣國際化、科技和體制創新、企業和人才「走出去」、增加現代服務業在產業結構中的比重、新型城鎮化、推行供給側改革、改善城市管理的質量和提升內需在經濟增長中的作用等大政方針都為香港提供了源源不絕的發展機遇。概括來說，改革開放 40 年來，香港在國家發展中的定位和角色的變遷呈現出以下幾個趨勢。首先，香港與內地的經濟關係越來越複雜、多元、緊密和雙向。改革開放初期那種「前店後廠」的較為簡單的生產與貿易關係已不復存在，取而代之的是多領域的、互利共贏和優勢互補的關係，其中涉及到龐大的資金、人才、信息和技術的交流。第二，國家的經濟發展對香港的經濟發展越來越重要。在全球經濟持續低迷和香港對西方的經濟依賴下降的情況下，香港越來越需要融入國家發展大局並從內地獲取經濟發展動力。第三，中央越來越主動和積極地發揮引領香港經濟發展和產業轉型的作用。香港與內地經濟關係的發展越來越被納入國家的整體發展戰略之中。

（三）經濟和社會狀況的改變

香港自 19 世紀中葉開埠以來，「轉變不經」或者說「變幻才是永恒」，無疑是香港社會的最佳寫照。然而，為了穩定香港人和國際社會對回歸後香港的信心，中央的「一國兩制」方針的核心內容之一，是保持香港原有制度和生活方式「五十年不變」。從現實角度而言，要真的達到「五十年不變」的目標本來已經不容易；國家在改革開放戰略下迅速崛起，對香港產生了巨大和難以預測的衝擊，也為「一國兩制」的成功實踐帶來嶄新的課題。那些衝擊其實在香港回歸前已經頗為明顯，而在回歸後更是勢不可擋。結果是，今天香港的經濟和社會狀況與在 1980 年代初期提出「一國兩制」方針時所認識和蓄意保持的狀況不可同日而語。

國家的改革開放，大力推動了香港經濟的增長，同時也促使香港的產業結構以極快的速度轉型。開始時香港的資金、企業和人才不斷進軍內地，而後來隨着內地經濟的蓬勃發展，內地的企業、資金和人才又大量湧入香港，並利用香港開拓海外業務。馮邦彥對改革開放與香港產業結構轉型的關係有概括性的描述：

> 香港產業結構的第二次轉型，發軔於 20 世紀 70 年代後期並在 80 年代初期取得明顯進展，到 90 年代末趨於完成，轉型的基本趨勢是「經濟服務化」，即從原來的出口和製造業為主的經濟模式，轉變為亞洲區一個與中國貿易和對外關係有着密切關係，由港口帶動並以服務業為主的經濟體系。這一時期，在中國改革開放的推動下，香港製造業大規模轉移到內地，特別是廣東珠江三角洲地區，雙方形成「前店後廠」的分工格局。這次產業結構的轉型，推動了 20 世紀 80 年代中期香港經濟的持續增長，並強化了香港作為亞太區國際貿易中心、航運及航空中心、國際金融中心的地位，發展成為全球最主要的服務經濟體系之一。[10]

1997 年回歸前，經過大概 10 多年的時間，隨着大批工廠北移，香港基本上已經完成從出口和製造業為主的經濟模式，向生產性和消費性服務業的結構轉型，其中金融和貿易在香港產業結構中的比重愈趨突出，而製造業「空洞化」的情況則越來越明

顯。回歸後，這個產業結構轉型的趨勢隨着國家改革開放的迅猛發展更是方興未艾。中央給予香港的各種優惠經濟政策和措施，促使其服務業進一步蓬勃發展，並向高增值方向推進，而製造業則趨式微，更遑論轉型升級。與此同時，香港與內地「前店後廠」的分工模式也無以為繼，不少原來依靠香港提供的「前店」服務在內地亦可取得，而隨着珠三角地區經濟急速發展和向高增值產業轉型，那些勞動密集型的香港中小微企業也只能遷往內地較落後地區、東南亞國家或索性結業。香港的轉口貿易轉弱，並逐步向離岸貿易轉型。而隨着內地大城市的不斷開放，香港作為內地對外貿易中介的地位也今非昔比。內地資金和企業在香港經濟中的比重不斷攀升，對本地企業和資金及對外資企業和資金均構成嚴重的競爭威脅。不過，由於港元與美元掛鈎的聯繫匯率、外來資金的洶湧進入、金融業的膨脹、土地供應不足、源於金融全球化和多發的金融危機所衍生的資金供應過度充沛、金融和地產業以外的投資機會有限等諸般因素，香港地產、樓市、租金大幅飆升，拉動香港股市大幅上揚，通貨膨脹的陰霾揮之不去，增加了各行各業的經營成本，嚴重妨礙香港產業結構的多元化發展。

可惜的是，儘管回歸前後香港產業結構轉型的幅度和速度可觀，但卻沒有讓香港的經濟體系轉化為高增值、高技術、高生產率的知識型和創新型經濟體。「去工業化」和香港在內地的製造業仍以勞動密集為主固然是主要原因之一，現代服務業的生產率在本質上難以顯著提高、政府在經濟上的投入和推動有限、香港缺乏創新與科技產業、政治衝突不斷等也是重要原因。因此，香港的經濟競爭力呈現不斷下降的趨勢。正如馮邦彥所說：「總體而言，戰後以來香港產業結構的兩次轉型，主要是在外部因素的推動或刺激下，根據自身比較利益和在市場機制下自動調節的結果，技術進步在其中的影響力不算重要，這直接導致了香港產業結構的缺陷和問題。」[11] 而且，「香港對服務的過度依賴，使其經濟發展的步伐中充滿了潛在的不確定性和脆弱性。外向型的服務產業使得原本就高度依賴外部環境的香港經濟更容易受全球經濟變化和經濟週期的影響」[12]。

回歸前後香港經濟結構的改變也帶來了社會結構的轉變。事實上，香港社會的貧富差距在上世紀 70 年代中期開始已經不斷拉開，而這個趨勢還在持續發展。今天，

香港的貧富懸殊情況已經達到相當嚴重的地步，與世界上其他國家和地區相比更是位居前列。製造業「空洞化」使得在短時間內大部分製造業的職位流失，很多香港人因此失去了大量穩定的、收入不錯的工作。受影響的不只是工人，也包括不少中產人士。儘管金融業和現代服務業不斷崛起，提供了一批優質的、高回報的職位，但數量有限，遠遠不能滿足香港人尤其是受教育程度快速上升的年輕人的要求。國家改革開放和中央的「惠港」政策誠然對香港的經濟發展十分有利，但能夠受惠的行業、企業和人才畢竟有限，部分人甚至因為來自內地的競爭而蒙受損失，無疑在一定程度上使香港原來已經嚴重的貧富懸殊問題有所惡化。同樣重要的是，在國家改革開放的 40 年中，香港內部政治鬥爭不斷，英國人離開香港前在香港的發展上無心作為，回歸後的香港特區政府在經濟和社會事務上的介入又欠積極，加上管治乏力，因此使得香港的社會情況難以有顯著的改善。

今天，香港社會的基本狀況是各種社會矛盾相當突出並交迭爆發。第一，產業結構的改變導致社會階層的結構改變。一個愈趨封閉但人數不多的「上層權貴階層」逐步形成，財富愈趨集中和行業壟斷的情況相當嚴重。中產階層萎縮而且內部分化，不少中產人士向下流動或經常受到向下流動的威脅。低下階層的人數不斷攀升，部分人的生活條件愈趨惡化。[13] 第二，受教育水平越來越高的年輕人得不到足夠的發展機會，並深受就業、事業和置業問題所困擾。一些年輕人通過組織和參與各式抗爭行動以宣泄其不滿並要求社會和政治改革。[14] 第三，階級矛盾和衝突愈趨明顯，社會上的「仇富」心態抬頭，反精英情緒和民粹主義熾烈。中產人士怨氣上升和言行激進化的現象明顯。第四，部分社會矛盾在反對勢力的利用下變成政治鬥爭的催化劑，加劇了香港的政治內耗。第五，一部分香港人對個人和社會現狀的不滿轉化為對來自內地的人士和移居香港的內地同胞的抵觸情緒，對香港與內地關係的發展不利。其中，香港中產階層走向「激進化」是香港穩定和有效管治的最大威脅，中產階層也成為香港近年來數量日增的集體抗爭行動的中堅力量。

（四）特區政府在經濟和社會發展中的功能轉變

在漫長的殖民管治期間，香港的殖民政府一直奉行所謂「放任主義」或後來經過若干調整的「積極不干預」方針。無論是「放任主義」或「積極不干預」方針，政府的主要功能在於行政管理，而在經濟和社會發展上的角色不單有限，而且也缺乏有關的人才、能力、知識和經驗。近幾十年來，經濟發展成功的國家或地區如日本、韓國、新加坡和台灣都非常依靠政府在經濟事務上發揮主導作用，包括興建基本設施、提供資金、培養人才、開辦企業、招商引資、鼓勵科研、約束勞工和底層人士的要求、開拓海外市場等等。香港之所以能在「小政府」的情況下仍有驕人的經濟表現，與香港的獨特歷史條件有莫大關係。假如不是因為在中華人民共和國成立前後大量資金、專業人才和具備技術的工人紛紛湧到香港，致使香港無需在政府高度介入經濟的情況下便獲得工業發展所必需的要素，恐怕香港也無可避免地要政府擔當重要的推動經濟發展的角色。不過，由於香港的經濟奇跡是在「小政府、大市場」的背景下締造，不少人便機械性或武斷地相信「小政府」乃香港經濟發展在過去、現在乃至將來的必然條件，因此反對政府積極或主動「干預」經濟事務，不然便是違反香港的經濟發展「規律」。與此同時，多數人認為政府在社會事務上的參與可以更多一些，特別是在提供必要的福利和救濟方面，但卻仍然反對政府在社會福利上過分慷慨，不能讓香港發展出「福利國家」制度，更反對政府過多地通過財政和稅務政策去紓緩香港日益惡劣的社會矛盾和衝突。

回歸以前，「小政府」思維所帶來的一個嚴重和深遠的後遺症是殖民政府任由香港製造業「空洞化」和大量製造業工人失去安穩工作而不尋求補救之道，認為政府不應該干擾市場的自然運作。相反，新加坡政府從政治、社會和經濟穩定的角度出發，想方設法在勞動密集型工業式微之際，大力扶植和引進一些高增值和高科技的工業，防止製造業「空洞化」，促進產業朝多元化方向轉型，並藉此推動經濟體系升級。[15]與香港相比，一個更糟糕的例子是印度。它的發展模式是放棄製造業而直接「蛙跳式」進入服務業，結果導致就業機會嚴重短缺，大量印度的年輕人對個人的前景感到

茫然。[16]

回歸以後，情況發生了微妙的變化。即便「小政府」的信念依然非常牢固，但在主客觀條件的改變下，政府在經濟和社會事務上的角色正在逐步強化，而政府的財政政策也相應地作出一些輕微的調整。其中重要的原因包括：要求政府擔當更多的經濟和社會功能的壓力隨着香港政治體制的「民主化」不斷上升，嚴重的社會問題和矛盾日益增多，香港社會和華人家庭解決個人和社會問題的能力下降迅速，阻礙香港經濟轉型和長遠發展的結構性因素越來越受到關注，香港的國際競爭力下降等。

國家的改革開放在推動香港特區政府承擔更大的經濟和社會發展角色上的作用更不可小覷。由於香港的經濟發展越來越依賴內地經濟的發展，而內地各級政府尤其是中央政府在經濟和社會發展中擔當着極為重要的角色，香港特區政府必須要取得中央和地方政府的支持、合作和配合才能讓香港更好地利用國家發展所帶來的機遇，並通過參與國家的發展對國家作出貢獻。同時，為了促進香港的發展和繁榮，中央也主動出台各項有利於香港的政策和措施。回歸以來，為了配合或實施一系列來自中央的和香港主動出台的推動香港與內地經濟合作的舉措，香港特區政府在香港經濟和社會事務上的參與正在逐步增加。前香港特首董建華提出的推動香港與珠三角地區經濟融合的主張，中央提出的 CEPA、自由行、人民幣業務政策、粵港合作、深港合作、建構泛珠三角區域經濟體、香港建設成為首要的人民幣離岸中心、「一帶一路」倡議、粵港澳大灣區建設等，都是強化香港與內地合作的好例子。為了讓香港與內地發展有更系統、全面和有機的聯繫，中央更容許香港參與國家的五年經濟和社會規劃，並對香港的發展給予大力的支持。

在國家的「十二五」和「十三五」規劃中，都有專章論述香港在國家發展中的定位和中央給予香港的大力支持。「十三五」規劃表明要「發揮港澳獨特優勢，提升港澳在國家經濟發展和對外開放中的地位和功能」。具體內容有：

> 支持香港鞏固和提升國際金融、航運、貿易三大中心地位，強化全球離岸人民幣業務樞紐地位和國際資產管理中心功能，推動融資、商貿、物流、專業服務等向

高端增值方向發展。支持香港發展創新及科技事業，培育新興產業。支持香港建設亞太區國際法律及解決爭議服務中心。……支持港澳參與國家雙向開放、「一帶一路」建設，鼓勵內地與港澳企業發揮各自優勢，通過各種方式合作走出去。加大內地對港澳開放力度，推動內地與港澳關於建立更緊密經貿關係安排升級。深化內地與香港金融合作，加快兩地市場互聯互通。支持內地與港澳開展創新及科技合作，支持港澳中小微企業和青年人在內地發展創業。支持共建大珠三角優質生活圈，加快前海、南沙、橫琴等粵港澳合作平台建設。支持港澳在泛珠三角區域合作中發揮重要作用，推動粵港澳大灣區和跨省區重大合作平台建設。[17]

因為中央制定的發展戰略的長遠規劃在國家的發展中佔有主導關鍵位置，香港特區政府不得不因應這個情況在一定程度上改變其在經濟和社會事務上的角色。第一，為了參與國家的發展戰略和規劃，香港特區政府或多或少也必須思考香港的長遠宏觀發展需要和做一些相關的規劃工作，以便香港的發展能夠與國家的發展對接。過去政府的「短綫思維」和對規劃的抗拒已經發生變化。第二，一直以來政府被動和滯後地配合和響應經濟與社會發展的做法已經不合時宜，香港特區政府開始關注政府在經濟和社會發展上的主動、前瞻角色。政府不再把自己看成是「追隨者」，而應當多發揮「帶領者」和「促進者」的作用。第三，為了讓香港的發展更好地為國家的發展服務，中央會向特區政府提出要求和建議，制定相關政策和提供相關設施，好讓香港的政策和發展能夠體現「國家所需、香港所長」的效果。第四，香港特區政府需要動員香港各界參與國家的發展與建設，為此它需要在香港和內地創造必需和合適的條件，包括基礎設施、人才培訓、資金提供、支持照顧、政策配合、政府與政府之間的協商合作、研究和資料收集、加強香港與內地在各方面的流通和對接等。所有這些工作都不是民間或私人機構所能應付的。第五，為了更好地參與「一帶一路」建設，香港特區政府需要與「一帶一路」沿綫國家建立各種合作，包括稅務、專業和教育資格互認、企業融資、貿易往來、交通運輸、法律仲裁等。第六，為了加快香港向高增值和知識型經濟轉型，推動香港經濟的多元化發展，為香港人尤其是年輕人創造更多的發展機

會，香港特區政府同意為一些具有潛力的產業比如創新科技和創意產業提供支持，讓它們在政府的扶持下能夠茁壯成長。在這方面內地的支持和配合不可或缺，尤其是在開放市場和科研合作方面。

總而言之，國家的改革開放促使香港特區政府在一些方面加強了它在香港的經濟和社會發展中的參與。當然，「小政府、大市場」在可預見的將來仍然會是香港特區政府奉行的「金科玉律」，而政府的確也欠缺足夠的資金、人才、經驗和手段去承擔主導性的角色，但畢竟與過去相比，在中央政府的引領和催促下，香港特區政府的功能仍然有進一步擴充的空間。

（五）香港人在思想心態上的改變和調整

國家因為改革開放而崛起，在極短的時間內改變了內地的經濟社會面貌、中國的國際地位和影響力、人民的生活水平和方式及思想心態。香港與內地在經濟、社會、文化和政治上的關係越來越密切，而兩地同胞的交往與互動也越來越頻繁。這些巨大和深遠的變化對香港人的思想心態難免會帶來急劇和猛烈的衝擊，並產生了微妙和複雜的改變。由於不同的香港人有着不同的處境、利益、價值觀和際遇，那些衝擊在不同人當中自然產生了不盡相同的思想心態的變化，從而造成了香港人內部的一些分化，並因此而引發出眾多過去無法想像得到的現象、問題和衝突。茲就其犖犖大端者作簡單說明。

首先，最明顯的是香港人對國家和民族在態度上的改變。國家的崛起使得中華民族取得了過去幾百年來前所未有的強國地位，扭轉了百年的屈辱，獲得了國際社會的尊重和讚許，當然也因此引發了一些國家，主要是西方國家的嫉妒和恐懼。不過，對大部分香港人來說，國家取得的舉世矚目的成就讓他們感到自豪，對民族的將來提振了信心。在一定程度上，相當部分香港人對中華人民共和國和中國共產黨增加了好感。不過，對於那些一向對中國共產黨有抵觸情緒或者崇奉西方制度和價值觀的香港人來說，由於他們不相信社會主義對國家發展有利，中國在中國共產黨帶領下的崛起是他們不願意看到的。這些人骨子裏可能不敢輕視甚至欽佩中國共產黨所取得的

成就，但國家在他們意想不到的情況下崛起卻無疑推翻或動搖了他們原來的信念和想法，這迫使他們不斷找中國共產黨的岔子，把一些內地的「落後」、不文明和不符合西方人或香港人要求的東西無限放大和加以鞭撻，一方面藉以「印證」他們對中國共產黨的負面看法，另一方面則企圖挑撥香港人與國家和中國共產黨之間的關係。

第二，內地同胞的生活水平越來越好，相比之下香港人的生活條件則有「躑躅不前」的情況，而兩者之間的接觸和交往則因為自由行、香港人越來越多到內地發展、內地人才和移民來港人數增多及內地企業和資金湧港而日益頻繁。然而，由於香港人與內地同胞在文化、生活方式、社交禮儀和思想心態上差異甚大，接觸和交往的增加雖會加深對彼此的了解，但同時也造成了不少摩擦，從而在兩者之間形成了隔膜和裂痕。雖然不少香港人受惠於香港與內地之間的緊密關係，但也有部分香港人覺得內地企業在香港的投資、內地富豪在香港「炫耀財富」、內地同胞在香港發展與定居對他們形成了難以應付的競爭壓力，改變了他們的生活環境和就業前景。一些人更認為來自內地的文化和做事方式損害或腐蝕了香港原本「進步」的現代化事物，把香港推向倒退，讓香港不再是他們熟悉的香港，更把「香港人」的身份內涵變得模糊不清。由此而產生的不安全感和擔憂加劇了這部分人對國家、內地和內地同胞的逆反情緒。

第三，香港人對「一國兩制」的態度形成分化。國家改革開放的成功，讓國家更有能力支持香港的發展和協助香港解決一些深層次的社會經濟矛盾。縱使在一些政治議題上中央和部分香港人短時間內難以達成共識，但大多數香港人仍然認為「一國兩制」整體上是成功的，是對香港有利的，更熱切希望「一國兩制」在「五十年不變」後能夠經改進而延續下去。認為「一國兩制」對香港不利的人一般認為，國家的崛起和內地對香港的影響日大，對香港原來的制度、價值觀、利益和生活方式造成了不可彌補的傷害，嚴重削弱了香港的獨特競爭優勢，泯滅了「兩制」之間的界綫，並使香港走向「大陸化」，所以不認為「一國兩制」在香港得到成功實踐。然而，這兩種人都有着共同的擔憂：他們憂慮香港對崛起中的國家的價值和貢獻不斷減少，但卻又因為一些政治議題與中央不時發生齟齬和摩擦，中央是否願意在 2047 年後在香港延續「一國兩制」方針乃是未知數，因此擔心「香港前途問題」在不久的將來會再次爆發。

第四，香港人的心理狀態出現微妙變化。長期以來，香港人對內地同胞懷有強烈的優越感和傲慢態度。他們認為內地發展落後、人民生活水平與香港相差甚遠、內地同胞素質低下、制度不健全、自由和法治不如香港、貪腐行為普遍、國家高度依靠香港才能發展起來。回歸前，絕大部分香港人都相信即便國家持續發展，香港也會維持高速發展的勢頭，因此內地和香港在發展水平上的差距需要經過很長的時間才有明顯縮窄的可能。然而，時移世易，內地經濟的騰飛和內地同胞愈趨富裕，一些內地同胞在香港炫耀財富，在在都衝擊了香港人對內地和內地同胞的固有看法，產生了心理不平衡的效果。香港與內地發展速度的差距、香港在經濟發展上越來越依靠國家發展提供的機遇和中央制定的對港政策，都讓不少香港人感到不是滋味。因此，一種夾雜着優越感、自卑感、樂觀、悲觀、安全感、憂患感、羨慕和嫉妒的複雜心理狀態形成，影響着不少香港人對內地同胞的態度和行為。這種態度和行為的發生反過來又引起部分內地同胞對香港人的反感和抗拒，產生了對香港與內地關係發展不利的效果。

第五，香港人對香港未來的發展路向、相關的戰略和政策以至香港特區政府所應該擔當的角色和功能等所持的看法分歧甚大。其實，在回歸前後，由於香港的經濟競爭力下降、產業結構轉型困難和社會矛盾突出等深層次問題湧現，香港應該往哪裏去，而政府又應該做些什麼等問題在香港激發了不少爭論。雖然不少人覺得過去香港賴以成功的經濟社會制度、各項重要公共政策、政府在經濟社會事務上只擔當有限功能等仍有存在的價值，但卻因為那些東西已經越來越對香港發展不利或阻礙香港解決深層次問題，而感到香港在很多方面都有改革更新的需要，但他們一方面對改變過去的東西感到忐忑不安，另一方面則對究竟應該採納哪些新制度、新政策和新政府功能心中沒底。比如說，即便越來越多的香港人要求香港特區政府在經濟社會發展上發揮更大的推動和促進作用，但仍有不少的專家、學者和民眾依然抱殘守缺，視政府「干預」為大逆不道的事。雖然隨着國內外政治和經濟環境的變遷，香港只有加強和加快融入國家發展大局，方能獲得美好的發展前景，但種種心理和政治障礙卻使得社會上對是否融入國家仍然缺乏強大和廣泛的共識。[18] 在對未來發展方向和相關方針政策缺乏共識的情況下，香港要凝聚各方面力量朝着一個明確的方向發展便非常困難。回歸

以來，不少精力和時間都浪費在無窮盡的爭論之中，嚴重拖慢了香港的發展，也使得香港的深層次矛盾難以得到適當的處理。

　　總的來說，國家的改革開放和迅速崛起的的確確在不同方面對香港造成了衝擊，改變了香港人對國家、中央、內地以及對香港本身的心理預期，令其產生了不少心態上和行為上的改變。在這種情況下，要維持香港的原有狀況「五十年不變」極不容易。更為重要的是，「一國兩制」在香港的實踐因此而碰到了一些過去意料不到的情況。

三、新情況、新問題、新挑戰

　　香港回歸祖國 20 年之際，國家主席習近平蒞臨香港考察時曾肯定回歸以來「一國兩制」在香港實踐取得的成就，但同時又坦率地指出它所面臨的問題。2017 年 6 月 30 日，習近平主席在香港會見政商界人士時發言提到：

　　　香港回歸祖國二十年來，「一國兩制」的實踐取得了舉世公認的成功。當然我們在實踐中，也遇到了一些新情況、新問題、新挑戰。對這些問題，我們要正確地看待、理性地分析。一方面，要看到「一國兩制」作為一個新生事物，必然要在探索中前進。另一方面，也要看到香港發生的很多問題，有其複雜的歷史根源和國際背景，不能簡單歸因，更不能採取情緒化的態度。有問題不可怕，關鍵是想辦法解決問題，困難克服了，問題解決了，「一國兩制」的實踐也就前進了。

　　對於何為新情況、新問題和新挑戰，習主席在慶祝香港回歸祖國 20 週年大會暨香港特別行政區第五屆政府就職典禮上的講話中有詳細的論述：

當前，「一國兩制」在香港的實踐遇到一些新情況新問題。香港維護國家主權、安全、發展利益的制度還需完善，對國家歷史、民族文化的教育宣傳有待加強，社會在一些重大政治法律問題上還缺乏共識，經濟發展也面臨不少挑戰，傳統優勢相對減弱，新的經濟增長點尚未形成，住房等民生問題比較突出。解決這些問題，滿足香港居民對美好生活的期待，繼續推動香港各項事業向前發展，歸根到底是要堅守方向、踩實步伐，全面準確理解和貫徹「一國兩制」方針。

習主席講話的一個要點，是香港在回歸祖國後碰到了一些經濟和社會的難題，而這些難題又在一定程度上演化為政治問題和衝突。筆者在上文提到的一些經濟和社會改變，尤其是產業結構轉型舉步維艱、金融危機多發、經濟增長速度不如理想、社會分化愈趨嚴重、年輕人面對眾多的生存和發展的難題、社會怨氣深重和民粹情緒高漲等，使得一部分香港人對「一國兩制」、對國家、對中央、對內地和對內地同胞產生質疑或抵觸情緒。這一部分人同時又對香港的經濟和政治前景感到擔憂、對社會的不公不義抱怨、對香港特區政府的表現和香港的政治體制不滿、對內地的騰飛懷抱複雜的不平衡心態和缺乏安全感。這些人尤其是反對派勢力，對國家的歷史和文化所知不多或只有片面理解的年輕人，更是以各種方式挑戰基本法和中央權威、否定「一國兩制」、提倡從香港乃獨立政治實體的立場對「一國兩制」作另類詮釋及策動各種不符合「一國兩制」和基本法的主張和行為的鼓吹者、組織者和參與者，而與此相關的最為嚴重的事端無疑是 2014 年爆發、為時 79 天的違法「佔領中環」特大事件和一連串的激進暴力行為。一些香港人尤其是年輕人更提出把香港與內地分割、放緩甚至中止香港與內地經濟合作、減少香港人與內地同胞的交往接觸和摒棄把香港融入國家發展大局的任何計劃。更為極端的行為，是要推動香港獨立、公投自決、啟動「第二次香港前途問題談判」和通過壓縮中央在「一國兩制」下享有的權力和職能，好讓香港實質上成為獨立政治實體。這部分香港人的存在，構成了全面和準確實踐「一國兩制」的巨大障礙，也為香港充分利用發展帶來的機遇和妥善處理由此而引發的挑戰製造了不少阻力。茲舉一例以作說明：香港特區政府在興建連接內地高鐵網絡的香港段高鐵時便遇到反對勢力的種種阻撓，導致施工延誤和成本攀升。

要處理好「一國兩制」在香港實踐的新情況、新問題和新挑戰，尤其是經濟發展動力不足、產業結構單一、社會矛盾突出和政治衝突不斷等，強化香港競爭優勢、大力推動經濟發展、促進產業多元化、讓更多香港人特別是年輕人得以分享經濟增長的好處、鼓勵公平競爭、縮窄貧富差距和處理好貧窮問題乃必由之路。縱使政治問題如政制改革 —— 由於香港仍然存在多股蓄意與中央對抗的力量的緣故 —— 不是一時三刻所能解決的，但如果能夠處理好那些經濟、社會和民生問題，香港的政治氛圍亦會趨於緩和，反對勢力的活動空間也會減少，也能迫使他們調整政治立場或走向邊緣化。

為此，習主席在香港回歸 20 年視察香港時，特意敦促香港特區政府和社會各界聚焦發展：

> 當前，發展的任務更應聚焦。少年希望快樂成長，青年希望施展才能，壯年希望事業有成，長者希望安度晚年，這都需要通過發展來實現。香港背靠祖國、面向世界，有着許多有利發展條件和獨特競爭優勢。特別是這些年國家的持續快速發展為香港發展提供了難得機遇、不竭動力、廣闊空間。香港俗語講，「蘇州過後無艇搭」，大家一定要珍惜機遇、抓住機遇，把主要精力集中到搞建設、謀發展上來。

為了給香港人打氣，他還進一步臚列香港享有的有利條件和獨特優勢：

> 香港經濟高度自由開放，人員、貨物、資金等要素自由流動，這是吸引國際資本、留住本地資本的重要因素。香港法律、會計、監管等制度同國際接軌，服務業完備，政府廉潔高效，營商環境便利，深得外來投資者信任。香港是重要的國際金融、航運、貿易中心，是連接內地和國際市場的重要中介，是國家「引進來」、「走出去」的雙向服務平台。迄今香港仍然是內地最大的外來直接投資來源地和境外融資平台，同時也已成為內地最大的境外投資目的地和全球最大的離岸人民幣業務中心。更為重要的是，香港享有「一國兩制」的制度優勢，不僅能夠分享內地的廣闊市場和發展機遇，而且經常作為國家對外開放「先行先試」的試驗場，佔得發展先機。

過去幾年，「一國兩制」在香港的發展已經漸露曙光，逐步形成一些較有利的有助於克服新情況、新問題和新挑戰的條件。

第一，在政治和經濟上，中央在香港發揮越來越大的主導和引領作用，掃除了一些阻撓香港發展的障礙，為香港的未來發展創造了更多更好的條件。中央積極運用其法定權力維護了國家主權、安全和利益，有效應對反對派的挑戰，打擊了反對派的氣焰和通過與香港特區政府的合作成功懲治和壓制激進暴力行為。中央提出了各種對香港長遠經濟發展和產業轉型有利的國家發展戰略，並主動積極推動香港參與其中，從而讓香港更快和更全面地融入國家發展大局。其中至為重要的莫過於「一帶一路」倡議、粵港澳大灣區建設、人民幣國際化、內地企業和資金「走出去」的戰略部署。縱然香港特區政府本身沒有明確的宏觀發展戰略，但如果能夠和願意搭上國家經濟發展的快車，並作出相應和必需的心態、政策、法律、制度、行為和對外關係的調整，香港的發展也會越來越與國家的發展戰略對接並從中獲益。

第二，香港各方面對香港往後的發展路綫的分歧有所縮小。雖然離共識尚有相當距離，但越來越多香港人意識到隨着世界經濟政治格局的巨變，香港雖然仍然要與西方保持密切聯繫，但隨着東亞地區的崛起，香港要持續發展的話，必須更牢牢抓住國家和亞洲發展所帶來的機遇並做好準備。香港要向成為國家和亞洲的「綜合服務中心」的方向努力，尤其是在金融、專業、法律、教育、培訓、財富管理、信息、電子商貿、法律仲裁、中介服務等方面。同時，香港也要用高新科技來提升傳統產業比如貿易、物流、旅遊、金融的競爭能力和效益效能。儘管香港土地昂貴且供應不足，但仍然可以選擇若干技術和知識密集型的產業，並通過與內地優勢互補和在兩地政府的扶持下予以發展，尤其是那些創新科技、創意產業和與互聯網相關的經濟和金融活動。

第三，儘管「小政府、大市場」主張仍然根深蒂固，在公務員、經濟專家學者和部分商業人士當中影響更大，但其主導地位已經發生動搖。越來越多香港人意識到過去香港賴以成就經濟奇跡的放任主義並非什麼金科玉律，在新的情況下並非一定適用，反而會拖慢和延誤香港所需要的產業轉型。香港人越來越對香港的經濟前景感到

憂慮，認為必須要有新的發展思路和發展戰略才能突破當前經濟發展的桎梏，而繼續用以不變應萬變的態度面向未來，則肯定不是香港之福。

第四，無論是香港特區政府還是廣大香港人，都越來越覺得政府在香港的經濟社會發展中的角色和參與應該有所增強，必須摒棄消極被動心態。他們認為，更多的公帑應該投放到促進經濟發展、扶持有潛質的新產業、強化與內地合作、提升香港競爭能力和紓緩社會矛盾上，為此政府的理財哲學和財政政策也應該作出相應的、合適的改革，從而容許政府在經濟社會事務上有更多更大的發揮空間，包括對一些知識型產業注資、為在內地發展和經營的香港企業和人才提供支持、與內地政府聯手打造合作項目、提供優惠吸引內地和海外的企業和人才來港、拓寬香港的稅基並讓其能夠為政府提供穩定可靠和充足的財政資源、通過稅制改革和福利政策的調整以促進社會公平公義、為香港人口的老齡化及早籌謀。

第五，經過超過 30 多年的政治折騰，香港的政治局面可望在未來幾年有一定的緩和。一來新一屆特區政府上台，努力與各方政治勢力改善關係，並避免主動引發政治摩擦和風波；二來人心思定思治，厭惡政治鬥爭，從而減少了反對勢力所得到的公眾支持；三來一些爭議性比較大的政治議題不會成為公共議程的主要項目，而反對勢力又缺乏政治能力來利用政治議題作大規模群眾動員；四來在中央的領導下，「愛國愛港」力量比以往更團結，戰鬥力有所提升；最後是反對派勢力在未來幾年處於鬆散、分化和群龍無首的狀態，政治能量大為萎縮。

然而，在可預見的將來，香港將會遇到比過去更為複雜、凶險和嚴峻的國際形勢。美國的「自由與開放的印度—太平洋戰略」（"Free and Open Indo-Pacific Strategy"）以中國為對手甚至敵人，認為中國在多方面威脅美國的利益與安全，並認定中國要改變美國主導的國際秩序和取代美國的世界霸主地位。[19] 在這個戰略下，美國相信中美的鬥爭是一場你死我活的「零和遊戲」。美國會盡力拉攏中國周邊國家尤其是日本、印度、澳大利亞和個別東南亞國家對中國進行「圍堵」，並以軍事、貿易、文化、網絡、思想手段對付中國。在中美角力的格局中，香港會否被捲入其中，在一些方面成為美國對付中國的「棋子」，實在難料。另外，美國和其盟友又會否因

為香港內部發生不符合西方要求的事情而遭到他們的政治干預和經濟制裁，也是不容忽視的問題。

總之，展望將來，國家深化改革開放仍然會不斷為香港帶來源源不絕的發展機遇，但同時也會不斷給香港帶來挑戰。在中央的支持和關顧下，加上香港人越來越認識到自己的處境、利益和需要，國家改革開放在香港造成的正面積極影響必然會讓香港更有條件處理好因國家改革開放所衍生的負面消極因素。

本章作者：劉兆佳

全國港澳研究會副會長
前香港特區政府中央政策組首席顧問
香港中文大學榮休教授

注釋

1　近年來，香港一些鼓吹「本土主義」和「分離主義」主張的知識分子，為了達到其政治目的，硬是把香港歷史與中國歷史割裂處理，意圖建構所謂的「香港民族論」，並以此為依據宣揚香港從來都不是中國的一部分。

2　習近平：《決勝全面建成小康社會　奪取新時代中國特色社會主義偉大勝利：在中國共產黨第十九次全國代表大會上的報告（2017 年 10 月 18 日）》。

3　劉兆佳：《一國兩制在香港的實踐》，商務印書館（香港）有限公司 2015 年版，第 102-115 頁。

4　胡鞍鋼、鄢一龍：《中國國情與發展》，香港：開明書店 2017 年版。

5　李浩然、袁曉航、孫文彬編：《數字香港·回歸 20 年》，三聯書店（香港）有限公司 2017 年版。又見張妙清、趙永佳編：《香港特區二十年》，香港中文大學香港亞太研究所 2017 年版。

6　劉兆佳：〈中國的經驗值得發展中國家借鑒〉，《人民論壇》2017 年總第 574 期，第 137-139 頁。

7　劉兆佳：〈世界新局勢下「一帶一路」與香港〉，《紫荊論壇》2017 年第 33 期，第 50-55 頁。

8　The White House, *National Security Strategy of the United States of America* (Washington, DC: The White House, 2017).

9　郭國燦、劉海燕：《香港中資財團（上冊）》，三聯書店（香港）有限公司 2017 年增訂版，第 11 頁。

10   馮邦彥：《香港產業機構轉型》，三聯書店（香港）有限公司 2014 年版，「前言」。

11   同上。

12   李浩然、袁曉航、孫文彬編：《數字香港·回歸 20 年》，第 63 頁。

13   劉兆佳：〈中產階層與香港政治〉，載氏著：《回歸後的香港政治》，商務印書館（香港）有限公司
     2013 年版，第 200-245 頁。

14   趙永佳、葉仲茵、李鏗編：《躁動青春：香港新世代處境觀察》，中華書局（香港）有限公司 2016
     年版；蕭少滔編：《世代之戰》，香港：天窗出版社 2015 年版；鄭煒、袁瑋熙編：《社運年代：香港
     抗爭政治的軌跡》，香港：中文大學出版社 2018 年版。

15   Beng Huat Chua, *Liberalism Disavowed: Communitarianism and State Capitalism in Singapore*
     (National University of Singapore Press, 2017); Kent E. Calder, *Singapore: Smart City, Smart State*
     (Washington, DC: Brookings Institution Press, 2016).

16   Milan Vaishnav, "An Indian Nightmare", *Foreign Affairs*, March 1, 2018. Available at: https://
     www.foreignaffairs.com/reviews/review-essay/2018-03-01/indian-nightmare?cid=int-
     now&pgtype=hpg&region=br1 (accessed May 26, 2018).

17   國家發展和改革委員會編：《中華人民共和國國民經濟和社會發展第十三個五年規劃綱要》，北京：
     人民出版社 2016 年版，第 138-139 頁。

18   劉兆佳：〈分歧與政策共識的剝落〉，載氏著：《回歸後的香港政治》，第 279-307 頁。

19   Michael D. Swaine, "A Counterproductive Cold War With China", *Foreign Affairs*, March 2, 2018.
     Available at: https://www.foreignaffairs.com/articles/china/2018-03-02/counterproductive-cold-
     war-china(accessed May 26, 2018).

第二篇

___

香港與內地
區域合作 40 年

第一章

區域合作 40 年：從引進外資到大灣區建設

20 世紀 70 年代末，中國內地市場的改革開放，開啟了香港與內地區域合作的進程。香港在中國內地的改革開放中扮演了不可替代的重要角色，成為引領中國內地經濟走向世界和世界經濟進入中國內地的橋樑。21 世紀初，中國加入 WTO[1] 標誌着內地市場從局部開放向全方位開放轉變。在這種背景下，為了更好地發揮港澳在內地的作用，2003 年內地與港澳共同簽署的《關於建立更緊密經貿關係的安排》（Closer Economic Partnership Arrangement，簡稱 CEPA），推動內地與香港區域合作從功能性整合邁向制度性整合的新階段。十八大後，中央提出構建全面開放新格局、「一帶一路」倡議和粵港澳大灣區建設，為香港全面深化與內地區域互利合作關係，培養發展新動能、拓展發展新空間帶來新機遇。

一、影響香港與內地區域合作的因素

區域合作是指某一個區域內兩個或兩個以上的經濟體或國家之間，為了維護共同的經濟和政治利益，促進區域投資和貿易發展，推動區域內商品和要素的自由流動，

實現專業化分工和產品交換而採取的經濟政策，實行某種形式的經濟聯合或組成區域性經濟團體。區域合作也可以稱之為區域整合或一體化（regional integration），而經濟整合或一體化（economic integration）是區域整合或一體化的基礎。經濟整合或經濟一體化是通過區域之間的市場開放減少或降低並最終消除商品和要素流動的壁壘，充分發揮市場在區域間資源配置中的作用，實現商品和生產要素在區域內的自由流動，促進各地區之間產業分工、經濟增長和互利發展。所以區域合作形式包括經濟合作，主要表現為投資、貿易額度的增加，地區間的產業分工等，還包括社會合作，表現為居民跨區域工作、生活的便利化等。區域經濟合作機制可分為兩種形態：功能性整合和制度性整合。功能性整合指某一區域內各經濟領域實際發生的阻礙經貿活動的因素的消除和經濟的融合，它主要是自發的市場力量推動和引導的結果；制度性整合是通過區域內各成員建立協議，並由特定的一體化組織管理機構加以指導和按照明確的制度安排的一體化過程，以不斷降低區域合作間的交易成本[2]。經濟合作是香港與內地合作的基礎和主綫，它隨着內地的改革開放應運而生，並隨着內地的開放與改革的深化，在深度和廣度上不斷地推進。香港與內地的區域合作既具有區域一體化發展的一般規律，也具有自身的獨特性。它既不同於國與國之間的區域一體化，也有別於一個國家之內的區域合作。縱觀 40 年來的發展，筆者認為市場一體化決定的交易成本、空間距離決定的運輸成本和比較優勢決定的生產成本是影響香港與內地經濟合作發展與區域合作演進的基本要素。

（一）市場開放決定交易成本

制度經濟學認為產權制度和市場制度的完善有利於降低交易成本。香港是一個對外高度開放的、高度自由的海島型城市經濟體系，它與內地的經貿合作關係發展取決於內地的市場開放和市場化改革程度。中國內地的市場開放程度是決定香港與中國內地經貿關係演進的最基本要素。一個國家、兩種制度、兩個關稅區、不同的貨幣制度、不同的法律體系、經濟發展階段的差異，使內地與香港之間的合作既不同於國際合作，也不同於內地省級之間的合作。改革開放以來，中國內地市場開放具有漸漸性

特徵，從區域層面來看，這種漸漸式表現為毗鄰香港和澳門的珠三角地區率先開放，深圳和珠海有幸成為經濟特區，並擴大到沿海城市；從合作方式來看，直接投資成為香港與內地經貿合作的主要形式，香港成為外資的主要來源地。中國內地市場開放的這種漸漸式特徵，使香港與內地的經貿合作具有階段性的特徵。中華人民共和國成立以來，中國內地的經濟和市場經歷了從封閉到局部開放再到全方位開放的過程，這一過程影響了港澳地區與內地經貿關係的形態和演進階段。

（二）空間距離決定運輸成本

內地與香港區域合作的空間範圍受到運輸成本的影響。以往區域合作的框架大都基於規模報酬不變和完全競爭市場結構的假設條件下，把產業轉移及產業集聚的根本動因歸結為不同區域比較優勢的差異性。以克魯格曼（Krugman）經典文獻為基礎而發展起來的新經濟地理學（NEG），在規模經濟和不完全競爭的 D-S 框架下實現了立足於企業區位選擇的一般均衡分析。（D-S 框架，即著名的迪克西特—斯蒂格利茨效用函數，用來分析規模經濟的情況下市場均衡，為考慮產品種類的壟斷競爭模型提供了簡潔的分析框架，並構成了新貿易理論以及新增長理論的基本邏輯起點。）該理論認為，經濟活動的空間範圍是規模經濟、運輸成本（為廣義概念，既包括看得見的運輸網絡形成的有形運輸成本，也包括地方保護引起的貿易壁壘等因素）和要素流動三大因素相互作用的結果。它特別強調區域之間的運輸成本是決定區域產業合作及佈局的關鍵變量，同時由於規模經濟的存在，每種產品的生產將只在為數不多的地區進行，從而實現了產業的聚集。從地理位置來看，香港與廣東、福建地理位置也非常鄰近；同時，香港與廣東有着共同的種族、語言、文化、歷史和風俗，從而令雙方在貿易及合作協商方面更容易達成共識，因此香港與內地最早的區域合作空間主要集中在廣東、福建等沿海地帶，進而伴隨制度的放開，合作領域逐漸向泛珠三角與長三角領域拓展。

（三）比較優勢決定生產成本

內地與香港地區的比較優勢決定生產成本，進而推動區域間的產業分工。1817 年大衛・李嘉圖（David Ricardo）在《政治經濟學及賦稅原理》[3]中提出，國際貿易的基礎是生產技術的相對差別（而非絕對差別），以及由此產生的相對成本的差別。繼而，瑞典經濟學家赫克歇爾（Eli F. Heckscher）和俄林（Bertil Ohlin）[4]的研究表明，比較優勢由各國資源要素稟賦決定，進而導致不同國家進行區域合作，產生了垂直專業化分工貿易。20 世紀 60 年代，劉易斯（Arthur Lewis）[5]則提出勞動密集型產業轉移理論，他認為隨着技術進步和人口增長趨緩，發達國家的部分勞動密集型產業逐步喪失了比較優勢，從而逐漸將其轉移至發展中國家，產生一定範圍內的區域合作。改革開放初期，香港製造業發展面臨勞動力短缺、工資昂貴、土地價格和租金高等問題，生產成本上升使勞動密集型工業在香港喪失了生存的空間，因此香港製造業開始向內地轉移，由此開啟了香港外商直接投資的新階段。

二、直接投資和貨物貿易主導下兩地的區域合作

（一）內地市場局部開放開啟香港與內地區域合作的進程

自 20 世紀 50 年代起，由於世界經濟環境的變化，香港開始由轉口貿易港向「出口導向型」的製造業經濟發展，逐步形成了中小企業佔主導地位、以勞動密集型製造業為主的產業結構。經歷了 20 世紀六七十年代高速經濟增長後，包括香港在內的新興工業化國家或地區開始面臨製造業成本上升的壓力，香港經濟發展及產業升級面臨

嚴重挑戰。按照全球產業價值鏈理論體系，[6] 在經濟全球化背景下，若資源能夠實現跨國流動，發達國家會將產業價值鏈上的低附加值環節剝離出來，轉移至發展中國家，從而在全球範圍內進行產業佈局。這種超越國界的要素流動改變了傳統價值鏈的地域分佈，進而為承接產業轉移的發展中國家提供了產業升級的機會。

以往，內地與香港之間資源流動與人員往來等受到很大的限制，然而 1978 年內地的改革開放政策則為香港向內地的產業鏈價值延伸提供了重要的政策保證。20 世紀 70 年代末，中國內地市場開放選擇了符合自身國情的漸進式、局部開放的道路。從地區來看，首先是珠三角等沿海城市和地區的開放，改革開放初期建立的四個經濟特區，其中深圳、珠海位於珠三角地區，緊鄰港澳地區；從行業來看，主要是針對製造業的要素開放；從投資方式來看，僅開放直接投資市場。在大力引進海外直接投資的同時，為了促進國內本土工業的發展，政府對國內市場作了不同程度的保護，特別是對一些技術含量較低、勞動密集型產業的產品的內銷市場作了比較嚴格的限制。因此，在地區局部開放、行業局部開放、投資方式局部開放的前提下，引進的港資必然會大量集中於珠三角地區，並投向初級製造業生產領域，由此拉開了香港與內地真正區域合作的序幕。

（二）香港成為內地引進外資的主要渠道

1. 改革開放至 1992 年

1978 至 2003 年，香港對內地的投資可劃分為兩個具不同特點的階段。第一階段是改革開放後至 1992 年間，香港投資的主體多為中小企業，集中於廣東、福建、海南的勞動密集型產業，主要有紡織、服裝、箱包、玩具、塑料、鐘錶等行業。香港對內地的實際投資額由 1987 年的 20.9 億美元增加到 1992 年的 86.9 億美元（見表 1）。

此時，香港投資主要以「三來一補」方式運作，即港方提供原料、設備、技術和管理，內地提供廠房和工人，成品運返香港包裝和出口。勞動密集型行業率先北移，例如製衣、塑料、鐘錶、電子等；上游工廠大多屬資本和技術密集型，北移的步伐較

晚。當更多下游廠家已搬往內地，工業原料廠亦緊追北移步伐。其中的主要原因在於改革開放之初，內地工業基礎十分薄弱，其優勢只是「一塊地皮兩塊手」[7]，而外商對內地的改革開放政策心存疑慮，於是採取投資少、見效快、簡單明了的形式到內地進行投資[8]。

表 1　香港在內地的投資（1987-1992）　　　　　　　　　　　　　　　　（億美元）

年份	內地實際利用港資	港資佔內地外資比重（%）
1987	20.9	24.60
1988	29.7	29.10
1989	28.3	28.20
1990	23.98	23.20
1991	28.3	24.50
1992	86.9	43.80

資料來源：《中國統計年鑒》。

2. 1992 年鄧小平南方談話後

20 世紀 90 年代初，港澳對內地的投資進入新階段。1992 年的鄧小平南方講話，增強了港澳業界對改革開放和「一國兩制」的信心，使得 1990 年代北移的港廠有爆炸性的增長。80 年代中後期，隨着內地市場體制的不斷完善，外商對內地投資環境的逐漸熟悉和對中國改革開放政策的信心逐漸增強。至 1993 年，香港對內地實際投資額度為 188.9 億美元（見表 2），為 1992 年的 2.17 倍。

此段時期，香港對內地投資的特徵出現以下變化：

首先，投資主體大型化、長期化。如新世界集團在內地投資橋樑、高速公路、電廠等長綫項目；九龍倉集團參與穗珠電氣化鐵路和廣州至惠東公路建設，並在武漢投資碼頭、倉庫等建設項目；香港新鴻基地產發展有限公司與北京東安集團公司合資改建東安市場等。

其次，香港對內地的投資在繼續「三來一補」企業的同時，後期則以直接投資的

「三資」企業（中外合資經營企業、中外合作經營企業、外商獨資經營企業）為主。投資逐步從垂直分工向水平分工轉變，原有的初級合作形式已經不能滿足兩地發展的要求。香港需要進一步向內地轉移製造業，騰出空間發展具有高附加值的第三產業，提高自身的競爭力。因此，內地在原有的「三來一補」企業的基礎上進一步制定了合作經營、合資經營和獨資經營的優惠政策。

表 2　香港在內地的投資（1993-2003）　　　　　　　　　　　　　　（億美元）

年份	內地實際利用港資	港資佔內地外資比重（%）
1993	188.9	48.50
1994	198.4	46.00
1995	204.0	42.40
1996	194.0	38.10
1997	216.3	33.60
1998	194.0	33.00
1999	174.0	33.00
2000	167.3	33.90
2001	167.2	35.70
2002	178.6	33.90
2003	177.0	33.10

資料來源：《中國統計年鑒》。

　　再次，投資地區還拓展至內陸省份。香港在內地投資的領域從 1992 年開始向內陸擴展，特別是轉型工業基礎和資源條件較好的東北、華北、華東以及華中地區。僅 1993 年上半年，就有 927 家港商落戶天津，協議投資金額超 10 億美元。1993 年 1 至 9 月，青島新設「三資」企業 840 家，其中港資企業 403 家，佔投資企業總數的 48%。

　　總之，香港與內地間投資與貿易關係的發展，不僅推動了香港地區的經濟成功轉型，而且帶動內地經濟迅速發展，特別是珠江三角洲地區的經濟騰飛，使其成為中國

的製造業基地，發揮了兩地的比較優勢及製造業、服務業的產業優勢，實現了優勢互補，促進了生產要素的流動，共同提升了香港與內地的國際競爭力。

（三）香港作為內地重要轉口港地位重現

由於局部開放中的「鼓勵吸收外國直接投資」及「限制外資企業商品的內銷」的政策，港資投資的製造業企業產品以出口外銷為主。同時，作為亞太地區國際航運樞紐和世界最大集裝箱吞吐港口的香港，其港口設施先進、國際航綫密集、集裝箱運輸高度發達，因而長期以來在內地投資的港資企業大多將產品經鐵路或高速公路運往香港，再由香港轉出口輸往歐美等目的地市場。也就是說，直接投資的增加帶來了貿易的增長，香港成為內地商品出口的主要通道，香港轉口港的功能得以充分發揮。改革開放以來至 CEPA 簽署期間，中國內地與香港的貿易規模不斷擴大，貿易依存度逐漸提升，內地與香港的經貿關係進入了新的發展階段。

首先，兩地貿易規模不斷擴大。從貿易規模上看，兩地貿易額由 1979 年的 35.4 億美元提高到 2003 年的 873.9 億美元，佔香港對外貿易額的比重則由 1979 年的 10.5% 上升至 2003 年的 43.07%，雙方互為重要貿易夥伴。同時，香港從 1985 年起，成為內地最大的貿易夥伴，尤其是在香港回歸後的 1997 至 2003 年間，兩地貿易累計總額為 4,064.2 億美元，與香港回歸前的七年（1990 至 1996 年）的兩地貿易總額 3,130.6 億美元相比，增長了 23.0%，如表 3 所示。

其次，兩地貿易依存度正在增加。貿易依存度指兩地貿易在各自貿易和 GDP 中所佔比重，反映兩地貿易在各自貿易和經濟中的地位和影響力。在此階段，香港對內地的貿易依存度呈現明顯的上升趨勢，從 1979 年的 1.57% 上升到 2003 年的 5.42%，上升了 3.85 個百分點；而內地對香港的貿易依存度從 1979 年的 0.20% 上升至 1992 年的 1.36%，繼而在 1993 年回落，至 2003 年為 0.53%。僅從貿易角度來分析，香港對內地的依賴程度遠大於內地對香港的依賴程度，香港地區從兩地貿易中獲得的利益對香港的經濟發展、產業升級起到重要作用。

第三，兩地進出口商品範圍不斷擴大。20 世紀 50 至 70 年代，內地對香港出口的

表 3　內地與香港之間的貿易統計（1979-2003）　　　　　　　　　　　　　　（億美元）

年份	內地同香港進出口總額	佔內地貿易額比重（%）	佔香港貿易額比重（%）	佔內地 GDP 比重（%）	佔香港 GDP 比重（%）
1979	35.4	12.10	10.54	0.20	1.57
1980	49.2	12.90	13.43	0.26	1.70
1981	61.9	14.10	15.54	0.32	1.99
1982	60.8	14.60	16.55	0.30	1.88
1983	66.9	15.30	18.21	0.29	2.24
1984	89.5	18.50	21.38	0.34	2.67
1985	108.9	18.60	25.76	0.35	3.05
1986	115.2	19.70	25.44	0.38	2.80
1987	166.3	25.10	27.17	0.61	3.29
1988	220.7	28.10	29.09	0.71	3.70
1989	222.3	27.60	30.30	0.64	3.23
1990	264.4	31.70	30.76	0.73	3.44
1991	496.0	36.60	32.44	1.29	5.58
1992	580.5	35.10	33.42	1.36	5.57
1993	325.1	16.60	34.93	0.73	2.70
1994	418.2	17.70	35.31	0.74	3.08
1995	395.8	14.10	34.81	0.54	2.74
1996	407.3	14.10	35.79	0.47	2.55
1997	507.7	15.61	36.34	0.53	2.86
1998	454.0	14.01	37.60	0.44	2.69
1999	437.5	12.13	38.56	0.40	2.64
2000	539.5	11.37	38.94	0.45	3.14
2001	559.7	10.98	40.28	0.42	3.30
2002	691.9	11.15	41.83	0.47	4.16
2003	873.9	10.27	43.07	0.53	5.42

資料來源：《中國統計年鑒》。

主要是農副土特產品。80 年代以後，隨着內地工農業的發展，對香港出口的商品種類大大增加，由單一的農副土特產品發展到紡織、輕工、五礦、石化、機械設備等多種商品。內地從香港進口的產品，50 至 60 年代主要是染料、化學原料、化肥及藥劑等，70 年代以後以紡織紗布及其製品為主，21 世紀以來，電力機械、器具及其電器零件進口量有所增加。[9]

（四）香港與內地投資和貿易增長推動了兩地的區域合作

1. 珠三角地區成為香港與內地區域合作先行區

在局部開放條件下，隨着產業結構的調整，香港與製造業和運輸成本較低的廣東地區展開了主要的合作，使得港澳與珠三角地區之間形成了以優勢互補為基礎的「前店後廠」的跨境生產網絡體系，這成為該時期典型的香港與內地的合作模式。在這一製造業分工協作的格局中，香港商人發揮「店」的作用，承接海外訂單、供應原材料及機器設備，負責從事市場推廣、銷售及開發新產品和工藝等；而廣東則進行產品的加工、創造，扮演「工廠」的角色。這種跨地域的生產協調系統則被稱為「前店後廠」。

根據香港工業總會 2003 年發佈的調查結果顯示，在總數為 122,809 間的香港公司中，大約有 52%，也就是 63,000 間公司於 2001 年在內地從事經濟活動，其中 7,000 間為製造業生產公司，佔香港總製造業機構的 35%。同時，估計內地有 59,000 家工廠為香港企業工作，當中有 53,300 家集中在廣東省，其中 21,300 家屬外資企業，32,000 家是為香港公司提供生產工序的工廠，屬外來投資形式。這些企業在珠三角的投資分佈佈局如圖 1 所示。

同時，生產空間的轉移為服務業的發展提供了資源和空間，促進了香港多個國際性服務型經濟中心的確立和鞏固。截至 1996 年，已有約 80% 的香港工廠或生產綫轉移至廣東珠三角地區，香港「三資」企業及「三來一補」企業達 66,000 多家。截至 2002 年，「三資」企業和「三來一補」企業利用外資額度共計 1,354.7 億美元（見表 4）。

圖 1 珠三角港資企業佈局圖（2003 年）

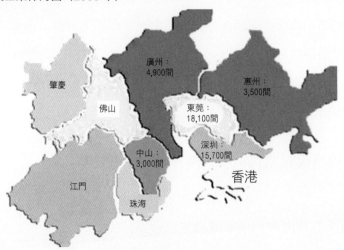

資料來源：香港工業總會：《珠三角製造 —— 香港製造業的蛻變》，2003 年。

表 4 廣東省「三資」企業和「三來一補」企業情況分析 （億美元）

年份	廣東「三資」企業利用外資額	廣東「三來一補」企業利用外資額
1979 - 1990	65.74	14.34
1991 - 1997	557.84	16.51
1998 - 2002	625.43	74.81
合計	1,249.01	105.7

資料來源：《廣東統計年鑒》。

經過多年的發展，「三資」企業中輕工業的比例明顯大於重工業，其產品銷售也以出口為主，成為廣東省工業品出口的重要成份，促進了廣東省整個工業的「輕型外向」的發展格局。[10]

　　總之，「前店後廠」這個由市場力量推動的合作機制，順應了全球產業價值鏈和商品鏈分工體系，充分利用內地豐富生產要素資源進行代工生產，以「來料加工」方式參與國際競爭，但在勞動力、土地和環境成本不斷上升的情況下，其競爭優勢難以為繼。同時，此段時期受制於粵港制度上的差異以及服務貿易保護政策，粵港服務業合作仍未成為主流。

2. 香港與內地其他地區合作關係的發展

改革開放政策實施後，除珠三角地區外，其他省份與地區也紛紛展開與香港的區域合作。在這些區域合作中表現比較突出的是與沿海城市，以及作為經濟和政治中心的上海和北京地區的合作。在沿海地區以福建省為例，福建是中國最早實施對外開放政策的省份之一，與香港具有比較密切的人文聯繫。20世紀70年代末至80年代，香港閩商掀起了赴福建投資的熱潮。[11] 自改革開放之初，閩港民間已有自發經貿往來，主要是以閩籍鄉親為主的香港客商率先來到福建投資興業，並帶動台灣等其他地區的客商來到福建設立合資企業。福建產品通過香港出口到世界各地，閩港經貿關係的發展促進了兩地交流與合作規模的擴大。在這一階段，香港是福建對外開放最主要的合作夥伴。香港企業家到福建投資逐年增多，特別是1992年後增長迅速，至1995年，福建當年實際使用港資已達到24億美元。截至1996年底，福建累計批准港商投資項目1萬多項，合同金額270億美元，分別佔福建利用外資項目數和合同金額的62%和60%；閩港貿易總額達385億美元，佔同期福建對外貿易總額的48.3%，香港是當時福建最大的貿易夥伴。2003年後香港對福建的投資和貿易更是逐漸提升，閩港合作上升到政府層面，兩地政府均作出許多努力來促進閩港合作。

長三角地區也逐漸成為香港外商直接投資的重點。1992年改革開放進入到發展的第二階段，以上海為龍頭的長三角地區經濟迅速崛起，港資在滬投資項目逐年增多，投資額增大，同時在長三角地區的其他城市如蘇州、溫州、寧波、杭州的投資項目總數和累計合同金額也位居前列。

三、貿易自由化與投資便利化背景下的區域合作

（一）內地市場全方位開放與區域合作的深化

　　香港回歸祖國和中國加入 WTO 是世紀之交影響中華民族發展的重要事件，也對香港與內地的經貿關係產生了深遠的影響。從改革開放之初到 CEPA 簽署前，兩地的經貿合作還是停留在企業家自發進行的階段；2001 年中國加入 WTO 標誌着內地市場從局部開放向全方位開放轉變。自 2003 年 CEPA 簽署後，香港和內地的經貿往來開始出現突破性的發展，內地市場逐步由局部開放擴展到統一市場。貨物貿易自由化、服務貿易自由化和投資便利化構成 CEPA 的基本內容，這標誌着中國內地與香港之間的區域合作進入了一個新的歷史階段。

　　CEPA 是在 WTO 框架下為促進內地和港澳經濟的共同繁榮與發展，加強三方與其他國家的經貿聯繫的一項制度安排。其總體目標是：逐步減少或取消雙方之間實質上所有貨物貿易的關稅和非關稅壁壘；逐步實現服務貿易的自由化，減少或取消雙方之間實質上所有歧視性措施；促進貿易投資便利化，涵蓋領域包括貿易、金融、旅遊、文化、國際交流、區域合作等。自主體文件於 2003 年簽署並實施以來，隨着三地經貿合作的不斷發展深入，CEPA 現已增加了 10 個補充協議。2017 年 6 月 28 日，在香港回歸 20 週年之際，CEPA 繼續升級，國家商務部副部長高燕與香港特區政府財政司司長陳茂波在香港簽署了《投資協議》和《經濟技術合作協議》。

　　CEPA 主要協議及內容具體如表 5 所示：

表 5　CEPA 相關主要協議及基本內容

年份	協議	主要內容
2003	CEPA	設立基本框架、總體目標。貨物貿易方面,由 2004 年 1 月 1 日起,273 個內地稅目涵蓋的香港產品,只要符合原產地規則,都可享有零關稅優惠。服務貿易方面,協議規定 17 個服務行業獲得放寬准入;貿易投資便利化方面,雙方同意在七個範圍內加強合作,包括:貿易投資促進、通關便利化、商品檢驗檢疫、電子商務、法律透明度、中小企業合作、中醫產業合作。
2004	《補充協議》	內地對《第二批內地對原產於香港進口貨物實行零關稅的產品清單(現有生產產品)》中列明的原產香港的進口貨物實行零關稅;允許香港永久性居民中的中國公民依照內地有關法律、法規和行政規章,在內地各省、自治區、直轄市設立個體工商戶,無需經過外資審批。
2005	《補充協議二》	進一步擴大對香港的開放。
2006	《補充協議三》	在服務貿易領域,在法律、會展、信息技術、視聽、建築、分銷、旅遊、運輸和個體工商戶等領域原有開放承諾基礎上,進一步採取 15 項具體開放措施。在貿易投資便利化領域,推動內地與香港在知識產權保護領域的合作。
2007	《補充協議四》	包括 40 項涵蓋 28 個服務領域的開放措施,當中 11 個領域如公共事業服務、安老服務和環境服務等更是新增的服務領域;在金融合作、會展合作和推動專業人員資格互認方面也有新合作內容。
2008	《補充協議五》	在服務貿易方面,內地將在 17 個領域採取共 29 項具體措施,進一步對香港擴大開放;推出了三項貿易投資便利化措施和兩項專業資格互認措施。
2009	《補充協議六》	協定擴大內地對香港服務貿易開放和經貿合作,使《安排》涵蓋的服務領域總數由 40 個增至 42 個。
2010	《補充協議七》	內地 14 個服務領域市場准入條件會進一步放寬,《安排》所涵蓋的服務貿易開放領域增至 44 個;深化金融服務及產品開發的合作;降低了執業和就學限制。
2011	《補充協議八》	32 項服務貿易開放和便利貿易投資的措施,當中包括 16 個服務領域的 23 項開放措施;以及加強兩地在金融、旅遊和創新科技產業等領域的合作;完善貨物貿易原產地標準和放寬香港服務提供者的定義及相關規定。
2012	《補充協議九》	43 項服務貿易開放和便利貿易投資的措施,內地將對香港在法律、會計、建築、醫療等 21 個領域在原有開放承諾基礎上,進一步放寬市場准入條件、取消股權限制、放寬經營範圍和經營地域的限制等,新增加教育領域的開放承諾。
2013	《補充協議十》	涵蓋最多措施的補充協議,包括 65 項服務貿易開放措施、兩項加強兩地金融合作與六項便利貿易投資措施,涉及法律、銀行、基金、建築、房地產、醫療、視聽、人員提供與安排、建築物清潔、攝影等 28 個領域。
2014	《關於內地在廣東與香港、澳門基本實現服務貿易自由化的協議》	按世界貿易組織服務貿易分類標準 160 個部門的分類,逐個領域作出具體承諾。除列明具體限制性措施外,對香港服務提供者實行與內地企業同等的待遇;二是跨境服務、電信領域、文化領域以正面清單的方式列明新增開放措施。同時,為支持香港市民北上創業,對個體工商戶作了更大的開放。

年份	協議	主要內容
2015	《服務貿易協議》	內地對香港服務業作全面或部分開放的部門有 153 個，佔世界貿易組織全部 160 個服務貿易部門的 95.6%，當中就「商業存在」的服務模式有 62 個部門對香港實行國民待遇。針對「商業存在」服務模式的負面清單，涵蓋 134 個服務貿易部門，共保留 120 項與國民待遇不符的限制性措施。覆蓋跨境服務、電信和文化服務領域的正面清單，新增了 28 項開放措施。在投資便利化方面，香港服務提供者在大部分服務貿易部門的公司設立及變更的合同章程審批改為備案管理。
2017	《投資協議》	全面涵蓋投資准入、投資保護和投資促進等內容。在投資准入方面，內地在市場准入方面再次對香港採用「負面清單」開放方式，內地在非服務業投資領域僅保留了 26 項不符措施，在船舶、飛機製造、資源能源開採、金融市場投資工具等方面採取了更加優惠的開放措施；在投資保護方面，對投資的徵收補償、轉移等，給予國際高水平投資保護待遇。關於投資者與投資所在地一方的爭端解決，雙方共同設計了一套符合「一國兩制」原則、切合兩地需要的爭端解決機制，包括友好協商、投訴協調、通報及協調處理、調解、司法途徑等，為兩地投資者的權益救濟和保障作出全面和有效的制度性安排。
2017	《經濟技術合作協議》	共設七個章節 26 個條款。重點內容包括：一是針對香港業界十分關心的香港參與「一帶一路」建設設置了專章，將通過建立工作聯繫機制、暢通信息溝通渠道、搭建交流平台、改善合作環境、聯合參與項目建設和開拓「一帶一路」沿線市場等措施，支持香港參與「一帶一路」建設；二是設立了次區域經貿合作專章。內容包括推進和深化兩地在泛珠三角區域及前海、南沙、橫琴等重大合作平台的經貿合作，共同推進粵港澳大灣區城市群建設，支持香港參與內地自貿試驗區建設等，旨在將香港在金融、投資管理、貿易監管等方面的優勢與國家改革開放相結合，既為香港經濟發展注入新的動力，也為內地深化改革、擴大開放增添活力；三是在重點領域合作方面，進一步深化兩地在金融、文化、中小企業合作、知識產權合作等 14 個重點領域的合作。

資料來源：中華人民共和國商務部。

（二）CEPA 實施對香港與內地區域合作的影響

近年來，在 CEPA 協議下，香港與內地在經濟往來過程中不斷提高了經濟合作的廣度、深度和寬度，兩地之間的要素流動障礙逐漸減少，市場進一步開放，投資、貿易總額進一步擴大，區域合作也得到進一步深化。從經濟增長的本質來看，區域經濟的深度合作，是產業分工與集聚超越了單一地區邊界，人口、資金、技術、信息等要素在相鄰地區之間相互流動，從而產生區域經濟群體的產業整合及升級，這是香港與內地經濟整合的新趨勢。

1. 貨物貿易的增長

　　貨物貿易自由化作為貿易自由化的一個組成部分，主要是對涉及商品生產和銷售的關稅、非關稅貿易壁壘等問題進一步實現自由化。CEPA 首先對原產香港的進口金額較大的 273 個項目，從 2004 年 1 月 1 日開始享受零關稅進入內地。首先，這比中國對 WTO 的低關稅承諾提早了三年；其次，中國對 WTO 承諾的約束關稅率平均在 12% 左右，這使得零關稅的香港產品能夠在內地市場大大提高競爭力，從而促進兩地的貨物貿易，擴大貨物貿易規模，優化貨物貿易結構。2005 年 10 月 18 日簽署的 CEPA《補充協議二》，公佈自 2006 年 1 月 1 日起，除內地禁止進口的貨物外，對輸入內地原產於香港的貨物全部實行零關稅，這標誌着香港與內地基本實現貨物貿易自由化。

　　如圖 2 所示，2003 年 CEPA 正式簽署，2004 年香港與內地間的進出口貿易總額達 1,126.65 億美元，比 2003 年的 873.93 億美元驟增 22.43%。隨後的 15 年間，除金融危機的 2008 至 2009 年間進出口貿易總額略有下降外，基本呈現穩定上升趨勢。香港與內地間的貿易總額佔香港對外貿易總額的比重也由 2003 年的 43.07% 上升至 2016

圖 2　內地與香港之間的貿易統計（2004-2016） 　　　　　　　　　　　（億美元）

年的 50.82%，貿易依存度進一步提升。但值得注意的是，近年來香港在中國內地貿易中的地位有下降趨勢，兩地間貿易總額佔內地對外貿易總額的比重也由 2003 年的 10.27% 下降至 2016 年的 8.25%。這與內地近年來全方位多層次的對外開放政策有關，內地對外貿易市場逐漸呈現多元化趨勢。

2. 服務貿易增長

21 世紀以來，香港作為自由經濟體、實施低稅率等優勢吸引來很多跨國公司，香港的貿易物流、金融保險、專業服務等高端服務業漸漸發展成為經濟主導產業。CEPA 簽訂後，香港的服務貿易飛速發展，2016 年香港對內地的服務貿易輸出已達 2,963.6 億港元；從內地的服務輸入達 2,209.9 億港元，可見總體服務貿易的輸出大於

表 6　香港對內地服務貿易發展情況（2000-2015）　　　　　　　　　　（百萬港元）

年份	香港對內地服務輸出	增長率（%）	佔總服務輸出之比（%）	香港對內地服務輸入	增長率（%）	佔總服務收入之比（%）
2004	78,912.00	14.03	24.85	213,720.00	11.66	54.58
2005	87,116.00	10.40	23.64	243,449.00	13.91	55.65
2006	94,059.00	7.97	22.24	281,709.00	15.72	56.92
2007	115,976.00	23.30	23.07	289,686.00	2.83	54.04
2008	129,129.00	11.34	23.72	291,550.00	0.64	51.57
2009	139,440.00	7.99	27.82	223,445.00	-23.36	47.17
2010	185,577.00	33.09	29.66	252,482.00	13.00	46.16
2011	234,137.00	26.17	32.94	250,092.00	-0.95	43.27
2012	269,358.00	15.04	35.26	252,883.00	1.12	42.55
2013	317,151.00	17.74	39.03	235,908.00	-6.71	40.45
2014	321,650.00	1.42	38.80	216,521.00	-8.22	37.75
2015	310,792.00	-3.38	38.42	221,651.00	2.37	38.59
2016	296,363.00	-4.87	40.12	220,991.00	-0.30	38.57

資料來源：香港特區政府統計處。

輸入，香港的服務業競爭力較強。中國內地是香港最主要的服務貿易夥伴，2016 年香港與內地服務貿易額佔香港總服務貿易額的 40.1%。從表 6 中可見，CEPA 簽署以來，2004 至 2014 年，香港對內地服務輸出保持 11 年的正增長，年均增長為 12%；香港對內地服務輸入在 CEPA 簽署以來的大部分年份保持了正增長，除 2009 年受全球金融危機影響外，其他年份都發展平穩，可見自 CEPA 實施以來，香港對內地的服務貿易順差不斷擴大。總體而言，這一階段內地與香港開展了更為廣泛的合作，實現了優勢互補、合作共通。

2016 年 6 月 1 日正式實施的 CEPA《服務貿易協議》（以下簡稱「《協議》」）是首個內地全境以准入前國民待遇加負面清單方式全面開放服務貿易領域的自由貿易協議，標誌着內地全境與香港基本實現服務貿易自由化。香港擁有的六大優勢產業中，服務業佔了三項 —— 檢測和認證、醫療服務、教育服務。協議的簽署使香港服務業企業獲得了進入內地市場的先發優勢，將促進香港服務業從優勢產業向支柱型產業邁進，進一步鞏固香港作為全球服務貿易平台的地位。

3. 投資便利化

港資的流入給中國內地的經濟發展注入了活力，港資帶來的先進生產技術、管理經驗和豐富的商業信息極大地促進了內地的經濟增長。香港資金優勢與內地投資機會的結合，不僅為內地帶來了大量就業的機會，而且也促進了香港相關產業的形成，優勢互補有利於兩地經濟的共同發展。尤其是 2008 年以來，中國內地在全球金融危機中免受重創，國際地位穩步上升，是港資流入的理想環境。這一時期除 2012 年港資金額有小幅回落外，投資金額及比重均穩健上升（見表 7）。截至 2016 年年底，香港實際投資金額達 814.6508 億美元，佔內地累計吸收外商直接投資的 64.65%。

2017 年 6 月 28 日，在香港回歸 20 週年之際，CEPA 繼續升級，國家商務部副部長高燕與香港特區政府財政司司長陳茂波在香港簽署了《投資協議》和《經濟技術合作協議》。其中，《投資協議》是 CEPA 的一個內容全新的子協議，全面覆蓋投資准入、投資保護和投資促進等內容，對接國際規則，兼具兩地特色，開放程度高，保護

表 7　香港在內地的投資（2004-2016）　　　　　　　　　　　　　　　　　　（億美元）

年份	內地實際利用港資	港資佔內地外資比重（%）
2004	189.9830	31.33
2005	179.4879	29.75
2006	202.3292	32.11
2007	277.0342	37.05
2008	410.3640	44.41
2009	460.7547	51.18
2010	605.6677	57.28
2011	705.0016	60.77
2012	655.6119	58.69
2013	733.9667	62.42
2014	812.6820	67.97
2015	863.8672	68.42
2016	814.6508	64.65

資料來源：《中國統計年鑒》。

力度大，將為兩地經貿交流與合作提供更加系統性的制度化保障。這也是內地首次以負面清單方式對外簽署的投資協議。

（三）香港與內地區域合作的拓展 —— 泛珠三角區域合作

泛珠三角區域合作是這一時期香港與內地推進區域合作的標誌性事件和成果。泛珠三角區域指沿珠江流域的廣東、福建、江西、廣西、海南、湖南、四川、雲南、貴州九省以及香港、澳門兩個特別行政區，區域內擁有全國約五分之一的國土面積、三分之一的人口和三分之一以上的經濟總量。在 2004 年首屆泛珠三角區域合作論壇與發展論壇上，泛珠三角各方共同簽署了《泛珠三角區域合作框架協議》。泛珠三角區域合作啟動後，香港成功地把經濟腹地從珠三角地區擴展到中國南方九省區。2016

年，國務院印發《關於深化泛珠三角區域合作的指導意見》，推動泛珠三角區域合作向更高層次、更深領域、更廣範圍發展。《指導意見》提出，要深化與港澳更緊密合作，構建經濟繁榮、社會和諧、生態良好的泛珠三角區域，使泛珠三角地區成為全國改革開放先行區、全國經濟發展的重要引擎、內地與港澳深度合作核心區、「一帶一路」建設重要區域、生態文明建設先行先試區。

泛珠三角區域內的各地區均直接或間接地與珠江流域的經濟流向和文化發展有着密切的聯繫，且在資源、產業、市場等方面有較強的互補性，具有極大的合作發展潛力。香港積極參與泛珠三角區域經濟合作，一方面可以充分發揮自身的資金、財務、信息、服務等要素優勢和高度開放、國際化的市場優勢，在泛珠三角地區建立開放型經濟過程中充當中介和平台的角色；另一方面，藉助 CEPA 安排的各項措施，香港的物流、投資、專業服務以及旅遊等多個行業將獲得更大的市場空間，香港可以擴展其經濟發展腹地，有助於促進經濟加速轉型。根據錢納里、庫茲涅茨等有關工業化的理論，香港和澳門已進入後工業化階段，廣東和福建則開始步入重化工業化的發展階段，而其餘各省區還處於工業化的初期階段。因此，推動泛珠三角區域的產業分工協作對於該區域的工業化進程和產業結構調整具有重要的現實意義。

近年，香港參與泛珠三角區域合作取得顯著成效。從貨物貿易角度來看，香港與泛珠三角區域間的貨物貿易總額由 2004 年的 949.6 億美元上升至 2016 年的 2,047.6 億美元，佔與內地貿易總額比例連續 13 年超過 65% 以上；從直接投資角度來看，香港與泛珠三角區域間的直接投資貿易由 2004 年的 95.43 億美元上升至 2016 年的 415.33 億美元，佔與內地貿易總額比例維持在 50% 至 60% 之間。

未來，在「一帶一路」倡議的指導下，香港可以在泛珠三角發展區域內，通過更完善的基礎建設、更緊密的人員交流以及更寬鬆的行業准入條件等，將自身的服務延伸至內地九省份，擴大市場，解決發展瓶頸。同時，泛珠三角區域會憑藉優越的地理位置，結合政策的配套，令區域內的分工更清晰，實現優勢互補、合作共贏的目標，提升整個區域的發展，成為內地企業「走出去」以及外商「走進來」的南大門。

圖 3　香港與泛珠三角區域間的貿易統計（2004-2016）　　　　　　　　　（萬美元）

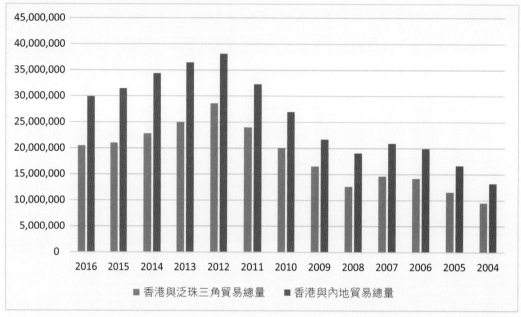

資料來源：泛珠三角九省統計年鑒。

圖 4　香港與泛珠三角區域間的直接投資統計（2004-2016）　　　　　（萬美元）

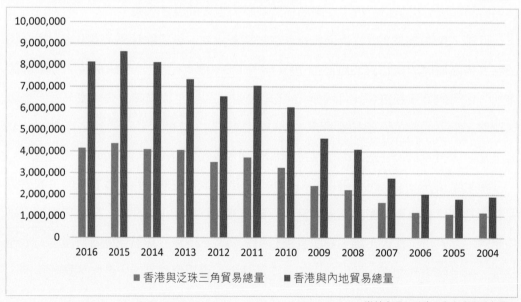

資料來源：泛珠三角九省統計年鑒。

四、全面推進互利合作背景下的粵港澳大灣區建設

中共中央在十九大報告中指出，「中國特色社會主義進入了新時代」；在新時代下，「中國人民共同享有祖國和時代一起成長與進步的機會」；同時，中央為香港、澳門跟祖國和時代一起成長和進步指明了方向，「要支持香港、澳門融入國家發展大局，以粵港澳大灣區建設、粵港澳合作、泛珠三角區域合作等為重點，全面推進內地同香港、澳門互利合作，制訂完善便利香港、澳門居民在內地發展的政策措施」，這標誌着新時代背景下香港與內地的合作將進一步深化，由經濟領域擴展到社會領域，通過相關制度改革與制度創新解決香港與內地區域經濟整合和社會融合發展面臨的一些深層次的體制和機制障礙。

（一）全面互利合作新階段與區域合作的機遇

1. 對接國家區域協調發展戰略，推動香港與內地經濟、社會雙融合

區域協調發展是中國長期以來指導地區經濟發展的基本方針。中共十九大報告深刻闡述了「貫徹新發展理念，建設現代化經濟體系」，強調的重點之一就是「實施區域協調發展戰略」。目前中國的區域經濟發展北有雄安新區助力的京津冀一體化、中有長江經濟帶、南有粵港澳大灣區，區域經濟發展版圖日趨清晰。但在粵港澳大灣區內，「一國兩制」、三個關稅區和三種貨幣制度共存，這既是粵港澳大灣區的區域優勢，也是需要在制度上大膽突破的難點所在。這不僅需要產業的互補分工、基建的連接相通，也需要更深層次的政府間和社會間的密切合作，推動機制體制層面的「軟對接」。在推動經濟合作的同時，還必須同時推進區內的社會融合問題。經濟的緊密合作有賴於社會的融合，社會融合度越高，經濟合作則越順暢。

圖 5　國家經濟發展戰略與粵港澳大灣區建設

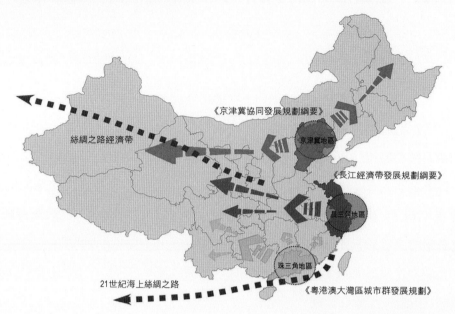

資料來源：根據國家發展戰略自行繪製。

2. 響應國家「一帶一路」倡議，形成中國經濟增長的新動力

「一帶一路」（The Belt and Road，縮寫為 B&R）是「絲綢之路經濟帶」和「21 世紀海上絲綢之路」的簡稱。「一帶一路」貫穿歐亞大陸，東邊連接亞太經濟圈，西邊進入歐洲經濟圈，屬跨國經濟帶。粵港澳大灣區作為海上絲綢之路的起點之一，憑藉其經濟、歷史文化、地區位置等優勢，未來可成為「一帶一路」最重要的巨型門戶樞紐。第一，在國家「一帶一路」倡議和「走出去」戰略中，香港作為重要平台和窗口，金融、投資和專業服務等產業優勢將更加突顯。國家發展的需求快速提升令香港需向服務經濟高端化轉型，進一步發揮好「超級聯絡人」的作用；第二，助力「一帶一路」倡議。香港作為國際航運中心、國際貿易中心、國際金融中心，能夠為「一帶一路」提供金融、財會、擔保、法律等專業服務以及多元化、高水平的商業模式支持，服務內地廣大中小企業「走出去」；第三，建設粵港澳金融中心、創新中心、航運中心、高端產業中心等，發揮資本與技術優勢，成為國家實施「一帶一路」戰略的重要支點。

3. 實現粵港澳創新引領，實現經濟社會可持續增長

　　珠三角地區與港澳深度合作的重要目標，是要依照灣區內自然形成的經濟基礎，根據區域發展的總體目標，開展合理定位與有效合作，在更高層次上參與國際分工與競爭，對標國際先進製造，打造世界一流城市群。《大灣區框架協議》將「開放引領、創新驅動」作為大灣區建設五項合作原則之首，並根據粵港澳區域合作的基礎、特色及發展目標，商定七大重點合作領域，具體包括「推進基礎設施互聯互通、進一步提升市場一體化水平、打造國際科技創新中心、構建協同發展現代產業體系、共建宜居宜業宜遊的優質生活圈、培育國際合作新優勢、支持重大合作平台建設」，力求更有效地形成合力，在高點突破，爭取在全球產業鏈中佔據有利地位。

　　與以往珠三角地區及泛珠三角區域等以內地區域發展為主的規劃相比，大灣區以全新的目標與內容重點，將提高其在全國經濟開放與改革中的引領地位，以充分利用該區的優越地理位置、開放經濟結構、高效資源分配及國際通訊與物流網絡作為發展的基石，推進全國經濟向國際市場開放。廣東省則要依託製造業規模龐大、市場廣闊的優勢，通過與香港合力發展創新型經濟，着力實現自身發展的「雙目標」——保持經濟中高速增長和邁向中高端水平。

4. 推進「一國兩制」的偉大實踐，促進港澳長期繁榮穩定

　　與以往香港與內地的合作相比，粵港澳大灣區建設最明顯的進步，就是提及要「制定完善便利香港、澳門居民在內地發展的政策措施」，這為港澳融入國家發展新時代、把握歷史機遇指明了方向。在改革開發初期，香港、澳門憑藉其產業、技術、資金等優勢，引領內地特別是珠三角地區發展。但隨着內地改革開發深入推進、經濟快速發展，香港、澳門的地位相對下降。隨着中國內地經濟發展水平的提升，港澳的發展越來越離不開內地。如何迅速縮短差距，實現雙贏，已經成了迫切的課題。未來灣區發展應充分發揮各地比較優勢，創新完善合作體制機制，加強政策和規劃協調對接，推動粵港澳間雙向合作，促進區域經濟社會協同發展，使合作成果惠及各方，穩固「一國兩制」的成果，促進港澳的長期繁榮穩定。

（二）粵港澳大灣區建設的定位和目標

　　2017 年 7 月，國家發展和改革委員會、廣東省人民政府、香港特別行政區政府、澳門特別行政區政府共同發佈《深化粵港澳合作　推進大灣區建設框架協議》，合作目標為「努力將粵港澳大灣區建設成為更具活力的經濟區、宜居宜業宜遊的優質生活圈和內地與港澳深度合作的示範區，攜手打造國際一流灣區和世界級城市群，全面準確貫徹『一國兩制』方針，完善創新合作機制，建立互利共贏合作關係，共同推進粵港澳大灣區建設」。這意味着粵港澳大灣區就是要構建開放型經濟新體制，以「互聯互通」的理念建立合作機制，以「通」為基準點和定盤器，推動粵港澳合作走向深化，實現區域內「人流、物流、資金流、信息流」四要素的自由流動。對比美國紐約灣區、舊金山灣區、日本東京灣區三大世界級灣區並結合粵港澳灣區發展的特殊性，粵港澳灣區建設發展的定位和目標可以概括為：

1. 打造國際一流灣區和世界級城市群

　　舊金山灣區、紐約灣區及東京灣區是目前世界公認的經濟中心，是灣區經濟形態的最佳代表。灣區經濟典型的特徵可以概括為高密度、高產出、高城市化的頂級城市群。

　　近年來，在「一國兩制」方針指導下，粵港澳大灣區經濟強勁發展。2016 年，粵港澳 GDP 總量達 9.35 萬億元人民幣（近 1.35 萬億美元）。其中，香港、廣州和深圳 GDP 總量分別是 2.35 萬億、1.96 萬億和 1.94 萬億人民幣。當前珠三角地區製造業比較發達，整體處於工業經濟向服務經濟轉型的過程中；香港、深圳等部分城市已出現創新型經濟特徵。單從經濟總量來看，粵港澳大灣區與紐約灣區相當，可以說，粵港澳大灣區是中國最有條件建設「灣區經濟」的先行區，外向型程度最高，內部聯繫也日益密切，未來有望與紐約灣區、舊金山灣區、東京灣區等世界級灣區競爭，成為國家高水平參與國際經濟合作的新平台。

表 8　粵港澳大灣區與世界著名灣區的主要經濟指標對比

指標（2015 年）	東京灣區	舊金山灣區	紐約灣區	粵港澳大灣區			
				大灣區	廣東九市	香港	澳門
GDP（萬億美元）	1.8	0.8	1.4	1.36	0.99	0.32	0.05
佔地面積（萬 km²）	3.68	1.79	2.15	5.6	5.47	0.11	0.003
地均 GDP（億美元 /km²）	0.49	0.45	0.65	0.24	0.18	2.9	16.7
港口集裝箱吞吐量（萬 TEU）	766	227	465	6,520	4,494	2,011	15
機場旅客吞吐量（億人次）	1.12	0.71	1.12	1.75	1.0	0.69	0.06
第三產業比重（%）	82.3	82.8	89.4	62.2	54.6	90	89.5
全球金融中心指數排名	5	6	2	—	22（深圳）	4	—
全球創新指數排名	16	4	4	—	—	14	—
世界 100 強大學數量	2	3	2	4	0	4	0
世界 500 強企業總部數量	60	28	22	16	9	7	0

資料來源：何誠穎、張立超：〈國際灣區經濟建設的主要經驗借鑒及橫向比較〉，《特區經濟》2017 年第 9 期。

2. 共建宜居宜業生活圈

未來粵港澳大灣區的發展不僅僅局限於經濟的合作互惠，而是融入國家對外發展的大局，打造世界優質生活圈方向，將合作延展至社會民生領域，解決港澳居民在珠三角地區生活、工作和養老等方面的制度性障礙，共享祖國發展的成果。以合作平台建設為引領，以合作體制創新為突破口，以現代服務業發展為基礎，不斷破解 CEPA 實施過程中「大門開小門不開」的難題，率先實現在粵港澳大灣區內實現與港澳服務貿易自由化，促進區域內勞動力、資本等各個生產要素自由流動，公共服務體系與港澳銜接，形成與港澳對接的開放型經濟新體制，構建港澳居民能夠分享內地發展紅利的新機制，成為粵港澳全面合作的示範區和三地居民宜遊、宜居、宜學、宜業、宜商的共同家園，使企業和一般市民都能感受到灣區建設帶來的好處，分享灣區發展的成果。

3. 成為粵港澳深度合作示範區

實行粵港澳大灣區深度合作,就是要把實行不同政治經濟社會制度的三地當作一個利益共同體來看待。要形成一個利益共同體,區域合作的本質是通過創新區域內政府間的制度安排,提供包括基礎設施服務、政府服務、社會服務等在內的公共產品,以減少區域間交易的制度性摩擦,從而降低交易成本,促進要素更加自由便捷地流動,實現更高收益的要素新組合。從全球範圍來看,傳統的以降成本、降稅、降門檻為主要內容的區域間合作,已經轉變為以道路聯通、貿易暢通、政策溝通、貨幣流通、民心相通等為重點的更高層次的「互聯互通」新範式。通過改革口岸管理體制、戶籍管理體制,放寬灣區內人員出入境政策、港澳居民在粵就業就學養老政策等,實現人員自由流動;加快外貿管理體制改革及貿易、關稅政策的調整步伐,把自由港政策適度擴展到整個大灣區,實現商品自由流動;改革灣區金融體制,在維護國家金融安全前提下,設立「金融特區」實驗區,實現資金自由流動;打破信息壁壘,填補信息鴻溝,共同維護網絡安全,構築自主自立、開放合作的網絡空間,實現信息自由安全流動。

(三)粵港澳大灣區發展建議

目前粵港澳大灣區已有深厚的合作基礎和明確的發展方向,但要達致建設目標與戰略價值仍面臨諸多挑戰,需要在兩種制度、三個關稅區、三個法律體系的異質城市群內,按照灣區經濟和城市群的發展規律來進行跨境合作與治理。這對粵港澳及中央政府都是一個新挑戰。

1. 利用制度差異,實施體制對接

制度的多樣性和互補性是粵港澳大灣區最大的特徵,因此要在「一國兩制」的背景下,儘量降低制度差異導致的成本,增加制度互補帶來的收益。追求制度多樣性和互補性條件的收益最大化和成本最小化是粵港澳大灣區建設始終要追求的目標。首

先，利用「一國兩制」的優勢，發揮自由市場機制。在尊重國家主權、體制的前提下，允許兩制差異的存在，把發揮內地作為堅強後盾的積極作用與提高港澳自身競爭力有機結合，提高粵港澳在國家經濟發展及對外開放中的功能和地位。其次，比照港澳經濟體制，逐步改善灣區營商環境。對比世界一流灣區，粵港澳大灣區最大的不同在於區內的「一國兩制」。灣區建設必須在符合「一國兩制」及港澳基本法的前提下，讓人員、資金、貨物、信息這四個要素在粵港澳間儘可能自由流通。未來的發展取向不是更低的關稅，而是從政府透明度、法治到市場規則，從投資准入到投資補償等一系列與國際規則相銜接的營商制度環境制度着手。

2. 加強基礎設施對接，實現內部互聯互通

從基礎設施角度來看，粵港澳灣區內部的基礎設施已經比較完善。首先，粵港澳大灣區擁有全球最大的海港群和空港群，包括排名世界第三、第五、第七的深圳、香港、廣州等世界級口岸。2016 年，廣東省港口完成貨物吞吐量 17.99 億噸，居全國第二；完成集裝箱吞吐量 5,728.03 萬 TEU（標準箱），居全國第一。其次，擁有涵蓋穗深珠、港澳的五座幹綫機場。粵港澳地區的香港、廣州、深圳、澳門和珠海機場，各自之間的直綫距離不到 150 公里，機場密度為全國之首，世界罕見。2016 年粵港澳大灣區機場的旅客吞吐量為 1.8 億人次，已經超過了紐約灣區三大機場。再次，2016年全年高速通車總里程高達 7,673 公里，城際軌道交通已有 350 公里的通車里程，規劃建設 15 條共計 1,430 公里的城際軌道，期望形成珠三角「一小時城軌交通圈」。未來，珠江口東西兩岸將形成一個更加完整、更加快捷的交通路網，屆時將極大促進沿綫經濟要素的流動，形成規模和集聚效應；未來將打造互通互聯的交通網絡系統，建設以香港、廣州、深圳為核心，聯合其他港口共同發展的粵港澳大灣區國際航運中心港口群，打造「21 世紀海上絲綢之路」國家門戶；加快建設以香港、廣州、深圳為核心的粵港澳世界級機場群；加快推進廣深港高鐵、深茂、廣汕等鐵路建設，實現主要通道客貨分綫，基本建成東聯海峽西岸和長三角地區，西通粵西及桂黔、輻射大西南地區，北達粵北及湘贛中原地區的高（快）速鐵路網絡骨架；加快推進沿海主樞紐

港口、區域性樞紐港口和內河港口口岸的經營運作銜接，實現口岸互聯互通。

3. 優化區域發展空間格局，協調城市功能

　　灣區經濟的本質還是城市群內部資源的協調與共同發展，因此，必須處理好核心城市與外圍城市之間的關係。核心城市的形成、帶動和輻射是國際上大灣區形成和發展的重要特徵。例如東京灣、紐約灣區、舊金山灣區就以國際著名城市東京、紐約和舊金山為中心，並由此而得名。從目前的情況來看，粵港澳大灣區有香港、廣州和深圳三個核心城市，它們在該區域發展中均具有舉足輕重的地位。一個區域內多個中心城市為區域發展提供了多個發動機，同時也對城市之間的功能分工定位和協調提出了更高的要求。因此，大灣區城市群發展規劃首先要處理好香港、廣州和深圳三個城市的功能定位和相互關係，以及區內相關大型基礎設施（例如機場、港口等）的定位、配套和協調，避免重複建設和惡性競爭。其次，要處理好這三個中心城市與其他城市之間的關係。除了穗港深三個特大城市之外，大灣區還有澳門、佛山、東莞、中山和珠海等經濟發展水平較高的城市，以及惠州、江門、肇慶等具有較大發展潛力的城市。這些城市都在謀求更大的發展，因此粵港澳大灣區城市群的空間結構、產業佈局和基礎設施的協調都是必須考慮和研究的問題。再次，要處理好粵港澳大灣區城市群與環珠三角城市群之間的關係。粵港澳大灣區主要包括珠三角地區九個城市和香港與澳門兩個特別行政區，但是大灣區的城市發展規劃不應該僅僅限於這一範圍，它應該是一個區域經濟的概念。河源、清遠、陽江等環珠三角的城市已經日益融入珠三角城市群的發展之中。發揮內外聯動的作用，對外連接「一帶一路」和國際市場，對內輻射和帶動環珠三角和泛珠三角區域發展，處理好區域發展中的局部利益與全局利益、長遠利益和短期利益，是大灣區建設成功的重要保障。

4. 促進創新資源整合，打造「中國式矽谷」

　　「創新驅動」是灣區經濟可持續發展的最重要的動力。以創新驅動發展戰略作為經濟社會核心發展戰略，打造國家科技產業創新中心，建設珠三角自主創新示範區；

建立粵港澳大灣區創新共同體，打造全球科技創新平台，形成全球重要的科技產業創新中心；培育利益共享的產業價值鏈，加快向全球高端價值鏈邁進，重點培育發展新一代信息技術、生物技術、高端裝備以及新能源汽車等戰略新興產業集群。

5. 注重生態保護，促進社會整合與發展成果共享

　　貫徹創新、協調、綠色、開放、共享的發展理念，借鑒國際經驗，是打造中國式灣區的出發點和落腳點。世界知名灣區都是宜居、宜業、環境優美、引領新經濟形態發展的區域。在中國的區域合作中，生態環境和社會發展方面的合作往往比經濟層面的合作更加困難。近幾年來，與過去和國內其他區域相比，珠三角地區的空氣質量有明顯改善，這個要歸功於珠三角地區產業結構的逐步調整。但是，這種改善與民眾的要求、與世界大灣區相比還有較大差距。首先，從生態環境來看，粵港澳大灣區就是一個完整的系統。在水環境和海洋資源保護方面，我們還面臨艱巨的任務。珠江口河流眾多、水道密集、生物多樣性豐富，有六個自然保護區。珠江上游有西江、北江和東江，它們和粵北地區是整個大灣區的生態屏障。生態安全和生態環境是大灣區規劃和發展中需要高度重視的問題。其次，加強社會發展方面的合作。社會發展主要包括社區建設、醫療衛生、勞動就業、社會保障、養老、教育、科技、文化、體育、旅遊等方方面面。從總體上看，香港和澳門的社會發展水平明顯高於廣東和珠三角地區，廣東可以向港澳學習社會建設和發展方面的經驗，深化在這一領域的合作。隨着社會經濟發展，港澳地區的居民到廣東特別是珠三角地區工作、生活、養老的人數會增加。廣東和珠三角地區的企業在港澳地區建立「走出去」平台和國際總部，也會產生向港澳地區派出企業管理人員的需求。這些都會導致港澳與廣東特別是珠三角地區之間跨境工作、求學、居住、安老和生活的人員增加。在大灣區建設中，不僅要解決港澳企業在內地的國民待遇問題，還要解決在內地工作、生活的港澳人士的國民待遇問題；不僅要關注港澳企業以及相關人士在廣東的工作和生活的制度性障礙，也要解決內地企業在港澳發展和由此引起的外派管理人員的工作和往返便利的需要、以及相關的制度性障礙。因此，以人為本，切實貫徹創新、協調、綠色、開放、共享的發展理

念，是大灣區建設的出發點和落腳點。

6. 重視國家發展戰略，發揮政府統籌協調作用

粵港澳大灣區在地理區域上仍屬「一國兩制」管轄範疇，實現經濟的融合發展，還需要政府在其中發揮統籌協調作用，需要粵港澳三地共同努力，共同研討、宣傳、交流大灣區發展藍圖，營造良好的經濟、社會、文化環境。第一，強化中央政府在港澳經濟發展上的宏觀指導能力。港澳作為高度開放的外向型經濟體，易受到外部經濟環境的衝擊，需要國家在經濟層面的支撐。為了更好地實現「國家所需，港澳所長」，也需要中央政府站在全局和長遠角度來謀劃港澳的發展，進一步強化中央政府對港澳經濟發展的宏觀指導和戰略規劃；第二，強化中央政府在港澳與內地合作上的統籌協調能力。由於港澳與內地在法律框架、制度設計和運作機制上存在較大差異，需要中央政府成立一個領導協調機構，統一籌劃、統一部署，及時協調解決港澳與內地合作中遇到的深層次矛盾和問題。進一步完善便利香港、澳門居民在內地發展的政策措施；第三，強化港澳政府對國家戰略和政策的研究，適當調整政府職能。為了更好地融入國家發展大局，港澳政府需要加強對國家戰略和政策的研究，有效把握國家發展中的新需求和新空間。此外，港澳政府需要適度推動經濟轉型，扶持與推進新興產業及高增值行業的發展，對打造知識經濟時代核心競爭力優勢與培育創新能力所需的基礎條件予以重視和扶持，通過再分配適度調節，完善社會保障、改善社會民生。

結語

綜上所述，從香港與內地區域合作 40 年的演變階段可以發現：改革開放之初，香港與內地的合作主要集中於經濟領域，以直接投資為主的投資範圍主要集中於珠三角地區；CEPA 正式簽署後，經濟合作領域進一步擴大，除貨物貿易、直接投資外，合作重點開始轉向服務貿易，合作範圍擴展至泛珠三角區域；新時代的國家戰略下，未來合作將不僅僅限於經濟合作及產業分工，而是將粵港澳大灣區作為試驗點，共同打造深度融合的城市群、開放引領的創新區及共享發展的合作區，從而令合作領域從經濟領域深化到社會領域。

從以上變化過程，我們可得出以下幾點結論：

1. 中國內地經濟的市場化程度和對外開放程度的發展是港澳與中國內地經濟合作的制度條件。中國內地與港澳地區經貿關係的發展歷史表明，隨着中國內地經濟市場化和開放程度的提升，香港作為國際性金融、貿易和商貿服務中心的功能將會不斷提高，其優勢也可以得到不斷發揮。

2. 中國經濟發展的成就和巨大潛力是港澳繁榮和穩定的重要經濟條件。香港發展成為國際貿易和金融中心的過程，首先是香港為了適應內外經濟環境變化而不斷實現制度創新的結果，從 20 世紀 60 年代末期開始的香港向國際金融中心的演變就是如此。改革開放以來中國內地經濟的高速發展，為香港國際貿易和金融中心的形成創造了良好的條件和物質基礎。為了適應中國內地經濟開放和經濟發展的需要，香港必須提高金融貿易中心的國際化水平。

3. 香港在未來中國經濟的改革開放中能否進一步發揮獨特的作用，取決於不斷完善和創新合作機制。未來的粵港澳大灣區就是要構建開放型經濟新體制，以「互聯互通」的理念建立合作機制，以「通」為基準點和定盤器，推動粵港澳合作進一步深化，實現區域內「人流、物流、資金流、信息流」四要素的自由流動。同時，「一國

兩制」和四個核心城市是粵港澳大灣區在體制和經濟上的最大特點和優勢，未來粵港澳大灣區必須進一步推進體制和基礎設施對接、城市功能和產業分工協調，實現區域內商品和要素的自由流動，貫徹創新、協調、綠色、開放、共享的發展理念，借鑒國際經驗打造中國式灣區，並與京津冀協調發展、長江經濟帶等國家區域發展戰略相結合，共同響應「一帶一路」倡議，推進新時代下「一國兩制」與祖國和平統一的偉大實踐。

本章作者：陳廣漢

中山大學港澳珠江三角洲研究中心教授、主任
中山大學粵港澳發展研究院首席專家、副院長

劉洋

中山大學港澳珠江三角洲研究中心、粵港澳發展研究院博士研究生

注釋

1　2001 年年底，中國正式加入世界貿易組織（World Trade Organization，簡稱 WTO），承諾將「開放市場和改革貿易管理體制」。

2　交易成本（Transaction Costs）又稱交易費用，最早由美國經濟學家羅納德・科斯提出。他在〈企業的性質〉一文中認為交易成本是「通過價格機制組織生產的，最明顯的成本，就是所有發現相對價格的成本」、「市場上發生的每一筆交易的談判和簽約的費用」及利用價格機制存在的其他方面的成本。諾斯（North）將交易費用分為交易部門的交易費用（流通於市場的那部分交易費用，或稱為市場交易費用）和非市場交易費用（指無法通過市場交易來衡量的費用，如獲取信息、排隊等候的時間、賄賂官員的支出以及由不完全監督和實施所導致的費用）。交易費用的降低通常指非市場交易費用的降低。按照 1985 年威廉姆森（Williamson）對交易成本的分類，自由貿易區制度的非市場交易費用可細化為信息費用、締約費用、監管費用三類。

3　David Ricardo, *On the Principles of Political Economy and Taxation* (London: John Murray, 1817).

4　[瑞典] 伯特爾・俄林著，逯宇鐸等譯：《區際貿易與國際貿易》，北京：華夏出版社 2008 年版，第 8 頁。赫克歇爾和俄林共同研究的模型，由俄林整理在《區域貿易與國際貿易》一書中。

5　[英] 威廉・阿瑟・劉易斯著，喬依德譯：《國際經濟秩序的演變》，北京：商務印書館 1984 年版。

6　全球產業價值鏈（Global Value Chain，GVC）是格里芬（Gereffi）及相關學者綜合以往價值鏈垂直分離與全球空間資源再配置理論提出的概念，是指從全球的視角，來考察一項產品（或服務）從概念、研發、設計、生產製造、銷售直至後續服務這一價值不斷增值的過程。與傳統價值鏈理論的顯著區別就在於產業佈局從一國（或地區）延伸至全球。典型的 GVC 體系呈現出兩頭粗、中間細的「啞鈴」狀和微笑曲綫的特徵，設計、研發和營銷屬價值鏈條中的高附加值環節，而組裝與生產則屬價值鏈條中的低附加值環節。

7　陳廣漢：《粵港澳經濟關係走向研究》，廣州：廣東人民出版社 2008 年版，第 1-35 頁。

8　方奕濤：〈廣東「三來一補」與「三資」企業形式外資比較〉，《國際經貿探索》1999 年第 2 期，第 49-51 頁。

9　黃慶波：〈中國內地與香港貿易關係的實證分析〉，《國際經貿探索》2008 年第 10 期，第 33-38 頁。

10　楊順娟：〈廣東「三資」企業發展現狀及增效對策探討〉，《南方農村》2004 年第 4 期，第 46-48 頁。

11　王日根、徐鑫：〈改革開放以來香港閩商對福建經濟的反哺〉，《閩商文化研究》2014 年第 1 期，第 64-78 頁。

第二章

粵港合作

長河 40 載，彈指一揮間。改革開放 40 年的粵港合作，不僅成就了珠三角地區通過國際製造與全球服務整合為一體的世界級加工貿易基地，更通過香港的資本和產業、內地勞動力向廣東、珠三角地區的空間流動與高度集聚，推進了廣東地區整體的工業化與城市化進程；進入 21 世紀，粵港合作邁向了以服務業為主導的第二次高潮，並推進了粵港之間的服務貿易自由化；2010 年後，粵港合作邁向建構具國際競爭實力的多中心珠三角城市群，為 2017 年開始共建粵港澳大灣區奠定了堅實的基礎。

一、「前店後廠」：縱向產業一體化

粵港經濟合作的起步，源自廣東 80 年代初期的改革開放政策的「先行一步」，這一制度安排為港澳廠商和珠三角地區提供了極大的獲利機會，從而啟動了香港資本與產業向珠三角地區的集聚，帶動了香港地區的經濟轉型與珠三角地區的工業化。資本與產業以及資源在這一地區的「前店後廠」空間佈局是粵港合作起步的動力。

（一）從香港製造到由香港製造：珠三角製造的崛起

上個世紀 80 年代以前珠三角地區與香港的經濟隔絕狀況，使這個在地理上本屬珠三角地區、應以對外貿易為主導產業的自由港，獨自地發展了本地的製造業。自二戰結束後，香港逐步從傳統的轉口貿易港走向以本地出口導向製造為主的貿易港，出口導向的製造業成為香港的主導產業。

1970 至 1980 年代，製造業已經成為香港本地的第一大產業，1980 年製造業產值與就業分別佔本地生產總值與就業之比重為 24% 與 42%，就業總人口約為 100 萬。建基於勞動密集之上的香港製造，創造了十分輝煌的成就。香港生產的鐘錶、玩具、紡織與服裝等，佔據了 1970 至 1980 年代全球市場前列的地位。然而，70 年代後期香港本地生產成本上升、國際市場競爭加劇，迫使香港製造廠商開始尋求轉型之出路。香港製造面臨挑戰。

1970 年代末中國內地的改革開放，尤其是毗鄰港澳的珠三角地區先行一步的政策，根本改變了港澳與珠三角地區隔絕的制度性障礙，揭開了從香港製造轉向由香港製造的序幕。由香港廠商的投資與產業遷移帶動，原來局限於本土的港澳企業與產業內部的關係，隨着資本與資源的流動突破了珠三角與港澳之間的行政邊界障礙，在珠三角整體地區進行跨境的空間重組與配置。這就是被人們稱之為粵港澳的「前店後廠」合作模式，也是粵港地區的第一次產業整合。

前店後廠，實際是出口導向的加工貿易產業的不同價值鏈在粵港之間的空間分工與整合，反映了產業內部的垂直型分工關係。在微觀層面上，是港商在香港的運營總部與珠三角的生產基地之間的關係，這種企業或產業內部關係在兩地空間的流動，是香港廠商把原來在香港本土的廠店合一的經營方式，轉變為店在香港、廠在珠三角的「前店後廠」或廠店分離模式，由此產生了香港與珠三角之間的跨境生產與服務體系。這個跨境的生產服務體系在 90 年代美國負債經濟帶動的全球化浪潮中，由香港廠商帶動，在珠三角地區更廣闊的區域空間、集聚數十倍於香港本土的資本與勞力，以更大的規模複製了香港製造，並把這個體系納入了全球生產網絡之中，成為全球生

產的重要組成部分。

根據香港工業總會的多次珠三角問卷調查，至 90 年代中後期，香港的 5 萬家製造商進入了珠三角地區，總投資額超過 600 億美元，僱用了 600 萬至 1,000 萬的勞工。由此可見，1990 年代後期，香港製造業的產業轉移基本完成，從而帶動了珠三角地區的高速工業化進程，全球生產網絡的「珠三角製造」由此崛起。

表 1　香港製造業在香港 GDP 與就業的比重變化　　　　　　　　　　　　　　　　　　　（%）

	1980	1990	2000	2008
GDP 佔比	24	18	4.6	2.3
就業佔比	42	28	7	3.4

資料來源：《港澳經濟年鑒》各年。

與此同時，香港作為珠三角地區的全球產業價值鏈指揮、控制中心的功能得到強化，在本土製造業大幅退出的情況下，香港迅速向服務型經濟轉化，服務業從 1980 年代佔香港經濟的 60%，迅速增長到 2000 年的 83% 和 2008 年的 92%。香港成為集聚世界級生產者服務業（APS）的全球城市，即全球化經濟的一個重要節點。由此可見，香港的「店」與珠三角的「廠」的功能，在空間一體化的分工中，被極大地放大了。

（二）以香港為龍頭的城市產業帶

香港製造業的進入，開啟了珠三角地區與廣東的工業化進程。短短的 30 年間，工業化的推進使得廣東的第一次產業比重從 1978 年的 27% 直綫下降為 2010 年的 2.1%；而第二次產業在 2005 年佔比達到 50.6%；第三次產業則在 2005 年以後開始加速（46.3%），在 2010 年上升至 48.6%（見表 2），2012 年則為 51.6%。七年間上升了五個百分點。

表 2　廣東經濟結構變化（1990-2010）

	1990	1995	2000	2005	2010
三次產業比例	15.3：43.9：40.9	8.5：48.7：42.8	5.4：47.6：42.8	3.2：50.6：46.3	2.1：49.3：48.6

資料來源：廣東省統計信息網站。

「前店後廠」的合作格局，不僅昭示了香港地區重新回歸珠三角地區的經濟版圖，更通過產業空間一體化推進的工業化，帶動了珠三角地區的城市化，珠三角城市產業帶初見雛形。

在 1980 年代以前的珠三角版圖中，整個珠三角地區僅有中部的廣州一個大城市，以及西部稍具規模的佛山、江門兩個城市。珠江東部的東莞、寶安是廣東典型的農業縣和大糧倉；西部的順德、新會與中山等地，則是廣東富饒的經濟作物區。

1980 年後國家在香港、澳門周邊設立深圳、珠海兩個經濟特區的政策，以及隨後的港澳製造業轉移的浪潮，迅速地推進了東部與西部城市化的發展，形成了從東部出海口香港起，延伸至深圳、東莞以及惠州通向廣州的東部產業城市走廊，以及從西部出海口澳門起，擴散到珠海、中山、江門、肇慶，直接連接佛山、廣州的西部產業城市帶。由此，珠三角地區九個城市與港澳構成了大珠三角地區的城市群。可以說，香港地區的輻射，以及廣東率先開放的政策，成就了粵港城市產業帶的崛起。

香港 5 萬家製造商在珠三角地區的集聚，帶動了人員、商品、資本以及技術、信息等在香港與珠三角地區之間的空間流動。從 1979 至 2000 年期間，香港資本進入珠三角地區的金額達到 718 億美元，佔廣東省全部外資存量的 72.7%；香港人員進入內地的跨境流動人次逐年增長，2000 年跨境人次超過 5,000 萬以上；由加工貿易連接起香港與珠三角之間的貿易關係，則在這一時期以年增長率 30% 的速度發展。香港與珠三角成為相互最大的貿易夥伴。珠三角地區成為內地最大的加工貿易製造基地，

2000 年加工貿易佔廣東全省出口額達到 78.7%。作為香港製造業的遷移與集聚地區，廣東的成長速度更可以稱之為世界奇跡。1978 年廣東省全年 GDP 僅有 203 億元人民幣總量，2013 年增長至 63,068 億元，總體增長 310 倍，年均增長率為 18%。並且持續成為中國第一大經濟省份。[1]

然而，從全球供應鏈和產業鏈看，香港製造以及在珠三角地區的由香港製造，都是跨國公司訂單控制的外發加工貿易。這種製造僅是全產業鏈中的低端製造，而香港之「店」也主要是跨國公司全球價值鏈中的轉口貿易、商品和生產物料轉運環節。跨國公司通過上游的研發、設計、技術壟斷，以及下游終端的品牌、市場網絡等，控制着全產業鏈和供應鏈，也決定了香港「店」承擔的跨國公司與中國內地的供應鏈服務中介功能。香港並不具備產業鏈向上、下游延伸的能力。因此，香港雖然是城市群中珠三角製造的高端鏈條，但絕非全球產業鏈上的高端，而僅是跨國公司全球供應鏈和產業鏈中的中間環節，並無提升珠三角製造向高端鏈條延伸之能力。這種狀況就為香港與珠三角地區的產業空間佈局中，香港控制鏈條逐步消亡埋下伏筆。

二、地區產業升級的發展：「前店後廠」全面破局

在改革開放的首 20 年間，香港是大珠三角區域的經濟龍頭，其在資金、人才、管理、技術和信息方面皆處於統籌地位，帶動着珠三角地區的經濟增長，尤其是珠三角的東部，成為香港最直接的輻射地區。而過去一直是珠三角地區中心的廣州，在該地區的影響力持續下降，其微弱的輻射僅維持在珠三角中西部地區。

2000 年起，沉寂多年的廣州掀起了新一輪的經濟發展浪潮。以三大日資汽車企業的進入為推動力，廣州迅速向重化工業邁進，並在珠三角地區拉動起新一輪的進口

替代工業化進程。配合廣州重新崛起的意願，廣東省在空間佈局方面加快了建設以廣州為中心和交通樞紐的立體綜合型交通體系，包括「三環八射」的城際鐵路網、跨省高鐵和高速公路網絡、廣州新白雲機場、廣州南沙港以及汽車碼頭等一系列交通基礎設施，意圖構築以廣州為中心的珠三角地區「一小時」經濟圈，以及跨省的三至四小時經濟圈。這一切均表明：珠三角地區開始邁向產業升級轉型的新階段，舊有的「前店後廠」格局面臨破局。在新產業版圖產生的情況下，粵港合作將面臨新格局重組之局面。

（一）廣東九大產業發展規劃催生的珠三角地區產業升級

歷經 20 多年的產業發展，珠三角地區在 80 年代形成了食品飲料、服裝紡織等為支柱的輕工業；90 年代則由家用電器、建築材料產業取而代之，成為支柱產業；90 年代後期是電子信息產業異軍突起；2000 年後則出現裝備製造業與石油化工等重化工業迅速發展的勢頭，且具明顯的進口替代特徵。這個發展過程表明，雖然幾個發展階段中，珠三角地區均沒有政府完整的產業發展戰略作為指導，但是，產業升級以及工業化的發展，是一個客觀的規律。而以輕型工業為主體、出口導向的「前店後廠」的破局，本身就是這個發展過程的必然產物。2000 年廣東輕工業的主體紡織服裝業、食品飲食業等佔廣東規模以上工業產值的比重已經下滑至 15.6%，充分表明香港對珠三角地區的產業輻射力的弱化。

2005 年，廣東省政府正式發佈《廣東省工業九大產業發展規劃（2005-2010）》，首次對廣東未來產業發展藍圖提出整體的發展戰略。規劃指出：廣東未來產業和工業化發展，將是由輕型工業轉向重化工業，再到高加工度工業的追趕型增長方式。具體措施就是大力發展九大產業，即三大新興產業（電子信息、電氣機械及專用設備、石油及化學）；三大傳統產業（紡織服裝、食品飲料、建築材料）；三大潛力產業（森工造紙、醫藥、汽車及摩托車）。廣東對九大產業的定位十分明確：三大傳統產業是過去的支柱產業；三大新興產業是目前的支柱產業；而三大潛力產業則是為未來培育的支柱產業。廣東省政府在規劃中，希望逐步縮減傳統產業的比重，穩固提升新興產業

與加大力度培育潛力產業。

九大產業的發展規劃相當成功地推進了珠三角地區的產業升級。尤其是廣東工業的重化化發展。截至 2012 年，廣東輕重工業的比例為 38.1：61.9，順利完成了從一個輕型工業體系向重化工業的升級。

表 3　廣東九大產業佔工業產值比重與規劃 （%）

產業	2000	2006	2010
廣東省規模以上工業	100.0	100.0	100.0
九大產業	52.8	62.6	77.6
三大新興產業	31.9	44.3	58.5
電子信息	14.3	23.3	33.8
電氣機械與專用設備	9.6	12.9	13.7
石油及化學	8.0	8.1	11.0
三大傳統產業	15.6	12.0	10.4
紡織服裝	7.3	5.0	4.2
食品飲料	4.7	3.7	3.9
建築材料	3.7	3.4	8.0
三大潛力產業	5.2	6.3	8.7
森工造紙	2.3	2.0	2.1
醫藥	1.1	0.7	1.2
汽車及摩托車	1.8	3.6	5.4

資料來源：《廣東統計年鑒》2001、2007 年。

（二）珠三角地區高新科技產業異軍突起

珠三角地區產業升級的又一大亮點是高新科技產業的崛起。與重化工業的領軍者廣州相並列，此次領軍者是珠三角地區的另一核心區域——深圳。

上個世紀 90 年代中後期，為了幫助當時製造業已經空心化的香港經濟多元化發

展，中央政府曾經多次策劃香港與其毗鄰的經濟特區深圳共同發展高新科技產業。可惜的是當時的香港響應並不積極，因此深圳只能獨立推出自己的產業政策。在中央政府的大力支持與本土的科技扶持戰略下，高新科技產業在這個地區率先孕育與發展。2000 年後，深圳多年的高新科技產業培育終於彰顯了其成果。

深圳在高新科技產業的傑出表現，推動了珠三角地區與廣東高新科技產業的不斷提升，成為全國重要的科技產業生產基地，其生產產值與出口總值不斷攀高，且持續高居全國首位。2012 年，廣東先進製造業和高新科技產業增加值佔全省比重，分別比 2007 年增加了 2.7% 與 2.9%（見表 4）。

表 4　廣東先進製造業和高技術製造業佔規模以上工業比重　　　　　　　　（億元）

行業	2007		2012	
	增加值	比重（%）	增加值	比重（%）
廣東省規模以上工業	11,395.12	—	21,988.06	—
先進製造業	5,150.23	45.2	10,529.64	47.9
珠三角	4,535.02	39.8	9,366.84	42.6
裝備製造業	3,717.67	32.6	7,569.92	34.4
鋼鐵冶煉及加工	176.83	1.6	389.35	1.8
石油及化學	1,255.73	11.0	2,570.37	11.7
高技術製造業	2,323.85	20.4	5,126.51	23.3
珠三角	2,233.68	19.6	4,972.75	22.6
醫藥製造業	119.46	1.0	326.87	1.5
電子及通訊設備製造業	1,555.81	13.7	713.84	3.2
醫療設備及儀器儀錶製造業	109.40	1.0	174.72	0.8

資料來源：廣東省統計信息網。

（三）香港製造之隕落

2012 年廣東通過制定並實施《廣東工業轉型升級攻堅戰三年行動計劃》、《智能

製造發展規劃》、《珠江西岸先進裝備製造業產業帶規劃》，推動工業向高端化發展。珠三角作為國家自主創新示範區起到龍頭帶動作用，2016 年珠三角先進製造業和高技術製造業增加值佔規模以上工業比重分別達到 54.9% 和 32.5%；珠江西岸「六市一區」先進裝備製造業增加值增長 13.3%。華為、中興、騰訊、美的、格力、廣汽、比亞迪等一批本土大型骨幹企業茁壯成長，年主營業務收入超百億、超千億企業總數分別達到 243 家和 23 家。2017 年上半年，珠三角先進製造業和高技術製造業增加值佔規模以上工業比重分別達 56.1% 和 32.0%；珠江西岸「六市一區」先進裝備製造業增加值增長 14.2%。[2]

與此同時，以創新為主要引領和支撐的經濟體系和發展模式加快形成，在珠三角基本形成「1 ＋ 1 ＋ 7」（深圳＋廣州＋ 7 個珠三角城市）一體化區域協同創新格局，新舊引擎正在加快轉換。廣東區域創新能力綜合排名八年穩居全國第二，研究與試驗發展經費支出佔 GDP 比重從 2012 年的 2.17% 提升到 2016 年的 2.56%，珠三角地區達到 2.85%；有效發明專利量連續七年、PCT 國際專利申請量連續 15 年保持全國第一，其中 PCT 國際專利申請量佔全國比重超過 50%。技術自給率、科技進步貢獻率分別提高到 71% 和 57%，基本達到創新型國家或地區水平。[3]

隨着珠三角地區工業化的換代提升，香港製造不僅在本土空心化，更在珠三角地區失去主導地位。機器人、智能製造等新產業均是香港所不能企及的產業。由此，港商製造商從過去鼎盛時期的超過 5 萬家，僱用 1,000 萬員工的規模，直綫下降至 2014 年 1 萬多家的水平。有部分港商跟隨珠三角產業升級的步伐，進入電子信息、精細化工等技術含量和附加值較高的產業，成為珠三角製造的構成部分。珠三角製造作為全球生產網絡的重要基地，其主導力量已經從外資轉為本土的大型骨幹企業和跨國公司，以及總量居全國第一的近 2 萬家高新技術企業。

三、從珠三角製造到珠三角服務：粵港的服務業合作

廣東尤其是珠三角地區逐步告別低技術、低附加值加工製造的階段，進入更高的新階段。這不僅意味着工業化的升級，更意味着廣東將從過去依賴香港帶領、被動地參與國際分工與全球生產網絡，逐步轉向培育自己的競爭優勢，主動地在全球配置資源，確立自己的全球戰略。

為此，在 2007 至 2008 年國際金融危機引發世界經濟結構和格局的重大調整、珠江三角洲地區正處於產業結構轉型升級和經濟發展方式轉變的關鍵時期，國務院批准的《珠江三角洲地區改革發展規劃綱要（2008-2020 年）》出台。規劃的重心是產業的雙輪驅動，即形成現代服務業和先進製造業驅動的主體產業群。這是珠三角地區作為全球製造業基地，**首次把服務業置於製造業之前**，並將其作為優先發展的產業。這個戰略提法，也首次突破了過去多年珠三角地區與港澳之間達成的「粵主製造、港主服務」的共識與定位，而是變為與香港地區「錯位發展」的關係。由此，粵港合作從珠三角製造走向珠三角服務。

珠三角服務起步於「前店後廠」模式的構築階段。但是，在珠三角地區工業化起步的階段，服務業不是、也不可能是三地合作的主要內容。隨着珠三角地區崛起和內地服務業的開放，一方面，珠三角城市建設對香港服務商形成需求；另一方面，港企為了降低生產成本，開始將部分貿易支持服務向珠三角地區轉移，從而啟動了粵港構築珠三角服務的發展進程。也就是說，與珠三角製造一樣，**珠三角服務也是粵港共同合作的產物**。

（一）2004 年前以政策主導與非規範結合的發展階段

上個世紀 90 年代至 2001 年，中國服務市場的整體開放程度低、處於十分封閉的狀態。中央給予廣東的「特殊政策、靈活措施」，成為廣東先行引進香港服務業、

以及香港服務商進入廣東的政策基礎，由此拉開了廣東服務市場開放的序幕。也就是說，廣東服務市場對外開放先於全國。當中國在 2001 年加入世貿，開始全面開放服務市場之時，港商進入廣東服務市場的廣度和深度，已經超越了當時中國的入世承諾。[4]

這個時期的港澳服務業進入具有以下特點：

1. 港澳服務商進入廣東服務市場主要為兩種方式：一是以政府政策的引導，通過政府審批合法地進入，例如開放最早、限制相對小的房地產、分銷和酒店；二是非規範的變通方式，例如掛單、內地人註冊、地下保單，等等。這類非公開的方式，實際上突破了中國政府當時對服務市場的領域和市場主體的諸多限制，涉及極其廣泛的服務領域和行業。雖然沒有具體的數據統計，但可以估計其規模不會太小。

2. 港澳服務商進入廣東市場的主力是房地產。按照廣東 1979 至 2000 年外資投資的統計，房地產投資佔全部外商投資比重的 13.86%，是僅次於製造業的第二大外資投資行業。

3. 港澳服務商向廣東服務市場的滲透，涉及了服務市場的大量領域，並且在相當程度上改寫了廣東的服務市場競爭版圖。一些服務行業實際上是由港商進入後發展起來（例如房地產開發、物業中介與管理和酒店管理等），並且向全國市場推廣。其結果不僅是廣東服務市場領先於全國發展，還造就了一批廣東的本土市場主體 —— 民營大型服務商，有的甚至後來居上，超越港商的地位。進入新世紀後，這些廣東本土的服務商開始向全國和海外發展。

4. 以政府政策或變通的非規範方式進行服務業合作，都不是以市場力量配置資源，也不是規範的服務市場開放的基本方式，其本質都是扭曲的市場行為。港商作為世界上最有適應和應變能力的群體，是以迴避兩地的制度差異而採取變通行為的。雖然這種變通必須具備地緣、人緣和共同文化語言的基礎，但是，毋庸質疑，**港澳服務商為這種扭曲的市場進入付出了極大的制度成本或進入成本**，如掛靠費、內地法人註冊的風險，等等。這兩種方式的同時存在，表明以政府政策來主導外資進入和流動，不僅使市場喪失了公平和透明度，還留下了大量的政策空子，為非規範的行為提供了

活動的空間。

（二）2004 至 2008 年以 CEPA 為制度整合的市場導向起步階段

以 2003 年中國內地與港澳簽訂的更緊密合作經貿關係協議（CEPA）為標誌，
粵港之間進入了第二次的產業整合。2004 年起，粵港澳服務業合作開始進入了一個
以 CEPA 為制度整合的市場導向合作方式。CEPA 作為中國第一個區域性自由貿易協
議，其內容在時間上先於 WTO，開放自由度高於 WTO。這不僅宣告了中國的市場
開放並未在入世之後結束，「中國入世承諾應被視為市場改革的底綫，而不是全部目
標」[5]，更意味着中國市場的改革和開放首先惠及港澳地區，先向港澳地區開放，由
港澳廠商和服務商先行試水。

粵港「前店後廠」合作在 WTO 和 CEPA 的制度框架下，自然而然地走向一個「前
店後置」的過程。即由香港作為珠三角地區服務支持的離岸服務，向進入珠三角地
區的就地服務過渡。從學術界對全球的自由貿易區貿易效應的引力模型研究得出的結
論，證明了貿易效應的大小受雙邊的經濟總量、人均收入、地理距離和文化差異的影
響。尤其是服務業，服務貿易的範圍還應當與服務者、被服務者的語言、文化、制度
等的銜接程度為正比。香港作為服務中心，本身在地理上屬珠三角地區，語言與文化
相通，長期以來形成了密不可分的產業互動和關聯。從理論上看，上述因素必然使粵
港服務業的合作成為 CEPA 服務貿易開放的主要實施地區。

從 2004 年 CEPA 實施起，至 2008 年期間，CEPA 經歷了五個階段和逐步消除准
入障礙和限制的四個補充協議。內地對香港開放的服務貿易領域達到 38 個，基本涵
蓋了服務貿易的主要領域。因此，WTO 與 CEPA 成為粵港之間服務業合作的主要制
度基礎。WTO 主要面對大型服務商的進入，而 CEPA 則為香港中小服務商打開了
大門。

但是，第二階段的粵港服務業合作，雖然有了 CEPA 作為減少三地制度摩擦和交
易成本的重要合作制度基礎，使香港服務商的進入行為開始規範化，其中包括大量過
去非規範進入的香港服務商「陽光化」，但是，由於相互服務市場的制度落差太大，

CEPA 推動的內地服務市場的自由化需要進一步的深化。

（三）2008 年後的先行先試與粵港服務貿易自由化

為深化 CEPA 功效，進一步推進廣東服務市場的自由化，推動粵港合作向全方位、深層次發展。2008 年廣東省委、省政府把粵港澳合作提升到構築未來 30 年廣東在全球、全國戰略地位的高度，爭取中央政府給予廣東「先行先試」的地位和權利。在先行先試的啟動中，最早行動和最重要的領域就是粵港澳的服務業合作。這具體體現在 2008 年頒佈的 CEPA《補充協議五》。

CEPA《補充協議五》標誌着粵港服務業合作進入一個更加深化發展的新階段。至 2014 年，內地與港澳分別簽署頒佈了多份 CEPA 補充協議，其中包括多項廣東先行向香港服務業開放的具體措施與政策，使廣東對香港的先行先試開放達到 79 項。

2011 年 8 月，李克強副總理訪港期間，第一次明確提出在「十二五」末期，通過 CEPA，基本實現內地與港澳的服務貿易自由化。有鑒於此，2012 年廣東省政府制定了《推動粵港澳率先基本實現服務貿易自由化規劃綱要》以及行動計劃，提出在 2014 年率先實現粵港澳服務貿易自由化的總體目標，以及重點領域對接、平台載體和營商環境建設的具體思路。

2014 年 12 月 18 日，具有里程碑意義的《內地與香港 CEPA 關於內地在廣東與香港基本實現服務貿易自由化的協議》及《內地與澳門 CEPA 關於內地在廣東與澳門基本實現服務貿易自由化的協議》分別在香港和澳門簽署，這被譽為是 CEPA 升級版的協議，是內地首個以准入前國民待遇加負面清單方式簽署的自由貿易協議，在對開放的管理模式上是重大的創新與改革。根據協議，廣東對港澳的開放部門達 153 個，涉及世界組織服務貿易 160 個部門總數的 **95.65%（開放廣度）**；完全實現國民待遇的部門有 58 個，**開放深度達 36%**，意味着廣東率先與港澳基本實現了服務貿易自由化。

香港服務商在珠三角地區的產業集聚，使得港商投資結構發生了根本性的改變。在 CEPA 實施起步的 2004 年，香港在珠三角地區實際投資的一、二、三產業比重為 1.81：76.18：22.01，而 10 年之後的 2014 年，變為了 0.86：45.61：53.53。珠三角地區

成為服務業集聚區域。2016 年外商進入珠三角地區的一、二、三次產業結構，更達到了 0.5：30.6：68.9。服務業集聚的行業構成也發生了根本性改變，無論是進入的企業、實際投資金額，已經從過去的房地產佔據最大比例，轉變為商務服務，信息傳輸、計算機服務和軟件業、金融業為主體，房地產業則大幅下降。[6]以香港服務商最為集中的深圳、廣州為例，2016 年深圳的商務服務、金融服務，佔據了全部外資投資金額的 46%；而廣州的信息傳輸、計算機服務和軟件業，則佔據了外商投資比重的 53%。目前在珠三角地區活躍的 3.7 萬多家港商中，服務商已經達到了 2.5 萬家，成為產業合作的主力。

與此同時，粵港間服務貿易在 2003 至 2013 年增長了 9.98 倍，年均速度為 25.9%，大大超過同期廣東服務貿易總量擴張 7.74 倍、年均增長 24.2% 的速度。在「十二五」時期內地與香港已經成為相互最大的服務交易夥伴。香港在內地服務貿易中佔據 29% 的比重，但是在廣東服務貿易中則超越半壁江山，是香港在廣東貨物貿易比重的 2.5 倍。2013 年廣東與香港的貨物貿易結合度指數為 12.5，而服務貿易結合度指數則達到 29.3 的高水平，反映了目前粵港合作的主要產業是服務業。

四、從粵港澳城市群到大灣區

（一）粵港澳共同打造世界級城市群

粵港合作在 2010 年開始進入區域合作模式創新的新時期。以 2010 年粵港簽署的《粵港合作框架協議》、2011 年的《粵澳合作框架協議》為主要標誌，這是粵港澳首

次共同商議、簽署的具法律地位的中國次區域性合作協議。作為指導粵港澳合作的重要文件，粵港澳在這個協議中共同提出了合作建立世界級的大珠三角城市群的目標。「到本世紀 20 年代，基本形成先進製造業與現代服務業融合的現代產業體系、要素便捷流動的現代流通經濟圈、生活工作便利的優質生活圈、國家對外開放的重要國際門戶，香港國際金融中心地位得到進一步鞏固和提升，建成**世界級城市群**和新經濟區域。」[7]

用 10 年時間打造具全球競爭力的世界級城市群，就是粵港澳以框架協議方式共同達成的合作大戰略的主要願景。這就是自 2011 年起粵港澳合作的根本性轉變與特徵。首先，大戰略必須有階段性戰役。為此，框架協議規定 2010 年起的第一個五年，即「十二五」時期，粵港澳將圍繞 2020 年的終期目標，共同合作創造與奠定粵港澳城市群的基礎；而第二個五年即「十三五」時期，是這個城市群的初步建成期。其次，大戰略也需要由點的實驗與示範來推進。由此，「十二五」規劃期廣東的前海、橫琴與南沙三地，成為實現這個大戰略的三個新合作平台，而被列入國家戰略。

「十二五」規劃期的終結，意味着粵港澳合作框架協定中的大戰略正進入一個階段轉換期，即第一個五年的終結與第二個五年的起步期。這個時期恰好與「十三五」規劃期迭交。也就是說，「十三五」終期的 2020 年，正是珠三角地區與香港、澳門通過全面融合而形成**具全球競爭力的世界級城市群**這個終期目標完成的重大時期。

（二）粵港澳城市群推進的經濟指標

2010 年粵港澳合作進入落實框架協定第一階段，這是為粵港澳城市群打造前期基礎的重要時期。歷經數年，粵港澳三地在經貿合作、社會民生、跨界基礎設施建設等方面都取得了令人矚目的成績。由粵港澳三地合作推進的大珠三角城市群，目前已經開始展現雛形。

從經濟學的角度看，城市群的產生，是產業的分工與集聚超越了單一城市邊界，人口、資金、技術、信息等要素在相鄰的幾個城市間相互流動，從而產生城市群體的產業整合，這種產業整合將分散的城市最終聯接成一個整體，即城市群。

城市是流動的空間，而城市群中最為重要的流動要素首先是**人員**。從 2014 年的數字看，跨境的人口流動超過 16,361 萬人次（見表 5），其密度為粵港澳**城市群人口的 2.5 倍**（珠三角地區約為 5,700 萬，香港 727 萬，澳門 61 萬）。由此，粵港澳之間，已經成為人員相互流動的密集地。

表 5　2014 年廣東、港澳之間的人流水平 *　　　　　　　　　　　　　　　　　　（萬人次）

進入方式	人流統計數字	佔人口比例
從廣東進入香港	4,725** （無廣東數字）	佔珠三角人口的 82.9%
從澳門進入香港	100	佔澳門人口的 163.9%
從廣東進入澳門	1,863** （廣東：820）	佔珠三角人口的 32.7%（14.4%）
從香港進入澳門	524	佔香港人口的 72.1%
從香港進入廣東	6,972***	佔香港人口的 959.0%
從澳門進入廣東	2,177***	佔澳門人口的 3568.9%

注：★ 本表僅作單向的入境人流統計，因出入境是雙向的，故邊境口岸的人流次數應為本表人次的兩倍。由此可見三地口岸的人員流動數量巨大。

　　★★ 珠三角地區進入香港與澳門採用的是內地從雙方陸地口岸進入數，而非從港澳機場進入數。因為陸地口岸進入一定要利用珠三角的各種設施，與珠三角地區相關聯。該數字並未區分從廣東珠三角陸地口岸進入香港／澳門的內地人流之來源。

　　★★★ 同理，港澳人員進出珠三角地區也是以陸地口岸為主，並沒有把機場進入算入。

資料來源：香港政府統計署：《香港統計年刊 2015》，2015 年 10 月；

澳門政府統計暨普查局：《澳門統計年鑒 2014》，2015 年 6 月。

　　商品和服務流動是城市群流動的又一重要要素。因着粵港合作第一階段「前店後廠」的破局，服務貿易已經成為貿易流動的主要部分。但是，以 2014 年三地的貨物貿易相互佔比看（見表 6），香港仍然為廣東最大的交易夥伴。其中廣東對香港的出口維持着快速增長的勢頭，反映廣東對香港出口市場具較大的依賴性。然而，因廣東對香港進口近年來增長放緩，以及廣東出口市場多元化的擴張，雖然香港一直維持着廣東出口三分天下的比例，但是其貿易總量佔廣東的比例開始呈下降態勢。

表 6　2014 年廣東與香港、澳門貨物貿易相互佔比　　　　　　　　　　　　　　　　（%）

香港與內地、廣東		澳門與內地、廣東	
香港在內地貨物貿易佔比	8.7	澳門在內地貨物貿易佔比	0.09
對香港出口	15.3	對澳門出口	0.17
自香港進口	0.7	自澳門進口	0.01
香港在廣東貨物貿易佔比	21.8	澳門在廣東貨物貿易佔比	0.2
對香港出口	35.5	對澳門出口	0.3
自香港進口	1.4	自澳門進口	0.08

資料來源：中國國家統計局 2014 年統計公告、廣東省統計局網站、
香港特區政府統計處網站、澳門政府統計暨普查局網站。

　　與貨物貿易總量增長減緩趨向同時發生的，是粵港服務貿易大幅上升。粵港服務跨境流動的加速，突顯了經貿關係已經開始從側重貨物流動，轉向服務流動為主的階段性特徵，且服務合作關係將會逐步加深。

表 7　2013 年香港與內地、廣東的服務貿易相互佔比　　　　　　　　　　　　　　　（%）

香港與內地		香港與廣東	
香港在內地服務貿易佔比	28.6	香港在廣東服務貿易佔比	55.7
對香港出口	45.7	對香港出口	50.4
自香港進口	16.9	自香港進口	61.2

資料來源：中國商務部網站、廣東省商務廳。

　　在城市群流動中，資本流動是決定和構成城市間跨境的空間分工和產業聯繫的基礎性要素。可以說，粵港合作的起步就是從香港資本流入廣東開始的。從 1979 至 2016 年幾乎 40 年間，香港作為廣東最大的外來投資者，其地位一直沒有變化。

表 8　香港對廣東直接投資的金額與比重（1979-2016）

地區	項目個數		合同投資金額		實際投資金額	
	數量（個）	比重（%）	金額（億美元）	比重（%）	金額（億美元）	比重（%）
香港	139,957	72.0	4,866.0	70.9	2,577.3	63.0
其他國別地區	54,418	28.0	1,995.1	29.1	1,511.2	37.0
總計	194,375	100.0	6,861.1	100.0	4,088.5	100.0

資料來源：廣東省對外經貿經濟合作廳。

表 9　2014 年粵港澳相互投資在各自國際投資流量、存量佔比　　　　　　　　　（%）

地區	類別	FDI 當年流量佔比	FDI 存量佔比
香港	對內地投資	58.4	40.5
	接受內地投資	22.0	30.1
廣東	對香港投資	85.4	—
	接受香港投資	63.8	61.8
	對澳門投資	7.3	—
	接受澳門投資	1.4	—
澳門 *	對內地投資	負數 **	31.7
	接受內地投資	7.9	11.2（廣東為 0.5）
	對香港投資	負數 **	31.8
	接受香港投資	26.4	25.2

注：★ 澳門為 2013 年數字。

　　★★ 負數表示當年的投資流量撤出當地大於流入當地。

資料來源：廣東省商務廳：《廣東商務發展報告（2014-2015）》，廣州：廣東人民出版社 2014 年 5 月版；《廣東統計年鑒 2015》，北京：中國統計出版社 2015 年 8 月版；香港政府統計署：《2014 年香港對外直接投資統計數字》，2015 年 12 月 10 日；澳門政府統計暨普查局：《直接投資年刊 2013》。

在粵港澳之間的相互投資中，香港作為全球城市佔據絕對地位。香港是廣東的最大外來投資者（佔廣東外來資本存量的 63%，2014 年流量的 63.8%），澳門的第二大外來投資者（佔澳門外來資本存量的 25.2%，2013 年流量的 26.4%）。而廣東、澳門的第一大對外投資地就是香港（佔廣東 2014 年對外投資的 85.4%；澳門 2013 年對外投資存量的 31.8%。見表 9）。這些流量的指標，已經充分揭示了粵港澳城市群開始呈現雛形。

（三）大灣區：粵港深化合作的新階段

2015 年為配合國家「一帶一路」的戰略性構思，國務院三部委制定的《「一帶一路」願景與行動》計劃中，首次提出了粵港澳大灣區之概念，並把大灣區作為新型海上絲綢之路的重要節點。2016 年，粵港澳大灣區被國家列入了「十三五」規劃中。2017 年 3 月，國務院政府報告提出「粵港澳大灣區城市群」的概念，並提出由國家制定規劃、粵港澳三方合作建設之方案；為保證這個國家大戰略的貫徹與具體落地，7 月國家發改委與粵港澳四方共同簽訂了《深化粵港澳合作　推進大灣區建設框架協議》，標誌着粵港澳城市群已經從國家推進、區域政府協調發展，變為國家規劃指導的跨境合作大戰略。

對香港來說，大灣區規劃的重大意義並非簡單地納入國家規劃，更在於主導香港經濟發展的力量之根本性轉變。也就是說，這個過去主要為國際市場、尤其是西方發達國家市場主導的自由港，未來的經濟發展將更多地納入和融入國家經濟發展的規劃和大戰略之中，並以中國經濟為其主要的主導力量。

粵港澳大灣區城市群從三地合作的願景，變為接地氣的國家規劃，其背景內涵了國家應對全球顛覆性的經濟大變局和經濟版圖的戰略思維；同時，也反映了粵港澳三地在面臨各自挑戰、亟需通過區域合作獲取經濟新動能和提升競爭力、以區域綜合實力獲取更高國際地位的迫切要求。

以國家規劃指導粵港澳區域合作的深化，無疑是為「前店後廠」合作模式破局之後，粵港之間的合作漸入沉寂狀態注入了藥效顯著的強心劑，並為香港通過城市群的

合作，創新本土經濟、培育新產業、提升粵港的產業合作模式提供了前所未有的大好機遇。相信在國家大灣區規劃的指導下，歷經 40 年的粵港合作，其前景將更為輝煌美好。

本章作者：封小雲

暨南大學經濟學院教授

廣東外語外貿大學南國商學院特聘教授

注釋

1　資料來源：《廣東省統計年鑒》各年，北京：中國統計出版社。

2　廣東省統計局：廣東省統計信息網。

3　同上。

4　封小雲：〈服務業：中國開放市場與大珠三角區域整合的重點〉，載陳廣漢主編：《港澳珠三角區域經濟整合與制度創新》，北京：社會科學文獻出版社 2008 年版。

5　〈美中貿易全國委員會關於中國入世第 7 年評估報告〉，《國際貿易譯叢》2008 年第 6 期。

6　廣東省商務廳：《廣東商務發展報告（2016-2017）》，廣州：廣東人民出版社 2017 年 7 月。

7　參見《粵港合作框架協議》。

第三章

深港合作

　　深圳和香港地理相連，經濟社會相通。當初作為經濟特區的深圳，如今已發展成為一個實際管理人口約 2,000 萬、GDP 超過 2 萬億人民幣、經濟總量長期位居全國城市第四位（近年超越廣州位列第三）、創新活動極為活躍且創新驅動發展模式初步形成的超大型城市。改革開放 40 年，深港經濟社會的發展水平由差距巨大到迅速收窄，深圳由全面落後到部分領域（如科技創新）領先，兩個毗鄰城市上演了一幕精彩的「雙城記」。在這一進程中，深港互為因果。香港向全球金融中心的演進與提升，得益於深圳全方位需求所形成的支撐；深圳走上「創新引領型全球城市」之路，仰賴於香港強大的綜合功能所提供的全鏈條服務。

　　本章重點分析改革開放 40 年深港合作的發展。第一部分為導言，圍繞「灣區」這一概念，簡要分析 20 年前的「深港灣區」與 20 年後粵港澳大灣區的內在邏輯關係；第二部分從歷史視角，對深港合作不同階段特點進行歷時性分析；第三部分從現實視角，對深港合作重點領域進行共時性分析；第四部分結合國家兩階段發展目標，對未來 30 年深港協同予以前瞻性分析，第五部分為結語，對深港提升協同能力和建設協同體系提出建議。

一、因緣際會：從深港灣區到粵港澳大灣區

從「灣區」視角審視深港合作，或許更能發現深港關係的本質。「灣區」的理念及目標願景，構成深港關係的底色。由香港回歸初期「深港灣區」的提出，到 20 年後粵港澳大灣區上升為國家戰略，必然與偶然相承，終點與起點呼應，因緣際會，不離初心。展望未來，粵港澳大灣區為深港關係發展提供了宏大背景。

（一）從深港合作到深港灣區

香港回歸前，內地對深港關係的研究達到高潮。[1] 在 1994 年 6 月召開的「深港粵港經濟銜接研討會」上，穗港深三地學者對深港（粵港）關係是「合作」、「銜接」還是「融合」進行了討論。此後「合作」成為使用頻率最高的表述。這個詞沒有歧義和爭議，也不需要特別解釋。略嫌不足的是過於平淡和普適，諸如京港合作、滬港合作、粵港合作、桂港合作、閩港合作等，是其他內地城市與香港關係的共同點，而未能彰顯深港特有的地理地緣關係、特殊的經濟社會關係。

在相當長的時期內，無論是官方還是民間、內地還是香港，均對「深港合作」的表述達成高度共識。1990 年代末期和 2000 年代，關於深港關係曾出現過不同表述，但總體上並沒有超出深港合作關係的框架。迄今為止，尚未有一種新的表述，能夠動搖乃至取代深港合作這一表述的主導地位。

值得關注的是「深港灣區」這一概念。1998 年 3 月，時任香港科技大學校長吳家瑋在全國「兩會」期間提出「香港灣區」的構想。[2] 1998 年 6 月，吳家瑋在深圳市政府第五次高級顧問會議上又提出「深港灣區」的概念：

> 由香港特別行政區出發，北上深圳，越「二線」到達深圳市的寶安區，路過黃田機場，進入東莞；西跨虎門大橋，踏入番禺市南端的南沙；繼而南下，入中山，

荏珠海，到澳門；最後跨海東渡，回到香港特區。這麼一天的旅程，圍繞的是珠江三角洲的南部。過去幾年來，我稱之為「香港灣區」。20 年後，人們將把我說的「香港灣區」稱為「深港灣區」。正如國際上很多地方，原來的城鎮已經相互連接，融成一片，我們這個都會也會被人們稱為「深港」。深圳市的人口現在已達 400 萬，城市建設之快和經濟的連續飛躍，令港人既驚又喜。深港之間生活水平的差距勢必縮小。儘管在「一國兩制」下，兩地的政治制度和行政管理有異，在其他方面卻必定迅速結合，這是自然規律。我所描述的香港灣區是「景色怡人、環境優美的文化勝地、教育中心、科技前驅、金融重鎮、運營樞紐、現代化的服務業和製造業基地」，也將會很自然地變成「深港灣區」的定位。到時，華南的「深港」，將與華北的京津、華東的上海，並列為矗立於中國的三個 21 世紀大都會。[3]

「深港灣區」的概念關注深港關係的現狀，更關注深港關係的未來和所要達到的目標；正視深港關係中的問題和障礙，更看重深港關係帶給兩地內部經濟社會持續發展的強大動力。2000 年 9 月，吳家瑋預測珠三角 40 年內將發展成第二個舊金山灣區，深港灣區要在科技、文化、教育、金融、信息、交通等方面全面發展，致力於營造優良的自然、居住和旅遊環境，建設高素質的科技型灣區。[4] 當年吳家瑋描繪的「深港灣區」願景，如今已被納入粵港澳大灣區城市群發展規劃。

（二）從深港灣區到粵港澳大灣區

粵港澳大灣區這一概念發軔於深圳。2014 年初，深圳市政府工作報告指出，深圳應「聯手打造產業發達、功能強大、開放互動、區域協同的灣區經濟」。2014 年中，深圳市政府有關機構完成《打造世界一流粵港澳大灣區，服務國家「一帶一路」戰略》研究報告，率先提出粵港澳大灣區這一概念。

2015 年，國務院授權國家發改委、外交部、商務部聯合發佈的《推動共建絲綢之路經濟帶和 21 世紀海上絲綢之路的願景與行動》，提出要「充分發揮深圳前海、廣州南沙、珠海橫琴、福建平潭等開放合作區作用，深化與港澳台合作，打造粵港澳大

灣區」。粵港澳大灣區被首次寫入國家文件。

2016年，國務院頒佈《關於深化泛珠三角區域合作的指導意見》，提出要「充分發揮廣州、深圳在管理創新、科技進步、產業升級、綠色發展等方面的輻射帶動和示範作用，攜手港澳共同打造粵港澳大灣區，建設世界級城市群。構建以粵港澳大灣區為龍頭，以珠江——西江經濟帶為腹地，帶動中南、西南地區發展，輻射東南亞、南亞的重要經濟支撐帶」。

2016年，《中華人民共和國國民經濟和社會發展第十三個五年規劃綱要》（即「十三五」規劃綱要）提出，「支持港澳在泛珠三角區域合作中發揮重要作用，推動粵港澳大灣區和跨省區重大合作平台建設」。

2017年3月，國務院政府工作報告中提出，「要推動內地與港澳深化合作，研究制定粵港澳大灣區城市群發展規劃，發揮港澳獨特優勢，提升在國家經濟發展和對外開放中的地位與功能」。標誌着粵港澳大灣區開始由理念詮釋、戰略籌劃層面轉向執行操作、推進落實層面。

2017年7月，在國家主席習近平的見證下，國家發改委與粵港澳三地政府簽署《深化粵港澳合作　推進大灣區建設框架協議》，提出要「努力將粵港澳大灣區建設成為更具活力的經濟區、宜居宜業宜遊的優質生活圈和內地與港澳深度合作的示範區，攜手打造國際一流灣區和世界級城市群」。

2017年10月，中共十九大報告提出，「香港、澳門發展同內地發展緊密相連。要支持香港、澳門融入國家發展大局，以粵港澳大灣區建設、粵港澳合作、泛珠三角區域合作等為重點，全面推進內地同香港、澳門互利合作，制定完善便利香港、澳門居民在內地發展的政策措施」。

2018年，國務院政府工作報告提出要「出台實施粵港澳大灣區發展規劃綱要，全面推進內地同香港、澳門互利合作」。此前粵港澳大灣區主要出現在涉港澳論述中，此次則出現在「扎實推進區域協調發展戰略」，與京津冀協同發展和長江經濟帶發展等國家重大戰略並列。

不滅的「灣區夢」，一直在深圳和香港之間野蠻生長，成為從深港灣區向粵港澳

大灣區不斷演進的不竭動力，並推動粵港澳大灣區上升為國家戰略。在此進程中，深港關係不斷蛻變和升級，深港合作成為一道靚麗的風景綫。

二、歷史視角：深港合作三大發展階段

深圳近 40 年的發展大體分為三個階段，1980 年到 1990 年代中期的高速發展階段，1990 年代後期到 2000 年代初期的調整階段，2003 年重新定位後的發展階段。這三個階段，大體與香港自內地改革開放以來的三個發展時期相吻合，即 1980 到 1997 年回歸前階段，1997 年回歸後到 2003 年的過渡階段，以及 2003 年 CEPA 簽署後的發展階段。基於此，深港合作可劃分為三個階段：1980 至 1997 年，民間（市場）為主的合作；1997 至 2003 年，調整時期的合作；2003 年至今，民間和政府共同推動的合作。

（一）1980 至 1997 年：民間（市場）為主的深港合作

香港因素是深圳設立和發展的關鍵因素。建市初期，深圳城市規劃和建設體現為「深圳—香港」取向，在深港邊界深圳一側，沒有香港那樣大面積的「禁區」，而是被開發為工業區和商業區，目的是吸引國內外尤其是香港投資。實際情況也是如此，深圳吸引的外資主要來自香港，從 1979 到 1993 年，香港對深圳的實際投資為 38 億美元，平均佔深圳吸引外資的六成以上。港商看好深圳的低地價、工資、成本和特區優惠政策等，利用深港經濟落差，將生產工序轉移到深圳及周邊地區，而將設計、營銷等服務功能留在香港，深港形成「前店後廠」模式。

香港製造業大量內遷，明顯加快了深圳工業化進程，香港則完成了由製造業向服務業的產業轉型。深港以產業轉移和承接為主體的合作，對香港和深圳都產生了重要的影響。香港助推深圳經濟起飛，深圳助推香港轉型。

香港回歸前，港英政府與中國內地極少溝通和合作，深圳也不例外。由於兩地經濟和人員往來日益密切，港英政府也需要和內地政府在一些領域上有所合作，如跨境基建、口岸運作、環保問題、深圳河治理、中英街開發等。因此，此階段深港合作的主要動力來自民間和企業，是基於市場經濟規律的合作，其中港商是重要的主導力量，合作範圍主要是製造業為核心的「前店後廠」合作。

此階段的深港合作基本實現了各自的目標和利益訴求，為日後合作奠定了良好的基礎。更為重要的是，深港合作成為當時的典範和風向標，成為內地改革開放歷程的縮影，對內地開放產生了強大的影響力和輻射力。

當然，正如有分析所指出的那樣，「香港製造業內遷，只是傳統低成本經營策略與密集型生產模式的轉移，沒有產生技術進步、工業升級的積極結果，這就延誤了本應建立在工業升級基礎上的產業轉型，留下泡沫經濟的隱患」[5]。這一隱患，在深港合作的第二階段進一步突顯。

（二）1997 至 2003 年：調整時期的深港合作

1980 年代到 1990 年代初通常被認為是深圳發展的黃金時期，因為深圳得到中央的全力支持。1993 年後，國家對外開放的優惠政策開始向上海和長三角地區傾斜，到1998 年國務院特區辦被撤銷，經濟特區在中國改革開放中的地位下降。深圳更多地需要依靠自身力量來重新定位和發展，進入艱難的調整期。2003 年圍繞「深圳，你將被誰拋棄？」的討論，既是深圳調整期的高潮，也是尾聲。與此同時，香港回歸之時遭遇東亞金融危機的強烈衝擊，整體經濟陷入低迷，2003 年 SARS 危機更沉重打擊了本已屢弱的香港經濟。原以為香港回歸後會如期而至的深港政府間的密切合作並沒有出現；相反，深港政府由於各自面臨挑戰，而將重點放在如何解決各自的問題上。

此階段的深港合作仍然表現為市場導向、民間推動、港資主導等特點。在合作的

推動力與合作主體層面上，主要是民間和企業，由政府主導的合作尚不多見；在合作的內容上，一是局限在以製造業為代表的產業領域，在運行機制上的合作較少；二是局限在部分生產場所、口岸設施和交通、水電等城市基礎設施硬環境方面，城市功能與城市規劃方面的合作較少。

就產業轉移發展規律來看，1990 年代以後，深港合作的現實基礎已經發生變化，深港以「前店後廠」為標誌的垂直分工型經濟合作格局，迫切需要進入新階段。儘管有識之士紛紛提出應利用深港比較優勢大力發展高新技術產業，但由於兩地政府功能存在差異，兩地要素流動存在制約，深港產業合作仍然停留在原來的水平和層次上，未能明顯提升。

此階段深圳經濟仍以較快速度發展，1980 年香港 GDP 是深圳的 500 多倍，2003 年深圳 GDP 已接近香港的四分之一。香港則憑藉自身優勢產業、自由港制度優勢和中央政府的支持，在全球經濟和國家發展中佔有重要的位置。需要指出的是，此階段深圳產業發展表現優異，如高新技術、港口物流、金融服務業等。這些產業有的是香港所缺，如高新技術，有的與香港形成一定的競爭，如港口物流。雙方產業合作呈現由垂直分工轉向水平分工之勢。

（三）2003 年至今：民間和政府共同推動的深港合作

2003 年中央政府與香港簽署 CEPA，是對 WTO 框架下香港與內地的經濟關係作出的制度安排。在此背景下，2004 年深港合作會議首次舉行，兩地政府簽署「1+8」協議（即《深港兩地政府合作備忘錄》及八個相關協議），標誌着深港合作進入新階段：此前由民間（市場）主導的深港合作，正式疊加了政府層面的合作，形成民間和政府雙輪驅動、共同推進深港合作的格局。

深港合作會議機制的設立，標誌着深港合作的常規化、制度化，是推動深港合作的重要平台。深港合作會議基本上每年召開一次，兩地政府就不同領域的合作問題簽署有關協議。據不完全統計，2004 到 2017 年，共舉行 11 次深港合作會議，兩地政府共簽署 46 份協議，內容涉及兩地經濟社會發展的方方面面。

表 1 深港合作會議簽署的協議（2004-2017）

年份	簽署協議
2004	《關於加強深港合作的備忘錄》以及 1.《法律服務合作協議書》 2.《香港工業貿易署 — 深圳市貿易工業局合作協議》 3.《關於投資推廣的合作協議》 4.《關於加強經貿交流與合作協議》 5.《旅遊合作協議》 6.《關於加強深港旅遊市場管理合作協議》 7.《科技交流與服務合作協議》 8.《深圳高新區 — 香港數碼港管理有限公司戰略合作協議書》
2007	《關於近期開展重要基礎設施合作項目協議書》以及 1.《加強深港環保合作協議》 2.《深港加強城市規劃合作協議》 3.《深港加強和促進服務貿易合作備忘錄》 4.《雙方旅遊合作協議》 5.《「深港創新圈互動基地」合作備忘錄》 6.《醫療護理交流合作安排》
2008	1.《落馬洲河套地區綜合研究合作協議書》 2.《教育合作協議》 3.《加強深港清潔生產工作合作協議》 4.《更進一步加強文化合作協議》 5.《雙方旅遊合作協議》
2009	1.《深圳學校試辦港人子弟班合作協議》 2.《2010 年文化及體育交流合作協議》 3.《關於水生動物疫病檢測的合作安排》 4.《深化「深港創新圈」建設合作安排》 5.《旅遊合作協議》 6.《香港大學與深圳出入境檢驗檢疫局深港創新圈創新技術科技合作協議》 7.《香港大學深圳教學醫院合作安排》
2010	1.《公司／企業註冊交流合作協議》 2.《香港和深圳兩地檢測認證交流合作協定》 3.《關於促進港深檢測認證科技創新合作協議》
2011	1.《法律合作安排》 2.《推進落馬洲河套地區共同開發工作的合作協議書》 3.《關於加強進出口食品安全的合作協議》 4.《數值天氣預報技術長期合作協議》
2012	1.《關於共同推進深港青年創新創業基地建設合作協議》 2.《投資促進合作協議》 3.《推廣兩城文化藝術發展合作協議》 4.《關於水生動物疫病檢測的合作安排》

年份	簽署協議
2013	1.《深圳學校開設港籍學生班合作協議》 2.《深圳市前海深港現代服務業合作區管理局與香港科技園公司戰略合作協議》 3.《旅遊合作協議》
2016	1.《在深圳市前海深港現代服務業合作區試行香港工程建設模式合作安排》 2.《香港特別行政區政府與深圳市人民政府關於促進創意產業合作的協議》 3.《深圳出入境檢驗檢疫局與香港特別行政區政府漁農自然護理署關於水生動物疫病檢測的合作安排》
2017	《關於港深推進落馬洲河套地區共同發展的合作備忘錄》

資料來源：香港特區政府政制及內地事務局網站，http//www.cmab.gov.hk/tc/issues/regional_cooperation_2.htm

（最後訪問日期：2018 年 4 月 2 日）。

此階段的深港合作，是全方位多層次的合作，是在產業、社會、民生、生態、公共服務、城市管理等層面不斷擴展和深化的合作，是在「一國兩制」框架下共同發展、協同發展的合作，增加了政府層面的深港合作最大的優勢，有助於全方位整合各方面的資源，推動深港合作更快更好地發展。

三、現實發展：深港合作全方位多層次展開

經過 40 年的合作發展，深港已經形成你中有我、我中有你、密不可分、彼此交融的關係，其現實表現遠比數據和案例更加具體生動。特別是近 20 年，深港在政府協調、產業連接、創新聯動、公共服務共建、文化交流、跨境生活、跨境婚姻、青年創業就業等領域的合作與交融，其豐富性和多樣性超乎想像。

表 2　深港合作部分突破性事件或政策（2003-2017）

年份	合作領域	突破性事件（政策）
2003	口岸旅檢	1 月 27 日零時，皇崗口岸施行旅檢通道 24 小時通關。
2007	科技創新	5 月 21 日，深港簽署「深港創新圈」合作協議。
2007	通關模式	7 月 1 日，深圳灣口岸正式開通，實行「一地兩檢」。
	發展願景	深港就共建「港深大都會」達成共識。
2009	人員往來	9 月，深圳戶籍居民赴港實行「一簽多行」（辦理一次簽證即可在一年內多次往返，2015 年改為「一週一行」）。
2010	現代服務業	8 月，國務院正式批覆《前海深港現代服務業合作區總體發展規劃》。
2010	公共服務	7 月，深圳地鐵 4 號綫即福田口岸—清湖段，交予港鐵公司附屬公司港鐵軌道交通（深圳）有限公司營運。
2012	醫療	由深圳市政府全額投資、引進香港大學管理模式的大型綜合性公立醫院——香港大學深圳醫院正式運營。
2014	教育	香港中文大學與深圳市政府共同籌建的香港中文大學（深圳）開始招生。
2016	資本市場	12 月 5 日，「深港股票市場交易互聯互通機制」（簡稱「深港通」）正式啟動。
2017	區域開發	1 月，深港政府簽署《關於港深推進落馬洲河套地區共同發展的合作備忘錄》，共建「港深創新及科技園」。

資料來源：根據公開資料綜合整理。

　　以下撮其要者，簡述深港合作在不同領域的創新與突破，以描述深港合作全方位拓展、多層次深化的發展格局。

（一）河套地區開發與「深港科技創新合作區」建設

　　落馬洲河套地區（簡稱「河套地區」）位於深港邊界，原屬深圳，1997 年深圳河治理工程完成後納入香港行政區域。特區政府 2007 年施政報告曾將河套地區發展列為促進經濟增長的 10 大基礎設施項目之一。兩地政府於 2007 年底成立深港邊界區發展聯合專責小組，2008 年簽訂《落馬洲河套地區綜合研究合作協議書》，2009 年啟動《落馬洲河套地區發展規劃及工程研究》，2011 年簽署《推進落馬洲河套地區共同開

發工作的合作協議書》，2013 年特區政府發佈河套地區發展規劃及工程研究結果。

2017 年初，深港政府簽署《關於港深推進落馬洲河套地區共同發展的合作備忘錄》，一攬子解決了河套地區及相關地塊的業權問題，以及河套及周邊區域的開發建設、功能定位、合作體制機制等問題。其中河套地區被命名為「港深創新及科技園」，深圳側約三平方公里被命名為「深方科創園區」，「港深創新及科技園」+「深方科創園區」構成約四平方公里的「深港科技創新合作區」。河套地區進入實質性開發建設階段。

在粵港澳大灣區框架下，河套地區不僅是深港、粵港合作的重要平台，更在支持香港融入國家發展大局方面具有特殊功能。特殊功能源於以下獨特性：一是地理位置。河套地區地處內地與香港交界地帶，較之前海更有利於探索香港與內地互利合作的方式和路徑。二是管理體制。香港科技園公司將成立一家全資擁有的附屬公司專責此事，深港各自提名董事，共同參與「港深創新及科技園」的發展。三是功能定位。重點發展創新及科技，既與國家創新驅動發展戰略一致，又是香港的迫切需求，深港合作也有更大空間。在一定意義上，河套地區是探索「一國兩制」下香港融入國家發展大局、推進內地與香港互利合作的最佳平台。

（二）「深港創新圈」與深港科技創新合作

「深港創新圈」2005 年由深圳首次提出，2006 年寫入深圳市委市政府一號文件，2007 年深港簽署《「深港創新圈」合作協議》。在國家層面，《「深港創新圈」合作協議》被納入「內地與香港科技合作委員會」合作框架之下。

深港創新圈的基本定位是以科技合作為核心、以政府為主導、民間為基礎、市場為準則，以邊界地區為紐帶，以港北教育研發集群及深南產業集群為主軸，以珠三角為縱深，全面推進和加強深港科技、經濟、教育、商貿等領域的廣泛合作，加快建設在國際上有較大影響、在國家戰略中有重要地位、對區域發展有突出貢獻、創新資源最為集中、創新活動最為活躍的「半小時深港創新圈」，改革創新「新坐標」和泛珠三角地區經濟共同體。目標是使深港創新圈在國際上有較大影響，在國家戰略中有重

要地位，對區域發展有突出貢獻。

就過去 10 多年的發展現狀而言，「深港創新圈」呈泛化之勢，已經不受空間的制約，延伸到各個領域。在深港公司之間、大學之間、大學與公司之間、風險投資與科技發明之間、創新概念與產品化之間，深港合作極為活躍，既依託利用現有創新平台，又搶抓新的平台和機遇，特別是形成了「深圳＋香港＋矽谷」的跨境創新鏈條，深港科技創新合作日益高端化和國際化。

（三）前海與深港現代服務業合作

2010 年，《前海深港現代服務業合作區總體發展規劃》獲批。2014 年底，深圳發佈《前海深港現代服務業合作區促進深港合作工作方案》，前海深港合作全面展開。前海開發的核心和重點之一，是「支持香港擴大發展空間，促進香港結構優化」，最大限度複製香港的經濟產業、商事法律、知識產權保護等制度，規避香港的高地價和高營商成本，打造一個科技和創新活動高度聚集、產業創新和知識創新有機協同、中小企業和高端人才創新創業活躍的改進版的優良環境。較之於香港，前海的價值在於制度創新（與香港趨同）和成本優勢的有機結合。前海是香港撬動產業結構調整的重要槓桿和試驗場，是香港優化過於單一、板結、虛擬化和金融化的產業結構的重要契機。

前海深港合作工作方案中處處可見香港的深度介入乃至主導。為了編制該方案，前海管理局在特區政府總部專門舉辦了三場說明會，徵求了特區政府九個部門和法定機構的意見，聽取了香港法律界、金融界、行業協會和相關智庫的建議，特區政府對方案進行了逐條研究並提出修改意見，這些意見全部被吸收採納，可見深圳之誠意。香港方面，2014 年 7 月，時任政務司司長林鄭月娥考察前海，11 月時任特首梁振英出席「前海深港青年夢工場」開園儀式並於 12 月首次正式考察前海，對前海發展也高度重視。

2015 年，廣東自貿試驗區前海蛇口片區掛牌，面積由 15 平方公里擴展到 28 平方公里，目前正在積極爭取國家支持，率先建設貿易自由港。屆時，前海深港現代服務

業合作將進一步拓展和深化。

（四）深港通與深港金融業合作

2016 年，深港通正式開通，深港金融合作實現重大突破。在國家發展戰略上，滬港通和深港通都是推進中國資本市場國際化和人民幣國際化的重要策略和手段，其主要目標之一是構建與中國經濟地位相匹配的資本市場體系和貨幣體系，提升中國在全球競爭中的話語權。深港通是深圳開放型經濟的重要組成部分，也是深港金融合作的重點，深港金融合作水平和深圳資本市場國際化水平的提高，是服務和支持「一帶一路」建設的重要支撐。

深港通加大了海外資金流入 A 股的效應，深港資本市場的互補性擴大了 A 股和 H 股投資的選擇範圍。在流動性、估值體系等各個方面，均有利於深港資本市場的長期發展。深港通中的港股變成以人民幣計價的股票，將促進離岸人民幣產品的推出和人民幣國際化的步伐。此外，深圳與香港市場互聯互通是實現粵港服務貿易自由化的重要組成部分，國內市場與國際市場的深度融合，將提升開放型經濟的層次和水平，既有利於提升香港作為離岸人民幣和國際金融中心的功能，也有利於促進內地實體經濟的發展。因此，深港通意義重大。

（五）香港中文大學（深圳）和香港大學深圳醫院

2010 年，香港中文大學與深圳市政府簽訂教育合作備忘錄，籌建香港中文大學（深圳）。香港中文大學（深圳）位於龍崗區，總用地面積約 1,500 畝，擬建校舍面積約為 45 萬平方米，由香港中文大學和深圳大學合作創辦。學生以普通本科為主，前期先開設理科、工科和經濟管理類專業，後期陸續開設人文、社科、法律等相關專業。初期招生 7,000 人，最終招生規模將達到 1.1 萬人。以內地優質生源為主，其中三成招收深圳生源，2014 年開始招生。香港中文大學（深圳）將培養深港所需人才，強化深港產業互補及合作，通過提升創新科技及人才培育，促進深港經濟多元性發

展，提升競爭力。

　　香港大學深圳醫院是由深圳市政府全額投資、引進香港大學現代化管理模式的大型綜合性公立醫院。醫院總投資約 35 億元，佔地面積 19.2 萬平方米，總建築面積 36.7 萬平方米。醫院全部投入使用後，床位 2,000 張，日門診量 8,000 至 10,000 人次，借鑒、引進國際一流的先進醫院管理經驗和醫療技術，通過體制機制改革創新和資源互補整合，探索公立醫院管理新模式，為深圳市乃至全國公立醫院管理體制機制改革提供有益的經驗。2012 年 10 月，香港大學深圳醫院正式運營，將逐步開設 20 個診療中心、12 個醫技中心，並引進香港大學器官移植、腫瘤綜合治療、骨科與創傷、生殖醫學及產前診斷、心血管等五大優勢醫療專科，建設成為集醫、教、研於一體的現代化、數字化、綜合性公立醫院。目前，香港長者可以在香港大學深圳醫院使用長者醫療券。

　　香港中文大學（深圳）和香港大學深圳醫院既是深港教育、醫療事業的合作，也是教育、醫療產業的合作，既是經濟合作也是社會合作，其所帶來的效應具有綜合性和外溢性。一方面可以彌補深圳高等教育尤其是本科教育、醫療資源尤其是高端醫療資源的不足，另一方面可以帶動深圳相關研發尤其是源頭研發水平的提升，進而成為提升深港合作的重要載體。

（六）新口岸建設與通關便利化

　　2006 年，深港政府啟動《深港興建蓮塘／香園圍口岸前期規劃研究》，探討在蓮塘／香園圍興建新口岸的需求、功能及效益。2008 年兩地政府決定興建新口岸，預計 2018 年落成。深港陸路口岸將增加到七個。新口岸將使香港與內地的交通接駁更加平衡，有助於香港新界東部跨界交通分流，能夠改善新界東部口岸的整體運作效率、通行能力及服務質素，能為規劃開發中的坪輋／打鼓嶺新發展區提供便捷的交通聯繫，也能緩解皇崗口岸跨境貨車對深圳中心區交通造成的壓力。新口岸直接接駁深圳高速公路東部過境通道，經深惠高速及深汕高速直達廣東東部（汕頭、汕尾、潮州、揭陽等）和鄰近省份（福建、江西等），有助於促進深港及粵東地區的發展，擴大深港的

經濟腹地，具有戰略性意義。

通關便利化方面，一是硬件設施建設不斷推進。通過推進口岸場地設施改造，口岸通關能力明顯提升。如皇崗口岸旅檢出境場地實施改造工程，旅客出境查驗通道增加到 50 條，小客車出境通道增加到 10 條；深圳灣口岸旅檢大樓分層使用改造工程實現了旅客出入境場地的分離，出入境旅檢通道增加到 102 條。二是技術應用水平逐步提升。旅客自助查驗通道的數量持續增長，邊檢「快捷通」系統升級改造，以及電子往來港澳通行證的試點啟用，使口岸旅客查驗速度實現大幅提升。深港陸路口岸共設置邊檢自助查驗通道 258 條，接近旅客查驗通道總數的 50%。三是交通配套有所提升。羅湖口岸擁有地鐵、的士與巴士等交通接駁方式，其巴士基本可覆蓋深圳特區各地。皇崗口岸交通接駁以的士和巴士為主，周邊路網完善，香港貨車大多選擇皇崗口岸過關。福田口岸除了巴士和的士，還與地鐵相銜接，是人員過境較多選擇的口岸。

四、2050 展望：國家發展戰略下的深港協同

中共十九大報告就全面建設社會主義現代化國家進行了部署。具體為兩個發展階段：第一個階段，從 2020 到 2035 年，在全面建成小康社會的基礎上，再奮鬥 15 年，基本實現社會主義現代化；第二個階段，從 2035 年到本世紀中葉即 2050 年，在基本實現現代化的基礎上，再奮鬥 15 年，建成富強民主文明和諧美麗的社會主義現代化強國。展望未來，深圳將在多個重要領域繼續承擔為國家發展探路的歷史使命，香港則需要融入國家發展大局。在國家發展戰略下，深港合作應升級為深港協同，即攜手參與落實國家戰略。具體而言就是推進粵港澳大灣區框架下、「一帶一路」建設下、創新型國家建設下的深港協同。

（一）粵港澳大灣區框架下的深港協同

粵港澳大灣區框架下的深港協同，主要是深港聯手打造成為粵港澳大灣區發展的動力引擎。深圳現在處於產業鏈向外擴展階段，有較強的外溢效應，需要與香港的金融和現代服務業有機結合。深圳的外溢功能（產業鏈擴展）＋香港的輻射功能（金融投資），深圳的內向拓展（內地市場）＋香港的外向跳板（國際網絡），可形成帶動功能。深圳製造（高新技術產業）＋香港服務（工商業支援服務），深圳創新（催生新產業的平台）＋香港研發（發明及知識產權保護），可形成輻射效應。這是打造粵港澳大灣區引擎的核心內涵。

深圳和香港應「彼此利用，協作共贏」。深圳應推動實體企業進入香港，藉香港之利提升發展水平，拓展市場，探索「深港＋N」合作模式，聯手香港走向國際，藉助香港的吸引力，吸引國際高端資源，推進有利於深港的合作項目。香港應將香港創新及科技發展與深圳的產業資源特別是製造業對接；構建粵港澳大灣區下以深港為主體的開放型科技創新體系，佈局開放式「工業4.0」；以深圳為主要對象，探索如何將香港自由經濟和法治社會的制度優勢轉化為競爭優勢。

強化粵港澳大灣區框架下的深港協同，需要進一步促進要素跨境流動的寬鬆與彈性調整，包括「一週一行」政策調整，口岸通關查驗簡化，通關自助化水平提升，特殊物流的徵稅調整等；進一步促進城市及社會管理方面的協作交融，如聘用港人參與深圳城市規劃管理（比如水務），拓展與香港公營機構及行業協會的合作，強化教育醫療領域合作等；率先探索落實港澳居民的同等待遇；重點關注一般居民在就業、稅收、社會福利、購房等同等待遇。

（二）「一帶一路」建設下的深港協同

粵港澳大灣區是「一帶一路」尤其是「海上絲綢之路」的重要樞紐和戰略支點。「亞洲的地理形狀可比喻為一個大漏斗，粵港樞紐處於中間位置，漏斗上方是內地、日本、南韓，下方是東盟和印度，因此，對整個亞洲而言，粵港是溝通亞洲上下的橋

樑，貫通亞洲南北的大樞紐，香港倘繼續完善與廣東的基建對接，打通信息流、人流、物流和資金流，其樞紐角色將舉足輕重，位置難以取代。」[6] 有效整合深港經濟產業實力和航空海運資源、香港的國際網絡和海外人脈，將對東南亞國家形成強大的發展外溢效應和經濟輻射功能，是「一帶一路」建設下深港協同的重心所在。

一是共建資本輸出服務基地。利用人民幣加入 SDR 和人民幣國際化步伐加快的機遇，深港協同打造內地資本「走出去」平台，引進國內銀行、投資機構、跨國企業在深圳設立「走出去」功能性總部、區域總部，利用香港作為內地資本輸出中轉樞紐的有利條件，形成深港「一內一外」相互補充的服務基地。

二是打造國際併購服務中心。加強深港投資銀行業合作，引進優秀投行團隊，完善專業服務配套，為內地企業「走出去」跨境併購提供財務顧問、交易撮合、併購融資、風險管理等全方位的投資銀行服務，建設深港國際性跨境併購服務中心，助力內地優秀企業進行全球性資源配置和行業整合，提升企業海外併購成功率和國際市場競爭力，為國際企業進入中國市場進行跨境併購提供服務。

三是攜手參與「海上絲綢之路」建設。深港協同打造四大國際產業板塊。一是金融服務板塊。深港聯合成立海絲投資基金公司、基礎設施投資銀行等，支持開展政治風險保險及再保險產品試點，創新發展出口信用保險等面向「海絲」沿綫國家的海外保險產品；二是貿易服務板塊。引進香港主要商會在深圳成立辦事處，為深圳及大灣區企業提供國際工商業信息和推廣貿易服務；支持香港服務提供者在深圳設立代理機構，為深圳及大灣區企業品牌化發展提供專業化服務；三是物流服務板塊。促進兩地供應鏈管理企業建立戰略聯盟關係，成立「海絲」供應鏈管理服務企業，為深圳及大灣區進出口商品貿易提供支撐；四是通訊服務板塊。鼓勵深港企業聯合成立「海絲」信息通訊公司，整合香港服務優勢和深圳技術優勢，共同開拓「海絲」市場。

（三）創新型國家建設下的深港協同

中共十九大報告提出，到 2035 年，中國要「躋身創新型國家前列」。創新型國家建設下的深港協同，就是共建大灣區科技創新中心。

深圳是國家創新型城市和國家自主創新示範區，全社會研發投入佔 GDP 的 4%以上，擁有包括國家超級計算深圳中心、大亞灣中微子實驗室、國家基因庫、綜合幹細胞庫等 1,300 多家創新載體（國家省市重點實驗室、工程實驗室、工程〔技術〕研究中心和企業技術中心）及 70 多家新型研發機構；掌握了包括中微子「第三種振盪」、超材料、基因測序、互聯網、3D 顯示、柔性顯示、新能源汽車、無人機、無人駕駛等諸多領先世界的核心關鍵技術；集聚了一批國際高端科技創新人才，引進了多所優質高等院校；吸引了微軟、英特爾、甲骨文和三星等跨國公司研發中心進駐。深圳已經形成了由創業板、產學研資聯盟、專利聯盟、國家技術轉移南方中心、高交會、IT 領袖峰會、BT 領袖峰會等構成的充滿活力的全方位開放式創新生態系統，這是深圳的核心競爭力所在。

　　香港擁有 16 個國家重點實驗室夥伴實驗室和六個國家工程技術研究中心分中心，五所排名世界百強的大學，以及香港科技大學 — 麻省理工學院研究聯盟、瑞典卡羅琳醫學院香港分支、麻省理工學院香港創新中心等一批國際化的重點科技項目。更重要的是，香港發達的科技創新服務體系，包括完善的法制和知識產權保護制度、發達的金融資本市場、自由的信息與貨幣流通，能夠吸引國際高端科技創新人才、資本、技術等要素集聚，都是打造粵港澳大灣區綜合性國家科學中心獨特、寶貴的資源和強有力的支撐。

　　在科技創新領域，香港研發和深圳產業彼此交融滲透的深度和廣度遠遠超出想像。就科技創新而言，深港已經形成「你中有我，我中有你」一體化發展格局。這是打造粵港澳大灣區科技創新中心的核心動力所在。

五、推進深港協同能力和協同體系建設

綜上所述，深港合作已經從製造業擴展到服務業，進而從經濟領域擴展到社會民生、公共服務和生態領域；由市場合作為主轉為市場和政府雙輪推動，由自發性合作轉變為制度性合作。因應這一趨勢，深港合作調整提升的方向，是強化深港協同，打造深港合作「升級版」。展望未來，深港協同面臨國際政治經濟格局複雜多變、國家發展進入新時代的外部環境，面臨香港內部政治經濟社會關係失衡引發的波動、深圳轉型升級處於關鍵階段的內部環境。諸多挑戰和機遇，要求必須推進深港協同能力和協同體系建設。

（一）提升深港協同能力

深港協同之路是漸進推進之路，從產業到經濟、從經濟到社會、從社會到文化；從簡單到複雜、從硬件到軟件、從政策到制度，均呈先易後難、循序漸進的特點。在不同階段，需要相應的協同能力與之相匹配。從政府和市場的功能看，儘管市場配置資源的決定性作用在深港兩地的表現有所不同，但都需要通過政府功能的調整和發揮，或有效激活市場，或彌補市場失靈。因此提高深港兩地政府、公營機構、行業協會及 NGO 組織之間的協同能力最為迫切。而協同能力的提升需要兼顧價值理性和工具理性，並非簡單的技術性問題，合作態度的端正和矯正、合作的平等和尊重、合作的信任和共識、合作的共同利益及共享機制等等，都是協同能力的重要組成部分，甚至某種程度上是決定性因素。深港協同能力和水平的高度，決定着深港協同的過程和結果。

（二）完善深港協同體系

深港協同體系是由若干平台組成的一個整體。大體上由五個方面組成：一是戰略平台。包括國家編制的國民經濟和社會發展五年規劃綱要，國家有關部門頒佈的國家級區域戰略規劃，彰顯的是深港協同的國家戰略層面的特點和屬性；二是政策平台。包括 CEPA 及其補充協議，尤其是 CEPA 對深港合作事務的特殊政策安排，國家層面對深港協同（比如金融）的安排等；三是創新平台。主要體現在河套地區的開發建設，前海深港現代服務業合作區及前海蛇口自貿試驗片區的制度、政策和管理體制機制創新，「深港創新圈」推進及「穗深港澳科技創新走廊」的建設；四是決策平台。包括深港合作會議和粵港合作聯席會議，有關深港合作事項可根據重要程度由上述兩種會議進行決策；五是操作平台。包括深港合作專責小組的執行功能和粵港合作框架協議的監督考核功能等。完善深港協同體系，就是將上述單獨的平台，整合升級為平台體系，形成合力，提升深港協同水平。

本章作者：張玉閣

中國（深圳）綜合開發研究院港澳經濟社會研究中心主任

注釋

1　1994 年，深圳市社科研究中心（深圳市社會科學院的前身）與有關機構共同發起為期一年的「九七深港銜接徵文」系列學術活動，並在香港舉辦「九七深港銜接」研討會；1995 年 10 月，深圳市市長李子彬指示市政府有關部門組織力量研究深港經濟銜接方案，市委研究室和市政府辦公廳提交 A 方案，中國（深圳）綜合開發研究院提交 B 方案。1996 年，B 方案以馬洪先生主編的《深港銜接，共創繁榮》為書名公開出版。內地在回歸前提出很多不同的深港合作模式，但香港沒有響應，是因為當時與內地合作的議題比較敏感。

2　2017 年 5 月，筆者拜訪居住在舊金山的吳家瑋先生，吳先生說他不僅提出這個概念，還到處宣講，並在香港報紙上寫過幾篇短文推動，但香港反應不強烈，深圳反而很有興趣，把它叫做「深港灣區」。1990 年代後期，吳先生與深圳市幾位老領導在全國政協提案，主張以深港為核心推動港澳珠三角區域發展。

3   轉引自鍾堅：《世界經濟特區發展模式研究》，北京：中國經濟出版社 2006 年版，第 151 頁。

4   〈港科大校長吳家瑋在深演講「深港灣區」大有可為〉，《香港商報》2000 年 9 月 3 日，A4 版。

5   莫世祥：〈深港合作的回顧與前瞻〉，《深圳大學學報》（人文社會科學版）1999 年第 3 期。

6   本刊編輯部：〈城市單打獨鬥的時代已經過去 —— 訪馮國經〉，《中國經濟》2010 年第 2 期。

第四章

滬港合作

滬港人文相親，經濟相融，合作交流源遠流長，但由於歷史原因直至上世紀70年代末中國實施改革開放以後，滬港合作才進入歷史最佳時期。2001年中國入世及2003年CEPA框架下滬港經貿合作會議機制的建立，使兩地經濟合作邁上了一個新台階，其特徵之一，是兩地經濟合作由原來的製造業為主轉向以服務業為主，即服務業向香港開放，其二是兩地合作由原來的民間和企業推動轉向政府層面。這是一個歷史性的跨越，不僅使兩地經濟合作得以在一個更高的平台上向縱深推進，而且使兩地經濟優勢與合作潛力得到了空前的釋放。2015年在上海舉行的第三次滬港經貿合作會議又確定將該機制提升為「滬港合作會議」機制，從而將兩地合作推向了全方位、寬領域的新階段。這不僅是兩地經濟發展的內在需要，也是適應經濟全球化、區域化迅猛發展的需要，更是服務國家發展大局的需要。改革開放40年滬港經濟關係發展的進程表明：香港不僅是上海改革開放最直接的推動者、示範者、參與者，也是最大的受益者。香港資金的大量湧入既緩解了上海現代化建設的資金短缺問題，更帶來了許多當今世界先進的經濟觀念與管理理念，為上海率先建立社會主義市場經濟體制提供了有益的經驗，為上海更好地擴大開放、融入世界起到了極大的促進作用。毋庸置疑，改革開放40年滬港經濟合作成效顯著，有目共睹。展望未來，隨着中國經濟不斷崛起、國際地位日益提高，以及香港與內地經濟的融合發展，滬港兩地將在更廣領域、更高層次上展開合作，並以兩地合作形成的合力在服務國家大局的發展中再創輝煌。

一、滬港經濟合作的現狀與特點

被譽為中國兩顆「東方明珠」的上海和香港，是中國的兩大經濟、金融和貿易中心，也是近 20 年西太平洋沿岸兩個最亮的經濟增長點。在漫長的歷史長河中，經過幾代中國人的艱苦奮鬥、辛勤開拓和流血犧牲，這兩座歷史悠久並具有燦爛文明的城市，已從昔日沿海的小漁村逐漸發展成為當今世界高度發達的經濟中心城市。上海、香港兩地經濟的發展固然有其自身的軌跡，但經濟往來卻是推動兩地經濟發展的重要動力。自 19 世紀中葉起，上海與香港幾乎同時向西方國家開放，由於它們具備類似的地理優勢、豐富的人力資源，以及自然資源缺乏等相同的不利條件，上海和香港的加工工業都較為發達。此外，作為主要對外口岸，兩地的對外貿易、金融業發展亦較快。到 20 世紀 30 年代，上海已成為遠東國際經貿中心，香港也以轉口貿易及金融業發展迅速而聞名於世。

然而，由於歷史的原因，在 20 世紀 80 年代之前的 30 年時間裏，兩地經濟關係的發展十分緩慢。1978 年中國實施對內改革對外開放的政策以後，滬港兩地的經濟關係從此進入了一個全新的發展時期。改革開放 40 年來，滬港經濟合作無論是深度還是廣度，都已達到了前所未有的水平，並在規模、領域以及層次、方式上，都呈現出新的特點。

（一）兩地經貿往來頻密，成效顯著

1. 香港是上海最大的投資者

改革開放 40 年來，香港一直是上海外商投資最大來源地，投資規模約佔上海吸引外資的 50% 左右，成為上海經濟發展最直接的推動者。應該指出的是，20 世紀 90 年代初，上海吸引外資的單個項目平均資金規模僅為 236 萬美元，香港平均投資規模

為 139 萬美元。但 1992 年鄧小平南方談話以後，香港對上海單個項目的投資規模有了突破性的進展，到 1996 年底，港商在滬投資額超過 1,000 萬美元的大項目就有 400 多個，並出現了由李嘉誠先生投資總額超過 5 億美元的特大項目。與此同時，香港的大商人、大公司、大財團也開始紛紛登陸滬上。[1] 截至 2016 年，香港累計在滬投資項目 28,428 個，佔總數的 32.5%；合同外資 1,950.3 億美元，佔總金額的 50.8%；實到金額 855.66 億美元，佔總金額的 41.5%[2]（見表 1）。

表 1　香港對上海的直接投資（1981-2016）

年份	合同項目（個）			合同金額（億美元）			實到金額（億美元）		
	上海總數	香港	佔比(%)	上海總額	香港	佔比(%)	上海總額	香港	佔比(%)
1981-1985	151	78	51.7	12.14	2.78	22.9	1.08	0.23	21.3
1986	62	17	27.4	2.97	0.20	6.7	0.98	0.29	29.6
1987	76	35	46.1	2.47	1.22	49.4	2.12	0.28	13.2
1988	219	129	58.9	3.33	0.99	29.7	3.64	0.93	25.5
1989	199	105	52.8	3.59	1.11	30.9	4.22	1.72	40.8
1990	201	83	41.3	3.75	1.11	29.6	1.77	0.40	22.6
1991	365	171	46.8	4.50	1.28	28.4	1.75	0.47	26.9
1992	2,012	1,036	51.5	33.57	17.65	52.6	12.59	7.25	57.6
1993	3,650	1,718	47.1	70.16	43.38	61.8	23.18	9.25	39.9
1994	3,802	1,574	41.4	100.26	63.08	62.9	32.31	16.76	51.9
1995	2,845	990	34.8	105.40	36.47	34.6	32.50	18.44	56.7
1996	2,106	643	30.5	110.68	38.61	34.9	47.16	22.32	47.3
1997	1,807	526	29.1	53.20	13.24	24.9	48.08	17.56	36.5
1998	1,490	356	23.9	58.48	7.68	13.1	36.38	10.26	28.2
1999	1,472	347	23.6	41.04	10.72	26.1	30.48	11.74	38.5
2000	1,814	419	23.1	63.90	9.44	14.8	31.60	7.86	24.9

年份	合同項目（個）			合同金額（億美元）			實到金額（億美元）		
	上海總數	香港	佔比（%）	上海總額	香港	佔比（%）	上海總額	香港	佔比（%）
2001	2,458	479	19.5	73.73	7.75	10.5	43.91	11.59	26.4
2002	3,012	619	20.6	105.76	16.81	15.9	50.30	12.22	24.3
2003	4,321	864	20.0	110.64	20.28	18.3	58.50	14.96	25.6
2004	4,334	884	20.4	116.91	24.48	20.9	65.41	16.37	25.0
2005	4,091	916	22.4	138.33	31.00	22.4	68.50	8.74	12.8
2006	4,061	919	22.6	145.74	35.39	24.3	71.07	13.53	19.0
2007	4,206	1,141	27.1	148.69	55.07	37.0	79.20	19.74	24.9
2008	3,748	1,267	33.8	171.12	136.74	79.9	100.84	31.00	30.7
2009	3,090	1,122	36.3	133.01	74.84	56.3	105.38	39.55	37.5
2010	3,906	1,335	34.2	153.07	68.08	44.5	111.21	46.35	41.7
2011	4,329	1,448	33.4	201.03	86.01	42.8	126.01	56.44	44.8
2012	4,043	1,436	35.5	223.38	120.65	54.0	151.85	68.43	45.1
2013	3,842	1,550	40.3	246.30	153.16	61.4	167.80	83.52	49.8
2014	4,697	1,808	38.5	316.09	198.51	62.8	181.66	115.79	63.7
2015	6,007	2,589	43.1	589.43	409.36	69.5	184.59	112.95	61.2
2016	5,153	1,863	36.2	509.78	376.14	73.8	185.14	107.35	58.0

資料來源：根據《上海統計年鑒》（1998-2017）、《滬港經濟年報》（1998-2006）數據編制。

2. 香港成為上海企業走出去的重要「窗口」

在香港繼續增加對滬投資的同時，上海的一批大型骨幹企業也直接進入香港市場，對穩定和繁榮香港經濟起着積極作用。近年來，上海對香港投資高速發展，投資規模屢創新高，主要投資領域是批發和零售、租賃和商務服務業、信息傳輸、計算機服務和軟件業等服務業領域。上海企業對香港投資，除看中香港的自由港和國際金融、貿易中心地位外，近年來還把設計研發的觸角伸到了香港，如上海建材集團在香

港投資研發中高檔汽車安全玻璃、上海交通大學慧谷公司在香港設立軟件開發公司、上海復星集團在香港設立中西藥物研發中心等。截至 2016 年，上海累計對香港投資項目 1,727 個，中方投資金額 318.9 億美元。[3]（見表 2）

表 2　上海對香港的直接投資（2012-2016）

年份	投資項目（個）	中方投資額（億美元）	佔全市對外投資比重（%）
2012	105	20.8	70
2013	157	26.5	73
2014	192	43.0	41
2015	509	101.9	25
2016	521	86.0	23

資料來源：《攜手並進 合作共贏 再譜新篇（香港回歸 20 年滬港合作成果展）》，2017 年 9 月，
上海市人民政府港澳事務辦公室、香港特區政府駐上海經濟貿易辦事處製作。

3. 兩地貿易持續穩定增長

貿易往來一直是滬港兩地合作的基礎和主要形式，尤其是自 20 世紀 90 年代以來，兩地貿易往來一直以兩位數增長，且貿易規模不斷增大。1997 年儘管受亞洲金融危機影響，兩地貿易一度出現負增長，但隨着香港經濟的復甦，以及上海經濟的進一步發展，1988 至 1997 年，上海對香港的進出口貿易年均增長 13.1%。進入新世紀以來，在中央政府的全力支持下，通過實施內地赴港「個人遊」以及 CEPA 等措施，香港經濟從 2003 年開始出現轉機，滬港兩地貿易又出現快速增長的態勢。2003 至 2007 年，兩地貿易獲得了年均 21.1% 的高增長。儘管受美國金融危機影響，2008 至 2009 年出現了負增長，但 2010 年又進入增長軌道，2010 至 2014 年年均增長 11.46%。與此同時，1989 年，滬港進出口貿易總額比 1979 年增長了 2.5 倍。進入 20 世紀 90 年代尤其是進入 21 世紀後，兩地貿易規模不斷增大（見表 3）。兩地貿易總額從 1988 年的 14.63 億美元增加到 2016 年的 222.26 億美元，增長了六倍。目前，滬港兩地的貿易總額已超過中國香港與英國的雙邊貿易規模。

表 3　上海對香港的貿易（1978-2016）　　　　　　　　　　　　　　　　　（億美元）

年份	貿易總額	增率（%）	出口總額	增率（%）	進口總額	增率（%）
1978	5.82	—	5.8	—	0.02	—
1979	6.67	14.6	6.58	13.5	0.09	350.0
1980	8.30	24.4	8.01	21.7	0.29	222.2
1981	8.21	-1.1	7.60	-5.1	0.61	110.3
1982	6.83	-16.8	6.49	-14.3	0.34	-44.3
1983	8.03	17.6	7.39	13.9	0.64	88.2
1984	8.39	4.5	6.89	-6.8	1.50	134.4
1985	9.56	14.0	5.85	-15.1	3.71	147.3
1986	9.68	1.3	6.67	14.0	3.01	-18.9
1987	12.25	26.6	8.02	20.2	4.23	40.5
1988	14.63	19.4	7.85	-2.1	6.78	60.3
1989	15.75	7.7	8.91	13.5	6.84	0.9
1990	15.60	-1.0	10.30	15.6	5.30	-22.5
1991	16.53	6.0	10.78	4.7	5.75	8.5
1992	18.97	14.8	11.60	7.6	7.37	28.2
1993	23.60	24.4	14.04	21.0	9.56	29.7
1994	37.29	58.0	20.13	43.4	17.16	79.5
1995	35.21	-5.6	23.26	15.6	11.95	-30.4
1996	36.36	3.3	24.13	3.7	12.23	2.3
1997	36.61	3.9	22.95	-4.9	13.66	11.7
1998	25.97	-41	20.50	-10.7	5.47	-60
1999	28.82	-11	19.09	-6.9	9.73	77.9
2000	39.70	38.7	23.02	20.6	16.68	71.4
2001	42.49	7.0	26.22	13.9	16.27	-2.5
2002	48.48	12.4	31.19	15.9	17.29	6.3

年份	貿易總額	增率（%）	出口總額	增率（%）	進口總額	增率（%）
2003	60.92	20.4	45.26	31.1	15.66	-9.0
2004	80.82	24.6	69.20	34.6	11.62	-25.8
2005	96.99	20.0	85.66	23.8	11.33	-2.5
2006	110.65	14.1	102.02	19.1	8.63	-23.8
2007	139.69	26.2	125.08	22.6	14.61	69.2
2008	137.90	-1.3	125.72	0.5	12.18	-20.0
2009	119.77	-15.1	109.86	-14.4	9.91	-22.9
2010	146.70	18.4	134.09	18.1	12.61	21.4
2011	171.93	14.7	161.46	17.0	10.47	-20.7
2012	168.23	-2.2	159.69	-1.1	8.54	-22.6
2013	174.94	3.8	167.70	5.0	7.24	-18.0
2014	192.55	10.1	184.65	10.1	7.90	8.4
2015	214.69	10.3	193.43	4.8	21.26	62.8
2016	222.26	3.4	181.40	-0.6	40.86	48.0

資料來源：根據《上海統計年鑒》（1998-2017）數據編制。

（二）積極貫徹落實 CEPA 協議，全力推進滬港服務業合作

為更好地把握及應對中國入世給香港帶來的諸多機遇和挑戰，使香港經濟能夠儘快地走出困境，重新躍入經濟增長的良性發展軌道，從而繼續保持與強化中國入世後香港在內地經濟發展中的競爭優勢和橋樑作用，中央政府與香港特區政府經過一年多的反覆研究，於 2003 年 6 月正式簽署了《內地與香港關於建立更緊密經貿關係的安排》（CEPA），確定了兩地在貨物貿易、服務貿易和貿易投資便利化三大領域的開放措施和實施目標，其中尤以服務貿易開放為最。2004 至 2013 年間，兩地簽署了 10 個補充協議，服務貿易開放領域不斷擴大。2015 年 11 月，內地與香港 CEPA《服務貿易協議》簽署，內地全境與香港基本實現服務貿易自由化。2017 年 6 月，內地與香港

簽署 CEPA《經濟技術合作協議》和 CEPA《投資協議》。

　　中國入世以及 CEPA 實施也預示着滬港經濟合作進入一個新的階段，其特徵是：兩地經濟合作的重心已從製造業及傳統服務業轉向現代服務業。這個重心的轉變既是兩地經濟發展的內在需要，也是兩地經濟合作向縱深推進的需要。加強服務領域的合作不僅符合滬港兩地產業發展的方向，有助於進一步開闊香港服務業發展的空間，也有助於上海借鑒香港發展現代服務業的成熟經驗，提升上海的產業層次，增強上海服務業與外資競爭的能力，從而加速上海現代服務業的發展。在上海市政府相關部門的全力推動下，上海已在全市各區縣建立了「CEPA 綠色通道」，為吸引港資營造了良好的便利環境。統計資料顯示，2004 年 1 月 1 日 CEPA 實施後，在服務領域，香港率先在上海成立了第一家具有採購權的外商獨資貿易公司、第一家外商獨資廣告公司、第一個外資腫瘤診所等。[4] 2012 至 2016 年，上海口岸累計進口 CEPA 項下香港原產貨物貨值 40.7 億美元，稅款優惠 8.7 億元人民幣。2016 年 8 月，首家通過 CEPA 政策進入上海的香港獨資醫療機構 ——「上海聯和醫療門診部」在上海落戶。[5] 此外，兩地服務貿易發展迅速，2004 年以來，上海與香港的服務貿易每年都以高於 20% 的速度增長，兩地服務貿易進出口額佔上海服務貿易總額的 30% 左右（見表 4）。目前，上海與香港服務貿易的規模與增速均已超過兩地貨物貿易，香港也已成為上海最大的服務貿易夥伴。

表 4　上海與香港服務貿易情況（2013-2016） （億美元）

年份	進出口額	佔上海比重（%）	其中出口額	其中進口額
2013	666.9	38.7	257.8	409.1
2014	479.7	27.3	115.7	364.0
2015	553.1	28.1	121.4	431.7
2016	604.2	30.0	111.4	492.8

資料來源：《攜手並進 合作共贏 再譜新篇（香港回歸 20 年滬港合作成果展）》，2017 年 9 月，上海市人民政府港澳事務辦公室、香港特區政府駐上海經濟貿易辦事處製作。

（三）金融合作成為滬港經貿合作的突出亮點

上海是正在崛起的國際金融中心城市，香港則是成熟的國際金融中心城市。金融業不僅是兩地經濟發展的強項，更是合作的重要內涵。改革開放以來，雙方依託兩地金融業合作的歷史淵源，抓住兩地發展新的歷史機遇，夯實兩地合作機制，加強金融合作交流，拓展合作空間，提升合作水平，實現兩地互利共贏。

1. 滬港金融合作機制不斷完善

2010 年 1 月，上海市金融辦與香港特區政府財經事務及庫務局在港簽署《關於加強滬港金融合作的備忘錄》，雙方每年定期在滬港兩地輪流召開工作會議，加強合作，擴大交流。自 2010 年起，滬港雙方已召開六次工作會議，積極推進上海與香港的金融合作和聯動發展。2016 年，兩地簽署了《關於深化滬港金融合作的協議》，在原有合作備忘錄基礎上，強調兩地全面加強聯動，並通過合作更好服務國家戰略與兩地經濟、金融發展。

2. 着力加強金融市場合作

滬港金融市場間合作交流一直是滬港金融合作交流的重要內容。2009 年，上海證券交易所與香港交易所簽訂了《更緊密合作協議》，在加強高層對話、加強技術與產品合作等方面達成共識。2012 年 3 月，上海期貨交易所與香港交易所簽署了合作備忘錄，主要內容包括高層定期溝通機制、共同舉辦行業研討會、開展人員借調和培訓等。在金融產品合作方面，2012 年 10 月，易方達恒生中國企業 ETF 在上海證券交易所正式掛牌交易。該 ETF 是內地首發的兩支港股 EFT 之一，投資標的是恒生中國企業指數。

2014 年 11 月 17 日，滬港通機制下的股票交易正式開始。截至 2016 年 11 月 16 日（滬港通運行兩年整），累計交易金額 3.48 萬億元。其中，滬股通累計交易金額 2.26 萬億元，淨買入 1,325 億元；港股通累計交易金額 1.22 萬億元，淨買入 2,947 億

元。[6]

2015 年 7 月，上海黃金交易所「黃金滬港通」正式啟動。截至 2016 年年底，香港金銀業貿易場及其代理客戶在上海黃金交易所的總交易量為 10.95 噸，總交易金額為 26.19 億元。[7]

3. 金融機構互設不斷拓展

滬港兩地金融機構是金融合作交流的積極參與者，近年來滬港金融機構互設力度不斷加大。銀行業方面，總部位於香港的滙豐銀行、東亞銀行、恒生銀行等五家銀行在上海設立了法人銀行。浦發銀行、上海銀行在港設有分行。證券業方面，CEPA 框架下全國首批兩家全牌照合資證券公司申港證券、華菁證券落戶上海，國泰君安證券、海通證券等五家證券公司在香港擁有經營性機構。保險業方面，滙豐人壽保險有限公司總部註冊在上海，總部在香港的友邦保險在上海設有分公司。上海的太平洋保險集團在港控股中國太平洋保險（香港）有限公司。

4. 金融專業大學生交流考察計劃

2012 年，上海市金融辦與香港財經事務及庫務局推出「滬港金融專業大學生交流考察計劃」，自當年暑假起，滬港雙方每年各組織 30 名左右金融專業大學生進行為期一個月的雙向交流考察。兩地大學生除參訪當地相關政府部門、金融監管部門、金融市場和有關高校外，還會在對方金融機構進行三週的工作體驗。兩地政府部門相關領導與歷屆學生進行交流。目前，該交流項目已舉辦五期，兩地共計 300 名左右大學生參與，在兩地高校和金融機構都取得了良好的反響，對滬港金融人才儲備和交流起到了良好的推動作用。[8]

（四）兩地合作的機制化趨勢不斷加強和完善

2003 年 10 月 27 日，經國務院批准，滬港經貿合作會議第一次會議在香港召開，滬港經貿合作會議機制正式建立，確定了在 CEPA 框架下加強兩地全面合作的原則、

機制和領域，並明確了近期加強合作的重點。隨着滬港經貿合作會議機制的建立，兩地合作由民間企業層面上升至政府層面的新階段，從而使滬港兩地合作在政府主導下更加有序、有計劃、有目標地加快向前推進。2012 年 1 月 5 日，滬港經貿合作第二次會議在上海舉行，雙方確定了商貿投資、金融、航空航運及物流、旅遊會展、創新科技、文化創意及體育、專業人才、教育及醫療衛生、青少年發展和社會管理九大領域合作框架，簽署了商貿合作、金融合作和公務員交流、醫療合作四份合作協議；2015 年 4 月 10 日，滬港經貿合作第三次會議在上海舉行，雙方商定繼續深化原有合作項目，增加自貿試驗區、城市管理等領域的合作，簽署了商貿合作、金融合作和公務員交流三份協議。此外，經國務院批准，滬港經貿合作會議已更名為「滬港合作會議」，表明滬港合作將突破原有格局，呈現出寬領域、多層次、全方位的發展態勢。伴隨着合作機制的不斷完善，滬港兩地高層的互訪增加，有力地推動了雙方的合作交流。

（五）滬港合作呈現寬領域、多層次、全方位的發展態勢

滬港兩地由從原來單一的貿易合作發展到在工業、金融、基礎設施、商業服務、旅遊、科技等多領域、全方位的合作。自 1991 年總部設在香港的八佰伴到浦東建立大型購物中心的計劃獲批後，瑞興、永安、先施等香港商家已先後在申城登陸。不僅如此，港商還積極投資上海的基礎設施建設，如上海南浦、楊浦兩座大橋和延安東路越江隧道複綫等。此外，包括香港滙豐、東亞、渣打、華僑在內的香港銀行和金融機構，在上海建立的分支機構已佔整個上海外資金融機構的 10% 以上；香港著名的會計師樓和律師事務所如羅兵咸等亦落戶上海。[9] 而科技、文化、教育、青少年、機場、司法、公務員、環保等各方面的交流合作都在不同程度上展開，比如，教育領域交流持續深入，截止到 2016 年底，上海共有 23 所高校招收港澳學生，在上海各級各類學校就讀的香港學生近 4,500 人，其中大學生 645 人，中小幼學生 3,839 人。文化合作成果豐碩，2012 年，滬港簽署了《關於滬港文化交流與合作協議書》，在文藝演出和展覽方面，每年雙方的交流項目近 60 項；2017 年 1 月，為慶祝香港沙田大會堂落

成 30 週年，上海歌舞團攜《朱䴉》獻演沙田大會堂；2017 年 6 月，香港中樂團和香港芭蕾舞團分別獻演上海保利大劇院，共同慶祝香港回歸 20 週年。青少年交流十分活躍，自 2011 年起已連續七年舉辦「明日領袖」大學生暑期實習計劃，每年有 30 多名香港大學生來滬實習，參加 CEO 座談分享會，並與上海大學生互動交流。機場合作成績斐然，兩地合作成立的滬港機場管理（上海）有限公司自 2009 年成立以來，借鑒香港的管理經驗，全面提升了虹橋機場的運行效率和服務水平，培養了人才隊伍，很好地促進了兩地航運中心建設。環保合作十分緊密，從 2014 年起，滬港環保主管部門間加強合作，簽署相關合作協議，加強雙方在空氣監測、污水處理、輻射環境監測等領域的合作交流等。司法合作不斷深化，2003 年，經國家司法部批准，上海司法局與香港特區政府律政司簽署了合作協議，上海市律師協會與香港大律師公會在港簽署了合作備忘錄。兩地在司法領域已經建立了良好的合作交流機制，雙方合作交流取得新成效。公務員交流常態化，2002 年以來，滬港兩地開展了為期 15 年的中高層公務員實習交流計劃。至 2016 年底，上海共派出 64 位公務員赴港參加交流，香港共派出 36 位公務員赴滬交流。該計劃交流領域廣泛，涉及城市規劃、道路建設、住房保障、環境保護等諸多領域，對拓展公務員視野、深入了解滬港情況、促進兩地合作發揮了積極作用。[10]

二、滬港合作成效顯著

儘管滬港經濟發展一直是香港各界的熱門話題，香港對上海經濟的迅猛發展過於敏感，擔心上海經濟的發展超過香港，但一個不能否認的事實是，改革開放 40 年，上海經濟高速發展固然是多種因素促成的，但香港因素起了極為重要的作用，已成為

上海整體經濟發展不可或缺的組成部分。香港不僅是上海改革開放最直接的推動者、示範者、參與者，也是最大的受益者。改革開放40年來，上海經濟的騰飛處處可見滬港合作的軌跡，其規模和成效可以說是史無前例的，亦足以讓世人為之驚嘆。

（一）為外商投資上海起到了很好的示範作用

對外開放初期，上海的投資環境尚不完善，海外資本對在上海投資顧慮重重，大都持觀望態度。1981年，香港半島針織有限公司唐翔千先生率先打破外商對上海投資的沉悶與徘徊局面，在上海建立了第一家合資企業 —— 上海聯合毛紡織有限公司。「聯毛」的出現實現了上海在引進外資上「零」的突破，成為香港在上海對外開放中獲得的第一個「第一」，從而開創了上海引進外資的新局面。此後，香港在上海的投資創下了一系列的「第一」：第一個到上海投資製造業的是港商，第一個進入經濟技術開發區的是港商，第一家合資興辦第三產業的是港商，第一家投資房地產和購買 B 股與 H 股的是港商，最早把房地產以按揭貸款方式引進上海的還是港商。中國入世及 CEPA 實施以來，又是香港率先在上海服務領域進行投資。香港人這種敢於處處率先的精神，既為其帶來了可觀的經濟效益，又為外資更好、更多地進入上海起到了積極的示範作用，為上海更好地擴大開放、融入世界起到了極大的促進作用。[11]

（二）推動了上海對外貿易的蓬勃發展

改革開放初期，無論是與國際貿易有關的基礎設施，還是國際貿易的客戶渠道、市場信息，抑或是貿易經驗等，在中國內地都十分缺乏。與此同時，由於中國內地長期的閉關自守，西方國家對其了解很少，對與中國的經濟往來十分謹慎。在這種情況下，香港憑藉其與內地深厚的歷史、文化、經濟淵源以及作為國際著名自由港的雙重優勢，在中國內地與世界各國貿易往來中起到了很好的中介作用。[12] 這種中介作用在進一步鞏固香港國際貿易中心地位的同時，也促進了中國內地對外貿易的迅速發展，為中國內地帶來了經濟建設所急需的外匯收入和國外的先進技術設備。作為中國進出

口貿易最大的口岸城市，上海在中國整個對外貿易中的地位舉足輕重，而滬港兩地的貿易往來又是上海整個對外貿易的重要組成部分，是上海同世界各國和地區進行貿易往來的最重要的通道，是上海對外貿易蓬勃發展的重要推動力。

（三）緩解了上海經濟建設的資金短缺問題

香港是改革開放後上海以及中國內地引進外資的一個重要來源地。一方面，隨着香港製造業的北移，大量港資的湧入促進了中國內地經濟的發展；另一方面，內地企業積極利用香港國際金融中心的優勢地位，紛紛在香港市場融資，使許多跨國資本以香港為跳板進入了中國內地。而上海是整個內地引進港資最多的地方之一，無論是投資項目數、合同投資金額，還是直接投資金額，香港都佔很大的比重。香港資金的大量流入對於解決上海現代化建設急需的資金，尤其是改革開放之初的資金短缺問題發揮了極大的作用，推動了上海改革開放和現代化建設的順利進行。

（四）為上海社會主義市場經濟體制建設提供了有益的借鑒

香港成熟的市場經濟體制也為上海建設社會主義市場經濟體制提供了經驗借鑒。隨着外資引進而產生的一系列經濟活動，包括獨資、合資、合作經營，以及補償貿易、來料加工裝配等，是國際通行的商品經濟模式的延伸，它的運作需要遵從國際慣例或國際上其他通行的做法，同時也傳遞了國際市場競爭的壓力。儘管這部分香港資本所形成的經濟活動在中國整個經濟活動中並非舉足輕重，但由於相對集中在上海等沿海開放地區，「三資」企業清晰的產權關係、高效的管理制度與當地中小企業靈活的機制相結合，產生了強烈的示範效應。因此，香港作為亞太地區經濟發展的成功典範，作為現代商品經濟高度發達、法制相對完善的地區，對上海以及沿海地區乃至整個內地經濟體制的變革、思想觀念的轉變發揮了催化、示範作用。

香港是一個成熟的市場經濟體，其商品市場、勞動力市場、金融市場等各方面的發展都相當完善，因此，上海借鑒香港的經驗也是多方面的，從香港政府對微觀經濟

活動的積極不干預政策、公務員制度和廉政制度，到土地拍賣、股票市場、證券交易、公共財務投資、社會保障及經濟法律的研究與介紹，許多辦法被移植過來，再結合上海的實際情況，在上海的現代化建設進程中靈活運用。[13] 如香港土地有償使用和住宅商品化的管理制度、建立房地產多級市場的經驗、香港房地產按揭貸款的成功經驗等，對上海房地產市場的發育發展以及解決居民住房難問題均起到了積極的促進作用。從到香港學習培訓和聘請香港專業人士為顧問，到大量引進香港資金興建高標準的寫字樓和改造舊城區，滬港同行的合作卓有成效，為上海的大變樣作出了貢獻。一言以蔽之，上海在與香港的經濟往來中，不僅得到了急需的資金、商品，還學到了市場運作經驗，熟悉了市場經濟的國際慣例，從而促進了上海社會主義市場經濟體制的不斷發育和完善，為上海在中國率先建立社會主義市場經濟體制起到了積極的推動作用。

（五）促進了上海購物環境與城市面貌的巨大變化

改革開放 40 年來，尤其是 1992 年鄧小平南方談話以後，上海由改革開放的「後衛」被推到了改革開放的「前沿」，並起步實施「一個龍頭、三個中心」的發展戰略和「一年一個樣、三年大變樣」的目標。上海蘊含的潛能被空前地激發出來，香港與上海的經濟合作更是一日千里。上海由此開始了新的騰飛，城市面貌日新月異，經濟發展備受世界關注。

隨着上海對外開放的不斷擴大和經濟的快速發展，港商對上海的投資領域也已從最初的工業轉向商業、基礎設施等許多方面。例如，20 世紀 90 年代，上海開展以道路橋樑為主的大規模城市基礎設施建設，急需大量資金。香港中信泰富以 BOT 方式參與南浦大橋的管理，為浦江建橋提供了必要的資金。香港上海實業投入巨資建設機場高架道路，保證了進出上海的通道暢通無阻。香港港龍和上海東方、上海航空聯手在滬港之間架起空中通道，上海的滬港專列直達香港九龍，千里之遙的香港與上海近在咫尺。在商業領域，滬港合作的上海東方商廈是全國第一家中外合資的商業企業，該商廈以銷售世界著名品牌為特色。東方商廈對面的恒隆港匯廣場是上海最大的百貨

商廈之一。香港九龍倉在淮海中路西段成功經營美美百貨之後，又在淮海中路東段新建大上海時代廣場，開設了上海檔次最高、最豪華的連卡佛商廈。至於一般工薪階層則可在遍及全市的滬港合作的服裝連鎖店買到價廉物美的服裝。上海已成為購物天堂，舒適的購物環境、熱情的服務、琳琅滿目的商品能滿足各個層次消費者的需要，其中港商的歷史功績是有目共睹的。如今在南京路中央商業區、淮海路東段、南京西路、徐家匯地區，放眼望去，一座座滬港合作建造的摩天大廈如恒隆廣場、上海廣場、香港廣場、瑞安廣場、香港新世界大廈、環貿國際廣場等等，構成了新上海一道道亮麗的風景綫。

（六）踐行企業家的社會責任與提升上海城市的國際競爭力

如果說貿易和投資追求的是利潤的回報，那麼無償的捐贈則反映了香港企業家的社會責任和拳拳愛國之情。早在 80 年代初，香港著名實業家包玉剛先生就以其先父之名向上海交通大學捐贈了一座現代化圖書館——包兆龍圖書館，這是上海教育機構首次接受海外捐助。香港企業家從單項的捐贈發展到設立基金會，令促進社會進步的義舉長期化、規範化。在這方面，香港知名人士唐翔千、胡法光、羅康瑞、劉浩清作出了貢獻。其他如邵逸夫等香港知名人士在上海或捐款辦學校，或設立獎學金助學、助教、培養人才，或捐款參與慈善事業，或為上海文化藝術事業和科學技術的發展出資出力，等等。香港企業家的善舉充分體現了他們回報社會的企業家精神和應有的社會責任。這對上海以及內地企業的發展以及企業家隊伍建設無疑起到了很好的垂範作用。當然，這從另一方面也說明香港與上海的經濟聯繫已滲透於兩地經濟的方方面面，對兩地經濟及民生等的發展產生了廣泛而深遠的影響。

隨着上海開放的不斷擴大及滬港兩地合作的進一步深化，以香港為地區總部的中介服務機構紛至沓來，如世界最大的會計師事務所、資產評估和諮詢公司、房地產專業服務和物業管理公司進駐上海，為上海提供了符合國際規範、具有國際水準的服務，並培養了本地的專業人才，大大提升了上海城市的國際競爭力，為上海企業應對入世後的機遇和挑戰起到了積極的作用。如上海機場集團與香港機場管理局合作成立

的滬港機場管理（上海）有限公司，引入香港的管理理念和方式，在價值創造、卓越運行、管理效率、人才培養和企業發展等方面都取得了豐碩成果，全面提升了虹橋機場的運行效率、服務質量和經營績效。合作期間，虹橋機場曾獲得國際航空運輸評級組織（SKYTRAX）「中國最佳國內機場」第一名、「中國最佳機場」第一名、國內首家五星航站樓、中國民航資源網 2016 年度國內機場綜合評分第一等諸多榮譽。國際機場協會（ACI）綜合評分及排名從 2010 年的第 53 名提升至 2016 年的第 15 名。[14]

三、滬港新一輪合作的前景展望

改革開放 40 年中國現代化發展的進程表明，上海和香港是中國經濟騰飛的兩架發動機，在中國現代化發展進程中具有不可替代的作用。然而，在中國特色社會主義進入新時代的背景下，中央對滬港如何融入及服務國家大局亦提出了新的要求。國家「十三五」規劃明確指出，支持香港鞏固和提升國際金融、航運、貿易三大中心地位，支持香港發展創新及科技事業，支持香港建設亞太區國際法律及解決爭議服務中心，支持港澳參與「一帶一路」建設、推動粵港澳大灣區和跨省區重大合作平台建設。2014 年 5 月，國家主席習近平在上海考察時，要求上海「努力在推進科技創新、實施創新驅動發展戰略方面走在全國前頭、走到世界前列，加快向具有全球影響力的科技創新中心進軍」。2017 年 3 月，習近平主席在參加十二屆全國人大五次會議上海代表團審議時指出，要努力把上海自由貿易試驗區建設成為開放和創新融為一體的綜合改革試驗區，成為服務國家「一帶一路」建設、推動市場主體走出去的橋頭堡。

鑒於此，滬港必須從服務整個國家發展戰略的高度，或者說在國家整體發展戰略的框架下，來設計規劃兩地的合作，必須在鞏固深化原有經濟、金融、教育、文化、

旅遊等領域合作的基礎上，在更高的層次上來推進兩地的合作。從目前兩地發展的實際情況出發，自貿區發展、「一帶一路」建設、科創中心、文創產業等將會成為新一輪滬港合作的重中之重。

（一）滬港合作共同推進自貿區建設

上海自貿區建設是中國在新形勢下全面深化改革和擴大開放的一項重大戰略舉措。上海自貿區建設以來，香港各界高度關注自貿區發展，參訪自貿區尋找發展商機，大量港資企業落戶自貿區並取得多項突破，成為滬港合作新亮點。

2015 年 11 月，香港國際仲裁中心在上海設立代表處，實現國際仲裁中心在滬設立機構零的突破。2016 年，由香港投資的銘爾傳（上海）餐飲文化技能培訓有限公司作為上海第一家職業技能培訓機構在自貿區設立。2017 年 3 月，由香港培力控股有限公司獨資設立的上海農本方中醫門診部有限公司在上海自貿區世博片區成立，為中外患者提供內科、婦產科、兒科、皮膚科、針灸科、推拿科等六大專業領域的中醫一站式診療服務。

港資企業在自貿區投資最為活躍，進入最早、數額最多、分佈最廣，始終走在外商投資自貿區的前列。截至 2017 年 2 月底，自貿區掛牌後新落戶港資企業為 3,292 個，行業集中分佈在第三產業當中的金融業、租賃和商務服務業、批發貿易以及專業諮詢業。金融業佔比 67.22%，批發貿易佔比 10.76%，租賃和商務服務業佔比 3.11%，專業諮詢業佔比 1.56%，其餘分佈在房地產業、運輸業、計算機研發、科學技術研究等行業。在外資企業中，港資企業新設項目數佔到自貿區新設總數的 46.78%，合同外資數佔比為 77.24%。[15]

未來滬港兩地將會進一步發揮政府、企業、社會組織等的主體作用，繼續合作推動上海自貿區的發展，進一步健全完善香港與上海關於自貿試驗區合作聯動的聯繫機制、工作機制和對接平台，為香港經濟全方位對接自貿試驗區搭建通道。此外，滬港還將在推動上海自貿區制度創新、金融創新、自由港建設等方面加強合作。

（二）滬港合作共同推動「一帶一路」建設

　　「一帶一路」倡議既是香港經濟發展的新引擎，也是上海全球城市建設的新抓手，更是深化滬港合作的新平台。當前，「一帶一路」建設進入全面務實、深耕細作的新階段，迫切需要發揮滬港兩地在「一帶一路」建設中的戰略支點城市作用和內聯外引的橋頭堡功能。因此，「一帶一路」建設必將是新一輪滬港合作的重心之一。

　　為落實國家「一帶一路」倡儀，滬港兩地的相關部門、企業界、商界以及學界等都在積極推動，商談合作項目或是研討等等。如 2017 年 4 月 21 日，上海市商務委、香港貿發局和上海市工商聯共同在上海主辦「新領域、新模式、新機遇『一帶一路』合作論壇」，就「共建『一帶一路』基礎設施、海外併購及風險管理」為議題進行了研討。參加論壇的商界人士近 500 人，七位重量級嘉賓作演講。在論壇上，上海市商務委和香港貿發局共同簽署《關於深化合作的框架協議》，就融資、貿易、會展、諮詢交流合作等領域深化合作。

　　筆者認為，為更好地服務國家「一帶一路」建設，滬港合作應充分利用和放大雙方優勢特長，設立「一帶一路」聯合專責小組，具體負責規劃、統籌協調兩地有關「一帶一路」建設合作方面的事宜，進一步加強政策溝通與協同聯動；聯合構建「一帶一路」企業公共信息網絡服務平台、「一帶一路」投融資平台；共同推動兩地社會智庫研究機構合作發佈國別風險報告，以專題報告的形式，提供高水平的專業國別風險評估諮詢報告，供「一帶一路」投資企業決策參考。與此同時，以產業園區和自貿區為合作載體，以金融等專業服務開放合作為支撐，以城市化開發和基礎設施建設合作為重點，以人文交流合作為紐帶，共同為深度參與、對接和服務國家「一帶一路」建設發揮好與全球城市能級相匹配、體現國際大都會水平的戰略支撐作用。

（三）進一步加強兩地在科創領域的合作

　　改革開放 40 年，尤其是進入新世紀以來，滬港兩地開展了形式多樣、領域廣泛、程度不同的科技交流與合作。在人文與學術方面，上海市科技系統各單位結合自

身優勢和發展需要，分別與香港有關機構建立了常態化的交流機制。滬港／港滬科技合作研討會、滬港科技產業交流會等一系列活動，定期在上海或香港召開，得到兩地民眾的充分肯定。在創新創業領域，上海市科技創業中心與香港科技園、台灣育成協會共同參與了科技部倡導成立的兩岸三地共同孵化網絡。香港科技園、香港理工大學等機構與楊浦創業中心、同濟等上海孵化器簽署了合作協議，每年定期開展滬港創業訓練營等活動，持續為大批香港創業青年提供創業培訓服務。在科研合作方面，中國科學院上海分院及各研究院所與香港中文大學等高校雙方有着長期聯繫，合作形式從人員交流到實質性項目合作，從單課題的合作研究到學科領域的全面合作，從項目合作走向成立「聯合實驗室」實體；合作領域涉及無機材料、有機化學、醫藥、農業技術、生命科學等多個領域，取得豐碩成果，如上海有機化學研究所與香港中文大學、香港大學共同組建的滬港化學實驗室，圍繞高分子組裝、分子設計與分子識別等領域開展研究，承擔了 973 項目、國家自然科學基金項目等多項國家研究任務，承擔了中國科學院／香港裘槎基金會聯合資助項目，多次獲得科學院聯合實驗室評審優秀。此外，上海光源是中國迄今為止建成的最具規模的大科學裝置和多學科研究平台，目前，來自於香港中文大學、香港大學、香港城市大學、香港科技大學等的 29 個課題組先後在上海光源開展實驗，其中有三篇論文發表在 Nature、Science、Cell 等頂級期刊。

應該指出的是，加快建設具有國際影響力的科創中心是滬港兩地的共同目標，也是滬港兩地經濟保持可持續發展的主要路徑，更是滬港兩地服務國家大局的重要內涵。未來五年或更長時間內，滬港兩地將繼續保持在產業、學術、科學普及、產學研合作和技術成果轉化等領域交流合作的基礎上，進一步提升和強化兩地政府、企業、高校研究院所、中介等各層次的交流與合作，充分利用兩地現有的設施、人才及優勢資源，在重大科研項目和創新活動等方面統籌協調、共建平台、加強合作。如在張江高科技園區與香港科技園區搭建滬港合作研發創新平台，為兩地科研機構、企業與科研人員充分利用兩地的科研資源創造有利的條件。此外，還應特別鼓勵和支持兩地青年科學家開展交流與合作，為推動建立滬港兩個具有國際影響力的科創中心，以及這

兩個中心的互動發展作出應有的貢獻。

（四）進一步加強兩地在文化創意產業領域的合作

文化創意產業作為一種新型業態，以其文化、科技和經濟深度融合的產物，憑藉獨特的產業價值取向、廣泛的覆蓋領域和快速的成長方式，正在成為全球經濟和現代產業發展的新亮點，成為一個國家和地區社會經濟發展的重要引擎。香港文化創意產業的發展與世界基本同步，更是中國文化創意產業發展最為成熟的城市，優勢顯著；上海文化創意產業起步雖晚，但發展快，已成為「創新驅動發展、經濟轉型升級」的重要力量。毫無疑問，文化創意產業對兩地經濟發展極為重要，目前又正處於高速發展階段，兩地合作空間很大。因此，文化創意產業也應成為新一輪滬港合作的重點之一。未來兩地將會在文化創意產業、眾創空間建設、人才培養等方面進一步加強交流與合作。

結語

毋庸置疑，改革開放 40 年滬港經濟合作成績巨大，但也存在一些不足。首先，缺乏大的合作項目。上世紀 90 年代以來，儘管滬港合作的層次在不斷提高，但香港對上海投資的特點總體來說是數量多而規模較小，缺乏大的合作項目。其次，科技合作較為薄弱。從總體上來說，有着相對雄厚科技實力的上海與有着雄厚經濟實力的香港，兩者之間的科技合作卻不盡如人意。早在上世紀 80 年代，香港的一些經濟學家和實業家就已提出與內地特別是上海在高科技合作方面的設想，但沒有取得實質性的

成果。近年來，雖有些合作項目，但仍未形成氣候，與香港和上海科技合作所具有的巨大潛力極不相稱。其主要原因是尚未找到切合實際的結合點，港商需要成熟的、配套的實用技術，對高科技的研究和實驗室成果興趣不大。除了港商在科技發展上的短視之外，這與上海及整個內地在體制上存在的問題也有很大的關係。這是未來滬港經濟合作迫切需要解決的問題。再次，人才交流不夠。滬港兩地人才濟濟，呈明顯的互補優勢。香港的經濟、金融、貿易以及中介服務等方面的經營和管理人才充足，上海的科技人才較多。上海同國內其他城市相比，在經濟、金融、貿易等方面的經營管理人才較多，但與香港相比就少得多，離國際大都市的要求也有相當的距離。改革開放以來，兩地的人才交流在不斷增多，對促進兩地的經濟發展，尤其是對促進上海經濟的發展起到了很大的推動作用。但兩地人才的深層次交流與合作還遠遠不夠，這不利於兩地經濟的深層次合作，不利於充分發揮兩地的優勢。因此，滬港兩地未來的合作必須全力彌補這一不足。我們有理由相信，在中國崛起以及「一帶一路」建設的大背景下，香港、上海這兩顆東方明珠在未來的合作中，必將交相輝映、相得益彰；而兩地經濟聯動所產生的合力，必將大大推動整個中國現代化的進程。

尤安山

全國港澳研究會理事
上海市政府港澳事務辦公室諮詢專家
上海社會科學院港澳研究中心主任
上海東亞研究所研究員

注釋

1　尤安山：〈「上海旋風」滬港經濟合作二十年回顧〉，《滬港經濟》2003 年第 12 期。

2　見《上海統計年鑒》（2017），北京：中國統計出版社。

3　見《攜手並進 合作共贏 再譜新篇（香港回歸 20 年滬港合作成果展）》，2017 年 9 月，上海市人民政府港澳事務辦公室、香港特區政府駐上海經濟貿易辦事處製作。

4   蔣心和:〈香港在滬投資項目累計 13,094 個〉,《解放日報》2007 年 4 月 9 日。

5   見《上海統計年鑒》(2017)。

6   同上。

7   同上。

8   同上。

9   見《滬港經濟年報》(2000),上海社會科學院港澳研究中心編輯出版,2001 年。

10   見《上海統計年鑒》(2017)。

11   尤安山:〈「上海旋風」滬港經濟合作二十年回顧〉。

12   同上。

13   同上。

14   見《上海統計年鑒》(2017)。

15   同上。

第五章

京港合作

京港經貿往來 40 年，兩地在貿易、投資以及產業等諸多領域都呈現出全方位、多層次、寬領域的合作態勢。貨物貿易方面，京港兩地貿易在 21 世紀以來更趨繁榮；服務貿易方面，北京和香港合作潛力巨大；投資方面，香港一直是北京最大的外商投資來源地，同時也是北京企業「走出去」的首選投資目的地。目前，京港兩地在物流業、金融業等方面已實現較為成熟的產業間交流合作及優勢互補。2017 年 11 月，第 21 屆「京港洽談會」將兩地「高精尖」領域的產業合作作為洽談會的重要議題；與此同時，京港兩地間的產業合作領域也逐步拓寬至醫療衛生、食品安全、城市治理、文化創意等多個細分領域。

40 年來，京港兩地的合作成就主要體現在三個方面：一是貿易投資水平不斷提升，二是經貿合作平台日益成熟，三是產業合作更加深入豐富。從目前看，京港兩地深化合作還有三方面問題需要解決：第一，京港兩地制度環境不同，法律體系、稅收制度等差異較大；第二，京港兩地部分合作領域（如金融）較難實現「互聯互通」；第三，相較於廣東、上海，北京與香港開展合作的地理優勢偏弱。

展望未來，京港合作前景光明，主要動力源於：「一帶一路」倡議為京港兩地迎來共同推進國際化的新機遇；CEPA 為京港合作創造了良好的制度環境；新業態將為京港合作增添新活力。因此，未來京港將攜手邁向充滿希望的新征程。

一、京港經貿往來 40 年

改革開放 40 年間，京港經貿往來不斷深化，特別是香港回歸後，兩地經貿往來進入新的發展階段。1997 年，北京和香港達成共識，兩地輪流舉辦「年度經濟合作研討會」，極大促進了兩地的共同發展與繁榮；2002 年，北京市外經貿委（現北京市商務局）專門設立「京港經濟合作處」，有針對性且全面高效地開展了京港兩地諸多合資、合作項目及相關協調工作；隨後，《內地與香港關於建立更緊密經貿關係的安排》（CEPA）正式簽署，京港合作有了更多貿易投資自由化、便利化的制度保障。總體而言，京港經貿往來 40 年，兩地在貿易、投資以及產業等諸多領域都呈現出全方位、多層次、寬領域的合作態勢。

（一）京港貿易

40 年前，改革開放打通了北京—香港兩地貿易的「通道」。1992 年，北京派出招商引資代表團赴港進行項目推介；1997 年，香港回歸成為兩地貿易往來的重要契機，當年兩地達成共識，決定以「京港洽談會」的形式，促進兩地經貿合作。其後，兩地貿易往來不斷深化，貿易需求層次也不斷提升。2015 年，「北京—香港交流協進會」正式成立，該會旨在全面促進北京與香港兩地在經濟、科技、教育、文化、人才培養等方面的交流與合作。

貨物貿易方面，京港兩地貿易在 21 世紀以來更趨繁榮。如圖 1 所示，2007 至 2013 年，北京出口到香港的貨物貿易額從 35.1094 億美元，持續攀升至 60.7756 億美元；與此同時，香港出口到北京的貨物貿易額也從 15.9879 億美元，增加到 2013 年的 41.4933 億美元。2013 年後，北京對香港的出口額有所減少，但基本仍保持在 40 多億美元之上。2016 年，北京對香港的出口額為 44.3046 億美元，而香港對北京的出口額為 63.1482 億美元，香港實現貿易順差 18.8436 億美元。香港對北京 2016 年出口激增

圖 1　京港貨物貿易統計（2007-2016）　　　　　　　　　　　　　　　　（萬美元）

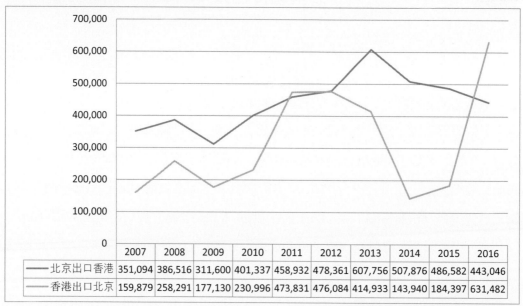

	2007	2008	2009	2010	2011	2012	2013	2014	2015	2016
北京出口香港	351,094	386,516	311,600	401,337	458,932	478,361	607,756	507,876	486,582	443,046
香港出口北京	159,879	258,291	177,130	230,996	473,831	476,084	414,933	143,940	184,397	631,482

資料來源：中華人民共和國海關總署。

的主要原因有三個方面，一是內地逐步轉變貿易增長方式，對港加工貿易類出口總體趨於下降；二是北京產業結構不斷升級，服務業已成為主導產業，故製成品出口香港相應減少；三是 CEPA 及其補充協議極大地促進了內地與香港的貿易投資便利化，加之北京的消費水平和市場需求提升較快，因而進口香港產品較前增多。在 CEPA 不斷推進的同時，京港兩地的貿易交流平台也在與時俱進、推陳出新。如 2017 年 11 月，「京港跨境電商合作發展新模式、新機遇高峰會」在香港會議展覽中心舉行，該會議由北京市投資促進局、北京天竺綜合保稅區管委會、香港中國商會等單位共同主辦，京港兩地企業在會議期間積極探討跨境電商發展新模式，努力為京港貿易開拓新機遇。

　　服務貿易方面，北京和香港合作潛力巨大。眾所周知，香港是典型的服務型經濟體。截至 2017 年，香港已經連續 23 年獲評為「全球最自由經濟體」。[1] 香港服務業優勢顯著，開放程度較高。香港特別行政區政府統計局數據顯示，[2] 內地是香港服務貿易出口最主要的目的地（2015 年佔比 39.8%），同時也是香港服務貿易進口最主要的來源地（2015 年佔比 38.9%）。2016 年，香港對內地服務貿易出口額為 2,963.63 億美

元，進口額為 2,209.91 億美元，香港順差 753.72 億美元。相較於香港，北京的服務業屬「後起之秀」，2007 年北京服務貿易進出口總額僅 503.06 億美元，2016 年就持續攀升至 1,508.6 億美元，增速可觀。

2000 年以來，服務業在北京產業結構中的佔比已經提升至 60% 以上，其中尤以金融保險業和社會服務業居高，因而與香港開展服務貿易潛力巨大。在 CEPA 及其補充協議框架下，北京有 18 個重要的服務貿易領域對香港開放，北京在這 18 個領域內具有很大的成長潛力，而香港在這些領域具有較高水平，兩地相得益彰。CEPA 後續 2015 年《服務貿易協議》及 2017 年《投資協議》的簽署，進一步為京港兩地開展服務貿易創造了良好的制度條件。2015 年，商務部和北京市人民政府共同發佈《北京市服務業擴大開放綜合試點實施方案》（京政發〔2015〕48 號），重點推進科技、信息、金融、商務旅遊、健康醫療等領域的服務業發展，為香港發揮自身優勢和京港兩地開展現代服務業合作提供了廣闊空間；2017 年 12 月，國務院批覆《深化改革推進北京市服務業擴大開放綜合試點工作方案》，北京市又發佈了新一輪改革開放措施，旨在進一步擴大北京市服務業重點領域的對外開放，京港服務貿易及服務業合作迎來新機遇，邁上新台階。

（二）京港投資

改革開放 40 年間，香港一直是北京最大的外商投資來源地。在北京實際使用外資總額中，香港的投資佔比始終高居 40% 以上，有些年份甚至高達 70% 至 80%。如圖 2 所示，2007 年香港對北京直接投資 14.9291 億美元，遠高於同期美國、日本對北京的直接投資額；2015 年，香港對北京直接投資額達到 99.3199 億美元的峰值；2016 年，香港對北京直接投資額為 56.1687 億美元，雖然比 2015 年略有下降，但也大幅高於同期美國（1.0182 億美元）和日本（1.2499 億美元）對北京的直接投資。

2000 年以來，北京對香港的投資也日漸增多，京港兩地呈現「雙向投資」的積極勢頭。北京市商務委員會數據顯示：截至 2017 年 9 月底，香港在京累計設立外商投資企業 14,964 個，累計實際投資 591.3 億美元，佔北京全部實際利用外資的 44.9%，

図 2 北京市外商投資企業實際利用外資情況（2007-2016）　　　　　　　　（萬美元）

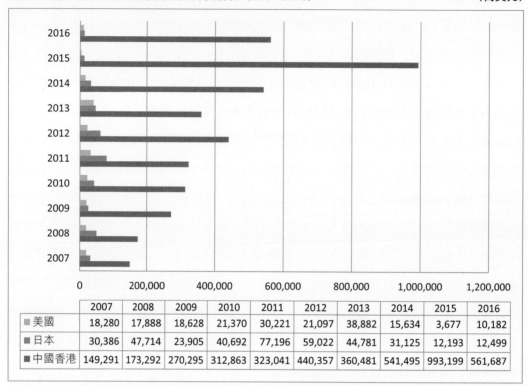

	2007	2008	2009	2010	2011	2012	2013	2014	2015	2016
美國	18,280	17,888	18,628	21,370	30,221	21,097	38,882	15,634	3,677	10,182
日本	30,386	47,714	23,905	40,692	77,196	59,022	44,781	31,125	12,193	12,499
中國香港	149,291	173,292	270,295	312,863	323,041	440,357	360,481	541,495	993,199	561,687

資料來源：北京市統計局、國家統計局北京調查總隊。

位列北京外資來源第一位。與此同時，北京在香港累計直接投資額 263.36 億美元，佔
北京市全部境外直接投資額的 44.3%。可見，對北京而言，香港不僅是首要的外資來
源地，同時也是北京企業「走出去」的首選投資目的地。

（三）京港產業合作

京港兩地的良性互動離不開產業間合作。京港經貿往來 40 年，兩地在物流業、
金融業等方面已實現較為成熟的產業間交流合作及優勢互補。2017 年 11 月，第 21 屆
「京港洽談會」更將兩地「高精尖」領域的產業合作作為洽談會的重要議題。此外，
京港兩地間的產業合作領域也逐步拓寬，目前已擴展到醫療衛生、食品安全、城市治
理、文化創意等多個細分領域。

經過 40 年的發展，兩地產業合作日益成熟，如「京港地鐵」便是兩地產業合作與模式創新的典型案例。京港地鐵有限公司（以下簡稱「京港地鐵」）是由北京首都創業集團有限公司（佔股 49%）、香港鐵路有限公司（佔股 49%）和北京市基礎設施投資有限公司（代表北京市政府佔股 2%）於 2006 年共同出資組建的混合所有制企業，該企業是國內城市軌道交通領域首個引入外資的合作經營企業，也是第一個利用政府與社會資本合作（PPP 模式）投資建設軌道交通的企業。

2009 年 9 月 28 日，北京市民正式體驗了「香港速度」——由京港地鐵運營的北京地鐵 4 號綫開通運營，開通當天即實現全綫自動駕駛模式以及最小發車間隔三分鐘的運營水平；2010 年 12 月 30 日，京港地鐵主持興建的大興綫開通試運營，並在當日同時實現與 4 號綫全綫貫通。值得關注的是，北京地鐵 4 號綫採用的是 PPP 模式參與投資運營，吸引社會投資 46 億，極大地緩解了政府在資金籌措等方面的壓力。

2014 年，第 18 屆京港洽談會上，京港地鐵成功取得北京地鐵 14 號綫特定範圍建設權和 30 年運營權，並就地鐵 16 號綫簽署了項目意向書。[3] 與地鐵 4 號綫相同，地鐵 14 號綫與地鐵 16 號綫仍通過 PPP 模式運營 —— 以京港地鐵作為平台，兩條綫路各吸引社會投資額度 150 億元；引進的社會資本參與投資建設包括車輛、通訊、信號、供電、設備監控、自動售票等系統及車輛段、停車場中的機電設備等項目，在特許經營期結束後，京港地鐵將把項目設施無償移交給北京市政府。

京港地鐵將香港在城市軌道交通產業領域的成功經驗帶到了北京，北京地鐵 4 號綫在安全管理體系、數據信息化、乘客服務、車站裝飾設計等方面均借鑒了「香港經驗」。此外，京港地鐵實行的 PPP 模式引領了京港合作新範式，該模式近年來也被廣泛應用於兩地間的其他產業合作。例如，京港兩地在衛生醫藥產業的 PPP 合作項目，將北京的傳統中醫及特色化醫療服務推廣到香港乃至全球。由於引入了社會資本，這種合作模式還有效促進了北京市的醫藥衛生體制改革，為北京進一步構建公平有效的健康服務體系提供了有力支持。

二、京港合作的成就與問題

京港合作 40 年是與內地改革開放並進的 40 年。在這 40 年裏，京港兩地精誠合作，成績斐然。進入新時代，京港兩地亟需站在新的歷史節點，總結經驗、籌劃未來，為進一步深化合作破解前進中的難題，使兩地合作更上層樓。

（一）京港合作成就

40 年來，京港兩地的合作成就主要體現在三個方面：一是貿易投資水平不斷提升，二是經貿合作平台日益成熟，三是產業合作更加深入豐富。由於前文已述及京港兩地的貿易投資情況，故此處將重點展現如下兩個方面。

首先，京港經貿合作平台日益成熟。

1997 年以來，以「北京‧香港經濟合作研討洽談會」（以下簡稱「京港洽談會」）為代表的合作平台，已然成為京港兩地交流溝通的重要紐帶及合作發展的重要載體。表 1 列示了 1997 至 2017 年歷屆京港洽談會的主題及成果。由該表可知，京港洽談會歷經 20 多年發展，在推動兩地務實合作上取得了豐碩成果，極大地促進了京港兩地的全方位合作交流。近年來，京港兩地的雙向投資不斷深入到現代服務業和「高精尖」產業等各個領域，京港合作正在向更深層次、更高水平發展。

除了一年一度的京港洽談會之外，京港兩地還積極搭建起諸多平台，促進企業對接，深化兩地合作。如 2014 年，北京市投資促進局在深圳舉辦了「京港合作，走向海外」的高端研討活動，[4]該活動以「進入內地，北京為先；走向全球，香港首選」為主題，重在探討京港兩地聯合「走出去」、開拓國際市場的新機遇，包括如何加快推動實施北京企業以境外融資、股權併購、海外上市、資產收購、品牌推廣等方式「走出去」，發揮香港作為「走出去」的重要平台作用，通過兩地合作，共同促進北京企業的全球化佈局投資、全球化配置資源、全球化運營管理。

2015 年 11 月，香港北京交流協進會在香港正式成立，該會成立的背景，就是順應國家「一帶一路」倡議，為京港兩地創造更多發展機遇，全面促進香港與北京在經濟、科技、教育、文化、人才培養等方面的交流，其宗旨明確表述為：貫徹「一國兩制」方針和基本法，支持特區政府和行政長官依法施政，維護香港社會長期繁榮穩定，擴大香港與北京全方位交流，促進京港合作，服務兩地建設發展，愛國愛港、造福社會。

此外，京港兩地青年間的交流也日益頻繁。由在京港人自發建立的香港專業人士（北京）協會於 2015 年成立了青年事務委員會，該委員會作為京港兩地青年往來的橋樑，主要致力於為港青的學業、就業發展提供幫助，並通過舉辦不同類型的活動，團結香港青年，讓在京港青及內地港生加強交流、認識祖國。香港專業人士（北京）協會青年事務委員會還同北京市團委、北京市青學聯組織等部門，聯合舉辦了數屆「京港青年夥伴交流」活動，每年遴選千餘名港生來到北京學習交流，同時每年也定期選派北京的優秀學生前往香港高校交流訪學，極大地促進了京港兩地青年的相互了解與融合，形成了兩地青年良好的互動交流模式。

其次，產業合作更加深入、豐富。

京港兩地產業合作成果豐碩。**金融服務方面**，香港充分利用其國際金融中心的優勢，與在京金融機構、優質企業積極探索合作機會，兩地現已進入京港金融服務國際化的深入合作階段。如 2016 年，「京港金融服務合作論壇」在北京召開，該論壇由北京市金融工作局、香港財經事務及庫務局主辦，首都金融服務商會和香港中國金融協會承辦，滙豐銀行（中國）有限公司北京分行和渣打銀行（中國）有限公司北京分行協辦。在論壇上，京港兩地金融管理部門、專家學者和金融業界精英、企業家等各界人士，共同研究探討了發揮京港兩地區域優勢，推動京港金融服務創新、金融科技產品創新、人民幣國際化等議題；最終，建銀國際金融有限公司還分別與北京中農華威科技集團有限公司、英富森網信（北京）科技股份有限公司，簽署了赴港上市輔導戰略合作協議。

衛生行業領域，京港兩地於 2009 年簽署了《北京市衛生局與香港特別行政區政

表 1　歷屆京港洽談會（1997-2017）

時間／地點	主題	成果
1997 年 （第一屆） 北京	面向 21 世紀	簽約 16 個京港合資合作項目，總金額 14.62 億美元；另有 13 個外商投資項目簽約，總金額 1 億多美元。
1998 年 （第二屆） 香港	優勢互補，共創繁榮	簽約 106 個合作項目，總金額 35.1 億美元，其中合作合同 21 項，總金額 3.07 億美元；合作意向和協議 85 項，總金額 32.1 億美元。
1999 年 （第三屆） 北京	優勢互補，攜手創新，共同推進京港高新技術產業化國際化	簽約 38 個合資合作項目；共同推進京港高新技術產業化國際化，總投資額 5.4 億美元；會上推出 308 項招商引資項目；是中關村科技園區得到國務院正式批覆以來第一次大規模對外宣傳，並推出 10 個中關村科技園區的重點招商引資項目。
2000 年 （第四屆） 香港	迎接 WTO 新機遇，共創京港新經濟	簽約 41 個合資合作項目或意向協議；共創京港新經濟涉及總投資額 48.63 億美元。
2001 年 （第五屆） 北京	新奧運、新機遇、新合作	簽約 30 個合資合作項目，投資總額 13.2 億美元。
2002 年 （第六屆） 香港	京港合作，共同繁榮	簽約 41 個合資合作項目，涉及投資總金額 11.87 億美元；北京市首次進行直接境外招聘，走出「北京從香港引資」的單向局面。
2003 年 （第七屆） 北京	CEPA 與京港合作新商機	會議專門組織了「奧運項目及北京重大項目推介會」專題活動，共推出 177 個招商項目，涉及投資額 97 億美元。
2004 年 （第八屆） 香港	奧運主題	推出近 130 個招商項目；奧運項目招商成為該屆京港洽談會最大熱點，17 個為香港量身定做的奧運場館建設、交通、物流、旅遊等項目，極大地吸引了香港投資者。
2005 年 （第九屆） 北京	—	採用企業對企業、行業對行業模式，以奧運經濟和首都發展、京港 IT 服務外包產業、國際化大都市建設與管理、文化創意產業（電影）、京港奧運旅遊等雙方共同關注的話題為主要議題，開展多種形式的研討交流活動。
2006 年 （第 10 屆） 香港	北京奧運會籌備工作進展情況介紹會	首次增設「京港文化創意產業合作研討洽談會」和「京港時尚論壇」。
2007 年 （第 11 屆） 北京	和諧、合作、發展、共贏	為京港合作提供新的商機，主要體現為金融、文化創意、物流、旅遊時尚、發展服務外包五個方面。

時間／地點	主題	成果
2008 年 （第 12 屆） 香港	共享新商機、共謀新合作、共創新繁榮	包括北京軌道交通大興綫委託運營項目、位於順義區的橙天娛樂影視基地項目在內的 26 個項目簽約，簽約總金額約 50 億美元。
2009 年 （第 13 屆） 北京	同心協力、互利共贏	共簽約合作項目 36 個，簽約金額近 32 億美元，其中不乏金額逾億元的大型投資項目。
2010 年 （第 14 屆） 香港	加強京港務實合作，共促兩地經濟繁榮	包括北京地鐵 16 號綫在內的 26 個項目進行正式合同簽約，總金額達 88 億美元。
2011 年 （第 15 屆） 北京	共享新商機、共謀新發展、共創新繁榮	國家非物質文化遺產保護功能區等 18 個項目成功簽約，總金額達 69 億美元。
2012 年 （第 16 屆） 香港	優勢互補、互利雙贏、共同發展	集中簽約 35 個項目，簽約總額為 101 億美元，折合 636.3 億元人民幣；項目數量和規模均創新高，且文創板塊首次納入洽談會。
2013 年 （第 17 屆） 北京	產業引領、創新驅動、轉型發展、共創繁榮	北京推出 370 個招商項目，涉及文化創意、生產性服務業及商貿等 10 多個行業；最終簽約 15 個項目，簽約總額超 70 億美元。
2014 年 （第 18 屆） 北京	互通要素、雙向投資、同享機遇、共創繁榮	軌道交通建設、衛生醫療和食品安全、應急救援裝備科研等 21 個北京市重大項目簽署合作協議，簽約總額 71.8 億美元，折合 438 億元人民幣；從科技創新、文化創新、總部經濟和現代服務業四大核心板塊，為兩地深化合作、共贏發展搭建平台。
2015 年 （第 19 屆） 香港	互通要素、雙向投資、同享機遇、共創繁榮	京港 29 個重大項目簽約，簽約總金額 92.1 億美元。其中，香港投資北京項目 18 個，簽約金額折合 80.06 億美元，全部是以「高精尖」為主體的首都功能產業項目；北京投資香港項目七個，簽約金額折合 12.04 億美元，是促進京港兩地企業圍繞國家「一帶一路」倡議，聯合開展海外投資併購與開拓國際市場的結果；此外還有京港兩地合作項目四個。
2016 年 （第 20 屆） 北京	互通要素、雙向投資、同享機遇、共創繁榮	共有 14 個京港合作的重大項目簽約，總金額達到 47.4 億美元，其中 12 個是香港投資北京項目，簽約金額折合 47.2 億美元；兩個是北京投資香港項目，簽約金額折合 2,000 萬美元。會議舉行當年，北京在港直接投資首超同期吸引港資規模。
2017 年 （第 21 屆） 香港	引領創新、要素互通、開放發展、共創繁榮	共有 24 個雙向投資重大項目簽約，簽約金額折合 108.2 億美元；專題設置了「京港科技創新合作專題活動」，重點推介北京市「三城一區」。

資料來源：根據相關新聞報導及北京市投資促進局資料整理。

府衛生署合作協議》，並於 2015 年續簽該協議。[5] 按照協議，京港兩地在疾病預防控制、突發公共衛生事件應對、公共衛生培訓、傳統醫學、社區衛生服務等諸多領域，已經開展了卓有成效的合作，取得了突出成績，未來兩地還將在此基礎上，積極探索衛生領域 PPP 項目合作等新模式。截至 2017 年 11 月，京港兩地已連續舉辦了 10 次衛生合作專題活動。在 10 年時間裏，京港雙方圍繞健康促進、社區衛生服務、藥事政策與管理、衛生與服務效能評價、「互聯網＋」與衛生治理等主題進行交流研討，並在醫院管理、新發傳染病應對、輿情監測和信息會商、食品分級量化管理、藥品招標採購與藥物監管等合作領域，取得了眾多可喜成果，而「京港衛生合作專題活動」，也成長為京港兩地衛生領域凝聚智慧、培養人才、互利共贏的橋樑紐帶和重要載體。

物流業方面，2001 年，佔地面積約 350 公頃、京港合作投資額超過 110 億元人民幣的「北京物流港」建設項目正式啟動，該物流港由香港郭氏集團成員之一的香港嘉里物流聯網有限公司與北京京泰實業（集團）有限公司合作開發，是北京市第一個現代化大型物流港及京港合作的重點項目；2004 年 CEPA 協議實施之初，在北京註冊的境外物流企業中，涉及香港的物流企業已佔到 28%；2004 年 7 月，由北京市商務局主辦、北京物流協會和香港物流協會承辦的「京港物流交流會」上，兩地舉行了京港物流協會合作意向簽字儀式；2006 年 11 月，兩地合作召開「北京香港物流合作研討洽談會」，共商 2008 年北京奧運會為京港兩地物流業帶來的巨大商機與開展合作事宜。

顯然，經過 40 年發展，京港兩地的產業合作已進入成熟階段。無論是起步時期兩地集中於物流業、金融業的合作，還是如今兩地在「高精尖」產業領域、現代服務業以及「抱團出海」等方面的合作，「互利共贏、共同繁榮」始終是兩地產業合作不變的主題。40 年風雨一程，京港兩地的產業和企業攜手共進、優勢互補，已然形成密不可分的良性合作關係。

（二）京港合作存在的問題

從目前看，北京和香港兩地深化合作，還有如下問題需要解決：

1. 京港兩地制度環境不同，法律體系、稅收制度等差異較大

京港合作屬「一國兩制」框架下的跨境合作，這種情況下，京港兩地必須同時面對兩套不同的法律制度和兩種不同的稅收制度。制度差異在一定程度上限制了京港兩地間資本、勞動等生產要素的自由流動。法律制度方面，北京地區實行的是以《中華人民共和國憲法》為核心的中國特色社會主義法律體系，該體系從屬歐陸法系；而香港地區則以根據《中華人民共和國憲法》制定的《中華人民共和國香港特別行政區基本法》為最高法，具有獨立的立法權與司法權。因此，北京與香港兩地在公司法律制度等細分領域仍存在一定差異，在信息、邊檢、公司管理、市場管理等法律規制上也存在不少落差。

稅收制度方面，香港長期實行簡單的課稅制度與較低的稅率。作為自由貿易港，香港沒有進出口關稅（進口煙、酒除外），而北京則實行以多稅種為特徵的複合徵稅制，徵稅流程較香港更為複雜，且在通關時需徵收相應關稅。不同的稅收制度特別是關稅政策，使京港兩地合作長期存在行政模式、政策手段難以銜接等問題。

2. 京港兩地部分合作領域較難實現互聯互通

改革開放 40 年，中國的金融行業發展迅速，京港兩地在包括金融服務、金融安全科技創新等多個領域交流合作頻繁，但兩地金融行業在體系和制度設計等方面的差異，限制了兩地的深層互通。

2013 年，位於北京的全國中小企業股份轉讓系統正式掛牌成立後，中國證券交易市場形成了「三足鼎立」的格局 —— 上海證券交易所、深圳證券交易所、全國中小企業股份轉讓系統。香港作為國際金融中心，與內地對接的區域也相應集中到廣東、上海和北京。目前，滬港通與深港通已搭建了內地主板市場與香港證券交易所的「互聯互通」機制，但全國中小企業股份轉讓系統與香港證券交易所 2017 年推出的「創新板」還存在一定的業務競爭，迄今未能實現互聯互通。香港證券交易所推出的「創新板」分為「創新主板」與「創新初板」，其中「創新初板」對企業沒有財務業績要求，在上市時市值達到 2 億港幣即可，因此，其上市條件與全國中小企業股份轉讓系統中

的「新三板創新層」的上市條件極為相似，兩者存在資源爭奪的競爭。此外，北京與香港在外匯管制、金融監管、資金流通制度等方面還存在較大差異，一定程度上也阻礙了兩地資本暢通。

3. 相較於廣東、上海，北京與香港開展合作的地理優勢偏弱

國務院於 2016 年發佈的《關於深化泛珠三角區域合作的指導意見》裏，打造「粵港澳大灣區」被明確列入其中，並且已成為國家「十三五」建設規劃的一個重要內容。今後，粵港澳大灣區將向世界級城市群推進。在此過程中，廣東以其天然的地理優勢，自然成為香港與內地經貿聯繫的首要門戶，且粵港兩地在語言、文化上更為接近，因此，粵港較京港更具深化合作的地緣優勢。另外，北京四周不臨海，本身又沒有港口，相較於依山臨海的上海，京港兩地間的貿易投資便利程度也低於滬港兩地。

三、京港合作的前景展望

回顧過去，京港經貿往來逐步「升溫」，現已形成較為成熟的合作交流模式；立足當下，兩地通過優勢互補，努力實現共同繁榮；展望未來，兩地迎接「一帶一路」新機遇，合作前景無限廣闊。

（一）「一帶一路」倡議為京港兩地迎來共同推進國際化的新機遇

「一帶一路」倡議以「五通」，即政策溝通、設施聯通、貿易暢通、資金融通、民心相通作為合作重點，力求推進各參與方的共商、共建、共享。與其他城市相比，香港至少具備四個顯著優勢，使其能在「一帶一路」建設當中發揮重要的平台作用：

一是區位優勢，香港港口經濟發達、海上交通便利，背靠廣東、陸上連通便捷，機場繁忙、空運快速高效；二是開放合作的先發優勢，香港與世界上大多數國家和地區保持着緊密的經貿關係，香港回歸祖國以來，包括北京在內的多個內地城市，都率先在香港「先行先試」其改革開放措施，這為香港搶抓「一帶一路」新機遇、謀劃新發展奠定了良好基礎；三是服務業專業化優勢，香港作為發達經濟體，服務業種類多、水平高，擁有全球最大的離岸人民幣市場，也是全球最受歡迎的仲裁地之一，可為「一帶一路」沿綫各國在會計、法律、諮詢、旅遊、基建工程與設計等領域提供多方面的服務；四是人文優勢，香港是東西方文化交流的重要窗口，多種文明在此交融，形成了中西合璧、特色鮮明的人文積澱。[6]

藉助香港的上述優勢，京港合作的內涵與外延可大大延伸。例如，香港擁有諸多熟悉境外法律及風險投資的國際人才，可助力北京企業在「一帶一路」沿綫國家找到合作機會，並幫助企業在海外投資中有效控制風險。此外，民心相通不僅是京港兩地深入合作的根基，也是「一帶一路」建設的重要內容。京港兩地可進一步加強旅遊、文化、教育等多領域合作，以促進民心相通。如旅遊方面，北京坐擁長城、故宮、天安門、鳥巢等知名旅遊景點，香港亦擁有維多利亞港、星光大道等知名地標，兩地居民可通過旅遊增進相互了解；教育文化方面，京港兩地高校可通過深化合作辦學、加強師生交流等多種形式，廣泛開展文化、教育及人才合作。高校集中了大量科學技術和人才，京港兩地高校間開展合作，不僅有助於促進兩地青年的相互了解，也有助於兩地在創新科技、學術前沿等領域提升合作水平。

概言之，「一帶一路」倡議下，京港兩地合作大有可為。

（二）CEPA 為京港合作創造了良好的制度環境

CEPA 是內地與香港制度性合作的里程碑。自 2003 年內地與香港簽署 CEPA 以來，兩地在實踐中不斷豐富完善其內容，迄今已簽署了 10 項補充協議以及《服務貿易協議》、《投資協議》、《經濟技術合作協議》等，這些協議確保了香港持續保持內地開放的最高水平。

CEPA《服務貿易協議》有三個特點，一是開放力度大、水平高；二是明確在內地全境給予香港最惠待遇；三是進一步建立健全與「負面清單」模式相適應的配套管理制度。京港兩地經貿往來的重中之重便是服務業領域的投資與貿易，因此，《服務貿易協議》為京港兩地服務貿易的新發展提供了制度保障。

CEPA《投資協議》是繼《服務貿易協議》之後，內地在市場准入方面再次單獨對香港採用負面清單開放方式，這也是內地首次以負面清單方式簽署投資協議。CEPA《投資協議》從投資准入、投資保護和投資促進等方面，為內地與香港的經貿交流與合作提供了更加全面的制度保障。北京作為香港與內地交流的重點城市之一，京港投資的自由化、便利化程度也將隨着《投資協議》的生效而逐步提高。

《經濟技術合作協議》是把 CEPA 及其 10 項補充協議中有關經濟技術合作的內容進行全面梳理、更新、分類和彙總，同時還根據內地和香港經貿合作的實際需要提出了新的合作設想，例如支持香港參與「一帶一路」建設等。[7]

京港兩地是 CEPA 的受益者。目前，CEPA 的制度框架已經日臻完善，未來京港兩地將在 CEPA 所創造的更為自由、更為高效的環境下實現「雙贏」。

（三）新業態將為京港合作增添新活力

京港兩地合作的主要領域集中於服務業。今後，隨着現代服務業在北京的興起，外資控股飛機維修、外資銀行卡清算、公立醫院與社會資本合作辦醫、「互聯網＋」等一批新業態不斷湧現，京港服務業合作將呈現出更具新時代特色的勃勃生機。特別是 2015 年，國務院同意在北京市開展服務業擴大開放綜合試點，北京成為當時全國唯一一個服務業擴大開放綜合試點城市，[8] 自此，京港兩地服務業合作更顯活力：北京市政府在投資環境、金融保障、人才發展、公共服務、信用建設等方面，不斷加大政策扶持力度，先後出台了外資備案審批登記一體化、「雙積分」信用系統、外籍人才「直通車」、無形資產融資租賃等一批創新措施，為服務業領域的新業態運營提供了良好的營商環境，從而也給香港服務提供者帶來了廣闊市場。如 2015 年，國務院出台《關於大力發展電子商務加快培育經濟新動力的意見》，為跨境電子商務發展營

造了寬鬆的發展環境，京港兩地跨境電商迎來新機遇，未來兩地依託電子商務，貿易投資都將進入新的發展階段。

新世紀以來，京港兩地間的產業合作更趨成熟。未來京港兩地產業合作將不斷拓寬領域，同時更向「高精尖」產業縱深推進。例如，香港具有豐富的現代化城市管理經驗，而北京亟需城市可持續性管理制度建設，因此，北京可在治理大氣污染、緩解交通擁堵、建設智慧城市、提高能源利用率等領域加強與香港的合作；北京的中醫藥產業歷史悠久，而中醫藥產業在香港也具有廣闊的發展前景，未來可以藉助「互聯網＋中醫藥」等創新模式，加強京港兩地中醫藥領域的合作。

綜上所述，「一帶一路」倡議為京港兩地迎來新的合作機遇；CEPA 的深化與升級，為京港兩地創造了良好的制度環境，是兩地深化合作的有力保障；北京現代服務業的發展及各類新業態的湧現，為京港兩地合作提供了新思路與新領域。展望未來，京港兩地將攜手邁向充滿希望的新征程。

本章作者：莊芮

對外經濟貿易大學國際經濟研究院副院長、教授

蔡閱林

對外經濟貿易大學世界經濟專業碩士研究生

注釋

1 〈香港連續 23 年獲選全球最自由經濟體〉，中國新聞網，2017 年 2 月 16 日，資料來源：http://www.chinanews.com/ga/2017/02-16/8151302.shtml（最後訪問時間：2018 年 2 月 4 日）。

2 香港特區政府統計處：〈2015 年香港服務貿易統計〉，2017 年 2 月，資料來源：https://www.statistics.gov.hk/pub/B10200112015AN15B0100.pdf（最後訪問時間：2018 年 2 月 4 日）。

3 〈京港簽 21 個大單促產業合作（聚焦京城）〉，人民網，2014 年 12 月 2 日，資料來源：http://finance.people.com.cn/n/2014/1202/c1004-26129139.html（最後訪問時間：2018 年 2 月 8 日）。

4 〈京港兩地探討攜手開拓國際市場新機遇〉，中國新聞網，2014 年 12 月 19 日，資料來源：http://

www.chinanews.com/ga/2014/12-19/6895271.shtml（最後訪問時間：2018 年 2 月 10 日）。

5   Available at: http://news.youth.cn/gn/201511/t20151129_7360137.htm(accessed Feburary 10, 2018).

6   〈張德江在「一帶一路」高峰論壇上的演講（全文）〉，中國網，2016 年 5 月 26 日，資料來源：http://www.china.org.cn/chinese/2016-05/26/content_38539398.htm（最後訪問時間：2018 年 2 月 11 日）。

7   〈經國務院授權 三部委聯合發佈推動共建「一帶一路」的願景與行動〉，中央政府門戶網站，2015 年 3 月 28 日，資料來源：http://www.gov.cn/xinwen/2015-03-28/content_2839723.htm（最後訪問時間：2018 年 2 月 15 日）。

8   〈國務院關於北京市服務業擴大開放綜合試點總體方案的批覆〉，中央政府門戶網站，2015 年 5 月 21 日，資料來源：http://www.gov.cn/xinwen/2015-05-21/content_2865948.htm（最後訪問時間：2018 年 2 月 15 日）。

第三篇

———————

香港與內地
經貿合作 40 年

第一章

產業合作 40 年：從貿易到專業服務

一、40 年來兩地經貿合作之演進

香港的前途命運，與祖國的興衰榮辱，相連相依，密不可分。在國家爭取民族獨立、奮力站起的崢嶸歲月，正是香港轉口貿易興起的時期，香港憑藉自由開放的貿易策略，充當了中外貿易的橋樑，逐步崛起成為舉世聞名的轉口港。

在國家獲得完全獨立並開始轉向經濟建設的時代，香港也抓住歐美國家產業轉移的有利時機，藉助上海等地遷移來港的人才、資金及技術，在亞洲率先開啟工業化進程，並很快發展為「亞洲四小龍」之首。其後恰逢國家進入改革開放、全面開啟「富起來」的時代，香港把大部分工廠搬到內地、尤其是珠三角一帶，以「前店後廠」模式展開互補合作，本地則提供轉口貿易、航運、商務、金融和專業服務，迅速崛起為亞太區的主要服務中心，創造了驚人的經濟奇跡。

香港回歸祖國之初，由於受到亞洲金融風暴的猛烈衝擊，加上 SARS 疫情的影響，本地經濟陷入嚴重衰退，失業率飆升數倍，通縮和財赤持續五年之久。在此關鍵時刻，國家正式加入 WTO，及時開放 CEPA、個人自由行和人民幣業務，使香港經濟迅速得到恢復。其後雖然發生全球金融海嘯和歐債危機，但在國家全力護航下，香港經濟幸得無恙，輕輕鬆鬆渡過難關，進而繼續爬坡越嶺，努力上行。

由此可見，兩地經貿合作帶來的是前所未見的巨大蛋糕，尤其是內地改革開放 40 年來經濟突飛猛進，創造了西方國家需要 100 至 200 年才能達到的發展奇跡，香港作為先富起來的亞洲國際都會，在配合國家走向富裕的過程中，獲得了實實在在的發展利益。

　　同時也要看到，香港經濟的崛起與轉型，與香港和內地經貿合作有很高的契合點。觀察兩地經濟合作的發展歷程，也往往需要從香港經濟轉型入手。現在，讓我們細說從前吧！

（一）經濟轉型為兩地合作打下根基

　　眾所周知，香港在 1952 至 1970 年抓住發達國家產業轉移的契機，努力推動工業化，在短短 20 年內把一個單純的轉口港成功轉型為工業化城市，徹底改變了過去 100 年以轉口貿易為主的歷史，為發展中經濟體透過快速工業化實現經濟崛起樹立了典範，也為本港進一步轉向以服務業為主導的經濟結構奠定了基礎。

　　從上世紀 70 年代開始到 90 年代上半期，香港再從工業化轉向服務經濟。這是本地經濟的第二次轉型，期間又經歷了經濟多元化、向服務經濟轉型和服務業全面發展等三個階段。前者是服務經濟的初級階段；後兩者是服務經濟的定型和提升階段，是與內地經貿合作並行的。香港完成這一次深度轉型，前後共用了近半個世紀時間。

　　具體來看，1971 至 1981 年是香港經濟邁向多元化發展的階段。從 60 年代起，台灣、南韓、新加坡等三小龍陸續採用外向型經濟發展戰略，大力發展勞動密集型工業，使這一領域出現了很多同類競爭對手。到 70 年代初台灣、南韓等地的出口額先後趕上香港，加上歐美發達國家奉行貿易保護主義，最重要的港貨成衣出口到歐美地區要受到配額限制，香港從此失去了在加工貿易方面的領先地位。

　　更大的衝擊是 1973 年爆發石油危機，香港出口市場迅速萎縮，1974 年出口額較上年實質減少 7%，工廠開工不足，中小型企業紛紛倒閉；股市更是一瀉千里，股票價格從 1973 年高峰期的 1,774.96 點，直綫降落至 1974 年最低點的 150.11 點，共跌去九成有多，1974 年股票總成交額也比 1973 年減少四分之三以上；金融業和房地產業

也是一片慘淡。這是香港經濟自 50 年代初以來遭遇到的第二次嚴重危機。同時受石油危機衝擊的新興工業國家和地區很多，它們有的放棄外向型經濟戰略，有的陷入經濟衰落的深淵，從此一蹶不振。以香港為代表的亞洲四小龍及時採取應變策略，最終都渡過了難關。

香港的應變策略是推行經濟多元化，再次調整經濟結構，拓寬經濟新領域。主要措施是推行三個多元化：一是推行工業多元化，以生產高附加值的商品應對歐美各國的市場保護措施；二是推行市場多元化，以應對台、韓、新等同類競爭對手的挑戰；三是推行經濟結構多元化，以建立牢固的經濟基礎。這一應變策略使香港金融業、房地產業和旅遊業得到發展。70 年代末始，在中國改革開放政策的推動下，香港的金融、房地產、貿易、旅遊發展更為迅猛，加上 1977 至 1981 年間，逾 50 萬內地人移居香港，提供了廉價的勞動力，從而加強了香港商品和服務在國際市場上的競爭力。這些都非常有利於經濟多元化策略的成功，香港經濟表現再次超越台灣和南韓，初步發展成為地區性的國際金融、貿易和旅遊中心。

在這 11 年時間裏，金融、保險、地產和商用服務業是香港發展最快的行業，其創造的名義附加值猛增 13.5 倍，增速是整體經濟的兩倍，佔本地生產總值比重從 1970 年的 14.9% 大幅增加到 1981 年的 23.8%，期間共提升約九個百分點，且是香港有 GDP 統計以來首次超過工業，一躍成為本港最大的經濟支柱，服務型經濟得以初步確立。製造業也繼續得到發展，但在 GDP 中佔比則從 1970 年的超過三成降至 1981 年的 22.8%。其間，由加工製造業帶動的香港外貿總值增加六倍，年均遞增 21.1%，增速甚至超過工業化階段。GDP 年均增長 9.6%，保持了高速增長勢頭。

其他三小龍則採取不同應變策略，它們集中發展資本密集型產業，汽車、化工、電子、冶金等行業得到迅速發展並成為經濟支柱。香港在致力於金融、地產和旅遊業發展並逐漸建立區域服務中心地位的同時，也失去了發展資本密集型產業的好時機。然而，服務經濟的崛起也為其後的香港和內地經貿合作打下了根基，使香港經濟在中國內地改革開放後進入由兩地經貿合作主導的新階段。其中，香港主權回歸前的 20 年，主要是由市場自發進行的經貿合作；香港回歸 20 多年來，在國家大力支持下，

開啟了由政府推進的自覺融合的新時期。

（二）回歸前 20 年：自發合作與垂直分工

從 1978 年中國內地推行改革開放到 1997 年香港回歸的 20 年，是香港服務經濟的定型階段，也是香港和內地市場展開自發合作的時期。80 年代初，正當香港成功實現經濟多元化發展之時，世界經濟開始出現衰退，歐美主要工業國紛紛採取嚴厲貿易保護措施，國際市場競爭更加激烈，香港出口困難不斷加大，加上此時香港回歸問題提到議事日程上來，部分香港人對香港前途信心不足，一度影響投資者的投資意欲，固定資本投資增長率從 1980 年的 19.7% 降到 1982 年的 1.7%，導致房地產市道低落，金融業也受到很大壓力，香港經濟面臨第三次危機。

1984 年《中英聯合聲明》公佈後，香港當時被大肆渲染的所謂前途信心問題頓時煙消雲散。在中國城市改革和擴大開放的推動下，香港與內地經濟聯繫發展到一個新階段，市場力量帶動的兩地自發合作，建立了「前店後廠」的垂直分工合作新模式。其主要標誌，一是港商大量投資內地，截至 1994 年底共投入 630 億美元，佔中國實際外商投資額的六成以上；與此同時，香港有 80% 以上的製造業轉移到內地，僅在珠江三角洲一帶就僱用了 300 萬工人，是香港本地製造業人數的八倍。香港本地主要從事接單、貿易、物流、管理等業務，並提供金融和專業服務；二是在「前店後廠」模式的帶動下，兩地貿易高速發展。與 1984 年相比，1994 年兩地貿易額增加了八倍，年均增長 24.6%，兩地貿易額佔香港總貿易額的比重由 1984 年的 21.4% 提高到 1994 年的 35.3%，內地超過美國和日本，成為香港最大的交易夥伴；三是香港充當窗口，協助內地引進人才、管理、信息和技術。「中國因素」成為推動香港經濟發展的最主要的外部因素。

在內地堅持改革開放政策以及與內地經濟聯繫進一步加強的有利形勢下，香港人齊心協力開創了新局面，經濟多元化更見成熟，並進一步走向國際化。各主要行業提供的國際性服務越來越多，國際資本對香港越來越重視，歐美日等國的跨國公司進入香港的數量與日俱增，甚至連原先撤離的英國本土財團也重回香港，同時香港本地企

業也大量投資海外。這些都使本地服務業得到全面快速發展，金融業、房地產業、旅遊業發展到更高的水平。1982 至 1994 年間，香港外貿總值平均每年增加約兩成，轉口貿易大幅回升，1988 年再度超過產品出口，佔出口總值的 56%，到 1994 年上升到 81.0%；服務業增加值佔 GDP 的比重由 1981 年的 67.4% 上升至 1994 年的 83.0%，居世界主要國家和地區首位；製造業佔比則由 22.8% 降至 9.2%，這是工業化以來第一次降至個位數。GDP 平均每年增長 6.3%，雖比前 20 年有所放緩，但仍比歐美國家快得多。

至此，香港形成了以金融、貿易、航運、旅遊和專業服務等多功能服務中心為主體的現代服務體系，本地經濟的第二次轉型，即從工業化轉向服務經濟已經基本完成。由於高端服務業帶來更多的附加值，使香港以僅佔全國萬分之一的國土，在 90 年代初創造出相當於全國三分之一的經濟總量，香港經濟到達最輝煌、最引以自傲的頂峰。

（三）回歸後 20 年：自覺融合及政策效應

自香港回歸以來，香港作為中國的一個城市，在「一國兩制」下，保持了原來的制度，且受惠於回歸以來內地改革開放所帶來的各式各樣「先行先試」政策，如《內地與香港關於建立更緊密經貿關係的安排》（CEPA）、服務貿易自由化、離岸人民幣業務、兩地金融市場的互聯互通，如滬港通、深港通、基金互認、債券通以及泛珠三角合作、粵港合作、深港合作等，令香港可以率先受惠於內地改革開放的好處，盡享先行者的優勢，兩地經貿合作進入了一個由政府帶動的自覺融合的新階段。同時，香港是中國眾多城市國際化程度最高的，以普通法為基礎的法律制度亦為國際社會所熟悉；本港人才亦具備兩文三語溝通能力及國際網絡。憑藉上述優勢，香港的金融服務和專業服務及其他工商業支持服務行業自回歸以來獲得了理想的發展。一方面，香港以諸多特有的優勢和多功能的國際中心地位，為內地現代化建設提供更廣泛的支持；另一方面，內地以迅速擴大的經濟規模、最具潛力的市場腹地和豐富多樣的要素資源，配合區域合作安排下率先開放市場的政策措施，為香港經濟提供了廣闊的發展空間，進一步提升了香港的國際地位和競爭力。

具體而言，國家推動兩地經貿合作的各種政策措施，尤其是 CEPA 這一建基於「一國兩制」優勢、又具有超越 WTO 開放性質、極具針對性的區域合作安排，取得了較好的政策效果，加上內地「個人遊」（自由行）和國家支持香港建設人民幣離岸中心的一系列政策措施，為香港帶來了極大的社會和經濟效益。這具體表現在以下幾方面：

1. 提升香港經濟的增長水平

雖然香港經濟於回歸初期曾受到資產泡沫、亞洲金融風暴和非典疫情等挑戰，但香港憑藉「一國兩制」和「背靠祖國、面向世界」的優勢，經濟終於見底回升，並再創高峰。CEPA 是在 2003 年香港經濟處於最困難的時期簽署的，是一劑「強心針」，對提振香港的經濟信心無疑有很大的作用。但其後經濟信心的維繫，則取決於 CEPA 能否取得實效。實踐證明，CEPA 對加快香港經濟增長確實起了重要推動作用。據統計，2004 至 2017 年的 14 年間，儘管受到世紀金融海嘯的嚴重衝擊，香港經濟仍獲得年均 4% 的增長，對比前七年（1996-2003）的平均約 2%，速度要快一倍；甚至對比被視為經濟好景的回歸前七年（1990-1997）的年均增長率 5.1%，也只是略有放緩。這雖然是拜期間全球、特別是亞太區對外貿易蓬勃發展帶動香港貨物出口和服務輸出快速增長所賜，但顯然也與 CEPA 全面推動香港貿易和物流及相關行業進入內地市場、以及積極推進中港兩地貿易便利化等政策密切相關。

與此同時，內地「個人遊」自 2003 年實施以來，遊客數量不斷突破，早已佔到內地來港遊客的一半以上。自由行不但給香港的零售市場帶來了龐大的購物消費額，也帶旺了酒店、飲食、交通等行業，使香港服務輸出中的全部旅遊服務輸出總量，從 2003 年的 556 億港元急增至 2017 年的 2,591 億港元，年均實質增長 11.8%，大大快於整體服務輸出的增速；其中對內地的旅遊服務輸出佔同期香港旅遊服務輸出增加量的 70% 左右，換句話說，近些年來香港旅遊服務輸出高速增長，約七成是由內地遊客帶動的，其中內地「個人遊」起了關鍵作用。去年到港的內地遊客達 4,445 萬人次，佔香港遊客總量的 76%，是帶動香港旅遊服務的主要力量。

綜合估計，國家推出 CEPA、「個人遊」以及發展香港金融中心等支持香港經濟的

一系列政策措施，帶動香港經濟每年大約增長 2.5 個百分點。也就是說，八年來香港經濟增長至少有六成與國家支持香港的政策措施有關，香港經濟已進入一個主要由政策推動、並與內地融合發展的新階段。

從香港經濟結構上看，金融服務、貿易及物流、旅遊、專業服務及其他工商業支持服務是香港四大支柱產業，分別佔 2016 年香港本地生產總值和就業人數的 57% 及 47%，較開始有此項統計的 2000 年分別上升 8% 及 3%，其中金融服務、專業服務及其他工商業、以及旅遊業於回歸以來均獲得了長足的發展，這是香港與內地之間深化合作和自覺融合的結果。

從總量看，2017 年香港經濟規模達到 2.66 萬億港元，於全球排名第 33 位左右，較 1997 年大幅上升約 90%，年均實質經濟增長為 3.3%，人均生產總值也大幅提升，由 1997 年的 21.2 萬港元上升至 2017 年的逾 36 萬港元（4.6 萬美元），全球排名第 15 位左右，足以媲美不少歐美先進國家，香港市民生活水平在回歸 20 多年來獲得顯著提升。

2. 推動貨物貿易更上新台階

過去 20 年香港和內地在貿易投資促進、通關便利化、電子商務、法律法規透明度、商品檢驗檢疫、食品安全、質量標準、中小企業合作、產業合作、保護知識產權合作、品牌合作和教育合作等 10 個方面加快了合作，並取得突破，從而帶動了兩地貿易的快速發展。根據政府統計處的資料，2003 至 2017 年香港整體貨物出口從 2,234 億美元增加到 4,969 億美元，平均每年增長 5.9%，大大高於 2003 年前七年的水平（每年增長 2.8%）。這主要是由港內貿易推動的，過去 14 年香港對內地的貨物出口從 952 億美元猛增到 2,700 億美元，年均增長 7.7%，快過同期香港整體出口的升幅；前後一共增加 1,718 億美元，佔香港全部出口增加量的 62.8%。換句話說，香港貨物出口增長有超過六成是由香港對內地出口帶動的，這使得香港對內地出口佔全部出口的比重，由 2003 年的 42.6% 增加到 2017 年的 54.3%，14 年間共提升了約 10 個百分點。

CEPA 也帶動了內地對香港的出口，並通過香港的全球分銷網絡把內地貨品更多

地銷往世界各地。據香港統計，過去 14 年香港從內地進口貨物從 969 億美元增加到 2,603 億美元，年均增長 7.3%，快於香港整體進口的增速，使內地進口在香港全部進口中的比重從 41.9% 提高到 46.6%。這些內地貨物大多通過香港轉口到世界各地，轉口金額由 2003 年的 1,235 億美元，增加到 2017 年的 2,855 億美元，既帶動了內地對香港出口，也大大提升了香港轉口貿易的規模和水平。與此同時，由於香港的離岸貿易總規模早已超過轉口貿易，CEPA 對推動香港與中國內地的離岸貿易也必然產生更大的影響。

3. 對香港服務貿易發展的貢獻

近年來服務貿易迅速崛起並已成為香港經濟的重要支柱和增長動力，2003 至 2017 年香港服務輸出總量從 2,636 億港元急升至 8,103 億港元，年均實質增長 6.5%，是同期 GDP 升幅的 1.63 倍，也大大快於 2003 年前七年的水平（年均增加 5.2%）；服務輸出佔 GDP 比重從 1997 年的 17.5%，增加到 2003 年的 21%，2017 年更超過三成，這使得服務貿易對香港經濟增長的貢獻不斷增大。過去 20 年香港服務淨輸出實質增量相當於 GDP 實質增量的 39.4%，說明香港經濟增長約有四成是由服務貿易帶動的。

近年來香港服務貿易的快速發展，應與 CEPA 開放服務業從而加強香港與內地的服務合作緊密相關。在服務貿易方面，內地對香港服務業作全面或部分開放的部門 153 個，佔全部 160 個服務貿易部門的 95.6%，不少行業對香港投資放寬或取消股權限制，降低註冊資本、資質條件等門檻，放寬投資地域和經營範圍等限制，尤其是 2015 年 11 月 27 日《服務貿易協議》的簽署，該協議是首個內地全境以准入前國民待遇加負面清單方式全面開放服務貿易領域的自由貿易協議，標誌着內地全境與香港基本實現服務貿易自由化。2017 年 6 月 28 日內地與香港簽署了 CEPA《投資協議》和 CEPA《經濟技術合作協議》，進一步為香港服務業提供了進入內地發展的好機會，這將掀起新一輪香港對內地投資的熱潮。2017 年中國內地實際利用外資達到創紀錄的 1,310 億美元，其中來自香港的投資 989 億美元，佔比高達 75.5%，估計有較大比例的資金投入內地服務業，使得內地服務業利用外資比重接近三成。

CEPA 對香港開放服務業，不僅使香港獲得更多更好的投資機會，也帶動了香港本地的服務輸出。據政府經濟分析與方便營商處的調查結果，在 2004 至 2009 年期間，設於香港的服務企業由於 CEPA 而獲得的額外業務收益累計約 616 億港元，其中 2007 至 2009 年佔 525 億港元，相當於同期香港服務輸出增長量的 50.1%。也就是說，如果我們把香港服務企業因 CEPA 而獲得的額外業務收益全部計入 GDP，那麼 2007 至 2009 年作為香港經濟主要發展動力的服務輸出的快速增長，超過一半是由 CEPA 推動的。雖然近幾年尚無最新調查數字，但從趨勢上看，相信 CEPA 對香港服務業增長的推動力會是有增無減，這說明國家支持香港的政策對推動香港貨物出口和服務輸出都發揮了加速器的作用。

4. 促進全球金融中心的崛起

　　過去 20 年香港金融業的發展，總的來說，是「在危機中發展，在合作中進步」。自回歸以來，香港經歷了 1997 年亞洲金融風暴、2008 年全球金融海嘯和 2012 年歐債危機的洗禮，但在內地經濟迅速崛起和兩地合作不斷深化的帶動下，香港國際金融中心地位持續強化。香港作為中國國際化程度最高的城市，不單具有「一國兩制」，實行普通法，資金、信息自由流通，營商環境公平和透明，擁有大量國內外人才，以及兩文三語等優勢，也受惠於內地改革開放帶動兩地經濟要素加快流動，透過 CEPA、自由行以及人民幣國際化等「先行先試」的政策，使香港跨境金融業務得到快速發展。

　　內地改革開放和人民幣國際化進一步推進，帶動香港金融快速發展的主要是股市規模的不斷擴展、財富管理行業的崛起以及人民幣業務的突破，香港更發展為服務內地的國際金融、專業和商業服務業中心，內地企業上市集資的首要平台，海外企業走進內地和內地企業「走出去」的跳板以至全球最大的離岸人民幣中心，區內主要的財富管理和資產管理中心。2016 年，內地企業在港新股集資 1,813 億，令香港再登全球新股集資榜首，而在港上市的內地企業數目亦由 1997 年的 101 家大幅增加至目前的超過 1,000 家，帶動港股市值在 2017 年底升至 34.4 萬億，較 1997 年超出 9.5 倍。同時，香港亦已發展為區內主要的財富管理和資產管理中心，2015 年香港基金管理業務

合計資產達 17.4 萬億，較 2000 年超出 10.7 倍。

另外，自 2004 年以來，香港銀行正式開展人民幣業務，其業務範圍和產品種類不斷推陳出新，豐富了香港原來主要以港元和美元作媒介的交易品種，成為擁有三大幣種優勢的金融中心，以及全球最大的離岸人民幣中心，並透過高效可靠的金融基建，充分發揮其離岸人民幣業務和以及亞太區的支付及結算樞紐的優勢。國家還支持香港企業以人民幣到內地直接投資，允許以人民幣境外合格機構投資者（RQFII）方式投資境內證券市場，在內地推出港股交易所基金 ETF，進一步強化香港作為全球離岸人民幣業務樞紐地位。這些新措施不但使香港人民幣投資、債市、股市和匯市等市場更加完備，而且突破了內地與香港資本市場的藩籬。

國家支持香港金融發展的一系列政策措施，有力地促進了香港金融業的發展，更令香港獲得與紐約和倫敦齊名的「紐倫港」稱號。過去 20 年香港金融業增加值差不多翻了兩番，平均每年勁升 7.1%，是 GDP 增速的 2.2 倍。2016 年金融服務分別佔香港本地生產總值和就業人數的 17.7% 及 6.5%，較 2000 年分別增加了 4.9 及 1.2 個百分點，帶動期間香港 GDP 平均每年增長 1.1 個百分點。換言之，2001 至 2016 年的 16 年間，香港經濟增長約 27% 是由金融業推動的。目前香港金融增加值佔 GDP 比重已提升到 18% 左右，開始超越進出口貿易，成為香港第一大支柱產業。

5. 對改善勞動就業的作用

亞洲金融風暴發生後，香港失業率從不足 2% 急升至最高的 8.7%，但自 CEPA 實施以來，香港的勞工市場逐步好轉，並恢復到全民就業水平。當然這一成績並非全部來自 CEPA 和「個人遊」，但國家支持香港的政策無疑起了一定作用。根據特區政府早期的調查資料，截至 2009 年底，因 CEPA 開放服務貿易措施而在香港創造的職位超過 4,400 個，因實施「個人遊」計劃而增加的本地職位更高達 50,300 個，兩者合計為 54,700 個，佔同期香港就業人數增量的 17.4%，而發展人民幣業務也增加了香港金融業的職位。此外，根據同樣調查，截至 2009 年底，香港根據 CEPA 在內地設立的企業共創造了約 40,600 個職位，可見國家支持香港的政策對內地勞動就業也有積極影

響。其後雖然沒有新的調查數據，但從目前失業率只有 2.9% 看，兩地經濟貿合作對香港就業市場的作用十分明顯。

從內地角度看，回歸以來，香港在國家改革發展中所發揮的作用，不但沒有減弱，反而在不斷加強。這主要體現在外貿出口、外商投資和內企上市等方面。具體而言：

一是貿易功能得到加強。國家加入 WTO 後，對外貿易條件得到改善，香港以其獨特的自由港地位，充分發揮轉口貿易及支持角色。2017 年，香港是內地第三大貿易夥伴，緊隨首位的美國及第二位的日本。內地海關統計數字顯示，2017 年內地與香港之間的雙邊貿易總額達 2,866 億美元，佔內地對外貿易總額的 7.0%，是 1997 年的近五倍。其中，內地對香港的出口貨值達 2,793 億美元，令香港成為內地第二大出口市場。目前香港是內地最重要的轉口貿易地，據香港特區政府統計，2016 年 60% 的轉口貨物原產地為內地，而 54% 的出口以內地為目的地，這些都帶動內地進出口貿易高速發展。

與此同時，內地與香港的商品貿易結構發生了很大的變化，1997 年內地出口至香港的商品主要以紡織原料及紡織製品、塑料製品、鞋帽等勞動密集型的產品為主，內地自香港進口的產品主要以機器、機械器具及其零件以及電機、電氣設備及其零件、錄音機、電視等為主。而 2016 年內地出口至香港的商品主要以錄音機、電視機、機器、機械器具及其零件以及電機、電氣設備及其零件等機電產品為主，該部分商品佔內地對香港總出口額的近七成；內地自香港進口的商品主要以銅廢碎料、鋁廢碎料、塑料的廢碎料及下腳料為主，金額則不斷下降。

二是外商投資規模不斷擴大。2017 年內地實際利用港資金額達 945 億美元，比 1997 年大幅增加約四倍，佔內地吸收境外投資的 75%。截至 2017 年底，內地累計批准港資項目逾 40 萬個，實際使用港資 10,082 億美元，佔內地全部利用外資的53.2%，其中絕大多數都是在香港回歸以後投入的。與此同時，內地對香港投資規模也不斷擴大，其中對港直接投資的規模提高最為顯著。2008 年當年，內地對香港投資首次突破 300 億美元；截至 2017 年 9 月底，內地對香港非金融類累計直接投資 5,312

億美元，也佔中國對外投資存量總額的一半以上。內地企業在香港的投資多分佈在貿易行業，將香港作為走向國際的「中轉站」，通過香港實現其全球化的目標。

三是為內地企業融資的功能不斷提升。香港作為三大國際金融中心之一，在吸引國際資本方面優勢明顯，其自由開放的金融體系、成熟的市場運行環境、眾多的金融高端人才、完善的投資銀行服務、健全的法制基礎和市場監管體制對於內地企業有着極大的吸引力，成為內地企業境外上市的首選地。1993 年，青島啤酒在香港上市，成為首家來港上市的內地企業。如今，香港已經成為中資企業首選的海外融資中心和主要基地。到 2018 年 3 月底，香港股市中內地上市公司有 1,070 家，佔上市公司總數（2,179 家）的 49.1%，市值佔 67.3%，交易佔 80.3%。另據香港金融管理局的資料，2017 年 9 月底香港銀行業與內地有關的貸款高達 40,730 億港元，佔全部貸款的 45%，為內地經濟發展提供了重要支撐。

40 年來兩地經濟的合作與交流已經證明，國家的發展是香港經濟增長潛力所在、動力之源。與回歸前相比，雖然香港在國家經濟總量中的比例不斷縮小，但並不意味着香港對國家不重要了，香港仍擁有許多不可多得的優勢和條件，仍將繼續在國家發展中扮演重要角色。

二、深化兩地經貿合作之方向和條件

（一）十九大確立兩地經貿合作方向

當前國家已進入全面建設現代化強國、奮力實現民族偉大復興的新時代。習近平總書記在十九大報告中，明確宣佈中國特色社會主義已進入新時代，全面闡述了新時

代中國特色社會主義思想和 14 條基本方略。這個新時代的提出，表明國家發展已站到了新的歷史起點上，確立了新的歷史方位，這對推進國家現代化建設意義重大，影響深遠。

在香港治理方面，十九大報告首次提出牢牢掌握憲法和基本法賦予的中央對香港、澳門的全面管治權，完善與基本法相關的制度和機制。香港回歸祖國以來，「一國兩制」實踐之所以能取得舉世公認的成功，主要取決於中央全面準確貫徹「一國兩制」方針，牢牢掌握憲法和基本法賦予的中央對香港、澳門全面管治權。正因如此，習主席指出，「一國兩制」是解決歷史遺留的香港問題的最佳方案，也是香港保持長期繁榮穩定的最佳制度。香港畢竟是法治社會，市民守法意識較強，未來要治理好香港，必須把維護中央對香港、澳門特別行政區全面管治權和保障特別行政區高度自治權有機結合起來，確保「一國兩制」方針不會變、不動搖，「一國兩制」實踐不變形、不走樣，讓香港同擔民族復興的歷史責任，共享祖國繁榮富強的偉大榮光。

在香港發展方面，十九大報告首要提出要支持香港融入國家發展大局，以粵港澳大灣區建設、粵港澳合作、泛珠三角區域合作等為重點，全面推進內地同香港互利合作，制定完善便利香港居民在內地發展的政策措施，從而為香港進一步指明了發展方向，也帶來了加快發展的歷史性機會，將決定香港經濟的未來走向。

根據十九大報告的精神，香港最重要的是把握如下三點：

一是配合國家打造現代化經濟體系。十九大報告首次提出「建設現代化經濟體系」，強調這是「跨越關口的迫切要求和我國發展的戰略目標」，說明發展仍是國家第一要務，經濟現代化是重中之重，未來最本質的特徵是高質量發展，香港完全可以作出配合。

建設現代化經濟體系的一大舉措，是「開放引領」，推動形成全面開放新格局。其中「一帶一路」是一大重點，另外是實行高水平的貿易和投資便利化政策，大幅度放寬市場准入，尤其是賦予自貿區更大改革自主權，探索建設自由貿易港，說明國家開放大門不會關閉，只會越開越大。香港是全球最自由、最多功能的自由港，已連續 20 多年被評為世界最自由的經濟體，可為內地探索建設自由港提供最鮮活的參照

系。香港也是「一帶一路」的重要節點，擁有最龐大的海外華人網絡，未來可打造為「一帶一路」的國際服務樞紐，更好地發揮開放引領和示範作用，協助國家儘快形成全面開放的新格局。

建設現代化經濟體系的另一個舉措，是「創新驅動」，加快建設創新型國家。創新被視為現代化經濟體系的戰略支撐，在國家未來發展中將擔當關鍵角色。香港擁有國際一流的高等教育、研究資源、科技轉移、專業服務、人才配套、法治稅制以及知識產權保護等優勢，創新及科技上游產業之基礎研究已晉升至世界級水平，但創科產業一向是弱項，當務之急是加快中游及應用研究，推動科研成果產業化，形成國家所需、本港所長的科創產業。同時也要看到，科研成果產業化是廣東的強項，未來雙方應以創新科技和創新金融的深度融合為主要方向，把兩地優勢緊緊結合起來，發揮創新和產業協同效應，在研發、資金、測試及生產全過程展開合作，打造具全球競爭力的創科產業集群，成為建設創新型國家的帶動力量。

建設現代化經濟體系的第三個舉措，是「改革支撐」，加快完善市場經濟體制，重點是完善產權制度和要素市場配置。香港擁有與完全國際市場接軌的制度安排，可發揮借鑒及帶動作用。比如，國家正在深化投融資體制和金融體制改革，希望發揮投資對優化供給結構的關鍵作用，促進多層次資本市場健康發展。香港已是全球三大金融中心之一，也是亞太區最重要的投資管理基地，各類金融資源豐富，營商環境、投融資體制和金融監管水平在亞太區首屈一指，可為國家發展混合所有制經濟、深化投融資體制改革提供支持，進而使本港銀行保險、資本市場、財富管理和人民幣業務等得到不斷擴張，強化全球人民幣業務樞紐和資產管理中心功能，並向發展世界級金融平台邁進。

二是在保障和改善民生方面提供示範。十九大報告提出，為什麼人的問題，是檢驗一個政黨、一個政權性質的試金石，必須讓改革發展成果更多更公平惠及全體人民，朝着實現全體人民共同富裕不斷邁進。這對香港是一個重大啟示，我們有條件做得更好，應當率先行動，發揮示範作用。比如住房是香港最大的社會民生問題，長期以來並沒有解決好，而且問題越積越大，對經濟增長和社會穩定都帶來極負面影響。

今後應加快公共房屋建設，讓中產及以下階層、尤其是年輕一代住有所居；長遠看，應設法逐步改變滯脹的房屋發展模式，徹底解決港人居住問題。房屋既是難題，也是機會，只要全面釋放房地產的生產力，香港的居住問題不但可以解決，還可為長遠經濟增長提供動力。

三是為國家創新社會治理提供經驗。全面建設現代化強國的一個重要舉措，是加強和創新社會治理。這又是香港的一大強項，香港在社會治理社會化、法治化、專業化等方面具有較高水平，未來可提供有效經驗，協助國家打造共建、共治、共享的社會治理格局。

（二）香港所長和國家所需

香港長期奉行自由港政策，自由經濟理念貫穿在法律制度、經濟金融政策、政府及企業行為等各個領域。在經濟政策方面表現為貿易自由、企業經營自由、資金進出自由和人員出入境自由；在政府角色方面主要體現在儘量不干預市場，營造自由及公平的營商環境。而與自由港政策相配套的是實行簡單低稅制及以判例法為基礎的法律制度。自由港政策提升了香港金融市場的流通性、透明度及運作效率，對經濟及金融市場朝高級化及國際化發展發揮了積極作用，並成為香港發展成全球主要國際金融及商務中心、跨國企業總部基地的重要基石，令香港擁有多方面優勢，得以繼續為國家在新時代的經濟發展提供獨特服務。具體而言有以下優勢：

一是開放優勢。國際社會一直高度評價香港經濟的競爭力和自由度，並充分肯定香港維持自由開放的市場原則、優良的法治傳統、高效的公營部門和穩健的體制，以及積極開拓新市場和支持新產業發展的努力，這些評價並沒有因為回歸而出現任何改變，充分反映了「一國兩制」在香港成功落實。其中加拿大菲沙研究所及美國傳統基金會均長期把香港評為全球經濟自由度最高的地區，前者更自 1970 年以來已把香港評為自由度最高的地區之一，後者則連續 23 年把香港評為全球最自由經濟體。瑞士洛桑國際管理發展學院亦分別於 2011、2012、2016 及 2017 年將香港評為全球最具競爭力的經濟體。Z/Yen Group 的全球金融中心指數則自 2007 年起長期把香港評為全球

第三或第四大國際金融中心。

二是制度優勢。香港在實施自由經濟的同時，有一套較健全的制度與規則為自由經濟的運作提供支持，使經濟金融業的發展有規可循，既自由又有秩序，既國際化又有本土特色。這在全球經濟體中相當罕見。香港能做到這點，主要與其法治及文化的構成相當特殊有關。

制度的含義很廣，僅從香港服務內地的角度看，香港的制度優勢主要體現在：1. 香港的法律制度以普通法為基礎，也結合本地立法並保留了中國華人社會的一些傳統習俗，同時適合國內及國際化企業運作，而合約簽訂和執行等商業活動多以英文為主，能取信於西方國家及企業；2. 有一套較規範的經濟金融運作與監管制度，有較高的社會專業化管理水平；3. 政府在經濟發展中的角色、政府與市場關係清晰，行政效率及透明度較高，政府廉潔，公職人員的操守受到制度、民眾與媒體的充分監督；4. 司法獨立且有較高的公信力；5. 產權制度明晰，交易成本較低。

三是國際金融中心的優勢。從香港服務內地的角度看，此優勢主要體現在幾個方面：1. 香港地處亞太區中心，金融市場與紐約、倫敦處在不同時區，承上啟下，環環相扣，在資金、信息與人才方面相互連接與流動，充當當今全球經濟及資金循環流轉、經濟全球化運作的金融與商務往來樞紐；2. 國際性金融機構及專業人才集中，可為機構及個人提供全面金融服務；3. 金融監管制度與監管水平國際領先。

四是國際化企業營運平台的優勢。從香港服務內地的角度看，此優勢主要體現在幾個方面：1. 國內及國際聯繫緊密，營商網絡發達，營商便利；2. 英語普及，了解國內及國際市場，專業與管理人才國際化；3. 市場機制和運作規範與國際接軌；4. 一流的基礎設施，交通通訊發達，信息自由，辦事效率高；5. 只徵收企業利得稅（最高稅率為 16.5%）、個人薪俸稅（最高稅率為 15%）及物業稅（即租金收入稅，目前稅率為 15%）三種直接稅，不徵收大部分經濟體都徵收的銷售稅、消費稅、增值稅，也沒有預扣稅、資本增值稅、股息稅、遺產稅，如此簡單的稅制及較低的稅率可有效減輕企業的經營成本，廣受中資及外資企業，尤其是跨國企業歡迎。

（三）主要困難和障礙

然而，近年來內地力推供給側改革並取得明顯成效，新動能培育與傳統動能改造大大提升了協同發展能力，而香港卻出現經濟動力減弱這一長期性問題，關鍵在於自身的結構性缺陷，表現為產業結構不平衡，創新及科技產業發展緩慢，內部需求較依賴財富效應，無法產生新的更為強勁的增長動力，使兩地合作出現不少困難和障礙。

一是香港與內地在 80 年代開啟的以「前店後廠」為主要特徵的經貿合作模式，已走到盡頭；於 2003 年簽署的 CEPA 協議，在連續 10 多年簽訂補充協議後，已經沒有太多新內容，加上由於存在大門開、小門不開的問題，說明 CEPA 也已基本完成其歷史使命，兩地合作需要新的動力。如何按照「國家所需、香港所長」的要求，在融入國家發展大局中去尋找更多更好的合作機會、開拓更大的合作和發展空間，是需要我們認真探討的問題。

二是回歸以來，香港從一個區域性金融中心提升為全球三大金融中心之一，最重要的是內地的強力支持。香港未來金融業的發展，仍在很大程度上取決於能否打開內地市場，尤其是資金能否在兩地自由流動。然而，由於內地把防控金融風險作為未來三年需要打好的三大攻堅戰之首，資金自由流動在相當長時間內都會受到限制，如何在保證國家金融安全的前提下，爭取兩地金融合作取得新突破，也是需要重點研究的課題。

三是目前內地經濟已進入高質量發展階段，迫切需要發展實體經濟，提升科技創新能力，打造創新型國家。香港擁有國際一流的高等教育、研究資源、科技轉移、專業服務、人才配套、法治稅制以及知識產權保護等優勢，創新及科技上游產業之基礎研究，已晉升至世界級水平。但由於土地、成本和環保等制約，令中下游的應用型創科產業起色不大，迄今尚未出現類似蘋果、華為、騰訊等世界級創科企業；同時，不斷膨脹的資產泡沫也大大限制了香港發展科技創新產業及與內地深化合作的能力。能否在科技創新領域與內地加強合作並取得突破，關係到香港未來在國家發展中的地位和自身的發展前景。

有鑒於此，新時代深化香港與內地的經貿合作，需要制定新的戰略定位，確立合作新思維和新模式：1. 緊密配合及參與推動國家經濟發展戰略，構建最緊密的戰略合作夥伴關係，是新時期深化兩地合作的戰略核心。2. 充分發揮香港現有的獨特優勢，及盡力打造新優勢，是香港配合國家戰略及分享合作發展成果的基本條件。3. 以「政府推動、企業主導」的新模式，結合政府、商界和學界三方面的力量，拓展兩地經濟合作的空間和內涵。4. 在深化兩地經濟合作的同時，為雙方創造實實在在的共同利益，並儘可能讓香港各界共享兩地合作的新成果。

三、未來深化合作的具體領域

（一）對接「一帶一路」

習近平主席提出的「一路一帶」倡議，能在短時間內就全面付諸行動，迅速打開局面，歸因於推動戰略的理念和方式取得突破，帶動了區域合作模式的全面創新，使沿綫國家和民眾看到了希望。這一戰略在未來 20 至 30 年將是影響中國、亞洲乃至全球的一件大事，一旦成功推行，將重塑全球經濟版圖並形成「絲路半球」。香港若能抓住這一歷史性機遇，充當戰略支持和協助推動的角色，就有機會發展成為世界級都會。

從幅射範圍看，包括中國在內，沿綫約有 64 個國家，擁有 44.6 億人口，佔全球的 60.8%；GDP 21.9 萬億美元，佔全球的 29.3%；貨物出口 7 萬億美元，佔全球的 37.3%。「一帶一路」沿綫國家或地區大多數為新興市場或發展中經濟體，大都處於經濟發展的上升期或崛起階段，本世紀以來年均 GDP 增速為全球平均水平的 2.5 倍，

是世界經濟的主要增長點。預計未來沿綫各國經濟仍將以全球平均兩倍的速度增長，20 年後 GDP 總量將佔到全球接近一半，形成意義非凡的「絲路半球」，成為全球真正的經濟重心和財富增長的源頭活水。

1. 區域經濟合作模式的創新

「一帶一路」帶動區域合作模式的全面創新，使沿綫國家和民眾看到了巨大的發展潛力，並對未來寄予厚望。這一創新模式可概括為「一個核心、三大重點」：**「一個核心」是合作理念的創新。**「一帶一路」倡議針對性強，傳統 FTA 大多以貿易和投資為主體，缺乏針對性。更重要的是，「一帶一路」提出以打造利益共同體和命運共同體為發展目標，是全新的區域經濟合作理念，其內涵甚至超越了現今全球區域經濟整合的高級形式 —— 經濟共同體，充分體現了中華文明一向倡導的「和敬惠融、天下大同」的核心價值，也與亞洲國家持有的「開放、學習、包容和強調集體主義」的新亞洲價值觀以及「多元一體、和諧共贏」的新地區主義理念是基本一致的，因而也是核心價值所在，這將為成功推進「一帶一路」建設提供重要動力。

「三大重點」則指向合作方式的創新。具體表現在：（1）以建設經濟走廊為重要推進平台。現階段主要有新亞歐大陸橋、中蒙俄、中國—中亞—西亞、中國—中南半島、孟中印緬和中巴等六大經濟走廊。如中國—中南半島經濟走廊涵蓋中國和東盟 10 國，早已是 10 ＋ 1 自由貿易區，且已完成自貿區升級談判，在此基礎上打造經濟走廊，無疑將錦上添花，事半功倍。（2）通過與沿綫國家分別簽訂備忘錄和路綫圖，實行「一國一策」。中國已與 80 多個國家和區域合作組織發表了對接「一帶一路」倡議的聯合聲明，並且簽訂了相關諒解備忘錄或協議。如中國和巴基斯坦合作打造中巴經濟走廊，目前合約總投資約 1,000 億美元。（3）成立新的多邊開發機構籌集建設資金。最具影響力的是亞投行，資本為 1,000 億美元，現有 77 個成員，另有 10 多個國家和地區等待加入，將會以新機制運作。亞投行於 2016 年 1 月正式營運，2016 年為七個亞洲發展中國家的九個項目提供了 17.3 億美元貸款，撬動公共和私人部門資金 125 億美元。

2. 香港的定位

2016 年張德江委員長在訪港時發表講話，充分肯定了香港在「一帶一路」建設中具備的四大獨特優勢，明確了中央政府將支持香港在主動對接「一帶一路」、打造綜合服務平台、推動人民幣國際化，及深化與內地合作，共同開闢「一帶一路」市場等方面發揮重要作用，為香港政府與各界參與「一帶一路」建設提供了重要的指引和方向。

有鑒於此，對接「一帶一路」，首先要確定香港的策略定位。香港特區政府對參與「一帶一路」建設的策略定位，是作為「超級聯絡人」，將國家和「一帶一路」沿綫國家聯繫起來。因為香港擁有「一國」和「兩制」雙重優勢。「一國」之利令香港的貨物和服務可以在 CEPA 等優惠政策下便利地進入內地，而「兩制」之便則讓香港可維持與內地城市不同的經濟和社會制度，及廣闊的全球商業聯繫。

我們認為，香港既是亞太區的金融、商貿、物流、投資管理和專業服務中心，也是 21 世紀海上絲綢之路的橋頭堡，具有「一國兩制」制度優勢和獨特區位優勢。在國家推動「一帶一路」建設的過程中，香港不僅僅是「超級聯絡人」，還應當定位為「境外服務樞紐」，充當境外戰略支持和全面服務的角色。這一新定位具有更實質的內涵，使香港可以更好地對接國家「一帶一路」，發揮至關重要的功能和角色。

3. 實施五大行動

在這個新定位下，香港可以發揮獨特優勢，全面對接國家「一帶一路」，並由此獲得更大的商機，進一步打造世界級都會，享有類似紐約之於北美和倫敦之於歐洲的地位。具體而言，香港可從如下五個方面積極參與和配合國家落實「一帶一路」倡議：

第一，積極參與絲路沿綫投資和管理，將香港發展為世界級的投資與管理基地。基建是「一帶一路」戰略的重點，根據規劃，未來將以基礎設施建設為重點，共同編組陸運、海運、空運和信息等立體交通大網絡。西方學者估計，總需求超過 20 萬億美元；亞行估計，2017 至 2030 年僅亞太基建所需投資累計超過 26 萬億美元。但由於

絲路沿綫國家儲蓄率普遍較低，當地政府可用於基建投資的資金十分有限，資本市場不發達，較少使用 BOT 等民間融資形式，現有多邊開發銀行在該領域的年度融資規模也只有 100 億至 200 億美元，資金缺口仍很大，如何融資成為關鍵。

香港目前是亞太區首屈一指的投資與管理中心，絲路沿綫基建和產業投資的強勁增長，給香港帶來參與開發的機會，具體而言：（1）推動港商參與基建投資和管理。香港企業可利用 PPP 模式及其他方式參與基建投資、建設和管理。（2）鼓勵港商參與沿綫資源開發和產業發展。沿綫國家資源豐富，如中亞五國的石油、天然氣儲藏量大，開發價值較高，未來開發力度將加大，給香港企業帶來機會。（3）支持經濟走廊和產業園建設。總體而言，「一帶一路」戰略將成為對外投資增長的主要帶動力量，香港將有機會提升為世界級的投資和管理基地。

第二，促進絲路沿綫貿易發展，打造環球商貿和供應鏈管理平台。「一帶一路」將從三個方面促進貿易：（1）以投資帶動中國高鐵等運輸設備、建築機械、鋼鐵水泥等出口。（2）實施貿易便利化措施，擴大中國消費品輸出。（3）推動能源、資源及特色產品源源不斷輸入中國。估計未來 10 年中國與絲路沿綫國家的貿易年均增長將超過 10%，雙邊貿易額將從目前的 1 萬億美元增加到 2.6 萬億美元以上，這將給香港商貿活動帶來更大發展空間。香港擁有龐大的商業人脈網絡，也是亞洲最重要的會議展覽中心、採購中心、商業配對中心，可以協助各地政府和企業物色商業夥伴，成為「一帶一路」的主要商貿物流促進平台。

第三，為「一帶一路」建設提供國際化融資服務，提升香港為世界級金融中心。在國家「一帶一路」建設中，香港金融業擁有巨大的優勢和條件，可以提供多功能的服務和多方面的支持。以市場融資為例，作為重要的國際金融中心，香港無資本項目管制、資金自由流通，擁有同國際接軌的健全法律體系，各類金融機構和金融專業人才富集，金融要素市場門類齊全，發債、上市、銀團貸款、風險資本投資等各類融資工具下成本相對較低，是絲路沿綫政府、政策性金融機構、企業理想的融資平台。其中，基礎設施建設互聯互通項目具有投資金額大、建設和資金回收週期長等特點，香港金融機構可給予全流程金融支持，涵蓋保函擔保、結算匯兌、發債融資、政策性貸

款、項目貸款、銀團貸款、現金管理等多項金融服務領域；成熟的基建項目還可在香港上市及資本運作，為香港資本市場提供新機會。

當然也要看到，絲路沿綫國家經濟、政局環境差異較大，一些國家市場化程度不高，法律制度不健全，企業乃至銀行經營缺乏規範的行業準則，為金融業務風險管理帶來新挑戰。面對這些重大機遇和挑戰，香港金融業要以戰略思維把握全局，努力通過金融創新協助國家推動「一帶一路」建設，包括為「一帶一路」金融創新提供平台、大力發展伊斯蘭金融、藉助「一帶一路」再創香港人民幣市場新優勢以及為經濟走廊和產業園建設提供專項融資安排等等。

第四，支持內地企業到絲路國家投資，將香港打造為中國企業的境外營運中心。香港一向是跨國公司在亞太區的區域總部所在地，目前在香港運作的地區總部和辦事處約有 4,000 家，其中不少是中資企業。國家大力鼓勵及推進內地企業「走出去」，未來將會有更多的中資企業借港出海，先到香港設立投資機構，再以香港企業身份到絲路國家投資發展，香港可為這些中資企業的直接收購案提供融資安排、品牌管理、現代物流、專業服務等，令「走出去」企業的業務發展更加順暢；香港企業也可和中資企業合作一起到絲路沿綫投資，各自發揮優勢以提升項目建設的成功率。

第五是為絲路建設提供規範化的專業服務，將香港發展為世界級的專業服務中心。作為一個全球商業樞紐，香港包括法律、會計、諮詢顧問、工程技術在內的專業服務及其他工商業支持服務業，在 2016 年合共為本港帶來 388 億美元的增加價值，佔本地生產總值的 12.5%，並為超過 53 萬人提供職位。沿綫地區對專業及基礎設施服務需求殷切，香港在多個領域，包括會計、法律、投資環境及風險評估、環境諮詢、建築、工程管理等均擁有優勢，可以為「一帶一路」沿綫地區提供顧問服務和參與營運管理，藉此把香港專業服務提升至世界級規模和水平。

（二）配合高質量增長

十九大報告的一大亮點，是首次提出「把提高供給質量作為主攻方向，顯著增強我國經濟質量優勢」；2017 年底召開的中央經濟工作會議，進一步指出「推動高質量

發展是當前和今後一個時期確定發展思路、制定經濟政策、實施宏觀調控的根本要求」。2018 年全國兩會把推動高質量發展作為做好工作的首要任務，說明決策層把推動高質量發展擺在最重要位置。其間透露出新時代許多重要的新信號，需要深入解讀；它給香港帶來的新機遇，需要認真把握。

1. 高質發展之核心內涵

雖然目前高質量發展已成為全國共識，但其具體涵義仍是眾說紛紜，莫衷一是。我們認為，高質量發展主要包括如下四大內涵：

第一個內涵是提質增效。產品、服務和管理質量不適應需求變化是一大短板，需要一場深刻的質量革命，以提升供給質量為主攻方向，大力發展先進製造業、現代農業和高端服務業，加強企業和行業的質量管理，使中國製造和服務成為高質量的標杆。與此同時，以最少的勞動、資本、土地、資源等要素投入，獲得最大的產出（包括勞工收入、企業盈餘、國家稅收和就業崗位等），大力提升投入產出比率和經濟效益。

第二個內涵是創新驅動。從外圍看，當前世界各國提升國際競爭力越來越依賴創新能力，既包括科技創新和文化創意，也包括理論和制度創新。創新能力越強的經濟體，發展質量就越高，對經濟增長的貢獻也就越大。從內部看，近幾年來中國勞動人口總量出現下滑，資源投入也面對瓶頸，傳統發展方式難以為繼，需要加快實施創新驅動戰略，使科技創新真正成為經濟增長的主要引擎。

第三個內涵是綠色低碳。綠色發展既是當今世界潮流，也是中國經濟可持續發展的內在要求和民眾對實現美好生活的迫切希望。目前中國一方面的確存在嚴重環境污染、生態系統退化等問題，另一方面綠色低碳技術發展神速，有條件、也有能力加快污染防治，恢復被破壞的生態環境，從而使綠色低碳成為高質量發展的重要標誌。

第四個內涵是協調共享。一方面推動城鄉協調發展，加快實現城鄉一體化進程，採取措施更有效解決「三農」這一關係現代化全局的老大難問題，進一步縮小城鄉差別。另一方面是促進區域協調發展，加快東部優化、中部崛起和西部開發，積極打造

京津冀、長三角和大灣區等三大世界級城市群。更重要的是，要貫徹共享發展理念，讓發展成果惠及全體民眾，更加公平地分享發展成果，實現共同富裕。

上述四大內涵中，提質增效、創新驅動和綠色低碳是發達經濟體共同擁有的發展經驗和展現高質量發展的基本特徵，當然也是中國未來努力的方向；而謀求更加公平和協調的發展，則是新時代中國特色社會主義的基本要求，也是區別於歐美國家的主要特色所在。中國高質量發展潛力有待發掘，前景應可看好。

2. 香港的機會

十九大報告提出要支持香港融入國家發展大局，高質量發展乃是大局中的大局。香港最需要融入這個大局並加以密切配合，發揮多方面的優勢和功能，積極支持和參與國家高質量發展戰略，以此增強香港經濟的競爭力和增長動力。具體而言，香港可以採取如下行動：

第一，在形成全面開放新格局中發揮引領作用。建設現代化經濟體系的一大舉措，是「開放引領」，推動形成全面開放新格局，其中「一帶一路」無疑是重點，此外還要實行高水平的貿易和投資便利化政策，大幅度放寬市場准入，尤其是賦予自貿區更大改革自主權，探索建設自由港等等，說明中國開放的大門不會關閉，只會越開越大。香港在開放方面居全國領先地位，對外開放度在全國、亞太區乃至全球也是不遑多讓。香港為全球最自由、最多功能的自由港，可為內地探索建設自由港提供最鮮活的參照系。同時，香港還是「一帶一路」建設的重要節點，相信未來在對外開放中會繼續走在全國前列，協助國家儘快形成全面開放的新格局。

第二，配合國家創新驅動戰略，建立創新科技的研發平台。2011 年李克強總理在香港宣佈加強內地與香港在科技產業領域的合作，使香港的科技資源進一步融入國家的科技創新體系。「十三五」規劃再次重申支持內地與港澳開展創新及科技合作，為香港提供了一個服務國家創新驅動戰略的好機會。香港融資渠道暢通、信息自由及發達，加上有較完善的知識產權保護制度，具有一定的發展創新科技優勢，未來如得到國家的進一步支持，可以把兩地優勢更好地結合起來，加強科技創新、創造產業投

融資以及打造「港深創科園」等方面的合作，發揮創新和產業協同效應，為再工業化和內地企業來港發展創意產業及科技研發提供良好環境，成為建設創新型國家的重要力量。

第三，配合國家發展高端服務，提升服務素質。國家要實現高質量發展，最重要的是「重實抑虛」。從操作層面看，「重實抑虛」將兩手抓：一手抓實體，加快建設現代產業體系；一手抑虛擬，嚴控地產泡沫和金融風險。抓實體涵蓋高端產品和高端服務兩個層面。其中，抓高端服務的主要措施是加快發展現代服務業，瞄準國際標準提高水平，推動生產性服務業向專業化和價值鏈高端延伸、生活性服務業向精細和高質量轉變。但也要看到，內地服務業發展仍不平衡，尤其是金融投資、教育醫療、專業服務、公共服務和居民服務等方面仍有很大發展空間。而這一點正好是香港的強項，尤其是高端服務業獨具優勢，可以協助國家發展高端服務，不斷提升服務素質和水平。

第四，為中國內地創新活動提供國際化的融資平台。十九大報告多方面提出要深化投融資體制和金融體制改革，發揮投資對優化供給結構的關鍵性作用，增強金融服務實體經濟能力，提高直接融資比重，促進多層次資本市場健康發展。在國家推動創新發展的過程中，香港金融業擁有很大優勢和有利條件，可以提供多功能的服務和多方面的支持。一方面，香港金融機構可在銀團貸款、項目貸款、發行債券以及基金等傳統領域，以創新方式向內地科技創新和戰略性新興產業提供融資，以戰略性思維吸納較為成熟的創新項目來港上市及資本運作；另一方面，未來國家將加大金融支持創新驅動發展戰略的力度，為香港商業銀行、投資銀行、創投基金、資產管理、保險等機構帶來創新合作的良機，打造內地創新企業和機構在海外的金融服務中心。

第五，協助內地防控金融風險。2017 年底召開的中央經濟工作會議進一步提出未來要打贏「防範化解重大風險、精準扶貧、污染防治」三大攻堅戰，指出今後三年要打好防範化解重大風險攻堅戰。香港作為亞太區最重要的國際金融中心，在金融監管方面擁有較多的經驗，完全可以為內地防控金融風險提供支持。如在銀行監管方面，香港建立了符合國際標準、審慎的銀行監管制度，特別是巴塞爾委員會建議的標準。

認可機構須遵守《銀行業條例》各項規定，包括：保持充足的流動資金及資本；向金管局提交定期申報表；遵守有關向任何客戶、董事或僱員貸款的限制；就任命董事、高層管理人員及控權人向金融管理局申請審批。在證券監管方面，香港採用國際證監會組織訂立的監管標準，力求在保障投資者利益和維持市場穩定之間尋找監管平衡，促進市場發展與創新。這些都可以為內地提供參考和借鏡。

總而言之，十九大為國家到本世紀中葉的發展長路，描繪了宏偉藍圖，制定了基本方略，這將給香港帶來千載難逢的歷史性機遇，本港應全面融入其中，共襄盛舉、共擔重任，為國家新一輪的改革發展作出更大貢獻，也為自已贏取更大發展空間，共享更大發展紅利。

（三）粵港澳大灣區

粵港澳大灣區涵蓋珠三角九市和港澳兩個特別行政區，是典型的灣區經濟形態。2016 年大灣區土地面積約 5.6 萬平方公里，常住人口 6,774 萬，GDP 總量約 1.4 萬億美元，接近紐約灣區的水平，超越舊金山灣區，但少於東京灣區。進出口貿易超過 1.9 萬億美元，集裝箱吞吐量約 7,000 萬標準箱，是全球數一數二的商貿中心和物流基地。

1. 主要優勢

與京津冀城市群和長三角城市群相比，粵港澳大灣區具有明顯不同的特點和優勢：

一是開放發展居全國領先地位。粵港澳大灣區的對外開放度，在全國、亞太區乃至全球也是不遑多讓。香港是全球最自由、最多功能的自由港，已連續 20 多年被評為世界最自由的經濟體。珠三角進出口總額佔全國 25%，實際利用外資佔 22%，對外投資佔 25%。就大灣區整體而言，2016 年出口佔 GDP 比重高達 75%，是全國平均水平的 3.8 倍，也大大高於長三角（滬蘇浙）和京津冀。全球跨國公司區域總部和辦事處以及海外金融機構，無論是數量規模還是層次水平，都是全國其他城市群所無法比擬的。

二是市場化程度高，且具有「一國兩制」政策優勢。珠三角九市一直是全國市場導向改革的先行者和試驗田，是內地自由市場意識最濃烈和市場體系最完備的地區，從而形成民富國強的良性循環。大灣區規劃把港澳兩個特別行政區納入其中，增添了「一國兩制」的政策優勢和與國際市場接軌的制度安排，形成了多元互動的混合體制，可以取長補短，相互學習借鑒，這也是其他地方不具備的巨大優勢。

　　三是擁有具世界競爭力的生產要素和產業集群。大灣區已發展成為具有全球影響力的商品和服務供應鏈。這裏既有中低端的生產要素，基於全球分工、支持跨國公司運營的加工貿易基地，又有高端生產要素、基於自主創新的全國科技產業創新與技術研發平台；既是世界聞名的產品供應基地，也是亞太區首屈一指的現代服務業中心。按照美國哈佛大學波特教授的競爭力模型，大灣區的生產要素和產業集群具有相當強的國際競爭力，這是未來進一步發展的重要條件。

2. 前景看好

　　綜合而言，未來粵港澳大灣區將努力建設成為更具活力的經濟區、宜居宜業宜遊的優質生活圈和內地與港澳深度合作的示範區，攜手打造國際一流灣區和世界級城市群。大灣區將充分發揮整體優勢，追趕世界頂級灣區。預計到 2025 年，大灣區經濟總量將達到 2.5 萬億美元，可望超越東京灣區，成為全球最大的灣區經濟體；以大灣區經濟現時增長的速度，10 年最少可以翻一番，大灣區經濟規模在 10 年後應可超越英國，成為全球第五大經濟體。20 年後，GDP 總量有望突破 5 萬億美元，甚至有機會超過東盟 10 國的總量水平。

　　未來大灣區將形成三個世界級產業發展平台：（1）世界級科技產業創新平台。主要包括國家「十三五」規劃重點鼓勵發展的戰略性新興產業和文化創意產業。（2）世界級投融資平台。以香港、深圳和廣州三大金融中心為支點，共同為大灣區、全國乃至亞太區提供服務，為「一帶一路」提供資金支持。（3）世界級商貿平台，包括貨物貿易、服務貿易、商務洽談、現代物流、旅遊會展和專業服務等。

3. 創新驅動乃主旋律

正在規劃中的粵港澳大灣區,一向是全國創新發展的先行者,未來在創新驅動上將繼續走在全國前列。與上海和北京等地希望建立科技創新中心不同的是,大灣區更加重視創新科技成果的產業化,今後將突出創新主導,向打造世界級科技產業創新平台的方向邁進。香港如何配合這一發展方向,不但影響大灣區發展進程,更關係到香港的未來。

創新驅動將是未來大灣區的主旋律,科技產業創新發展將是大灣區規劃建設的核心內涵,以創新科技和創新金融的深度融合為主要模式的舊金山灣區,才是大灣區最重要的參照系。值得注意的是,今後五至 10 年是全球產業變革的關鍵時間節點,以新一代信息、生物科技、新能源等新興產業為代表的新生產力發展格局將逐漸形成,新興產業將成為國際經濟、貿易和投資的主導力量。廣東新興產業的迅速崛起,不但符合世界發展的大方向,而且在不少領域已是後發先至,未來香港若能利用國家規劃發展大灣區的有利時機,與廣東加強合作,共同打造創新科技產業鏈,包括合作進行科技研發、科技融資、知識產權保護等金融和專業服務,以及科技產業管理和運營模式創新,就有機會把大灣區打造成為世界級的科技產業創新基地,帶動全國成為全球新興產業的發展重心。

4. 香港需埋頭追趕

不過,也應當看到,目前香港雖有世界水平的基礎研究,但創科產業發展現狀不理想,2015 年創新科技產業的增加價值只有 167 億港元,僅佔香港本地生產總值的0.72%,不足深圳新興產業增加值的 2%。差距如此之大,乃是多方面原因造成的,包括長期以來政府財政對科技投入有限,「官產學研」結合不夠緊密,土地房屋供應嚴重短缺,樓價高企加上人工成本上升,導致創科產業大多局限於資本密集服務,難以建立大型本土生產基地作為科技創新產業的發展後盾等等。

更重要的是,香港仍未形成發展創科的學術及社會氛圍,科研人才出現斷層,令境外科研公司對來港卻步。在新興科技主導資本市場的今天,若香港在科技創新方面

繼續龜速前行，將進一步影響整體競爭力，從而被更多具遠見的競爭對手超越。由此可見，未來香港需要加大對中游及應用型研究的持續性投入。政府可考慮設立一個規模較大的「三創（創新、創意和創業）基金」，加大對「三創」的支持力度。同時，藉助大灣區城市群規劃建設的有利時機，以「港深創科園」為依託，加快推動本港向以創新創意為核心的知識經濟轉型，為本地科技創意產業更好發展打下根基。唯有如此，香港的科創產業環境才能得到改善，也將有利於大灣區打造世界級科技產業基地，成為可與舊金山灣區媲美的「亞洲矽谷」。

值得一提的是，打造優質生活圈是大灣區乃至全國的一項重要使命。內地應支持香港利用大灣區規劃的機會，協助香港解決住房等民生問題。目前香港在住房領域最大的困難是土地不足，欠缺土地數量達到 50 平方公里左右，內地應考慮協助解決，如可考慮由內地先在香港大嶼山以南四公里處的桂山島及附近海域，填海 50 平方公里，形成約 60 平方公里的海上花園，然後連同桂山島租給香港使用，主要作為公共房屋用途，實行香港法律，一舉解決香港土地不足的問題。

總而言之，國家立，香港飛；國家富，香港發；國家強，香港必貴。十九大為國家到本世紀中葉的發展長路，描繪了宏偉藍圖，制定了基本方略，從而給香港帶來千載難逢的歷史性機遇。我們應全面融入其中，共襄盛舉、共擔重任，贏取更大發展空間、共享更大發展紅利。香港也將有機會提升為世界級都會，享有類似紐約和倫敦的地位。

本章作者：王春新

中國銀行（香港）有限公司資深經濟研究員

第 二 章

貿易投資合作

1978 年以來，內地和香港積極利用國家改革開放的歷史機遇，持續擴大相互開放，優勢互補、互惠互利，促進兩地經貿關係日趨密切。隨着兩地經貿合作機制的建立與完善，兩地經濟交流規模持續擴大，合作領域不斷拓展，合作水平持續深化與提升。多年來，經貿合作促進兩地經濟實現了共同增長，支持香港保持繁榮穩定，使其國際金融、貿易及航運中心地位持續鞏固與提升。

一、兩地經貿交流日益密切

改革開放以來，兩地經貿合作快速發展，合作水平逐步提高。整體來看，兩地經貿交流大致可以劃分為三個階段：第一階段是起步階段（1978-1996），即改革開放之初到香港回歸前夕，這一時期，隨着內地深化改革，擴大開放，兩地經貿交流實現較快發展，但主要停留在企業自發合作階段；第二階段是調整階段（1997-2002），即香港回歸之後到 CEPA 簽署之前，這一時期，受亞洲金融危機影響，兩地經貿交流在調整中緩慢向前發展；第三階段是發展階段（2003 年至今），即 CEPA 簽署以來至今，

這一時期，兩地經貿往來逐步走上了制度化軌道，雙方經貿合作持續轉型升級，實現了質的飛躍。

（一）起步階段（1978-1996）

　　兩地貿易穩步擴大。改革開放以來，兩地貿易規模穩步擴大。據香港統計（香港特區政府統計處，下同）兩地貿易額由 1978 年的 108.45 億港元增至 1996 年的 10,498.15 億港元，年均增幅近 30%，佔香港貿易總額的比重也由 9.3% 升至 35.8%，內地超過美國和日本，成為香港第一大貿易夥伴。

　　具體來看，香港自內地進口額由 1978 年的 105.5 億港元，增至 1996 年的 5,704.42 億港元，佔香港進口總額的比重由 16.7% 增至 37.1%；同期，香港對內地整體出口額由 2.96 億港元增至 4,793.72 億港元，佔香港整體出口總額的比重由 0.5% 增至 34.3%。其中，港產品出口額由 1978 年的 0.82 億港元增至 1996 年的 616.20 億港元，佔香港港產品出口總額的比重由 0.2% 增至 29.0%，但香港對內地港產品出口額佔香港對內地整體出口額的比重由 27.7% 降至 12.9%；同期，出口至內地的轉口貿易額由 2.14 億港元增至 4,177.52 億港元，佔香港轉出口額的比重由 1.6% 增至 35.2%。

表 1　香港主要貿易夥伴份額（1978-1996）　　　　　　　　　　　　　　　　　　（%）

年份	中國內地	美國	台灣	日本	新加坡
1978	9.3	20.4	5.1	15.9	4.9
1979	10.5	19.3	5.2	15.1	5.0
1980	13.4	18.5	5.3	14.4	5.6
1981	15.5	18.6	5.4	14.5	6.0
1982	16.6	19.3	5.1	13.8	5.9
1983	18.2	21.1	5.1	14.1	5.1
1984	21.4	22.0	5.4	14.0	4.4
1985	25.8	20.2	5.7	13.6	3.8

年份	中國內地	美國	台灣	日本	新加坡
1986	25.4	19.9	5.7	12.5	3.4
1987	27.2	18.2	6.0	12.1	3.3
1988	29.1	16.5	6.2	12.3	3.3
1989	30.3	16.8	6.4	11.3	3.4
1990	30.8	16.1	6.6	10.9	3.6
1991	32.4	15.1	6.8	10.9	3.4
1992	33.4	15.1	6.4	11.4	3.4
1993	34.9	15.1	5.8	10.9	3.6
1994	35.3	14.9	5.6	10.8	3.9
1995	34.8	14.4	5.8	10.7	4.1
1996	35.8	14.2	5.3	10.2	4.1

資料來源：香港特區政府統計處，下同。

圖 1　兩地貿易額情況（1978-1996）　　　　　　　　　　　　　　（百萬港元）

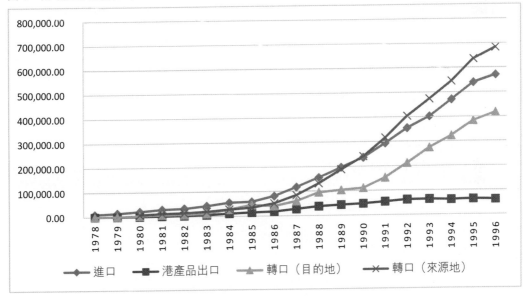

圖 2 兩地貿易佔比情況（1978-1996）

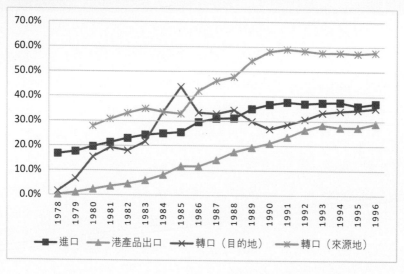

（二）調整階段（1997-2002）

香港回歸後，中央政府全面貫徹落實「一國兩制」方針，支持香港經濟發展，保持香港長期繁榮穩定。然而，受亞洲金融危機影響，兩地經貿合作有所放緩，但在調整中仍然趨於合作深化。

兩地貿易增速放緩。受亞洲金融危機等因素影響，兩地貿易額在波動中呈現繼續增長的態勢，但增速有所放緩。1997 至 2002 年，兩地貿易額由 11,161.17 億港元增

表 2　香港主要貿易夥伴份額（1997-2002）　　　　　　　　　　　　　　　　（%）

年份	中國內地	美國	台灣	日本	新加坡
1997	36.3	14.4	5.2	10.1	3.8
1998	37.6	15.2	5.0	9.0	3.3
1999	38.6	15.3	4.9	8.6	3.4
2000	38.9	14.8	5.1	8.9	3.5
2001	40.3	14.3	4.7	8.7	3.4
2002	41.8	13.3	4.7	8.4	3.4

至 13,303.17 億港元，年均增長 3.6%，兩地貿易額佔香港貿易總額的比重由 36.3% 增至 41.8%，內地繼續保持香港第一大貿易夥伴地位。具體來看，香港自內地進口額由 1997 年的 6,083.72 億港元，增至 2002 年的 7,170.74 億港元，佔香港進口總額的比重由 37.7% 增至 44.3%；同期，香港對內地整體出口額由 5,077.45 億港元增至 6,132.43 億港元，佔香港整體出口總額的比重由 34.9% 增至 39.3%。其中，港產品出口額由 1997 年

圖3　兩地貿易額情況（1997-2002）　　　　　　　　　　　　　　　　（百萬港元）

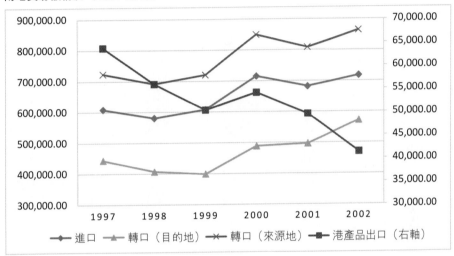

圖4　兩地貿易佔比情況（1997-2002）

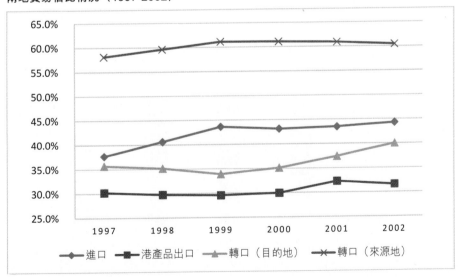

的 638.67 億港元降至 2002 年的 413.74 億港元，佔香港港產品出口總額的比重由 30.2%
增至 31.6%，雖然內地仍然是港產品重要的出口目的地，但香港對內地港產品出口額
佔香港對內地整體出口額的比重繼續由 12.6% 降至 6.7%；同期，出口至內地的轉口
貿易額由 4,438.78 億港元增至 5,718.70 億港元，佔香港轉出口額的比重由 35.7% 增至
40.0%。

圖 5　內地對香港投資流量情況（1998-2002）　　　　　　　　　　　　　　　（十億港元）

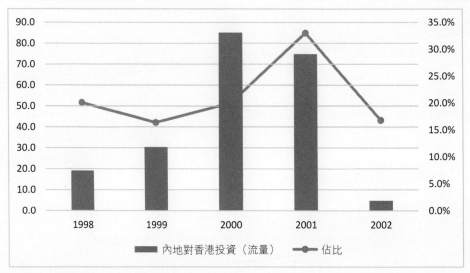

圖 6　內地對香港投資存量情況（1998-2002）　　　　　　　　　　　　　　　（十億港元）

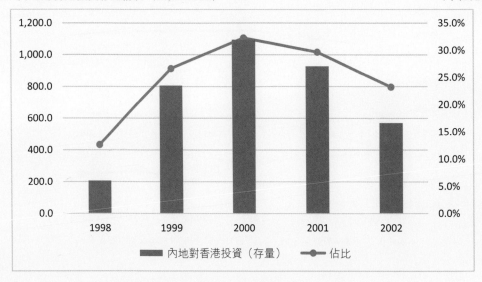

內地對香港投資在波動中有所下降。1998 至 2002 年（限於數據可能性，此處起始數據為 1998 年，下同），內地對香港投資額由 191 億港元降至 48 億港元，佔香港吸收外資總額的比重由 20.1% 降至 16.8%，其中 2001 年佔比最高達 33.0%。1998 至 2002 年，內地對香港投資存量由 2,059 億港元增至 5,711 億港元，佔比由 12.7% 增至 23.2%。

圖 7　香港對內地投資流量情況（1998-2002）　　　　　　　　（十億港元）

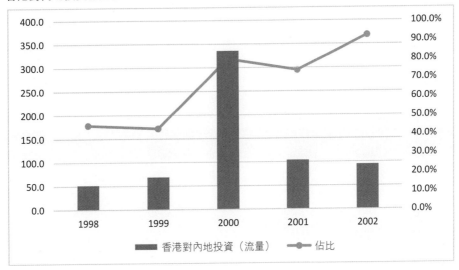

圖 8　香港對內地投資存量情況（1998-2002）　　　　　　　　（十億港元）

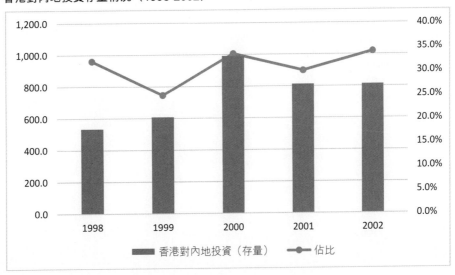

香港對內地投資逐步擴大。 1998 至 2002 年，香港對內地投資額由 516 億港元增至 947 億港元，佔香港對外投資總額的比重由 44.6% 增至 92.2%。年度投資額於 2000 年最高達 3,353 億港元。1998 至 2002 年，香港對內地投資存量由 5,343 億港元增至 8,124 億港元，佔比由 32.0% 增至 34.0%。

（三）發展階段（2003 年至今）

2003 年以來，兩地經貿合作朝着制度化方向發展。兩地在貨物貿易領域全面實現了自由化，在服務貿易領域基本實現了自由化。此外，內地居民赴香港「個人遊」、

表 3　香港主要貿易夥伴份額（2003-2017） (%)

年份	中國內地	美國	台灣	日本	新加坡
2003	43.1	11.9	4.7	8.7	3.6
2004	43.7	11.0	4.9	8.8	3.7
2005	45.0	10.5	4.8	8.2	4.0
2006	46.4	9.8	4.9	7.7	4.2
2007	47.5	9.1	4.6	7.3	4.4
2008	47.5	8.7	4.2	7.2	4.3
2009	48.7	8.3	4.5	6.7	4.2
2010	48.9	8.0	4.6	6.8	4.5
2011	48.5	7.6	4.6	6.4	4.4
2012	50.3	7.4	4.4	6.2	4.1
2013	51.1	7.2	4.5	5.5	4.0
2014	50.3	7.1	4.8	5.3	4.1
2015	51.2	7.2	4.4	5.0	4.0
2016	50.8	7.0	4.8	4.8	4.3
2017	50.2	6.6	5.1	4.6	4.2

開放人民幣業務、推動國企到港上市及滬港通、深港通的推出，也進一步促進兩地經濟深度融合，深化了兩地經貿交流與合作。

兩地貿易較快增長。 2003 至 2017 年，兩地貿易額由 15,281.69 億港元增至 41,359.74 億港元，年均增長 7.4%，兩地貿易額佔香港貿易總額的比重也由 43.1% 提升至 50.2%。內地是香港第一大貿易夥伴，香港是內地第六大貿易夥伴和第四大出口市場。

具體來看，香港自內地進口額由 2003 年的 7,856.25 億港元增至 2017 年的 20,301.45 億港元，佔香港進口總額的比重由 43.5% 增至 46.6%；同期，香港對內地整體出口額由 7,425.44 億港元增至 21,058.29 億港元，佔香港整體出口總額的比重由 42.6% 增至 54.3%。其中，港產品出口額由 2003 年的 367.57 億港元降至 2017 年的 172.68 億港元，佔香港港產品出口總額的比重由 30.2% 增至 39.7%，但香港對內地港產品出口額佔香港對內地整體出口額的比重則由 5.0% 降至 0.8%；同期，出口至內地的轉口貿易額由 7,057.87 億港元增至 20,885.61 億港元，佔香港轉出口額的比重由 43.5% 增至 54.5%，香港對內地出口主要表現為轉口貿易。

圖 9　兩地貿易額情況（2003-2017）　　　　　　　　　　　　　（百萬港元）

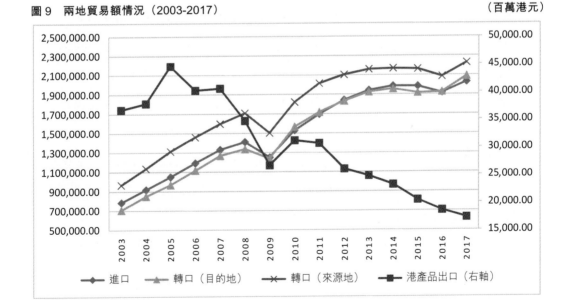

圖 10　兩地貿易佔比情況（2003-2017）

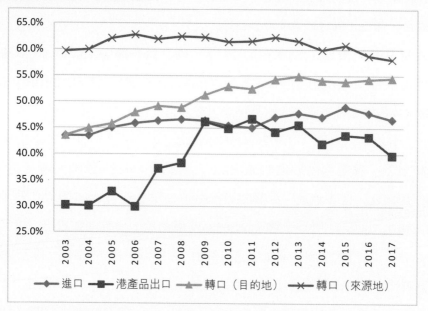

CEPA **實施成效顯著**。商務部數據顯示，自 2004 年 1 月 1 日起內地對原產香港
273 個稅目的產品實行零關稅以來，截至 2017 年 3 月，內地累計進口香港 CEPA 項下
貨物 106.1 億美元，關稅優惠 58.9 億元人民幣，港方共計簽發 15 萬份香港 CEPA 優惠
原產地證書，貨物離岸價總值 833.9 億港元。受益於零關稅措施，港產藥品、食品、
紡織服裝等香港傳統優勢產品擴大了市場份額，機電及光學等香港新興產品也獲得了
較大的發展。

　　2003 年內地居民赴港「個人遊」政策實施後，內地訪港旅客人數快速增長，從
1997 年的 236 萬人次增至 2016 年的 4,278 萬人次，增長 17 倍，年均增長 16.5%，「個
人遊」已覆蓋 49 個城市，涉及 22 個省區。截至 2016 年底，內地赴港「個人遊」旅
客累計 2.1 億人次，佔內地赴港旅客總數的 55.4%。

　　通過 CEPA《服務貿易協議》，內地對香港開放服務部門已達到 153 個，涉及世
界貿易組織 160 個服務部門的 95.6%，其中 62 個部門完全實現國民待遇。使用負面
清單的領域，限制性措施僅 120 項。跨境服務、文化、電信等使用正面清單的領域，
對香港開放措施達 183 項。對香港累計開放個體工商戶行業達 135 個。同時，明確在

內地全境給予香港最惠待遇，即今後內地與其他國家和地區簽署的自由貿易協定中，只要有優於 CEPA 的市場准入措施均將適用於香港，以保持內地對香港最高開放水平。[1] 截至 2016 年底，香港工貿署共簽發香港服務提供者證明書 3,089 份，主要涉及運輸、物流、分銷及航空運輸等領域，其中運輸及物流共簽發證明書 1,378 份，佔核發總數的 44.6%。

內地對香港投資在波動中增長。據香港統計，2003 至 2016 年，內地對香港投資額由 353 億港元增至 2,568 億港元，佔香港吸收外資總額的比重由 25.4% 增至 28.2%，其中 2010 年佔比最高達 52.6%。2003 至 2016 年，內地對香港投資存量由 7,472 億港元增至 32,414 億港元，佔比由 26.5% 降至 25.7%。據商務部統計，截至 2017 年 9 月底，內地對香港非金融類累計直接投資 5,312.3 億美元，佔投資存量總額的 52.5 %。香港是內地最大的境外投資目的地。

內地是香港主要投資目的地。2003 至 2016 年，香港對內地投資額由 563 億港元增至 2,349 億港元，佔香港對外投資總額的比重由 60.0% 降至 50.7%。2014 年，香港對內地投資 6,379 億港元，佔比達 66.3%，均為歷史峰值水平。2003 至 2016 年，香

圖 11　內地對香港投資流量情況（2003-2016）　　　　　　　　　　（十億港元）

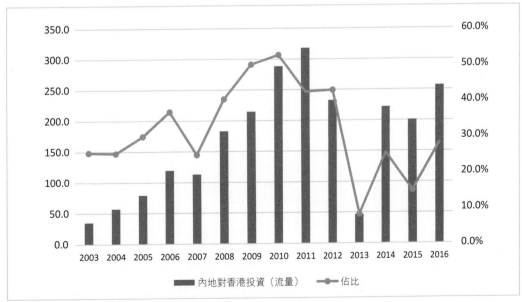

港對內地投資存量由 8,996 億港元增至 48,227 億港元，佔比由 33.4% 增至 40.2%。據
商務部統計，截至 2017 年 9 月底，內地累計批准港資項目 409,287 個，實際使用港
資 9,788.0 億美元。按實際使用外資統計，港資佔內地累計實際吸收境外投資總額的
52.6%。香港是內地吸收境外投資的最大來源地。

圖 12　內地對香港投資存量情況（2003-2016）　　　　　　　　　（十億港元）

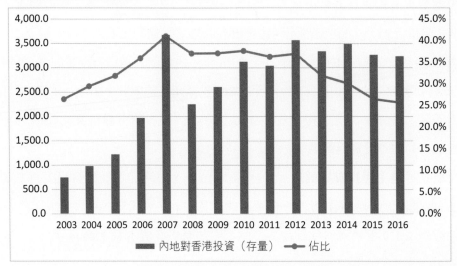

圖 13　香港對內地投資流量情況（2003-2016）　　　　　　　　　（十億港元）

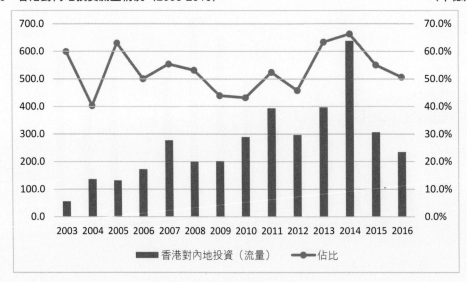

圖 14　香港對內地投資存量情況（2003-2016）　　　　　　　　　　（十億港元）

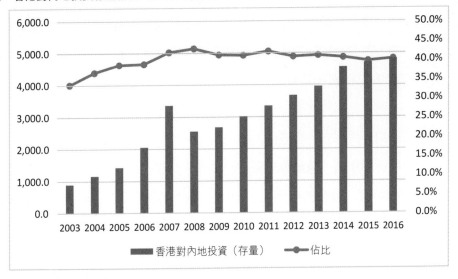

二、兩地經貿合作的基礎、特點及影響

（一）兩地經貿合作的基礎與原則

　　中共十九大報告指出「一國兩制」是解決港澳問題的最佳方案，是香港、澳門回歸後保持長期繁榮穩定的最佳制度。「一國兩制」作為實現和維護國家統一、振興中華民族的國家重大戰略之一，為內地與香港經貿合作奠定了堅實的理論和政策基礎。改革開放 40 年來，兩地經貿合作持續發展是對「一國兩制」的具體實踐，也體現了支持香港經濟社會長期繁榮穩定，促進兩地共同發展的原則和理念。

　　第一，互惠互利、共同發展。改革開放初期，為保障香港順利回歸及回歸後經濟繁榮穩定，內地從「一國」原則出發，根據香港的實際情況及經濟發展具體要求，制

定和實施了一系列經貿政策，推進兩地合作快速發展。如將香港貿易投資視同外資管理，並實施「同等優先，適度放寬」的政策；通過實施多種貿易投資優惠政策，吸引港商赴內地投資，帶動勞動密集型產業蓬勃發展，也促進了香港經濟恢復增長及結構調整。香港回歸後保持原有社會及經濟制度不變，使內地能充分利用香港自由貿易港、全球市場網絡及在國際產業分工中的優勢，將香港作為走向世界及參與全球化的窗口和橋樑，帶動了內地外向型經濟發展。

第二，對標國際規則，兼施特殊安排。香港在回歸之初受亞洲金融危機的衝擊和外部經濟波動的影響，經濟暫時出現了困難。2003 年受非典疫情的衝擊，香港經濟再度受到嚴重影響。為支持香港經濟恢復和發展，中央政府與香港特區政府於 2003 年 6 月簽署了 CEPA。就性質而言，CEPA 是中國國家主體與香港單獨關稅區簽署的自貿協議性質的文件（香港作為單獨關稅區，《基本法》規定允許其對外簽署包括自貿區在內的有關協定）。相較於其他自由貿易協議，CEPA 是一個高標準的自由貿易協議。2005 年、2006 年 WTO 對 CEPA 進行了三輪審議，認為其開放措施完全符合 WTO 規則。CEPA 簽署後，港澳地區仍繼續作為單獨關稅區參與國際經貿事務，也遵循了「一國兩制」方針。2003 年以後，兩地又相繼簽署 10 個補充協議、服務貿易協議及投資與經濟合作協議。這些協議既與國際經貿規則接軌，也顯示出一國之內，國家積極支持香港分享內地經濟發展的機遇，分享內地對外開放的最大利益，例如，將給予香港最惠待遇以協議的方式進一步明確下來，即今後內地與其他國家和地區簽署的自由貿易協定中，優於 CEPA 的開放措施均將適用於香港；[2] 近期，內地持續推進和落實港商企業准入前國民待遇，對香港服務提供者實行與內地企業同等的待遇，等等。總之，兩地制度化合作，減少和消除了內地與香港在經貿交流中的體制性障礙，加速資本、貨物、人員等要素的自由流動，對香港經濟起到了積極促進作用，也推動了內地經濟貿易持續快速發展。

第三，高標準開放、循序穩步推進。伴隨兩地經貿合作機制的不斷深化與完善，內地對香港開放力度持續擴大。如 CEPA 於 2004 年正式實施，2006 年兩地就實現了貨物貿易自由化，2015 年基本實現服務貿易自由化。可以說，CEPA 是迄今為止內地

簽署的開放程度最高、開放領域最廣、推進速度最快的自由貿易協議。對香港實施高標準開放，加快兩地貿易投資自由化及便利化，旨在促進兩地經濟融合發展，實現「一國」經濟利益最大化。由於兩地市場化水平不同，制度與體制存在較大差異，為保障對香港市場開放的順利推進，內地採取了由特殊地區先行先試，然後再全面鋪開的方式。通過選取試點地區率先開放，減少和消除了因貿易投資制度差異造成的摩擦，也為進一步擴大開放探索和積累了經驗。如內地居民赴港「個人遊」率先在廣東地區試行，然後逐漸擴大至其他城市。服務貿易基本自由化也是在廣東地區率先推進，再向內地全境鋪開。通過粵港合作先行先試，探索兩地制度對接與融合的方式和經驗，逐步推進內地與香港經濟融合發展。

（二）兩地經貿合作的主要特點

1. 由自發性合作向制度化合作發展

兩地發揮各自優勢，共同利用對外開放的歷史機遇，攜手參與國際經濟貿易分工，有力地促進了兩地經貿交流與合作發展，也實現了由民間自發性合作向機制化、制度化與規範化轉變。

（1）民間合作推動貿易投資共同增長（1978-2002）

1978 年內地實行改革開放的基本國策，實施由沿海到內地梯度式開放，及「兩頭在外、大進大出」的外向型經濟戰略。中央政府對香港（包括澳門及台灣地區）實施一系列擴大市場開放及貿易投資優惠政策，吸引香港資金、技術與人才向內地轉移。兩地逐漸形成了「前店後廠」式加工貿易合作模式。這一時期，兩地經貿關係主要表現為由市場主導與經濟利益驅動下的民間自發合作。這種以市場為主導，以政府政策促進協調，以企業為主體的經貿交流模式，極大地激發了兩地民間合作積極性，帶動了兩岸貿易及投資快速發展。據香港統計，從 1978 到 2002 年，兩地貿易額增長了 26 倍，同期兩地貿易在香港對外貿易總額中的比重從 9.3% 上升至 41.8%。[3] 伴隨兩地貿

易快速增長，香港對內地投資也在迅速擴大。據香港統計，1998 年香港對內地投資金額 5,343 億港元，佔香港對外投資比重 32%，2002 年香港對內地投資金額為 8,124 億港元，比重上升為 34%，香港成為內地實際使用外資的最大來源地。

(2) 機制化、制度化合作推動兩地合作多元化發展（2003 年至今）

2003 年 6 月中央政府和香港特區政府簽署了《內地與香港關於建立更緊密經貿關係的安排》（CEPA），表明兩地經貿合作走上機制化、制度化及規範化軌道，兩地經貿關係也進入了一個新的歷史時期。CEPA 的簽署及其之後的升級版，構建了兩地豐富、全面的制度化合作體系，實現了兩地經貿合作制度及機制創新，消除了完全市場條件下因信息不對稱、不透明及相關制度缺失，造成合作的盲目、無序性及資源浪費，減少了兩地因體制、制度不同所產生的資源流動障礙，促進兩地資源逐步向自由流動和優化配置方向發展。

從貨物貿易看，CEPA 實施兩年內即 2006 年就實現了貨物貿易自由化。在 CEPA 推動下兩地貨物貿易迅猛發展。據香港統計，從 2003 到 2017 年兩地貿易額年均增長 7.4%。同期，兩地貿易佔香港貿易總額的比重由 43.1% 升至 50.2%，顯示貿易自由化對香港貿易發展的有力支持作用。

從服務貿易看，從 2004 到 2015 年兩地服務貿易基本逐步實現自由化。在 CEPA 早期收穫及此後的補充協議中，內地持續擴大服務市場開放。2014 年 12 月兩地簽署《內地與香港 CEPA 關於內地在廣東與香港基本實現服務貿易自由化的協議》（以下簡稱「《廣東協議》」）。《廣東協議》是內地首次以准入前國民待遇加負面清單方式簽署的自由貿易協議，表明廣東率先與香港基本實現服務貿易自由化。2015 年底，在總結《廣東協議》先行先試經驗基礎上，兩地簽署了 CEPA《服務貿易協議》，表明在內地全境對香港基本實現服務貿易自由化。兩地服務貿易協議主要有以下突出特點：一是開放力度大、水平高；二是明確在內地全境給予香港最惠待遇；三是進一步建立健全與負面清單模式相適應的配套管理制度，更加便利香港業者進入內地市場。內地與香港基本實現服務貿易自由化有助於香港鞏固國際金融、貿易、航運等中心地位和

發展新興現代服務業，也為內地服務業發展帶來新的活力，有利於內地與香港經濟的全面深入融合。服務業擴大開放，帶動了香港服務輸出發展，從 2003 至 2016 年，香港服務貿易對內地輸出由 692 億港元升至 2,963.6 億港元，年均增長 11.8%，內地佔香港服務貿易出口比重由 27% 上升到 40.1%。內地始終位居香港服務貿易進出口第一大市場。

從投資自由化及便利化看，2017 年 6 月兩地又簽署了 CEPA《投資協議》和 CEPA《經濟技術合作協議》。這兩個協議是內地與香港在「一國兩制」框架下按照世貿組織規則作出的特殊經貿安排，充分體現了中央對香港經濟發展的支持。CEPA《投資協議》是內地首次以「負面清單」方式對外簽署的投資協議。其開放程度高，保護力度大，全面涵蓋投資准入、投資保護和投資促進等內容，對接國際規則，兼具兩地特色。如在投資准入方面，進一步提升兩地間的投資自由化水平。內地在船舶、飛機製造、資源能源開採、金融市場投資工具等方面採取了更加優惠的開放措施，並明確了在投資領域繼續給予香港最惠待遇，使香港繼續保持內地對外開放的最高水平；在投資保護方面，給予國際高水平投資保護待遇；在爭端解決方面，雙方共同設計了一套符合「一國兩制」原則、切合兩地需要的爭端解決機制。CEPA《經濟技術合作協議》的亮點在於：一是對香港參與「一帶一路」建設作了明確安排；二是設立了次區域經貿合作專章，包括推進和深化兩地在泛珠三角區域及前海、南沙、橫琴等重大合作平台的經貿合作，共同推進粵港澳大灣區城市群建設，支持香港參與內地自貿試驗區建設等；三是在重點領域合作方面，將香港在金融、專業服務等方面的優勢與國家改革開放相結合，既為香港經濟發展注入新的動力，也為內地深化改革、擴大開放增添活力。

貿易投資便利化發展帶動兩地投資迅速增長。據香港統計，從 2003 至 2016 年，香港對內地投資總額佔香港對外投資總額的比重由 33.4% 躍升為 40.2%，內地成為香港對外投資重要市場。與此同時，內地對香港投資也在不斷增加，2003 至 2016 年，內地對香港投資額年均增長 12.2%，佔香港吸引外資總額比重的 26%，居香港吸引外資的第二位。

兩地經貿合作機制內容逐步豐富、開放領域持續拓展與升級，推動兩地合作已覆蓋貿易、金融、旅遊、文化、國際交流、區域合作及經濟技術合作等多個領域，標誌着兩地經貿合作已經在全方位、多領域、多層次上實現了制度性、機制性發展。可以說 CEPA 是迄今為止，內地簽署的自由貿易區協議中對外開放水平最高的自由貿易安排。一系列制度、機制及安排的規範化引導兩地逐步實現貿易自由化及貿易投資便利化，也為內地今後進一步擴大對外開放，推進與其他國家和地區的經濟合作提供了經驗和借鑒。

2. 兩地區域經濟合作向多元化、多層次、全方位發展

兩地區域合作呈現出由 CEPA 規範的兩地總體經貿合作，香港特區政府與內地省市在 CEPA 項下建立的次區域緊密型合作，香港特區政府與內地省市以政府協議為紐帶的相對鬆散型合作等多種形式合作的同時推進、並行發展。

（1）粵港澳合作創新先行先試

廣東省是中國改革開放的前沿，在持續擴大開放、推進與港澳區域合作及建設現代經濟體系中始終走在全國前列。20 世紀 70 年代末，珠三角地區抓住對外開放先行機遇，毗鄰港澳區位及地緣優勢及與港澳經濟及生產要素互補性強等優勢，積極承接港澳產業轉移，率先與港澳地區建立起經濟合作關係。此後，廣東省積極充當兩地經貿合作的橋頭堡和排頭兵，粵港澳地區也成為內地與港澳經貿合作實驗區及先行區。

製造業與加工貿易合作先行先試。改革開放初期，粵港「前店後廠」合作模式，促進兩地加工貿易迅猛發展，奠定了珠三角地區作為全球製造業基地、國際商貿中心及兩地經貿合作先行區的戰略地位，也開啟了內地以出口導向帶動外向型經濟發展的新篇章。從投資看，據香港統計，1999 至 2003 年，廣東省吸收香港投資佔香港對內地投資總額近 50%（80 至 90 年代為 70% 以上）。隨着內地全面實施改革開放及粵港產業合作升級，部分港資企業逐漸向內陸地區轉移，但廣東仍是香港投資的重點首選地區。2016 年，港商投資佔廣東吸收外資總額的 74.6%，佔內地吸引外資總額

的 21.1%；1979 至 2016 年，香港對廣東省投資總額為 2,559.27 億美元，佔廣東吸收外資總額比重為 63.8%。[4] 粵港製造業合作也從最初的加工製造業向高端製造業合作發展。從貿易看，港商投資增加帶動了兩地加工貿易發展。1990 至 1999 年，粵港加工貿易佔內地與香港加工貿易總額比重高達 94%。隨着粵港貿易及投資持續轉型升級，2000 至 2016 年，廣東省加工貿易佔其外貿總額比重由 72.4% 降至 38.8%。與此同時，粵港總體貨物貿易持續快速增長，2000 至 2016 年粵港貿易年均增長 10.6%。同期，粵港貿易佔廣東省對外貿易比重基本保持在 20% 左右。2017 年，廣東貨物貿易總額為 6.82 萬億元，佔全國貿易總額的 24.5%，實際吸收外資 1,383.5 億元，均位於全國第一。

服務業合作先行先試。為探索及推動兩地經貿合作持續升級，2008 年 CEPA《補充協議五》，允許廣東省在服務業領域率先試行對港澳開放措施，賦予廣東省在粵港澳經貿合作中更大的自主權。粵港間合作逐漸由功能性向制度性合作發展。此後，在 CEPA 系列補充協議中，廣東省在服務業等領域對港澳先行先試的範圍不斷擴大。2014 年 12 月，標誌廣東省對港澳開放實現新突破的《廣東協議》簽署，顯示廣東與港澳地區服務貿易基本實現自由化。服務業擴大開放帶動香港對廣東服務業投資發展。2000 年，外商對廣東服務業投資 11.42 億美元，佔當年廣東省吸收外資總額的 9.3%；2016 年，外商對廣東省服務業投資 141.24 億美元，佔外商投資總額的 60.5%。由於香港佔廣東利用外資總額的 74.6%，[5] 顯然，服務業市場開放吸引了大量港資流入。香港服務業進入廣東省，推動廣東省服務業快速發展及結構優化，2008 至 2016 年，廣東服務業增加值從 16,321.46 億元，上升為 41,816.37 億元，年均增長 12.5%。2016 年，傳統服務業增加值佔全部服務業比重為 23.8%，較 2010 年下降 3.8 個百分點；而與生產密切相關服務業增加值佔全部服務業比重為 36.3%，較 2010 年提高 0.5 個百分點。[6]

經濟社會融合先行先試。經過多年的擴大開放與交流合作，粵港經濟已逐步向一體化發展。一是 2009 年初，國務院批准實施《珠三角地區改革發展規劃綱要（2008-2020 年）》，首次將粵港澳合作納入國家戰略，從國家層面規範了粵港澳合作重要內

容：加強粵港澳經濟優勢互補，融合發展；打造先進高端製造業產業基地和現代服務業體系；打造亞太地區最具競爭力的城市群。二是 2010 年 4 月，廣東省與香港簽署《粵港框架合作協議》，旨在強調提升香港國際金融中心地位，發揮香港金融等先進服務業和廣東製造業優勢，加快打造世界先進製造業和現代服務業基地，促進香港與珠江三角洲中心城市協同發展。為了落實上述內容，廣東省從 2010 至 2017 年每年都出台實施《粵港框架合作協議》重點工作，分別從不同領域具體推進及落實粵港澳合作的目標及任務。三是建設粵港澳大灣區。2017 年 7 月，國家發展和改革委員會、廣東省人民政府、香港和澳門特別行政區在香港簽署《深化粵港澳合作推進大灣區建設框架協議》。2017 及 2018 年，粵港澳大灣區發展規劃兩度寫入政府工作報告，上升到國家區域發展戰略高度，成為包括港澳在內的珠三角城市融合發展的升級版。粵港澳合作升級成為先進製造業和現代服務業有機融合最重要的示範區，為支持港澳經濟長期繁榮穩定及中國建設世界創新強國提供更加有力的支撐。

(2) 泛珠三角地區合作穩步推進

2004 年 6 月，廣東、福建、江西、湖南、廣西、海南、四川、貴州、雲南九省和香港、澳門兩個特別行政區簽署了《泛珠三角區域合作框架協議》（即「9+2」），共同推動泛珠三角地區經貿合作發展。這一區域由東、中、西部地區構成，地域遼闊，人口和生產總值佔全國的三分之一，經濟發展極度不平衡，與港澳經濟具有較強的互補性。區域合作平台的建立，為香港經濟結構及產業結構調整提供了更加廣闊的經濟腹地。「9+2」協議簽署後，從 2004 年起，每年都舉辦一屆泛珠三角區域合作與發展論壇暨經貿洽談會，推進合作具體落實。2016 年 3 月，國務院發佈《關於深化泛珠三角區域合作的指導意見》，強調「深化內地九省與港澳合作」，要推進重大基礎設施對接；加強產業合作；支持重大合作平台發展；加強社會事務合作；開展多層次合作交流。中共十九大報告中，強調了泛珠三角地區合作對香港融入國家發展大局的重要性。在國家政策引導及泛珠合作機制推動下，香港積極開展與泛珠九省的貿易、投資、產業、人才交流、旅遊、知識產權、創新等方面的合作，成就斐然。從投

資看，香港與中西部地區雙向投資蔚然成風。如到 2016 年底，已有 4,909 家港資企業在四川落地生根，投資金額 468.9 億美元，佔全省外資總額的 60%，成為四川外資第一大來源地；四川在香港設立企業 159 家，總投資 11.9 億美元。從服務業合作看，根據 CEPA《服務貿易協議》，近期廣西、廣東及福建在建築設計服務等 10 多個部門享受比內地更加開放的政策，對港澳實施更加開放措施 19 項。截至 2017 年底，港澳服務提供者在廣東申辦的醫療服務機構達 46 個。從基礎設施合作看，目前港珠澳大橋已通車，廣深港高鐵等新口岸陸續開通。到 2020 年，隨着貴廣、南廣及廣深港高鐵開通，泛珠將形成四小時經濟圈。香港可充分利用其專業服務優勢為泛珠企業提供貿易、投資等專業服務，推進泛珠三角地區參與經濟全球化和國際經濟合作。泛珠三角地區也可利用香港服務業優勢，共同打造世界工廠及市場，為香港提供新的發展動力。

(3) 香港與內地其他城市的合作全面展開

長期以來，香港特區政府與內地一些省市政府通過舉辦洽談會、簽訂合作協議等多種形式，積極拓展與內地省市合作，實現優勢互補，共同發展。

京港合作： 1997 年，北京與香港舉辦第一屆京港經濟洽談會，到 2017 年底已舉辦 21 屆。期間，兩地建立起多層次合作機制、穩步有序推進合作發展，就經濟、基礎設施建設、高新技術及一、二、三產業合作進行洽談與合作。新時期，京港兩地逐漸進入高精尖產業各領域，深化科技、文化和青年交流創新創業合作，在醫療衛生、食藥安全、環境保護、城市治理等領域開展合作。截至 2016 年 9 月，香港對北京投資 490.1 億美元，是北京第一大境外投資來源地；同期，北京對香港投資累計金額 229.57 億美元，香港是北京企業境外最大的投資地區。目前，京港地鐵合作、高速公路合作、機場建設合作有序展開，現代服務業合作領域持續擴大。

滬港合作： 2003 年，經國務院批准，上海市政府與香港特別行政區政府建立了滬港經貿合作會議機制（2015 年經國務院批准，更名為滬港合作會議），滬港合作會議機制建立 15 年以來，兩地合作逐漸從經貿領域向多層次、多領域發展。滬港合作突

出亮點是金融合作機制不斷完善創新。2010 年，上海與香港簽署《關於加強滬港金融合作備忘錄》，2014 年 11 月開通滬港通，促進了內地與國際股票市場接軌。兩地在金融合作創新拓展、人民幣國際化及構建開放型經濟新格局方面作出了重要貢獻。目前，兩地製造業與服務業合作勢頭良好。香港在滬投資規模已佔上海吸引外資的 50%以上。同時，香港也逐步成為上海企業「走出去」的重要橋樑。截至 2016 年底，上海企業累計對港投資項目 1,727 個。

此外，香港與其他省區合作也逐漸增多。如香港與福建簽署《關於加強閩港經貿合作的協議》、《關於閩港金融合作的協議》；香港與重慶簽署了渝港合作協議等。總之，香港與內地省區建立的次區域合作關係，為香港提供了多方面的合作機遇和發展空間，香港也成為內地企業「走出去」重要的橋樑及紐帶。

3. 兩地經貿合作持續轉型升級

（1）兩地貿易快速發展，結構持續優化

貨物貿易快速增長，結構持續升級。改革開放 40 年來，中國內地保持了經濟年均增長 9.5%、對外貿易年均增長 14.5% 的快速發展。在內地經濟貿易帶動下，內地與香港貿易蓬勃發展。一是兩地貨物貿易持續快速增長。據香港統計，1978 至 2017年，兩地貨物貿易總額從 108.45 億港元增長到 41,359.74 億港元，增長了 380 倍，年均增長 16%，兩地貿易速度大大高於同期世界貿易增速，也高於香港與其他國家貿易增速。二是兩地經濟互補性強，香港對內地貿易依存度高。2017 年自內地進口額佔香港進口總額的 43%；對內地出口佔香港出口總額的 54.1%，內地居香港進出口及轉口貿易第一位。三是兩地貿易持續轉型升級。據香港統計，1991 至 2017 年香港輸往內地產品涉及加工貿易比重由 55.5% 降至 27.3%；從內地進口的產品涉及加工貿易比重由 67.5% 降至 40.5%；2016 年，香港高科技產品出口達 16,102 億港元，較 2006 年增長了 2.3 倍。據內地統計，2017 年，內地高新技術產品出口佔出口總額比重為 29.5%。由於兩地貿易佔香港貿易比重大，由此可見兩地貿易結構的改善與升級。四是轉口貿

易持續穩步增長。從 1980 至 2016 年，內地經香港轉進口產品年均增長 18.2%，佔兩地貿易總額比重由 1.6% 升至 54.3%；同期，內地經香港轉出口產品佔比由 27.9% 升至 58.8%。兩地轉口貿易的發展支撐了香港保持國際貿易中心地位。

服務貿易發展良好，現代服務增勢強勁。CEPA 及一系列補充協議的簽署，尤其是兩地服務貿易協議的實施，促進了兩地服務貿易發展及結構優化。一是香港對內地服務貿易輸出快速增長。據香港統計，1997 至 2016 年香港對內地服務貿易出口從 404.3 億港元增至 2,963.63 億港元，年均增長 15.5%，佔香港服務貿易總出口比重從 16.2% 增至 40.1%，內地位居香港服務貿易輸出市場第一位。二是香港自內地服務貿易輸入低速增長，佔比持續下降。從 1997 至 2016 年，香港自內地服務貿易輸入年均增長 0.8%，佔香港服務輸入比重從 58.3% 降至 38.5%，顯示內地對香港服務輸出以傳統服務業為主（2015 年，香港佔自內地輸入製造服務佔比 40.6%，運輸 13.6%），內地現代服務業競爭力有待提升。三是香港傳統服務輸出快速發展，現代服務增勢強勁。2000 至 2016 年，香港對內地旅遊出口年均增長 14.8%，佔對內地服務出口比重 61.8%；同期，對內地運輸出口年均增長 7.7%（佔比 17.4%），目前內地是香港最大的旅遊及運輸出口市場。2016 年，香港對內地金融、保險及退休服務、知識產權出口分別較 2014 年增長了 19.8%、51.8% 及 24.5%。內地對香港服務貿易出口主要集中在製造服務（佔對香港服務出口比重 39.9%，下同）、旅遊服務（25.7%）、商務服務（14.6%）及運輸服務（13.3%）。隨着香港對內地服務貿易輸出快速增長，從 2012 年起，在兩地服務貿易輸出入中，香港一直保持貿易順差地位。

(2) 兩地投資持續增長，產業合作轉型升級

兩地互為最重要的投資夥伴，雙向投資增長帶動了產業合作多元化發展，促進了投資結構優化升級。上世紀 80 至 90 年代，香港對內地直接投資主要集中在製造業領域。進入 21 世紀後，香港對金融、貿易及專項服務等多個優勢行業投資持續增加。據香港統計，從 1998 到 2016 年，香港對內地投資存量增長了 1.2 倍。對內地投資佔香港對外直接投資總額比重由 31.6% 躍升為 40.2%，內地在香港對外投資市場地位不

斷提升。從投資結構看，香港對內地現代服務業投資快速增長，對傳統服務業投資穩步發展，對製造業比重大幅下降，且向高新技術產業投資發展。2016 年，香港對內地製造業投資比重為 13.3%，較 1998 年下降了 19.6 個百分點。對銀行業、進出口貿易及批發零售業投資大幅增加，佔比分別為 13.2% 及 9.5%。此外，對投資控股、地產、專業及商用服務，通訊等行業投資保持增長，佔比分別為 24.6% 及 29.4%。（見表 4）

內地在香港外來直接投資中的地位持續提升。據香港統計，1998 年內地對香港直接投資存量為 2,137 億港元，佔香港外來直接投資總額的 12.3%，是香港第二大外來投資地區。CEPA 實施後，內地對香港投資大幅增長，2004 年內地對香港直接投資存量 10,201 億港元，較 1998 年增長了 3.8 倍。內地對香港服務業領域投資比重大，其中，對投資控股、地產及各項商用服務投資佔內地對港投資比重的 85.4%，批發、零

表 4　香港對內地直接投資情況及佔比變動　　　　　　　　　　　　　　　　（億港元）

行業	1998		2004		2016	
	金額	比重(%)	金額	比重(%)	金額	比重(%)
製造業	1,803	32.9	2,737	22.6	6,421	13.3
通訊	585	10.7	4,931	40.7	14,172	29.4
進出口貿易及批發零售	266	4.9	895	7.3	4,610	9.5
投資控股、地產、專業及商用服務	1,526	27.9	2,341	19.3	11,849	24.6
運輸及有關服務	347	6.3	176	1.5	812	1.6
銀行	—	—	—	—	6,377	13.2
金融（銀行、投資控股除外）	—	—	—	—	686	1.4
餐飲及酒店	152	2.8	252	2.1	398	0.8
建造	122	2.2	48	0.4	—	—
其他活動	675	12.3	736	6.1	2,900	6.0
年底總投資	5,476	100	12,116	100	48,227	100

資料來源：香港對外直接投資統計。

售及進出口貿易佔 7.9%，運輸及有關服務佔 2.8%；內地對香港直接投資結構趨於均衡優化。2016 年，內地對香港投資總額 32,414 億港元，較 2004 年增長了 2.2 倍，佔當年香港外來直接投資總額的 31.5%。內地對香港投資控股、地產及各項商用服務投資佔內地對港投資比重的 79%，對銀行業及建造業投資快速增長，佔比分別為 6.7% 及 6.1%。對傳統服務業如進出口貿易及批發、零售業佔比下降為 3.3%。[7]

三、兩地經貿合作發展的影響及展望

（一）兩地經貿合作發展對香港的影響

1. 支持香港經濟社會繁榮與穩定發展

香港是以服務業為主導的經濟體，2005 到 2016 年服務業在本地生產總值高達 93% 左右。長期以來兩地經貿合作快速發展，為香港服務業提供了巨大的經濟腹地和市場支撐，有力地促進了相關服務業增長，支持了香港經濟社會持續穩健發展。

第一，兩地貿易帶動了香港對外貿易持續增長，促進外貿服務業快速發展。從商品貿易看，1978 年，兩地貿易額佔香港商品貿易總額的 9.3%，內地僅是香港第三大貿易夥伴，1985 年內地躍升為香港第一大貿易夥伴，此後一直獨佔鰲頭。1997、2004 及 2017 年兩地貿易佔香港商品貿易總額比重分別為 36%、43.7% 及 50.2%。[8] 兩地貿易比重上升及持續快速發展促進香港商品貿易保持較快增長。1978 至 2017 年，香港商品貿易總額年均增長 11.5%，大大高於其他發達經濟體貿易增長速度。在兩地貿易帶動下，2016 年香港商品貿易總額已居世界第七位。

從服務貿易看，兩地服務貿易發展促進香港服務貿易穩步增長。1997 至 2016 年，兩地服務貿易年均增長 4.3%，同期香港服務貿易年均增長 4.6%。2016 年，兩地服務貿易佔香港服務貿易總額比重為 38.5%，內地是香港第一大服務貿易夥伴。在兩地服務貿易中，從 2012 年起香港對內地保持貿易順差地位，2016 年，香港對內地服務貿易順差佔其順差總額的 40.4%。顯然，對內地貿易順差支持了香港服務貿易順差增長，在一定程度上彌補了其商品貿易逆差。兩地對外貿易持續快速增長，帶動了香港貿易及其相關服務行業發展。從 2006 到 2015 年，香港進出口貿易及批發零售業增加價值增長了 36%，年均增長 9.2%；運輸、倉庫及快遞業增加價值增長了 41.7%。[9]

第二，「個人遊」帶動了旅遊及相關行業發展。2003 年，開放內地居民赴港澳「個人遊」，帶動內地居民赴港旅遊持續暢旺，旅遊業成為香港對內地服務輸出最大的行業。據香港統計，2016 年內地赴港遊客達 4,277.8 萬人，較 1999 年的 320.6 萬人，增加了 12.3 倍，內地遊客佔香港入境遊客總數達 75.5%，較 1999 年提升了 43.7 個百分點。內地遊客在全球赴港遊客中消費額較高，平均每日消費約 5,000 港元左右。據香港政府統計，2016 年內地赴港遊客在港總計消費 9.96 億港元。內地遊客消費增長帶

圖 15　香港貿易與兩地貿易發展趨勢 (1978-2017 年)　　　　　　　　　　（百萬港元）

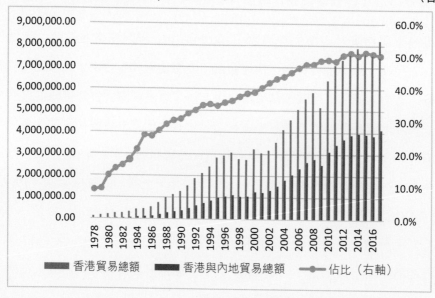

動了香港相關行業發展。2016 年香港零售業總銷貨價值較 2006 年增長了 99.4%；同期，屋宇建築、建造及地產業完成名義價值增長了 162%。

第三，兩地雙向投資帶動了香港支柱行業發展及經濟增長。改革開放以來，香港一直是內地最大的利用外資來源地，據商務部統計，截至 2016 年底，內地實際使用港資 9,147.91 美元，佔內地使用外資總額的 51.7%。一方面，香港投資極大地支持了內地經濟建設；另一方面，香港也從內地市場獲得了巨額收益。據香港統計，1998 年底，香港對外直接投資收益總流入的 19.2% 來自內地，金額達 240 億港元。2016 年底，內地已是香港直接投資收益流入的主要來源地，佔總收益 50%，達 4,526 億港元，較 1998 年增長 16.7 倍。可見對內地投資也支持了香港企業及香港經濟發展。

內地對香港投資主要集中在投資控股、地產及商用服務、銀行及保險、建造業、進出口貿易及批發零售等香港支柱性行業。據香港統計，2015 年內地對香港投資總額為 32,703 億港元，較 2005 年增長了 1.7 倍，佔當年香港外來直接投資總額的 26.5%。內地對香港投資大幅增長，在一定程度上帶動了上述行業發展。2015 年金融服務業增加值較 2005 年增長了 116%，其中銀行、保險分別增長 151% 及 75%；旅遊業增長 162%，貿易業增長了 36%，物流增長 10.7%，專業服務業及商用服務增長 91.7%。從香港本地生產總值構成來看，2015 年上述行業佔比超過 60%。[10] 上述主要行業發展帶動了香港經濟增長。據香港統計，從 2011 年以來，香港經濟基本保持 2.5% 左右的增長速度，2017 年增速更是高達 3.8%，在發達經濟體中表現突出。經濟穩步發展帶動就業增長，2011 至 2016 年，香港失業率基本保持在 3.3% 左右，2017 年降至 3.1%，是 1998 年以來最低點。經濟發展也帶來人均收入提高，2017 年香港居民人均收入 35.9 萬港元，較 1997 年的 22.8 萬港元增長了 57.5%。

2. 促進香港經濟結構調整升級

上世紀 70 年代末到 90 年代中期，隨着製造業大規模向內地轉移，香港經濟結構逐漸向服務經濟為主導轉變。1997 年香港遭受亞洲金融危機嚴重衝擊，迫使其開始新一輪經濟結構調整及轉型升級。香港特區政府多次提出轉型的方向是要加快香港與

內地尤其是廣東珠三角地區的經濟合作，要背靠內地，支持金融、物流、旅遊、信息和各項服務發展，促進香港經濟轉型，發展高增值服務，實現新的增長。CEPA 提升了兩地經濟合作水平，通過擴大相互開放，促進香港加快經濟結構調整。1997 年，香港第一產業佔本地生產總值比重為 0.1%，第二產業佔 13.9%，第三產業佔 85.9%。2004 年 CEPA 正式實施後，兩地經貿合作尤其是服務業合作的拓展，推動香港經濟結構持續變動，2005 年香港第二產業下降了 5.2 個百分點，第三產業則上升了 5.4 個百分點。此後，兩地經貿合作持續增長，尤其是 2015 年後內地全境對香港基本實現服務貿易自由化，帶動香港服務業蓬勃發展，也促進其經濟結構進一步改善。據香港統計，2015 年其第二產業較 2005 年進一步下降 1.5 個百分點，而第三產業則上升 1.4 個百分點，佔比高達 92.7%，[11] 香港已成為世界上服務業高度發達的經濟體。

近年來香港服務業結構也在持續調整。2015 年香港傳統服務業如貿易、運輸等所佔比重較 2005 年進一步下降，而現代服務業如金融及保險、專業及商用服務、資訊與通訊業則有不同程度的提升。此外，消費服務業如住宿餐飲、批發零售、地產業則因兩地旅遊及相關經濟合作帶動，保持了一定幅度增長（見表 5）。受製造業萎縮及多種因素影響，香港科技創新不足已成為制約經濟發展的桎梏。近年來，內地大力推動創新創業，實施「中國製造 2025」、粵港澳大灣區建設等一系列重大發展規劃，帶動香港科技創新逐漸升溫，促進服務業結構不斷改善及轉型升級。根據香港特區政府統計處有關數據計算，2005 至 2015 年，金融業勞動生產率提升了 54.2%、專業服務及商用服務提升 57.3%、資訊與通訊達 38.8%，貿易及物流為 37%。數據顯示香港服務業正逐步向高增值方向發展。

3. 支持香港國際經濟中心地位鞏固及提升

香港是全球著名自由港。從 19 世紀中葉至今，香港已經從一個轉口貿易港發展成為國際貿易、金融及航運中心等多重經濟中心。香港擁有的國際經濟地位，不僅是因為優越的地理位置，還得益於其實施自由貿易政策、簡單低稅制、便利的營商環境。更為重要的是香港背靠內地，及時抓住了內地改革開放的機遇。香港與內地持續

表 5 香港經濟結構變動情況　　　　　　　　　　　　　　　　　　　　　　　（%）

產業	1997	2005	2015
農業、漁業及採掘業	0.1	0.1	0.1
製造業	6.0	2.9	1.1
電力、燃氣及用水服務業	2.4	3.0	1.5
建造業	5.5	2.8	4.6
服務業	85.9	91.3	92.7
進出口貿易業	17.04	22.5	18.1
批發、零售	3.7	3.6	4.6
住宿與餐飲業	3.3	2.7	3.4
運輸及倉儲	6.3	8.0	6.1
資訊與通訊	2.4	3.3	3.5
金融及保險	10.3	13.8	17.6
地產（含樓宇業權）	21.3	14.5	15.6
專業及商用服務	4.5	4.4	5.9
公共行政、社會及個人服務	17.02	18.0	17.5
以基本價格計算的本地生產總值	100.0	100.0	100.0

資料來源：《香港統計年刊》。

推進緊密型合作，帶動其經濟穩定發展，也促進其國際經濟中心地位的鞏固與提升。

　　香港國際貿易中心地位不斷提升、功能持續拓展。一是香港已成為亞太地區主要採購與銷售中心。香港作為國際貿易中心，擁有較大的貿易規模、完善的進出口基礎設施、便捷高效的服務體系。據香港統計，2017 年，香港貿易總額達 82,329 億港元，較 1978 年增長 69 倍。其中，與內地貿易額佔其貿易總額的 50.2%。香港與內地一般貿易、加工貿易及轉口貿易持續快速發展，帶動其全球銷售網絡體系（貿易、批發、專業及商用服務業、物流業及支援服務業）發展，為香港拓展全球貿易奠定了物質基礎。在 CEPA 推動下，香港積極參與全球多雙邊區域經濟合作，先後與新西

蘭、歐盟、智利及澳門商簽自由貿易協議，近期又與東盟簽署了自由貿易協定和投資協定。這些協議的簽署，拓展了香港商品和服務貿易發展空間，使其成為亞太地區主要採購與銷售中心。據香港統計，2016 年，跨國公司在香港的地區總部及辦事處共 16,477 家，其中有近五成從事國際貿易相關業務，香港本地貿易公司近 10 萬家，貿易相關服務業（物流及專業服務等）近 3 萬家。香港已搭建起支撐全球龐大商貿網絡的重要平台，通過實施貿易自由化、通關便利化、服務全球化，為全球投資商及貿易商提供了更加便利高效的營商環境。二是香港成為區內研發創新及各類高科技產品的貿易樞紐。近年來香港加大研發創新力度，不斷提升貿易層次及結構。2015 年研發及創新相關貿易較 2015 年增長 33.2%。三是香港已成為區內主要知識產權交易中心。香港企業與內地及海外公司開展技術授權及轉讓等多項合作，支持其產權交易及高科技產品貿易發展。2015 年香港知識產權輸出 49.77 億港元，較 2005 年增長 1.6 倍；同期，知識產權輸入增長 43.9%。其中，特許經營和商標輸出增長了五倍，輸入增長 62.1%。[12]

貿易規模及貿易結構的擴大與提升，提升了香港國際貿易中心的知名度和影響力。近 10 年來，香港一直位居世界銀行《營商環境報告》排名前五名。據世界經濟論壇最新發佈的《全球競爭力報告》，香港通關便利化排名繼續保持全球第一。香港長期實施自由貿易，除極少數貨品外，所有貨物進出口一律實施零關稅，已連續 24 年被美國傳統基金會評為全球最自由經濟體。

香港國際金融中心地位持續鞏固與提升。兩地不斷擴大市場相互開放，及內地對香港實施一系列金融支持措施，鞏固和提升了香港國際金融中心及離岸人民幣中心地位。一是兩地貿易快速增長，推動香港成為全球人民幣跨境貿易結算、支付的最主要樞紐。2016 年香港人民幣 RTGS（即時支付結算系統），處理的內地與香港跨境人民幣支付的平均每日交易額約 1,190 億元人民幣，佔總交易額 14%。在香港進行的人民幣支付量佔全球比重約 70%。[13] 二是大量內地企業赴港上市，擴大了香港市場融資增量。截至 2017 年 6 月 19 日，港股上市企業共有 2,050 家，其中內地企業 996 家，佔比 48.5%。[14] 作為內地企業最主要的海外資本市場，香港交易所的 IPO 融資額持續處

於全球領先地位。三是人民幣國際化加快推進，促進香港拓展離岸人民幣投融資等多種功能。2004 年 2 月，香港人民幣存款餘額僅 8.95 億元，截至 2017 年 3 月末，香港人民幣存款餘額已達 5,280 億元，人民幣貸款餘額為 2,583 億元；目前香港累計發行人民幣債券 7,586 億元，香港已成為全球最大的離岸人民幣中心。四是大量港商及外商赴內地投資，增加對香港金融業各類投資服務及融資安排的需求。五是滬港通和深港通啟動後，三地連接為一個整體運行、平穩有序的共同市場，對香港金融業支持力度加大。據統計，截至 2018 年 3 月 30 日，滬港通交易總額 7.8 萬億元人民幣，深港通累計交易金額 2.2 萬億元人民幣，跨境資金淨流入 351.49 億元人民幣。[15] 三地共同市場以香港市場為門戶，為內地資金進行國際化配置，及國際資本進入內地資本市場投資，提供了良好的基礎設施，支持了香港金融市場發展。近日，兩地證監會發佈《聯合公報》，同意擴大互聯互通每日額度，自 2018 年 5 月 1 日起，滬股通及深股通每日額度分別由 130 億元人民幣調整為 520 億元人民幣，滬港通下的港股通及深港通下的港股通每日額度分別由 105 億元人民幣調整為 420 億元人民幣，這一擴大開放舉措支持了市場需求，有助於促進兩地金融市場共同繁榮。

香港國際航運中心地位鞏固且功能持續提升。首先，香港是天然良港，貨櫃碼頭吞吐量大，承運各種類型的貨櫃船能力強。在海港管理，基建物流、清關安排、法律仲裁保險等配套服務方面具有極強的競爭力。據香港統計，2016 年，香港僅水上運輸及服務機構就有 964 家。長期以來內地企業積極利用香港港口及國際航運，支持了香港國際航運中心發展。據香港統計，2017 年香港港口貨運吞吐量較 1997 年增長了 66.4%。[16] 其次，兩地經貿合作制度化持續發展，保障了香港國際航運中心地位。2000 年兩地簽署了《兩地海關合作互助安排》；2004 年 CEPA 正式實施，兩地對 CEPA 項下產品實行一系列貿易及通關便利化措施；2016 年 5 月，兩地簽署了《自由貿易協定項下經香港中轉貨物原產地管理》；2016 年 9 月，海關總署發佈公告，自 2016 年 10 月 1 日起，香港海關啟用「中轉確認書簽發系統」簽發各自貿協定項下經香港中轉貨物中轉確認書。這些制度化安排，有利於降低內地企業通關成本，提高物流速度，加大內地外貿對香港港口及運輸利用率，也鞏固了香港貿易、航運中心地位。第三，內

地經濟快速增長及擴大對外開放，促進香港向高增值國際航運中心轉變。長期以來香港一直保持全球第一大港地位。隨着內地經濟快速發展，沿海港口逐漸崛起。從 2005 年起，上海、深圳等港口貨物吞吐量先後超越香港。據 2016 年勞氏全球港口百強排名，全球集裝箱吞吐量 10 強港口中，香港居於第五位。儘管排名有所下滑，但是，香港作為著名的航運中心和自由貿易港，相較於內地仍具有巨大的航運物流領域，在船舶註冊、稅收政策、自由貿易、國際中轉、金融、法律等方面具有不可替代的優勢，目前是中國唯一提供國際認可的綜合航運服務（海事仲裁、船舶保險及融資等）區域。隨着粵港澳大灣區及「一帶一路」建設推進，香港將與內地港口形成優勢互補、錯位競爭，推動航運中心向高增值方向發展，通過加快發展港口與航運物流、信息、貿易、金融、諮詢和跨境電子商務等現代航運服務業，促進香港國際航運中心地位的持續提升。

（二）兩地經貿合作對內地的影響

1. 促進內地對外貿易發展及結構優化

改革開放 40 年來，內地貿易由起步到規模持續擴大，逐步成長為世界第一貨物貿易大國。這一進程中，兩地加工貿易功不可沒。上世紀 70 年代末，香港企業將資金、技術、管理經驗、加工貿易模式及全球生產銷售渠道轉移至珠三角地區，促進內地迅速融入國際產業分工價值鏈。加工貿易發展推動內地外向型經濟及貨物貿易快速增長。據海關統計，內地貿易額由 1978 年的 206.4 億美元，增至 2006 年的 1.76 萬億美元。2008 年，全球金融危機的嚴重衝擊，迫使內地加工貿易加快轉型升級，兩地企業逐步由代工貼牌生產，向自創品牌、自主研發、自主創新轉變，內地貿易結構也在不斷調整升級。據海關統計，1981 至 2017 年，內地貿易中加工貿易佔比由 47.4% 降至 28.9%。儘管加工貿易比重趨於下降，但是，加工貿易層次和技術水平卻在持續提高。兩地企業通過加工貿易＋智能製造、加工貿易＋新業態及新模式，促進全產業鏈整體提升。2017 年，內地高新技術產品出口佔出口總額比重為 29.5%。同期，

加工貿易重鎮廣東省東莞市的高新技術產品出口比重佔其出口額的 41.2%，委託設計（ODM）＋自有品牌（OBM）混合生產出口比重提高到 75.5%。[17] 兩地企業通過構建自主品牌、自主營銷和發展高端製造，實現向高層次加工貿易的轉型升級，也促進了內地外貿結構持續優化。

2. 支持內地經濟增長及經濟結構轉型升級

首先，支持內地經濟快速增長。香港一直是內地最大的投資夥伴，對內地投資持續增長，一是滿足內地經濟建設對資金的需求，對內地經濟發展作出了較大貢獻。據統計，1985 年 FDI／國定資產投資、FDI／GDP 分別為 2.26% 及 0.64%；1995 年分別為 15.65% 及 5.2%；2015 年分別為 1.40% 及 1.15%。二是支持內地稅收增長。據統計，截至 2015 年底，香港對內地累計投資 863.8 億美元，佔內地累計使用外資金額的 68.4%。港資等外資企業納稅在全國稅收的比重近年來基本保持在 14% 左右，成為內地不可缺少的稅收來源。第三，帶動技術引進和技術創新。改革開放以來，通過引進外商直接投資引進技術，帶動了內地技術進步。據統計，2001 年中國內地共簽署引進技術合同 3,900 份，合同金額 90.9 億美元，其中技術費佔合同總金額的 48.3%；2013 年簽訂技術引進合同及合同金額分別為 12,448 項及 433.6 億美元，幾乎增長 10 倍，其中技術費佔合同總金額的 95%。[18] 港資是內地第一大外資，由此可見其重大貢獻。另外，港資企業在內地設立研發中心，實施新產品開發，加大先進設備和技術進口，對分工協作企業的技術援助及人員培訓等也都創造了技術溢出效應。第四，促進內地經濟結構調整。改革開放初期，港商對內地投資主要集中在紡織、服裝、玩具、鐘錶等勞動密集型行業。隨着香港經濟結構調整，港商逐步擴展在內地的上下游產業鏈佈局，完成產業梯度轉移，將更多的設計、研發、銷售等部門遷至內地，促進內地從勞動密集型產業為主向資本、技術密集型產業為主的產業結構提升。進入 21 世紀以來，內地加快發展服務業，推動香港對內地服務業投資力度不斷加大。據內地統計，2015 年港商對內地服務業投資金額佔外商投資總額的 77.2%，來自香港對內地服務業的併購額佔外資併購總額的 72%，較上年增長 126.4%。[19] 據香港統計，2015 年底，港

圖 16　香港對內地投資與內地 GDP 增速對比（1998-2016）

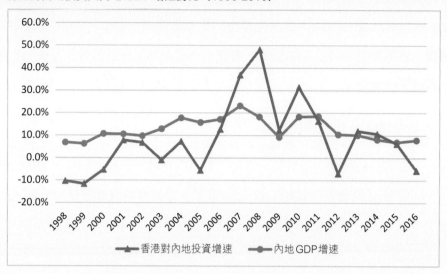

商對服務業投資佔其對內地投資總額的 82%（對製造業投資佔 13.2%），其中投向高端服務業佔 41%。[20] 香港對內地服務業投資增長，支持了內地服務業發展。2015 年，內地 GDP 構成中第三產業比重首次超過五成，達 50.5%（第二產業比重為 40.5%）。香港對內地經濟結構作產業結構的轉型升級作出了較大貢獻。

3. 支持內地區域經濟協調發展

　　改革開放以來，東部沿海地區率先開放，吸引港商等大量外資湧入，極大地促進了東部地區的經濟騰飛。近年來，中國先後實施了西部大開放、振興東北老工業基地、中部崛起等國家戰略，採取一系列政策措施改善中西部地區投資經營環境，港商等外商赴中西部投資顯著增多，促進了區域經濟協調發展。第一，帶動了東部地區經濟快速增長及珠三角地區經濟騰飛。據香港統計，上個世紀 80 至 90 年代，香港對廣東投資佔其對內地投資總額的 65% 以上，目前廣東仍是港資在內地最大投資地區。港商投資帶動了粵港加工貿易發展，使廣東成為內地加工貿易的主要地區。伴隨粵港合作不斷深化，多年來廣東省對外貿易、利用外資、地區生產總值及增長速度均位於全國榜首，率先實現了經濟騰飛。東部地區具有良好的經濟社會基礎，產業鏈較為完

整，吸收港資等外資一直佔絕對優勢。截至 2015 年底，東部地區設立外資企業及實際使用外資金額，分別佔全國比重的 83.8% 及 85.2%。其中，香港在東部地區投資企業數和實際投資額最多，佔東部地區外資總量的比重分別是 49.3% 及 69.3%。香港在東部地區投資主要集中在製造業及房地產業、金融及批發零售業，對上述行業投資均居外資第一位。港商對高技術製造業如醫藥、醫療儀器製造業、電子通訊及設備製造業、計算機等產業投資，對東部高端製造業發展起到較大的推動作用。對東部地區生產性服務投資增長支持製造業及貿易發展。對高技術服務業如信息服務、研發及設計服務、專業技術服務等行業投資增長，促進東部服務貿易及經濟發展。2015 年東部地區生產總值較 2005 年增長了 2.4 倍，人均生產總值增長了 1.7 倍。第二，促進中西部地區經濟發展。中西部地區生產資源豐富，要素成本相對低廉，加上國家出台一系列支持中西部地區發展的政策措施，對外資吸引力逐漸增強。從實際吸收外資規模看，中西部地區合計佔比不到全國累計吸收外資金額的 20%，但是，從 2005 到 2015 年間，中西部地區實際吸收外資金額增長了近四倍。其中，香港對中部地區投資最多，其投資企業數和實際金額分別佔中部地區外資總量的 55.9% 和 66.1%。港商等外資對中部投資主要是製造業與房地產業。2015 年製造業佔比 46.7%，房地產業 25.6%，租賃和商務服務業 4.0%；從西部地區看，香港對西部投資仍居外資之首，2015 年企業數及投資金額分別佔西部外資總數的 43.4% 及 61.7%。西部地區製造業吸收港商等外資比重最大，佔西部實際使用外資比重的 31.4%，其次為房地產業 29.6%、金融業 10.5%、物流業 7.6%、租賃和商務服務 7.1%。外資製造業及服務業向中西部地區轉移，帶動了當地勞動技術密集型產業、高新技術產業及生產性服務業發展，構建了中西部地區與東部地區產業合作價值鏈，加大了東部地區對中西部地區資金、技術及人才的輸出，對其經濟發展起到積極促進作用。從 2005 至 2015 年，中部地區生產總值及人均生產總值分別為 2.7 倍及 2.5 倍；西部地區分別增長 3.3 倍及 3.0 倍。[21]

（三）兩地經貿合作發展展望

今後一個時期，內地將繼續擴大對外開放，構建開放型經濟新體制，促進經濟發

展質量和效益的提升。兩地經貿合作將在新的起點實現結構優化和質量升級。在「一國兩制」保障下，香港將會更多地分享內地經濟發展機遇，兩地經濟將逐步實現融合發展、共同增長。

1. 粵港澳大灣區建設提供兩地合作新機遇

自 2017 年以來，粵港澳大灣區兩度被寫入政府工作報告。2018 年政府報告中提出，將出台實施粵港澳大灣區發展規劃綱要，全面推進內地同香港、澳門合作。粵港澳大灣區作為中國經濟發展的千年大計，旨在對標世界三大灣區，打造成世界級灣區，成為中國經濟新的增長極。粵港澳大灣區是由廣東省的九個城市（廣州、深圳、東莞、珠海、佛山、江門、惠州、中山、肇慶）和香港、澳門兩個特別行政區形成的城市群。一個國家，兩種制度、三個關稅區、四個核心城市的格局是大灣區的獨特優勢。粵港澳大灣區是中國綜合實力最強、開放度最高、經濟最為發達的區域之一，2017 年 GDP 總額已突破 10 萬億元人民幣，超過舊金山灣區；進出口貿易額是東京灣區的三倍以上；港口集裝箱吞吐量是世界三大灣區的四倍以上。未來大灣區建設將為兩地合作提供新機遇。一是區域內要素流動加快，將實現資源高效優化配置。CEPA 在內地與港澳間已實施多年，為區域內擴大開放及提升合作水平奠定了基礎。粵港澳地區各有其突出優勢，經濟互補性強，深化合作將有助於高端製造、國際金融、科技創新、旅遊休閒等產業的優勢互補和協同發展，促進經濟增長質量和水平提升。二是有利於香港發揮國際金融中心等三大中心優勢，支持區內現代產業發展。區域內經濟融合發展，有助於香港發揮國際金融中心優勢，利用國際金融支持帶動區域內技術創新、發展高端製造業。區內貿易發展及結構改善將繼續拓展香港國際貿易中心的功能，加大貿易服務業發展空間。區域內互聯互通，有助於生產服務業與消費服務業協調發展，為香港物流航運及專業服務業拓展新商機。三是有利於支持香港技術創新及高端產業發展。香港有四所世界排名前 100 的大學，具有研發基礎及相關研發資源，可與廣東地區高端產業合作，帶動起高端製造業發展，同時與廣東人才及要素資源優勢相結合，打造香港高新技術產業。

2.「一帶一路」建設拓展兩地合作新商機

「一帶一路」倡議實施五年以來，中國內地與沿綫國家初步形成新的區域經貿合作格局。目前中國政府與沿綫 30 多個國家簽署了共建「一帶一路」政府間合作協議，初步形成了覆蓋亞非拉歐四大洲的國際經貿合作格局。中國內地與沿綫國家合作新模式，將共同推進區域經濟合作發展及需求增長，也為香港和內地共同參與「一帶一路」合作奠定了基礎。中國內地持續推進與沿綫國家的投資、貿易及產能合作，將拓展香港貿易及投資空間。

一是未來五年，內地從沿綫國家進口將達到 2 萬億美元。中國將與沿綫國家加強貿易投資便利化進程，共同推動簡化通關、檢驗檢疫、稅收等監管程序。香港可發揮國際貿易中心優勢，利用內地擴大進口機遇，加強其貿易服務業、航運物流業方面與內地及沿綫國家的合作。二是積極參與內地與沿綫國家貿易暢通建設。香港可發揮在通關便利化、貿易投資自由化方面優勢，拓展貿易暢通方面的商機，促進相關服務業發展。三是積極參與設施聯通建設。內地與沿綫國家加強基礎設施建設合作，實施設施聯通，香港可利用其電子、通訊等產業優勢，在設施聯通建設中，為沿綫國家提供生產合作與專業服務。四是積極參與國際產能合作。今後內地將與 30 多個國家簽署實施經貿合作協議，與沿綫國家合作實施 100 個貿易投資促進項目；與沿綫條件具備的國家共建經貿產業合作區，發展符合當地產業需要的產業集群。上述舉措將拓展兩地經濟合作新的增長點，深化兩地產業不同層次合作。香港可發揮其在電子、醫療等產業方面的優勢，積極與內地合作，推動企業加入「一帶一路」建設。

3. 持續擴大開放拓展兩地金融合作新空間

對外開放是中國的基本國策，近期央行宣佈了進一步擴大金融業對外開放的具體措施和時間表。金融擴大開放將促進內地打造更加健康而富有效率的金融體系。數據顯示，2017 年底，外資銀行在中國內地營業性機構總數 1,013 家，較 2002 年的 180 家年均增長 13%，總資產 3.24 萬億元人民幣，較 2001 年增長了 10 倍多。[22] 外資銀行的進入對內地銀行轉型起到了重要的推動作用。香港金融業可把握此輪開放新機遇，積

極與內地銀行業開展合作，實現優勢互補、互利共贏。港資銀行可以發揮在管理、資源、技術、人才、市場等方面的優勢，與中資銀行客戶基礎良好等優勢相結合，共同提升競爭力；也可通過股權開放後外資持股比例提高，加大參與合作管理的話語權，推動內地銀行業進一步改善和優化公司治理。近期香港金融業也進一步擴大了市場開放。2018 年 4 月 24 日，港交所宣佈新的《上市規則》將於 4 月 30 日正式生效。新規則包括允許未能通過主板財務資格測試的生物科技公司、擁有同股不同權架構的公司及在香港作第二上市的大中華及國際公司在港交所上市。港交所開啟上市制度改革，接受同股不同權，並銳意接受新經濟公司，這表明香港金融業通過 IPO 新規則打開進入港股的大門，與時俱進地迎接新經濟潮流。更加靈活的上市制度，有利於吸引更多的內地及國際新經濟公司赴港上市，加大對全球資本吸引力，帶動 IPO 籌資額大幅上升，重新煥發香港股市的市場活力。香港是內地最重要的資金來源地，亦是中資企業赴境外上市的首選，未來香港將會成為聚集更多內地科技公司上市的資本市場，朝着世界級新方向發展，香港國際金融中心的地位將會進一步提升。

本章作者：劉雪琴

中華人民共和國商務部研究院研究員

白光裕

中華人民共和國商務部研究院助理研究員

注釋

1   于佳欣：〈商務部：積極推進香港與內地經貿領域深化合作〉，新華社，2017 年 6 月 29 日，資料來源：http://www.xinhuanet.com/2017-06/29/c_1121234591.htm（最後訪問日期：2018 年 4 月 15 日）。

2   《關於內地在廣東與香港基本實現服務貿易自由化的協議》。

3   香港特區政府統計處。

4   《廣東省統計年鑒》，北京：中國統計出版社。

5   《廣東省統計年鑒》。

6   廣東統計信息網（最後訪問時間：2017 年 12 月 18 日）。

7   香港對外直接投資統計。

8   《香港統計年刊》，香港特區政府統計處，資料來源：https://www.censtatd.gov.hk/hkstat/sub/
     sp140_tc.jsp?productCode=B1010003（最後訪問日期：2018 年 4 月 15 日）。

9   同上。

10   同上。

11   同上。

12   《香港統計年刊》（2017 年版），2017 年 10 月 20 日，第 80-81 頁，資料來源：https://www.
     statistics.gov.hk/pub/B10100032017AN17B0100.pdf（最後訪問日期：2018 年 4 月 15 日）。

13   香港金融管理局：《2016 年報》。

14   WIDE 網數據（最後訪問時間：2018 年 4 月 20 日）。

15   《上海證券報》2018 年 4 月 12 日。

16   香港特區政府統計處。

17   《鳳凰週刊》2018 年 4 月第 10 期，第 77 頁。

18   中華人民共和國商務部網站，資料來源：http://www.mofcom.gov.cn/（最後訪問時間：2018 年 4 月
     15 日）。

19   同上。

20   同上。

21   同上。

22   新華網，資料來源：http://www.xinhuanet.com/（最後訪問時間：2018 年 3 月 31 日）。

第三章

金融合作

改革開放 40 年來，隨着香港與內地經濟合作的全面展開，兩地之間的金融合作也穩步推進，合作的領域從銀行業擴展到證券市場、基金業和資產管理，以及人民幣離岸業務和債券市場，形成全方位的合作態勢。在銀行業，兩地銀行通過互設機構、發展跨境業務和人民幣業務展開了深度合作；在證券市場，紅籌股的崛起和 H 股的進入，有力推動了香港證券市場的轉型和發展，香港成為了「中國的紐約」。在基金業和資產管理，在 QDII 和 RQFII 的制度安排下兩地基金業展開了合作。另外，滬港通與深港通的相繼開啟進一步深化了兩地資本市場的合作。展望未來，粵港澳大灣區建設正深入推進，並將推動香港與深圳、廣州等中心城市的金融業形成協調發展和錯位發展態勢，從而最終形成以香港國際金融中心為龍頭、深圳和廣州為兩翼、珠三角地區其他城市為主要支點的全球性國際金融中心樞紐。

一、香港國際金融中心的崛起與地位提升

香港作為亞太區國際金融中心的崛起，大約在 20 世紀 70 年代末 80 年代初。當

時，正值中國開始推行改革開放方針政策。進入香港回歸中國的過渡時期，在「中國因素」的推動下，香港整體經濟及金融業都獲得了快速的增長。據統計，1980 至 1997 年，香港金融業增加值從 87.6 億港元增加到 1,245.05 億港元，17 年間增長了 13.21 倍，年均增長率達 16.9%；同期，金融業佔本地生產總值的比重從 6.5% 上升到 10.1%，提高了 3.6 個百分點。根據香港大學饒餘慶教授的研究，到 20 世紀 90 年代中期，綜合考慮各方面因素，香港作為國際金融中心的排名，在全球約居第六、七位，在亞太區居第二位，落後於東京，但領先於新加坡。饒餘慶認為：「香港之崛興為一國際金融中心，是第二次世界大戰結束以來，香港經濟的兩大成就之一（另一成就是從一轉口埠轉變為一富裕的工業經濟體）。」[1]

回歸以來，香港金融業先後遭遇了亞洲金融危機、「九一一」事件及 2008 年全球金融海嘯的衝擊，並受到來自東京、新加坡、上海的挑戰。不過，依託「中國因素」的支持，香港金融業仍然取得了長足的發展，香港作為國際金融中心的地位躍居至全球第三位。香港已成為全球第八大、亞洲第三大股票市場，全球第 15 大、亞洲第三大國際銀行中心，全球第五大外匯交易中心，全球最開放的保險中心之一、亞洲保險公司最集中的地區、亞洲區內主要的資產管理中心。

2008 年 1 月，美國《時代》週刊（亞洲版）發表了一篇由該雜誌副主編邁克爾‧伊里亞德（Michael Elliott）所寫的題為「三城記」（A Tale of Three Cities）的署名文章。該文章創造了一個新概念 ——「紐倫港」（Nylonkong），即世界上三個最重要城市紐約、倫敦及香港的合稱。文章指出：現在大銀行都將其總部和關鍵的地區辦事處設於「紐倫港」三地，如花旗銀行集團、高盛公司、滙豐銀行和摩根公司。這三地也是那些雄心勃勃的公司前往融資或謀求上市的地方。特別是香港，成千上萬希望在全球市場籌資的中國公司帶來的業務使它獲益匪淺。文章強調：在金融全球化時代，香港金融業的重要性正迅速提升，香港有可能成為金融全球化總體格局中的重要一級。

從 2007 年 3 月起，倫敦金融城公司與 Z/Yen 公司合作每半年發表一份《全球金融中心指數》（Global Financial Centres Index，簡稱 GFCI）報告，以連續反映全球金融中心城市競爭力的動態變化與排名。目前，全球金融中心指數已成為國際公認的全

球金融中心排名的最權威指標。根據該指數，2007 年 3 月以來，除了 2008 年 9 月、2009 年 3 月、2016 年 3 月和 9 月、2017 年 3 月等五期外，香港一直排在第三位，僅次於倫敦和紐約，而居於新加坡之前。而在亞洲太平洋區，香港、新加坡的排名則一直領先於東京、首爾、悉尼。根據 2017 年 9 月倫敦金融城公司公佈的《全球金融中心排名指數》（Global Financial Centres Index 22）報告，香港的總評分為 744 分，超過新加坡兩分，再度躍居第三位，次於倫敦（780 分）、紐約（756 分）。上海的排名從 2017 年 3 月的第 13 位躍升至第六位，連升七位；深圳和廣州的排名則分別從 2017 年 3 月的第 22 名和 37 名，上升至第 20 位和 32 位，分別上升了兩位和五位。

改革開放以來的 40 年，香港與內地的金融合作，呈現出逐步深化、全面合作的發展態勢，包括在證券市場紅籌股和 H 股的崛起和發展，兩地在銀行業、基金和資產管理業的合作與發展，人民幣離岸業務的發展，以及滬港通和深港通的開啟與發展等，有力推動了香港作為亞太區國際金融中心地位的鞏固和提升。

二、紅籌股和 H 股的發展與香港證券市場轉型

（一）紅籌股的崛起與發展

20 世紀 80 年代以來，特別是 1985 年香港步入回歸中國的過渡時期以來，隨着改革開放的推進，中資企業在香港有了長足的發展，香港證券市場出現了一種新的證券類別 —— 紅籌股。所謂「紅籌股」（Red Chip），根據業內人士所下的定義，是指在香港或海外註冊、由中國資本擁有上市公司已發行股本 30% 或以上的股份，即中資

企業擁有的香港上市公司的股份，其主要特點是公司的控制權掌握在中資手中，業務則集中在香港或內地，或兩者兼而有之。

中資企業在香港取得上市地位，最早可追溯到 1984 年。當年 1 月，為了解決上市公司康力投資的困境，中資的華潤集團和中銀集團合組新瓊企業有限公司，向康力投資注資 4.73 億港元，取得康力投資約 67% 的股權。進入 90 年代，中國的改革開放進一步深入發展，國內證券市場已進入試驗階段，上海證券交易所和深圳證券交易所先後成立，若干企業股票正式上市。藉此東風，中資企業在香港上市取得了較快的發展。1990 年 1 月，香港中信集團收購上市公司泰富發展，並先後注入港龍航空 38.3% 股權及兩項物業。同年 6 月，泰富發展向母公司香港中信集團收購國泰航空 12.5% 股權及澳門電訊 20% 股權，同時易名中信泰富有限公司。

這一時期，中資企業還掀起「借殼上市」的熱潮，即通過收購一家上市公司的「空殼」，再將本身的資產注入該公司，收購者繞過正常的上市程序取得上市地位。1997 年 6 月 20 日，國務院頒佈《關於進一步加強在境外發行股票和上市管理規定》。不過，有關規定並未能壓抑已經泛起的「紅籌泡沫」。當時，紅籌股的市盈率平均已超過 100 倍，最高的達到 2,629.6 倍。[2] 1997 年 7 月爆發的亞洲金融危機，對於處於歷史高位的紅籌股構成了嚴重的衝擊。紅籌股進入長達數年的低迷期。

不過，從 2004 年起，隨着香港經濟恢復強勁增長，紅籌股市場重拾信心，再度起步。2014 年 3 月，中信泰富宣佈將收購中信集團主要業務平台中信股份，價值共 2,250 億港元，從而實現中信集團整體境外上市的戰略構想，開創央企改制的先例。經過多年的發展，紅籌股已成為香港股票市場一股舉足輕重的經濟力量。到 2017 年 12 月底，在香港主板上市的紅籌公司達到 153 家，總市值達 57,264.57 億港元，佔香港股市總值的 16.98%；紅籌股全年成交量達 19,159.58 億港元，佔香港股市全年成交量的 11.93%；全年集資 824.48 億港元。[3]

（二）H 股的引入與發展

20 世紀 90 年代，香港與內地金融合作的標誌性事件，就是引入中國內地企業的

H 股，致力於使香港發展成為「中國的紐約」。

當時，隨着中國改革開放的深入、經濟實力的提升，「中國因素」越來越受到香港證券市場的重視。1991 年，香港聯合交易所在擱置第二板研究工作的同時，成立了中國研究小組，着手研究中國企業在香港上市的可行性。1992 年 2 月，中國研究小組發表中期報告，認為：「到 1997 年香港會成為中國的一部分。聯交所將會是直到境內的一間先進的國際性證券交易所，亦是中國通往世界各地的通道之一。」報告並認為：「香港聯交所非常希望成為中國的重要集資中心之一。」聯交所的長期目標，是使香港成為「中國的紐約」。報告認為，鑒於內地和香港在法律及會計制度等方面存在明顯差異，中國企業直接在香港上市有困難；但是，「倘若中國企業能夠願意設立一家在香港註冊的控股公司，便可解決聯交所對中國缺乏全國性的公司法所引起的不少顧慮」。這一建議，得到中國有關方面的同意。

當時的聯交所主席後來回憶說：「1992 年我們便寫了一份中期報告書給國務院及中國人民銀行，當時中國沒有自己的證監會，我們便向國務院及人民銀行提出國企在香港上市的方案，但有關公司必須是『優質國企』。到了 1992 年 4 月，我們更組團往北京探訪國務院及人民銀行，……其後更見到了朱鎔基（當時的國務院總理），向他解釋有關的建議。他對國企在香港上市的計劃很感興趣，但我們強調要在香港上市，就必須要符合國際標準。當時國內領導人，如人民銀行的劉鴻儒和國務院的朱鎔基亦非常明理，均贊同上市的步伐寧可慢一點，也要跟隨國際標準，這樣中國公司若能在香港上市，就如同享有國際市場上市般的地位。」[4]

當時，內地的國有企業與在香港上市的公司相比，所涉及的會計制度、法律制度和外匯管理制度等都不相同。為了使計劃到香港上市的國企能夠符合國際監管標準，國家財政部在股份制試點企業會計核算制度的基礎上，採納國際會計準則的標準，制定了《關於股份制試點企業股票香港上市有關會計處理問題的補充規定》，提出凡到香港公開發行上市股票的內地企業，所提供的財務報表必須符合國際會計準則或香港會計準則，同時必須遵守上市協議的要求，按香港公司法中有關規定，披露審計和財務資料。1993 年 6 月 19 日，香港聯合交易所、中國證券監管委員會、香港證監會、

上海證券交易所和深圳證券交易所的代表，在北京簽署《監管合作備忘錄》，正式打通了中國企業在香港上市之路。根據香港與內地雙方達成的協議，在香港上市的中國內地企業，以 H 股（因香港英文 Hong Kong 的首字母而得名，指註冊地在內地、上市地在香港的外資股）的名義上市。[5]

1993 年 7 月 15 日，青島啤酒股份有限公司正式在香港聯交所掛牌上市，成為首家在香港發行 H 股的中國企業。當日，青島啤酒收市價報 3.6 港元，比招股價 2.8 港元上漲了 28.5%，市場反應良好。青島啤酒在聯交所掛牌上市，開啟了 H 股在香港上市的先河。其後，上海石化、北人印刷、廣州廣船、馬鞍山鋼鐵、昆明機床、儀徵化纖、天津渤海化工及東方電機等首批九家國企也先後在香港招股上市，集資逾 110 億港元。到 1996 年 7 月，已有 21 家中國企業在香港上市，透過發行 H 股共集資超過 257 億港元。

亞洲金融危機過後，H 股市場一度陷入持續低迷狀態。不過，自 2003 年起，受中國加入 WTO 等多種因素刺激，H 股再現一輪升勢。到 2017 年，在香港上市的 H 股增加到 228 家，總市值達 67,589.44 億港元，全年成交金額達 55,715.71 億港元，分別佔香港股票市場的 20.05% 和 34.712%。H 股中，市值最大的公司是中國建設銀行，達 17,310.05 億港元，其餘依次是中國平安保險（6,058.60 億港元）、中國工商銀行（5,459.35 億港元）、中國銀行（3,211.10 億港元）、交通銀行（2,030.69 億港元）、中國人壽保險（1,826.81 億港元）、中國石油化工（1,461.92 億港元）及招商銀行（1,427.77 億港元）。[6]

（三）香港證券市場的轉型與發展

紅籌股和 H 股的市值合共 124,854.01 億港元，全年成交額合共 74,875.29 億港元，分別佔香港股市總市值及全年成交總額的 37.01% 和 46.65%，成為香港股市中一股舉足輕重的力量。

紅籌股和 H 股的崛起，對香港證券市場的發展產生了深遠的影響，改變了香港證券市場產品的結構、品種和規模。過去，香港股市一直以地產、金融類為主體，

H股上市以後，原有的結構逐步向基礎產業、金融產業、資源性產業和高科技產業傾斜，特別是增加了一批超大型企業，如金融業的中國銀行、中國工商銀行、中國建設銀行、交通銀行、中國人壽、中國平安、中國人民財產保險，汽車類的東風汽車、長城汽車，通訊類的中興通訊，以及礦產類的紫金礦業等。

這一時期，香港證券市場經歷了深刻的轉型，香港股市的主導力量，從過去由地產股帶動，逐步轉變為由金融股帶動；更重要的是，香港從一個主要為本地經濟服務的股票市場，逐漸轉型為內地經濟發展與企業融資服務的平台，成為「中國的紐約」。香港由一個區域性的金融中心，逐步發展為具全球性國際金融中心規模的集資中心，即使還不能和紐約、倫敦直接相提並論，但香港的重要性無疑已大大提升（見表1）。

表 1　香港股市（主板＋創業板）發展概況（1997-2017）　　　　　　　　　　　　（億港元）

	1997	2003	2007	2012	2015	2017
上市公司數目	658	1,037	1,241	1,368	1,866	2,118
上市證券數目	1,533	1,785	6,092	6,723	9,015	12,803
總市值	32,026.30	55,478.48	206,975.44	218,717.30	246,837.31	339,188.36
集資總額	2,475.77	2,137.60	5,908.46	3,002.31	11,156.42	5,813.85
總成交額	37,889.60	25,838.29	21,665.30	132,675.09	260,906.21	217,091.50
日平均成交額	154.64	104.19	880.71	537.15	1,056.30	882.49
年底恒生指數	10,722.76	12,575.94	27,812.65	22,656.92	21,914.40	29,919.15

資料來源：香港交易所：《香港交易所市場數據 2017》，第 10-11 頁。

隨着大批紅籌股特別是大批內地大型國有企業來香港上市集資，推動了香港股市集資功能的提升及規模的擴展。2006 年，香港股市（主板＋創業板）首次公開募股（IPO）集資總額創下 3,339 億港元的歷史紀錄。該年，中國銀行、中國工商銀行先後在香港上市，其中工行股票的發行是首次以「A+H」的方式發行。僅工行 IPO 一個項目，就融資 220 億美元，是 2006 年全球資本市場上單次融資額最大的新股發行。

憑藉工行、中行的發行上市，該年香港新股融資額一舉超過美國，僅次於倫敦，名列全球第二。根據香港交易所統計，2001 年以來，香港首次公開招股已經連續多年位居全球五大新股集資市場之列。

三、銀行業合作與人民幣離岸業務發展

（一）中資銀行的發展與香港銀行進入內地

香港與內地的金融合作，首先從銀行業開始。中資銀行在香港的歷史，最早可追溯到 1917 年中國銀行在香港開設支行。不過，直到 20 世紀 70 年代末，中資銀行在香港的發展仍相當有限。20 世紀 70 年代末中國推行改革開放方針後，中資銀行集團在開拓業務方面轉趨積極，它們積極增設分行網點，加快計算機建設，增加服務品種，着力吸引低成本資金，優化存款結構。當時，中資銀行的核心和主體是轄有 12 家持牌銀行的中銀集團。到 90 年代中期，中銀集團在香港已發展成為僅次於滙豐集團的第二大金融集團，旗下的分支機構已超過 400 間。據統計，到 1996 年底，中銀集團的存款總額約 6,300 億港元，佔香港銀行體系存款總額的 25%；貸款總額 3,500 億港元，約佔香港本地貸款（包括貿易貸款）總額的 20%；資產總額則達約 9,700 億港元。

回歸之後，中資銀行有了更快速的發展。為了提升中資銀行在香港的實力和影響力，中國銀行自 1999 年底開始着手對中銀集團進行全面結構重組。2001 年 10 月 1 日，中國銀行（香港）有限公司正式成立。重組後的中銀香港，引進現代銀行組織架

構和管理機制，建立健全的董事會制度，引進戰略業務體系概念和前、中、後台的分工模式，建立獨立的風險管理及監管機制和全面的問責制度，致力發展成為一家一體化、以股權回報率為驅動的金融機構，以進一步加強在香港和國際市場的競爭力。2002年7月25日，中銀香港在香港聯合交易所主板掛牌上市，成為香港主要上市商業銀行集團之一。

回歸以後，隨着香港國際金融中心地位的提升，越來越多內地金融機構和企業到香港發展。2000年4月，中國工商銀行以18.05億港元收購香港友聯銀行53%股權，並改名為「工銀亞洲」。2004年4月，工銀亞洲收購華比富通銀行的零售及商業銀行業務，改名為「華比銀行」。2008年5月，招商銀行以193億港元收購永隆銀行。2013年10月，越秀集團以116.44億港元收購創興銀行。據統計，截至2016年底，中資銀行集團在香港共擁有21家持牌銀行、兩家有限制牌照銀行和三家接受存款公司；中資銀行集團的資產總額為72,600億港元，存款總額為39,290億港元，客戶貸款及墊款為31,320億港元，所佔比重分別為35.2%、33.5%和39.0%，成為僅次於滙豐控股的第二大銀行集團。[7]

與此同時，香港銀行亦積極進入內地市場。2003年6月29日，中國與香港簽署《內地與香港關於建立更緊密經貿關係的安排》（CEPA），將對香港銀行業的開放門檻降低至60億美元。2009年，香港與內地簽署的CEPA《補充協議六》中，將香港銀行在廣東省內拓展網點的營運資金門檻從設立分行的1億元人民幣，降至設立異地支行的1千萬人民幣。當年，廣東銀監局即批覆五家香港銀行籌建五家異地支行。至2012年底，香港銀行實現對廣東19個地級城市的全覆蓋，推動了外資銀行金融服務覆蓋廣東全省，在全國率先實現歷史性突破。2012至2013年，香港滙豐銀行相繼設立了29家異地支行，為異地支行優惠政策的推行起了示範作用。

2014年12月，國家商務部與香港、澳門特區政府簽署《服務貿易自由化協議》，首次以「准入前國民待遇加負面清單」模式管理外資銀行在廣東的准入，進一步推動了外資特別是港資銀行在廣東的發展。據統計，截至2015年末，滙豐銀行、東亞銀行、恒生銀行、永亨銀行、南洋商業銀行、大新銀行以及創興銀行等七家香港銀行在

廣東省的 14 家分行，已在全省 20 個城市設立了 65 家異地支行，佔廣東銀監局轄內外資銀行營業性機構總數的 37%、香港銀行總數的 56%，佔廣東省外資銀行營業性機構總數的 23%、香港銀行總數的 35%。至此，香港銀行在廣東的營業性機構達到 172 家，使廣東省成為全國外資銀行營業性機構、香港銀行營業性機構最多的省份。[8]

（二）香港銀行離岸人民幣業務的發展

踏入 21 世紀，中國開始推動人民幣國際化進程。2008 年全球金融海嘯爆發後，人民幣國際化進程進一步加快，推動了香港離岸人民幣業務發展。2003 年 11 月 18 日，中國人民銀行同意為香港試行辦理個人人民幣業務，範圍限於方便個人消費，具體業務包括：存款、兌換、匯款及人民幣卡等。當時，金管局總裁任志剛表示：「香港銀行辦理人民幣業務，開啟了內地與香港之間人民幣資金透過銀行體系流動的新渠道，鞏固香港銀行業的優勢及增進了它的競爭力。長遠而言，這對香港保持國際金融中心的地位有重大意義。」[9]

2005 年 11 月，香港金管局宣佈，經中國人民銀行同意，進一步擴大人民幣業務範圍，具體包括：1. 在香港人民幣業務下所指定的「提供個人旅遊消費等服務的商戶」可開立人民幣存款戶口及把該賬戶的人民幣存款單向兌換成港幣。2. 香港居民可開立人民幣支票賬戶，並可用支票在每個賬戶每天 8 萬元人民幣的限額內在廣東省支付消費性支出。3. 個人人民幣現鈔兌換的限額將由每人每次不超過等值 6,000 元人民幣提高至 2 萬元人民幣，而香港個人存戶把人民幣匯到內地同名賬戶的限額則由每人每天不超過 5 萬元人民幣提高至 8 萬元人民幣。4. 取消參加行發行人民幣卡每張最高授信 10 萬元人民幣的限額，改由發卡行按市場原則自行釐定。為推進人民幣業務的發展，2007 年，香港金管局推出人民幣實時支付結算系統（RTGS），由中國銀行（香港）作清算行。

2009 年 4 月 8 日，國務院決定在上海，廣東的廣州、深圳、珠海、東莞等五個城市先行開展跨境貿易人民幣結算試點，而境外暫定範圍為港澳地區和東盟國家。同年 7 月 7 日，跨境貿易人民幣結算正式啟動。其後更將試點從五市擴大到包括北京在

內的 20 個省市地區，廣東省的試點範圍從四個城市擴大到全省，而境外地域則由港澳、東盟地區擴展到所有國家和地區。

2011 年 8 月 17 日，國務院副總理李克強訪港期間，宣佈了包括金融、經貿及粵港合作等方面的 36 項惠港措施。其中允許以人民幣境外合格機構投資者（Renminbi Qualified Foreign Institutional Investor，簡稱 RQFII）方式投資內地證券市場，起步金額為 200 億元人民幣，以及港企人民幣境外直接投資（FDI）政策，實際上就是為境外人民幣資金回流內地資本市場打通一條重要的渠道。8 月 22 日，國家商務部發佈的《商務部關於跨境人民幣直接投資有關問題的通知》中，規定允許外國投資者以境外合法獲得的人民幣在華開展直接投資業務（FDI）。這就意味着在 RQFII 機制之後，又新增了一條人民幣 FDI 方式的境外人民幣回流渠道。香港證監會署理行政總裁張灼華指出：「RQFII 將會拓寬香港現有產品種類，它提供了新的投資渠道，讓香港的人民幣資金能夠直接投資於內地的 A 股市場和債券市場，進而可為香港的人民幣平台吸引更多的外來投資者和資金。」[10] 2016 年，香港金融管理局將一級流動性提供行的數目由七間增加至九間，有關計劃的總額度亦由 140 億元人民幣增加至 180 億元人民幣。

在中央政府和香港金管局的推動下，香港銀行人民幣業務取得了快速發展。據統計，2010 年底，人民幣存款餘額未償還人民幣存款證達到 3,149.38 億元，比 2009 年大幅增長四倍。到 2014 年底，人民幣存款總額增加到 10,035.57 億元，比 2010 年再大幅增長 2.19 倍，人民幣存款佔香港銀行體系存款總額的比例超過 10%。同時，獲准經營人民幣業務的機構也由最初的 38 家增加到 2014 年底的 148 家。不過，受到 2015 年以來人民幣貶值的影響，香港銀行體系的人民幣存款有所下降，到 2016 年底下降至 6,251 億元，比上年減少 38%。2016 年，儘管全球離岸人民幣業務有所放緩，但香港仍然維持其作為全球離岸人民幣業務樞紐的地位，處理全球約七成人民幣支付交易。[11]

（三）人民幣債券市場的發展

與此同時，香港的人民幣債券市場也獲得快速發展。2007 年 1 月，中國政府允許內地金融機構在香港發行人民幣債券，為香港債券市場帶來了長期性的戰略發展機遇。同年 6 月，中國人民銀行和國家發改委共同制訂和發佈了《境內金融機構赴香港特別行政區發行人民幣債券管理暫行辦法》，允許符合條件的境內金融機構赴香港發行人民幣債券，拉開了香港人民幣債券發行的序幕。

2007 年 7 月，國家開發銀行在香港發行第一筆人民幣債券，發售對象為機構及個人投資者，期限兩年，票面年利率 3%。債券發行為 50 億元人民幣，當中零售債券最低發行量約 10 億元人民幣，個人投資者最低認購額 2 萬元人民幣。零售投資者和機構投資者均反應踴躍，錄得近兩倍的超額認購。為了配合香港人民幣債券的發行和二級市場買賣，香港的實時支付系統和香港債務工具中央結算系統（CMU 系統）分別加入了人民幣清算和處理人民幣債券交易的功能。

2010 年 2 月，香港金管局就人民幣業務的監管原則作出詮釋，以簡化人民幣的操作安排。同年 7 月，中國人民銀行與香港人民幣業務清算行中國銀行（香港）簽署了新修訂的《香港人民幣業務的清算協議》，規定任何公司（包括證券公司、資產管理及保險公司）均可開立人民幣存款賬戶，而個人及公司賬戶間的跨行轉賬亦不再有限制。新的制度安排刺激了各種人民幣產品如雨後春筍般出現在香港市場上，並進一步啟動了香港的人民幣債券市場。據統計，2010 年，共有 50 隻人民幣債務工具（包括債券、存款證及股票掛鈎票據）在香港發行，總值約 427 億元人民幣；其中債券佔 360 億元人民幣，較 2009 年增加 200 億元人民幣。[12]

2011 年 1 月，中國人民銀行發佈《境外直接投資人民幣結算試點管理辦法》，允許境內非金融類企業利用人民幣通過設立、併購、參股等方式進行境外投資。香港人民幣離岸市場發展步入「快車道」。2012 年 6 月 14 日，國家財政部宣佈中央政府將在香港發行總值 230 億元人民幣的國債。其中，供機構投資者認購的部分總值 155 億元人民幣，繼續經由金管局的債務工具中央結算系統債券投標平台發行；同時開拓

一個新的發行渠道，撥出總值 20 億元人民幣國債以配售方式讓中國內地以外的中央銀行及貨幣管理當局認購。為配合這一新渠道，金管局設立全新的「金管局 CMU 央行配售統籌窗口」，讓有關中央銀行認購此次債券。通過這個窗口發行的債券的息票率，將與是次發行的相同年期國債的獲接納的投標息票率相同。

在中央政府和香港特區政府的政策推動下，香港的人民幣債券市場有了長足的發展。據統計，2014 年在香港發行的人民幣債券總額達 1,970 億元人民幣，發債機構逾 100 家；在香港發行的未償還人民幣債券總額達 3,810 億元人民幣。人民幣債券的發債機構類別也越來越多元化，從中資機構和國家財政部擴大到香港銀行、海外金融機構、跨國企業和跨國組織。另外，發行的債務工具類型日趨多元化。2015 年 5 月，國家財政部在香港發行總額共 140 億元人民幣的國債，其後於同年 11 月中旬宣佈再發行 140 億元人民幣國債，其中通過香港金管局的債務工具中央結算系統面向機構投資者、國外中央銀行及地區貨幣管理當局招標發行 120 億元人民幣，以及通過配售銀行及香港交易所平台面向香港居民發行 20 億元人民幣。2016 年，香港未償還點心債為 3,188 億元人民幣，香港已經成為全球最大離岸人民幣債券市場。[13]

總體而言，香港人民幣債券市場的發展，為香港債券市場增添了新的市場主體，豐富了債券幣種，拓展了香港債券市場的融資功能，完善了債券收益率曲綫，提高了香港債券市場的廣度和深度。與倫敦、紐約等全球性金融中心由股市和債市雙輪驅動的發展模式不同，香港國際金融中心存在着資本結構不平衡的問題，債券市場的發展滯後。因此，香港人民幣債券市場的發展，可吸引更多的機構到香港發債籌資，為香港債券市場的發展提供新的機會，有助於擴充香港的債券規模，從而彌補其作為國際金融中心在資本市場上存在的結構性缺陷。

四、QDII 與 RQFII 制度下基金管理業的合作發展

（一）QDII 制度的建立與合作發展

香港回歸以來，在資產管理／基金業的快速發展中，香港與內地的合作扮演了重要的角色。首先推出的是「合格境內機構投資者」（Qualified Domestic Institutional Investor，簡稱 QDII），指在人民幣資本項下不可兌換、資本市場未開放條件下，在一國境內設立，經該國有關部門批准，有控制地允許境內機構投資境外資本市場的股票、債券等有價證券投資業務的一項制度安排。QDII 最初由香港特區政府部門提出，獲得中央有關部門接納，目的是為了「進一步開放資本賬戶，以創造更多外匯需求，使人民幣匯率更加平衡、更加市場化，並鼓勵國內更多企業走出國門，從而減少貿易順差和資本項目盈餘」。

2007 年 4 月，香港證監會與中國銀監會簽訂了《諒解備忘錄》，容許內地商業銀行代客進行境外理財（即 QDII）時可以投資於香港的上市股票和認可基金。這使香港成為內地商業銀行可代客投資的首個離岸市場。同年 6 月，中國證監會公佈了《合格境內機構投資者境外證券投資管理試行辦法》，規定獲得 QDII 資格的基金管理公司和證券公司，將允許投資於已與中國證監會簽署雙邊監管合作《諒解備忘錄》的監管機構轄下的市場上市的境外股票及其他指定證券。由於香港與內地經濟聯繫密切，擁有成熟、具深度及流動性高的市場及一系列多元化的投資產品，聚集大量熟悉國際市場又富有內地經驗的金融專才，並且已建立具世界級水平的監管制度，香港成為 QDII 基金的首選投資市場之一。

在 QDII 制度安排下，香港證監會積極推動將香港發展成為落實 QDII 計劃的首選平台，積極吸引內地資產經理來港展開業務。2008 年 5 月，中國證監會頒佈《關於證券投資基金管理公司在香港設立機構的規定》，准許內地基金管理公司根據 CEPA

《補充協議四》申請批准來港設立機構。2007 年 9 月以後，內地首批 QDII 基金相繼在香港推出。根據香港證監會在 2007 年度的一項問卷調查，香港共有 17 名基金經理報稱源自內地 QDII 業務的資產總值達到 1,300 億港元。[14]

2010 年 7 月，中國人民銀行與中銀香港修訂《香港銀行人民幣業務的清算協議》，進一步推動香港人民幣產品市場的發展。其後，香港基金市場推出了兩類嶄新的人民幣產品：零售人民幣計價債券基金和上市人民幣股票型產品房地產基金。2010 年 8 月，證監會認可了首隻以人民幣計價的基金，該基金主要投資於在中國內地以外地區發行的人民幣計價定息或浮息債務工具及人民幣銀行存款，其認購和贖回均以人民幣辦理。截至 2011 年 6 月 30 日，總共有五隻人民幣計價基金先後發行。2011 年 4 月，證監會認可了首隻以人民幣計價的房地產投資信託基金，該基金並成功在香港首次公開發售及上市。

據香港證監會的統計，2011 至 2016 年，在香港管理並來自 QDII 的內地資產總值從 620 億港元增加到 1,450 億港元，四年間增長 1.34 倍，年均增長率達 23.7%。這些 QDII 資產當中有超過一半投資於亞太地區，其中，約 44% 投資於香港，10% 投資於亞太區其他市場，其餘 46% 則投資於北美、歐洲和其他地區。[15] 這些離岸人民幣產品的成功推出，一方面反映了香港擁有穩健的金融基礎建設，另一方面亦進一步確立了香港作為離岸人民幣市場的重要地位。

隨着香港與內地基金業合作日趨緊密，越來越多內地相關金融機構來港開展業務。據香港證監會的統計，2010 年 3 月底，約有 43 家內地企業在香港設立了合共 127 家持牌法團或註冊機構。而到 2017 年 3 月底，內地企業在香港設立持牌法團及註冊機構的數目增加到 313 家，比 2010 年大幅增長了 6.28 倍；其中，內地證券公司 124 家，內地基金管理公司 41 家，內地期貨公司 17 家，內地私人基金管理公司九家，內地保險公司 13 家，其他類型內地公司 109 家。截至 2016 年底，這些公司在香港管理的內地資產，其中 49% 投資在香港，10% 投資於亞太區其他地方，41% 投資於北美洲、歐洲及其他地區。[16]

（二）RQFII 制度的建立與合作發展

　　隨着人民幣國際化的推進，香港離岸人民幣業務的發展、RQFII 的推行也提到議事日程上。2011 年 8 月 17 日，國務院副總理李克強在香港出席國家「十二五」規劃與兩地經貿金融合作發展論壇時發表演講，闡述中央政府關於支持香港進一步發展、深化內地與香港經貿金融等方面合作若干新的政策措施。新措施允許以人民幣境外合格機構投資者（RQFII）方式投資境內證券市場，起步金額為 200 億元人民幣；同時將在內地推出港股組合 ETF（交易所交易基金），允許內地港資法人銀行參與共同基金銷售業務。

　　RQFII 又稱「小 QFII」[17]或「人民幣 QFII」，是金融業界借 QFII 名稱的一種稱呼，實際上是指海外人民幣可通過投資內地而回流的一個機制。RQFII 主要是指在港中資證券及基金公司通過募集境外人民幣投資 A 股市場發行的基金。它與由外資機構募集美元獲批後再轉換為人民幣直接投資 A 股的 QFII 有所不同。RQFII 的推出就是為了讓境外人民幣有管制地回流，有利於擴大人民幣貿易結算的廣度和深度。2011 年 12 月 16 日，中國證監會、人民銀行、外管局聯合發佈《基金管理公司、證券公司人民幣合格境外機構投資者境內證券投資試點辦法》，允許符合條件的基金公司、證券公司香港子公司作為試點機構開展 RQFII 業務，同時規定試點機構投資於股票及股票類基金的資金不超過募集規模的 20%。

　　2012 年 12 月，RQFII 機制正式啟動，香港證監會陸續認可了 19 隻在香港作公開銷售的非上市 RQFII 基金，其獲批的 RQFII 總投資額度為 190 億元人民幣。這些基金由合資格的內地基金管理公司及證券公司的香港附屬公司管理，將在香港籌集的人民幣資金直接投資於內地的債券及股票市場。2012 年 1 月，證監會認可全球首隻以人民幣計價及交易的黃金交易所買賣基金，該基金成為香港第一隻人民幣 ETF。同年 4 月，中國證監會宣佈將 RQFII 計劃的投資額度增加人民幣 500 億元。2012 年 6 月，證監會認可首隻在聯交所上市並以人民幣計價的 RQFII A 股 ETF。該 ETF 直接投資於國內 A 股市場，藉以追踪 A 股指數的表現。

據統計，截至 2016 年 3 月底，證監會共認可了 222 隻人民幣投資產品，包括 94 隻 RQFII／人民幣滬港通基金（其中 69 隻非上市基金及 215 隻 ETF 基金）、80 隻具人民幣特色的非上市結構性投資產品、27 隻內地與香港基金互認安排下的獲認可內地基金，以及其他基金 21 隻。[18] 2017 年 3 月，香港證監會認可的人民幣投資產品增加到 262 個，比 2016 年增長了 18%。[19] 2008 年，香港證監會認可的內地基金為 46 隻，管理的資產淨值為 296 億港元；到 2016 年分別增加到 333 隻及 2,320 億港元，分別增長了 6.2 倍和 6.8 倍（見表 2）。

表 2　香港證監會認可的內地基金數及管理資產淨值

	2008	2010	2012	2014	2015	2016
基金數目（隻）	46	81	161	253	283	333
資產淨值（億港元）	296	532	1,357	1,891	1,790	2,320

資料來源：香港證監會：《基金管理活動調查》，相關年份。

五、滬港通與深港通開啟與發展

（一）香港與上海、深圳交易所的合作

踏入 21 世紀以來，隨着信息技術發展以及經濟全球化加劇，全球大型證券交易所聯盟和合併的案例不斷湧現。從國際交易所的發展歷程看，香港交易所與上海證券交易所、深圳證券交易所的合作、合併將是大勢所趨，有助於鞏固和提升香港及中國證券市場在全球的地位。

2009 年 1 月，港交所與上交所簽訂更緊密合作協議，內容包括雙方管理層每年會晤兩次，回顧年內業務交流和培訓的進度，並訂立來年交流及培訓計劃；在產品發展方面雙方將以 ETF 為切入點，在資產證券化產品、權證、牛熊證、期權等方面加強合作，並探討合作編制以兩所證券為成份股的指數。同年 6 月，港交所與深交所亦簽訂合作協議，內容涉及到管理層定期會晤、信息互換與合作、包括 QDII 等產品開發合作研究、技術合作等。

2010 年 5 月 24 日，香港交易所全資附屬機構香港交易所信息服務有限公司與上海證券交易所及深圳證券交易所合營企業中證指數有限公司簽署協議，透過香港交易所信息服務的市場數據平台發佈由中證指數公司編纂的指數。根據協議，從 2010 年 7 月 5 日起，三隻中證系列指數——滬深 300 指數、中證香港 100 指數及中證兩岸三地 500 指數，將透過香港交易所信息服務的市場數據傳送專綫系統發佈，其中，滬深 300 指數並將在香港交易所網站主頁顯示；香港交易所的持牌信息供貨商將獲准向其客戶發送中證香港 100 指數及中證兩岸三地 500 指數。同年 10 月 14 日，深圳證券交易所下屬公司深圳證券信息有限公司與香港交易所信息服務有限公司簽訂了簽訂 A ＋ H 市場行情合作協定。

2012 年 6 月 28 日，香港交易所與上海證券交易所和深圳證券交易所簽訂協議，在香港設立合資公司，從事金融產品開發和服務。合資公司的初始註冊資本為 3 億港元，由三家交易所各出資 1 億港元。該公司主營業務將包括：開發並對外授權指數交易產品、股票衍生品等；主要以三方市場交易品種為樣本編制跨境指數；研究開發上市公司分類標準、信息標準、信息產品；市場推介、參與者服務、技術服務和設施建設等。香港交易所行政總裁李小加表示：「三家交易所長期以來已在多方面開展了良好的合作，新設立的合資公司將為三所合作提供新的平台，同時推動內地和香港兩地的資本市場的進一步發展。」

（二）滬港通的開啟與發展

2014 年 4 月，香港交易所發佈公告，表示正與上海證券交易所洽談「互聯互通」

（即「滬港通」）事項。香港交易所與上海證券交易所聯手推動網絡互通，主要內容包括對接合格境內個人投資者（QDII2）資金出境，同時亦將為合格境外個人投資者（QFII2）和 QFII 提供投資 A 股的通道。早在 2007 年，內地有關部門就曾提出「港股直通車」計劃。不過，由於當時內地監管部門擔憂內地投資者風險教育不足，加之因美國次貸危機而導致的全球金融海嘯，令「港股直通車」計劃流產。滬港通的實質是嘗試以風險可控的方式開通「小型港股直通車」，即 "Qualified Domestic Individual Investor"（QDII2），即將 2007 年開始實施的內地機構投資者投資港股（QDII）的額度放寬至「合格境內個人投資者」，並可投資個股。與此同時，港交所亦成為合格境外個人投資者（QFII2）投資 A 股的通道，從而提振內地機構與港交所雙方的交易量。

2014 年 4 月 10 日，中國證監會及香港證監會發佈聯合公告，決定原則批准上海證券交易所、香港聯合交易所、中國證券登記結算有限責任公司、香港中央結算有限公司開展滬港股票市場交易互聯互通機制試點（滬港通）。滬港通將在六個月後正式啟動。公告的具體規定是：1. 滬港通包括滬股通和港股通兩部分；2. 滬股通的股票範圍是上交所上證 180 指數、上證 380 指數的成份股，以及上交所上市的 A ＋ H 股公司股票；港股通的股票範圍是港交所恒生綜合大型股指數、恒生綜合中型股指數的成份股和同時在港交所、上交所上市的 A ＋ H 股公司股票；3. 對人民幣跨境投資額度實行總量管理，並設置每日額度。其中，滬股通總額度為 3,000 億元人民幣，每日額度為 130 億元人民幣；港股通總額度為 2,500 億元人民幣，每日額度為 105 億元人民幣；4. 在投資者方面，香港證監會要求參與港股通的境內投資者僅限於機構投資者，及證券賬戶及資金賬戶餘額合計不低於 50 萬元人民幣的個人投資者；5. 交易結算活動遵守交易結算發生地市場的規定及業務規則。6. 內地結算、香港結算採取直連的跨境結算方式，相互成為對方的結算參與人，為滬港通提供相應的結算服務。

9 月 4 日，港交所旗下的聯交所、香港中央結算有限公司、上海證券交易所、中國證券登記結算有限責任公司，就建立滬港通訂立「四方協議」，明確各方就滬港通股票交易、結算、存管、市場監察的各項權利及義務，該協議是滬港通最為基礎性的操作文件。9 月 26 日，上海證券交易所根據中國證監會《滬港股票市場交易互聯互通

機制試點若干規定》、《上海證券交易所交易規則》及其他相關規定，發佈了《上海證券交易所滬港通試點辦法》和《上海證券交易所港股通投資者適當性管理指引》。《試點辦法》作為上交所對滬港通業務進行規範的主要規則，全面詳細規定了滬港通交易業務（含滬股通交易、港股通交易）開展的基本模式和具體要求。

11 月 10 日，中國證監會與香港證監會發佈聯合公告，決定批准上海證券交易所、香港聯合交易所、中國證券登記結算公司、香港中央結算公司於 11 月 17 日正式啟動滬港通。11 月 14 日，中國財政部、國稅總局、證監會聯合發佈《關於滬港股票市場交易互聯互通機制試點有關稅收政策的通知》，規定從 2014 年 11 月 17 日起至 2017 年 11 月 16 日，對內地個人投資者通過滬港通投資香港聯交所上市股票取得的轉讓差價所得，三年內暫免徵收個人所得稅；對香港市場投資者（包括企業和個人）投資上交所上市 A 股取得的轉讓差價所得，暫免徵收所得稅；對香港市場投資者（包括單位和個人）通過滬港通買賣上交所上市 A 股取得的差價收入，暫免徵收營業稅。而香港市場投資者通過滬港通買賣、繼承、贈與上交所上市 A 股，則按內地稅制規定繳納證券交易印花稅；內地投資者通過滬港通買賣、繼承、贈與聯交所上市股票，則按照香港特區稅法規定繳納印花稅。隨後，香港金管局宣佈從 11 月 17 日起，取消香港居民每日兌換人民幣不得超過 2 萬元的限制，以便利香港投資者參與滬港通及其他人民幣金融產品。

11 月 17 日滬港通正式開通。中國證監會主席肖鋼在上海證券交易所出席滬港通開通儀式時致辭表示：「滬港通意義重大，影響深遠。它豐富了交易品種，優化了市場結構，為境內外投資者投資 A 股和港股提供了便利和機會，有利於投資者共享兩地經濟發展成果，促進兩地資本市場的共同繁榮發展。有利於拓展市場的廣度和深度，鞏固香港國際金融中心地位，加快建設上海國際金融中心，增強我國資本市場的整體實力。有利於推進人民幣國際化，提高跨境資本和金融交易可兌換程度。」滬港通開通後，港股長江實業和滬股伊利股份分別成為港股通和滬股通的首隻交易個股。當日，滬股通 130 億元人民幣額度用盡，佔上海股票市場成交總額的 3.6%；而港股通實際使用額度為 18 億元人民幣，佔每日 105 億元人民幣額度的 17%，佔香港股市成

交總額的 2.1%。

　　滬港通無疑是中國對外開放以及中國證券市場發展的一大標誌性事件。從香港的角度來看，滬港通無疑將進一步深化香港與內地的經濟、金融合作，擴大兩地投資者的投資渠道，有利於香港發展成為內地投資者重要的境外投資市場。滬港通讓內地投資者可以買賣香港的指數成份股股票，將大大提升香港市場吸引國外公司上市的優勢；同時滬港通讓國外投資者買賣在內地上市的股票，亦將大幅增加香港市場對外國投資者的吸引力。滬港通以及日後深港通的開通及發展，將進一步整合香港、上海、深圳三地的證券市場，形成國際上僅次於美國紐約的第二大市場。滬港通既可方便內地投資者直接使用人民幣投資香港市場，也可增加境外人民幣資金的投資渠道，便利人民幣在兩地的有序流動，將進一步推動和支持香港發展成為人民幣離岸業務中心，從而進一步鞏固和提升香港國際金融中心地位。正因為如此，港交所總裁李小加將滬港通正式開通的這一天稱為「歷史性的一天」，並認為這一市場機制將「重新定義香港」。

（三）深港通的開啟與發展

　　隨着滬港通的順利啟動，深港通也隨即提到議事日程。深港通，是深港股票市場交易互聯互通機制的簡稱，指深圳證券交易所和香港聯合交易所有限公司建立技術連接，使內地和香港投資者可以通過當地證券公司或經紀商買賣規定範圍內的對方交易所上市的股票。2016 年 8 月 16 日，李克強總理在國務院常務會議上明確表示，深港通相關準備工作已基本就緒，國務院已批准《深港通實施方案》。經過兩年多的籌備，2016 年 12 月 5 日深港通終於正式啟動。中國證監會主席劉士余在深交所舉行的「深港通開通儀式」上表示，深港通開通是兩地資本市場進一步協同發展的歷史性時刻。

　　與滬港通相比，深港通無疑有不少差別：首先，是兩者的投資標的股票與額度限制，深港通下的港股通增加了包含市值 50 億港幣以上的恒生綜合小型股指數成份股；深股通的標的並不局限於 A+H 股同時上市，而是包含深市的成份股。由於深市

成份股與滬市有很大區別，這豐富了香港投資者的投資範圍。另外，深港通沒有總額限制，而滬港通有總額限制：港股通 2,500 億元人民幣、滬股通 3,000 億元人民幣。其次，滬港通和深港通在影響及作用機理上有所區別。深圳交易所股票數量佔據了全部 A 股上市公司的 60%，包括深圳主板、中小板以及創業板，與上證股票相比，深交所股票平均市值更小，交易及活躍度水平更高。

就在深港通開通前夕，李小加發表網誌表示，如果把兩年前開啟的滬港通稱為香港交易所互聯互通機制的 1.0 版本，那麼深港通將引領我們進入互聯互通 2.0 時代。他認為，與滬港通相比，深港通有以下幾方面的優化升級：1. 交易機制更加便利：總額度限制取消免除了機構投資者的後顧之憂，將鼓勵更多機構投資者（尤其是海外機構投資者）參與滬港通和深港通。2. 投資者准入不斷擴大：滬港通剛剛推出時，內地基金公司和保險資金還不能使用這一投資渠道。自 2015 年開始，內地基金公司獲准使用港股通，保險資金也在 2016 年獲准參與港股通，相信在不久的將來，有更多機構投資者會選用港股通作為海外投資的渠道。3. 投資標的擴容：深港通下的深股通將為海外投資者開放一個全新的市場 —— 深圳股票市場。作為中國的創新之都，深圳聚集了很多高成長的創新企業，深股通涵蓋的大約 880 隻深圳市場的股票，將與滬股通投資標的形成良好互補。

滬港通啟動以來，經歷了從「慢熱」到平穩運行的成長階段。據香港聯交所的統計，截至 2017 年 10 月 31 日，港股通累計成交金額 3.33 萬億港元，內地投資者利用港股通投資港股的持股金額達 8,088 億港元（約合 6,856 億元人民幣），較 2016 年底翻了一倍左右；香港投資者通過滬股通和深股通的累計成交額為 4.06 萬億元人民幣，流入內地股市的淨資金量為 3,263 億元人民幣，香港及海外投資者合計持有滬市股票金額為 3,103 億元人民幣，深市股票金額為 1,814 億元人民幣。內地投資者透過港股通持股金額最大的港股是滙豐控股、建設銀行，香港投資者持股金額最大的滬市股票為貴州茅台，深市股票為海康威視。

深港通啟動以來，運作順暢。截至 2017 年 12 月 4 日，深港通累計交易金額達 1.29 萬億元人民幣。深港通的開通為香港和國際投資者提供了一個投資內地高科技和

中小企業等「新經濟」的渠道。據彭博亞洲經濟學家陳世淵統計，啟動一年以來，國際投資者通過深股通累計淨投資超過 1,600 億元人民幣，越來越多的國際投資者通過投資深市上市公司搭乘中國經濟發展快車。[20]

2017 年 7 月 3 日，在滬港通和深港通啟動的基礎上，「債券通」的「北向通」上綫運行。債券通無疑是繼滬港通和深港通之後中國開放金融市場的又一重要舉措，也是人民幣國際化進程中的重要部分。與滬港通和深港通不同，參與債券市場互聯互通的機構裏面沒有兩地交易所。外匯交易中心即一般理解的銀行間債券市場，佔據了全國債券市場 95% 以上的交易量。

六、邁向全球性國際金融中心樞紐

（一）粵港澳大灣區：共建全球性國際金融中心樞紐

香港在 GFCI 排名中，大部分時間僅次於倫敦和紐約（個別年份落後於新加坡），但香港作為一個小型開放的經濟體，如果僅憑自身發展就很難成為全球性金融中心的「第三極」，更受到東京、新加坡甚至上海等其他亞洲城市的嚴重挑戰。香港只有高度融入中國經濟體系、加強與內地合作，才有可能發展成為世界級國際金融中心。香港與內地金融體系接通得最好、最理想的區域無疑是毗鄰的廣東珠江三角洲地區。從廣東方面看，隨着經濟的持續快速發展、經濟總量的迅速擴大，金融發展滯後的情況日趨明顯。廣東要轉變經濟增長方式，構建現代產業體系，其中重要途徑之一，就是要藉助香港金融體系的優勢，大力發展金融業，將廣州、深圳兩大中心城市建設成為

與香港互補及錯位發展的區域性金融中心。

正是基於此，近年來粵港雙方對於加強兩地的金融合作都表現出較高的積極性。2010 年 4 月粵港兩地政府共同簽署的《粵港合作框架協議》首次提出，要「建設以香港金融體系為龍頭，廣州、深圳等珠江三角洲城市金融資源和服務為支撐的具有更大空間和更強競爭力的金融合作區域」。2016 年，中央提出「粵港澳大灣區」戰略，以配合國家「一帶一路」的對外發展。其中，大灣區建設的一個重要內容，就是通過深化粵港澳金融合作，推動香港與深圳、廣州等中心城市的金融業形成協調發展和錯位發展，從而形成以香港國際金融中心為龍頭，深圳和廣州為兩翼、珠三角地區其他城市為主要支點的全球性國際金融中心樞紐。

1. 香港的戰略定位：與深穗聯手打造全球性國際金融中心。在粵港澳大灣區全球金融中心中，香港無疑將扮演最重要的角色。鑒於香港作為全球主要國際性金融中心，具有資金流通自由、金融市場發達、金融服務業高度密集、法制健全和司法獨立、商業文明成熟等各種優勢，香港無疑將成為大灣區金融中心區域的「龍頭」。根據香港的比較優勢和金融產業基礎，香港金融業發展的戰略重點，將至少聚焦三個方面：其一，中國企業最重要的境外上市和投融資中心；其二，全球主要的資產與財富管理中心；其三，全球主要的人民幣離岸業務中心、人民幣債券市場。

2. 深圳的戰略定位：中國的創業投資中心和「納斯達克市場」。深圳要建設成為獨具特色的國際金融中心，必須充分發揮經濟特區的窗口、試驗田和示範區作用，成為粵港澳金融中心的核心區以及金融改革創新試驗的先行地，加快與香港金融市場的對接和融合，着力發展以資本市場為核心的金融市場體系。根據深圳的比較優勢和金融業基礎，深圳金融業的發展戰略重點，將聚焦於三個方面：其一，作為香港國際金融中心的功能延伸和重要補充；其二，中國的創業投資中心和「納斯達克市場」；其三，通過前海國際金融城的建設，成為中國人民幣國際化的橋頭堡及香港的境外後援基地。

3. 廣州的戰略定位：華南地區銀行業務中心、金融創新基地及商品期貨市場。廣州與香港同屬嶺南文化，地理交通便捷，歷史聯繫悠久。香港是廣州最大的外資來

源地，也是廣州最大的境外投資目的地，並且兩地互為最重要交易夥伴之一。廣州及其周邊地區擁有大量的港資企業，融資需求巨大。因此，通過深化穗港兩地的金融合作，廣州可逐步發展成為帶動全省、聯通港澳、面向東南亞、與國際接軌的區域性金融中心。根據廣州的比較優勢和金融業基礎，廣州金融業的發展重點，將聚焦於三個方面：第一，南方金融總部中心和區域性資金結算中心；第二，華南地區銀行業務中心、銀團貸款中心和金融創新基地；第三，區域性商品期貨交易中心和產權交易中心。

（二）粵港澳大灣區金融合作重點推進領域

隨着粵港澳大灣區建設的深入推進，三地之間的金融合作無疑將進一步深化。當前，粵港澳金融合作，將可能在以下幾個重點方面逐步展開：

第一，穩步推進深港交易所合作、融合與資本市場的對接。

首先，進一步推進港深證券交易所在業務交流、產品共同開發、跨市場監管和人員培訓等領域的深度合作。其次，積極推動港深證券交易所證券市場的互聯互通及互設交易代理平台。雙方可在深港通開啟的基礎上，在資產證券化產品、股指期貨、利率期貨、遠期結售匯、掉期期權等產品方面尋求進一步的合作，實現互聯互通或互設交易平台。再次，做大做強創業板，積極推動港深創業板合作，最終實現兩板合併，推動港深兩地證券市場的協調發展與錯位發展。另外，積極推動香港交易所與深圳證券交易所結成戰略聯盟，創造推進推動港交所與深交所率先互相持股，最終實現兩所合併，打造統一的資本市場。

第二，深港合作攜手打造前海國際金融城。

首先，積極推動創建深圳前海人民幣跨境試驗區，使前海發展成為中國人民幣國際化的境內橋頭堡及境外後援基地，與香港合作共同打造全球性跨境離岸人民幣業務樞紐。其次，以跨境、離岸、交易為指向推動金融創新，粵港合作共建前海國際金融城，使前海成為國家金融創新的試驗示範窗口和連通境內外兩個資本市場的平台。

第三，港穗金融合作創新：攜手打造南沙「穗港金融共同市場」。

首先，積極推進廣州南沙自貿區框架下金融管理體制上的創新，大力引進香港銀行及金融機構，推動兩地金融市場互聯互通，打造穗港金融共同市場。其次，加強與香港期貨業合作，共同創建創新型商品期貨交易所和期貨交易市場。國務院印發的《中國（廣東）自由貿易試驗區總體方案》提出，在廣東自貿區研究設立以碳排放為首個品種的創新型期貨交易所。廣州應在此基礎上積極向國家爭取籌建創新型商品期貨交易所，並加強與香港方面的合作。最理想的做法，是邀請香港交易所成為戰略性股東，同時積極聯合國家、各省市和港澳金融機構參股，集合各方資源和力量共同籌建，實現共贏。穗港合作籌建廣州商品期貨交易所，還可以加強廣州期貨業與香港乃至東盟國家期貨業的合作，培育扶持若干家規模大、資本雄厚、國際競爭力強的大型期貨公司或金融控股集團，進而提高廣州商品期貨交易所的國際競爭力。另外，藉助香港經驗和網絡，穗港合作發展航運金融。

第四，澳珠（橫琴）共建區域性商貿合作的金融服務平台。

「一帶一路」倡議和粵港澳大灣區戰略的實施，其中的重要內容，就是要推動沿綫國家基礎設施建設。未來一段時期將有不少內地企業以基礎設備出口帶動對外投資發展，這將會產生大量的融資及投資需求，特別是在鐵路、公路、航空、港口等交通基礎設施，電訊、互聯網等通訊設施，電力、石油開採與供應等能源基礎設施等方面，以及與此相關的裝備製造項目等。這就為澳珠（橫琴）的金融合作，特別是為人民幣清算、融資租賃、資產管理、債券發行等特色金融服務業的合作與發展提供了龐大的商機。因此，在粵港澳大灣區金融合作中，其中一個重點是澳珠雙方加強合作，共同建設區域性商貿合作的金融服務平台。

本章作者：馮邦彥

暨南大學特區港澳經濟研究所教授、博士研究生導師

注釋

1 　饒餘慶：《香港 —— 國際金融中心》，商務印書館（香港）有限公司 1997 年版，第 3 頁。

2 　郭國燦：《回歸十年的香港經濟》，三聯書店（香港）有限公司 2007 年版，第 40 頁。

3 　香港交易所：《香港交易所市場資料 2017》，第 32 頁。

4 　鄭宏泰、黃紹倫：《香港股史：1841-1997》，三聯書店（香港）有限公司 2006 年版，第 469 頁。

5 　祁保、劉國英、John Newson、李銘普：《十載挑戰與發展》，香港聯合交易所 1996 年版，第 53 頁。

6 　香港交易所：《香港交易所市場資料 2017》，第 30、32 頁。

7 　香港金融管理局：《2016 年報》，第 254 頁。

8 　王占峰：〈廣東銀監局：對接港澳為銀行業開放積累經驗〉，《中國銀行業》2016 年第 3 期，和訊網。

9 　香港金融管理局：《關於香港銀行試辦個人人民幣業務的新聞公佈》，2003 年 11 月 18 日。

10 　張灼華：〈拓展香港人民幣投資產品市場正當時〉，《中國證券報》2011 年 9 月 8 日。

11 　香港金融管理局：《2016 年報》，第 95 頁。

12 　〈2010 年香港債券市場概況〉，載香港金融管理局：《香港金融管理局季報》，2011 年 3 月，第 4 頁。

13 　香港金融管理局：《2016 年報》，第 9 頁。

14 　香港證券及期貨監察委員會：《2007 年基金管理活動調查》，2008 年 7 月，第 4 頁。

15 　香港證券及期貨監察委員會：《2015 年基金管理活動調查》，2016 年 7 月，第 18 頁。

16 　香港證監會：《2016 年基金管理活動調查》，2017 年 7 月，第 18 頁。

17 　"QFII" 是英文 Qualified Foreign Institutional Investors 的簡稱，意為合格的境外機構投資者，是指允許經核准的合格外國機構投資者，在一定規定和限制下匯入一定額度的外匯資金，並轉換為當地貨幣，通過嚴格監管的專門賬戶投資當地證券市場，其資本利得、股息等經批准後可轉為外匯匯出的一種市場開放模式。

18 　香港證券及期貨監察委員會：《2015 年基金管理活動調查》，2016 年 7 月，第 17 頁。

19 　香港證券及期貨監察委員會：《2016 年基金管理活動調查》，2017 年 7 月，第 17 頁。

20 　參閱〈深港通一年來收穫多贏〉，中央政府門戶網站，資料來源：www.gov.cn（最後訪問時間：2018 年 4 月 15 日）。

第四章

大型基建的合作與協調

大型交通基建設施的不斷完善是加強區域合作的基礎。現時，香港與內地之間已形成了集海、陸、空為一體的綜合性交通網絡，多年來支持了香港與珠三角地區的緊密合作。近年，隨着港珠澳大橋、廣深港高鐵香港段、香港國際機場三跑道系統，以及蓮塘／香園圍口岸等基建工程的相繼實施和落成，香港與內地之間跨境交通系統的發展水平實現了新的飛躍，為香港進一步融入國家發展大局、深入參與粵港澳大灣區的發展創造了新的條件。

一、充分發揮港珠澳大橋在大灣區建設中的效用

2018 年 2 月，橫跨伶仃洋的世紀工程 —— 港珠澳大橋主體工程完成交工驗收。從大橋規劃構想的提出至今歷經 30 年，由國人攻堅克難實現的頂尖工程橋樑技術不僅締造了舉世矚目的「超級工程」，更創造了一條連接香港和珠江西岸的「超級紐帶」。為了充分實現港珠澳大橋的策略價值，就需要因應新的發展需求做好軟件與硬件層面的系統性配套。

（一）新經濟形勢和新型粵港合作關係

「前店後廠」一詞曾生動地描述了粵港之間的經濟合作關係。從 20 世紀 80 年代起，由於香港製造業轉移和廣東省經濟改革開放的需要，粵港之間形成了以出口加工製造為主要合作內容、以珠江東岸為加工製造業基地的經濟合作關係。這種由直接投資帶動對外貿易的經濟發展模式，直接推動了粵港之間的貨物貿易發展，進一步支持了香港全球航運中心的地位。

然而，從 2000 年代中期開始，受到國內外因素的影響，廣東省主動實施經濟發展模式轉型，按照雙「提升」和雙「協調」的發展路徑，廣東省積極推動產業水平升級、開放型經濟升級，以及努力實現內外協調發展和區域協調發展。如圖 1 所示，從 2006 到 2016 年間，香港與內地之間由「前店後廠」經濟發展方式帶動的出口加工貿易量在總貨物貿易量中的比例持續下降，說明粵港傳統的出口加工貿易合作關係的重要性逐漸下降。由此帶動的粵港貨物貿易量在未來的增長潛力有限。在全省統籌發展的步伐中，港珠澳大橋落腳的珠江西岸地區亦秉持着向高端產業發展的經濟策略取向，使得該地區不再具備支持傳統加工製造業生長的土壤。

圖 1　出口加工貿易佔各類貿易貨值的比例（2006-2016）

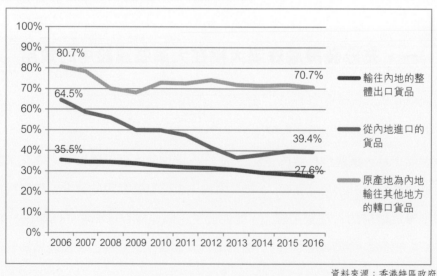

資料來源：香港特區政府統計處。

同時，隨着珠三角港口的蓬勃發展，該地區已形成了綜合港口體系，深圳港和廣州港在硬件設施和服務質素方面亦急起直追，加之成本優勢，使得香港作為區域貨物運輸中心的地位受到了挑戰。如圖 2 所示，從 2000 年至今，香港港口的貨櫃吞吐量升幅並不明顯，甚至出現了下降的趨勢；與此同時，深圳和廣州港的貨櫃吞吐量大幅度上升，在同一時期分別增長了逾五倍和 13 倍。

圖 2　香港、深圳、廣州港口貨櫃吞吐量　　　　　　　　　　　　　　（百萬標準貨櫃）

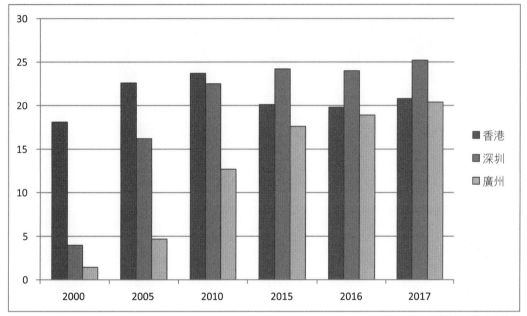

資料來源：香港特區政府海事處。

　　在廣東省建立現代產業體系的過程中，香港所扮演的角色開始發生變化，逐漸成為重要的專業服務業提供者和企業進行海外投融資的重要平台。如圖 3 所示，2016 年香港輸出內地的服務貿易量較 2006 年增長了逾兩倍，該服務貿易量在 2013 年後持續維持在較高水平。

　　與此同時，粵港兩地居民以消閒旅遊、探親訪友、跨境工作為目的的日常往來日漸增多，粵港生活圈逐漸形成。如圖 4 所示，從 2007 到 2015 年間，往來香港和內地之間的日均旅客人次不斷增加，增幅達到 32%；其中往來於粵港之間的旅客佔上述旅

圖 3　香港輸出內地的服務貿易量及增長率（2006-2016）　　　　　　　　　　（百萬港元）

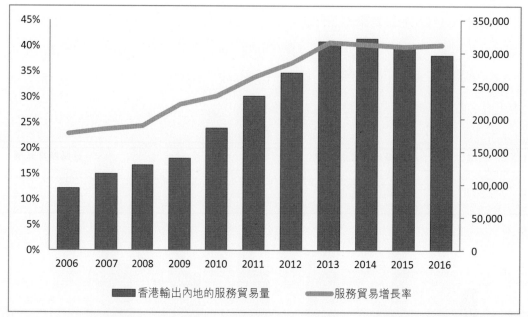

資料來源：香港特區政府統計處。

圖 4　往返香港與內地之間的日均旅客人次

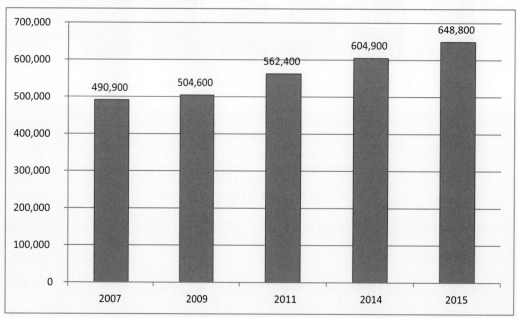

資料來源：香港特區政府規劃署。

客總人次的比例超過八成。由此可見，粵港之間的經濟關係已從傳統的以貨物貿易為主向以服務貿易和旅遊消費為主轉變。

（二）港珠澳大橋運輸功能評估

未來，港珠澳大橋能夠發展的運輸功能不僅取決於運輸需求，亦受到其可以發揮的運輸替代作用和誘發作用的影響。區別於珠江東岸以陸路運輸貨物至港口的集運方式，珠江西岸由於內河航道條件優越且運輸成本較低，內河運輸量佔總運輸量的比例高達七成。未來，雖然經港珠澳大橋的貨物運輸方式在時間和成本方面會較現時繞經珠江東岸的陸路運輸方式更理想，但由於目前陸路貨運方式並非主流，且佔大比例的水路運輸對成本較時間更為敏感，若港珠澳大橋不具備明顯的運輸成本優勢，將很難吸引這部分運輸需求轉化為港珠澳大橋的運輸量。

在誘發運輸量方面，港珠澳大橋將進一步改善香港國際機場的區位條件，通過加強珠江西岸及周邊地區與香港國際機場之間的交通連接，有機會吸引更多的航空貨運使用香港機場的優質服務。但航空貨物「貨值高、貨量小」的特點決定了由此產生的貨物運輸量規模有限。由此可見，基於區內貨物運輸需求的有限發展潛力，以及大橋有限的運輸替代和誘發作用，未來大橋在貨物運輸方面將發揮有限的作用。

然而在旅客運輸方面，不論是對未來運輸需求的判斷，還是大橋本身所具有的運輸優勢，都決定了大橋未來有機會發揮重要的客運功能。現時，往來香港與珠江西岸之間的旅客可分別經陸路和水路兩種方式。不僅經港珠澳大橋的陸路旅程時間將大幅度縮短，從而替代目前的陸路旅客運輸方式，其與現有的水路客運方式相比，亦具有行程費用較低、班次多、受天氣影響較小等優勢。然而，據估算，經港珠澳大橋較目前經水路並不具有明顯的行程時間優勢（見表1）。由於港珠澳大橋口岸將採取「三地三檢」的過境檢查模式，乘坐公共交通工具的旅客需要多次上落車進行過關檢查，入境香港後仍需要轉駁其他交通工具，這意味着旅客行程將耗費更多時間。因此，為吸引更多的旅客使用港珠澳大橋，需要在減省行程時間方面做好配套。

表 1 經港珠澳大橋與經水路行程時間比較 （分鐘）

珠三角西部起訖點	香港起訖點	交通方式	
		水運	經港珠澳大橋陸運
珠海／澳門	機場	50	45
	市區	55 - 75	70 - 85
中山	機場	70	105
	市區	90	130 - 145
江門	機場	—	135
	市區	150	160 - 175

注：1. 上述行程時間估算未考慮出入境查驗所需時間；

　　2. 目前從香港國際機場至香港市區乘坐不同交通工具，所需時間約 25 至 40 分鐘不等；

　　3. 中山及江門的陸路起訖點為市中心區；

　　4. 從中山至珠海行駛高速公路時間約為 60 分鐘，從江門出發所需時間約為 90 分鐘。

資料來源：1. 水運行程時間來自珠江客運有限公司；

2. 陸運行程時間根據香港特區政府路政署及內地高速公路通行時間估算。

（三）優化經港珠澳大橋的旅客行程

1. 優化跨境車輛牌照管理制度

　　現時，可以在港珠澳大橋上行駛的客車類型包括口岸穿梭巴士、跨境巴士、跨境出租車以及跨境私家車。然而，在「三地三檢」政策下，乘坐跨境巴士的旅客需要在大橋兩端的口岸共四次上落車進行過境檢查，較為耗時。而穿梭巴士僅行駛在大橋口岸之間，旅客出入境後仍需要轉乘其他交通工具前往目的地。跨境私家車作為「點到點」的交通工具，可方便旅客經港珠澳大橋時無需多次上落車，在節省行程時間方面具有明顯的優勢。因此，為方便旅客乘坐跨境私家車往來香港和內地，建議政府從以下幾個方面着手，進一步優化現時的車輛管理制度。

（1）進一步放寬粵港跨境私家車配額制度

為配合港珠澳大橋通車，粵港兩地政府適時放寬了經大橋的粵港兩地車牌申請條件，並將香港兩地牌私家車的配額總數定在 10,000 個，配額有效期為五年，到期後按屆時的規定及條件延期。[1] 在新的政策安排下，經港珠澳大橋的香港跨境私家車配額申請條件相對寬鬆（見表 2），包括 A. 放寬了納稅金額限制，政策惠及更多在廣東省投資的中小規模企業；B. 放寬了捐贈興辦公益事業的累計金額要求；C. 申請人在內地擔任公職的地區範圍擴展至市縣級；D. 新增屬國家高新技術企業名錄的企業，鼓勵創新科技發展；E. 新增「其他類投資者」，鼓勵香港現代服務業提供者進入珠江西岸市場。

表 2　經港珠澳大橋的粵港兩地車牌申請條件

類型	地區	資格限定		
		投資方式	納稅額要求（3 年內）	
商業投資	廣東省內	擁有企業	≥ 10 萬人民幣	1 輛
			≥ 50 萬人民幣	2 輛
			≥ 100 萬人民幣	3 輛
擔任公職	廣東省縣（市、區）以上	擔任人大代表、政協委員（限任期內）		
公益捐贈	廣東省	捐贈興辦公益事業累計金額 ≥ 500 萬人民幣		
高新技術外資企業	列入國家高新技術企業名錄的外資企業	無需提供納稅證明		
其他類投資者	境外高校、金融機構、律師事務所等組織在內地投資辦企業、學校、金融業、合作律師事務所	符合投資納稅標準的		

資料來源：廣東省公安廳。

但總體而言，車牌申請資格仍以申請人在商業領域的投資額、納稅額或者具有的公職身份作為門檻，導致該政策僅針對少量的合資格人士，大量的香港居民無法受益。因此，建議兩地政府共同協商，繼續大幅度放寬香港私家車申請珠海牌照的門檻，如允許在珠海市持有物業、租用物業一年以上，或在該地區就業的香港居民申請

跨境車牌，不再附加其他物業價值、入息水平等方面的限制。

(2) 在珠海口岸實施便利的「過境私家車一次性特別配額」政策

為配合粵港之間的陸路口岸服務，粵港兩地政府於 2012 年推出了獨立於常規配額之外的「過境私家車一次性特別配額」試驗計劃，允許符合資格的香港私家車車主可以較為便捷地駕駛私家車往來粵港兩地。但該計劃自實施以來，由於申報手續複雜、辦理成本高等問題，申請數量長期處於低位，並未充分發揮其政策設計之初的作用。

未來，為進一步促進香港車主駕駛私家車經大橋入出內地，建議在港珠澳大橋珠海口岸實施「一次性特別配額」計劃，對目前存在的問題進行一定的調整，簡化手續並同時降低辦理成本。具體而言，建議採取「一次辦理、多次使用」的模式，即香港車主在申請獲批後，其獲得的配額有效期可長達三年。在此期間，當車主及登記車輛需要出入口岸時，僅需要到達口岸 24 小時之前，通過網上查看當天的預約情況，在綫預約車輛過境配額。這種安排既免去了車主多次申請的麻煩和額外成本，亦可以充分協調口岸車流，避免交通阻塞。

(3) 探討進一步放寬香港和內地車輛經港珠澳大橋往來的可行性

長遠而言，為促進香港和內地在經濟和社會文化上的交流，建議兩地積極探討和研究允許香港私家車無限額經港珠澳大橋進出廣東的可行性。同時，為充分發揮港珠澳大橋連接珠江東西兩岸的策略價值，建議香港特區政府對內地車輛借道香港經港珠澳大橋往來珠江東岸和西岸的可行性進行研究。例如，僅允許前往珠江西岸的內地車輛經深圳灣口岸進入香港，在特殊的入境車輛管理模式下，僅允許這些車輛沿港深西部公路—9 號幹綫—屯門至赤鱲角連接路駛入港珠澳大橋香港口岸，繼而經過大橋前往珠江西岸（見圖 5）。整個路程中，不允許入境香港的內地車輛駛入香港境內的其他地區。同時，考慮到香港境內道路的承載能力有限，建議以入境車輛提前申請配額的模式控制車流量。

圖5　經港珠澳大橋往來珠江東西岸路綫示意圖

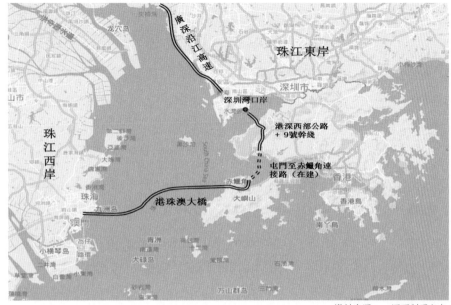

資料來源：一國兩制研究中心繪製。

2. 做好大橋口岸區的交通接駁設計

（1）設置足夠數量的不入境私家車泊車位

由於多方面的現實因素，目前經港珠澳大橋的內地和澳門車輛並不具備入境香港行駛的條件。一方面，由於內地與香港左右軚駕駛習慣不同，在司機不熟悉駕駛規則的情況下容易產生道路安全隱患；另一方面，香港道路承載能力有限，在近年車流量不斷增加的情況下，如果允許外地私家車入境香港行駛，將造成道路過度擁擠堵塞。因此，為更好地服務於駕駛私家車經港珠澳大橋赴港的旅客，做好香港口岸的泊車安排十分關鍵。

現時，香港口岸人工島的私家車泊車位設在露天停車場，地積比率較低。建議在口岸的設計上應充分利用土地空間，建造多層地庫式停車場，提供至少 2,000 個泊位供訪港車輛停泊。在車位協調方面，為保證口岸停車場有足夠的泊位供訪港車輛停

泊，建議在珠海和澳門口岸實時追踪香港口岸泊車數量的變化，通過共享三地資訊有效分配車位資源。

(2) 完善大橋口岸與香港其他地區之間的交通銜接

港珠澳大橋香港口岸位於香港的大嶼山。隨着一系列交通基礎設施的落成和新市鎮的發展，大嶼山地區正逐漸改變其「天涯海角」的地理格局，積極發展「橋頭經濟」，打造香港新的經濟增長極。港珠澳大橋口岸區亦是北大嶼山的重點發展區之一。因此，完善大橋口岸與香港其他地區之間的交通銜接，從大嶼山發展的角度看，將進一步增強北大嶼山商業設施之間的群聚效應，提高大嶼山地區的吸引力；從全港發展的角度看，將優化經口岸出入香港的旅客往來香港其他地區的行程，節省旅客行程時間，為港珠澳大橋吸引更多的客運量。

為此，建議興建環保、快捷和承載力高的鐵路系統，直接連接大橋口岸人工島、香港國際機場、亞洲國際博覽館、東涌新市鎮等大嶼山重點發展區域，並藉助鐵路系統進一步與大嶼山東側的香港市區相連。

二、完善連接香港和內地的三層級軌道交通系統

軌道交通作為城市和區域公共交通系統的一個重要組成部分，具有快速、準時、安全、運量大等比較優勢，是地區發展的重要引擎，不僅能夠有效緩解城市的交通壓力，同時能夠帶動區域的經濟發展。尤其是隨着城市群的發展，軌道交通體系能夠提供更高效的跨區客運服務。隨着香港與內地在經濟、社會和文化領域的交流和合作不斷加深，以及內地軌道交通體系的不斷發展和完善，要實現香港進一步融入國家發展

大局的目標，十分有必要加強香港與內地新型軌道交通體系的銜接。

（一）內地軌道交通系統的發展趨勢

1. 全國高鐵網絡迅猛發展

在幅員遼闊的國土上，鐵路一直是國家綜合交通運輸體系的骨幹和主要交通方式之一，在國家的經濟和社會發展中發揮着重要的作用。2007 年，隨着全國首趟時速 200 公里的動車組從上海站始發，全國的鐵路運輸進入了「動車時代」。過去 10 年，高鐵網絡以超乎尋常的速度在全國範圍內不斷延伸，在支持各地區拓展發展空間方面發揮了重要的作用。截至 2017 年底，全國鐵路運營里程達到 12.7 萬公里，其中高速鐵路 2.5 萬公里。[2]

按照國家《中長期鐵路網規劃》（以下簡稱「《規劃》」），以「四縱四橫」為主幹的全國高鐵網絡已經獲得了顯著的發展，建成了京津、滬寧、京滬、哈大等一批設計時速 350 公里且具有世界先進水平的高鐵。「四縱四橫」客運專綫是為滿足國內旅客運輸需求建立的省會城市及大中城市間的快速客運通道。2017 年底，河北石家莊至山東濟南高鐵全綫開通運營，標誌着「四橫」項目全部完成，進一步加強了華北、西北地區的鐵路網絡建設。目前，除了「四縱」中的京瀋高鐵仍在建設之外，「四縱四橫」高鐵主框架的建設已經基本完成。[3]

根據《規劃》，為滿足快速增長的客運需求，全國高鐵網絡將在「四縱四橫」基礎上，增加客流支撐、標準適宜、發展需要的高速鐵路，擴展至「八縱八橫」的高鐵網絡格局。規劃到 2020 年，全國高鐵運營里程將達到 3 萬公里。[4]

2. 珠三角城際軌道網絡不斷完善

發展城際客運系統亦是《規劃》提出的重點項目，旨在支持和引領新型城鎮化發展，有效連接大中城市和中心城鎮，服務包括珠三角地區在內的城市群建設。珠三角是全國最早實施城際軌道交通網絡建設的區域之一。根據《珠三角城市軌道交通規劃

實施方案》，珠三角地區共規劃 15 條城際軌道交通綫路，合計里程約為 1,430 公里，將形成以廣州、深圳、珠海為主要樞紐，覆蓋區內主要城鎮的城際軌道交通網絡。

目前，已建成通車的珠三角城際軌道包括廣珠城際、廣佛城際、莞惠城際。包括廣佛環綫、穗莞深城際以及佛莞城際在內的綫路亦處在建設階段。廣東省規劃到 2020 年建成珠三角城際軌道骨幹網絡，通車總里程約 717 公里，實現以廣州為核心，與其他城市一小時互聯互通的軌道交通網絡。[5]

3. 深圳市地鐵網絡不斷延伸

加強香港與深圳城市地鐵網絡的銜接、形成便利的城市群交通網，是支持港深兩地協同發展、高效互動的基礎之一。隨着深圳的城市擴容，地鐵網絡成為公共交通出行的重要載體。根據《深圳市城市軌道交通第四期建設規劃（2017-2022 年）》，預計到 2025 年，深圳市公共交通佔客運機動化出行量比例將達到 65% 以上，地鐵交通佔公共交通出行量比例將達到 45% 以上。[6] 如圖 6 所示，深圳地鐵網絡未來將新增沿港深邊界的新綫路，亦有南北走向的新地鐵綫路向南延伸至港深邊界。

圖 6　深圳地鐵網絡規劃延伸範圍（至 2022 年）

資料來源：深圳市發展和改革委員會。

（二）香港跨境軌道交通網絡發展現狀

目前，香港運營中的跨境軌道交通網絡由東鐵綫和在同一軌道上運行的城際直通車組成。其中，東鐵綫的客運服務北至港深邊界的羅湖和落馬洲口岸，從香港出發的旅客經口岸過關後，可搭乘深圳市區內以及深圳前往內地其他地區的交通運輸工具。而城際直通車目前僅往返於香港和廣州、北京、上海等內地極少數城市之間，其中往來香港和廣州之間的直通車每日對開 12 班，全程需要約兩小時；開往北京和上海的直通車每隔一天開出，其中京九直通車全程約需 24 小時，滬九直通車全程約需 18 小時 30 分鐘。

近年，隨着香港與內地之間，尤其是與珠三角地區之間經濟和社會交往的進一步加深，兩地之間的跨境人員往來呈現明顯的上升趨勢，其中通過跨境鐵路方式出行的旅客數量亦呈現增長。根據特區政府的統計，在 2007 至 2015 年間，乘坐城際直通車的日均跨境旅客數量維持在 1 萬人次左右（見圖 7），乘坐跨境列車往返羅湖和落馬洲口岸的日均跨境旅客數量從 2007 年的 26.7 萬人次上升至 2015 年的 31.6 萬人次（見圖 8）。

因此，與不斷增加的跨境旅客出行量相比，香港現有的跨境鐵路在提供更加快速、便捷、廣覆蓋面的旅客出行服務方面仍存在進一步提升的空間。近年，已通車的廣深港高鐵香港段工程將以更加高效的鐵路運輸模式使香港融入國家高鐵網絡中，而另一項擬議中的港深西部快速軌道，旨在進一步連接香港機場和深圳機場，以提升香港航空樞紐的地位。面對新的發展需求和新的機遇，十分有必要繼續加強香港與內地軌道交通體系的全面對接。

（三）從三個層面推動香港與內地軌道交通體系的連通

1. 高速鐵路

隨着廣深港高鐵香港段的建成及通車，香港亦被納入了全國的高鐵網絡。高鐵香

圖 7　乘城際直通車往來香港及內地的日均旅客人次

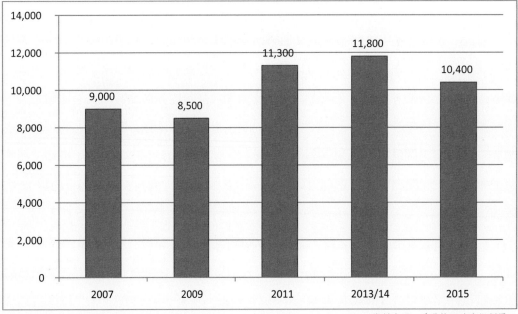

資料來源：香港特區政府規劃署。

圖 8　乘跨境列車往來香港和內地的日均旅客人次

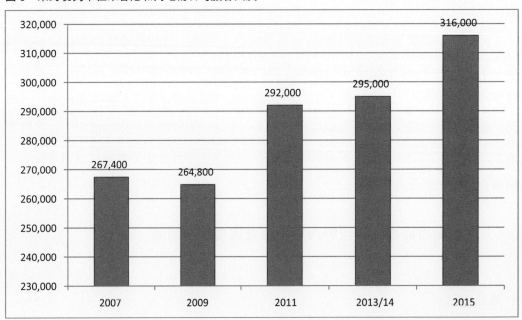

資料來源：香港特區政府規劃署。

港段全長 26 公里，由香港西九龍直達港深近落馬洲的邊界，與高鐵內地段連接。該項目已於 2018 年 9 月通車運營。

　　廣深港高鐵是國家「四縱四橫」客運專綫中京廣高鐵至深圳和香港的延伸綫。該條鐵路所屬的京廣綫北起北京，途徑華北、華中地區，最終抵達華南地區，是國內南北貫通距離最長的一條高鐵。廣深港高鐵亦是珠三角城際軌道網絡的主幹，在廣東省內連接廣州、東莞、深圳。香港段通車後，香港和京廣大動脈上多個主要城市之間的行程時間將被縮短，香港到北京的通行時間從目前的 24 小時縮短到 10 個小時，香港到廣州的時間從目前的兩小時縮短為 48 分鐘，到達深圳北站僅需 23 分鐘。此外，通過與深圳和廣州的緊密聯繫，香港將被進一步納入以深圳和廣州為核心並不斷擴展的高鐵網絡，與包括西南和東南沿海等更多地區通過高鐵相連。

　　為了充分發揮高鐵香港段的策略價值，便利的旅客通關安排十分關鍵。在香港高鐵西九龍站實施「一地兩檢」的通關安排，能夠方便旅客一次過辦理內地和香港的出入境手續，發揮高鐵方便省時的優勢，並將高鐵香港段納入內地更為廣泛的高鐵網絡中，從而令高鐵香港段的經濟效益最大化。

2. 城際鐵路

　　城際鐵路是區域鐵路網絡中的重要一環，將直接影響區域內部人員的高效流動。隨着粵港澳大灣區協同發展策略的提出，加強香港與珠三角之間的城際鐵路銜接亦十分關鍵。

　　香港特區行政長官曾於 2007 年的《施政報告》中提出建設「港深西部快速軌道」的建議，為促進港深兩地的機場合作創造條件。未來，隨着香港西部大嶼山「橋頭經濟」和東涌新市鎮的發展，以及深圳西部包括前海等地區的開發，這條擬議的城際軌道將更具建設的可行性和必要性，從而完善香港西部新發展區 — 香港市區，以及香港西部地區 — 深圳西部地區之間的交通銜接（該部分內容將在關於機場群協同發展的章節中詳細闡述）。

3. 地鐵系統

為進一步支持港深合作，亦需要完善兩地之間的地鐵綫路對接。如圖 9 所示，目前，港深兩地已有兩處地鐵站點對接，包括港鐵羅湖站與深圳地鐵 1 號綫羅湖站的對接，以及港鐵落馬洲站與深圳地鐵 4 號綫福田口岸的對接。

未來，香港新界東北地區的開發以及港深東側蓮塘／香園圍口岸的開通，均對香港一側的地鐵綫路安排提出了新的要求。為了更好地服務於港深之間的旅客跨境運輸，建議將未來香港一側的地鐵北環綫進一步延伸至擬開發的坪輋、打鼓嶺地區，並在蓮塘／香園圍口岸預留空間，與深圳一側地鐵 2 號綫東延段和 8 號綫在蓮塘接駁。

此外，深圳灣口岸目前已成為港深西部地區重要的通關口岸，近年該口岸的出入境旅客流量持續攀升，從 2015 年的 3,700 萬增長至 2017 年的約 4,100 萬。[7] 深圳已規劃在該口岸建設首條地鐵綫，預計 2022 年可建成通車。[8] 因此，未來港深兩地可進一步討論通過地鐵系統銜接深圳灣口岸和香港洪水橋的可行性，從而以立體化的交通接駁模式提升深圳灣口岸的交通可達性。

圖 9　港深地鐵系統對接現狀及建議

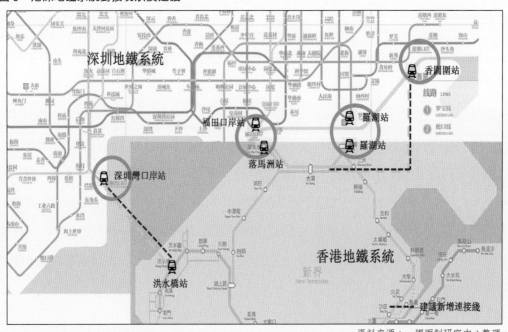

資料來源：一國兩制研究中心整理。

三、推動粵港澳大灣區機場群的協同發展

現時，粵港澳大灣區是全球機場分佈密度最高的地區之一，共有五大機場坐落在方圓 200 公里的地域範圍內，如圖 10 所示，包括香港赤鱲角國際機場、廣州白雲國際機場、深圳寶安國際機場、珠海金灣機場，以及澳門國際機場。長期以來，香港國際機場（以下簡稱「香港機場」）扮演着「領頭羊」的角色，在大灣區航空運輸市場中擁有突出的地位。近年，各個機場均紛紛制定新的發展策略，積極擴展市場份額，把握大灣區發展帶來的新機遇，亦不可避免地形成了各機場間相互競爭的格局。若粵港澳大灣區的各個機場能夠以合作的姿態共同探討協作共贏的發展路徑，則有機會以優勢互補創造更大的市場價值。

（一）香港機場具有領先全球的航空樞紐地位

香港機場是全球最為繁忙的航空樞紐之一。根據國際機場協會（Airports Council International）的排名，2016 年香港機場的客運量位居全球第八位（見表 3），貨運量則高居全球榜首（見表 4）。香港機場出色的服務質素亦獲得國際讚譽，多次被評選為航空客運領域和貨運領域的「全球最佳機場」。[9]

香港機場的客貨運量不僅長期位居全球前列，亦持續呈現穩步增長的趨勢。從 1998 年赤鱲角新機場啟用到 2017 年的 20 年間，香港機場的客運量累計增長 1.5 倍，貨運量增長逾兩倍。[10] 現時，有超過 100 家航空公司在香港機場營運航綫，往來全球超過 220 個城市，其中包括 50 個位於中國內地的航點。[11] 按航綫市場劃分，國際航綫對香港機場的貢獻巨大，航綫數量佔比近八成。

為了更好地滿足不斷增長的航空運輸需求，香港機場管理局自 2008 年起推動香港機場由現時的雙跑道擴建成為三跑道系統。2016 年 8 月，三跑道系統工程正式啟動。根據香港機場管理局的規劃，三跑道系統不僅能夠支持香港機場繼續保持國際

圖 10　大灣區五大機場分佈圖

資料來源：一國兩制研究中心繪製。

表 3　2016 年機場客運量排名 　　　　　　　　　　　　　　　（人次）

排名	機場	客運量
1	亞特蘭大國際機場，US (ATL)	104,171,935
2	北京首都國際機場，CN (PEK)	94,393,454
3	杜拜國際機場，AE (DXB)	83,654,250
4	洛杉磯國際機場，US (LAX)	80,921,527
5	東京國際機場，JP (HND)	79,699,762
6	奧黑爾國際機場，US (ORD)	77,960,588
7	倫敦國際機場，GB (LHR)	75,715,474
8	**香港國際機場，HK (HKG)**	70,305,857
9	上海浦東國際機場，CN (PVG)	66,002,414
10	夏爾·戴高樂機場，FR (CDG)	65,933,145

資料來源：國際機場協會。

表 4　2016 年機場貨運量排名　　　　　　　　　　　　　　　　　　　　　　　　　（公噸）

排名	機場	貨運量
1	香港國際機場，HK (HKG)	4,615,241
2	孟菲斯國際機場，US (MEM)	4,322,071
3	上海浦東國際機場，CN (PVG)	3,440,280
4	仁川國際機場，KR (ICN)	2,714,341
5	杜拜國際機場，AE (DXB)	2,592,454
6	安克雷奇國際機場，US (ANC)	2,542,526
7	路易維爾國際機場，US (SDF)	2,437,010
8	東京國際機場，JP (NRT)	2,165,427
9	夏爾・戴高樂機場，FR (CDG)	2,135,172
10	法蘭克福機場，DE (FRA)	2,113,594

資料來源：國際機場協會。

領先的航空樞紐地位，亦可以新增數以十萬計的就業崗位，推動香港的經濟和社會
發展。

（二）大灣區五大機場的競爭

1. 大灣區各機場積極進行市場佈局

粵港澳大灣區龐大的人口規模和產業體量，加之該地區蓬勃的發展態勢和不斷開
放的市場，決定了大灣區航空客運和貨運市場具有極大的發展潛力。

客運方面，2017 年粵港澳大灣區各大機場共運送了超過 2 億人次的客流量。其中
香港機場客運量佔比約 36.3%，廣州機場緊隨其後，佔比約為 33%。如圖 11 所示，在
2011 到 2017 年之間，香港機場在大灣區的客運市場份額呈下降的趨勢，與廣州機場
的市場份額差距逐漸縮小。

香港機場位處中國地理位置最南端，雖然在飛往東南亞以及澳洲國際航綫上有一

圖 11　大灣區五大機場客運市場份額變化

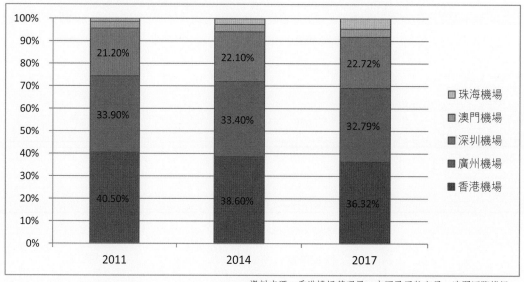

資料來源：香港機場管理局、中國民用航空局、澳門國際機場。

圖 12　大灣區五大機場貨運市場份額變化

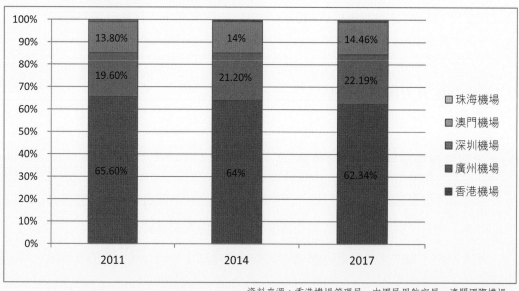

資料來源：香港機場管理局、中國民用航空局、澳門國際機場。

定地理優勢，但是廣州、深圳、珠海、澳門與香港地理位置相鄰，香港機場對比大灣區其他機場並無絕對優勢。一旦廣州機場和深圳機場大力發展國際航綫，香港機場國際航綫將受到嚴重影響，未來對國際航綫旅客增量的競爭尤為激烈。隨着珠三角及中國內地經濟發展，出境遊旅客大幅增加，廣州機場和深圳機場加快轉型和升級，就是為了在未來與香港機場爭奪內地日益增長的國際旅客市場。

貨運方面，如圖 12 所示，在 2011 至 2017 年間，雖然香港機場在大灣區的貨運市場份額有微弱下降，但該比例仍超過 60%，在大灣區各機場中遙遙領先。香港機場的貨運業務在大灣區的領先地位得益於其自由港的地位以及高效的貨物處理流程。然而近年，大灣區其他機場亦積極發展貨物運輸設施以及致力於服務質素的提升，當地政府對於航空貨運業的發展亦相當重視，從提供財政補貼到積極推進運輸基礎設施建設，希望以區位優勢爭得更多市場份額。

在強烈的市場需求感召下，粵港澳大灣區的各個機場亦積極推行機場擴建項目（見表 5），香港機場所面臨的市場競爭日趨激烈。

表 5　粵港澳大灣區機場擴建計劃概覽

機場 （定位）	擴建計劃 （落成年份）	規劃客運量 （年份）	規劃貨運量 （年份）	備註
廣州機場 （國家級門戶機場、國際航空樞紐）	將新建第四、第五跑道（2025 年）、二號航站樓（2018 年）、三號航站樓（2025 年）	8,000 萬人次（2020 年）	250 萬公噸（2020 年）	第三跑道已於 2015 年啟用
深圳機場 （區域性航空樞紐、華南貨運門戶）	將新建第三跑道（2018 至 2021 年）、衛星廳（2020 年）、四號航站樓（2025 年）	6,300 萬人次（2040 年）	450 萬公噸（2040 年）	第三跑道填海工程已於 2016 年展開
珠海機場 （國內幹綫機場）	擬建第二條跑道和新航站樓	1,200 萬人次（2020 年）	—	珠海機場已於 2017 年啟動全面升級改造
澳門機場 （澳門連接世界的橋樑）	將分三個階段對現有機場設施進行升級改造，並進行填海擴建工程	1,500 萬人次（2033 年）	5.8 萬公噸（2033 年）	澳門特區政府已於 2017 年向中央政府提出填海申請

資料來源：香港機管局、珠海機場、澳門機場。

2. 大灣區空域管理有待協調

香港機場的發展不僅面臨大灣區其他機場帶來的業務競爭，亦存在需要進一步協調的空域管理問題。位於赤鱲角的香港機場和深圳機場在規劃初期未對空域和飛行航道的設計進行充分的協調。如圖13所示，香港機場的跑道為東西走向，深圳機場和澳門機場的跑道則是南北走向，由於機場跑道相互垂直，使得香港機場的飛機起降航道與深圳和澳門機場的航道相互衝突，飛機進港和離港必須相互避讓和繞行，不但浪費了飛行時間和燃料，更造成了空域擁堵的問題。

此外，由於香港機場的北側出入場航道受深圳機場空域的制約，未來位於香港機場現有跑道北部的第三跑道建成後，可能由於北部航道的擁擠而限制跑道容量的使用

圖 13　粵港澳大灣區五大機場空域及跑道走向

資料來源：一國兩制研究中心繪製。

效率。此外，為避免沿澳門機場北面的離場和進場路綫飛越內地城鎮的航班造成噪音滋擾，澳門機場的飛行路綫偏向香港一側，導致澳門機場起降的每架飛機對香港機場西面的飛行路綫造成限制。為充分發揮香港機場新增的運輸能力，十分有必要對大灣區各機場進行空域管理的統一協調。

然而，由於大灣區的機場分屬不同的空域範圍，香港、澳門和內地的機場分屬不同的空管機構，各機場之間缺乏統一的管理機制，各自的管理標準和模式亦不相同。在這種發展模式下，各機場的航空管理信息相互獨立，缺乏統籌協調的有效途徑。

（三）推動大灣區機場間的協同合作

1. 大灣區機場可通過優勢互補實現分工協作

基於大灣區各個機場的發展定位和區位特點，香港機場與不同機場之間的合作空間不盡相同。其中，香港機場與廣州機場的合作難度較大，兩個機場之間的行程距離較遠，往來不便；同時廣州機場作為全國重要的門戶性機場，具有與香港機場類似的功能定位，二者互補性較小。與廣州機場相比，珠海機場與香港機場的直綫距離略短，但珠海機場處於珠海市的西端，未來港珠澳大橋通車後，兩個機場之間仍需要約一小時的車程，遠多於港澳兩個機場之間的交通時間。

與之相比，深圳機場距離香港機場僅 37 公里。兩地曾研究修建連接兩個機場的「港深西部快速軌道」，如該規劃能夠落實，往來兩個機場之間的行程將更加便捷。同時，深圳機場目前以經營國內航綫為主，與以經營國際航綫為主的香港機場業務合作空間較大。

截至 2016 年底，深圳機場開通航綫總數 188 條，其中國內航綫 154 條、港澳台航綫四條、國際航綫 30 條。[12] 和香港機場相比，深圳機場國內航綫的覆蓋範圍具有明顯的優勢，且這些航綫的票價大多較香港機場便宜，在交通較為便利的情況下，香港居民和過境遊客將有很大的誘因前往深圳機場搭乘前往內地其他城市的航班。由於深圳機場毗鄰香港，其國際航綫業務的發展長年受到抑制，與香港機場相比，國際通

航城市較少。然而，目前兩個機場的競爭較多、合作較少，尚未實現強強聯合。若港深機場按照各自的比較優勢進行國際、國內業務分工，則能夠進一步實現資源的合理配置。

未來，港澳機場的合作亦將迎來新的機遇。隨着港珠澳大橋的建成通車，港澳兩個機場之間有機會實現無縫連接，若能夠在大橋實行便捷的出入境通關安排，澳門機場與香港機場之間的車程將縮短至 30 分鐘左右。同時，澳門機場廉價航空發展迅速，在業務構成上與香港機場亦有較強的互補性。

2. 做好大灣區機場合作的配套工作

（1）以交通配套支持大灣區機場聯動發展

要實現機場之間的市場分工，增強整體競爭力，就需要在交通連接上做好配合。就港深機場而言，兩地政府曾規劃建設連接兩大機場的「港深西部快速軌道」。然而基於規劃時期的項目功能定位，預測的客流量不足以支撐項目建設所需的成本，且港深雙方在成本分配方面亦未達成共識。然而，在香港一側，隨着香港機場周邊區域（包括大嶼山、港珠澳大橋口岸區）迎來了新的發展機遇，以及擬議的東大嶼都會的發展，港深西部快速軌道有機會成為連接機場、大嶼山以及香港島的重要城市軌道。在深圳一側，該條軌道可在深圳機場與建設中的穗莞深城際鐵路（預計於 2018 年底建成開通）連接，並且伴隨着前海地區的發展，成為珠三角城際軌道網絡的重要組成部分。隨着港深西部快速軌道的功能定位從機場快軌轉變為大灣區重要的城際軌道（見圖 14），其旅客搭載量將大幅度增加，從而提升了建設該條軌道的經濟可行性。

港澳機場的合作，則需要為更加便捷的利用港珠澳大橋連接兩個機場做好進一步的交通配套設計。因此，建議在港珠澳大橋澳門口岸和澳門機場之間建設專用連接綫，同時推出便捷的出入境措施，允許在兩個機場之間轉乘的航空旅客乘坐專綫巴士且無需辦理額外的出入境手續，實現在兩個機場之間的無障礙轉乘。

圖 14 港深西部快速軌道走向建議

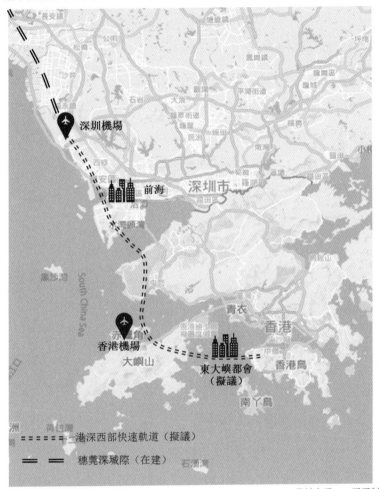

資料來源：一國兩制研究中心繪製。

(2) 處理好航權問題

為推動港深機場之間的市場分工，亦需要處理好航權的問題。現時，由於航權受限，香港本地的航空公司不能直接在深圳機場經營往來深圳和其他內地城市的航綫。未來，如果香港機場主攻國際航綫市場，把內地航綫業務交給深圳機場主導，則意味着以香港為基地營運香港和內地之間航綫的航空公司不得不淡出這類市場。因此，進一步開放內地的航權給香港的航空公司是實現市場分工的關鍵。要取得這方面的突破，香港特區政府可爭取中央的支持，推動航空領域 CEPA 的簽訂，搭建香港同內地

在航空運輸業領域合作的新框架。

（3）完善空域管理協調機制

目前，大灣區空域由香港及內地的航管機構分別管理。在這種制度安排下，各方很難進行有效的協調。現時，大灣區五大機場的溝通機制是定期召開機場聯席會議。雖然該協調機制能夠為各方提供重要的溝通平台，但其僅屬論壇性質，對推動機場間的實質合作效果並不明顯。因此，建議大灣區各城市積極探討建立統一航管系統的可行性，從而提升飛機起降調度的靈活性，減少空域浪費，同時可以更好地配合港深機場的擴建。

結語

隨着一批跨境交通基建工程的相繼開展和項目的陸續落成，香港迎來了跨境交通發展的新時代，為進一步加強香港與粵港澳大灣區內不同城市之間的協同互動、支持香港進一步融入國家發展大局創造了基礎條件。為了充分發揮跨境交通基建的效用，服務於不斷增長的跨境運輸需求，香港亦需要進一步加強與內地之間的政策協調，以及做好相關的區域規劃工作，從而充分發揮各項交通基建項目的經濟價值和社會價值。

本章作者：方舟

一國兩制研究中心研究總監

龔夏雯

一國兩制研究中心研究主任

注釋

1　〈增加港珠澳大橋相關跨境私家車配額〉，香港特區政府新聞公報，2017 年 12 月 12 日，資料來源：http://www.info.gov.hk/gia/general/201712/12/P2017121200389.htm（最後訪問時間：2018 年 4 月 26 日）。

2　〈2017：鐵路建設任務目標全面完成〉，新華網，2018 年 1 月 1 日，資料來源：http://www.xinhuanet.com/finance/2018-01/01/c_1122194558.htm（最後訪問時間：2018 年 4 月 27 日）。

3　〈獻禮 2017：中國高鐵「刻下」2.5 萬公里新里程〉，新華網，2017 年 12 月 28 日，資料來源：http://www.xinhuanet.com/fortune/2017-12/28/c_1122180305.htm（最後訪問時間：2018 年 4 月 27 日）。

4　國家發展和改革委員會：《中長期鐵路網規劃》，2016 年 7 月 13 日，資料來源：http://210.6.198.19/cache/www.ndrc.gov.cn/zcfb/zcfbtz/201607/W020170213333938328309.pdf?ich_args=7377949294f837918582554cdfe3296e_1_0_0_12_d66561c5615ff28728b8f7da2dc1b5d0cd971582ee8e0b0e4071366d12d2d988_f9a54f5fdac09b295de53696463a90ef_1_0&ich_ip=（最後訪問時間：2018 年 4 月 27 日）。

5　〈接軌廣州樞紐 鐵網通達灣區〉，廣州市人民政府，2018 年 1 月 25 日，資料來源：http://www.gz.gov.cn/gzgov/jtfw/201801/9deb2e8dac25464198e3bffd20ad97ae.shtml（最後訪問時間：2018 年 4 月 27 日）。

6　國家發展和改革委員會：〈關於深圳市城市軌道交通第四期建設規劃（2017-2022 年）的批覆〉，2017 年 7 月 7 日，資料來源：http://www.ndrc.gov.cn/zcfb/zcfbghwb/201707/t20170712_854375.html（最後訪問時間：2018 年 4 月 27 日）。

7　香港海關：《香港海關的出入境管制站旅客流量統計數字》，2018 年 4 月 20 日，資料來源：https://data.gov.hk/tc-data/dataset/hk-customs-ced_stat-passenger-clearance/resource/75dd72be-9946-435a-8f42-42e730c46014（最後訪問時間：2018 年 4 月 27 日）。

8　同注 6。

9　香港機場管理局：《香港國際機場概覽》，2018 年 3 月，資料來源：http://www.hongkongairport.com/iwov-resources/file/the-airport/hkia-at-a-glance/facts-figures/HKIA_FactSheet_2018_TC.pdf（最後訪問時間：2018 年 4 月 24 日）。

10　〈擴建機場的需要〉，香港國際機場，資料來源：https://www.threerunwaysystem.com/tc/growth/the-need-for-expansion/（最後訪問時間：2018 年 4 月 24 日）。

11　同注 9。

12　深圳市機場（集團）有限公司：《深圳市機場（集團）有限公司 2016 年年度報告》，2017 年 6 月，資料來源：http://www.szairport.com/szairport/jcjtnb/201707/a3f02b69dfc242b3b2a9b3e333b5d091/files/a68967ebcd8c4b129687882a0006f5ed.pdf（最後訪問時間：2018 年 4 月 24 日）。

第五章

科技創新是香港與內地產業合作的新動力

2018 年初發端於中美的貿易戰，其實質是中美之間關於新一輪科技創新實力的角力。在國家進入創新驅動的高質量發展新時代，香港如何配合國家的發展，實現「國家所需、香港所長」的定位，是香港與內地科技合作的重要出發點。科技與創新是促進香港經濟可持續發展的關鍵引擎，新技術、新產業、新經濟不僅創造新的就業，而且產生新的服務、新的業態，提升香港經濟的全球競爭力。香港作為擁有良好教育資源和區位優勢的成熟經濟體，在基礎設施、市場、商業成熟度、創意輸出等方面均表現良好，具有發展科技創新的實力。內地作為高速發展的新興經濟體，近年來在科技創新領域發展迅速。比如，內地在互聯網經濟方面發展很快，互聯網經濟由 2010 年時佔國內生產總值的 3.3%，增長至 2016 年的 6.9%，其比重已超過美國、德國及法國。[1] 香港在發展創新科技的過程中，需要加強與內地的合作，構築增長的新動力，助推香港的產業轉型。改革開放 40 年的歷程表明，香港與內地科技創新的緊密合作，既促進了內地的發展，也推動了香港的發展。

香港與內地的科技創新合作不是一種暫時的資源和利益交換過程，而是一種立足當下、統籌未來的共生共榮的提升過程，對於促進香港的轉型、提升香港的國際競爭力，促進香港融入國家發展大局具有重要的意義。未來香港與內地科技創新的合作路徑有三點：一是形成香港與內地「金融＋科技」的合作發展格局；二是加快香港的基礎研究與內地產業轉化和融合；三是加快香港融資平台與內地人民幣國際化相結合。香港與內地科技創新合作的重點領域，主要在四個方面：一是聚焦國際前沿技術，合

作佈局重大科技基礎設施；二是以新技術孵化新產業，合作打造科技與產業的深度融合；三是吸引全球科技人才，合作構建科技企業孵化體系；四是加快港深科技合作，合作共建粵港澳科技灣區。

一、改革開放 40 年來兩地
科技創新合作的過程及總結

（一）過程：香港與內地科技創新合作的三個階段

回顧改革開放 40 年的歷程，香港與內地在科技創新方面展開了許多合作，也是產業合作的重要內容。香港與內地科技創新緊密合作，既促進了內地的發展，也推動了香港的發展。分析香港與內地科技合作的歷程，主要有以下三個階段：

1. 產業轉移與技術轉移的階段（1980-1997）

上世紀 80 年代初，香港工業開始大規模向內地轉移，香港工業佔技術主導輸出地位，內地企業則處於吸收學習的階段。雙方研發型的科技交流很少，科技合作處於「初級階段」、淺層次的方式。香港與內地的科技交流合作的主體以民間為主，共同成立了科技合作民間組織，如粵港科技產業促進會及其分會等。[2] 這些組織主要集中在珠三角地區，通過官方、半官方渠道進行人才、信息交流。除廣東外，內地其他城市，如北京、上海、廈門等也與香港企業、科研機構開展技術指導、人員互訪等交流活動，但總體來說，交流合作的範圍比較窄，規模也比較小。

2. 科研機構與政府合作的階段（1997-2008）

在 1997 年香港回歸之後，香港與內地的科技合作明顯增多，香港特區政府陸續推出一系列措施鼓勵和引導科技創新，以更為靈活務實的態度重構其經濟和科技發展政策，提升香港的國際競爭力。時任行政長官董建華多次在施政報告中強調科技創新的重要性，提出了「科技興港」政策，指出「要把香港發展成為亞太地區創新中心」[3]。在政策的引導下，香港分別於 1998 和 2000 年成立行政長官特設創新科技委員會和應用科技研究院，增加科研方面的資金投入；1997 年下半年，政府撥款 33 億港元興建科技園第一期工程，10 年內投資近 20 億港元。港交所的創業板也於 1999 年底開通。

香港和內地的科技合作形式除企業之間的合作外，還包括研究機構之間的合作、研究機構和企業的合作等。[4]科研機構方面，內地大學與香港的大學聯合組建實驗室，涉及領域包括生物技術、微電子、新材料等，如浙江大學和香港中文大學合作建立的「生物醫學工程聯合研究中心」，用以進行生物醫學工程的研究開發。企業合作方面，香港企業與內地高科技企業的合作也開始增多，如北京清華永新電子有限公司就是香港永新集團與清華大學合作的基礎上，由清華永新高科技投資控股有限公司設立的一家高新技術公司。校企合作方面，如香港城市大學與山東恒達天綫廠組成合資公司，利用城市大學研究出的單層平面天綫技術，製造基站天綫投向市場。此外，內地一些企業也通過反向注資香港的子公司，促進科技成果商品化。另有一些香港企業則選擇與外國科技公司合作，在中國內地建立生產基地，將產品打入國際市場，如海洋資訊將生產工序遷入內地，設立全球最快表面裝嵌技術生產綫，產品市場主要是美國和歐洲。

2003 年 CEPA 簽署之後，中央政府加大力度支持香港與內地展開科技合作。2004年，國家科技部、香港特區政府共同簽署《科技合作協議》，成立兩地科技合作委員會，強化兩地在政策制定、平台建設方面的交流合作。在地方政府層面，2007 年，香港特區政府和深圳市政府簽訂了「深港創新圈」合作協議，確認深港兩地在創新人才、設備、項目信息資源等方面的交流與共享，利用雙方的資源整合與國際創新前沿領域接軌，服務於兩地的產業結構優化轉型。整體而言，香港和內地在科技創新領域

通過多個平台進行協同配合，提升了兩地的科技合作水平，促進了雙方的科技交流和經濟發展。以香港科技園公司為例，自 2003 年起，該公司藉助香港擁有世界級大學的研發優勢，與歐美日各國在集成電路設計、開發和生產方面緊密接軌，陸續與內地九個城市集成電路設計產業化基地簽訂合作協議，以「9+1」（即九個內地產業化基地與科技園公司）協作模式，[5] 為基地提供包括高端測試、產品分析、半導體知識產權、專項資金投資在內的多方面的服務，協助當地集成電路產業發展。

3. 全面合作的階段（2008 年至今）

2008 年金融危機衝擊之後，香港進一步加快了科技創新的佈局，加強與內地科技的全面合作。2013 年深圳前海青年夢工廠啟動，截至 2017 年 8 月，夢工場已孵化創業團隊共 216 家，其中香港團隊約佔一半。[6] 2014 年底，中央財政科技計劃管理改革啟動，港澳台科技合作專項納入國家重點研發計劃統籌整合。據統計，[7] 香港六所高校建設了 16 家國家重點實驗室夥伴實驗室，香港科技園設立了三家國家產業化基地，香港三所高校、香港應用技術研究院設立了六家國家工程技術研究中心香港分中心。2015 年通過光大香港進行運作，光大控股收購 Lampmaster 這家全球領先的高精密工業設備公司。2016 年，香港學者參與的國家重點研發計劃立項數達到 61 項、84人次。[8] 10 多年來，香港推薦項目獲得 30 餘項國家科學技術獎，其中包括一項國家自然科學一等獎和一項國家科技進步一等獎。2016 年 7 月，內地與香港聯手打造的「香港 × 科技創業平台」成立，旨在利用制度、科研、資本及區位優勢，打造「香港製造」與「香港創造」產品。[9] 2017 年，香港啟動與深圳共同發展落馬洲河套地區「港深創新及科技園」，成為香港有史以來最大的創科園地。

（二）總結：香港與內地科技創新合作的意義

總結改革開放 40 年來的歷程，香港與內地的科技創新合作不是一種暫時的資源和利益交換過程，而是一種立足當下、統籌未來的共生共榮的提升過程，對於促進香港的轉型、提升香港的國際競爭力、促進香港融入國家發展大局具有重要的意義。

1. 通過香港與內地的科技合作，形成知識外溢的區域協同發展格局

科技創新是一種成本大、不確定性高、風險高、收益慢的複雜性創新行為，需要眾多企業通過合作方可實現技術革新。目前創新活動逐漸突破空間的限制，跨區域創新、跨機構合作等新型協同創新得到迅速發展和壯大，成為當今知識創造和技術溢出的重要源泉。香港與內地在技術層面互補且具有關聯性，通過兩地的官產資學研機構，加快科技成果轉化。香港企業和機構積極參與國家科技計劃、共建國家實驗室，在開發新產品時發揮各自優勢，形成由核心、關聯以及支撐技術形成的技術產業鏈，在創新成果的設計、研發到產業化整個過程的各個環節形成明確的分工，形成知識外溢的區域協同發展格局。

2. 通過香港與內地的科技合作，促進香港經濟的轉型

香港經濟前兩次成功轉型的關鍵是內地經濟發展的外部環境及內在需求與香港功能轉型的高度契合。在全球化、知識經濟以及內地深度融入全球經濟體系的背景下，香港以大數據、互聯網、綠色科技、智能產業為支撐的新經濟、新產業、新業態發展落後於世界主要發達經濟體。相比之下，內地近幾年的新興產業則發展迅速。加強香港與內地的科技創新產業合作可以有效提升香港本土企業的信息化水平和科技水平，提高經濟運行效率。此外，聯合研發創新有利於形成共同的技術標準，實現雙方在關鍵產業技術領域的有效銜接，便於藉助雙方的比較優勢，降低研發成本。

3. 通過香港與內地科技合作，推動香港科技成果的市場轉化

內地在科研方面資源充足、科技應用市場廣人，配合香港優秀的研究人員與研發機構，可有效幫助香港的科研成果轉化為規模化的市場，使科技成果快速實現產業化。全球最大的消費類無人機製造商大疆科技，就是「香港研發＋內地製造」模式的典型範本。大疆科技的創始人汪滔是香港科技大學畢業的研究生，其核心技術是在香港研發，核心研發團隊也在香港成立。目前大疆佔領了全球消費級無人機近七成的市場。在對比香港和內地的科創環境和成本後，公司選擇在深圳註冊和成長，生產製造

環節主要靠深圳較為完善的製造體系實現。在大疆產品推向國際市場的過程中，香港健全的法律環境和國際化的網絡體系，又為產品產業化提供了有效保障。從大疆科技的案例中可以看到，香港可借力內地，推動研發科技成果加快投向市場。[10]

二、香港科技創新的問題及優勢

創新在國家「十三五」規劃提出的五大新發展理念中排在第一位，表明國家進入了創新驅動的高質量發展新時代。香港如何配合國家的發展，實現「國家所需、香港所長」的定位，是香港與內地科技合作的重要出發點。為此，需要對香港在科技創新方面存在的問題，以及香港還具有什麼樣的優勢進行分析。

（一）香港科技創新的問題

1. 香港在科技創新方面投入小

在研發層面，香港公營機構佔比高達八成，與同期美國公私營機構 30：70 的比例大相徑庭。[11] 香港政府統計處數據顯示，2009 至 2016 年間，香港的研究及發展開支佔生產總值的比重保持在 0.7% 至 0.8% 之間，遠低於國際水平。而在增長能力方面，2016 年香港科技創新產業的增加值佔本地生產總值的百分比為 0.7%，比香港 2016 年金融業、旅遊業、貿易及物流業、專業服務及其他佔的比重都要低（分別為 17.7%、4.7%、21.7%、12.5%），說明香港的科技創新對經濟增長的貢獻還非常小，科創產業仍有待發展。

圖 1　香港研究及發展開支（2009-2016）

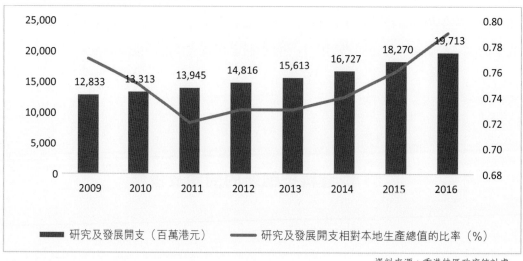

資料來源：香港特區政府統計處。

　　對比而言，根據《2016 年全國科技經費投入統計公報》，內地 2016 年研發開支達 15,676.7 億元人民幣，同比增長 10.6%，佔國內生產總值的比例為 2.1%。研發經費投入強度達到 2.1%，已經超過歐盟 15 國 2.08% 的平均水平。進一步比較內地一些高科技產業發展比較快的城市，比如深圳，深圳在 2016 年研發佔 GDP 的比重為 4.1%，遠高於香港的水平；又比如上海，上海在 2016 年研發佔 GDP 的比重為 3.8%，也大大高於香港的水平。由此不難看出，香港目前的經濟發展重心仍為服務業，科技創新產業的投入相對較小，存在動力不足的問題。

2. 香港科技創新工業體系薄弱

　　香港的工業幾乎已經全部轉移到了內地，佔優勢的傳統工業如紡織、服裝、電子等少數幾個行業，面臨着轉型升級的挑戰。香港的問題是，傳統工業轉移出去了，但新興的產業沒有發展起來，基於科技創新、新興技術研發的技術密集型現代高科技產業如新材料、生物科技、納米科技、集成電路、新能源技術、綠色工業、智能製造、先進裝備製造等新產業體系極為薄弱。[12] 整體而言，香港的工業體系缺乏工業技術研發及現代科技創新體系支撐，區域創新體系培育不足。

相較而言，內地主要城市的工業結構則以先進製造業為主。以深圳為例，2016年，深圳先進製造業增加值為 5,428.39 億元人民幣，同比增長 8.5%，佔全年規模以上工業增加值的比重為 75.4%。

圖 2　2016 年深圳工業增加值結構

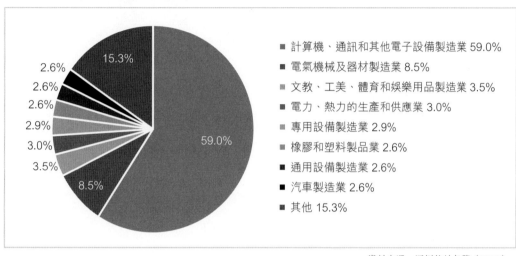

資料來源：深圳統計年鑒（2017）。

3. 香港融資氛圍未能配合科技創新發展

香港作為全球重要的金融中心，擁有豐富的金融資源，但金融支持科技創新的風氣尚未形成。原因主要有三點：第一，長期以來，香港的商業文化被短期交易的思想主導，而創科產業的投資回報期較長，從研發到推出成果通常需要 5 到 10 年時間，故投資者更偏好於金融、地產等回報較快的項目；第二，初創型科研企業的風險高，在香港科技產業規模較小的大背景下，投資者對科研企業的發展現狀、運行情況、未來前景等缺乏有效的信息獲取途徑，信息不對稱導致投資難以進行；第三，科技創新企業普遍對併購或上市的熱情度不高，初期投資缺乏有效的退場機制，同樣會降低風險投資的投資意願。

4. 香港創新生態不平衡

香港在創新科技價值鏈的末端，即科研成果產業化方面存在短板。雖然香港高校的科研實力雄厚，但其總人口有限，市場需求不足；此外，香港土地資源短缺帶來的地價居高不下導致創新活動基建場地緊張，初創企業發展面臨營運成本高等制約因素。因此，集中於大學的研究力量往往「為他人作嫁衣」，科研成果較難轉化為本地生產力，香港末端孵化力不足的行業生態狀況亟待解決。

（二）香港科技創新的優勢

1. 香港人才的優勢

香港擁有多所世界一流的大學，師資力量雄厚，科學和工程學方面更是處於世界領先水平，是中國實施創新驅動發展戰略的重要力量。在教育學生的方式上，香港高校注重人文精神和科學研究的相互配合，鼓勵學生表達自己的觀點，有利於培養富有創新精神的人才。香港特區政府也推行了一系列資助計劃鼓勵科創人才的發展，如創新及科技局支持的科技創新獎學金計劃等。

研究資源方面，香港與多家全球知名的研究機構建立了緊密的合作關係。瑞典克羅琳學院在香港設立了海外研究分支機構，麻省理工學院也在香港設立創新中心，這些國際著名的研發機構看中的是香港及相鄰珠三角地區的獨特資源。這些國際合作均反映出香港在世界科技創新領域擁有的獨特優勢和吸引力。

根據全球創新指數（Global Innovation Index，GII）約 80 項指標的綜合統計，香港一直是排名較前的地區。

表 1　全球創新指數排名（2011-2017）

排名＼年份	2011	2012	2013	2014	2015	2016	2017
1	瑞士	瑞士	瑞士	瑞士	瑞士	瑞士	瑞士
2	瑞典	瑞典	瑞典	英國	英國	瑞典	瑞典
3	新加坡	新加坡	英國	瑞典	瑞典	美國	荷蘭
4	**中國香港**	芬蘭	荷蘭	芬蘭	荷蘭	芬蘭	美國
5	芬蘭	美國	美國	荷蘭	美國	新加坡	英國
6	丹麥	荷蘭	芬蘭	美國	芬蘭	愛爾蘭	丹麥
7	美國	丹麥	**中國香港**	新加坡	新加坡	丹麥	新加坡
8	加拿大	**中國香港**	新加坡	丹麥	愛爾蘭	荷蘭	芬蘭
9	荷蘭	愛爾蘭	丹麥	盧森堡	盧森堡	德國	德國
10	英國	美國	愛爾蘭	**中國香港**	丹麥	韓國	愛爾蘭
注明	中國香港（4）	中國香港（8）	中國香港（7）	中國香港（10）	中國香港（11）	中國香港（14）	中國香港（16）
	中國內地（29）	中國內地（34）	中國內地（35）	中國內地（29）	中國內地（29）	中國內地（25）	中國內地（22）

資料來源：GII 年度報告（2017 年）。

2. 香港的營商環境優勢

　　科技創新中心的形成有賴於相對完善的市場機制和高效的營商環境。香港擁有穩固的金融體系、健全的法律制度，已形成國際水準的知識產權保護制度，是亞洲重要的知識產權交易中心之一，具有良好的有利於科技創新的制度保障，可以減少創新項目的限制並降低創新的制度成本。

　　具體來看，香港擁有高自由度的經濟體系，金融市場開放、採用普通法制度、以中英雙語為法定語言、與國際商業市場完全接軌。國際貿易網、透明開放的市場、良好法治、低稅率、公平的競爭環境、知識產權保護、專業服務及司法制度等綜合優勢，可吸引更多海外頂級科研機構落戶香港。總之，香港背靠祖國內地，面向國際市

場，既有「一國」之利，也有「兩制」之便，具有獨特的營商環境優勢。

3. 香港的區位優勢

香港擁有得天獨厚的區位優勢，地處珠江口東岸，北接深圳，南望珠海和中山，西迎澳門，是粵港澳大灣區的核心城市。香港與新加坡、菲律賓、馬來西亞、印度尼西亞等國家隔海相望，是連接中國內地和東南亞板塊的重要支點。以香港為中心七個小時航程內有全球超過 55% 的人口，是世界級的重要空間樞紐。

香港的獨特地理位置，使得內地企業在「走出去」的過程中不僅能夠覆蓋東南亞和歐美市場，還能保持與內地的緊密聯繫，是連接海陸、溝通中外的重要節點。香港是重要的國際商港，航運業發達，擁有全球最繁忙的港口和貨運機場，客貨運量都位居全球前列，是中國對外開放的重要門戶。[13]

三、兩地科技創新合作的目標路徑及重點領域

（一）兩地科技創新合作的目標路徑

1. 形成香港與內地「金融＋科技」的合作發展格局

縱觀全球主要金融中心的演進路徑，「金融＋科技」是其主要的發展方向，香港也不例外。作為全世界三大金融中心之一，紐約科技公司創造的就業機會數量已經超過金融業，紐約的科技產業正在飛速崛起。紐約經濟發展局通過了「繼續發展知識經

濟，成就科技紐約城市」的提議，引入康奈爾大學和以色列的大學合作共建紐約科技城，建設「矽巷」，打造美國東岸科技重鎮，成為美國的「新科技首都」。倫敦近10年來打出技術創新的「新招牌」，打造英國的「矽谷」，由倫敦老街逐步發展成「矽環島」，並由此延伸開的倫敦技術城，集聚了上萬家創業企業。如今，「矽環島」已成為倫敦技術創業核心地帶。香港作為全球的金融中心，也要加快從單一的金融中心向「金融＋科技」中心轉型，加快與內地的科技創新深度合作及產業的融合。

科技在金融領域的廣泛應用和深度融合造就了金融科技（Fin Tech），這一趨勢正在全球掀起浪潮。在內地，移動支付、智能投顧、數字貨幣、區塊鏈等金融科技產業正在扮演日益重要的市場角色，融入人們日常生活的方方面面。作為金融業發展領先全球的香港，在金融科技領域卻落後一步。但總體來看，香港有着高效率及穩健的金融基礎設施、完善的監管及法律制度，具備金融機構及金融科技公司創新發展的良好土壤，香港多類型的金融市場主體更是金融科技公司的潛在客戶和合作夥伴。香港可通過借鑒內地發達地區在雲計算、大數據、區塊鏈、人工智能、電子支付等新興行業的發展經驗和元素，融合香港獨有的金融服務體系，尋找新的發展機遇。尤其是在電子支付方面，香港處理全球近七成的離岸人民幣業務，在加快國內與海外的資金流通上有着重要地位，可作為內地科技巨頭重要的資金流通渠道。

2. 加快香港的基礎研究與內地產業轉化和融合

香港雖然科研技術強大，科技成果產業化能力卻略顯不足。香港創業成本較高，若要在發展科創產業過程中取得成功，須在創新、產業以及市場等三方面與內地結合。香港科研機構在生命科技、機器人、人工智能、食品安全等方面具備全球領先的先進技術，加上作為粵港澳大灣區內主要的資科及電訊樞紐，香港還具有發展個人康健、智慧老齡化及智慧城市的優越條件，這些均可為創新科技活動發展提供基建與配套服務支持。[14]

表 2　香港創新及科技基金產業撥款分佈概覽（截至 2018 年 1 月 31 日）　　　　　（百萬港元）

行業	撥款數目
生物科技	950.6
電氣及電子	3,230.4
環保	267.3
資訊科技	2,470.0
基礎工業	2,138.4
紡織／製衣／鞋履	331.2
一般（跨行業）	268.5
其他	187.3
總計	**9,843.7**

資料來源：香港創新科技署，http://www.itf.gov.hk。

3. 加快香港融資平台與內地人民幣國際化相結合

　　在眾多企業發展壯大的過程中，互聯互通的融資平台發揮了至關重要的支持作用。近年來先後推出的滬港通、深港通、債券通及基金互認安排等舉措，既促進了內地資本市場對外開放，也讓香港和國際投資者可通過更多渠道投資內地產品。根據香港特區政府財政司的統計，僅在基金領域，2015 至 2017 年 7 月底，在互認安排下兩地總體淨銷售額已近 100 億元人民幣。香港優質的資本融資為新經濟和科技型企業提供了絕佳的市場。香港及內地許多創新企業的成長歷程已經表明，香港的風險投資和私募基金為初創公司提供了多元化的選擇。香港首次公開發行募集資金的優勢為企業提供了豐富的國際化融資，為成長期較長的創新企業提供了更多融資渠道。

（二）兩地科技創新合作的重點領域

1. 聚焦國際前沿技術，合作佈局重大科技基礎設施

香港與內地的科技合作首先要發揮深圳、廣州等核心城市的科技、產業基礎優勢，提前對產業進行戰略性、前瞻性佈局，積極搶佔國際科技產業制高點，在新一輪全球產業、經濟競爭中贏得優勢。重點發展以金融科技——區塊鏈、大數據與人工智能、生命科學、編碼化等為代表的未來產業。充分發揮香港在資訊流通、科研基礎、市場觸覺、服務業、知識產權等方面的優勢，積極擴大香港創科人才庫建設，推動香港與世界最頂尖的科研機構加強合作，鼓勵吸引國際頂尖科研機構。香港作為一個國際中轉樞紐，可以融合內地和國際的行業標準，幫助內地企業「走出去」和海外企業進入內地。

兩地應圍繞新興產業的關鍵環節和核心技術，發揮各自的研究優勢，共同加快建設國家重點實驗室、國家工程技術研究開發中心、國家企業技術中心等一批高水平的科技創新平台。實施國家重點實驗室倍增計劃，籌備建設網絡通訊與智能國家實驗室、生命科學與健康工程國家實驗室。推動國家重點實驗室香港夥伴實驗室、國家工程技術研究中心香港分中心等創新基地建設。在未來網絡、智能製造、轉化醫學、材料基因庫等前沿領域，研究建設若干符合國家科技規劃和佈局的具備國際先進水平的科研基礎設施，爭取若干個國家級重大科技基礎設施落戶珠三角地區。加快推進深港大學園、大學科技園、留學生創業園等各類創新載體建設，加快世界一流科技園區建設。大力支持和鼓勵香港企業、科研機構和高等院校承擔國家工程實驗室、國家重點實驗室、國家工程技術研究中心建設任務，調整或重組一批重點實驗室，提升發展質量。

2. 以新技術孵化新產業，合作打造科技與產業的深度融合

香港與內地應推進兩地的科技創新與產業發展無縫銜接，以技術創新孵化和培育

新興產業，聚焦 3D 打印、虛擬現實、人工智能、生命健康、腦科學等前沿技術，孵化和培育一批新興產業，加強電子信息、新能源、新材料、生物醫藥等核心關鍵技術研發，推動戰略性新興產業和未來產業的深入發展，打造國家級戰略性新興產業集群。以「互聯網＋」推動技術創新。大力推動移動互聯、大數據、雲計算、物聯網等，與各行各業相結合，運用「互聯網＋」創新要素整合與共享，促進技術進步、效率提升和組織變革，切實提升實體經濟創新力和生產力，不斷創造商業新模式、催生產業新形態。推進互聯網向科技創新各領域滲透，發展網絡協同研發、創新眾包服務等創新型科技研發模式。

香港還應發揮在金融、文化旅遊、創意產業、教育和醫療等方面的優勢，加強與內地的科技和互聯網產業資源的融合。內地不斷蓬勃發展的互聯網產業，為香港優勢產業的融合發展創造了優越條件。如在金融方面，香港是全球重要的金融中心，可結合內地科技和互聯網優勢，加強融合，重點發展金融服務軟件、金融產品銷售、支付技術、網絡安全、數字貨幣、區塊鏈，打造科技金融創新中心。

3. 吸引全球科技人才，合作構建科技企業孵化體系

以香港科技園為載體，推動產業界與學術界科研資源整合，並推動這些資源與初創企業對接，為企業提供多項增值服務，協助初創科技公司孕育意念、創新及發展，培育科技創新企業，強化科創基地新產業新技術培育孵化功能，包括科技創新服務資源整合、全週期嵌入式創業支援技術支援與設施支撐、孵化鏈條的配套公共服務等。繼續鼓勵內地科技公司來港上市，吸引更多科技企業香港上市。打造為全球創客集會、舉辦創客高峰論壇，以創客精神、創客思維為創新科技發展增添活力。支持各類機構組織創客交流活動，鼓勵國際創客、創客團隊、創客組織舉辦創客交流活動。

4. 加快港深科技合作，合作共建粵港澳科技灣區

作為與香港聯繫緊密的深圳，其過去的創新發展離不開對香港要素資源的利用；香港如今走向創新科技之路，也需要藉助深圳的優勢。以深港科技創新合作為主體，

打造粵港澳大灣區開放型科技創新體系，通過深港聯動推進創新要素資源配置一體化和市場化，深入推動內地和香港科技合作具有決定性作用。

在粵港澳大灣區建設過程中，港深合作共同打造「深圳南山科技園—福田保稅區—落馬洲河套港深創新及科技園—古洞北科研發展區」的「深港跨境創新走廊」。同時，將廣深科技走廊延伸至香港，打造「灣區科技走廊」。香港與深圳應加強合作，共同建設「粵港澳大灣區綜合性國家科學中心」，通過共同爭取國家級科研機構佈局、促進科技創新要素資源一體配置（研發、實驗、信息平台），以及分工服務於不同階段創新企業等方面，進行全方位深入合作。

四、支持兩地科技創新合作的政策建議

（一）強化內地與香港、澳門科技合作委員會的作用

發揮內地與港澳科技合作委員會的統籌協調作用，加強內地與香港科技創新合作的政策研究，破除兩地科技合作的問題與掣肘，推動科技聯繫與交流合作，推進香港科學家參與國家科技計劃、基地建設、創新創業區域合作，加強在技術轉移方面的交流，共同拓寬國際合作與發展渠道。進一步完善香港科學家申報國家科技獎勵、承擔國家科技計劃項目的參與機制，建立兩地聯合資助研發項目長效合作機制。支持香港科技創新發展，在科技創新重點領域鼓勵香港先行試點，特事特辦，在建設創新型國家和科技強國中發揮更大作用。

（二）落實香港科技人才在內地的同等待遇

　　全面取消香港人才就業許可，允許具備一定學歷或具備專業技能資質的香港人才自由流動，無需辦理就業證，可憑工作合同直接辦理社保等相關業務。推進財稅改革，參照香港標準給予香港居民稅負優惠政策，減輕香港人才稅負水平。促進香港專業人才在大灣區內直接執業，打通高端專業人才流動通道，把香港專業技術人才可以直接執業的範圍擴大到整個粵港澳大灣區。

（三）建立科技創新協同共享平台

　　支持粵港澳大灣區建立產業協同發展和科技創新協同機制。制定重點技術成果目錄，加快推動轉移轉化，研究建設統一的科技資源開放共享平台。便利實驗設備及材料跨境通關。對於科研所需的儀器設備、實驗材料的跨境運輸及使用，給予保稅貨物等特殊通關待遇。爭取國家海關在大灣區設立研發「小物流」進出口報關機構，爭取研發「小物流」進出口的稅收減免。在前期國家重點研發計劃試點基礎上，對國家科技計劃直接資助港澳科研活動作出總體制度安排。放寬科研資金跨境使用限制。探索建立統一的科技企業融資體制，發展多種多樣的融資形式，完善對科技創新的投融資等金融服務支持。香港可助力新經濟企業構建區域總部和進行國際化佈局，為內地新經濟企業收購國際先進技術、國際科技合作機構和全球化佈局搭建平台，搭建科技合作「朋友圈」。

（四）營造質量導向的知識產權保護制度

　　以香港為平台，打造國際水平的知識產權保護標準。以國家知識產權戰略綱要為引領，優化知識產權服務環境，創建高端知識產權服務平台。強化知識產權源頭創造，運用管理和維權保護，發掘知識產權價值，推動知識產權資本化建設，推動標準化提升。加大知識產權綜合保護力度，提高保護效率。重點開展對知識產權損害賠償

標準應用問題的研究，探索舉證責任合理劃分標準。搶佔新技術的標準主導和話語權。加強對戰略性新興產業領域的技術標準制定的指導協調，依託龍頭企業和科研機構，推動技術法規和技術標準體系建設，推進國家重要技術標準的研究，實現關鍵技術節點的標準的設立。

（五）建設科技人才特區

發揮香港優勢，依託內地科技重要平台建設，支持在粵港澳大灣區重點推進國際人才吸引、服務、獎勵、創業、宜居、評價等方面改革。打造國際化創新型人才隊伍，把握國際創新中心人才隊伍發展規律，結合科技創新發展階段、產業特色優勢、區域發展需求等，依託各類載體建設，重點在前沿科技創新領域吸引若干國際一流的大科學家和創新創業團隊，在主導產業、應用創新、社會服務等領域，吸引和培育一大批創新型人才。營造良好人才發展環境，努力營造和完善適宜於生活、科研、創業、投資的外部環境。

本章作者：郭萬達博士

中國（深圳）綜合開發研究院常務副院長、研究員

曹鐘雄博士

中國（深圳）綜合開發研究院新經濟研究所執行所長

注釋

1　　高紅冰：〈數字經濟視野下的貿易走向〉，「2017 年度香港經濟峰會」講話。

2　　閔傑：〈粵港合作 20 年風雨路：有過蜜月期，如今需要重新打基礎〉，《中國新聞週刊》2017 年 7 月 1 日。

3　　董建華：《二〇〇四年施政報告：把握發展機遇　推動民本施政》，2004 年 1 月 7 日。

4　　〈香港與內地的科技合作形式日趨多樣化〉，中新網，1999 年 12 月。

5   〈強化「9+1」模式 香港與內地半導體合作升級〉,《21 世紀經濟報道》2014 年 12 月 9 日,資料來源:http://epaper.21jingji.com/html/2014-12/09/content_20102.htm(最後訪問時間:2018 年 4 月 15 日)。

6   倪外:〈前海夢工場已孵化 77 家香港創業團隊〉,《南方日報》2017 年 6 月 16 日。

7   〈內外兼修 發揮優勢 —— 香港融入國家創新科技體系〉,《人民日報(海外版)》2017 年 11 月 7 日,資料來源:http://paper.people.com.cn/rmrbhwb/html/2017-11/07/content_1815364.htm(最後訪問時間:2018 年 4 月 15 日)。

8   〈科技部官員:內地與香港科技合作全面提速〉,中國新聞網,2017 年 9 月 18 日,資料來源:http://www.chinanews.com/ga/2017/09-18/8334170.shtml(最後訪問時間:2018 年 4 月 15 日)。

9   〈香港 X 科技創業平台成立 聯手高校科研助青年創業〉,人民網,2016 年 7 月 19 日,資料來源:http://hm.people.com.cn/n1/2016/0719/c42272-28567692-2.html(最後訪問時間:2018 年 4 月 15 日)。

10   〈汪滔訪談〉,《福布斯》2015 年 5 月。

11   李潔:〈美國國家創新體系:政策、管理與政府功能創新〉,《世界經濟與政治論壇》2006 年第 6 期,第 52-58 頁。

12   倪外:〈香港城市經濟轉型的困境、趨勢與對策分析〉,《亞太經濟》2016 年第 2 期,第 143-148 頁。

13   〈香港在國家「一帶一路」中作用獨特〉,香港《文匯報》2015 年 6 月 26 日。

14   〈香港的優勢是聚集全世界最優秀的科研機構〉,中國新聞網,2016 年 3 月,資料來源:http://www.chinanews.com/ga/2016/02-25/7773255.shtml(最後訪問時間:2018 年 11 月 22 日)。

第 六 章

航運物流

改革開放 40 年，大珠三角港口群的航運物流實現從香港一港獨大向港深穗三港鼎立的轉變。十九大把粵港澳大灣區納入國家的發展大計。在航運物流方面，應以服務於「一帶一路」為原則，緊抓粵港澳大灣區更加開放與促進資源融合的契機，結合自由貿易港、自貿區優勢，共建國際航運創新體系，聯手打造全球航運價值網和供應鏈管理中樞，以中國方案、中國聲音指導大灣區航運建設。

一、航運物流合作發展回顧

（一）整體呈從集中到分散化的趨勢

反映港口空間集中程度的指標，主要有基尼系數和赫希曼—赫芬達爾指數兩大指標。本章節以基尼系數及赫希曼—赫芬達爾指數測算港口吞吐量在粵港澳大灣區港口群的分佈情況，系數越大表明港口群集中度越高，反之越分散，以此來分析改

革開放以來，粵港澳大灣區港口群及珠三角港口群的貨流集中度的空間分佈和變化情況。

1. 基尼系數分析

根據基尼系數顯示，從集裝箱吞吐量和貨物吞吐量來看，粵港澳大灣區港口群和珠三角港口群均已在一定程度上進入分散化發展階段。粵港澳大灣區層面，1995 年以

圖 1　粵港澳大灣區港口群基尼系數

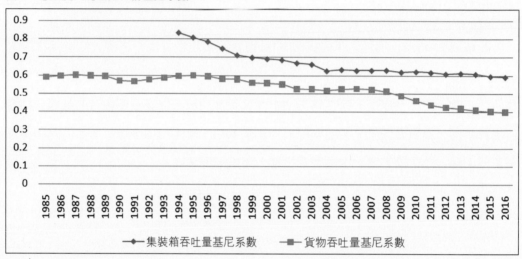

圖 2　珠三角港口群基尼系數

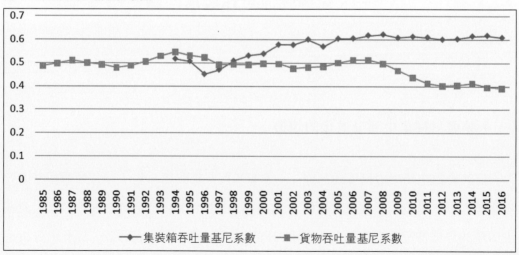

來集裝箱吞吐量和貨物吞吐量的基尼系數均處於下降趨勢，港口集裝箱吞吐量基尼系數從 1995 年的 0.807 降到了 2016 年的 0.592，港口貨物吞吐量基尼系數則從 1995 年的 0.6 降到了 2016 年的 0.398。

2. 赫希曼—赫芬達爾指數分析

赫希曼—赫芬達爾（H-H）指數表明，粵港澳大灣區港口群和珠三角港口群也正進入分散化階段。粵港澳大灣區層面，港口集裝箱吞吐量赫希曼—赫芬達爾指數從 1995 年的 0.809 降到了 2016 年的 0.251，港口貨物吞吐量赫希曼—赫芬達爾指數從 1995 年的 0.339 降到了 2016 年的 0.181。

珠三角層面，港口群空間結構演變也已進入分散化階段。集裝箱吞吐量的赫希曼—赫芬達爾指數在 1994 年呈現出先升後降的趨勢，先從 1994 年的 0.252 增加至 2003 年的 0.461，之後再波動降至 2016 年的 0.351。

結合基尼系數和赫希曼—赫芬達爾指數分析可得出，改革開放至近年粵港澳大灣區港口群及珠三角港口群演變經歷了三個階段：

（1）香港港一港獨大階段

改革開放初期，港口群空間結構呈現集中化的趨勢。10 年期間，港口貨物吞吐量基尼系數和赫希曼—赫芬達爾指數分別從 1985 年的 0.590 和 0.315 增加到了 1995 年的 0.600 和 0.339，港口貨物吞吐量的首位度和首位比則分別從 1985 年的 1.45 和 0.457 增加到了 1995 年的 1.87 和 0.503。

（2）三門戶空間格局轉變階段

香港回歸後，港口群空間結構呈現出集中化逐步轉向分化的趨勢，以廣州港、深圳港為首的內地港口開始承擔喂給港角色。在集裝箱運輸量層面，深圳保持着高速增長；在貨物吞吐量方面，廣州港口開始崛起。

圖 3 粵港澳大灣區港口體系赫希曼—赫芬達爾指數

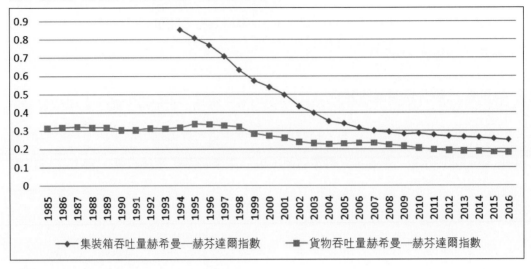

圖 4 珠三角港口體系赫希曼—赫芬達爾指數

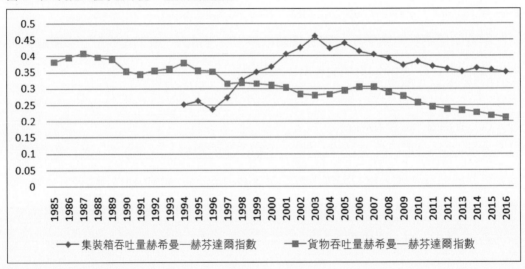

（3）港深穗三港鼎立到一體化統籌階段

受金融危機衝擊及產業空心化影響，香港港口地位動搖，同時內地經濟飛速發展，奠定了粵港澳大灣區港深穗三港鼎立的樞紐港格局。隨着全球經濟回暖及粵港澳大灣區的地位提升，珠海、佛山等幹綫港的發展，粵港澳大灣區港口各自分工，並逐步朝融合協調發展。

（二）香港港—港獨大階段

內地改革開放初期，香港勞動密集型產業大量轉移至珠江三角洲，同時帶動內地港口跨境貨運物流起步。總體而言，呈現以香港獨大的集中化趨勢，香港集裝箱運輸量穩居世界港口排名三甲。1992 年，香港成為世界第一貨櫃港，並一直保持着這一地位。

本階段發展最受矚目的是深圳。深圳鹽田港於 1989 年開港，1994 年正式運營，當年處理箱量 2 萬 TEU。1996 年，深圳港集裝箱處理量達 35.4 萬 TEU，居全球港口第 88 位（首登世界集裝箱處理排行榜 TOP 100）。但由於深圳及其他港口基數較小，在此期間的快速增長仍無法扭轉集中化的局面。

表 1　深圳各大港口開港時間統計

港區	開港時間
西部區域	
蛇口港	1981
赤灣港	1982
媽灣港	1990
東角頭港	1986
東部區域	
鹽田港	1989

資料來源：香港付貨人委員會：《中國多式聯運指南》。

1. 集裝箱運輸量

改革開放初期，珠江三角洲港口群的集裝箱運輸量保持着很高的增長率，與箱源迅速增長有關。1980 年，珠三角港口群的集裝箱運輸量為 147 萬 TEU、1996 年達1,380 萬 TEU，16 年間增長 8.4 倍，年均增長率達 17.7%。其中，1995 年珠江三角洲港口群集裝箱處理量佔全球的 8.8%，可見本港口群在世界上佔有重要的地位。

在集裝箱運輸量方面，本階段發展最受矚目的是香港。1994 年，香港集裝箱處理量為 1,110 萬 TEU，首次突破千萬 TEU，1997 年達 1,450 萬 TEU，處於一枝獨秀的地位，而且大部分直接出海的箱量佔珠江三角洲的 95% 以上，外貿進出口貨約佔 70%。廣東省集裝箱生成量已有很大的規模，以年均 25% 至 30% 的速度增長，1996 年達 913 萬 TEU。廣東省港口的內貿和外貿貨物的比重約為 7：3，而且這些集裝箱大部分運到香港中轉。在本階段，香港是珠江三角洲及華南唯一的集裝箱國際樞紐港。

表 2　珠江三角洲港口群集裝箱運輸量統計（1980-1997）　　　　（萬 TEU／年）

港口	1980	1985	1990	1995	1996	1997	年均增長率（%）
香港	146.5	228.9	510.1	1,260	1,341	1,450	14.4（17 年）
廣州	—	5.6	11	50	55.8	68.7	23.2（12 年）
深圳	—	—	3.2	28.4	56.3	114	66.6（7 年）
珠海	—	—	8.4	28.1	27.1	26	17.5（7 年）
中山	—	—	0.9	17	21.8	31.9	66.5（7 年）
江門	—	—	0.7	3.7	7.8	10.4	47（7 年）
肇慶	—	—	0.1	—	1.5	—	57.0（6 年）
港口群合計	146.5	234.5	515	280	1,380	1,520	14.7（17 年）

注：在本階段東莞以陸運為主，港口貨運未成規模。

資料來源：香港付貨人委員會：《中國多式聯運指南》。

2. 貨物吞吐量

改革開放初期，在經濟快速發展的狀況下，珠江三角洲的貨物吞吐量取得快速發展。1980 年，珠三角港口群貨物吞吐量僅有 7,838 萬噸，1995 年超過 3 億噸，年均增長率為 9.4%，佔當時全國港口吞吐量的 20%，15 年期間增長 2.8 倍。其他港口吞吐量較大的有珠海港、澳門港、佛山港、中山港等，年吞吐量在 100 萬至 500 萬噸之間，餘下的港口在 100 萬噸以下。

在貨物吞吐量方面，本階段發展最受矚目的是深圳。1995 年，港深穗港口集裝箱處理量分別佔珠三角總量的 56.1%、10.2% 和 24.2%，共佔珠三角港口群 90.5%。本階段，老樞紐港香港和廣州港增長速度約為 10%，新深水港深圳港增長最快，15 年間年均增長 36.2%；其他中小港口總體增長較慢，令廣東省的沿珠江口岸城市港口群的平均增長率高於珠三角港口群的平均增長率。

表 3　珠江三角洲港口群貨物吞吐量（1980-1996）　　　　　　　　　　　　　　（萬噸／年）

港口		1980	1985	1990	1995	1996	1980-1985 年均增長率（%）
香港		3,356	5,366	8,911	16,900	—	10.8
廣東省珠江三角洲港口	廣州港	1,824	3,446	4,163	7,299	7,450	9.7
	深圳港	30	340	1,123	3,080	3,020	36.2
	珠海港	15	155	269	467	—	25.8
	合計	4,470	6,353	8,007	14,222	—	8
澳門		120	167	230	300	—	0.1
港口群合計		7,838	11,886	21,311	30,113	—	9.4

資料來源：羅章仁、鄭天祥：《珠江三角洲港口群》，河海大學出版社 2000 年。

（三）三門戶空間格局轉變階段

1. 集裝箱運輸量

香港回歸後，內地經濟呈高速發展趨勢，內地逐步成為「世界工廠」。1997 年開始，香港繼續保持平穩增長，並保持世界第一大港的地位，內地港口扮演物流喂給角色。1998 年，港深穗三大港集裝箱運輸量共約 1,647 萬 TEU、2007 年達 5,436 萬 TEU，10 年期間增長三倍。在本階段集裝箱運輸量中，以深圳港、廣州港為首的廣東省港口群佔比呈逐年上升趨勢。

在集裝箱運輸量方面，本階段發展最迅速的是深圳。2003 年，深圳港口突破千萬

TEU（其他年份數據詳見本章附圖 1）。但由於深圳及其他港口基數較小，在此期間的快速增長仍無法扭轉集中化的局面，截至 2007 年，在集裝箱運輸方面，港深穗三大港佔比分別為 44.14%、38.82%、17.03%。

圖 5　三大港口集裝箱運輸量佔比趨勢圖（1998-2007）

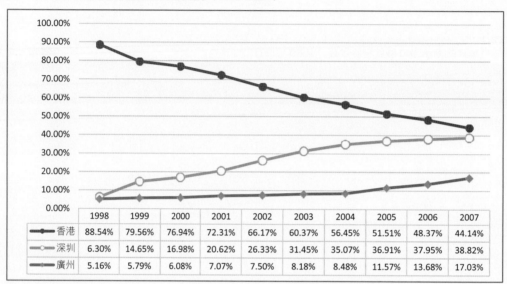

	1998	1999	2000	2001	2002	2003	2004	2005	2006	2007
香港	88.54%	79.56%	76.94%	72.31%	66.17%	60.37%	56.45%	51.51%	48.37%	44.14%
深圳	6.30%	14.65%	16.98%	20.62%	26.33%	31.45%	35.07%	36.91%	37.95%	38.82%
廣州	5.16%	5.79%	6.08%	7.07%	7.50%	8.18%	8.48%	11.57%	13.68%	17.03%

2. 貨物吞吐量

香港回歸後，香港繼續保持平穩增長，並保持世界第一大港地位。1998 年，港深穗三大港貨物吞吐量共約 2.88 億噸、2007 年達 8.16 億噸，10 年期間增長 2.83 倍。本階段吞吐量方面，以深圳港、廣州港為首的廣東省港口群佔比也呈逐年上升趨勢。

在貨物吞吐量方面，本階段發展最受矚目的廣州，2005 年貨物吞吐量達 2.66 億噸，成為三港榜首，並保持高速增長。該年，港深穗三港貨物吞吐量分別為 35.38%、23.69%、40.92%，標誌着珠三角港口群格局從香港一港獨大的局面轉變為三門戶勢均力敵。截至 2007 年，香港、深圳、廣州三大港口吞吐量佔比分別為 30.02%、24.51%、45.47%。

圖 6　三大港口貨物吞吐量佔比趨勢圖（1998-2007）

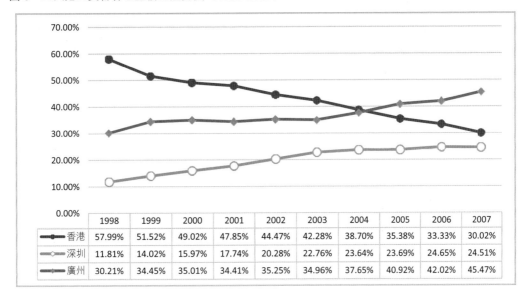

	1998	1999	2000	2001	2002	2003	2004	2005	2006	2007
香港	57.99%	51.52%	49.02%	47.85%	44.47%	42.28%	38.70%	35.38%	33.33%	30.02%
深圳	11.81%	14.02%	15.97%	17.74%	20.28%	22.76%	23.64%	23.69%	24.65%	24.51%
廣州	30.21%	34.45%	35.01%	34.41%	35.25%	34.96%	37.65%	40.92%	42.02%	45.47%

二、粵港澳大灣區港口群現狀

（一）國際視角現狀

　　從第二次國際金融危機爆發到近年全球經濟溫和復甦，發達國家經濟形勢有所好轉，歐洲經濟景氣指數持續上升，全球貿易增長步伐也隨之加快。2017 在集裝箱運力方面上，全球總運力為 2,059.1 萬 TEU，突破 2,000 萬 TEU 大關，增幅為 3.01%，相比 2016 年的增速 1.25% 小幅上升。

　　第二次國際金融危機爆發後，香港產業不斷空心化，香港貿易轉為以服務貿易、離岸貿易為主。在此階段，香港連續八年的世界第一大港地位被上海超越。從世界港

口集裝箱排名上看，香港下滑至第五位。但是，粵港澳大灣區港口群已成為全球規模最大的港口群。2017 年，在粵港澳大灣區核心港口群層面，香港、深圳、廣州三港集裝箱吞吐量佔比分別為 29.78%、36.14%、24.75%，貨物吞吐量佔比分別為 18.13%、15.61%、28.30%。香港港一港獨大的空間格局為香港、深圳、廣州三門戶的空間格局所取代。

當今，粵港澳大灣區港口群的優勢及劣勢並存。一方面集裝箱及貨物吞吐量上佔優勢，成為全球最大規模的港口群；同時在航運服務及航運運輸上處於薄弱狀態，在航運金融、金融保險、航運仲裁及指數發佈等方面依賴倫敦，在航運運輸方面依賴馬士基等班輪公司。

1. 全球集裝箱運輸市場發展現狀

2016 至 2017 年，全球經濟整體復甦回暖，全球貿易也出現向好勢頭。受此影響，世界主要港口集裝箱業務表現亮眼，2017 年度全球前 20 位的集裝箱港口完成集裝箱吞吐量 3.35 億 TEU，同比增速為 5.6%，遠高於上一年 1.7% 的增速，其中亞洲港口尤其是中國港口表現搶眼。從 2017 年港口集裝箱吞吐量來看，大灣區三大港口集裝箱吞吐量總量達 6,611 萬 TEU，港深穗三大港口分別排位全球第六位、第三位與第七位。總體而言，粵港澳大灣區是全球港口最密集、航運最繁忙的區域。

圖 7　2017 年全球 TOP 20 港口集裝箱吞吐量排名及增速  （萬 TEU）

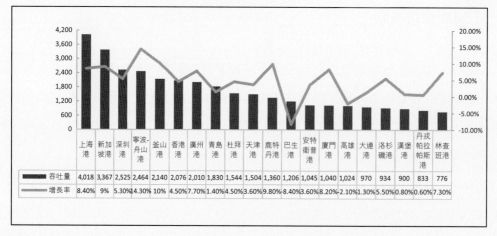

截至 2016 年，大灣區吞吐量總計 6,520 萬 TEU，其中港深穗三大港的總吞吐量達 6,247 萬 TEU，佔比高達 95.8%。在集裝箱吞吐量層面上，粵港澳大灣區港口群遠超紐約灣區的 465 萬 TEU、東京灣區的 766 萬 TEU 和舊金山灣區的 227 萬 TEU，是另外三大灣區總和的 4.5 倍。

圖 8　2016 年世界四大灣區港口集裝箱吞吐量與港口數量對比圖　　　　　　　　（萬 TEU）

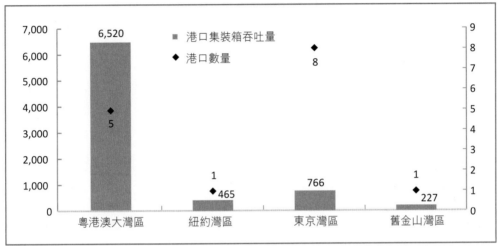

資料來源：《粵港澳大灣區建設報告 2018》。

圖 9　波羅的海指數（2011-2017）

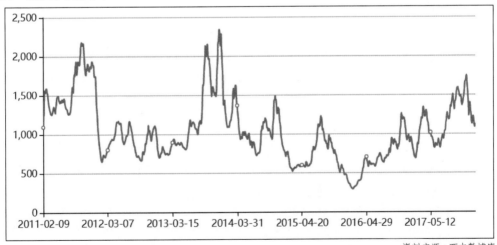

資料來源：西本數據庫。

2. 全球乾散貨運輸市場發展現狀

近年來，全球航運經濟呈下滑趨勢，2016 年由於歐美放開對中國的限制而開始回暖。全球波羅的海指數（Baltic Dry Index）在 2011 至 2017 年大部分時間維持在 1,500 點以下，反映出短時間內，全球對海運進出口需求不會呈現大幅度增長。

（二）粵港澳大灣區港口群的分工與合作

1. 港口體系的空間佈局特徵

大灣區港口主要分佈在珠江口、珠江及其支流沿岸。港口碼頭的空間分佈，從相對城市中心城區的空間區位特徵而言，總體可劃分為中心城區指向型和城市新區（各類產業新區或開發區）指向型兩大類。

從區域港口物流和吞吐量來看，城市新區指向型的港口碼頭佔據主導地位。城市新區指向型的港口碼頭，往往是為城市空間拓展、城市新區開發配套而重點開發的港口碼頭。城市新區開發過程中，城市發展和產業發展佈局重點的轉移，也相應導致了港口物流活動向新的港口碼頭或港區進行轉移，從而促進了新港口碼頭實現較快發展。而新港口碼頭區，往往具備較好的水深和航運條件，能更好地滿足船舶大型化等航運新趨勢的要求，從而通過港口物流的快速發展而吸引相關經濟要素在周邊地區逐步集聚，反過來促進城市新區的開發和發展，成為城市新區開發過程中爭相配套的戰略性資源。這類城市新區指向型的港口碼頭，如廣州南沙港區、惠州大亞灣港區、珠海高欄港區等，都在城市新區開發中起着重要的先導作用。．

現今，粵港澳大灣區港口群形成以港深穗三大樞紐港為核心，珠海、佛山、東莞三個為幹綫港，惠州、中山、江門、肇慶等為支綫港（喂給港）的港口體系。同時，大灣區港口體系已初步形成港深穗三大樞紐港的競合關係。

圖 10　粵港澳大灣區城市和港口碼頭空間分佈

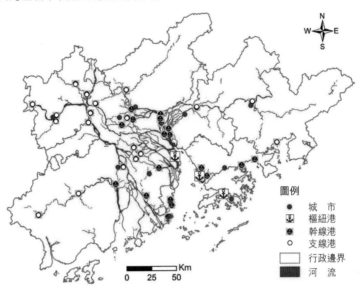

圖例

- ● 城　　市
- ⚓ 樞紐港
- ◉ 幹線港
- ○ 支線港
- ▭ 行政邊界
- ▰ 河　　流

表 4　粵港澳大灣區港口碼頭空間分佈一覽

序號	城市	空間分佈特徵	主要港區、港口	主要港口等級
1	廣州	內港—外港	內港區、黃埔港區、新沙港區和南沙港區	樞紐港
2	深圳	東港—西港	東部大鵬灣—鹽田港，西部深圳灣—蛇口港	樞紐港
3	香港	內港—外港	香港島外圍主要集裝箱碼頭為葵涌、青衣兩大港區	樞紐港
4	珠海	內港—外港	西區以高欄港區為主，東區以桂山港區為主，市區以九洲、香洲、唐家斗門等港區為主，形成三大港區。	幹線港
5	佛山	內港—外港	三山港、三水港兩個重點港區	幹線港
6	東莞	內港—外港	麻涌、沙田、沙角、長安以及內河等五大港區	幹線港
7	惠州	內港—外港	市區的內河碼頭，大亞灣的東馬港區、荃灣港區	支線港
8	中山	磨刀門水道和橫門水道	黃圃港區、小欖港區、神灣港區和中山港等	支線港
9	江門	潭江沿岸和虎跳門水道沿岸	江門港、新會港、恩平港、台山港等	支線港

注：本表以集裝箱運輸層面分類，大於 500 萬 TEU 為樞紐港，200 萬至 500 萬 TEU 為幹線港，低於 200 萬 TEU 為支線港。從貨物吞吐量層面，大於 1 億噸為樞紐港，5,000 萬至 1 億噸之間為幹線港，低於 5,000 萬噸為支線港。

2. 從港深穗三港鼎立到一體化統籌階段

（1）集裝箱運輸量

本階段，粵港澳大灣區港口群形成以港深穗三個大港為主，並逐步趨向於統籌協調發展。2008 年，珠三角港口群的集裝箱運輸量為約為 5,602 萬 TEU、2017 年達 7,240 萬 TEU，10 年間增長 1.2 倍。其中，三大港口佔比高達 90%。

在集裝箱運輸量方面，本階段發展最突出的是深圳。2013 年，港深穗三大港口集裝箱運輸量佔比分別為 31.94%、33.38%、22.22%，標誌着港深穗三港鼎立成型。截至 2017 年，三港佔比分別為 29.78%、36.14%、24.75%。在本階段，深圳作為香港的境外作業區，一直保持高速增長。

圖 11　珠江三角洲核心港口集裝箱運輸量佔比趨勢（2010-2017）

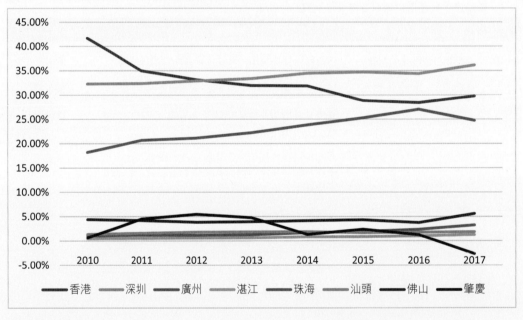

表 5　珠江三角洲核心港口集裝箱運輸量佔比統計（2010-2017）　　　　　　　　　　（%）

年份	香港	深圳	廣州	湛江	珠海	汕頭	佛山	肇慶
2010	41.68	32.27	18.21	0.46	1.01	1.34	4.39	0.65
2011	34.99	32.36	20.67	0.54	1.17	1.58	4.19	4.49
2012	33.13	32.89	21.13	0.59	1.16	1.79	3.83	5.47
2013	31.94	33.38	22.22	0.65	1.25	1.85	3.94	4.77
2014	31.86	34.46	23.84	0.83	1.68	1.87	4.16	1.31
2015	28.84	34.70	25.27	0.86	1.92	1.69	4.33	2.39
2016	28.40	34.38	27.04	1.04	2.37	1.78	3.75	1.24
2017	29.78	36.14	24.75	1.28	3.26	1.86	5.59	-2.66

（2）貨物吞吐量

本階段，粵港澳大灣區港口群從以香港、深圳、廣州三個大港為主逐步轉向一體化協調發展。2008 年，珠三角港口群的貨物吞吐量約為 10.76 億噸、2017 年達 15.44 億噸，10 年間增長 1.43 倍。其中，三大港口佔比從 2007 的 78% 下滑至 2017 年的 62%。源於湛江、珠海及佛山等幹綫港口發展迅速，珠三角港口群格局逐步趨向一體化發展。

在貨運吞吐量方面，本階段表現最突出是廣州。2015 年，貨物吞吐量突破 5 億噸關口。截至 2017 年，港深穗三個樞紐港貨物吞吐量佔比分別為 18.13%、15.61%、28.30%；湛江、珠海和佛山三個支綫港佔比分別為 18.26%、8.81%、5.18%。

3. 航運中心的角逐

雖然從集裝箱運輸量、港口吞吐量來看，粵港澳大灣區形成港深穗三大門戶，但從港口實際利益鏈來看，大灣區港口競爭集中在香港與廣州之間。按貨物吞吐量計算，廣州港超過了香港和深圳的總和，其中包含大部分散貨運輸。

圖 12　珠江三角洲核心港口集裝箱運輸量佔比趨勢（2010-2017）

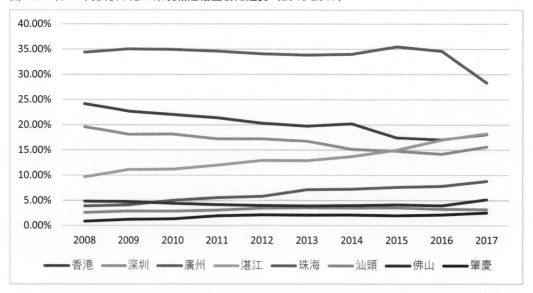

表 6　珠江三角洲核心港口貨運吞吐量佔比統計（2010-2017）　　　　　　　　　　（%）

年份	香港	深圳	廣州	湛江	珠海	汕頭	佛山	肇慶
2008	24.16	19.61	34.39	9.67	3.90	2.60	4.83	0.84
2009	22.71	18.13	35.05	11.12	4.11	2.90	4.77	1.21
2010	22.04	18.17	34.95	11.18	5.02	2.88	4.44	1.32
2011	21.41	17.23	34.62	11.98	5.56	3.09	4.17	1.93
2012	20.33	17.23	34.09	12.93	5.82	3.48	4.01	2.12
2013	19.76	16.75	33.86	12.88	7.16	3.58	3.94	2.08
2014	20.23	15.14	34.01	13.71	7.26	3.53	4.01	2.10
2015	17.44	14.78	35.49	14.99	7.63	3.54	4.16	1.98
2016	17.04	14.19	34.62	16.98	7.82	3.25	3.98	2.12
2017	18.13	15.61	28.30	18.26	8.81	3.17	5.18	2.53

(1) 香港

香港作為著名商品商貿中心，轉口貿易歷史悠久，本港的製造業體量少，近年藉助自由港優勢，在離岸貿易方面以出口與轉口為主。2011 年，香港出口貿易值達到1,206 億美元，出口依存度高達 52%，往後每年維持在約 35%；轉口貿易額在 2014 年達到約 4,638 億美元，開始呈下滑趨勢。

香港國際航運中心地位逐步下降，一是由於產業面臨空心化；二是港口用地供應不足。香港葵涌貨櫃碼頭被居住區包圍，碼頭及貨櫃車噪聲、油氣對周邊及維多利亞海港的污染及香港東大嶼山——交椅洲第二 CBD 的負面影響已引發了搬遷的討論；三是港口離貨源生成地越來越遠；四是海陸聯運中陸運成本高。香港碼頭處理費為約70 美元／TEU，比內地港口高 25 美元／TEU。

(2) 深圳

深圳作為香港的境外作業區，歐美進口的空箱先進入深圳，在深圳或者東莞裝箱，再把實體箱運輸到香港，從香港出口（鹽田港進口箱 66% 為空箱，香港 10% 左右）。其中，空箱與實體箱運輸的利潤差距在三倍左右。目前，香港和黃與香港現代貨櫃實際持有鹽田港和大鏟灣港 65% 至 73% 的股權，控制着深圳 1,300 萬 TEU 集裝箱，同時招商局集團控股蛇口港並參股赤灣港，將兩者納入了香港的航運體系。因此，港深在珠三角港口群中進出口貿易和運輸方面佔據主導，兩地並不存在激烈競爭。

香港 10 至 16 號貨櫃碼頭選址在大嶼山竹篙灣，但由於遠離內地貨源地及不宜內地駁船航向兩大原因，轉為向深圳搭建港口，逐步向市區發展。憑藉毗鄰深圳、東莞貨源地的優勢，深圳港口貨運發展迅速。2013 年，深圳港超越香港，成為僅次於上海、新加坡的世界第三大貨櫃港。

(3) 廣州

廣州作為千年商都，是全省國民經濟與民生發展的領頭羊，要負責全省的散裝內

圖 13　香港服務出口額與 GDP 統計（2011-2016）　　　　　　　　（億美元）

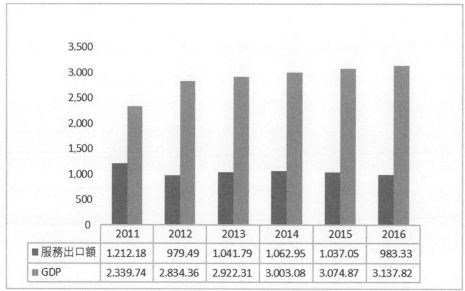

	2011	2012	2013	2014	2015	2016
■ 服務出口額	1,212.18	979.49	1,041.79	1,062.95	1,037.05	983.33
■ GDP	2,339.74	2,834.36	2,922.31	3,003.08	3,074.87	3,137.82

注：出口依存度 = 服務出口額 / GDP。

資料來源：《中國統計年鑑》。

圖 14　香港轉口貿易趨勢（2011-2016）　　　　　　　　　　　（億美元）

資料來源：《中國統計年鑑》。

貿貨物。國民經濟所需要的糧食、木材、油煤都從廣州港進入，產值很低，再加上稅收水平，從表面上看廣州港效益較低。

作為貿易的門戶，廣州港腹地條件好，是「一帶一路」的樞紐。目前貿易方面還是單向出口為主，如果能將單一出口變成雙向貿易，經濟效益會從一變成二，和香港共建成為航運雙中心。目前廣州正與佛山、中山、東莞等地合建南沙自貿區第四期工程，開挖雙向深水航道，興建疏港鐵路，在大田、石龍等地開闢與中歐、中俄的「一帶一路文化門戶樞紐」，加強與「一帶一路」沿綫國家的緊密合作。截至 2016 年 9 月底，與沿綫國家進出口總額達 1,627.4 億元，佔全市進出口的 25.7%。

2017 年，在貨物吞吐量方面，廣州港全年達 5.9 億噸，超過香港加深圳的總和，位居全球港口城市第六位。在集裝箱運輸量方面，當初因避免與香港競爭，所以起步較慢。近年來，貨櫃生成量隨着產業的發展而快速增長，廣州集裝箱運輸量已經接近深圳、香港，2017 年達到 2,060 萬 TEU，成為世界第七大港。

4. 跨城市的港口區域合作趨勢顯著

珠三角港口群之間多層次、全方位的合作趨勢顯著。廣州與佛山、中山兩地共同簽約建設南沙港，同期廣州港還與珠海港簽訂戰略合作協議，待未來南沙港鐵路通車後，江門、中山、佛山都將可直達南沙港，廣州港勢力範圍不斷向珠江西岸地區「滲透」。自 2016 年以來，深圳鹽田港不斷拓展，利用京九鐵路、廣梅汕鐵路，將梅州、河源、韶關以及東莞鳳崗、塘廈等鎮作為鹽田港無水港建設，將無水港建設伸向江西省。

（三）粵港澳大灣區港口群與長三角洲港口群的競合

國內的三大港口群各有特色，環渤海主打重化工業，以本身產業的進出為主；環杭州灣大灣區方面依靠上海港和寧波港，是整個長江戰略的出口，主要是面向日本、美國等市場；從航綫上看，粵港澳大灣區港口群則更偏南向的國際市場，如不計算內地運輸到香港的集裝箱，在總量上不如環杭州灣大灣區，但在國際化和市場化方面有

自己的優勢。

與國家長江戰略相呼應，上港集團和從香港回遷上海的中遠、中海集團組成合作夥伴，以 400 多億元人民幣巨資收購香港東方海外，建設全球最大的智能組合港的國際航運中心。粵港澳大灣區港口群雖有香港兼國際化與市場化的特色，但「一國兩制」與三個獨立關稅區的存在也增加了協調的難度。

隨着長江戰略的實施，上海新自由港、洋山港啟動智慧港建設，國際金融中心、全國經濟中心建設，以及互聯網跨境電商的建成，以上海為核心的環杭州灣大灣區城市群可能先於京津冀、粵港澳進入世界城市群之林。現今以上海為首，長江沿江港口為身，浙江、江蘇的沿海港口為兩翼的上海國際航運中心「一體兩翼」的格局已經成型。2017 年 7 月，中遠海運聯合上港集團收購東方海外，預示着上海正在着力構建中國的國際航運體系，爭取航運的世界話語權。

三、趨勢與願景

（一）全球層面趨勢

1. 全球經濟市場邁入恢復調整期

從 2016 至 2017 年來看，全球乾散貨運輸市場處於恢復調整階段，全球經濟回暖帶動海運貿易量增速加快。截至 2017 年，全球乾散貨海運量約為 51.09 億噸，同比增幅 4.20%。全球波羅的海指數全年平均值為 1,145 點，增長率高達 70%。從長遠看，均值恢復至中等水平，供需增速差恢復至景氣區間，市場運價步入恢復調整上行通道。

圖 15　波羅的海乾散貨各運價指數（2016-2017）

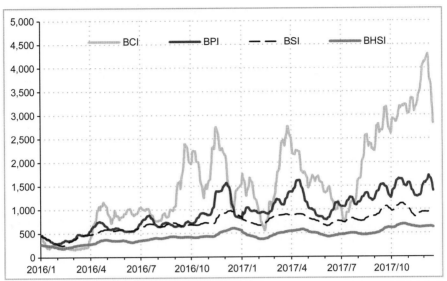

資料來源：波羅的海航運交易所。

2. 航運市場逐步向空運市場轉移

「十三五」時期，一是內地經濟從高速增長轉向高質量、高價值的變化，二是全球智能化、信息化科技創新產業的快速發展，加大了對便捷性、安全性、時效性更強的空運物流需求，再加上港口航運的不斷飽和，催生物流運輸轉向高增值、快速的航空運輸發展。

（二）機遇大於挑戰

國家層面實施「一帶一路」倡議，在航運合作方面，一是在「一帶一路」交匯門戶樞紐區位下，中俄、中歐班列已在東莞石龍鎮展開作業，並聯合增城石灘開啟未來水鐵聯運合作；二是招商國際與廣州南沙可開闢絲路的沿綫合作，做大做強海陸雙向運輸；三是以「引進來、走出去」為目標兩手抓，開闢花都、大田、南沙疏港鐵路的多式聯運。

粵港澳大灣區提升為國家戰略後，國家可統籌協調整合灣區城市群與港口群，通過制度創新、政策便利化等手段開闢更多綠色通道和超級幹綫，降低物流成本和壓縮物流時間。

（三）未來努力方向

1. 完善現代集疏運體系

在粵港澳大灣區層面，重點發展水運、鐵路等大運量、節能環保的交通方式。利用大灣區河網密佈的特點，發展以西江為主，東江、北江為輔的內河航運網絡，加強港口的陸路疏運網絡建設。配合主要港口建設鐵路、公路中轉樞紐，構建大灣區港口多式聯運的一體化服務系統，改善港口與腹地之間的交通聯繫。

建立一批珠江內河流域集裝箱支綫港口，提高區域主港口的運行效率。在集中佈置集裝箱專用泊位的同時，建立一批珠江內河流域集裝箱支綫港口，積極開展水路、公路、鐵路集裝箱聯運，儘量減少港口和站場拆裝箱，建立引橋方式接駁港珠澳大橋，打通港澳—內地陸海聯運。

表7　大灣區主要港口的疏港通道

序號	主要港口	疏港通道	功能
1	廣州南沙港區	南沙疏港鐵路、南沙港快速、京港澳高速廣澳並行綫	大運量貨流
		北江＋珠江、東江＋珠江	小批量低值貨流
2	深圳鹽田港區	平鹽鐵路、鹽排高速＋鹽壩高速＋惠深沿海高速	大運量貨流
3	深圳西部港區	平南鐵路、廣深沿江高速＋機場高速＋南坪快速	大運量貨流
		西江＋橫門水道、北江＋橫門水道、東江＋珠江＋虎門水道	小批量低值貨流
4	珠海高欄港區	廣珠鐵路、高欄港高速＋金海高速	大運量貨流
		潭江＋崖門水道、西江＋磨刀門水道（雞啼門水道）	小批量低值貨流
5	惠州大亞灣港區	惠澳鐵路、惠大疏港高速＋惠深沿海高速	大運量貨流

2. 建設生態智慧型港口

(1) 發展綠色平安航運

貫徹綠色發展理念，全面推進綠色循環低碳港航體系建設。2015 年廣州編制印發《廣州港口船舶大氣污染治理工作方案》和《廣州港口船舶大氣污染治理資助標準》，高標準推進港口船舶大氣污染治理。「油改電」、「油改氣」及岸電使用等節能減排工作不斷推廣；引導企業加快老舊船舶的拆解改造，發展標準化、環保船型；嚴控散貨作業揚塵污染，廣州電廠已經拆除，沙角電廠於 2025 年拆除；將香港中流作業（因安全等問題，香港宣稱淘汰中流作業）遷至珠海桂山島。

(2) 發展智能漁業養殖

一方面，學習挪威養殖的方法，引進升降養殖區的先進技術應對颱風等自然災害對漁業的影響，依託萬山區的漁業資源，在珠江口建設大型人工漁場，建設一批主要的養殖點和大型人工魚礁，推進海產養殖發展，為粵港澳提供鮮活海產品；另一方面，借鑒山東青島和浙江舟山等地發展海洋經濟的經驗，致力於建設集遠洋漁業現代化專業母港、遠洋水產品加工冷鏈物流區和遠洋水產品交易市場於一體的產業區。

3. 構造航運服務產業鏈

(1) 共建灣區航運交易所，海事仲裁院，離岸金融、貿易合作機構

全球航運服務業中心逐漸緩慢東移。具有代表性的機構 —— 倫敦波羅的海交易所，已將收購其業務的買家目標鎖定在新加坡交易所。新華社與內地已聯合發佈新華·波羅的海指數。近年，全球貨運險費率累計下降 57%，同時全球船舶險費率下降約 32%，但亞太地區航運保險的市場規模快速上升，份額已超過全球四分之一。

（2）共建高層人才培訓服務、國際航運高峰論壇、海事大學

若香港航運界能重視人才培養並參與進來，兩地合作可以更好地帶動產業發展。船運仲裁方面，由於內地缺少法律人才，兩地可以共同承辦海事大學、共建航運人才智庫，達成「港澳管理與諮詢—內地培訓—粵港澳就職」的合作模式，緩解香港航運從業人員主要集中在高層和基層兩端，中間出現人才結構斷層的問題。

4. 統籌協調三大樞紐港

（1）推進港口聯盟與股權利益共享

採取「從行政協調向行政、市場協調，再向市場協調過渡」的發展路徑，進一步推進成立大灣區港口聯盟，加快大灣區港口資源整合，解決目前港口能力過剩的問題。從目前港口管理方來看，在大灣區港口中，多家港口集團主導經營着主要沿海碼頭運營活動，分別是招商局港口、鹽田港集團、廣州港集團、廣東省航運集團、珠海港控股集團、東莞港務集團、惠州港務集團和中山港航集團。建議由香港和黃集團、招商國際集團、廣州港集團三大航運集團為首組建粵港澳大灣區航運聯盟。同時，以政府引導、市場化運作為主導，組合股份集團公司，聯合眾多中小民營航運公司共同「拼船出海」走出去。

（2）以「飛地經濟」形式，共建產業合作園

港澳的土地開發空間較為有限，因此，內地港口可充分發揮土地資源優勢，與港澳等地合作發展「飛地經濟」，促進經濟社會發展。在符合 CEPA 相關政策的前提下，以兩地共同管理的合作模式，積極承接港口功能溢出。在「飛地經濟」區內，一是以完全開放的管理模式，實現人口的自由流動，內地與港澳人員自由出入合作區，不限制港澳台人員在合作區內的停留時間；對於合作區內地人員，則實行基本開放。二是進出「飛地經濟」合作區內的貨物與設備，實行與香港、澳門相同的自由港制度，貨物進出自由，貨物和設備在「飛地經濟」合作區與港澳之間自由流動，不徵收關稅。

結語

目前，貨物物流正逐步從航運物流向高附加值的空運物流轉型，航運物流在船舶方面往標準化、大型化、綠色化的趨勢靠攏。粵港澳大灣區擁有市場化與國際化的優勢，但在船隻大型化、港口生態化、服務高端化方面仍要向長三角港口群學習，應藉助「一帶一路」走出去，建立粵港澳大灣區航運創新體系，提升中國在全球資源配置中心的話語權。

本章作者：鄭天祥

中山大學港澳珠江三角洲研究中心教授

韋婕妤

南京大學城市規劃設計研究院深圳分院項目總監

附圖一　粵港澳大灣區核心港口群集裝箱運輸量趨勢（1998-2017）　　　（萬 TEU）

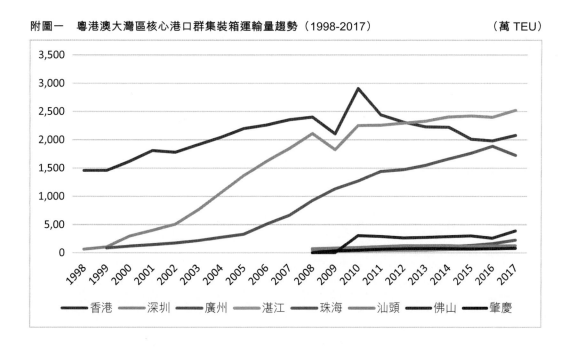

附表一　粵港澳大灣區核心港口群集裝箱運輸量統計表（1998-2017） 　　　　　　　　　　（萬 TEU）

年份	香港		深圳		廣州		湛江	
	標準箱	增長率(%)	標準箱	增長率(%)	標準箱	增長率(%)	標準箱	增長率(%)
1998	1,458.2	0.10	103.8	62.70	85	—	—	—
1999	1,621.079	11.17	298.6	187.67	118	38.82	—	—
2000	1,810	11.65	399.36	33.74	143	21.19	—	—
2001	1,780	-1.66	507.6	27.10	174	21.68	—	—
2002	1,914.4	7.55	761.78	50.07	217.00	24.71	—	—
2003	2,044.9	6.82	1,065.16	39.83	277	27.65	—	—
2004	2,198.4	7.51	1,365.9	28.23	330.4	19.28	—	—
2005	2,260.2	2.81	1,619.68	18.58	507.77	53.68	—	—
2006	2,353.9	4.15	1,847.02	14.04	665.6	31.08	—	—
2007	2,399.8	1.95	2,110.38	14.26	926	39.12	—	—
2008	2,449.4	2.07	2,141.65	1.48	1,172	26.57	28.4	—
2009	2,104	-14.10	1,825.02	-14.78	1,131	-3.50	23.16	-18.45
2010	2,906.9	38.16	2,250.96	23.34	1,270	12.29	32.02	38.26
2011	2,440.4	-16.05	2,257.09	0.27	1,442	13.54	37.81	18.08
2012	2,311	-5.30	2,294.13	1.64	1,474	2.22	41.21	8.99
2013	2,228	-3.59	2,327.84	1.47	1,550	5.16	45.18	9.63
2014	2,222	-0.27	2,403.74	3.26	1,662.62	7.27	58.08	28.55
2015	2,011.4	-9.48	2,420.46	0.70	1,762.49	6.01	60.12	3.51
2016	1981	-1.51	2,397.93	-0.93	1,885.8	7.00	72.35	20.34
2017	2077	4.85	2,520.87	5.13	1726	-8.47	89.22	23.32

年份	珠海		汕頭		佛山		肇慶	
	標準箱	增長率（%）	標準箱	增長率（%）	標準箱	增長率（%）	標準箱	增長率（%）
1998	—	—	—	—	—	—	—	—
1999	—	—	—	—	—	—	—	—
2000	—	—	—	—	—	—	—	—
2001	—	—	—	—	—	—	—	—
2002	—	—	—	—	—	—	—	—
2003	—	—	—	—	—	—	—	—
2004	—	—	—	—	—	—	—	—
2005	—	—	—	—	—	—	—	—
2006	—	—	—	—	—	—	—	—
2007	—	—	—	—	—	—	—	—
2008	65.5	3.80	71.93	—	—	—	—	—
2009	56.39	-13.91	82.06	14.08	—	—	34.6	—
2010	70.27	24.61	93.5	13.94	306	—	45	30.06
2011	81.88	16.52	110.07	17.72	292	-4.58	61	35.56
2012	81	-1.07	125	13.56	267	-8.56	71	16.39
2013	87.26	7.73	128.8	3.04	275	3.00	69.28	-2.42
2014	117.01	34.09	130.3	1.16	289.84	5.40	72.84	5.14
2015	133.77	14.32	117.9	-9.52	301.8	4.13	69.78	-4.20
2016	165	23.35	124	5.17	261.75	-13.27	71.31	2.19
2017	227.04	37.60	129.9	4.76	390.12	49.04	79.44	11.40

附圖二　粵港澳大灣區核心港口貨物吞吐量趨勢（1998-2017）（億噸）

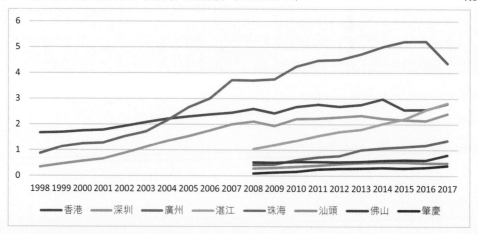

附表二　粵港澳大灣區核心港口群貨物吞吐量統計表（1998-2017）　　　　　　（億噸）

年份	香港		深圳		廣州		湛江	
	吞吐量	增長率 （%）	吞吐量	增長率 （%）	吞吐量	增長率 （%）	吞吐量	增長率 （%）
1998	1.67	1.00	0.34		0.87	—	—	—
1999	1.69	1.20	0.46	35.40	1.13	29.89		
2000	1.75	3.55	0.57	23.91	1.25	10.62	—	—
2001	1.78	1.71	0.66	15.79	1.28	2.40	—	—
2002	1.93	8.43	0.88	33.33	1.53	19.53	—	—
2003	2.08	7.77	1.12	27.27	1.72	12.42	—	—
2004	2.21	6.25	1.35	20.54	2.15	25.00	—	—
2005	2.30	4.07	1.54	14.07	2.66	23.72	—	—
2006	2.38	3.48	1.76	14.29	3	12.78	—	—
2007	2.45	2.94	2	13.64	3.71	23.67	—	—
2008	2.6	6.12	2.11	5.50	3.7	-0.27	1.04	—
2009	2.43	-6.54	1.94	-8.06	3.75	1.35	1.19	14.42
2010	2.68	10.29	2.21	13.92	4.25	13.33	1.36	14.29
2011	2.77	3.36	2.23	0.90	4.48	5.41	1.55	13.97
2012	2.69	-2.89	2.28	2.24	4.51	0.67	1.71	10.32
2013	2.76	2.60	2.34	2.63	4.73	4.88	1.8	5.26
2014	2.98	7.97	2.23	-4.70	5.01	5.92	2.02	12.22
2015	2.56	-14.09	2.17	-2.69	5.21	3.99	2.2	8.91
2016	2.57	0.39	2.14	- 1.38	5.22	0.19	2.56	16.36
2017	2.8	8.95	2.41	12.62	4.37	-16.28	2.82	10.16

年份	珠海		汕頭		佛山		肇慶	
	吞吐量	增長率（%）	吞吐量	增長率（%）	吞吐量	增長率（%）	吞吐量	增長率（%）
1998	—	—	—	—	—	—	—	—
1999	—	—	—	—	—	—	—	—
2000	—	—	—	—	—	—	—	—
2001	—	—	—	—	—	—	—	—
2002	—	—	—	—	—	—	—	—
2003	—	—	—	—	—	—	—	—
2004	—	—	—	—	—	—	—	—
2005	—	—	—	—	—	—	—	—
2006	—	—	—	—	—	—	—	—
2007	—	—	—	—	—	—	—	—
2008	0.42	13.51	0.28	22.00	0.52	—	0.09	19.36
2009	0.44	4.76	0.31	10.71	0.51	-1.92	0.13	44.44
2010	0.61	38.64	0.35	12.90	0.54	5.88	0.16	23.08
2011	0.72	18.03	0.4	14.29	0.54	0.00	0.25	56.25
2012	0.77	6.94	0.46	15.00	0.53	-1.85	0.28	12.00
2013	1	29.87	0.5	8.70	0.55	3.77	0.29	3.57
2014	1.07	7.00	0.52	4.00	0.59	7.27	0.31	6.90
2015	1.12	4.67	0.52	0.00	0.61	3.39	0.29	-6.45
2016	1.18	5.36	0.49	-5.77	0.6	-1.64	0.32	10.34
2017	1.36	15.25	0.49	0.00	0.8	33.33	0.39	21.88

第七章

旅遊合作

一、改革開放 40 年來香港與內地旅遊合作的歷程

改革開放 40 年來，香港與內地旅遊合作經歷了限額管制期、管制放鬆期、全面推進期、深化合作期四個階段。

（一）限額管制期：1978 至 1997 年

在中央政府的牽頭下，兩地嘗試制定並實施了部分旅遊合作政策。例如，自 1979 年起將原有僅一次使用有效的《港澳同胞回鄉介紹書》更改為 10 年內可多次使用的《港澳同胞回鄉證》，大大簡化了香港同胞前往大陸的通關手續。1983 年 11 月 15 日啟動廣東居民赴港澳探親旅遊的政策，使壓抑已久的內地居民「香港遊」需求得以釋放。1984 年 7 月，為方便內地居民探望香港親友，國務院通過了內地居民「香港遊」政策，允許內地居民在配額範圍內通過指定旅行社赴香港旅遊，即實行「配額制」。1994 年國務院通過「72 小時便利簽證」，允許深圳率先實行外國人無需通過外交途徑獲得進入中國的簽證，只需履行簡單手續即可便利進入深圳 72 小時。上述措施極大促進了兩地旅遊者的互訪，尤其是毗鄰香港的深圳特區與香港交流密切，但此時內地與香港未全面展開旅遊合作。

在內地與香港旅遊合作成效方面，僅 1984 到 1985 年間內地入境香港到訪率就從佔 15% 上升到 51%。1994 年香港當年過境遊客達 597,200 人，其中取道香港前往大陸的遊客佔總遊客人數的 6.4%，且大多是台灣遊客，而其他遊客赴港的主要目的是度假、商務會議、探親訪友等。[1]

在此階段，內地並非香港最大的客源地。與香港展開旅遊合作的主要是東北亞、東南亞、南亞、北美洲和歐洲地區的城市。例如，東北亞的日本是香港重要的投資來源，入境商務客多；東南亞的菲律賓、印尼等國與香港簽有傭工協議，大量外勞往返兩地；東南亞大量受「排華運動」影響的華僑回流香港。而當時香港仍為英國殖民地，受西方文化影響，有自由港、低稅率等優勢，吸引了大量歐美淘金者、創業者和投資者，香港一時間成為西方人眼中的「東方之珠」。[2]

（二）管制放鬆期：1997 至 2003 年

1997 年香港回歸後，兩地旅遊合作進一步放開，人員商貿往來頻繁。但是，同年發生的亞洲金融危機嚴重打擊了香港旅遊業。為維護香港的繁榮穩定，國家全面主導兩地旅遊合作政策的制定與實施。從 1998 至 2001 年，國家持續增加入港配額。2000 年 6 月，國務院繼續擴大兩地關於外國遊客的旅遊合作，在「72 小時便利簽證」的基礎上實施「144 小時便利簽證」政策，允許前往香港的外國遊客通過便捷手續赴廣東省廣州、深圳、惠州、東莞、中山、佛山、肇慶及汕頭等 10 個城市旅遊，停留時間延長至 144 小時，刺激了外國旅遊者在兩地旅遊。2002 年後內地居民只需在取得簽注的前提下申請參加旅遊團便可進入香港。此階段的旅遊合作政策不斷放鬆，為下一階段兩地全面深入地推進旅遊合作創造條件。在 2002 年初，國家旅遊局取消訪港旅遊團的配額限制，並批准了 63 家可組織「港澳遊」的旅行社。香港旅遊發展局亦開展廣泛的宣傳和推廣攻勢，內地旅客人次不斷上升。

在此階段，內地仍不是香港旅遊的最大客源地。在合作成效方面，1998 年香港旅遊總收益為 552 億港元，內地旅客消費約 170 億港元，人均消費 6,500 港元，略低於歐美日旅客的 7,000 港元，即內地遊客消費能力低於歐美等長綫遊客。2006 年底香

港旅遊總收入為 1,194.3 億港元，比 1997 年增長了 51%，內地旅客所貢獻的旅遊收益為 397 億港元，佔旅遊總收益的三分之一。這個數據與這一年內地遊客佔訪港遊客總量的 53.8% 相比仍有一定差距。[3] 從消費目的看，訪港內地旅客的三大主要消費依次為購物、酒店賬單、酒店外膳食；其中購物所佔比重保持穩定，1998 年佔 49%，1999 年佔 50.7%，2000 和 2001 年均佔 50.2%。這表明香港作為「旅遊天堂」對吸引內地遊客具有重要作用。

（三）全面推進期：2003 至 2007 年

2003 年國家主導簽署了《內地與香港關於建立更緊密經貿關係的安排》，即 CEPA 協議。CEPA 協議明確了未來粵港旅遊的主要合作領域、分期合作步驟、理想合作前景等，且通過 CEPA 後續協議保證了旅遊政策的延續性，從而構建了兩地旅遊合作政策的核心框架。CEPA 中關於旅遊業有五項規定：一是逐步放開內地居民個人赴港澳旅遊，此項措施首先在東莞、中山、江門三市試行，並不遲於 2004 年 7 月 1 日在廣東省全省範圍實施；二是雙方加強在旅遊宣傳和推廣方面的合作，包括促進相互旅遊以及開展以珠三角為基礎的對外推廣活動；三是通過合作，提高雙方旅遊行業的服務水平，保障遊客的合法權益；四是允許港澳公司以獨資形式在內地建設、改造和經營飯店、公寓樓和餐館設施；五是對港澳旅行社在內地設立合資旅行社不設地域限制。

其中，「個人遊」政策是 CEPA 框架下的典型政策，它是指內地旅客不必參團即可單獨赴香港旅遊，此項措施首先在東莞、中山、江門三市試行，其後在廣東省全境執行。這一時期通過 CEPA 政策整合，以粵港地區旅遊為核心向外圍擴展，將之推展至福建、江西、廣西、雲南、海南、湖南、四川、貴州、廣東以及香港和澳門兩個特別行政區組成了「9+2」的泛珠三角區域，並簽署《泛珠三角區域合作框架協議》，鼓勵「在泛珠三角區域內建立泛珠三角旅遊信息庫，實行區域旅遊聯檢，協調整治聯合市場等一系列跨區域旅遊合作措施」。

從「個人遊」的實際執行時間看，2003 年 7 月 28 日，第一批赴港「個人遊」對

廣東省四個指定城市的居民率先開始實施。2004 年 7 月，開放城市總數已達 32 個，措施所包括的總人口數約為 1.5 億。後來，開通範圍逐漸擴大至北京、上海兩直轄市以及江蘇省、浙江省、福建省及廣東全省。2005 年 11 月，「個人遊」政策擴展至成都、濟南、瀋陽以及大連四個西部和北部中心城市，使實施「個人遊」計劃的內地城市增至 38 個，訪港的中國內地居民增至約 2 億人。[4] 2006 年 5 月起，又延伸到六個內地省會城市：江西南昌、湖南長沙、廣西南寧、海南海口、貴州貴陽和雲南昆明。2007 年 1 月 1 日擴展至河北石家莊、河南鄭州、吉林長春、安徽合肥及湖北武漢，使實施「個人遊」計劃的內地城市增至 49 個。

CEPA 對兩地旅遊業的促進作用立竿見影。2003 年內地遊客達 847 萬人次，內地遊客佔訪港遊客的 54%。內地遊客中「個人遊」旅客達 67 萬人次。2004 年全年旅客人次達到 2,180 萬，全年旅客到港人數是自 2000 年以來增幅最大的一年，較 2003 年上升 40.4%，創出歷史新高。2005 年香港旅遊業在這一年再創新高，訪港旅客超過 2,300 萬人次，比 2004 年上升了 7.1%。此時內地已成為香港的最大市場，內地旅客人次穩步上升 2.4%，達 1,250 多萬。

在這一階段，香港也全面更新自身的旅遊資源，從接待服務、觀光旅遊、購物旅遊、商務旅遊等多個方面量身為內地遊客打造旅遊產品。除了多向度地開發以「香港形象」為核心的豐富的隱性旅遊資源，還逐步推出各種美食節目、文化節、藝術展等多種項目，使香港隱性旅遊資源的開發及「香港形象」的建設不斷厚實化，還進一步開發郊野公園，修整廢舊寺廟。此外，香港進一步發揮「世界商品櫥窗」的吸引力，擴建百貨公司，大力發展與購物天堂項目配套的酒店業，以此進一步搶佔內地客源市場。

（四）深化合作期：2007 年至今

這一階段 CEPA 的後續補充協議加強了粵港地區旅遊人員從業資格認證、旅遊投資等方面的合作，並繼續深化「個人遊」政策，實行「一簽多行」和「異地簽注」政策簡化流程。與此同時，內地與香港的旅遊合作由單純增加旅遊者數量轉向提高旅遊

者質量。2012 年 7 月，香港政府宣佈實行「異地簽注」業務的城市範圍不再增加，兩地旅遊政策的精細化調控開始出現。地方合作協議與政策也更加多樣，填補了國家框架性政策的不足，更具彈性。例如，2011 年 4 月廣東省政府與香港特別行政區政府簽署《粵港合作框架協議》，提出「聯合開發推廣『一程多站』旅遊綫路，研究開發粵港多元旅遊產品體系」。2011 年以來，深圳前海合作區、廣州南沙新區陸續獲得國務院批准成立，「新特區」充分利用粵港地理優勢進一步促進了粵港旅遊發展，這些展現了內地地級市在與香港進行旅遊合作時利用彈性的旅遊政策對兩地旅遊進行精細化調控。

　　整體來看，在此階段內地與香港的旅遊合作不斷深化，赴港內地遊客數量呈總體上升趨勢。但其中偶有波動，如 2015 年內地政府收緊簽注規定，由「一簽多行」改為「一週一行」，加上個別影響香港好客形象的事件發生，令內地赴港旅客數量自 2003 年以來首度下跌。之後香港方面為挽回內地客源，進一步大力推廣「優質旅遊服務」計劃及「優質誠信香港遊」計劃，推出更吸引遊客的旅遊套票和優惠，使內地赴港旅遊市場逐漸回暖。

　　在此階段，香港旅遊客源市場基礎向以內地市場為主的方向轉變，已在一定程度上反映出香港旅遊業發展的「內地化」趨向，即香港旅遊業過多地依賴內地市場並以內地市場的基本需求為導向。赴港內地遊客的驅動力是增長見識、提高聲望、增進人際關係、放鬆心情、尋求新奇、享受度假時光、品味各類美食、遊於安全之地、探索文化差異、尋求愉悅心情和觀賞景點之美等。[5] 基於此，香港在與內地展開旅遊合作時也着力從上述幾方面入手以增強吸引力，在細分領域推出旅遊合作計劃。從合作成效看，與 2016 年相比，2017 年內地遊客整體到訪數量達 4,444.53 萬人次，增加 3.9%。同日往返旅客達 2,591.91 萬人次，增加 2.0%。過夜旅客達 1,852.62 萬人次，增加 6.7%。其中單次自由行旅客比例達 37%，多次自由行旅客的比例達 20%，團隊旅遊比例達 16%。其他客人，包括途中路過、健康醫療照顧、銀行／個人投資、學習／考試、教育、培訓（非商務）等的比例達 27%。

表 1　改革開放 40 年來香港與內地旅遊合作的歷程

階段	限額管制期	管制放鬆期	全面推進期	深化合作期
時期	1978-1997	1997-2003	2003-2007	2007 年至今
政策背景	改革開放	香港回歸，香港與內地合作政治阻力消失；亞洲金融危機給予香港旅遊業沉重打擊	香港回歸後發展平穩，非典突如其來，粵港旅遊業遭遇寒流	回歸 21 年，香港發展實現平穩過渡，兩地旅遊業聯繫日益增強
合作重點	簡化香港同胞前往大陸的通關手續，方便內地居民探望香港親友	維護香港旅遊業穩定的前提下，為兩地全面旅遊合作開展前期探索	確立兩地旅遊合作的核心框架，探索統籌全局的核心政策，確定未來合作的基本方向	打破剛性政策束縛，探討彈性旅遊合作機制，發揮各級政府旅遊合作積極性
政策目標	促進兩地旅遊者的互訪	復甦香港旅遊經濟，重振旅遊業	提升香港旅遊，探索兩地旅遊合作模式	多方面多層次促進兩地旅遊發展
典型政策	《港澳同胞回鄉證》（1979）；「配額制」（1984）；72 小時便利簽證（1994）	擴大配額制度（1998、2001）；取消赴港配額制（2002）；144 小時便利簽證（2000）；《國務院關於進一步加快旅遊業發展的通知》（2000）	CEPA 協議（2003）；《內地與香港關於建立更緊密旅遊合作協議書》（2003）；「個人遊」政策（2003）；《泛珠三角區域合作框架協議》（2004）；CEPA 補充協議一、二、三、四	CEPA 補充協議之五、六、七、八、九；「一簽多行」（2009）；《粵港合作框架協議》（2011）；異地簽注（2012）
受益主體	香港為主	香港為主	香港為主	雙方互惠
政策主導	國家全面主導	國家全面主導	國家主導，地方參與	國家調控，地方積極參與
政策彈性	剛性政策	剛性政策	剛性為主，彈性調控	剛性與彈性並存
政策效果	香港和內地居民小規模流動，為今後全面展開旅遊合作奠定基礎	內地赴香港遊客迅速增加，香港旅遊業恢復穩定並得以發展	兩地旅遊合作全面展開，區域旅遊開發得以順利進行	兩地旅遊合作精細化發展趨勢明顯，兩地間旅遊制度對接順利

二、香港與內地旅遊合作的特點

（一）簽證制度成為影響兩地旅遊合作的最大因素

影響香港與內地旅遊合作的因素有簽證政策、政治事件、文化傳統、經濟興衰、人口規模等社會經濟因素，但其中作用最明顯最迅速的是簽證政策。每一次簽證政策的變動都會迅速引起香港與內地互訪遊客的數量變化。兩地旅遊合作對簽證政策的開放和封閉程度十分敏感。如內地政府於 1983 年 11 月 15 日啟動廣東居民赴港澳探親旅遊的政策，令壓抑已久的內地居民「香港遊」需求得以釋放；2015 年內地政府收緊簽注規定，由「一簽多行」改為「一週一行」，內地赴港旅客數量明顯下降。

（二）由遊客調控向多領域旅遊合作演變

兩地旅遊合作首先以旅遊者相互流動為突破口，逐步向其他領域拓展。遊客調控在海關和公安系統的協調下即可實現，如赴港配額制、「個人遊」政策。其後兩地旅遊合作以旅遊行為本身為主體，延伸至旅遊商品、旅行社、旅遊飯店、旅遊制度和旅遊區域開發等方面，實現由綫到面的發展歷程。例如，內地與香港旅遊業界聯合開發了一系列「一程多站」旅遊產品，推出了超過 130 個「一程多站」旅遊推廣項目，在 20 多個主要海外市場進行了「一程多站」旅遊推廣。尤其是 2015 年 3 月 1 日「允許內地旅行團乘坐郵輪從香港到台灣後，繼續乘坐該郵輪前往日本和韓國旅遊再返回內地」新措施的正式實施，為開發更多「一程多站」郵輪旅遊綫路拓展了空間。2015 年 9 月，廣東省旅遊局、香港旅遊發展局、澳門特區政府旅遊局在中國（廣東）國際旅遊產業博覽會上，聯合發佈美食休閒遊、尋根探祖遊、地質公園—世界遺址遊、文化歷史遊、濱海風光遊等五條「一程多站」旅遊新綫路。可見，內地與香港旅遊市

場合作的不斷推進得益於中央政府高度重視對港旅遊工作及推出的一系列旅遊惠港政策；也得益於內地地級市與香港旅遊部門及業界的務實合作，相互之間開展了多領域的旅遊合作項目。

（三）由國家剛性計劃向地方柔性參與演變

兩地地區旅遊合作政策在初步探索期基本上是國家包攬政策制定，地方予以執行，地方的能動性較差。限額管制期、管制放鬆期之後，基於宏觀硬性的旅遊合作主體框架，一些省份（尤其是廣東省）與香港地區展開積極對話，從地方優勢出發，深入展開旅遊合作。兩地旅遊合作政策經歷了由國家主導向地方主導的轉變。地方主觀能動性的加強有利於旅遊合作政策更加深入和柔性化。內地一些地級市的旅遊部門與香港旅遊事務署、旅遊業議會、旅遊發展局建立了旅遊工作磋商機制，切實強化了內地地級市與香港在旅遊行業監管、政策法規、宣傳推廣、行業發展等方面的交流合作，共同推動了雙向旅遊市場的持續健康發展。

（四）由零散調節向全局統籌演變

兩地旅遊合作限額管制期和管制放鬆期的政策較為零散，內地不同層級、不同部門與香港之間簽署了不同權限、不同範圍的旅遊合作政策。這些合作政策之間缺乏統籌關係，利益分配各自為政，空白領域各自推諉，而且政策持續性差，這一現象在全面推進期後得到改善。CEPA 協議的簽署使兩地旅遊合作有了總體框架，CEPA 的後續九個協議良好地延續了總綱的合作精神，落實了合作領域；而其他旅遊合作政策也積極補充了 CEPA 協議。兩地旅遊合作政策從零散發展到以核心政策為統籌，保證了政策的延續性。CEPA 協議之後，兩地更加強化了全局戰略統籌與協作的力度，積極推進兩地旅遊合作的系統規劃。如 2017 年 8 月 9 日，香港特區政府與國家旅遊局簽署《關於進一步深化內地與香港旅遊合作協議》，對兩地旅遊發展合作達成五點共識，進一步加強了雙方在旅遊發展領域的交流合作。根據協議安排，兩地將聯合開發

「海上絲綢之路」旅遊產品，共同開展「一帶一路」沿綫旅遊市場的宣傳推廣，豐富「一程多站」旅遊路綫；推動郵輪旅遊合作發展，支持區域郵輪母港之間的互惠及協調，加強郵輪旅遊綫路開發、宣傳推廣和人才培訓等合作。同時，將加強旅遊監管合作，共同打擊以不合理低價組織的團隊遊和其他違法違規行為，推動內地與香港旅遊市場健康有序發展；在 CEPA 框架下逐步擴大開放香港獨資旅行社經營內地居民團隊出境遊業務，以及建立定期溝通協調機制，就區域旅遊合作和監管等議題進行研究和磋商等。[6] 由此可見，兩地的旅遊合作已從零散規劃轉向全局統籌。

（五）從優先受益到雙方互惠的演變

香港回歸後，由於亞洲金融危機、非典等突發事件造成了香港經濟的重創，而此時大陸經濟體量渾厚，在香港與內地旅遊合作中，香港受益頗多，不僅穩定了旅遊業，而且在保證旅遊收入遞增的前提下嘗試行業升級；同時，大陸企業也增加了對香港的旅遊投資。香港與內地旅遊合作進入全面協調後，雙方利用自身的優勢取長補短，積極協作，形成了多方互惠的局面。兩地旅遊合作政策營造了不爭短暫利益、積極着眼於長遠利益的良好機制。香港回歸 21 年來，內地與香港旅遊交流規模不斷擴大，合作機制不斷完善，合作領域不斷拓寬，合作層次不斷深化，雙方已經互為最大客源市場，雙向旅遊交流人數超過 1.2 億人次，成為全球最大的雙向旅遊市場，為推動兩地經濟社會共同繁榮發展作出了重要貢獻。其中，內地居民赴港旅遊人數從 1997年的 236 萬人次增至 2016 年的 4,277 萬人次，增加了約 18 倍，佔香港入境旅遊總人數的比重接近 80%。香港同胞赴內地旅遊人數從 1997 年的 3,977 萬人次增至 2016 年的 8,106 萬人次，增長了一倍多。

三、香港與內地旅遊合作的挑戰

（一）來自香港的挑戰

1. 香港政治環境更趨複雜

　　香港是一個中西文化融匯的現代都市，經濟自由開放，民眾思想活躍。中國內地為促進香港經濟的發展不時釋放紅利。但近年來，由於新加坡、上海等鄰近城市的競爭，香港經濟體的相對優勢部分喪失，同時香港經濟增長乏力、生活成本高漲，社會貧富差距加大、草根階層人數增加，這種環境導致香港民粹意識的形成和升騰。2012年以來，部分港人與內地遊客之間發生了多起衝突事件，對香港與內地旅遊合作產生不利影響。同時，一些規模性社會運動（如「佔領中環」事件），也使香港與內地進一步深化互信與合作受到衝擊。

2. 香港經濟優勢降低

　　香港受經濟危機、鄰近城市競爭等各種因素的影響，其經濟總量優勢趨於下降，原有的全球經濟、金融、航運中心地位也在不斷下降。而中國內地近年經濟高速發展，與全球的資金交流更加暢通、商品貿易更加自由化，也對香港的經濟、金融、航運和製造業形成了一定的衝擊。在這種背景下，香港的經濟結構將面臨越發單一的發展趨勢，而香港金融地產主導經濟體系使香港的物價和房價不斷攀高，加大了港人的生活經濟負擔。香港經濟的年增長率僅為 2% 左右，基尼系數達到 0.54 左右，貧富差距較大。香港的地產霸權也使香港難有創業空間，而內地新移民、內地人士在港投機炒房，以及內地遊客大量湧入香港都使香港的房價和物價繼續高漲，進而引起了香港民眾的「仇內」情緒。香港經濟轉型中的這些矛盾給內地與香港的旅遊市場將帶來負

面影響。如何充分利用旅遊業振興香港經濟，減輕內地赴港遊客面臨的衝突環境和安全風險，成為內地與香港旅遊合作的主要挑戰。

3. 香港民意態度更為多元

自 2003 年內地居民赴香港自由行政策實施以來，內地訪港遊客從 2004 年的 1,120 萬增加到 2017 年的 4,444.53 萬人次。2017 年到訪香港的過夜旅客總數為 2,788.45 萬人次，同比增長 5%；來自內地的過夜旅客 1,852.62 萬人次，同比增長 6.7%。但內地遊客劇增給香港旅遊外匯收入作出巨大貢獻的同時，也給香港的物價、城市環境等造成了一定壓力。部分香港民眾認為內地民眾佔用了香港公共資源，引發了部分香港民眾的不滿情緒甚至仇視心理，並對內地遊客使用了攻擊性語言和暴力攻擊行為。曾有少部分港人在內地遊客集中區域高唱「蝗蟲天下」的歌曲，同時進行「快閃演出」，並在報紙上刊登反「蝗」、反「雙非」的廣告。這種衝突情緒在網絡平台擴散，影響到香港在內地遊客心中的形象，增加內地遊客赴港旅遊時的心理負擔。絕大多數內地遊客對赴港旅遊經歷感到滿意，但也有一些遊客覺得受到歧視，感覺與香港本地人相比，缺少優質服務和信息分享。

4. 香港服務質量有所下降

近年香港的服務水平呈現下降的趨勢。為爭奪客源，在競爭中取勝，一些商家不擇手段，以假當真、以次充好、抬價欺客的事情仍時有發生，嚴重損害了香港旅遊業的聲譽和形象。酒店供應和專業人才不足，導致服務水準下降。其次，香港發展旅遊業面臨越來越大的競爭。作為無煙工業和高效益產業，旅遊業越來越得到各國的重視。亞太地區的旅遊競爭異常激烈，為爭奪客源市場，日本、韓國和東南亞各國紛紛加大促銷力度，並積極完善旅遊業發展的軟硬件設施。香港因而面臨強大競爭對手的挑戰。[7]

（二）來自內地的挑戰

1. 內地與香港旅遊資源趨於同質化

內地許多地級市近年來大力進行旅遊投資，興建大批商業綜合體和主題公園，與香港旅遊資源的同質性增強，降低了內地遊客赴港旅遊的吸引力。以迪士尼樂園為例，上海迪士尼樂園開業分流了香港迪士尼樂園的部分客源。上海迪士尼樂園門票售價與香港迪士尼樂園相近，但其面積是香港迪士尼樂園的五倍，有嶄新的設施和多樣的主題園區，對內地遊客而言可免去辦理簽證的手續，因此能與香港迪士尼樂園形成競爭。而且，受到高人工、高地價造成的高成本，香港作為「購物天堂」的地位也在削弱，價廉物美的商品越來越少。

2. 內地遊客的旅遊要求不斷提高

中國經濟發展和民眾收入水平提高推動了中國旅遊業的高速發展，中國的出境旅遊也進入快速發展軌道。根據世界旅遊組織的統計數據，中國內地的出境旅遊消費規模在 2012 年就已經位居世界第一，這使中國遊客成為世界各國和各地區爭相搶奪的重要客源市場。目前，全世界共有 50 多個國家和地區對中國給予免簽待遇，澳大利亞、新西蘭、韓國、新加坡等國家對中國遊客開放在綫申請簽證；英國向中國遊客推出了兩年多次入境簽證；許多歐洲國家也簡化了中國遊客的簽證程序。加之直航綫路增加、外國貨幣貶值等多重原因，內地遊客出境旅遊目的地的版圖格局不斷擴大，出境範圍不斷拓展，香港對內地的吸引力正在下降。同時，內地遊客對旅遊地的資源質量、服務質量、綜合氛圍、好客程度有了越來越高的要求。

3. 赴港旅遊輿情傳播的網絡化

互聯網發展和移動手機平台的應用徹底改變了旅遊信息和輿情傳播機制。在移動互聯網時代，旅遊信息能藉助微博、微信等社交媒體迅速擴散。「內地遊客赴港旅遊被商家痛宰」、「內地遊客赴港旅遊遭遇港人歧視、攻擊、侮辱」的新聞報導能隨時

擴散，在內地遊客心中蒙上陰影。近年來內地遊客前往香港購物的過程中糾紛增多，個別惡性事件極有可能在很短的時間內發酵放大，並藉由大眾的關注改變突發事件的處置背景。

四、內地自由行政策對香港旅遊業的效應及問題

（一）內地自由行政策對香港旅遊業的效應

1. 自由行政策能促進全港經濟發展

2003 年為了擺脫金融危機和非典（SARS）的影響，香港對內地遊客開放自由行，使香港經濟得到快速恢復。內地遊客強大的購買力有效帶動了香港旅遊業的發展，刺激了與旅遊業息息相關的批發零售業的發展。2003 年以來，不僅赴港內地客流量激增，內地遊客在港的消費額也在穩定提高，年平均增長率為 20.59%。到 2013 年，香港零售業就已有 65.38% 的收入來自內地。而到 2014 年時，香港入境客流量就已有 78% 都來自內地。由此可見，內地旅客對香港旅遊人數和旅遊收入的貢獻都非常巨大。旅遊業作為香港四大主要經濟部門之一，對香港 GDP 的貢獻是法律、工程、會計、建築、測量、醫療等行業之和。內地遊客每增長 1%，香港入境旅遊人數增長 1.16%，入境旅遊收入增長 1.39%，零售業銷售額增長 1.02%，就業率提高 0.19%，GDP 提高 0.24%。綜上，內地遊客赴港旅遊極大地推動了香港的經濟增長。[8]

內地是香港最主要的客源市場。而香港旅遊業的最大支柱是內地入境旅遊，換言之，內地入境旅遊對香港整體經濟發展貢獻很大。

2. 自由行政策能增加香港就業崗位

赴港「個人遊」政策在解決香港結構性失業問題上有特殊作用。目前香港經濟正處在向知識型經濟轉變的過程當中，但長期以來，香港勞動力資源錯配嚴重，勞動力結構遠遠不能適應經濟轉型的需要，拖累了經濟發展的進程，因而目前香港經濟轉型的結果將進一步加劇結構性失業，造成低素質人員的失業。旅遊業是典型的勞動力密集型行業，在創造就業、擴大低素質勞動力就業、解決結構性失業問題方面作用明顯。根據世界銀行屬下國際金融公司的旅遊業專家估計，每家酒店的一個房間，可以創造兩個職位，換言之，香港酒店業如果在未來幾年增加 3 萬個房間，將可以為本地創造 6 萬個職位。加上每年吸引到 1,000 萬人次的內地遊客來港消費旅遊，可以帶動旅遊、酒店、零售、餐飲、交通等諸多服務行業的就業，香港失業狀況將會大大改善。因此，內地赴港遊客增多能有效增加香港就業崗位。

3. 自由行政策能促進香港旅遊產業轉型升級

由於自由行的推出讓內地成為香港最大的旅遊客源地，香港旅遊業發展中的「內地化」趨勢也體現了自由行促進香港旅遊產業整合及相關產業發展的正向效應。香港旅遊業的服務品種、服務規則和經營理念也在不斷更新。集旅遊交通、旅遊農業、旅遊工業、旅遊商貿、旅遊文化、旅遊教育、旅遊信息、旅遊安全於一體的旅遊產業群也在不斷優化。CEPA 中關於「允許港澳公司以獨資形式在內地建設、改造和經營飯店、公寓樓和餐館設施；對港澳旅行社在內地設立合資旅行社不設地域限制」的政策措施，對加快兩地的協同合作、全面提升香港旅遊業在國內外的地位和品牌方面也具有積極的促進作用。[9] 未來，「一帶一路」倡議、廣深港高鐵、港珠澳大橋、粵港澳旅遊一體化等一系列利好政策都能加深內地與香港兩地旅遊合作，香港也會推出更多別具一格的旅遊項目吸引內地遊客，從而不斷進行旅遊產業的轉型升級。

（二）內地自由行政策帶給香港旅遊業的問題

目前學者們集中於研究自由行政策對香港產生的正面影響，對負面影響關注較少，但是正視自由行政策的負面效應對優化兩地旅遊合作是十分必要的。自由行帶來的問題有商品價格上漲、城市擁擠程度增加、主客之間的矛盾增多、過快的遊客增長超出了香港的環境容量、香港個別貨物短缺（如曾發生奶粉短缺）、水貨客倒賣貨物、「雙非」孕婦擠佔香港醫療資源等。自由行帶來的負面效應影響香港市民對內地遊客的態度，而部分香港市民對內地遊客的抵觸態度也會影響內地遊客的旅遊體驗，進而降低香港對潛在遊客的吸引力。

1. 個別產品短缺和水貨走私猖獗

香港在售的個別產品短期內發生短缺的典型案例是「奶粉短缺事件」。2009 年由於「毒奶粉」事件，內地奶粉市場陷入信任危機，而香港作為一個自由港，商品來源廣、物資種類齊、質量有保障、價格相對較低，大量內地遊客開始赴港購買奶粉，水貨客也趁機走私奶粉，造成香港奶粉供應不足。2012 年 9 月，部分港人在上水港鐵站高舉「中國人滾回中國」的紙牌，呼籲政府採取有效措施打擊水貨客。2013 年 2 月，香港政府提出「限奶令」，嚴厲打擊走私行為，限制遊客購買奶粉數量，奶粉短缺有所緩解。但水貨客仍很猖獗，各種反水貨客活動接踵而至，如遊行示威，對路人拳打腳踢、威脅恐嚇等，引起強烈的社會動蕩。2015 年 4 月 13 日，內地公安機關停止向深圳市居民簽發「一簽多行」簽注，改為「一週一行」簽注，限量放行內地遊客，試圖緩解港人的過激行為。雖然奶粉危機早已得到解決，但是短期內大量購買商品而造成商品短缺的案例值得兩地旅遊部門重視。只有防微杜漸、雙向協調，才能夠避免部分香港市民對內地遊客作出過激行為。

2.「雙非」孕婦產子影響香港「醫療旅遊」

2001 年 7 月 20 日「莊豐源案」之後，無香港居留權的中國內地居民在香港所生子女可以獲得香港永久性居民身份。這一規定導致大量「雙非」孕婦赴港產子。「雙

非」指孕婦及其配偶均為非香港永久性居民，包括香港非永久性居民（來港少於七年的內地人士）及非香港居民。「雙非」嬰兒年平均增長率為 49.99%，到 2011 年已達 35,736 人（見表 2），佔香港總活產嬰兒數的 37.44%，給香港的醫療資源帶來巨大壓力。同時，「雙非」嬰兒長大後在港入學搶佔了香港居民的教育資源，引起港人的強烈不滿。部分港人上街遊行，刊登廣告，大唱「蝗蟲歌」，反對內地孕婦來港產子，造成強烈的社會衝突。迫於壓力，香港政府推出「零雙非」政策，對控制內地「雙非」孕婦起到了立竿見影的作用，緩解了港人和內地遊客間的矛盾。

表 2　內地「雙非」孕婦在港所生的活產嬰兒數一覽表　　　　　　　　　　　　　　　（個）

年份	「雙非」孕婦所生嬰兒數	活產嬰兒總數	所佔比例（%）
2001	620	48,219	1.29
2002	1,250	48,209	2.59
2003	2,070	46,965	4.41
2004	4,102	49,796	8.24
2005	9,273	57,098	16.24
2006	16,044	65,626	24.45
2007	18,816	70,875	26.55
2008	25,269	78,822	32.06
2009	29,766	82,095	36.26
2010	32,653	88,584	36.86
2011	35,736	95,451	37.44
2012	26,715	84,629	31.57

資料來源：根據香港政制及內地事務局公開資料整理，http://www.cmab.gov.hk（最後訪問時間：2018 年 4 月 16 日）。

　　雖然「雙非」孕婦的數量已被控制，但由表 2 可明顯看出 2003 年推出自由行後赴港生子的人數大幅增長，這無疑對相關的醫療資源和教育資源帶來壓力，同時也激化了部分香港市民對內地遊客的不滿情緒，對香港「醫療旅遊」的產業帶來負面影響。

3. 自由行加大了香港公共設施和旅遊設施的荷載

內地遊客「個人遊」的大量增加，對香港旅遊景點產生了一些不利影響。龐大的遊客數量使許多景點超過其承受能力，加速了景點資源的損耗，嚴重地損害了旅遊資源的保護和可持續利用；再加上一些遊客在旅遊景點的不文明行為，更加劇了對香港旅遊景點的破壞程度。同時，大量遊客的到來容易使景點產生擁擠狀況，擁擠的環境影響了遊客對景點景觀的欣賞，進而使遊客的旅遊心情受到影響，也造成遊客對香港整體的旅遊環境評價的降低。這些狀況在內地黃金週期間表現得尤為突出。另一方面，遊客增多也增加了香港公共交通（尤其是港鐵）的壓力。

五、香港與內地旅遊合作的前瞻

（一）港珠澳大橋等基礎設施建設為兩地旅遊合作注入了新動力

港珠澳大橋以及廣深港高鐵香港段等大型交通基礎設施的落成，有望成為助推香港旅遊市場前行的新動力。以廣深港高鐵為例，2018 年 1 月 29 日，香港特區政府與中國鐵路總公司已簽署了運營備忘錄，計劃在廣深港高鐵香港段運營初期每日開行 127 對列車，不僅溝通深圳、廣州等珠三角城市，還可以直達北京、上海、昆明、貴陽、武漢、廈門等城市。廣深港高鐵與內地高鐵網絡的聯通，不僅為香港居民提供了更多出行選擇，還將令更多內地遊客將香港納入短途旅行的目的地。受此帶動，未來香港零售行業或將收穫 8% 至 10% 的增幅。同時，隨着內地旅遊設施的不斷完善，便捷的交通設施也能促進香港遊客到大陸旅遊，體驗內地豐富的文化、景點、美食等。

同時，也應對雙方旅遊合作的軟環境進行優化，以配合基礎設施（即「硬環境」）的聯通。例如，一方面，內地應該與香港旅遊部門做好政策協調工作，推動遊客休假制度改革，合理調節旅遊客流規模和客流走向，促進赴港客流結構與客流層次的優化；另一方面，香港應該實實在在加大旅遊業的供給能力，既要保障旅遊業的有效接待水平，也要推動旅遊環境的合理開發和建設，避免超負荷接待、過度開發和不合理開發等導致的安全隱患和事故。

（二）粵港澳大灣區建設為兩地旅遊合作創造了新活力

「以粵港澳大灣區為內核」要求對粵港澳大灣區旅遊資源進行統一規劃，引導旅遊經濟要素在區域內進行合理流動及相互交流，以使各地的互補優勢得以發揮。同時，成立各類旅遊企業協會，促使粵港澳大灣區內旅行社、賓館、旅遊商店、餐飲店及交通企業建立起經常性的業務和信息聯繫，以共建一個本行業的，具有靈活、準確、快速等特點的信息共享網，形成互為宣傳、互為推介、相互合作的互動體系。粵港澳大灣區面積達 5.6 萬平方公里，常住人口約 6,800 萬，2017 年經濟總量超 10 萬億元人民幣，實力雄厚。粵港澳旅遊新灣區建設就是粵港澳大灣區建設的一個相當重要的組成部分。對比世界其他灣區（紐約灣區、東京灣區、舊金山灣區、新加坡灣區等），其旅遊休閒產業在這些灣區的發展過程中佔有絕對的主體地位。此外，之前內地與香港的旅遊合作主要集中於陸地資源，對海洋資源和濱海資源重視不夠，下一階段兩地的旅遊合作可以向海洋經濟發展，讓濱海旅遊成為陸地旅遊的延伸。[10]

雖然目前粵港澳大灣區內多核心的旅遊經濟網絡結構已基本形成，但也存在着邊緣區域旅遊經濟發展滯後、部分節點城市網絡功能較差，灣區內旅遊特色同質化、定位模糊，非核心城市未能發揮資源優勢等問題。大灣區內部需要通過旅遊合作，統籌灣區內各城市發展，促進同城化、互動化，增強經濟聯繫，建立經濟規模，減少內部成本。因此，應認清城市網絡角色，發揮功能優勢；[11]着重發展非核心地區旅遊，發揮資源優勢，尋求品牌特色，創建旅遊文化。而香港作為國家最開放、最國際化的貿易、金融、航運中心，有天然的條件再將兩地的旅遊合作推上一個新台階。在 2018

年博鰲亞洲論壇「粵港澳大灣區」分論壇上，林鄭月娥表示，「粵港澳大灣區已經提升到國家戰略發展層面的定位，它的成功將取決於它能否為大灣區高質量發展提供新的創新動力、能否讓中國與亞洲以及世界產生重要聯繫。無論是在創新還是在聯繫方面，香港都可以為大灣區作出重要的貢獻」。[12] 未來，香港與內地將積極推動大灣區內旅遊資源開發，實現優勢互補，同時通過「一站多程」旅遊概念，聯合開發特色旅遊產品，積極展開旅遊宣傳工作，加強信息互通。

（三）內地與香港旅遊協作區的擴大為兩地旅遊合作提供了新空間

「擴大內地與香港旅遊協作區」要求擴大內地各省市與香港旅遊合作的範圍。早在 2003 年 CEPA 協議簽署時，兩地就提出構建泛珠三角經濟協作區。[13] 時隔 15 年，內地與香港的旅遊合作主要還是集中於粵港兩地的旅遊合作，香港與內地其他省市的合作力度不足。香港與內地旅遊合作不僅應是香港提高自身旅遊吸引力（如赴內地開展旅遊宣傳、推廣綠色旅遊、郵輪旅遊等特色旅遊業務等方面），內地地級市也應加大自身旅遊宣傳力度，提高旅遊資源品質和服務質量，吸引香港遊客赴內地旅遊。一些香港市民出境旅遊更青睞於台灣、日本、韓國等地，反而對內地旅遊資源了解不足。內地有豐富的旅遊資源和民族文化，旅遊消費品價格更低。若能吸引更多香港遊客到內地旅遊，不僅能促進內地經濟發展，同時也能提高香港市民的愛國熱情和民族自豪感。

（四）兩地風險監測和預警機制的建立為深化旅遊合作提供了新基礎

建立兩地旅遊業風險監測和預警機制十分必要。旅遊業作為一個易受天災人禍等多種因素影響的行業，有必要確立機構、建立機制，保證信息收集、分析、公佈渠道通暢，對旅遊全行業進行不間斷的風險監測，以便能夠及時地發現險情、作出預警，最大限度地規避風險或消減風險。尤其是在「互聯網＋」時代，高度普及的社交媒體（如微信、微博、Facebook 等）對旅遊惡性事件的擴散非常迅速，同時會發生「乘

數效應」放大對潛在遊客的心理衝擊。因此，可推動兩地形成系統化、現代化的旅遊應急工作體系，建立正式的旅遊應急合作協議，夯實應急合作的法律基礎。其中，建立一個更穩固、更協調、更順暢、更統一的旅遊應急合作機制，即是通過共同合作來應對香港與內地的旅遊突發事件，以協同保障來解決兩地互訪遊客的生命和財產安全問題。

（五）「一帶一路」倡議為提升兩地旅遊形象提供了新機遇

「一帶一路」建設是香港經濟發展的新引擎。為全面參與並把握機遇，發揮「國家所需，香港所長」的優勢，香港可憑藉其深厚的旅遊業發展基礎，將政策轉為商機，化願景為行動，促成兩地實質的「一帶一路」旅遊合作。香港《行政長官2017年施政報告》已體現出上述決心。本屆政府遵循四大發展策略以推動旅遊業的進一步發展，如「計劃舉辦『一帶一路』旅遊論壇，邀請『一帶一路』沿綫國家和相關旅遊業界參加，以協助本港業界開拓更多元化的客源市場」。[14] 同時，香港也在積極推動智慧旅遊，包括在短、中期逐步在旅遊熱點增加 Wi-Fi 設施，並探討利用智能科技在合適景點及邊境管制站為旅客提供便利旅遊的服務，推廣移動支付平台（尤其是支付寶、微信錢包等）以方便內地客戶消費，並積極爭取立法會儘快通過《旅遊業條例草案》，以保障旅客權益，並推動業界採用良好營商手法，維護香港作為旅遊城市的形象。上述措施都有利於提升香港在內地旅客心中的旅遊形象，增加吸引力。而在內地方面，憑藉贛深高鐵、廣汕高鐵等高鐵綫路，依託港珠澳大橋、深中通道、虎門二橋等跨海交通，內地城市與香港的通行距離大大縮短。諸多地級市也運用週間熱銷、現金券、優惠價格、主題樂園和區域推廣等方式吸引香港旅客的目光，吸引香港旅客到訪。綜上，兩地積極推出的旅遊合作項目能大力提升兩地的旅遊形象，在「一帶一路」的契機下釋放旅遊紅利，向世界遞交一張美麗的中國名片。

本章作者：陳章喜

暨南大學經濟學院教授

注釋

1   劉軍：〈香港的都市旅遊〉，《新經濟》1996 年第 12 期。

2   劉傑武：〈香港回歸後粵港地區旅遊政策演變研究〉，《中國人口‧資源與環境》2013 年第 S1 期。

3   楊英、林顯強：〈香港旅遊業的「內地化」弊端與國際化走向〉，《南方經濟》2008 年第 10 期。

4   Cheng Hsiao, H. Steve Ching and Shui Ki Wan, "A Panel Data Approach for Program Evaluation: Measuring the Benefits of Political and Economic Integration of Hong Kong with Mainland China", (2012) *Journal of Applied Econometrics*, 27(5): 705-740.

5   郭安禧、黃福才、黎微：〈香港旅遊研究回顧與展望 —— 基於 Tourism Management 等英語學術期刊的述評〉，《旅遊學刊》2012 年第 11 期。

6   〈兩地旅遊發展合作達五共識〉，香港《文匯報》2017 年 8 月 10 日，資料來源於：http：//paper. wenweipo.com/2017/08/10/HK1708100021.htm（最後訪問時間：2018 年 4 月 16 日）。

7   查瑞波、孫根年、董治寶：〈1976 年以來香港入境旅遊關係圈變化及指示性〉，《地理學報》2016 年第 71 期。

8   孫根年、李紅、周功梅：〈香港社會對內地自由行及入境旅遊激增的情緒反應〉，《經濟地理》2016 年第 2 期。

9   戎志濤、鄭秀妍：〈內地赴港「個人遊」政策對香港旅遊業的影響分析〉，《特區經濟》2008 年第 3 期。

10 陳章喜：〈共建粵港澳旅遊休閒新灣區〉，《新經濟》2017 年第 1 期。

11 郭璇瑄：〈粵港澳大灣區旅遊經濟發展路徑〉，《稅務與經濟》2018 年第 2 期。

12 〈博鰲論壇上 各方熱議粵港澳大灣區前景〉，廣州：大洋網—《廣州日報》，2018 年 4 月 10 日，資料來源於：http：//news.21cn.com/hot/gd/a/2018/0410/07/32893879.shtml（最後訪問時間：2018 年 4 月 16 日）。

13 陳章喜：〈關於構建泛珠三角旅遊協作區的探討〉，《珠江經濟》2007 年第 6 期。

14 中華人民共和國香港特別行政區：《行政長官 2017 年施政報告》，2017 年 10 月，資料來源於：https：//www.policyaddress.gov.hk/2017/chi/index.html（最後訪問時間：2018 年 4 月 16 日）。

第四篇
————

香港與內地在其他
領域的合作與互動

第一章

文化交流與教育合作

如果說「文化」是一個民族的靈魂，則「教育」就是這個民族的未來。「文化」和「教育」放在一起，既審視過去和現在，也展示未來。國家改革開放 40 年，在文化領域再次突顯中華民族兼收並蓄、從「韜光養晦」到「有所作為」的姿彩；在教育領域再次發揚承傳創新、從「獨善其身」到「達己達人」的厚德。

香港自古以來都是中國的一部分，清末在強權壓迫下而遭割讓，被英國統治 100 多年。由於多種因素，使香港形成既多源又多元的文化特徵，其教育發展亦有其特色。從地理上，香港和內地山水相連，一直交往頻密。1997 年香港回歸祖國，香港和內地在文化領域和教育領域的交流和合作更值得關注。

本章就過去 40 年香港和內地在文化領域和教育領域的交流和合作方面予以論述，從宏觀概說、舉例分析到前瞻展望，說明香港和內地融合的大趨勢。

一、文化領域

（一）概說

　　文化定義之廣之闊難以言說。從現實性的角度言，文化是精神、物質和藝術三位一體的；三者可以分述，卻不能分離；有層次之分、先後之別，卻不能單一獨存。三者一存俱存，一變俱變。

　　劉勰《文心雕龍・時序》說：「文變染乎世情，興廢繫乎時序。」文學的變化與興衰會受社會情況、時代發展影響。文學如是，文化亦如是！

　　中國內地自文化大革命結束、改革開放開始，經過長時期的封閉之後，向市場經濟轉型，原來的文化領域出現了大量西方文化或直接或間接的滲入、衝擊、碰撞、較量和融合的大潮。這股驚濤拍岸，捲起千堆雪的大潮，將以其不可逆轉的歷史進程，促使中國文化發生新的巨大變化。香港亦因本身特殊的地理和政治因素所形成的特有多元文化，在內地文化的轉變中擔當着極其微妙的角色。

　　自古以來，香港與廣東大陸之間在社會生活各方面就存在着密切的聯繫。儘管在19 世紀 40 年代以後，香港因被割讓而與祖國分離，但地理上的相鄰為彼此的互動交流提供了便利。1945 年日本投降時香港人口只有 60 萬，其後內地局勢變動引發大量廠商、工商界人士、原香港居民回遷，再基於以親屬團聚、探親名義合法、非法地移居香港者，使香港人口出現以每 10 年增加 100 萬之勢。1982 年，香港政府與內地達成協議，由雙方議定配額，經內地審批，讓內地人士領取「前往港澳地區通行證」（俗稱「單程證」）合法定居香港。這制度自回歸後維持至今，據統計，直至 2016 年，通過這制度來港的內地人士達 1,414,759 人。2003 年開始，港府實施輸入內地人才計劃，提交申請的內地人越來越多。以 2014 年為例，申請宗數為 10,983 宗，其中 9,313宗獲批；至 2016 年的申請宗數即上升逾 11% 至 12,251 宗，有 10,404 宗獲批，這批內

地人同時又可申請其配偶及 18 歲以下子女以受養人身份一起來港。同時，內地人士亦可通過投資移民的方法到港。由此可以清楚看到，目前香港 730 多萬人口中，92% 以上是華人，其中多是從內地來的移民及其所生的子女後代，他們構成了香港文化的基石。

香港，一個極其微妙的地方，從香港的內部看，文化既多源，也多元，情況相當複雜，將其簡單看成中西文化合流，或者儒化的西方文化都不準確。香港匯聚中西文化是不錯的，但卻依據種族、籍貫、信仰、職業以及教育背景等因素，分別形成各種不同的文化圈。不同的文化圈之間有交叉重疊聯繫的，有獨立而存在的，構成香港文化獨有的豐富多彩。自國家改革開放以來，到 1997 年之前 20 年，香港處於英國和中國的夾縫中，一方面在英國殖民地政府相對的自由政策下，城市穩步發展，世界各國亦以香港作為進入中國內地的橋頭堡，香港由工業化社會過渡成為「後工業社會」的同時，商業發展日益蓬勃，經濟實力遠超於內地平均水平，一般市民很自然形成一種「大香港自我中心主義」；另一方面，香港人又存在着根深蒂固的中華民族「愛國主義」情懷，在以「獅子山精神」[1]刻苦努力奮鬥之餘，也為中國的發展出現的種種，喜而喜，悲而悲。

香港被英國統治以來，在官方和上流社會還是以英國文化為主的。金耀基教授認為，香港政府基本上只是提供了一個英國式的、也可以說是殖民地式的上層文化架構。從香港的早期一直到 20 世紀 60 年代，英國政府的上層結構與香港的下層社會基本上是分開的。因此，中國社會本身的文化傳統，在香港大體上是繼續存在的。現在香港民間保留的各種傳統節日恐怕比內地還要多，香港的舊式讀書人甚至還保留着古老的結社、吟詩、讀經等傳統方式，內地反而不多見。這種英式上層文化與中式下層文化互不干擾、各行其是的狀況，一直延續到 60 年代。但是到了 70 年代，情況就大變了。在這個時期，中國內地有大量的知識分子南下，帶來了大量有深度又有厚度的中原文化。以前的香港文化在中國文化的大框架中，只能算是一種「邊緣文化」，甚至在嶺南文化中也處在邊緣的地位，根本沒有實力與英國的精英文化相抗衡。但是，這些南下的知識分子把中原文化帶到香港以後，就使香港文化不再是原來那種地域

性、民間性的東西了，它已經具備了某種精英的性質。這樣一來，東方的精英文化與西方的精英文化就碰頭了。當時，在很短的時間裏，亞太地區迅速崛起，香港也隨之變成一個很重要的國際性大都市。[2]

香港回歸以後，內地與香港的文化交流日益緊密、豐富、健康發展，逐步形成了全方位、寬領域、多渠道的交流格局。時任國家文化部副部長丁偉於 2017 年 6 月 25 日接受新華社記者訪問時指出：「回歸以來，內地與香港文化交流量穩步增長，特別是黨的十八大以來，在以習近平同志為核心的黨中央對港工作戰略方針指引下，內地與香港文化交流豐富多彩，項目年均交流量達 750 項、1 萬人次，較回歸之初增長了一倍。」[3] 據文化部指出，內地與香港文化交流主要表現在以下三方面：

1. 政府層面交流與合作全面深化。2005 年，文化部與香港特區政府民政事務局簽署《內地與香港特區更緊密文化關係安排協議書》，以「互惠雙贏、加強合作、共同發展」為原則，規劃了內地與香港在文化方面加強合作的領域和渠道，從機制上保證了與香港地區的文化交流合作。中共十八大以來，雙方在重大活動合作、文化遺產保護、文化惠民服務、攜手共推文化走出去等方面合作全面深化，促進共同發展。

2. 文化藝術交流繁榮有序。內地與香港文化交流水平和層次不斷提升，文化藝術和人才培養不斷融合發展。交流形式從臨時性項目交流轉向常態化品牌活動，從交流展示轉向聯合創作；交流內容從業界文化參訪為主轉向更加重視思想交流和青少年文化培育；交流主體從政府「唱主角」逐步轉向社會各界積極參與。

3. 文化產業合作深入推進。香港文創產業與國際接軌，業態成熟，內地資源豐富，近年來文創產業增速顯著，內地與香港資源優勢互補明顯，合作潛力巨大。香港回歸以來，內地與香港文化產業在政策制定、平台搭建、人才培養等方面全面推進，取得積極成效。[4]

（二）文化交流舉隅

以下試從幾個範疇，闡述一下香港與內地文化交流的情況。由於文化的內涵極廣，幾及於所有人與物有形和無形的一切動態和靜態的表象。辭所不載者，舉如殿堂

級的學術交往，又如錢穆、唐君毅、牟宗三、徐復觀、饒宗頤等專家巨擘對內地文化的影響等，讀者也只能舉一隅、三隅反了。

1. 文學、音樂和藝術

　　香港文學初進內地的渠道不多，直至內地改革開放後，進書渠道增多，內地出版業漸受市場影響，讀者的愛好決定了文學市場的需要，由是出現了通俗文學熱。金庸、梁羽生等的武俠小說，亦舒、梁鳳儀等的言情都市小說風靡一時。其中金庸的武俠小說於內地的影響很大，在內地暢銷之餘，並被譯成日文。首套四冊木《書劍恩仇錄》於 1996 年在日本出版，反響甚大。金庸被譽為「新派武俠小說奠基人」，在學界引起關注甚而出現研究之風，稱之為「金學」。金庸小說能夠產生上述影響效應，其中重要因素，必然是與其藝術形式與寫作技巧通而不俗與娛樂性強有關。

　　音樂方面，也以通俗音樂流行歌曲的交流為主。1984 年中央電視台春節聯歡晚會上，香港歌星張明敏、奚秀蘭的演唱，令內地觀眾的耳目一新。從此，香港的演藝界，特別是歌手，開始進入內地的電視台、音像出版單位和演出市場；張學友演唱的流行歌曲《吻別》，在內地竟至街知巷聞，蔚為奇觀。

　　1986 年起，香港的娛樂機構每年都舉辦中國地方戲曲展，邀請內地不同劇種的著名戲曲藝術團體來香港演出；內地的各種文化科學機構也爭相派人來香港舉辦各種展覽會和演出。

　　近年廣東省政府積極推動保存並發揚嶺南傳統文化，一些有心人對粵語吟誦的行將式微頗感憂慮。2008 年，江蘇省常州市的「吟誦調」被列入國家級非物質文化遺產名錄，這是當地一些有心人努力進行搜集、整理，出版專集，製作光盤，對常州傳統的吟誦作出保護的成果。常州方言，有七個音調，一定程度上保留了中古時代的讀音，用於吟詠古代詩、詞、曲、散文等時，較之用普通話更見優美。試看嶺南的粵方言，擁有陰平、陰上、陰去、陰入、陽平、陽上、陽去、陽入及中入九個聲調，完全與中古時代相同，不單比現在的普通話只得四個聲調優勝，較常州方言也多出兩個，演繹古典作品可謂更見靈活、變化優美而多姿多彩。結合用粵方言吟誦的嶺南文化傳

統，如果沒有有心人發起保護和發揚，並引起政府關注及支持，粵語吟誦勢必日漸萎縮，甚至在可見的將來消失，殊為可惜。筆者曾向廣東省政協建議採取行動，保護、保存並發揚此一嶺南特色文化。筆者在香港組織推廣粵吟核心小組，舉辦「粵語吟誦學術研討會」，邀請內地專家到港參與，也應廣州詩詞學會之邀赴廣州舉行雅集，並在暨南大學主持「粵語吟誦的文學條件」講座，切切實實地進行交流。在條件成熟時，更向國務院申請，將「粵語吟誦」列入國家非物質文化遺產。

2. 電影、電視和錄像作品

1979 年 8 月，在時任中宣部部長胡耀邦的提議下，文化部電影局成立了中國電影合作製片公司（簡稱「中製公司」或「合拍公司」），統一歸口管理中外合作拍攝事務，又於 1981 年頒佈實施《進口電影管理辦法》。從此，中國電影正式開始因應時勢的改革，廣泛吸納和拓展對外電影合作和合拍。

1982 年，香港導演張鑫炎選擇河南嵩山少林寺和李連杰等拍攝《少林寺》，不僅香港票房高，而且成功開拓了國際市場。翌年，李翰祥與內地合拍歷史巨製《火燒圓明園》和《垂簾聽政》，公映獲得巨大成功。其後，青鳥電影公司連續登陸內地，與內地合作拍攝許鞍華電影《投奔怒海》（1982）、牟敦芾電影《自古英雄出少年》（1983）、嚴浩電影《似水流年》（1984），反響熱烈。一時間，進軍內地拍攝電影已經成為當時香港影壇的時尚潮流，實景拍攝也屢屢成為電影賣座的有力招牌，如徐小明的《木棉袈裟》和《海市蜃樓》，劉家良的《南北少林》，成績也很理想。[5]

內地與香港之間的電影合拍，經歷了一個複雜的轉變過程。從最初新興探索時期的文化碰撞，到 90 年代曲折推進的市場衝突，再到興盛繁榮時期的產業和諧，整體推進過程基本上呼應了內地改革開放電影政策的收放節奏。而且，在市場不斷驅動的過程中，兩地合拍片在權力側重和平衡關係上也不斷變化調整，從最初港方主導的不對等協作逐漸發展至雙方平等互利合作，並逐漸生成產業核心競爭力。[6]由於「一國兩制」的差異，客觀上還存在許多合拍的政策難度和風險；內地的創作資源與香港的創作資源之間還存在某些不協調，特別是演員的氣質、語言、動作風格的差異，為創

作帶來藝術難度；內地與香港市場的電影趣味和觀眾需求並不完全一致，跨界市場難以完全預計，等等。但是，所有這一切，與合拍帶來的巨大的發展想像相比，似乎都變得微不足道了。[7]

近年來，一批以商業類型片創作見長的香港導演和演員投身內地的電影製作，從某種程度上促進了內地電影類型片的多樣化發展，並在此基礎上助力華語電影市場和產業規模的拓展，這一點在 2016 年內地華語電影票房排行情況中可見一斑。在排名前 10 的影片中，香港導演執導的作品包攬了前五名，有七部是有香港導演或香港電影人參與的。在越來越市場化與規範化的內地電影市場，深諳商業電影門道的香港影人可謂集體發力。尤其是香港導演在主旋律電影的類型突破方面大展拳腳，得到了業界認可。從 2014 年的《智取威虎山》，到 2016 年的《湄公河行動》，再到 2017 年的《非凡任務》，擅長警匪動作片的香港導演在主旋律電影創作中為其快節奏、多綫索、重視覺衝擊的電影拍攝技法找到了新出口，也憑藉其現代化藝術表達和商業化包裝手段的自如運用，使創作跳出了以往一些程序化、套路化的製作宣發窠臼，讓作品更具可看性和影響力，使主流價值觀的傳播弘揚落在了實處，開闢了主旋律電影新的市場空間。[8]

香港對中國電視發生影響是在 80 年代初，之後逐漸擴大。香港的電視向內地播放的渠道有三：一是 1984 年 5 月，中央電視台播放香港亞洲電視台製作的電視連續劇《霍元甲》，標誌着香港電視劇正式在全國播放。1990 年代以來，香港演藝界熱心參加中央電視台主辦或播放的大型義演，主題有賑災、扶貧、支持希望工程、申辦奧運會等，真誠熱情，感動了大量內地觀眾，而且配合了內地不同時期的宣傳重點，直接帶動了香港明星到內地進行商業演出的熱潮。二是香港的電視節目直接進入廣東、珠江三角洲地區，廣東屢禁不止，於是改變政策，一方面大量與香港交換節目，同時全面學習或直接模仿香港電視台，如新聞中的現場報導、連續報導、突發性事件報導等。三是 1985 年 8 月中央電視台租用通信衛星傳送第一套節目，從此形成衛星、微波、地下電纜相結合的傳播網絡。但是這卻為海外衛星傳播提供了有利條件。大城市為了向海外旅遊者提供消遣和休閒服務，容許涉外飯店安裝衛星接收系統，引起機

關、企業事業單位、部隊及高校，乃至個人效仿的風潮，其中以收看衛視中文台佔絕對優勢。

中國政府廣播電影電視部在 1993 年底明令禁止使用衛星電視接收系統，但可能是考慮到社會的穩定，並不像掃黃禁賭一樣採取嚴厲措施查抄。總之，藉助衛視中文台，內地觀眾可以直接接收未經內地官方審查的香港電視節目，這必然會產生潛移默化的影響。[9]

至於錄像製品主要為電影、電視劇、音樂會、演唱會等，對於滿足內地群眾追求感官的娛樂起到了一定作用。改革開放以前，內地長期閉關自守，倡導清心寡欲，使得人們對娛樂性的通俗文化的渴求受到壓制；改革開放之後，由於市場經濟的建立，國家對於個人生活的干預減弱，娛樂商品化、藝術大眾化，導致全社會的欣賞趣味向香港靠攏，形成比較明顯的「香港化」傾向。至於內地熱門的電視劇錄像製品，在香港亦有一定市場。但整體而言，北向的影響較大。

3. 新聞出版與副刊文化

香港的文化業中，有許許多多是值得自豪的，外國駐港的新聞機構有 200 家之多，世界各地發生的事瞬息之間便傳遍香港。來自各國的文化交匯在此，相互滲透、融合。如在新聞出版業中，香港人均報紙擁有量是世界平均數的三倍，居世界第一。香港的報刊和副刊數以百計，每日見報的專欄文字約 200 萬。除正常的新聞報導外，所有報刊副刊的內容多樣，小說、散文、雜文、花邊新聞、名人軼事等，形成了獨特的「框框文學」，又稱「快餐文化」。香港報紙的這種副刊文化，部分繼承自內地三四十年代報紙副刊的傳統，部分借鑒於西方，近年對大陸報界影響非常大。過去大陸報紙的副刊文化本有自己的傳統，其特點是品味較高且有嚴肅性。在市場經濟條件下，許多報刊需要自籌經費。為爭取讀者，這些報刊的副刊於是加大發行量，無論是欄目的設置、文類選擇還是版面的設計編排，都相當接近香港的副刊。[10]

4. 群眾文化 / 生活方式

大眾文化的興起，以追求娛樂為重。「人人登台，人人表演，自娛自樂」，是當代大眾文化的一個顯著現象。無厘頭、庸俗化、通俗化等，可能令某些有識之士唏噓不已，但群眾文化向來如此，在追求觀感刺激、尋求消遣娛樂的過程中，在社會昇平的時代，也是無可厚非的。內地群眾文化經歷了從無到有、從弱到強、從小到大的發展歷程，在今天市場經濟高度發展、思想文化多元並存的情勢下，群眾文化的發展潮流不是任何人為手段可以阻止的。

香港文化北向發生影響之前，歷史上，內地的生活時尚是以上海為代表的，其後出現了「南風北漸」的態勢。內地市民對服裝包括流行款式、裁剪、色彩等都追求個性化，穿着名牌也成了一種時尚，即使穿不起名牌，有些人也不惜用假名牌來妝點。上海服裝的優勢逐漸被廣東、福建所替代，而廣東、福建則成了香港時尚的傳送點和複製地，各地的服裝商大多到此採購。暫時無能為力關注歐美時裝的大多數人，則把眼光投向了香港。

香港作為享譽全球的美食之都，雲集各式各樣的美食。香港回歸以後，國家放寬內地居民到港旅遊的限制，2009 年對深圳居民更推出「一簽多行」的特殊政策（2015年調整至「一週一行」）。因此，內地人對香港美食印象甚佳。內地食肆時以「特聘香港廚師主理」作招徠，甚而設立「香港美食城」等吸引顧客。

1994 年春節，內地許多城市開始禁放爆竹。據調查，北京有 86.4% 的人支持這一舉措。在內地，廣州是第一個禁放爆竹的城市，使人感到它是得香港的風氣之先。因此，在其他城市，政府在向人們說明這一措施的必要時，也常常以香港為例。

內地也從香港輸入現代的娛樂方式。歌廳、酒吧、舞廳、卡拉 OK、遊戲機中心在大小城市興起，不論從場地的裝飾到娛樂的內容都帶有明顯的香港色彩。港台歌曲和影視不用轉譯便可直接進入人們的消費，其勢自然猛於其他。這些娛樂方式不僅成為一種消閒模式，而且造就了一代「追星族」，以至人們不得不將其作為一個嚴重的社會問題來加以討論。而各種名目的「選美」活動，在方式與人的包裝等方面更是香港選美的翻版。[11]

改革開放在內地造就了全球華人首富、大中華地區 819 位 10 億美元富豪，以及無數企業家階層。起初，香港中產階級的生活與消費方式影響了內地；此刻風水輪流轉，內地人的生活方式或多或少地開始影響香港。

以語言的流行為例，隨着市場經濟的發展，在香港流行的一些商業文化用語，也在內地普遍流行起來，例如，無論是純港式語言（如稱住宅區為「花園」、商貿大廈為「廣場」，稱發起組織為「策劃」、藝術構思為「創意」，上演為「推出」，還有領銜主演、友情客串、包裝、贊助、鳴謝等），還是英港混用語言（如稱打電話為 CALL 等），因其語言新鮮、富有表達力，而被內地廣泛採用。一些使用頻率極高的用語（如稱出租車 TAXI 為「的士」，坐出租車為「打的」等），甚至成為市民百姓的口頭禪。更有趣的是，這些用語與內地文化一經融合，又產生出富有地方特點的新式用語（如稱中型出租車為「麵的」，人力車為「板的」，出租車司機為「的哥」、「的姐」等）。隨着「一國兩制」下兩地交往的日益密切，相信這種語言文化上的交融現象還會更加頻繁。這也說明，香港文化與內地文化是一種互補互助的關係，二者互相交融，共同發展。[12]

5. 廉潔與反貪文化

任何國家和地區在步向繁榮昌盛的過程中，都難免出現貪腐的問題，若問題深重則足以影響發展、動搖國本。在上世紀 60 至 70 年代，香港曾經歷過黑白難分的時刻。社會學家周永新回憶說：

> 1966 年，我還是一名中學生，對惡勢力沒有什麼認識，看到的是警察向街上的小販收規，在修頓球場玩耍時，常遇見一些年紀比我大、自稱為黑社會的「大佬」，並對我說威嚇話。到大學畢業，任職感化官，終於有機會與三山五岳人馬接觸，才知道惡勢力無孔不入，所謂「黑白兩道」，誰是忠？誰是奸？現實社會裏是分不開的。而且，無論「黑」與「白」，都各有自己的規矩，有自己管轄範圍，一旦有成員違規，自有人負責執行「家法」。到了 70 年代，我仍然無法相信香港是「法治」社會。[13]

直到 1973 年 10 月，一個嶄新的以肅貪倡廉為使命的執法機構 —— 廉政公署的誕生，使得香港有了獨立於所有部門之外的反貪污腐敗的機構，才把過去反對貪污腐敗而未能成功的行動，提升到新的層次。起初市民對之反應冷淡，認為港英殖民地政府未必真心想打擊貪污。廉政公署曾以「靜默革命」作為宣傳口號，事後證實，這個靜默革命成功了，不單對個別的行賄貪污予以打擊，對一些有組織性的貪污行為也予以堵塞，不單對私營機構貪污的「小蒼蠅」予以遏止，對公營機構的「大老虎」甚至於特區首長也絕不放過。數據表明，香港廉政公署成立之後，僅從 1974 年 2 月到 1977 年 10 月，即以貪污罪一項逮捕了 260 名警官。接着，又在 1978 年 4 月，拘捕了 118 名有貪污嫌疑的警務人員。隨後，受到起訴的政府官員涉及到許多重要的部門。一些高級官員被檢控，一些私人大企業被判處行賄罪而遭到嚴厲處罰，使本港的廉政工作發展到一個新的階段，確保了經濟建設健康、有序、持久地發展。[14]

國家改革開放之初，經濟發展舉世矚目，部分人先富起來。問題是，哪些是最先的「部分人」？人人都希望做最先的「部分人」，有權就有錢的情況普遍存在。這樣，有錢的求方便，有權的求有錢，個別的、集體的行賄和受賄行為出現，貪腐形成一座大山，窒礙國家的進一步發展。反貪腐的呼聲在民間從未消失，中央也曾嘗試遏止，然而大山在前，沒有愚公的意志和毅力，終是徒然。

習近平主席主政後對貪腐問題的處理如此積極和堅定，固然有他作為政治核心的高度覺醒和盱衡世界各國經濟發展模式的前瞻性，而香港過往因反貪成功而形成的廉潔文化，也許有着些少啟示和先導作用！

6. 文化研究

自改革開放以來，內地學者對香港文化的研究逐漸增多，取得了不少成就。內地及香港學者合著的〈20 世紀 80 年代以來內地學者與香港文化研究〉一文，引述 40 篇內地學者研究香港文化的文章，結論指出：「從宏觀到微觀，範圍逐漸拓寬，研究更加深入，研究內容趨向細化。學者們逐漸把目光從關注香港上層文化轉向了中下層文化的探究。在研究過程中，伴隨着中國社會發生的巨大變化，學者們的心態更加開

放，受主觀意識形態的影響越來越少，認識也逐漸加深。當然，由於受各種主客觀條件的限制，比如不少學者欠缺第一手的田野調查材料，研究理論也顯陳舊，因此內地學者對香港文化的研究還存在很多不足，深度、準確度還有待提高。」[15] 內地學者由個人觀察寫作到與香港學者合作撰作，顯示合作的深化。其論文的出版發行，本身就是一種文化傳播。

（三）衝擊與融和

縱觀過去 40 年香港與內地文化交流的軌跡，大概可用「一脈相傳，相互影響，由疏而密，衝激融和」16 字形容，而以九七香港回歸為分水嶺。九七之前，香港文化在內地「引進來」的大勢下，北向的影響較大，例如很多香港商人原先在香港設廠的，覷準廣東番禺和珠三角一帶的廉價土地和勞力，紛紛把工廠遷移，而更進取的則直接到北京、上海和中國其他大城市，尋找發展機會。經濟北上的同時，也將香港的文化帶入內地；九七之後，相互交流日益頻繁，也有出現矛盾碰撞、彼此排擠的現象，但總的是流向大融和之勢。

必須承認，雖然香港回歸已經 20 年，但仍有部分港人對「一國兩制」存在誤讀誤解，少數人甚至通過攻擊內地體制來製造港人對「一國兩制」的疑慮，這都不利於港人對國家的認同及建立穩定和諧的社會。

中國近 40 年的經濟發展舉世矚目，但由於幅員廣大，沿海城市與邊陲村落的差異極大。可以說，內地同胞中有極高文化素質的，也有相對樸野的。中國鐵路和公路網發達，使得邊陲村落的人都有機會享受城市的文明設施，這應是民族之幸。試想，一些村落同胞到港，在家時是以天地為棟宇的，四野無人，廁所不足，小孩子不隨便撒尿才怪。到香港旅遊，人生路不熟，小朋友嚷着尿尿——且就路邊解決，在家鄉何等自然，但在香港便遭敵視了。尿尿如是，地鐵內進食如是，至於旅遊購物、搶購奶粉，甚至於沙灘紮營夜宿等等，影響了市民生活，佔用了港人設施。這原本可在政策措施上解決，可惜政策未出爐，「蝗蟲」與「香港人是狗」的言論一出，矛盾加深而引致零星的行為衝突了。

畢竟，基於中華民族血濃於水的情感，相對於矛盾衝突，我們可以找到更多例證，說明兩地人民間的相浹融和。「兄弟鬩於牆，外禦其侮」，家庭中的家人儘管因事意見不合，但到家庭出現問題時，總會同心一致、互相扶持。家庭如是，族群、社會、國家亦如是。

1991 年 5 至 6 月間，國內共 18 個省、自治區、直轄市發生水災，五個省、自治區發生嚴重旱災。單是安徽和江蘇兩省，受災人口就高達 9,000 多萬人，經濟損失慘重。香港政府撥款 5,000 萬港元賑助華東災區，全港隨即掀起捐贈救助的熱潮。演藝界人士拍攝電影《豪門夜宴》，並舉行「忘我大匯演」大型音樂會，為水災災民籌集善款。據有關方面統計，短短 10 天時間，香港的賑災籌款總額已達到 4.7 億多港元。

又如 2008 年 5 月汶川八級大地震發生，破壞地區超過 10 萬平方公里，造成69,227 人死亡，四川、甘肅、陝西等省的災區直接經濟損失共 8,451 億人民幣。全中國以至全球捐款累積超過 500 億人民幣。香港先後派出消防處、食物環境衛生署及政府飛行服務隊等前赴四川救災，並於地震發生一天後緊急調撥 3.5 億港元，兩個月後追加 20 億元，至 2009 年 2 月 20 日再追加 40 億港元，至地震一週年，香港民間各界捐款達 130 億港元。立法會財務委員會於 2008 年 7 月、2009 年 2 月和 7 月先後通過撥款合共 90 億港元，注入「支援四川地震災區重建工作信託基金」，以推展特區三個階段的援建工作；連同香港賽馬會的 10 億港元和民間捐款，香港特區共投入 100 億港元支持四川重建。[16] 大地震發生後幾個月的中秋前夕，四川災區北川中學劉亞春校長、映秀小學董雪峰老師、紅岩鎮中心小學周汝蘭老師及東汽中學周德祥校長訪港，應教育界邀請舉行報告會。報告會感動人心，不單是一次兩地教育文化的交流，直是一次良知良能的交感。筆者事後寫了四首詩以記其事：

師道 —— 汶川大地震英雄教師報告會聽後感，四首並序

中秋前夕，四川大地震災區綿陽市北川縣北川中學劉亞春校長、阿壩州汶川縣映秀小學董雪峰老師、紅岩鎮中心小學周汝蘭老師及綿竹漢旺東汽中學周德祥校長訪港，應教育界之邀，舉行報告會，分述五一二汶川大地震中的教師英勇救人事

跡，有竭力引領學生脫難來回險地者，有以軀體拒擋瓦礫俾學生逃離者，有垂死而勗勉學生振作向上者。在此危難倉卒之際，教師忘身捨己，倖存者有家而不歸，親人瀕危而不顧，堅守本職。其時餘震數起，彼等以保護、營救、轉移、安置學生為務，乃至無暇於校園內同時圮毀之家屬宿舍待救之親人。四英雄親屬有慟於災難，然縷述始末之時，語無哽咽，聽之者則淚眼模糊，不忍卒聽。是其傷心欲絕耶？抑責重不能遽棄耶？是知弘毅君子，任重而道遠；志為人師，終身猶未悔！

　　沛然正氣壯山河，聽罷英雄發浩歌。師道堂堂恩義滿，一輪秋月照岷峨。

　　如此傷心話劫灰，妻兒痛失淚先回。捨身蹈險無多念，大愛橫胸勇氣來。

　　蕩魄揪心例幾條，奪眶清淚湧心潮。劇憐劫後紛煩事，任重肩承去寂寥。

　　秋到汶川月正圓，萬方向望志相聯。憑君寄語真雄起，多難興邦競後先。

（「雄起」，四川土語，謂振作也）

（四）前瞻

　　「一國兩制」，與其說是解決香港問題的一種「特殊政治設計」，倒不如說是鄧小平有所承傳的一套政治文化思想，一套深刻的哲學思想。鄧小平從沒有說過「一國兩制」是他獨創的，但卻無損他作為承先啟後「文化巨人」的角色。根據強世功的說法：

> 「一國兩制」方針脫胎於中央對台政策人所共知，但它與中央解決西藏問題的內在關聯卻少有人注意。事實上，毛澤東在 1948 年闡述對中國的地緣政治思考時，就把西藏與港、澳、台問題放在一起來思考。1951 年中央通過簽署和平解放西藏的「十七條協議」解決了西藏問題，直到 1959 年西藏叛亂，「十七條協議」一直是中央治理西藏的基本法。但如果我們比較一下「十七條協議」與中央對台政策「葉九條」以及中央對港方針「十二條政策」，就會發現後來的內容越來越豐富，但基本框架卻來源於「十七條協議」。……然而，如果我們再深入考察「十七條協議」的精神，就會發現這套治理邊疆的政治思路實際上發端於大清帝國。[17]

中英談判解決香港前途之時，英國人提出的「主權換治權」，一部分香港人是希望如此的，過已習慣的生活方式，總好過面對不能知的改變。香港是經濟城市，部分香港人害怕香港回歸後中國採取社會主義制度破壞了香港的經濟繁榮。《信報》主筆林行止在 1980 年代初明確主張清政府與英國簽署的「三個條約有效論」，鼓勵英政府以香港這隻「下金蛋的鵝」為條件，要挾北京，保持香港繼續由英國統治。結果如何？英國人不得要領，香港的經濟繁榮保持，香港人迎接回歸，就是歸功於鄧小平的「一國兩制」政治文化構想。林行止原先對香港回歸持消極懷疑的態度，後來終於贊成了，他說：

> 大大出我意料之外的是，中國竟會提出維持香港資本主義制度五十年不變及「港
> 人治港」作為其香港政策指南；不管這些是否權宜之計，都足以令英國及港人無法
> 指架。自從這些石破天驚的特別措施提出後，港人信心問題雖然還是存在，但由於
> 對「高度自治」及「一切維持不變」有所憧憬，「英去中來」對港人所引起的衝擊已
> 大為降低。[18]

香港回歸至今，香港文化與內地文化既互相影響，又互相促進，形成兩者之間的雙向回饋。香港文化是中華文化發展的特例，在建設有中國特色社會主義文化的過程中，對內地文化的發展具有重要的借鑒意義。香港文化融合中西，為中國傳統文化走向現代化提供了範例。香港文化從中西對抗逐步走向中西對話，最後走向中西融合的歷程，對內地文化走向現代化，面向世界、面向未來，具有值得珍視的示範意義。香港作為中外文化交流的窗口和橋樑，具有較強的文化輻射力。內地文化對香港文化的影響和作用，是要真正搞好有中國特色的社會主義文化建設，通過文化交流，提高香港文化的水平。[19]

展望未來，內地和香港除在文化交流上持續過往的發展外，也許更可作以下的突破：

1. 配合國家「一帶一路」政策，積極推動文化先行

「一帶一路」是中國對外發展的重要戰略。2013 年習近平主席在哈薩克斯坦納扎爾巴耶夫大學作演講時開始倡議，2017 年李克強總理在政府工作報告中正式推出粵港澳大灣區，並將之納入國家「一帶一路」願景規劃。有學者指出：在建設「一帶一路」進程中，應當堅持文化先行，樹立文化引領經濟的高度自覺，推動傳統文化的傳承與現代文化的創新，通過進一步深化與沿綫國家的文化交流與合作，促進區域合作，實現共同發展。文化部與香港特區政府民政事務局於 2005 年簽署《內地與香港特區更緊密文化關係安排協議書》，以「互惠雙贏、加強合作、共同發展」為原則，規劃了內地與香港在文化方面加強合作的領域和渠道。廣東省文化廳積極落實《粵港合作框架協議》的相關要求，與香港特區政府民政事務局簽訂了多項合作文本，實現了粵港文化交流合作從民間自發到政府引導、從臨時性到計劃性、從交往到共事的深度融合。[20] 不單如此，內地與香港應在 40 年的文化交流經驗上，配合國家「一帶一路」政策，推動文化先行，聯繫沿綫地區和國家，加強接觸，最終達致區域經濟的發展。

2. 利用大數據時代網絡媒體推動文化交流

進入 21 世紀，大數據的收集和挖掘技術成為熱門的研究領域，很多跨國企業都根據大數據分析而調整經營策略。文化交流，向來都是默默交往，潛移互通的。然而，通過網絡媒體的急速發展，文化交流已發生了前所未有的變化。要進一步推動文化交流，收集、挖掘與整理分析有關傳統文化、生活文化、旅遊文化等的數據，並制定「文化承傳」的政策，對打破內地與香港的地理界限，加快彼此的融合，將有極大的幫助。

3. 通過深厚的傳統，融入創新的意念，提高青少年的文化素質

中國深厚的傳統文化有其極優秀的一面，帶給中國人尊嚴和自豪，但有些文化的糟粕我們也得承認。數典忘祖固然要不得，頑固保守也非正確態度。香港不僅是一個對外傳播中華文化的窗口，還是一個海納百川、借鑒吸收各國優秀文化的橋樑和試

驗場。內地與香港加強合作交流，實現優勢互補和資源共享，深化人文思想層面的交流，對實現「中國夢」，以至「中華民族偉大復興」都很重要。青少年是國家的未來，如何有效促進內地與香港青少年間的文化交流，通過融合而昇華，提高彼此的文化素質，將是今後的一個重要方向。

二、教育領域

（一）概說

1983 年 9 月 10 日，鄧小平為北京景山學校題詞：「教育要面向現代化，面向世界，面向未來。」這後來被簡稱「三個面向」的題詞，被視為鄧小平改革中國教育的總體設計。1985 年 5 月 27 日，中央頒佈了《中共中央關於教育體制改革的決定》（以下簡稱「《決定》」）。《決定》提出：

> 要改革教育管理體制，擴大學校的辦學自主權；調整教育結構，相應地改革勞動人事制度；改革同社會主義現代化不相適應的教育思想、教育內容和教育方法。改革的目的，是使各級各類教育部門能夠主動地適應經濟和社會發展的多方面需要，提高全民素質，多出人才，出好人才。要把發展基礎教育的責任交給地方，有步驟地實行九年義務教育；調整中等教育結構，大力發展職業技術教育；改革高等學校招生計劃和畢業生分配制度，擴大高等學校的辦學自主權；調動各方面的積極因素，保證教育體制改革的順利進行。[21]

《決定》頒佈後，中國內地的教育體制改革全面展開，發展迅速。教育育人為國家富強之本。教育興，則國興；少年強，則國強。40 年來內地的教育發展，在國家正確的指導思想下，包括高等教育（大專院校及研究生院）、中等教育（中等專業學校、技工學校、普通中學和職業中學）、初等教育（小學）、幼兒教育、特殊教育（盲聾啞和弱智兒童學校）和各種類型的各級成人教育（成人高校、成人中等學校和初等學校）等，都有長足的進步。

與香港相較，內地絕大多數學校都是公營的，由中央而地方，都由各級的教育部門統一管理，儘管有民辦私營的學校，在監管上也非常嚴格。香港固然有官立學校，但大部分學校的管理權下放給民間辦學團體，教育署（教育局前身）起的作用，當然有主導監督的角色，但更多是作為「夥伴」的關係。學校的校董會有法定的功能，對學校的發展願景、人事安排、課程推動等，在不離教育當局的規條下，自主性極強。

因此，談香港與內地的教育交往，必然涉及內地教育部門，沒有彼等批准，兩地學校間的交流都不暢通，遑論有多方面的合作了。縱觀 40 年來的情況，內地與香港在教育領域上的交流與合作，基本上以 1997 年香港回歸祖國為分水嶺。香港回歸之前，零星的參訪、學術互動還是有的，舉如香港的愛國團體、愛國學校也經常組織活動，赴內地交流，在學校管理、課程發展上或多或少有些合作成份；專上院校的學者在學術研究上也有互動合作。然而大規模的由兩地官方協調甚至積極推動、兩地學校間組織互動合作的潮流，是在香港回歸之後才出現。

（二）政策出台

1999 年 2 月 5 日，教育部、國務院港澳辦發表《關於開展內地與香港教育交流若干問題的意見》，簡要如下：

香港回歸祖國後，根據《中華人民共和國香港特別行政區基本法》，依照「一國兩制」的方針，特區政府自行管理香港的教育。為了使兩地教育交流有所遵循，健康、有序地開展工作，提出以下意見：

1. 繼續支持和鼓勵內地的學校以愛國主義為主題，在內地為香港的青少年學生舉

辦普通話培訓班、中國歷史文化研討班，開展夏令營及其他聯誼等活動，以促進香港青少年一代對祖國的認同。

2. 積極推動兩地的中小學開展多種形式的教育教學交流。

3. 自 1998 年起，作為試點同意香港的大學委託內地的大學代招大學本科生（有關詳細規定已發有關各校）；兩地的大學可繼續通過校際交流的形式，互派研究生或聯合培養研究生。

4. 雙方的大學可在相互的大學校園內聯合建實驗室、科研機構。有關人員、經費、研究課題及開發的項目由雙方商定。在科技合作中，要做到優勢互補，互利互惠，共同發展，成果共享，並注意保護知識產權。

5. 內地教育機構在香港合作辦班或辦學，開設非學歷短期培訓課程，由主管部門審核後，報教育部審批，並報國務院港澳事務辦公室備案；涉及學位教育的，由教育部徵求國務院港澳事務辦公室意見並商國務院學位委員會審批。

6. 香港的教育機構或個人與內地教育機構在內地合作辦學，參照前國家教委頒佈的《中外合作辦學暫行規定》執行。涉及學歷、學位教育的合作辦學，應徵求國務院港澳事務辦公室的意見後審批。

7. 兩地大學生可參加由學校組織的在內地或香港進行的專業實習或專業考察活動。

8. 內地的大學可同意香港的大學根據需要在本校校園內設學術交流聯絡處。

9. 兩地的大學可互聘客座教授或授予名譽博士等稱號。[22]

國家既有政策出台，把教育交流合作的大門打開，香港和內地的合作便迅速形成一種態勢了。

（三）教育合作回眸

1. 參訪學習，觀摩互動

參訪學習，觀摩互動是交流的常態，也是相互合作的起點。過去 40 年，可用「愈見頻密」四字來形容，以下分幾個角度說明：

(1) 國情教育

香港回歸後，包括香港特區官員在內的港人，特別是年青學生對國情的認識成為一個新的重要課題。在中央政府支持協調，及特區政府各部門特別是教育局，聯同很多民間組織的推動下，每年大大小小各種形式由校長、教師、大學生、中學生等到國內參訪學習、認識國情的活動、課程非常多。例如 1998 年，香港教育工作者聯會獲優質教育基金撥款，贊助舉辦名為「愛我中華，建樹香江」活動，組織本港 51 所中學的 1,000 名師生，遠赴處於祖國東南西北方的華東、北京、西安與雲南四個地域考察交流。2004 年，教育局舉辦「香港領袖生獎勵計劃：國情教育課程」，有 1,500 名學生參與；2008 年，教育部支持香港特區政府組織「香港青少年學生國情教育薪火相傳大型系列活動」，有近千知名人士和青少年成功訪京。其他包括「根脈相連 —— 香港教師內地交流三年計劃」、「清華大學通識教育（國情）教師培訓計劃」及針對大學生的「2017 未來之星 —— 中國國情教育課程班」等。活動豐富而多元，為參與者提供了解國家發展、感知社會脈搏、探尋文化源流的機會。

(2) 課程改革

香港教育當局推動課程改革 20 年，總的方向毋庸置疑，期間遇到的問題也不少，特別是在科目發展與公開考評之間，教師「教」和學生「學」的問題。2008 年，教育部從內地相關省、區、市選派了 49 名優秀幼兒園、中小學教師赴香港，駐校擔任教學指導；協助實施新高中課程「通識教育科」教師培訓計劃，從北京大學、清華大學、中國人民大學等高校選派專家赴港，對即將承擔國民教育教學任務的教師進行輔導；協助香港教育局制訂在港東南亞移民學習漢語的政策等。[23]

由於教育的改革和發展，內地和香港雙方同時起步、千帆並進，自然很多優質的成果產生，值得同行考察交流。過去 20 年，由中學、小學、特殊教育、成人教育、遙距教育，以至近期越來越密切的幼兒教育的交流和合作，由香港北上的多，內地南來的也不少。

值得一提的是，深圳各區的教育局，對校長、教師的培訓極其重視，有組織地安

排他們一批接一批地到香港考察、交流、學習，目的不外乎借「他山之石」，特別是在「國際化」一環，改進提升學校管理和教師教學的素質。

（3）項目品牌

在國家政策鼓勵之下，專責部門與無數的機構、個人等，都熱心地組織、贊助、協辦各種項目品牌的交流合作活動。例如 2008 年，教育部共邀請並組織安排了香港教育界 80 多個團組、約 6,000 人次到內地參觀訪問，又委託部分重點高校設立「重點對港教育交流項目」45 個，約有 1,500 名大學生和高校教師參加。[24]

其他形形色色的項目，如華夏園丁、我的祖國 —— 寧港澳學生交流營、新紀元行政管理精英培訓計劃、海外傑青匯中華、同行萬里、優秀中學生暑期高校科學營等等，都是年復一年的展開。其目的自然是希望參加者通過親身的體驗交流，提升對中華民族歷史的認知度、增強民族自豪感，強化香港國民身份認知教育，以及在專科、專業的領域上，獲取更深入的知識。

（4）教師協作

自 2004 年起，香港教育統籌局（今教育局）通過「內地與香港教師交流及協作計劃」，每年分批邀請內地優秀教師及教研人員到香港學校駐校。歷年參與計劃的內地專家累計超過 300 位，參與學校 600 多所。到港的內地教師，全是由學校挑選，經教育部門審批而來，精幹有為，表現良佳。

計劃起動階段，香港學校對引入內地專家頗為猶疑，擔心兩地教師的差異及合作成效。考慮到地域、文化與語言的差異，首屆 15 位交流人員主要來自廣東省。經過多方共同努力，有關計劃的成果顯著。從 2005 年起，參與學校數目不斷增加。同時，由於得到國家教育部的支持，交流地區由廣東省推廣至全國各省市，協作領域加入了數學科，協作範圍亦由中小學階段拓展至學前教育。

內地教師「零距離」地與香港教師協作，深入了解校情，掌握香港課程及學校文化特色，針對校本需要開展計劃。通過共同備課、觀課、評課、示範教學等，一起探

索教學規律，既推動了教研文化，也有利於教師團隊的建立，令學校有了持續發展的動力；交流人員的努力和貢獻一直得到教育界的肯定和讚賞。

內地教師善於深入鑽研，香港教師致力多元教學；面對同一課題，會有不同的觀點與角度。思想的衝擊與磨合，讓彼此都有新的發現。香港教師從內地教師的專業引領中得到專業的提升；內地專家也在彼此切磋中拓寬了視野，並親身體驗了香港教育管理的優點。

(5) 校長論壇

校長作為學校改革的火車頭，其視野與胸襟關係到學校發展的快慢。校長間就教育理念、學校管理、課程建立等多方面的交流，不單為個別學校帶來益處，甚至對整個教育界別都產生了良性影響。

大學校長論壇方面，2006 年首屆京港大學校長論壇於北京舉行，之後則輪流在香港和北京交替召開。推而廣之，2012 年第一屆兩岸四地師範大學校長論壇在台灣師範大學舉行，往後則在華中師範大學、香港教育學院、華東師範大學、彰化師範大學和福建師範大學舉行。更龐大的是香港中文大學於 2013 年舉辦的「金禧校慶大學校長論壇」，匯聚了 40 所來自全球 14 個國家及地區的高等院校校長，一起探索大學在國際化下的跨文化交流。參與的院校包括劍橋大學、悉尼大學、蘇黎世聯邦理工學院、北京大學及復旦大學等。

中小學校長方面，有熱心教育團體如香港直接資助學校議會、香港新苗國際文化交流中心、中港校長專業發展促進會與中國民辦教育協會中小學專業委員會聯合主辦的「內地與香港小學校長交流論壇」；《知識》雜誌社及香港教育工作者聯會主辦的「新時代的教育願景兩地青年校長論壇」等。也有由政府推動的，如深圳市教育局和香港教育局自 2011 年起聯合舉辦「深港校長論壇」，分別在深圳和香港舉行，內容包括深、港兩地專家學者和校長的專題演講和分組經驗交流；自 2013 年開始，亦邀請澳門校長參與，通過深、港、澳三地校長的互動交流討論，推動中小學校長的持續專業發展，提高三地教育的素質。

2. 姊妹校締結

姊妹學校的締結，有助提供一個專業交流的平台讓學校管理人員、教師、學生及家長等多個層面舉行互訪及多元化的交流活動，不僅增進相互之間的友誼，更促進了兩地的專業互動及文化交流，產生協同效應。[25]

香港及內地學校結盟，在九七回歸前只停留於個別學校之間的互動，政府參與得不多，也不鼓勵。香港回歸後，基於教育專業發展上的需要，兩地學校的交往愈見頻密。

香港學校面向國際，推動國際化課程，有本身的優勢，而內地 40 年來的高度發展，要持續就必須培養更多具國際視野的人才，因此，教育上的配合便日益重要。當然，內地的名校本身已有很大的聯絡網，直接聯繫海外，但它們更多的是希望通過香港的聯繫，達到以上目的。

自 2004 年至今，香港已有多所學校透過教育局的協調，與北京市、上海市、廣東省、四川省、浙江省及福建省的學校締結為姊妹學校。以深圳為例，深港兩地教育局於 2005 年 5 月聯合啟動「深港姊妹學校締結計劃」，2006 年首批 80 所深港姊妹學校在深圳正式簽約。兩地校際之間開展深層次交流與合作，教師互相學習對方先進的教育教學理念和方法，共同分享教學經驗，加深了兩地教育理念、教學方法的相互了解和相互認同。截至 2018 年，深港姊妹學校已達 420 所，涉及中小學生 50 多萬人。

為促進廣東省與香港學校的交流與合作，香港教育統籌局自 2005 年開始推展「粵港姊妹學校締結計劃」，讓兩地學校建立更緊密的合作關係。至 2018 年，粵港共有約 400 多對中小學締結為姊妹學校，按着校本發展目標舉辦多元化的交流活動，並涵蓋管理人員、校長、教師、學生以及家長等多個層面。

香港教育工作者聯會對推動姊妹學校締結上出力甚多，如於 2011 年 11 月和 12 月分別為浙港及粵港兩地共 100 所學校，舉行姊妹學校締結儀式。2014 年，又將姊妹學校締結計劃進一步拓展至江西省的學校。江西省教育局精選了 20 所當地知名及有特色的中小學及幼兒園，其中包括省級優秀重點中學、省中小學教育教學研究實驗基地學校及省級優秀示範幼兒園等，與香港學校締結為姊妹學校，共同提升教學質素及

推動兩地教育發展。

此外，香港的各大辦學團體也通過自己的網絡與內地學校對口結盟，風氣之盛，除沿海一帶城市外，亦遍及內陸。以筆者過去和現在服務的兩所學校為例，培僑中學共與九所內地學校結成姊妹學校，陳樹渠紀念中學共三所。姊妹校間各有所長，各有所需，或取長補短，或攜手共進，學子固然受惠，學校的發展同樣受惠。

內地教育當局對締結姊妹學校除提供政策上的支持外，財政上亦有資助。香港方面，自 2018／2019 學年起，更將促進香港與內地姊妹學校交流試辦計劃恒常化，參與學校每年會獲發 15 萬港元津貼。

3. 高校合作

（1）成立高校聯盟

2016 年 7 月，在國家教育部支持下，由中山大學倡議，並聯同香港中文大學和澳門大學共同發起了非營利性大學合作聯盟。參與高校包括廣東 10 所（中山大學、華南理工大學、暨南大學、華南農業大學、南方醫科大學、廣州中醫藥大學、華南師範大學、廣東工業大學、廣東外語外貿大學、汕頭大學）、香港九所（香港中文大學、嶺南大學、香港大學、香港公開大學、香港城市大學、香港科技大學、香港浸會大學、香港理工大學、香港教育大學）及澳門七所（澳門大學、聖若瑟大學、澳門旅遊學院、澳門城市大學、澳門科技大學、澳門理工學院、澳門鏡湖護理學院），以匯集粵港澳精英大學、培養高素質人才、推動三地共同邁向知識型經濟時代為宗旨。聯盟將重點開展四方面工作：一是成立青年學者聯合基金，支持青年學者進行理論研究與創新，開展前沿學術交流與研討，加強科研能力培養。二是建立大學生創客空間，推動學生創新探索與創業實踐，形成創新創業能力。三是創新高校創新論壇，圍繞區域經濟社會發展重大需求，開展高水平戰略研討，提出重大科研項目、重大科技工程和重大政策建議。四是構建粵港澳高校協同創新網絡，以粵港澳高校優勢學科和特色領域為基礎，發起成立國際協同創新網絡，圍繞「一帶一路」開展以我為主的國際合作。

2018 年 4 月，在國家教育部和香港特區教育局促成下，由北京大學和香港科技大學牽頭，成立「京港大學聯盟」，參加聯盟的北京高校 12 所（北京大學、中國人民大學、清華大學、北京師範大學、北京航空航天大學、北京外國語大學、北京理工大學、中國科學院大學、北京工業大學、首都師範大學、首都醫科大學、首都經濟貿易大學）、香港高校八所（香港大學、香港中文大學、香港科技大學、香港城市大學、香港理工大學、香港浸會大學、嶺南大學、香港教育大學），以匯集京港精英大學、實現互利共贏為宗旨，致力於進一步深化聯盟大學在人才培養和科學研究領域的交流與合作，提升兩地合作的層次和水平。

(2) 合作辦學、建立聯合實驗室和創新平台

通過合作辦學，使兩地高校進一步整合資源，挖掘潛力，加強科研合作，完善交流機制。目前，有 15 個內地港澳合作辦學機構和 45 個合作項目。其中，具有獨立法人資格的合作辦學機構三個，二級學院兩個。2005 年批准設立的北京師範大學—香港浸會大學聯合國際學院、2014 年開始招生的香港中文大學（深圳），在合作舉辦具有獨立法人資格的辦學機構方面作出了很好的探索。[26]

為促進粵港澳大灣區發展、提升高校創新能力和教育質量，教育部引導和支持內地和港澳高校建設粵港澳聯合實驗室，進一步推動內港高校共建相對獨立的科研實體，開展前沿科學研究、培養創新人才、匯聚高水平學術隊伍、創新運行管理模式、建立常態化交流機制。

香港大學深圳研究院和香港大學浙江科學技術研究院正是大學科研擴展到內地的延伸，在將研究成果轉化為實際應用的過程中擔當着舉足輕重的角色。前者於 2011 年 3 月成立，致力發展高新知識轉移、產業孵化。研究院成員均可申請內地研究資助計劃，包括國家自然科學基金和國家重點研究發展計劃項目等；後者成立於 2012 年 12 月，由工程學院領導的三個實驗室包括氣動力學與聲學研究所、納米流體與熱能工程研究所以及工業物聯網研究所作先驅。目前，研究院聚焦於五個科研主題，包括：新能源、智能材料、先進製造、生物醫學和可持續發展的環境，亦為這五個範疇

提供了行業的平移研究和協作平台。

又以香港中文大學為例，其設置了五個國家重點實驗室，包括華南腫瘤學國家重點實驗室、農業生物技術國家重點實驗室、植物化學與西部植物資源持續利用國家重點實驗室、合成化學國家重點實驗室及消化疾病研究國家重點實驗室等，分別與中山大學、中國農業大學、昆明植物研究所、中國科學院上海有機化學研究所及第四軍醫大學等合作建設。

2012 年，教育部、財政部啟動實施高等學校創新能力提升計劃（「2011 計劃」），鼓勵高校圍繞科技前沿、重大戰略需求、優勢研究領域開展多層次的協同創新合作。在已認定的兩批 38 家國家級協同創新中心中，有多所香港高校積極參與其中，在地方各級協同中心中，香港高校也發揮着重要積極的作用。[27]

（3）師生交流

2013 年，教育部推出「香港與內地高等學校師生交流計劃」（簡稱「萬人計劃」），大力推動高校師生交流，促進校際合作，增進香港師生對國家的認識和了解。2016 年，計劃擴展至澳門，每年支持 1 萬名港澳高校師生到內地交流、學習、科研、實習。香港高校對此的評價均積極正面，申請參與項目的香港師生逐年攀升。

教育部又支持內地高校與香港高校的教師、科研人員和行政管理人員加強雙向交流，取得良好成效。例如 2011 年，教育部港澳台辦委託香港中文大學舉辦了第四期內地高校對外交流人員赴港研習班，學員為內地 32 所重點高校的對外交流負責人。研習班全體學員訪問了香港中文大學、香港大學、香港理工大學、香港教育學院等學校。

（4）雙向招生

香港回歸以後，教育部鼓勵和支持內地學生赴香港高校學習，也歡迎香港學生到內地高校深造，多了解國家經濟社會發展成就。香港的大學學位不足，2011 年 8 月，時任國務院副總理李克強訪港期間宣佈，自 2012 年起，內地部分高校可依據香港中

學文憑考試或高級程度會考成績擇優錄取香港學生。這項惠港政策緩解了香港新舊學制下兩屆高中生同期畢業的升學壓力，表達了中央政府對香港特區政府的支持和關懷，受到香港市民歡迎。內地高校免試招收香港學生由 2012 年的 63 所，續年增至 2018 年的 103 所，對部分香港學生升學並選取心儀的學系，甚有幫助。

至於香港向內地招生，有學者認為：

> 吸引內地高材生也是實現香港建設一流高校的重要途徑，香港政府資助院校都有一流的校舍設備和師資，但學生不都是一流的，可以通過招收內地優秀學生來港深造，以最終提高香港高校在世界高校中的地位。目前，香港高校在內地招生主要有香港大學等八所高校，香港有關部門已表示資助內地優秀學生來港上大學的獎學金計劃將繼續推行，這有利於推動香港高校在內地的招生質量，使香港有可能成為東亞、亞洲、甚至世界的一個教育培訓中心。[28]

據 2017 年統計，在香港學習的內地學生共計 26,000 餘人，其中本科生 5,000 餘人、碩士生 14,000 餘人、博士生 7,000 餘人。在內地就讀的香港學生有 15,000 餘人。由此可見，香港高校為國家培養了大批高素質人才；內地高校也為香港培養了一批「德才兼備、家國情懷」的人才。[29]

（四）展望

展望未來，香港和內地的教育合作，將從過去的由小而大、由點而面、由易及難，轉化和提升到細作深作、共同創造。最近深圳大學李清泉校長、香港公開大學黃玉山校長倡議在粵港澳大灣區合辦大學的意見十分可取。筆者願在教育合作方面再提出幾點意見：

1. 教育合作是投資未來，始於經濟的支持而最終獲益

人才，特別是高端人才的培養，非一朝一夕，有良好的制度和環境外，持續增加的財政支持不可或缺。一個國家的實力表現於全民的教育素質，一群高端人才直可成

為國家高速發展的關鍵。短期的經濟投資最終將取得長遠的利益，在香港和內地教育的合作上，尤其如此。

2. 科技領域的合作不可少，人文領域的合作不可無

在全球競爭加劇的世代，科學和科技的發達決定國家的強大與否，這是不容置疑的事實。兩地高校除在國家支持下聯合設置國家實驗室、進行高端科研創新的研究，宜繼續加強和延伸外，對人文領域如社會風氣、青年教育、師德師道、傳統文化等研究的加強合作不宜忽略。

3. 教育合作求效益，應重宏觀監察

回顧過去香港和內地的教育合作，所投放的資源實多，取得的成效亦佳。在追求更完善的原則下，合作的目的、策略、行動都應事前規劃，然後按部執行，過程中檢討修正，確保達致原先的設想，在專業的領域上，實應如此。筆者想強調，兩地學校在對口合作的過程中，基於專業上的考慮，會經常因人、因地、因時制宜而作出對原先計劃的修訂。政府部門應從宏觀上監察以確保資源上的成效，而非苛於微細監督，令執行者綁手綁腳。

4. 重視對口合作，也須鼓勵跨領域、跨層次的合作

兩地此刻的教育合作多是對門的，如小學對小學、中學對中學等。筆者從交流考察所見，一些學校的成功，其中一個因素，是懂得與跨領域（如與商界）、跨層次（如幼兒園與小學、中學，中學與大學）合作而取得財政或專業資源的。現在多限於本地對本地的，兩地政府不妨在此基礎上，鼓勵如香港學校與內地商界合作、內地學校與香港的大學合作等。通過新的嘗試和合作模式，當能加快整體教育的發展和質素的提升。

結語

　　40 年在文化長河和教育發展上是短暫的，但從一個人來說便是半生了。在這時段的空間上，生活有兩至三代人，他們的承先和啟後，實會產生巨大的影響。北宋張橫渠說：「為天地立心，為生民立命，為往聖繼絕學，為萬世開太平。」不論是政治家，抑或是科學家、教育家，只要承認自己是讀書的中國人，就應有此自覺和抱負。

　　回顧 40 年來，香港和內地在文化和教育領域的交流和合作狀況，以 1997 年香港回歸祖國為分水嶺，基本上分兩階段，前階段基於政治關係，香港被英國殖民地政府統治，在沒有官方的支持和鼓勵下，兩地交流和合作主要是民間的自發帶動；1997 年以後，香港實行「一國兩制」，在「一國」的前提下，兩地間再無隔閡，更得到中央政府多方的支持，交流和合作日益頻密；也由於「兩制」的關係，香港和內地在文化交流的過程中，基於文化差異，難免產生零星的矛盾和衝突，但總體上仍是融和的，未來本着互相諒解、認同，則兩地文化最終接軌而共進。在教育的合作過程中，在專業發展的路上，我們看到香港和內地間的合作由小而大、由點而面、由易及難，最終走向深耕細作、共同創造的局面，勢必為培養更全面、優秀的人才，為實現中華民族偉大復興的「中國夢」作出重大貢獻。

本章作者：招祥麒

香港陳樹渠紀念中學校長
香港直接資助學校議會主席
香港教育大學校董

注釋

1 「獅子山精神」（Spirit of Lion Rock）泛指香港人刻苦耐勞、同舟共濟、不屈不撓的拼搏精神，源於 70 年代的電視劇《獅子山下》及其主題曲。該劇集反映當時港人生活艱苦，但憑着共同努力得到收穫。

2 參侯軍：〈金耀基眼裏的香港文化（訪談）〉，載蘇偉光、楊宏海：《內地－香港：比較文化的視野》，北京：人民出版社 1999 年版，第 17-18 頁。

3 中華人民共和國文化部網頁，資料來源：http://xinhuanet.com/gangao/2017-06/25/c_1121205643.htm（最後訪問時間：2018 年 12 月 13 日）。

4 〈內地與香港文化交流呈現日益緊密、豐富、健康發展的態勢〉，中國新聞網，2017 年 7 月 5 日，資料來源：http://www.chinanews.com/ga/2017/07-05/8269740.shtml（最後訪問時間：2018 年 4 月 27 日）。

5 張燕：〈一「拍」漸「合」有「融」乃「大」—— 改革開放 30 年區域合作策略下的內地與香港合拍片〉，《當代電影》2008 年第 11 期，第 61 頁。

6 同上。

7 尹鴻、何美：〈共造後合拍時代的華語電影 —— 中國內地與香港電影的三十年合作 / 合拍歷程〉，《解放軍藝術學院學報（季刊）》2008 年第 3 期，第 35 頁。

8 張凱濱：〈內地與香港合拍片：中國文化新生態〉，《人民週刊》2017 年第 14 期，第 65 頁。

9 安興本、胡克、邱建、葛幼力：〈香港文化對大陸的影響〉，《中國國情國力》1994 年第 9 期，第 41-42 頁。

10 同上，第 40-41 頁。

11 同上，第 42 頁。

12 陳世松：〈香港回歸及其與內地的文化交流〉，《毛澤東思想研究》1998 年第 4 期，第 85 頁。

13 周永新：《回首香港七十年 —— 我們有過的歡笑與唏噓》，中華書局（香港）有限公司 2016 年版，第 51 頁。

14 陳玉書：〈香港的奇跡與前景〉，《江海僑聲》1995 年第 1 期，第 30 頁。

15 李少兵、劉義章：〈20 世紀 80 年代以來內地學者與香港文化研究〉，《河北大學學報（哲學社會科學版）》2004 年第 6 期，第 84 頁。李少兵、劉義章撰文時分別任教於北京師範大學及香港中文大學。

16 胡少偉：《香港回歸十五年社會發展多面睇》，香港教育工作者聯會 2012 年版，第 62-63 頁。

17 強世功：《中國香港：文化與政治的視野》，香港：牛津大學出版社 2008 年版，第 112-116 頁。

「十二條政策」的核心內容就是十六個字:「主權收回、制度不變、高度自治、港人治港。」

18　林行止:《香港前途問題的設想與事實》,〈序〉,香港:信報有限公司 1984 年版。

19　葛華:〈香港文化與內地文化的雙向作用〉,《探求》1998 年第 6 期(新 48 期,總第 111 期),第 47-48 頁。

20　余欣:〈推進「一帶一路」建設下粵港澳文化交流與合作〉,《城市觀察》2017 年第 5 期,第 145-148 頁。

21　中共中央黨史研究室第三研究部:《中國改革開放 30 年》,瀋陽:遼寧人民出版社 2008 年版,第 193 頁。

22　參見中國百科網,資料來源:http://www.chlnabaike.com/law/zy/bw/gw/jtb/1339819.html(最後訪問時間:2018 年 4 月 27 日)。為行文簡潔,具體內容作適度撮減。

23　〈內地與香港教育交流合作逐步深化〉,《人民日報》2009 年 6 月 29 日,資料來源:http://hm.people.com.cn/GB/9555842.html(最後訪問時間:2018 年 12 月 14 日)。

24　同上。

25　時任教育局局長吳克儉在深圳出席姊妹學校簽約儀式及校長論壇講話,資料來源:http://www.info.gov.hk/gia/general/201611/04/P2016110400479.htm(最後訪問時間:2018 年 4 月 27 日)。

26　中華人民共和國教育部:《關於政協十二屆全國委員會第五次會議第 4054 號(教育類 407 號)提案答覆的函》,2017 年 9 月 29 日,資料來源:http://www.moe.gov.cn/jyb_xxgk/xxgk_jyta/jyta_kjs/201803/t20180306_328976.html(最後訪問日期:2018 年 4 月 27 日)。

27　同上。

28　張向前、黃種傑:〈兩岸四地高等教育合作與中華經濟發展分析〉,《科技進步與對策》第 25 卷第 5 期,2008 年 5 月,第 186 頁。

29　中華人民共和國教育部:《關於政協十二屆全國委員會第五次會議第 2150 號(教育類 206 號)提案答覆的函》,2017 年 10 月 27 日,資料來源:http://www.moe.gov.cn/jyb_xxgk/xxgk_jyta/jyta_gjs/201803/t20180307_329056.html(最後訪問日期:2018 年 4 月 27 日)。

第二章

社會工作交流合作

社會工作專業在中國內地發展的起點可以追溯到 1925 年，當時的燕京大學設立了社會學與社會服務系，並開始提供系統的專業課程。1949 年之前中國內地有 10 多家著名大學開辦社會工作課程，主要為醫院和社會服務機構培養專業人才，進而為人民提供專業社會服務。然而，在 1952 年中國向蘇聯學習的過程中，在院系調整時將社會工作與社會學從大學中取消，後來將社會工作服務融入到政府和單位所提供的福利服務之中，社會工作專業也隨之消失達 30 多年。直到 1980 年代的改革開放，社會工作專業才有機會在中國內地重新建立起來，並在過去 30 多年得到快速發展，對社會發展及人民生活質素的改善作出獨特貢獻。

自內地改革開放以來，香港社會工作教育界、社會工作專業界及社會服務機構與內地社會工作界的交流合作不斷發展、從未間斷，他們對社會工作專業在中國內地的重新發展扮演了十分重要的角色。筆者自 1980 年代便積極投入中國內地的社會工作發展並參與內地與香港的交流合作，見證了整個發展過程。本章將扼要敘述和闡明社會工作在中國內地重新發展的歷程，特別分析內地與香港的交流合作對整個歷程的影響，及其對社會工作專業發展和民生改善的貢獻，最後亦對兩地交流合作的前景提出願景及展望。

一、改革開放以來社會工作教育在中國內地發展的歷史及先導角色

中國內地的改革開放帶動了社會的急速發展和變化，同時也帶來新的社會問題和服務需要，這為專業社會工作的發展提供了空間和機遇，同時迫切需要一大批受過專業訓練的社會工作者。中國社會工作教育在社會工作專業發展的道路上扮演了重要的催化、倡導、促進及示範角色，可以說中國社會工作的發展是「教育先行」，即社會工作教育的發展帶動和推動了整個社會工作專業在內地的發展，[1]故此，本文亦會較多着墨於討論社會工作教育的發展及其扮演的角色。

從 1988 年國家教育委員會（今天的教育部）批准大學重新開設社會工作本科課程到今天，社會工作教育已經走過了 30 個年頭，大致可分為如下幾個階段：1988 至 1993 年是社會工作教育的恢復重建階段；1994 至 1998 年是社會工作學科重建和課程體系化階段；1999 至 2005 年是社會工作教育快速發展及增長階段；[2] 2006 年以來是社會工作教育制度化及服務專業化的雙軌發展階段。在上述發展的各個階段，都有香港社會工作界與內地密切的、卓有成效的合作，推動着內地社會工作事業的發展，並直接間接地服務民生。

二、社會工作教育在中國迅速發展的原因

現在中國內地的社會工作教育是在 1980 年代後期恢復並得到逐步發展的。1988年北京大學等三所大學獲得中國國家教育委員會的批准，開始招收社會工作專業本科

生，可以視為中國社會工作專業教育重建和發展的開端。中國社會工作教育與服務在 2006 年後得到國家政策的大力推動，從而得以飛躍發展。今天，社會工作教育和服務已擴展到全國各地，大大提升了困難群體和民眾的生活質素、促進了社會建設。社會工作在中國的快速發展基本上受到以下三個重要因素的影響，即改革開放帶來的社會需要、教育界的積極努力和國（境）外同行的支持。

（一）改革開放帶來的社會需要

1978 年開始的經濟體制改革，是在反思和批判 1966 至 1976 年的文化大革命帶來的經濟、政治和社會問題的基礎上啟動的。歷時 10 年的文革給中國的經濟社會發展帶來嚴重影響，生產率低下，社會的貧困現象嚴重，而且曠日持久的「階級鬥爭」使社會團結受到嚴重破壞。1978 年，鄧小平帶領啟動了以市場化為方向的經濟體制改革以及政治體制、教育體制等方面的改革，以解決嚴重的貧困問題、失業問題和日常生活服務供給短缺的問題。這種改革開放原先集中於經濟領域，而經濟與政治、社會的連帶性，令改革開放得以在各個領域展開。

教育承擔着培養新型人才和發展科學技術的功能，教育體制改革自然會被推到改革的前列。中國領導人希望發展與科學技術進步、解決現實問題密切相關的學科。在這一基本思路的影響下，作為社會工作的上位學科的社會學（社會工作在中國內地是從屬於社會學學科的）得以恢復重建，社會工作也獲得了恢復重建的機會。在國家改革開放的框架下，為了回應積累下來的大量民生問題，政府決定恢復發展應用社會科學，其中包括社會工作。由於中國高等院校的公辦性質，所以政府在發展社會工作方面的作用是決定性的。故此，中國內地的社會工作教育與中國政府所推行的改革開放政策是密切相關的，政府的力量及影響使社會工作教育在中國內地得到積極發展的機會。

（二）社會工作教育群體的積極推動及努力

在社會工作學科專業建立和發展的過程中，社會工作教育群體的積極參與及主體作用是功不可沒的。社會工作群體包括社會工作教育者、社會工作學術及專業組織、相關政府部門、社會服務機構及社會工作者等，他們各自扮演了獨特及重要的角色來推動社會工作的發展。

首先是社會工作教育學者的辛苦耕耘。由於中國社會工作教育自 1952 年就停止了，到它恢復重建的 1980 年代，已經中斷了 30 多年，所以中國的社會工作教育學者是比較少的。在社會工作教育恢復之初，真正發揮作用的是 1952 年以前已經在大學講授社會工作的老一輩專家，其中以 1931 年從美國學成回國並在燕京大學教授社會工作的雷潔瓊教授為主。雷潔瓊教授在 1980 年代已有較高的社會地位（她在 1978 年曾任北京市副市長，主管婦女、兒童及社會救助，80 年代之後任全國政協副主席、全國人大副委員長），她和當時還健在的一些老一輩社會工作學者在建設社會工作學科中發揮了重要作用。在中國，社會工作教育的發展落後於社會學的發展，其中一個重要原因是缺乏社會工作專業人才，缺乏社會工作專業教師。隨着社會工作專業教育在中國的重新恢復，社會工作的教師隊伍建設也逐漸得到重視，一些原來學習社會學、哲學、教育學的年輕教師開始參加境內外舉辦的社會工作專業培訓，逐步承擔起社會工作的教學任務。由於這些轉行者有較好的學術背景，因此，在經過培訓之後從事學術化的課堂教學似乎問題不大，但是他們普遍缺乏專業社會服務的經驗，所以在社會工作理論與實踐的結合方面存在不足，這也影響了社會工作專業的發展。但是作為新學科的建設者，當時這一批年輕的社會工作教育者有比較強烈的進取意識，也較早成為社會工作教育方面的專家。

另外，有兩個社會工作的學術組織影響了中國社會工作教育的發展：中國社會工作教育協會和全國高等學校社會學學科教學指導委員會。中國社會工作教育協會於 1994 年建立，它是從事社會工作教育的高等院校組成的學術共同體。剛成立時，它只有團體會員 27 個，2015 年有團體會員 310 個，幾乎所有開辦社會工作專業的高等院

校都是它的團體會員。另外，該協會的會長一直由北京大學教授擔任，協會秘書處也設在北京大學。北京大學在全國的學術地位，及它在中國社會工作教育方面的帶頭作用，使得中國社會工作教育協會在推動社會工作學科建設方面具有巨大優勢。

另一個組織是由國家教育委員會組建的全國高等學校社會學學科教學指導委員會。它是國家教育委員會為推動和規範學科發展，進行政策諮詢和對高等院校辦學進行指導，並得到授權、可以對各學校進行檢查、評估、指導的，具有部分官方背景的專家組織。2009 年國務院學位委員會決定發展社會工作碩士（MSW）課程，與此相呼應，同時成立了全國社會工作專業學位研究生教育指導委員會，該委員會在確立社會工作碩士教學課程體系、推動其發展方面也發揮了重要作用。

政府部門的推動及與社會工作教育界的良好合作是中國社會工作和社會工作教育得以快速發展的重要原因，也是它可以得到繼續發展的有利條件。中國在 20 世紀 80 年代提出恢復發展社會工作是社會工作教育群體與政府的共識。自從社會工作恢復以來，政府與學術界一直保持密切的夥伴合作關係，而且對學術界就發展社會工作所提出的種種建議大力支持，使社會工作得以順利發展，而且這種合作一直在延續和發展。隨着改革的發展，社會問題的複雜化，這種共識越來越明確、越強烈，從而令中共中央在 2006 年的十六屆六中全會上作出在全國發展社會工作的決定，並共同合作積極推動。這在世界範圍內是獨特的。2006 年中共中央十六屆六中全會以後，中央政府積極推動社會工作專業人才隊伍建設，民政部成為這一工作的主管部門。為此，民政部成立了全國社會工作者職業水平評價專家委員會，邀請內地、香港的知名社會工作教育者參加。自 2008 年以來，中國內地每年舉行一次全國性的社會工作師職業水平考試，這是在高等教育之外實施的一項社會工作人才建設工程。在編寫社會工作培訓教材、實施命題等方面，政府基本上是依靠社會工作教育群體來完成。全國社會工作專業學位研究生教育指導委員會在其中發揮着重要作用。這個委員會主要由全國社會工作教育界及社會學方面的高校教師組成，主任委員由民政部副部長兼任，這也實現了政府與學者的良好溝通與合作。總的說來，中國社會工作教育的發展，特別是社會工作人才隊伍建設，是政府與社會工作教育群體密切合作的結果。

（三）境外社會工作界的支持

中國社會工作教育的發展是在改革開放的大背景下恢復和發展的，改革的方向是走向市場經濟體制，而開放則直接要與外部世界打交道，這裏也包括借鑒國（境）外的成功經驗。中國社會工作教育的發展直接受到國（境）外的影響。一方面，民政部等與社會服務相關的政府部門在考察發達國家和地區學習參觀的過程中，發現這些國家和地區的社會服務已經是專業化的，不但社會工作教育已經相當發達，而且社會工作也是職業化的。這些成為中國政府的社會服務部門和社會福利改革的發展方向。另一方面，與國（境）外社會工作教育界的交流也直接促進了中國內地社會工作教育的發展。在這方面比較突出的是與香港社會工作學院及服務機構的合作。自 1980 年代開始一直到今天，香港社會工作教育界及社會服務界與內地社會工作界的交流合作頻繁，對促進中國內地社會工作專業發展及民生服務作出了極大貢獻。

三、改革開放以來香港與內地社會工作之交流與合作

自 1980 年代開始，內地與香港社會工作界之間的交流合作從未間斷，交流範圍亦不斷擴大，這對推進中國內地社會工作專業發展產生了積極的影響，從而對改善民生福利、促進社會和諧亦作出了貢獻。雙方在過去 30 多年的合作歷程中，亦因應宏觀社會的變化及專業的需要不斷摸索及修正合作的方法及模式。從最初較由香港主導的單向支持模式、到後來的互助互動合作模式，及近期的國際外展及合作模式，都是基於雙方的合作熱誠和對不斷改善社會服務的強烈責任感而逐步建構形成。

（一）社會工作教育恢復重建階段（1987-1993）

　　從 1987 至 1993 年，中國社會工作教育處於起步階段，但卻肩負起發展適合中國國情的社會工作專業的重要歷史任務。雖然當時中國教育委員會已批准了北京大學等四所大學開辦內地的社會工作課程，亦開始招生，但卻嚴重缺乏曾受社工專業訓練的社工老師去負責教授這些課程，而且也缺乏適合本地的社工教材及適合學生實習的專業服務單位。當時香港的社會工作教育界眼見內地社會工作專業經過 30 多年的停頓而重新恢復，基於血濃於水的民族感情及對社工專業得以在內地重新發展的熱忱，紛紛參與交流合作。

　　1988 年 12 月，香港的社工教育界促成了由亞太區社會工作教育協會中國聯絡小組與北京大學社會學系合辦的「亞太區社會工作教育研討會：現況與趨勢」，當時香港所有的大學社工學系都派代表參加，並且積極參與研討會的交流。1990 年，香港理工學院（1996 年正名為香港理工大學）派出三位老師負責教授北京大學第一屆社會工作本科專業的「社會工作導論」課程，並積極參與北大社工課程建設的討論及日後的跟進項目，而且在 1991 至 1996 年間得到英國文化協會的支持，舉辦由北大、理工及英國諾丁漢大學聯合舉辦的「中國社會工作教育發展三方合作項目」，每年組織兩校老師並邀請民政部、教育部等有關政府部門共同到英國參觀考察社會工作教育模式及社區服務的實踐經驗，並將所學所聞及反思總結帶回國內與社工教育群體分享，例如把英國的社工課程設計質素保證系統及社工實習督導模式介紹給內地教育部及社工院校，並將「社區照顧」（Community Care）等服務概念及實踐模式介紹給內地民政系統參考等，在當時都獲得極大的迴響及積極反應。

　　香港的社工教育界對內地社工專業教育的重建極為支持，1992 年 12 月以亞太區社會工作教育協會的名義申請到香港凱撒克基金的資助，集合香港各院校的師資，為內地 30 名社工老師在港舉辦為期 10 天的密集社工課程設計培訓班，並安排他們到各院校及服務機構交流考察，此外更緊接培訓班舉辦「第一屆華人社區社會工作教育發展研討會：中國文化與社會工作教育研討會」，邀請過百名香港、新加坡及台灣的社

工教育界和社工專業人員，與內地社工教育界研討及建立交流網絡。以上交流活動的內容雖然較為粗疏，但對處於起步階段的內地社工同人則有如雨後甘霖，給予他們及時的幫助和支持，而且建立了日後的長期支持網絡。

（二）社會工作學科重建和課程體系化發展階段（1994-1998）

1994 年四月，內地與香港的社工教育界再次成功促成了亞太地區社會工作教育協會與中國社會工作教育協會（籌）聯合舉辦「第二屆華人社區社會工作教育發展研討會」。會議在北京大學召開，期間，經過長期籌備的中國社會工作教育協會宣告成立，並推舉一直大力倡議重建社工專業的北大袁方教授為創會主席。中國社會工作教育協會的成立，使專業教育可以長足發展，同時亦使內地社會工作教育界與外界的合作和交流可以持續發展。緊接這次研討會的是由亞太區社會工作教育協會舉辦的第二屆社工老師培訓班，邀請到資深的香港、新加坡、台灣及海外的華人社工教育專家作培訓。香港的社工教育界積極推動是次會議的成功舉辦，並協助爭取到香港凱撒克基金的資助，協助建立中國內地社工界與亞太地區社會工作教育界的交流溝通橋樑。

自從成立之後，中國社會工作教育協會便一直積極扮演橋樑角色，與香港及外地社工教育界聯繫，促成了不少的院校合作及交流，包括香港大學、香港中文大學、香港理工大學、香港城市大學等，安排內地社工教育界到香港訪問及交流、舉辦培訓課程、提供社工課程教材及書籍、安排為期數月的深度社工教育學習體驗班、及提供來港攻讀研究型碩士及博士的學習機會等。在這階段，香港的社工教育界在促進內地社工教育發展方面提供了極多的支持、諮詢、資源及實質幫助，使中國社會工作教育得以穩定地發展，漸漸在課程結構及教育方法方面得以完善。

基於當時的社會工作教材及書籍嚴重匱乏，香港理工大學自 1997 至 2000 年間，得到德國政府米索爾基金的資助，協助中國內地建立了四所社會工作圖書館，分別位於北京大學、中國青年政治學院、中華女子學院及民政部管理幹部學院，並建立了四所圖書館的連結及互借系統。建立這些圖書館的目的，是希望中國內地的社工老師、學生及社會工作者能夠親自看到社會工作的經典著作及社工權威期刊（包括海外及華

人社會的經典出版），令他們能夠獨立自主地學習及研究，而不再需要倚靠香港及海外華人學者的教材進行教學及研究。這個項目促進了中國內地學者及社工群體的研究及教學能力，在當時的社會環境下是一個極大的幫助及突破，促進了內地社工教育者的獨立學習及研究能力。

此階段亦開始了不少社會服務方面的交流。以香港社會服務聯會及香港社會工作人員協會牽頭的社會服務界亦於此階段扮演了積極的角色，例如支持中國社會工作教育界及民政部官員到香港作訪問考察，組織社會工作界別到內地訪問，並舉行研討會與內地學者及社工人員分享經驗等。從 80 年代中期開始，香港社會服務聯會亦開始與內地民政系統的部門及團體展開正式的交流，除了定期組織禮節性訪問外，還與國家民政部直屬主管的中國社會工作聯合會（原中國社會工作協會），於 1990 年開始於北京合辦首屆「內地與香港社會福利發展研討會」，其後幾屆會議分別在上海（1993）、香港（1995）、武漢（1997）及廣州（2004）舉行。同一時期，香港社會工作人員協會亦與中國青年政治學院社會工作與管理系於 1995 年在遼寧省葫蘆島首次合辦「社會發展與青少年國際學術研討會」，之後幾屆分別在杭州、長沙舉辦。及後亦與其他社工院校在天津、南京、南昌等地舉行研討會。這些交流活動不但對社工教育者有莫大裨益，而且亦大大促進了兩地社工界的溝通，亦為日後的緊密合作奠定了良好的基礎。

（三）社會工作教育快速發展及增長階段（1999-2005）

從 1999 年起，因全國高等院校普遍擴大招生，教育部所屬和國家部、委、辦直屬的普通高等院校紛紛開設社會工作專業，每年新開設社會工作專業的院校數量快速增長，導致中國社會工作教育突然措手不及地進入快速發展期。這快速的發展背後突顯了社工師資的嚴重缺乏、課程體系的欠完善、及中國社會工作理論與實踐經驗的單薄。當時的中國社會工作教育協會及資深的社工教育界人士對這個突然出現的局面可說是喜憂參半，一方面欣然見到中國社會工作教育快速發展，但同時亦擔憂社工教育水平難以維持，從而影響對學生的教育素質。

基於以上考慮，香港理工大學與北京大學決定籌辦一個特別為社會工作老師而設的專業社會工作碩士課程（MSW），作為中國內地專業社會工作碩士課程的典範及先河，目的是培養一批有穩固專業基礎的社會工作教育及專業人員，來承擔領導及策劃中國未來社會工作教育發展的角色，同時亦希望這些學員能形成一個核心，成為將來繼續培訓內地社工及推動社工服務發展的骨幹隊伍。這個課程主要為社工老師而設，但也招收少量從事直接社會服務的社工實務人員，幫助他們掌握國際社會工作教育的精髓及理解中國內地的社會工作實務需要，培養他們成為既擁有國際視野，同時又能深入理解內地社會需要，並願意承擔責任的社會工作教育領軍人才。該課程沿用國際社會工作教育的課程設計模式，但同時注重課程內容的本土化，注重理論與實踐的結合，故而不單包括理論的傳授，同時也要求每一位學員（即使他們已擁有博士學位或教授名銜），都必須參與 800 小時的田野實習，並接受專業社會工作老師的督導。因當時中國內地缺乏具專業培訓條件的社會服務實習基地，故理大和北大與不同內地大學建立夥伴關係，在過去 10 多年，在不同地區已建立了不少實習基地，包括雲南的平寨農村社會工作模式及社區精神健康模式、上海的青少年社區矯治模式、湖南的殘疾人士社區照顧模式、哈爾濱的企業社會工作模式、四川的災後社區能力建設模式、西部地區的民族社會工作等，後來都被廣泛採用，成為社工的專業服務模式。課程自 2000 年開辦以來，一共舉辦了七屆，培養了 230 多名社會工作教育及社會服務領軍人才，他們一直積極參與內地社會工作教育及服務的建設，推動中國社會工作的專業發展，成為推動中國社會工作發展的一支堅實隊伍，為中國社會工作的專業發展作了極大的貢獻。基於中國國務院學位委員會於 2009 年決定開辦社會工作碩士（MSW）專業學位教育，同年批准全國 58 家重點高校開設 MSW 授予權，故理大與北大認為已完成歷史任務，在成功完成七屆 MSW 課程後，於 2005 年停辦此課程，但仍然藉雙方於 2005 年成立的中國社會工作研究中心舉辦各種形式的研討會、學習班及實踐研究項目，支持中國社工教育及專業發展。

在此階段，香港的社會服務界亦為內地社工教育提供了不少支持及協助，許多社會服務機構如香港基督教服務處、循道衛理楊震社會服務處、香港明愛、香港聖公會

福利協會等都免費為內地社工院校提供督導實習機會，為內地的社工教育專業化默默作出貢獻。

（四）社會工作教育制度化及服務專業化的雙軌發展階段（2006 年至今）

2006 年，國家人事部及民政部頒發《社會工作者職業水平評價暫行規定》，為社工的專業化鋪路；而在 2006 年底，中國共產黨的十六屆六中全會《決定》明確提出，要「建設宏大的社會工作人才隊伍」，努力造就一支結構合理、素質優良的社會工作人才隊伍，去參與及促進構建社會主義和諧社會。政府亦於《社會工作專業人才隊伍建設中長期規劃（2011-2020 年）》中明確地訂定了目標，希望能於 2020 年前建立一支 145 萬的社工人才隊伍，其中中級社會工作人才達到 20 萬人，高級社會工作專業人才達到 3 萬人。這個決定促使內地的社會工作教育及服務急速發展並逐漸專業化。

基於內地政府對社會工作專業的大力支持，全國對社工人才的需求大大增加，同時亦帶來了迫切的培訓及服務發展需要。除了香港院校中的社會工作教育界對內地同行的持續支持之外，香港的社會工作服務團體及組織亦紛紛提出積極的支持方案，協助內地發展社會工作服務及培養機構管理和前線實務人才。香港社會工作人員協會、香港社會服務聯會、香港社會服務發展研究中心、香港明愛、香港基督教服務處、香港聖公會福利協會、循道衛理楊震社會服務處、聖雅各福群會、香港小童群益會、利民會、香港國際社會服務社、鄰舍輔導會、香港基督教女青年會、香港基督教青年會等機構都紛紛向內地服務機構提供協助及諮詢，包括短期專業培訓、專業督導服務、社工人員及學生來港交流及實習機會，甚至參與職業水平考試出題等。這些機構不單為內地新建立的社會服務機構提供督導服務及培訓服務，同時亦參與服務的發展，協助機構建立專業的服務模式及管理機制，幫助中國內地的社會服務機構能得到持續的專業發展。

基於深圳市及廣東省鄰近香港的天時地利，許多合作項目都集中在此區域，令深圳及廣東省的社會工作服務在短期內得以快速發展。2007 年，深圳市政府制定了

「1+7」文件，在深圳推行社工試點，亦採納了由香港基督教服務處倡議的專業督導系統來提高服務水平，後來這一做法得到廣泛採納，提升了深圳及廣東省的專業服務水平。香港社會工作人員協會亦與當地政府合作，在廣東省桂城及西樵進行試點服務及培訓，而香港聖公會福利協會亦為廣州市老人服務提供諮詢及培訓、協助內地建立專業社工服務及管理模式，這些合作大大促進了內地社工服務的專業發展。

2008 年汶川發生了大地震，香港的社會工作界亦一如既往地扮演了積極及適切的角色去提供援助，不單單協助提供專業社會工作服務予災民，同時為專業社會工作人員提供專業培訓。香港理工大學及香港大學等社工學院都與當地大學及社工機構合作，派出老師到災區提供輔導、康復及災後重建等專業培訓，培養當地專業人員的專業能力。香港理工大學亦得到香港賽馬會的資助，與四川大學合作建立災後重建及管理學院，長期支持四川的災後重建，更在映秀、草坡、德陽等地建立服務示範基地，聯同內地社會工作人員以實踐研究模式去為當地居民提供災後服務及社區能力建設服務，使當地居民能建立自助及互助能力。香港的社會服務機構，包括香港紅十字會、香港明愛、香港小童群益會、香港復康會、無國界社工等都紛紛派出專業人員為災區提供服務及培訓，並與內地服務機構和社工院校攜手合作，共同提供災後服務，建立當地社工及災區人民的自助互助能力。

這個階段的中國內地及香港的社工合作十分多元化，除了社會工作教育界及社會工作服務界的頻密合作之外，另一突破是香港及內地的社工界亦開始共同參與國際間的社工交流及合作，在此過程中，香港及內地的社工界互相取長補短，希望能夠在國際社會工作社群中發揮更大的影響及作出貢獻。中國社會工作教育協會在 2008 年開始鼓勵內地社工學院加入國際社會工作教育聯盟（International Association of Schools of Social Work）。2008 年，北京大學與香港理工大學共同出版了全國第一個以英文為主的國際期刊 *China Journal of Social Work*，期望能夠幫助內地學者在國際社工學術界中發聲，促進中外社工學者間的學術交流，積極參與國際社會工作教育群體的交流，與國際社群分享內地的社會工作及教育經驗，目的是使中國內地的社會工作經驗能夠在國際社會中得到重視，並能夠參與建構國際社會工作的主流思想理論及服務模式，

能夠在國際社會工作群體中與其他國家平起平坐、得到國際社會工作社群的尊重及重視。在這一階段的初期，中國社會工作教育協會定期邀請國際社會工作教育及實務專家來到中國內地就社會工作的理論及實踐作分享及培訓，以學習及培訓為主；但經過多年的合作交流，許多中國內地的社會工作學者已經能夠緊密地與海外學者共同研究，及在國際社會工作會議及期刊中發表論文及作演講，開始在國際社會工作群體中扮演重要角色。在整個過程中，香港的社會工作教育及服務界一直協助聯繫，並時常作出支持、鼓勵，及與之同行，並協助發掘資源及合作夥伴，共同把香港及中國內地的社會工作理論及經驗帶到國際社會工作群體中，積極參與國際社會工作及教育的發展。

四、香港與內地社工界的交流合作成果可喜

自改革開放以來，內地與香港社會工作界的交流合作緊密，從未間斷，互相取長補短，成果斐然。其中包括：

（一）內地社會工作的發展進一步明確了方向。80 至 90 年代，內地社會工作剛剛恢復重建，發展方向不十分明確。香港社會工作界以其豐富的國際知識和發達經濟社會的經歷，為內地社會工作的發展提供了很好的可資借鑒的經驗。內地有自己的經濟、政治、社會特點，但從社會工作要務實、要落地、要從問題的真正解決和人民獲得感的角度來審視，來自香港的經驗和支持很有意義。

（二）香港對內地社會工作的支持最重要和寶貴的是培養了一大批社會工作教育和實務人才。香港大學、香港中文大學、香港理工大學、香港城市大學等為內地培養了國內最早一批社會工作（福利）博士，成為內地社會工作專業教育的中堅力量；香

港理工大學與北京大學合作面向內地社會工作教育和實務的需求，培養了230多名社會工作碩士，他們活躍在社會工作教育界和實務界，有效地推動了內地社會工作的發展。另外，香港社會服務機構接受大量內地社會工作學生到該機構進行社會工作專業實習，使內地社會工作學生進一步了解香港的社會工作專業制度，堅定了社會工作信念，促進了他們的專業成長。

（三）推動了社會工作示範性實務的發展。香港社會工作界積極爭取香港基金會的資助，支持內地社會工作界開展創新性、專業化的社會工作項目，成果顯著。特別是在與內地社會工作界一道參與地震救災和災區重建、農村發展服務、精神健康服務、民族社會工作發展方面，作出了示範性貢獻，為改善民生和創新社會治理探索了新的道路。在開展項目服務的同時，雙方進行合作研究，也推動了教育和學術的發展。

（四）不斷開拓發展空間。為支持內地社會工作教育和實務的發展，香港社會工作教育和實務界積極幫助內地開拓發展空間，通過支持內地社會工作團體加入相應的國際組織，提高了中國在這些領域的話語權；通過幫助建立與亞洲、歐洲、北美等地區的專業聯繫，擴大了內地社會工作學者和實務工作者的視野，有力地促進了內地社會工作的發展。

五、關於香港與內地社會工作交流合作的反思

改革開放以來，內地社會工作事業的發展，與解決社會問題、追求社會發展目標的需要，政府的積極鼓勵和大力扶植，社會工作群體的積極努力，以及境外尤其是香港社會工作界的幫助和支持直接相關。綜合起來，香港與內地在社會工作領域的交流

合作有如下一些特點。

（一）香港與內地社會工作領域的交流是多方面的。20 世紀 80 年代以來，內地和香港就開始了社會工作領域的正式交流。出於改革開放的需要，內地民政部門到香港訪問，了解香港社會工作發展和發揮功能的情況，為民政部門的改革和發展探路，也學到了一些經驗。香港方面的社會工作教育者與內地學校合作開設社會工作課程，為內地社會工作教育的發展探索路徑。後來，香港社會工作實務界與內地政府（主要是民政部門）建立聯繫，在社區服務、家庭服務、安老服務等方面進行交流，內地民政部門在社區服務、社區參與等方面多有收穫。再到後來，香港的社會工作界（包括實務界、教育界）主動參加內地的社會工作實務，比如參與四川等地的地震救災、貧困地區的社區發展、兒童及老人服務等項目。還有，香港的社會工作院校和社會服務機構接收來自內地的社會工作專業學生（本科生、碩士研究生和博士研究生）從事專業實習。這就形成了多方面、多層次的合作交流，產生了積極效果。

（二）香港社會工作界與內地社會工作界的交流是真誠有效的。社會工作的基本價值觀是真誠待人，這在內地與香港社會工作界的交流合作中也得到充分體現。在推動內地社會工作教育發展的過程中，香港社會工作院校、服務機構積極尋找資源，妥善安排，不論是公務員交流團、教師進修還是學生赴港進行專業實習，儘量使他們有更多收益。反過來，隨着香港社會工作界人員越來越多地到內地交流和服務，內地政府部門、相關學校、服務機構也儘量創造條件，促進交流合作獲得雙方滿意的結果。這是建立在真誠互信基礎上的，同時這種合作也是有效的。社會工作領域的交流合作不是感情的交流（當然交流多了自然就有互信），而主要是追求合作的成果。各種合作都從雙方、特別是內地發展社會工作專業的需求出發，通過合作與協作，解決一些迫切問題。比如，在為內地培養社會工作人才方面，香港社會工作院校根據國際社會工作發展的經驗，結合內地社會工作發展的現實需要，制定計劃、認真實施，成果斐然。現在，內地大學從事社會工作專業教育的教師，有相當大一部分是在香港受過社會工作教育的。這有力地支持了內地社會工作教育的發展。另外，在實際服務方面，香港社會工作者在對內地社會工作者的督導、與內地社會工作學校和機構合辦社會服

務項目等方面也取得了許多創新性成果。

（三）香港社會工作界很好地扮演了內地與國際社會工作界的中介角色並積極發揮作用。香港社會工作界與國際社會工作界有密切聯繫，在社會工作教育和實踐方面能快速和有效地借鑒國際經驗，同時將自己的經驗告訴世界。內地社會工作在發展之初，與國際同行缺乏應有的聯繫。香港和內地社會工作界的交流合作很好地利用了香港方面的優勢，彌補了內地的不足。比如，在內地社會工作界與國際社會工作組織建立關係（加入國際社會工作者聯合會、加入國際社會工作學校聯盟），與亞太區社會工作組織以及與歐洲的社會工作交流合作中，香港社會工作群體都是積極聯繫，發揮中介作用。由於香港對國際社會工作的發展和內地的需求都比較了解，所以，內地、香港與國際的社會工作交流也比較順暢。香港社會工作界是內地社會工作走向更大國際舞台的中介者和積極的推動者。

（四）香港社會工作界與內地社會工作界的交流有利於內地的民生改善與社會治理創新。社會工作秉持「助人自助」的理念，本質上是要協助困難群體走出困境、實現人與社會環境的調適，促進社會進步。雖然內地有豐富的群眾工作經驗，但是在改革開放和走向現代化的背景下，處理民生問題的思路和方法也有待發展和創新，這也是內地積極發展社會工作事業目的之所在。在同香港進行社會工作交流之初，內地政府官員和社會工作同人深切地感受到專業社會工作的魅力。在後來的社會工作教育和實務發展過程中，香港社會工作者所展現的以服務對象為本的價值觀、系統靈活運用社會工作專業方法的能力，強調服務對象生活狀態改善及能力發展的綜合目標設計，都對內地社會工作的發展產生了深遠影響。無論在農村社會發展、地震救災社區重建、留守兒童及老人服務、特殊人群服務，還是在社會服務項目設計、社會服務機構發展與管理等方面，內地從香港方面都學到了很多。這就直接或間接地促進了民生改善，也通過社會服務促進了社會治理創新 —— 聚焦民生、做好服務、強調參與和服務對象能力建設、從長遠的角度看人與社會環境關係的協調，這就把社會服務與社會治理很好地結合起來。

（五）香港與內地社會工作的交流是互惠和共進的。在過去 30 多年香港與內地社

會工作的交流合作中，雙方是互惠和共同發展的。在交流初期，由於內地的社會工作剛剛起步，缺乏社會工作專業人才，所以內地與香港的社會工作交流基本上是香港幫助內地，即使是內地社會工作走上相對規範的專業化發展道路之後，由於社會福利和社會服務體制等方面的原因，內地也還是缺乏必要的、較為靈活的社會工作項目和資金。在這種情況下，香港社會工作界伸出援手，在香港為內地社會工作教育和專業服務申請經費，支持內地社會工作教材編寫、召開專業會議和進行示範性社會服務。但是有一點相當清楚，雖然香港方面花費了巨大精力，但是他們從不「居功自傲」，不會指指點點，而是與內地合作方平等協商。筆者記得，香港社會工作界在與內地交往合作時有一個基本的共識：不要去指揮，而是去合作，要在合作中增強內地發展社會工作的能力。當然，香港社會工作界對內地社會工作的發展也不是看到問題也緘口不言，而是委婉地、建設性地提出建議，比如告誡內地社會工作要保持專業化方向。那麼，香港社會工作界與內地合作有什麼得益呢？筆者以為，培養社會工作的專業人才，更好地解決內地改革和社會轉型中的問題，了解內地社會服務的制度、做法和需求，參與內地社會工作事業的發展，通過科學研究促進專業化、本土化社會工作的建構，為香港和國際社會工作教育和實務的發展增加新知識，這可能就是香港社會工作界期望的收穫。確實，香港社會工作界在開展學術研究、豐富教學內容、解決新港人問題方面，從與內地的交流中有所受益。

六、香港與內地社會工作交流合作之前瞻

社會工作是一個助人的專業，它以幫助困難群體和有需要人群走出困境、實現人與環境的相互協調、促進社會正義和社會進步為自己的至上目標。正是在這種專業精

神的指引下，當內地改革開放產生諸多社會問題並需要解決時，內地的社會工作得以重建，香港的社會工作同人也有了幫助內地解決這些社會問題的機會。應該說，過去30多年，香港社會工作界對內地社會工作發展的支持是關鍵性的，正是有了這些支持，加上內地社會工作群體的堅韌努力和艱苦創業，內地社會工作的發展才顯現出不斷發展、快速發展的景象。

30多年來，內地和香港社會工作界的合作相當順利和成功，雙方在交流合作中互信、互惠，也實現了共進。那麼展望未來，內地與香港社會工作界的交流和發展又能作何種期望呢？

社會工作的發展與一個國家和社會的經濟社會狀況有直接關係，經濟的穩定發展會給社會工作的發展帶來更厚實的資金基礎，當然，市場化、城市化、國際化也可能帶來眾多新的社會問題，這些問題的解決需要發展更加系統、既專業化又適合本地需要的社會工作。內地已經進入中國特色社會主義新時代，要解決人民不斷增長的美好生活需要與不平衡、不充分的發展之間的矛盾，社會工作在這方面承擔着重要責任。內地社會工作要更好地發展，已不是簡單的規模擴張，而是要在實質上提高社會工作服務社會、參與社會治理的能力。在這方面，走在前面的發達的香港還可以進一步提供經驗供內地借鑒。另一方面，隨着內地和香港經濟一體化的發展，社會層面也會產生更多交流，社會問題的同質性也會增加。面對這種情況，內地和香港的社會工作界要進一步加強合作，預防和解決社會問題。還有，隨着內地社會工作專業化、本土化、職業化的發展和經驗的不斷積累，內地會形成一些本土經驗，並將為國際社會工作的知識積累作出新貢獻，這方面也需要香港與內地社會工作界進一步深入合作。

共同的文化，為了人民福祉而不懈追求，促進國家發展的責任感，相互理解的專業精神和過去30多年的成功合作，是香港與內地社會工作界的共同財富。面對內地和香港的發展，我們可以預見到社會工作在香港和內地將會共同發展和繁榮。香港和內地的政治制度不同，經濟社會發展也有差距，但是兩地社會工作會繼續在更高層次上交流合作，並從中受益。正像費孝通先生所說的：「各美其美，美人之美，美美與

共，天下大同。」香港和內地社會工作也會在各自發展的基礎上，加強合作和交流，創造出更好的社會工作經驗，貢獻於中國人民，貢獻於世界。

前香港理工大學副校長（學生及環球事務）
香港理工大學應用社會科學系名譽教授

王思斌

北京大學社會學系教授

注釋

1　　史柏年：〈新世紀：中國社會工作教育面對的選擇〉，《北京科技大學學報（社會科學版）》第 20 卷第 1 期，2004 年 3 月。

2　　王思斌、阮曾媛琪、史柏年：《中國社會工作教育的發展》，北京大學出版社 2014 年版。

第三章

內地土地政策改革中的香港經驗

上世紀 80 年代中後期，「菜籃子」、交通和住房，始終是時任上海市市長朱鎔基最關心的民生民心工作。此時改革開放已經進行了差不多 10 年的時間，制度和政策上的進一步配合，成為當時的當務之急。而上述三個問題，無一不需要更深入的制度改革去解決。關於住房問題，就在 1988 年 3 月 22 日，上海市進行了全國第一例正式的土地使用權有償出讓。這是改革開放中一次很重要的標誌性事件，而香港的經驗在當中扮演了十分重要的角色。

在過去 40 年的改革開放中，香港除了為國家的經濟發展提供資金，例如香港投資者到廣東投資設廠等，更重要的是為國家提供了各類型的軟性制度經驗參考，土地政策便是其中之一。1980 年代的香港，已經擁有比較成熟的經濟管理經驗，尤其是在土地批租方面。香港除了作為國家建立制度的參考外，還在各種技術問題方面提供重要幫助，以及扮演對外開放的平台。本文將會從前期改革的研究對象及國家土地問題的顧問和培訓兩個角度，向讀者介紹改革開放 40 年來，香港經驗對於國家土地政策的貢獻。

一、土地政策改革

　　1947 年 9 月，中國共產黨在河北省石家莊市西柏坡村舉行全國土地會議，通過了《中國土地法大綱》，規定徹底廢除封建性及半封建性剝削的土地制度的綱領。1949年 9 月，通過了《中國人民政治協商會議共同綱領》，清晰指出中華人民共和國必須「有步驟地將封建半封建的土地所有制改變為農民的土地所有制」，其後在 1950 年分別通過各項法律和行政法規（當中影響最大的是《中華人民共和國土地改革法》和《城市郊區土地改革條例》），進一步對大城市郊區和土地改革問題作了具體規定，廢除地主階級封建剝削的土地所有制，實行農民的土地所有制，以解放農村生產力、發展農業生產。

　　1970 年代末後，國家面臨大量民生和經濟發展的問題。在中國共產黨第十一屆三中全會上，以「對內改革、對外開放」提出改革開放，實行中國特色社會主義的基本國策。雖然國家以改革開放為前提，但在 1980 年代早期對土地開放依然較保守，這反映在 1982 年制定的《中華人民共和國憲法》（以下簡稱「八二憲法」）第十條對土地的規定中：「農村和城市郊區的土地，除有法律規定屬於國家所有的以外，屬於集體所有；宅基地和自留地，也屬於集體所有」；「任何組織或者個人不得侵佔、買賣、出租或者以其他形式非法轉讓土地。」但在短短的八年間，國家的土地政策出現重大的轉變，1980 年代中期開始，已陸陸續續出現土地批租的政策，更在 1988 年內再次修改「八二憲法」，在原來的「任何組織或者個人不得侵佔、買賣、出租或者以其他形式非法轉讓土地」條文中刪除了土地不得出租的規定，及在後面加了「土地的使用權可以依照法律的規定轉讓」。這些改革見證着國家對土地政策的革命性改變，為中國社會主義市場經濟打下了基石，同時也是改革開放的里程碑之一。

　　土地批租的問題其實早在 1981 至 1982 年已出現。當時的廣東政府嘗試將土地租借予香港商人霍英東在當地發展酒店項目，但過程缺乏系統組織和招標標準。其後在 1983 至 1984 年，國務院領導提出城市土地要加強管理，國務院副總理田紀雲有意將

上海發展為全國土地改革試點。為將土地改革系統化，上海在 1985 年率先成立上海市土地管理局，比國家土地管理局早一年，並透過土地普查和地籍權整理將城鄉土地統一處理。但因意識形態和歷史因素，土地改革要面對不同的法理問題和政治挑戰，宏觀方面主要包括[1]：《憲法》問題（對土地公有制的定義和規範）[2]、社會思想破舊立新問題（對於土地由社會主義的無償制度變成有償制度[3]及「租」、「借」敏感字眼，令社會聯想到舊中國租界喪失地方管治權的歷史情況）[4]、價格雙軌制問題（要為土地樹立清晰的價格和地價）[5]、行政及經濟管理體制問題（房產和土地當時是共同處理，出現行政權曖昧不清的情況）[6]、市場經濟運作和調整（「招拍掛」制度操作上的問題）[7]；而微觀因素主要涉及行政法律、專業人士不足等問題。

二、「土地租借」制度的「香港模式」

1984 年，中國共產黨十二屆三中全會關於經濟體制改革的決定，提出城市經濟體制改革，從全局的角度理解，一共有五個關鍵改革點[8]：（一）企業自主權；（二）稅利制度和投資制；（三）價格體制；（四）房地產；（五）金融發展。而當中房地產更牽涉整個國家戰略和改革開放的方向。在其他的改革領域上，大量政府政策都是以「行政政策先行」，後以法律作補充；但因房地產改革涉及憲法和社會政治問題，不能「行政政策先行」，而需要以法律和理論共同先行。[9]事實上，當時部分從事房地產管理的實際工作者和理論研究人員，也曾重點提出「爭取地方立法」的建議和整合「城市土地實行有償使用的經濟影響」的理論分析，例如復旦大學張薰華教授撰寫的〈再論社會主義商品經濟中地租的必然性 —— 兼論上海土地使用問題〉和曹建明（當時的華東政法學院研究生）撰寫的〈外商租用土地與經營房產業的理論與實踐〉，都

是透過分析馬克思主義的地租理論和法律層面，釐清許多意識形態和法理問題，為土地使用制度改革掃除了不少思想和理論障礙。但由於當時重重的政策、文化和技術限制，上至國家最高管理機構，下至地方官員，都毫無經驗，並不能有效構建一套能符合國情的土地制度，在這種情況下，香港就成了最觸手可及的範本。

早在 1981 年，上海實業有限公司（以下簡稱「上實公司」）在香港註冊，並與香港方面的顧問和專業人士保持聯絡和關係。原是為回歸作準備，所以各個省市、中央的各個委辦都要在香港設立窗口公司，而早期的香港聯絡工作都是由趙津華女士負責。除了上實公司外，當時新華社透過組織各類的圓桌會議，和香港各商會、工業會及中資企業正面溝通和交流，擴展社會資源，例如：認識了梁振英、簡福飴、羅康瑞等香港優秀的專業人士。但為加強認識香港的國際制度，1985 年譚芣芸（當時的上海市婦聯主席）從上海調任到香港新華社工作，籌建香港分社經濟部，負責研究香港的經濟體制和國際化的經濟管理政策，了解國際的經濟法律規則；田紀雲（時任國務院副總理）在外訪時專程到香港訪問中國國際信託投資公司（以下簡稱「中信公司」），了解香港土地政策和批租，從而借鑒國際土地在有償使用權方面的規章制度等事項；同期有約 3,000 多家按照境外公司法經營的中資公司在香港學習土地批租的國際制度，例如中國銀行、華潤集團有限公司等都分別搞土地有關的項目，反映出當時國家各領導層對香港研究的重視程度。

1986 年，上海當時想的是如何利用土地，如何對土地開發經營權加以利用，而不是「土地租借」。[10] 但同年 5 月在《滬港經濟比較研究》（以下簡稱「《滬港研究》」）出版後，就產生了「土地租借」的想法。當時《滬港研究》就香港五個專題進行研究，分別是地產、金融、港口、稅收和利用香港，發現世界各國和地區對土地的管理與經營大致有三種模式[11]：（一）蘇聯格局，即土地屬於國家所有，由國家統一調配劃撥，無償、無限期地供國營、集體、企事業單位和機關團體等部門使用，這也是當年中國的城市土地管理體制；（二）美日格局，土地為私人佔有，土地的所有權和使用權均歸私人，法律保護土地的自由買賣、轉讓、租賃、抵押或繼承，土地所有者擁有向任何用地人收取費用的權益，不存在無代價使用土地的現象；（三）英聯邦格局，以土

地所有權與使用權相分離為特徵。英國法律規定，土地名義上歸英王所有，但英王不直接對土地行使管理權。而跟隨英聯邦格局的英治香港，在高峰年代的 1980 至 1981 年度的賣地收入佔香港當年總收入的 35.1%。[12] 港英政府通過批租經過規劃的土地，帶動了金融（房地產貸款佔全部銀行貸款的 31.6%）、股市（房地產股票和與房地產有關的股票佔所有上市公司股票的 70% 以上）和香港整體經濟的發展。[13]

這次調研啟發了高層領導的思路，讓中國土地改革的思路從關注英治香港的土地政策再次聚焦到上海的房地產改革。同年 6 月，上海市委安排考察團到香港，這也是第一個市委團到香港學習土地制度。夏克強任團長，身份是上海市城市經濟學會理事，考察團成員包括房地局、規劃局、交通辦、外經貿委等部門人員，而因當時的政治環境，均以學術和交流名義去調研。考察團一行主要研究三個專題：（一）土地批租和房地產經營；（二）港口建設和自由港政策；（三）進一步發展香港上海實業公司的作用。考察團希望通過研究香港，為上海的發展方向和策略提供可以借鑒的思路。[14]

當時香港的專業人士組織、商會、學者、各個愛國組織和港英政府高度重視上海考察團，專業人士團體提供有關法律和技術運作的資料，例如房地產相關的香港法例、土地規劃的作用和方法等；幾個重要的香港土地政策模式專家在這一過程中發揮了巨大作用，分別是霍英東（企業家）、梁振英（時任香港仲量行主席）、劉紹鈞（時任香港測量師學會會長）和簡福飴（時任香港測量師學會創會會長和第六屆全國政協香港地區委員）；港英政府就提供港英對土地的政策基礎和管理思想。最終，上海政府主要總結了三條經驗：（一）有限期的土地使用權；（二）規劃上限制土地用途；（三）土地權益可以轉讓。由此，上海政府清晰地了解了土地「所有權」和「使用權」的關鍵法律問題。

事實上，當時土地幾乎完全公有制的地區和國家極其罕見，只有蘇聯、中國、新加坡、朝鮮和英治香港，所以借鑒香港的背景是兩地都是國有土地。香港的土地公有制有一定的歷史因由，源於香港從 1842 年起成為英國管治的地方後，港英政府宣佈，除新界部分農業用地歸當地村民所有外，根據《英皇制誥》，土地皆屬英國王室，而港英政府的角色是代為管理香港所有土地，[15] 並在立法規管土地使用權的過程

中借鑒了英國成熟的房地產法體系，發展出「兩權分離」的城市管理政策。換言之，港府的角色只是管理，將土地在規定期限的使用權賣給土地開發者或使用者 —— 即是「限期出售使用權」，後者需一次性繳納費用，也准許土地使用權自由有償轉讓。英治香港的土地所有權法理上其實是全歸於英王，跟中國國家憲法規定土地所有權全歸於國家一樣；而港英政府跟內地的地方政府有相同的角色和功能，就是代為管理土地使用權。簡單來說，「土地所有權根本沒變」是國家借鑒香港模式的根本原因和先決條件。

同時，在調研有關港英政府對土地的管制方法的過程中，內地考察團發現，雖然香港是市場經濟，但在有的經濟領域比當時計劃經濟的國家控制得更嚴。[16] 特別是土地控制方面，港英政府為了有效地控制整個城市建設，透過以地主身份運用的經濟手段與以統治者身份運用的行政立法手段，行政上設立專門機構統管其事，而在法律上規定了「認地不認人」的相關原則，基本控制了整個城市的基建規模。具體來說，控制手段主要是批租契約[17] 和《建築物條例》[18]。批租契約是一種商業限制的方法，港英政府招標批地時，會與承租者簽訂一份批租契約（地契或官契），在批租契約上清楚列明各項條款和租用條件，包括批租年期、土地用途、興建期限、建築物價值等。而《建築物條例》則以法律規定的手段限制土地發展，包括地積比率、樓宇覆蓋率及建築物用途等，[19] 此外還規定所有樓宇建築動工前，須將建築物圖紙送交港英政府的地政署與前工務司署轄下的建築物條例執行處審批，各類管制非常細緻。

上海考察團向領導報告後，市領導認為法理層面的問題能夠解決，確定需要借鑒香港的國際做法和政策，望能依法發展出試點辦法。上海市整合了調研內容後，向中央提交了名為《關於上海試行出租土地使用權辦法的初步設想》的報告，內容主要包括香港各界的態度和反應，和上海可試行土地使用權限期出租辦法。報告深受中央肯定，田紀雲更在一次講話中透露出中央對香港模式的正面態度：「香港地皮生意是一個大財源。也可以搞土地買賣，土地租用，這是無本生意，只賺不賠。他買的是使用權，土地所有權沒變。」[20]

上海市政府借鑒香港的做法，在 1986 年 11 月首先成立上海市土地批租領導小

組，由倪天增副市長領導，成為首個研究土地使用權的試行方案。同年，香港新華社和東南經濟信息中心（香港）為國家研究香港土地政策及管理系統。8月，新華社將香港中青年企業家和專業人士就內地租售問題提交的建議報送中央和國務院，建議提到私人土地使用權擁有制的框架，建議國家應制定相關法律並以上海或海南作試點；而由楊振漢組建的東南經濟信息中心（香港）通過調研，發現港英政府制定的有關香港土地的法律非常成熟，政府只管劃分土地，土地測量和交易都是由專業人士負責。

1987年7月7日，國務院特區辦專門給谷牧（時任國務委員）寫了一份報告，名為《關於選若干試行土地使用權有償轉讓的建議》，申請批准在天津、上海、廣州、深圳四個城市開展試點，正式為國家土地改革開啟新的篇章。[21]

三、為內地土地政策改革提供顧問與培訓服務

香港的專業人士在1970年代末已致力服務國家，通過提供技術性支援和知識培訓，幫助國家改革開放。由於香港擁有特別的資源，也成為國家「改革」（即指經濟、社會及政治制度上的變革）的智囊團和「開放」（走出去接觸國際社會和制度）的平台。在1978年底，香港的愛國專業人士就已組建了促進現代化專業人士協會有限公司，成員約20名，自費向內地官員講解香港的專業制度、技術、相關法律和政府政策，幫助國家推進改革開放和現代化建設，例如，梁振英在1978年到深圳特區介紹香港土地制度，作為主力顧問幫忙做土地規劃；劉紹鈞在1979年第一次去深圳，參加深圳特區籌備會議，義務幫招商局集團做深圳蛇口第一個工業區規劃。

1980年代，當時國家做地產發展的注意力放在有形建設上，例如「四通一平」。然而，香港的愛國專業人士不只限於有形建設的技術支援，反而在改革過程中高度參

與國家的無形建設（體制、制度、法制等）。

簡福飴在 1986 年 8 月為國家撰寫了《關於我國建立城市地產市場可行性研究》報告，並在同年 12 月的上海市城市經濟學會舉辦的「如何搞活地產市場」的會議上，詳細分享了香港房地產經濟的經驗。他一方面為內地的房地產設計了一個系統架構，另一方面考慮到國家的技術和經驗問題，提出一個「非全面性」但能吸引外界投資的地產市場，通過政策和法律將境內外的資金分隔，從而建立土地市場保護制度，保護國家和人民利益。[22] 這些建議也基本是從香港的經濟發展中總結出來的 —— 香港曾在 1970 年代開放股票市場，早期雖成功吸納大量外資，但政府為冷卻股市，曾出現「消防員到交易所救火」的情況。[23] 股票市場雖從 700 點急升到 1,700 點，但出現本地和國際資金的衝突，本土的中小型企業被收購，民間資金被套走，股票跌回到 150 點（一年跌幅 91.54%），變成香港股市史上最大規模的股災，[24] 數以萬計的市民因此而破產，經濟民生受到重挫。簡福飴就以此為鑒，提出要區分內、外資金，提供一定保障給國內資金，而政府能在外資的買賣過程中收取地價。[25]

另外，上海在 1986 年開始起草首個針對土地批租的地方行政規章，名為《上海市土地使用權有償轉讓辦法》（以下簡稱「《辦法》」）。《辦法》借鑒了香港的做法，但面對不少技術和法理問題，上海在起草過程中也不斷向在香港的專業顧問徵求意見，經過一年兩個月的反覆修改才最終定稿。當年香港顧問們對《辦法》和首次國際招標提出各類意見，其中包括標書對容積率的規範表述、土地使用權的徵稅規定、房地產登記的法律法規等方面。《辦法》原名為《上海市土地使用權有償轉讓（暫行）辦法》，但因劉紹鈞對「暫行」一詞的意見及擔憂影響外界投資意欲，在 1987 年 11 月改名為《上海市土地使用權有償轉讓辦法》。[26]《辦法》整體來說參考香港的土地制度，列出出讓的最高年限至 50 年，比同期其他試點的《辦法》更規範、更細緻以及更合乎國際商業標準。更重要的是，這一規章成為外資公司的「定心丸」，提升了國際資本對上海市場房地產的信心。終於在 1987 年 12 月 22 日，經國務院批准，上海市人民政府向國內外正式發佈了《辦法》。

1987 年年底，深圳、上海相繼出台土地管理改革方案。在近一年的政策制定過程

中，來自香港的幫助貫穿始終。同年 12 月 1 日，深圳市舉行首次土地拍賣會。拍賣一塊 8,588 平方米的土地，使用年限 50 年。這是中國首次公開拍賣土地使用權，梁振英在拍賣記者會上擔任義務顧問，香港還派出了一個由 21 人組成的參觀團，吸引了中共中央政治局委員李鐵映及全國 17 個省市的市長到場觀摩。拍賣最終以 525 萬人民幣的價格成交，開創了中國共產黨社會主義國土上「有償出讓」的先例，亦將土地「所有權」與「使用權」分離，推動了中國土地資本化的探索和創新。

雖然土地拍賣成功，但憲法問題還未解決。在深圳改革方案論證會上，梁振英更提出一條重要建言：「必須修改憲法和土地管理法，否則外商是絕對不敢來買地的。」[27] 這反映了憲法和土地批租之間的衝突，這個根本性問題也一直影響着外資投資的信心，成為土地改革探索之路最大的障礙。所以，為進一步處理憲法問題和保持土地改革之路的完整性，1988 年 4 月，全國人民代表大會正式修改憲法，增加了「土地的使用權可以依照法律的規定轉讓」，刪除了土地不得出租的規定；同時在 12 月通過《土地管理法》的修改議案，規定「國家依法實行國有土地有償使用制度」，准許依法出讓、轉讓、出租、抵押，為國家土地批租提供完整的法律基礎。[28]

憲法修改後，上海市土地批租辦改名為土地使用制度改革領導小組。上海把握機會，準備正式開展虹橋 26 號地段國際招標的工作，聘請了七名香港顧問，而其中最重要的是香港仲量行主席梁振英先生，負責幫助具體策劃、研究辦法、翻譯標書等。方案出台後，為了做好宣傳工作，上海市政府還特地請來梁振英給政府幹部們講課。當時的招標工作也藉助了香港的金融中心地位開展。換句話說，上海首個國際招標的成功一方面有賴於市委的前期準備工作和努力，另一方面則是因為得到香港各界專業人士的支持。特別是梁振英在香港宣傳這次的國際拍賣，幫忙向歐美國家發送標書，吸引了澳洲廣播媒體報導此歷史要事。來自香港的阮北耀律師作為招標程序公證人，收到來自日本、美國和香港六家公司的國際標書，以當時的國際招標標準「價高者得」的原則，最後在同年 7 月，由孫忠利的日本孫氏企業以 2,805 萬美元投標價中標，標價遠遠超過上海市政府的預期。《辦法》在上海首次國際招標時作用突出，所以國家土地局起草的法規基本參照了上海的《辦法》。

整體制度建設基本完成後，專業人士和人才培訓不足就成為了制約中國土地改革及土地市場發展的另一大要素。《香港房地產導報》1998 年第 2 期指出，當時只有蘇州提供非正式的房地產測量訓練班，天津大學和上海同濟大學只培養工料測量師，並沒有提供房地產測量訓練。[29] 另外，除了房地產培訓，還需宏觀架構的政策配套，例如法規訓練、市場經濟、城市管理等。上實公司和東南經濟信息中心舉辦上海首個賣地及中國房地產改革研討會，邀請了在港的顧問、投資商、商會和專業人士（新聞界、法律界、銀行界等）交換看法和建議；姬鵬飛主任（時任國務委員、中央外事工作領導小組副組長、國務院港澳辦公室主任）作為代表，公開表示香港土地批租方法可行，並支持香港成為國家培訓專業人士的中心。1991 年起，劉紹鈞在香港舉辦培訓課程，為國土局、建設局、上海、深圳、教育部、大學等提供專業培訓服務。在正規教育方面，教育部將房地產定為一個大學專業學科，加強地產及物業管理專業人士培訓，打好房地產專業人才培養的基礎；在法制方面，參照香港法律制定土地法規，強化政府官員的法律意識，完善相關法規，提高土地批租透明度，令房地產批租成為有法可依的合法市場。

結語

　　早期對香港的研究成果，影響了國家在不少方面的改革方法和方向。香港模式的土地批租，啟發了領導層對土地靈活運用方面的思路。在經濟方面，能夠帶動整個地區的經濟運作和發展；在法理方面，透過將土地所有權和使用權分離，在「土地所有權根本沒變」的基礎上進行土地改革。在改革期間，香港成為國家的土地國際顧問和培訓中心，香港的專業人士在 1970 年代末已致力服務國家，透過提供技術性支援和

知識培訓，參與國家的改革開放。同時，香港的專業人士在省市及國家政策制定和技術執行過程中，提供大量建議及指導，最後成為上海及國家培訓專業人士的中心。

國家在 1980 年代開始進行土地改革。雖在改革初期早年，廣東已嘗試土地租借，卻因缺乏系統組織及面對不同的法理及政治問題，並不能有效構建一套能符合國情及憲法的土地制度。香港的土地政策在法理和事實上，比當時國家的土地制度擁有更嚴格的管理和控制體系。不同於一般歐美的土地政策，從法律上來說，香港土地的所有權一直不屬於個人。土地批租只涉及使用權轉移，完全不影響所有權的歸屬。這與國家的政治理論吻合，更是內地能夠順暢地參考香港制度的重要因素。

這類的經驗和例子還有非常多，而且香港經驗一直在國家發展過程中發揮着重要而特殊的作用。過去 40 年的改革開放，通過吸收香港經驗，從制度上釋放了人口紅利和天然資源，從而獲得巨大發展。然而，改革開放很成功，卻還未完成。我們都很清楚，未來的改革之路，已經不可能再通過上述的兩種傳統生產要素達成，而必須轉向為進一步和更深層次的制度紅利來實現。試想，GDP 居全國前列的廣東省，經濟總量已經跟不少發達國家如韓國的水平相若。如果不從制度上進行深化改革，又如何實現改善人民生活和進一步發展增長的目標呢？粵港澳大灣區的出現，正是下一階段改革開放的一把鑰匙：在大灣區吸收香港的專業服務標準和社會民生制度，優化廣東而後輻射全國，以香港經驗推動全國進一步的制度改革。事實上，如果沒法達到擇優原則下的制度統一，粵港澳大灣區也就沒法成功。可以說，今日的粵港澳大灣區，就是 40 年前的深圳；當年上海土地改革借鏡的香港土地政策，在今天則是香港即將影響大灣區發展的更深層專業服務和社會民生制度。

香港的制度經驗，始終是國家改革開放的重要參考。

本章作者：李浩然

香港特區政府基本法推廣督導委員會教師及學生工作組召集人
華潤集團粵港澳大灣區發展辦公室主任

陸子瑋

基本法基金會研究員

注釋

1　中共上海市委黨史研究室：〈土地批租改革的破土而出（王安德）〉，載《破冰：上海土地批租試點親歷者説》，上海人民出版社 2018 年版，第 66-69 頁。

2　關於土地憲法問題，可參考沈歸：〈憲法規範層次論：一種解釋方法〉，《清華法學》2012 年第 6 卷第 5 期，第 5-18 頁。

3　周其仁：〈農地產權與徵地制度 —— 中國城市化面臨的重大選擇〉，《經濟學（季刊）》2004 年第 4 卷第 1 章，第 193-201 頁。

4　中共上海市委黨史研究室：〈中國改革開放進程中的一件大事（譚茀芸、楊振漢）〉，載《破冰：上海土地批租試點親歷者説》，第 11-19 頁。

5　楊聖明：〈雙軌制的歷史地位與命運〉，《經濟研究》1991 年第 4 期。

6　楊海坤：《走向憲政和行政法治的時代》，台北：元照出版公司 2012 年版。

7　中共上海市委黨史研究室：〈土地批租改革的破土而出（王安德）〉，第 66-69 頁。

8　有關十二屆三中全會的內容可參考中國網：《中共中央關於經濟體制改革的決定》。

9　中共上海市委黨史研究室：〈土地批租改革的破土而出（王安德）〉，第 66-69 頁。

10　同上，第 62-64 頁。

11　中共上海市委黨史研究室：〈從滬港經濟比較研究到土地批租可行性研究和試點（裴世安）〉，載《破冰：上海土地批租試點親歷者説》，第 182-189 頁。

12　馮邦彥：《香港產業結構轉型》，三聯書店（香港）有限公司 2014 年版，第 132 頁。

13　吳婧：〈中國跟香港學了賣地生財，卻沒有學會……〉，端傳媒，2016 年 6 月 10 日，資料來源：https://theinitium.com/article/20160610-mainland-landreform/（最後訪問時間：2018 年 10 月 18 日）。

14　中共上海市委黨史研究室：〈謹慎、規范、依法推進上海土地批租改革（夏克強）〉，載《破冰：上海土地批租試點親歷者説》，第 21-26 頁。

15　根據《英皇制誥》第 13 條（1950 年 3 月 16 日版本），「總督得以英皇名義並代表英皇決定並執行批出及處置本殖民地任何得由英皇批出及處置之土地」。換言之，所有土地皆屬英國皇室所有，統稱為「官地」（Crown land）。

16　中共上海市委黨史研究室：〈謹慎、規範、依法推進上海土地批租改革（夏克強）〉，第 33-34 頁。

17　香港特區政府契約內容可參考地政總署網站。

18 馮邦彥：《轉型時期的香港經濟》，三聯書店（香港）有限公司 2017 年版，第 67-69 頁。

19 詳細可參考香港法例第 123 章《建築物條例》。

20 田紀雲：《在北戴河聽取河北省及秦皇島市領導工作彙報時的講話》，1987 年 8 月，載《全國土地管理局長會議文件彙編》，北京：中國展望出版社 1990 年版，第 8-9 頁。

21 中共上海市委黨史研究室：〈中國改革開放進程中的一件大事（譚茀芸、楊振漢）〉，第 11-19 頁。

22 中共上海市委黨史研究室：〈誠心誠意介紹香港經驗給上海（簡福飴）〉，載《破冰：上海土地批租試點親歷者說》，第 105-111 頁。

23 當時香港出現炒股熱，市場處於瘋狂態勢，政府為冷卻股市，以《消防條例》為由出動消防員，禁止股民進入華人行買賣股票。

24 Frances Cairncross & Hamish McRae, *The Second Great Crash* (London: Eyre Methuen, 1975).

25 中共上海市委黨史研究室：〈誠心誠意介紹香港經驗給上海（簡福飴）〉，第 105-111 頁。

26 同上，第 126-135 頁。

27 黎冬梅、張帆：〈參與內地改革 傳授專業知識；梁教路深滬土地拍賣〉，《大公報》2012 年 3 月 26 日。

28 W. C. Jones, "The Constitution of the People's Republic of China", (1985) *Washington University Law Review* 63 (4), pp. 707-727.

29 彭朋：〈《香港房地產導報》編輯顧問劉紹鈞談上海賣地〉，《香港房地產導報》1988 年第 2 期。

第 四 章

在港中資企業對國家改革開放的貢獻

一、40 年來在港中資企業的發展及對內地貢獻概述

改革開放 40 年以來，中資企業在香港取得了長足的發展，為穩定香港經濟民生長期奉獻投入，更為內地發展作出了不可磨滅的重大貢獻。

以 1978 年內地實施改革開放為起點，在港中資企業經歷從專業化到多元化，從香港向內地擴展和以香港為平台加速國際化三個重要發展階段。

圖 1　1949 年以來中資在香港發展的事件性坐標

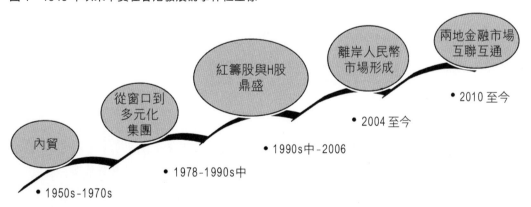

資料來源：孔丹：《中資機構在香港的發展》，2017 年 7 月；華潤戰略研究中心。

（一）改革開放前中資以進口內地亟需的特定物資為主

　　自 1949 年新中國成立到 1978 年之前，在港中資主要以專業化發展為特徵，重點行業包括金融、航運、旅遊和貿易——其中以進出口貿易與內地的發展建設關係最為緊密。這一時期，為了突破西方的經濟封鎖，大量生產及生活物資憑藉香港國際自由貿易港的獨到優勢得以進口，然後運往內地。為了換取外匯以採購海外物資等，內地亦開始利用香港出口物資。

圖2　香港進口轉口發展　　　　　　　　　　　　　　　　　　　（百萬港元）

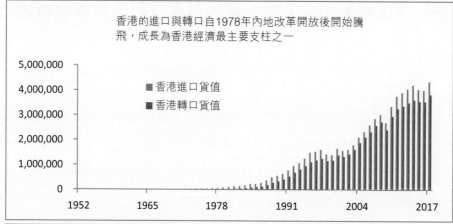

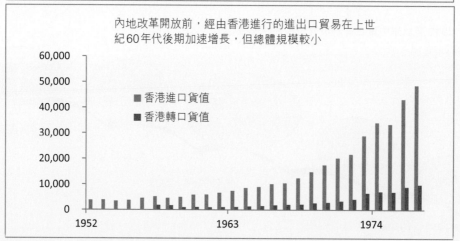

注：香港與內地貿易自 1972 年後始有統計數據。從上圖 1952 至 1977 年間香港整體進口、特別是轉口貿易貨值的變化，可大略反映內地通過香港進行的進出口業務趨勢。

資料來源：萬得數據庫；華潤戰略研究中心。

雖然承擔了相當重要的內地經濟和民生任務，這一時期活躍的在港中資數量較少，規模亦相當有限。有統計顯示，截至 1978 年，在港中資數量略超過 100 家。其中，在各行業具有代表性的中資企業均在 1949 年前已在港成立，包括香港招商局、中國銀行香港分行、太平保險公司、華潤公司、中國旅行社等；1949 至 1978 年間在港註冊的中資主要為兩類，一類是小型金融機構，如南洋商業銀行、寶生銀行；另一類是進出口貿易公司。

（二）1978 至 1996 年：從專業化走向多元化，反哺內地建設

1978 年內地實行改革開放，中資在進出口貿易領域由此進入突飛猛進的發展時期。統計數據顯示，1979 至 1989 年間內地與香港貨物貿易年均增速高達 35%；自 1985 年起，內地取代美國，重新成為香港第一大貿易夥伴，並一直保持至今。

隨着改革開放推進、外貿體制放權，內地各部委、各省市紛紛在香港直接設立貿易「窗口公司」，一些市縣鄉鎮也在香港設立公司。改革開放初期由少數中資公司主導內地相關外貿業務的局面漸漸消失。這一時期，在港中資數量急劇增加。到 1989 年，在港中資機構數量曾一度突破 2,500 家，管理出現鬆弛、經營風險上升；在主管部門梳理下，1991 年在港中資數量大幅壓縮至約 1,500 家。

這一時期興起的窗口公司主要負責進出口貿易、內地招商引資和內外聯絡與接待等。在香港回歸前景日漸明朗的大背景下，窗口公司可憑藉地方政府承諾在香港外資銀行獲得大量無抵押擔保的貸款，有力地支持了內地的建設發展和自身在港業務的拓展。

同時，大型窗口公司如華潤、招商局、光大等，在原有單一主業加速市場化、專營優勢式微的背景下，開始探索多元化和國際化。這一時期在港中資多元化有三種主要的代表模式。第一種模式是平行多元化，以華潤集團為代表，從原有的單一主業外貿，轉向包括貿易、金融、酒店、地產、運輸和零售等多種主業並行經營。第二種模式是垂直或相關多元化，以中銀香港為代表，從銀行業擴展到證券、保險、基金和信用卡等業務。第三種模式則是上述兩種模式的綜合，以招商局為代表，即從以航運為

表 1　內地為香港第一大交易夥伴　　　　　　　　　　　　　　　　　　　　　　　（百萬港元）

年份	兩地貿易額	佔香港貿易總額比重（%）	在香港貿易夥伴中排名
1949	1,178	23.2	1
1959	1,148	14.0	1
1962	1,298	11.7	4
1966	2,838	16.1	2
1976	7,908	9.3	3
1977	8,288	8.9	3
1978	10,845	9.3	3
1985	120,175	25.8	1
1989	343,440	30.3	1
1992	628,412	33.4	1
1996	1,049,814	35.8	1
1997	1,116,117	36.3	1
…	…	…	1
2017	4,135,974	50.2	1

資料來源：劉蜀永主編：《簡明香港史》，三聯書店（香港）有限公司 2016 年第三版；萬得數據庫。

圖 3　在港中資多元化代表性模式示意圖

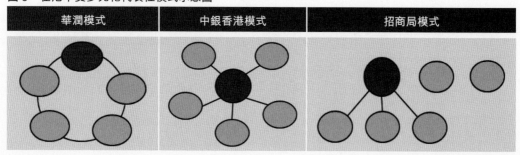

| 華潤模式 | 中銀香港模式 | 招商局模式 |

資料來源：華潤戰略研究中心。

主，擴展至與航運相關的倉儲、碼頭業務，同時亦進入了金融、酒店和地產等業務。

截至 1995 年底，在港中資總資產規模達到 1.3 萬億港元，淨資產 0.16 萬億港元，迅速成長為資產僅次於英資的在港企業群體。這一時期，多元化集團成為在港中資的實力和形象代表，總資產排名前 20 位的中資集團佔到中資在港總資產的 80%，規模效應日益展現。

表 2　截至 1995 年底資產過百億的中資

資產過百億港元中資集團（截至 1995 年底）	總資產排名
中銀集團	1
華潤集團	2
中遠（香港）集團	3
招商局集團	4
港中旅集團	5
粤海集團	6
中信（香港）集團	7
嘉華銀行	8
中國海外集團	9
越秀集團	10

資料來源：烏蘭木倫主編：《發展中的香港中資企業》，香港經濟導報社 1997 年版。

這一時期中資的迅速發展壯大相當程度上得益於香港高效便捷的投融資環境。透過資產經營和資本運作，中資在香港進入了多個實業領域，與香港經濟民生全面加深了聯繫。這一時期，在香港的實業投資為中資固定資產和長期投資的主體。

重要的是，透過在香港的實業投資，中資獲得了在多個產業領域的市場經驗和在港融資能力，並將其迅速應用於內地，極大地促進了內地經濟發展建設（見表 3），同時也為自身業務未來的發展贏得了先機。

表 3　中資的投資額 　　　　　　　　　　　　　　　　　　　　　　　　　　（億港元）

中資集團	截至 1995 年的累計投資			
	總額	香港	內地	海外
華潤集團	168	92	**50**	26
中信（香港）集團	143	131	**11**	1
中海外集團	118	88	**30**	0.4
粵海集團	105	0	**91**	14
招商局集團	101	58	**39**	5
中銀集團	80	25	**55**	0
港中旅集團	60	28	**16**	16
光大集團	55	33	**16**	16
中遠（香港）集團	24	1	**20**	3

資料來源：《發展中的香港中資企業》，第 361 頁。

這一時期中資進行的中港聯動代表性投資包括：招商局在香港參股投資了現代貨櫃碼頭，在內地投資了深圳蛇口工業區；華潤在香港參股投資了西九龍貨櫃與集裝箱碼頭，在海外投資了泰國曼谷時代廣場，在內地投資了瀋陽雪花啤酒和徐州電力公司；中信（香港）在香港參股投資了國泰航空、東西區海底隧道，在澳門投資了澳門電訊，在內地投資了江蘇江陰利港電廠、滬嘉高速公路、上海楊浦和南浦大橋等。

（三）1997 至 2006 年：從香港向內地擴展，引領外資投資內地實業

香港回歸後第一個 10 年，內地企業與香港中資企業在業務和資本層面發生了顯著的雙向對流。具體表現為：一方面，香港迎來了自身發展歷史中最重要的篇章，即優質內地企業源源不斷地在港上市，全面提升了香港資本市場的廣度和深度，將香港由一個地區性資金自由港提升為一個領先的國際金融中心；另一方面，香港中資加速在內地實業領域的投資佈局，在多個領域成為產業領袖，在招商引資領域為內地經濟建設作出了最為突出的貢獻。

圖4　香港是內地實際利用外資最大的來源地　　　　　　　　　　　　（億港元）

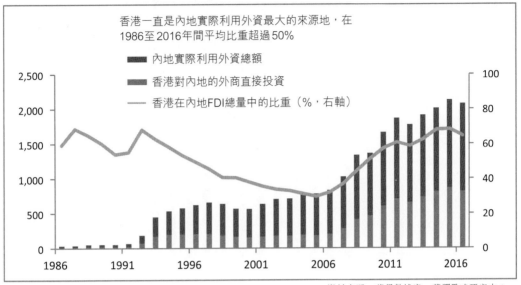

資料來源：萬得數據庫；華潤戰略研究中心。

這一時期在港中資出現實質性的向「內」流動首先有其經濟週期的背景。由於前期負債擴張，大多數中資企業在1997至1998年亞洲金融危機中遭受衝擊，需要進行資產重組和戰略變革。由此帶來的最重要的一個變化是，在港中資緊緊把握住內地高速發展的契機，將實業重心移向內地，同時仍將香港作為其資本運營和資金融通的核心平台。

這一時期在港中資業務向「內」流動亦具有政策因素。回歸之際，對在港中資未來發展方向的政策指引為中資企業在香港產業領域「不謀求主導地位」，這也促使在港中資在維護香港繁榮穩定的重任之外，將支持內地發展建設置於越來越重要的位置。事實上，回歸10年後，2006年底的統計表明，在港中資在香港實業領域的份額處於穩中略降的狀態。

這一時期在港中資業務向「內」流動還發揮了自身作為內地市場和海外資本最佳中介的角色。由於熟悉國際市場、具備海外資源網絡，這一時期在港中資往往成為外資投資內地產業主要的引路者和合作夥伴。

圖 5　來自香港的內地補償加工類外商投資趨勢　　　　　　　　　　　　　（億港元）

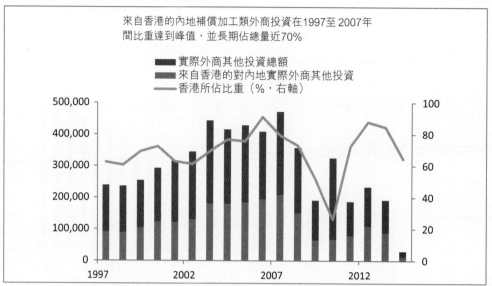

注：實際外商其他投資是指除對外借款和外商直接投資以外，以其他方式吸收的外資。具體包括補償貿易、加工裝配中外
　　商提供的設備價款、國際租賃中的租賃協議，以及對外發行股票等。

資料來源：萬得數據庫；華潤戰略研究中心。

（四）2007 年至今：以香港為平台加速國際化

　　在回歸第二個 10 年，香港見證和促成了內地經濟奇跡般的高速增長。從海外市
場和外資的角度，其中最具衝擊力的一個變化就是內地企業加速「走出去」，內地日
益成長為全球最具影響力的投資來源地之一。

　　在內地「走出去」的過程中，香港再次發揮了無可取代的作用。

　　其中，在港中資發揮的作用主要體現在三個方面。第一，在資金融通方面，在港
中資金融企業通過其強大的網絡和業務拓展能力，以及與內地總部聯動等方式，全力
為內地企業走出去提供金融支持。第二，在港中資本身亦成為走出去的重要力量，在
海外資源、基建、航運、金融等領域展開了積極的探索。第三，「走出去」帶動了新
一批內地企業入駐香港，既推進自身的業務國際化，更為內地客戶「走出去」提供服
務。以旅遊業為例，內地互聯網旅行公司攜程於 2009 至 2010 年間先後控股了台灣最
大網絡旅遊公司易遊和香港老牌旅行社永安旅遊，為內地居民日益增長的出境旅行需

求服務。此外，香港康泰旅行社和星辰旅遊也分別被海航和花樣年收購。不過，就投資規模和數量來看，內地在香港投資併購主體仍以金融業為主，標的覆蓋銀行、證券公司、資產管理和上市公司等。

圖 6　2006 年以來內地海外投資　　　　　　　　　　　　　　　　　（億港元）

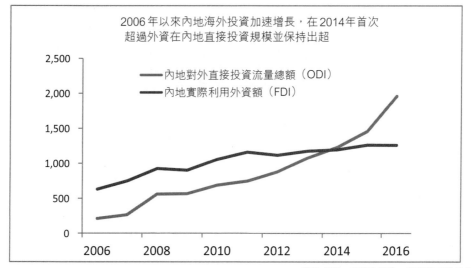

資料來源：萬得數據庫；華潤戰略研究中心。

圖 7　香港成為內地對外直接投資最重要平台　　　　　　　　　　　（億港元）

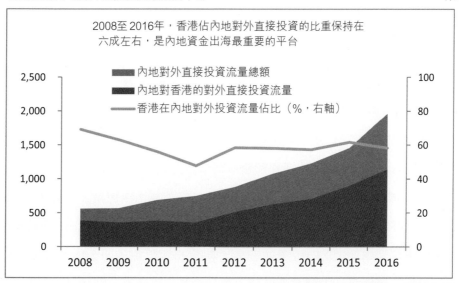

資料來源：萬得數據庫；華潤戰略研究中心。

圖 8　在港中資數量迅速增長

	1995	1996	2006	2016
■ 內地在港累積投資（億港元）	934	3,315	20,243	32,414
— 中資企業數（間，右軸）	1,500	1,830	2,600	4,200

資料來源：萬得數據庫；華潤戰略研究中心。

二、代表性中資企業在改革開放不同時期作出的貢獻

（一）中信香港：靈活運用國際化的資本市場投資實業

中信香港集團成立於 1987 年，是中信公司在香港的子公司。中信香港是改革開放初期至香港回歸前在香港資本運作和資本經營最為成功的中資企業代表。

在 1987 年成立之初，中信公司對中信香港的投入為 2.39 億港元。在 1990 年農曆新年前，中信香港已持有國泰航空 12.5% 股權、香港電訊 20% 股權、港龍航空 38.3% 股權、香港東區海底隧道 23.5% 權益、澳門電訊 20% 股權，加上其他業務，其總資產近 200 億元。1990 年，中信香港借殼上市，易名中信泰富。據統計，截至 1996 年

底，中信泰富市值 957 億港元，在當時的在港上市中資企業中遙遙領先。

在上述中信香港的多項投資活動中，對香港電訊的股權收購頗具時代意義。香港電訊原係英資控股的企業，在中英發表聯合聲明後香港前途已明朗的大背景下，於 1986 年在香港上市，並在 1989 年中對中資發出了出讓 20% 股權的邀請。此際，中資接盤香港電訊的股權具有非常重大的歷史意義，不僅向英資和其他在港外資傳遞出共同發展的友好信息，更在內地遭受西方制裁的關鍵時刻向海外表明了中國持續改革開放的堅定決心。在僅有 20 億港元自有資金的條件下，中信香港主要通過向 10 餘家境外銀行貸款的方式，以每股 4.5 港元、總額 103 億港元完成了對香港電訊股權的收購。中信香港負責人指出，該收購是在商業合理性的前提下展開的，標的公司本身具有良好的盈利前景，轉讓股權時又因為非商業因素遭受低估。

在運用債務融資手段完成一系列市場併購活動後，中信香港又展開資本運營，通過借殼上市的方式（按：自此易名為中信泰富）實現從債務融資到股權融資的轉換。經過一系列優質資產注入和新的併購活動，中信泰富市值大幅躍升，從借殼上市之初的每股不足兩港元的股價上升到 1996 年底的每股近 45 元港元，成為首家進入香港上市公司市值排名前 10 強的中資企業。

對於在港和內地中資企業，這一時期中信香港的發展具有引領潮流的效應。其時，中信泰富被視為「紅籌股」領袖。所謂紅籌股，是指註冊在境外的在港上市中資公司。中信泰富的躍遷式發展，帶動了包括招商局海虹集團、中國海外發展、中旅國際投資、廣東越秀投資等紅籌公司相繼在港上市。香港回歸前夕，截至 1997 年 3 月，在港上市的紅籌股已超過 60 家，總市值超過 2,000 億港元，佔香港市值比重約 6%。

紅籌股的興起讓中資通過運用資本市場獲得了加速自身壯大發展的機會，亦將「中國概念」成功地推向了國際市場和國際投資者；更重要的是，為內地經濟發展和建設開掘出了一條高效的融資渠道。據統計，香港回歸前，包括中信泰富、粵海投資、華潤創業、中旅國際等通過在香港上市籌集了上百億港元資金，隨後在內地進行了大量的併購投資。

圖 9　紅籌股促進中資躍遷式發展

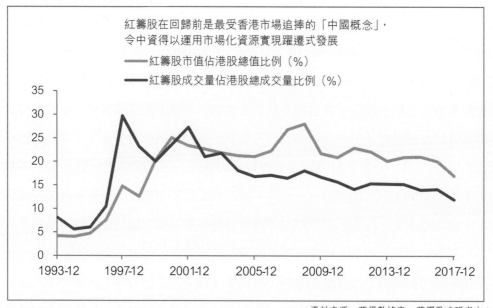

紅籌股在回歸前是最受香港市場追捧的「中國概念」，令中資得以運用市場化資源實現躍遷式發展

資料來源：萬得數據庫；華潤戰略研究中心。

（二）招商局：以香港為平台構建國際化基建佈局

招商局集團源於清朝輪船招商局 1873 年在香港設立的分支機構，是在港歷史最悠久的中資企業，在基礎設施與裝備製造、物流航運、金融和園區等領域均具有前驅經驗和產業領導者的地位。

1978 年內地改革開放，以航運為主的招商局制定了「立足港澳、背靠內地、面向海外、多種經營、買賣結合、工商結合」的經營方針，隨後在香港和內地進行了超前創新的經營和投資活動。香港回歸前，招商局已經成為一個總資產超過 300 億港元的綜合性企業集團，成熟的業務領域包括航運、工業貿易、金融保險、旅遊酒店、工程地產和工業園區。

招商局在內地的投資始終體現了對國家重點經濟戰略的積極跟進。在香港回歸後第二個 10 年，追隨國家的「走出去」戰略和「一帶一路」倡議，招商局的國際化取得了令人矚目的成績，堪稱國際化程度最高的在港中資企業。

招商局的國際化重點是其港口開發運營領域。在內地環渤海、長三角、廈門灣、珠三角和西南沿海的港口戰略佈局基本完成，全球貿易和製造逐漸開始向中國以外的新興市場擴散轉移的產業大背景下，恰逢 2007 至 2008 年全球金融危機的資產價格觸底的窗口期，招商國際提出了「鞏固亞洲、完善非洲、拓展歐洲、突破美洲」的海外戰略和成為「全球領先的港口開發運營商」的目標。隨後數年，招商國際以兼併收購和直接投資的方式實現了在全球港口業的快速擴張，並將改革開放中集港口和物流園區相關產業、臨港加工製造、地產與金融等區域綜合開發的「蛇口」模式在海外進行了複製。

圖 10　招商局海外港口佈局

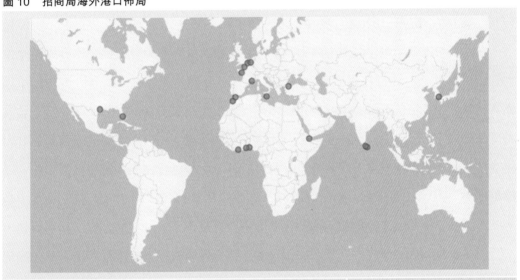

印度次大陸及非洲	歐洲及地中海	其他
斯里蘭卡：科倫坡、漢班托塔 尼日尼亞：拉各斯 多哥：洛美 吉布提：吉布提市 科特迪瓦：阿比讓	摩洛哥：卡薩布蘭卡、丹吉爾 馬耳他：馬沙斯洛克 法國：福斯、勒阿弗爾、敦刻爾克、蒙圖瓦爾 比利時：安特衛普 土耳其：伊斯坦布爾	韓國：釜山 美國：邁阿密、侯斯頓

注：截至 2016 年底，招商局集團已在印度次大陸及非洲、歐洲及地中海和其他海外地區投建了 49 個港口，多屬「一帶一路」沿綫國家重要港口。

資料來源：招商局港口控股有限公司 2017 年年報；華潤戰略研究中心。

在招商局「走出去」的過程中，香港發揮了重要的平台作用。香港高效的融資渠道、高質量的專業服務、國際化人才資源，以及作為國際金融中心的聲譽和影響力，均為招商局國際化帶來便利。

（三）中銀香港：扎根香港，全程促進內地金融改革開放

中銀香港係由原香港中銀集團銀行十多間成員行重組而成，堪稱對香港經濟民生參與度最深和影響力最大的在港中資機構。不無啟示的是，中銀香港的成長壯大與內地改革開放的進程緊密結合：它既是改革開放每一個重要階段的受益者，亦是內地發展建設、特別是金融改革開放的重要推動者。

內地改革開放前，中銀香港在香港的業務較為單一，以零售銀行為主，規模較小。在中英發表聯合聲明前後的 10 年裏，中銀香港在香港金融市場開始發揮越來越大的作用：在 1983 年港元匯價危機、1983 至 1986 年銀行風潮、1987 年股災、1991 年國際商業信貸銀行倒閉引發擠提、1995 年港元聯繫匯率制受衝擊等重大事件中，均盡力支持同業，配合監管機構穩定市場。隨着業務與影響力上升、香港回歸漸近，1994 年 5 月，中銀香港正式參與發行港元鈔票，成為三家發鈔行之一。業務發展方面，回歸前中銀香港已從商業銀行拓展到證券、基金、信託、保險等領域，廣泛參與了香港的大型基建項目，並為日益活躍的在港中資企業提供了大量貿易融資、項目貸款，以及資本市場投融資服務。同時，中銀香港亦為內地經濟建設提供了多種服務。據統計，1978 至 1996 年，中銀香港為內地提供了超過 3,000 筆項目貸款，總額超過 120 億美元，重點分佈在交通、能源、運輸和大型工業企業技術改造領域；此外，中銀香港在內地的直接投資超過 8 億美元。

香港回歸後，中銀香港把握住內地企業來港融資、人民幣國際化和內地與香港金融市場互聯互通的重大機遇，實現了業務實質性的躍遷。

2003 年，中銀香港獲委任為香港獨家人民幣業務清算行，為人民幣國際化和將香港打造成為全球最大的人民幣離岸中心作出了傑出的貢獻。中銀香港提供的產品和服務包括跨境人民幣貿易結算、人民幣對外直接投資、人民幣首次公開招股和與富時集

圖 11　中資銀行獲得長足發展　　　　　　　　　　　　　　　　　　　　　（億港元）

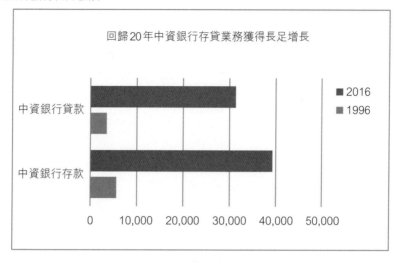

圖 12　目前香港銀行業資產分佈

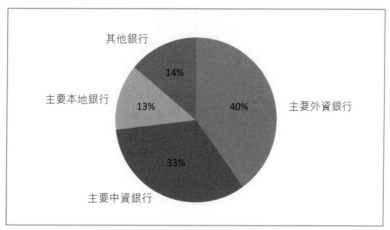

資料來源：中國銀行（香港）有限公司。

團合作推出的離岸人民幣債券指數等，在香港人民幣存貸款和貿易結算、人民幣債券發行、人民幣資金市場及衍生品交易等領域多年保持領先地位。

2009 年，中銀香港將人民幣離岸結算服務延伸至東南亞城市，並搭建起全球第一個離岸人民幣實時支付清算系統（人民幣 RTGS）。目前，該清算平台全球參加行已超過 200 家，覆蓋 40 個國家和地區，可與香港多個清算系統聯網，完成人民幣、港幣、美元和歐元的同步交收清算。中銀香港人民幣 RTGS 系統清算量佔境外人民幣清算總量近 70%。

圖 13　香港是中國金融改革前沿

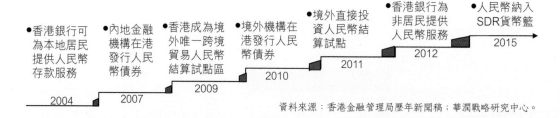

資料來源：香港金融管理局歷年新聞稿；華潤戰略研究中心。

圖 14　人民幣跨境收付分佈情況

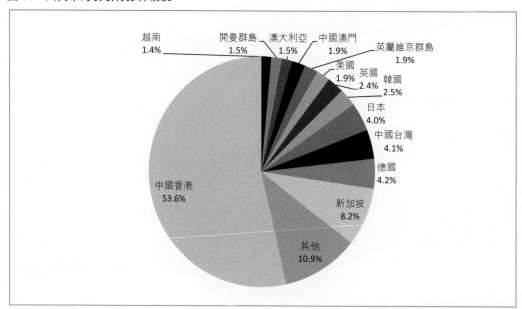

資料來源：中國人民銀行《2017 年人民幣國際化報告》。

　　2014 年，中銀香港成為滬港通獨家人民幣結算銀行和港股通結算銀行及獨家指定銀行。隨後，成為「黃金滬港通」獨家結算銀行，並獲得深港通全部業務資格，有力地推進了內地和香港金融市場互聯互通以及內地金融改革的縱深發展。

　　當前，中銀香港致力於拓展「一帶一路」重點區域 —— 東南亞業務，通過項目融資、銀團貸款等形式參與當地大型基建項目，將香港業務優勢延伸至東南亞的人民幣交易、清算、理財等領域。在粵港澳大灣區建設領域，中銀香港則主要通過與總行及廣東分行加強一體化方式，實現灣區內業務的跨境聯動。

（四）華潤集團：「立足香港、面向內地」，轉型為領先多元化產業集團

　　華潤集團創立於 1938 年，是改革開放前在進出口貿易領域最重要的在港中資公司，其獨家代理的業務在最高峰時曾達到內地外貿總量的 30%，並在不同時期成功完成了發起廣交會、海外採購內地亟需的糧食、孵化遠洋運輸、創立「三來一補」等關係國計民生的重大任務。然而，由於以外貿代理為主業，華潤亦成為改革開放後外貿市場化受衝擊最大的中資企業。

　　1983 年華潤首先完成了集團化改革，將下屬機構以股權形式管理。隨後，華潤將多元化作為轉型方向，在多個領域進行了探索。

　　第一個領域是全面改善提升現有貿易業務。首先，將現有業務合併重組，通過規模化提升競爭力。其次，為現有業務增加配套服務和設施，以促進其穩定發展 ── 基於此考慮，華潤在香港和內地均進入了基建領域，投建項目包括香港西九龍貨櫃和集裝箱碼頭、香港青衣新油庫、青島江陰大型油氣庫、訂造新船等。再次，擴大經營網絡和渠道。香港回歸前，華潤已在香港建立起由近 60 間工藝精品店、百貨公司和連鎖超市組成的銷售渠道，並在上海、北京、哈爾濱、蘇州建立了多個大型購物中心，在珠三角、長三角和華北形成了連鎖超市網絡。

　　第二個領域是進入工業和實業。多年專營外貿的經驗，華潤判定工業和實業才是貿易業務的源泉，並對包括啤酒、空調壓縮機、水泥、微電子、輕紡服裝行業進行了重點投資。自 1994 年開始，華潤通過連續併購地方啤酒公司的方式完成了對內地啤酒行業的整合，令華潤雪花成為內地銷量第一的啤酒品牌。此外，華潤還以投資併購方式實現對內地地產、超市、紡織行業的佈局。

　　第三個領域是圍繞經濟和市場熱點進行策略性投資（按：即財務投資）。在香港回歸前，華潤在香港進行了大量的投資活動，所涉領域包括銀行保險、能源發電、公路隧道、通訊傳輸、地產建築和旅遊酒店等；同時亦在上海、北京、海南、廣州等持有酒店和商業地產。

　　第四個領域是利用香港高效的資本市場進行資本運營。在上世紀 90 年代初，華

潤抓住港股調整時機，通過借殼永達利的方式獲得了第一間上市公司華潤創業，然後通過注入國際貨櫃碼頭股權的方式，將長期收益變現；然後，又通過注入舊油庫地產項目後與香港地產商聯手開發高級商住樓宇的方式一舉回收了數十億資金，用於投建現代化的香港青衣新油庫。據統計，香港回歸前，華潤通過直接及間接控股的三間上市公司，向國際基金和公眾集資超過 10 億美元，有力地支持了自身的多元化轉型。

第五個領域是嘗試國際化，「走出去」和「引進來」。「走出去」方面，從 1985 到 1997 年，華潤在全球多個國家設立了貿易公司和辦事處，海外投資項目包括加拿大和泰國的地產、法國伊博錶芯廠、剛果 32 萬公頃森林開發權益、俄羅斯的芯片研製項目等。「引進來」方面既包括利用已有的內地銷售網絡對海外品牌進行代理，更重要的是展開股權合作。1994 年，華潤引入南非 SAB 集團資金，聯手開發瀋陽啤酒項目；引入美國基金收購北京地產公司；此外，還在瀋陽華潤空調壓縮機引入日本三洋的投資。

1996 年，華潤決定對前期多元化和國際化業務進行梳理，向聚集內地重點產業的方向再次轉型；同時，致力於現代化的企業內控體系建設。由於提前退出了大量非相關投資及盈利前景不佳的項目，華潤成為在港中資中少數在 1997 至 1998 年亞洲金融風暴中未受衝擊的企業。

在上世紀 80 年代至 21 世紀初多元化和實業化兩次轉型過程中，華潤前瞻性地把握住香港回歸和內地改革開放的歷史性機遇，為自身的長遠成長和發展奠定了堅實的基礎。2017 年，華潤集團以 758 億美元營業額位列世界 500 強第 86 位，在 115 家上榜中國企業中名列第 18 位，在五家上榜香港企業中排名第一。

結語

　　繼往開來，未來在港中資企業的整體發展策略可以概括為「立足香港、依靠內地、面向世界」，通過業務佈局謀求實現國家、香港、企業三贏的局面。

　　對國家而言，重點在於「一國兩制」的行穩致遠，香港社會的繁榮穩定，以及讓香港融入國家發展大局，特別是粵港澳大灣區建設和「一帶一路」倡議；對香港而言，在於如何突破地少人多的資源稟賦限制、為本地社會創造更大的發展空間、在創新科技領域急起直追。因此，在港中資企業的未來發展，最重要的出發點是與國家的粵港澳大灣區發展戰略和香港本地的實際需求相結合。具體體現為：（一）為兩地人民提升美好生活作貢獻，包括做好高質量消費品、醫療保健等領域的產品和品牌；（二）為香港經濟和香港市民生活融入粵港澳大灣區作貢獻，例如讓香港年輕人有合適的渠道到大灣區工作；（三）貫徹中央對大灣區科創中心的角色定位，例如可以增強香港各間大學的豐富高質科研成果的產業化；（四）聯合本地財團和機構「走出去」和「走進去」，攜手參與「一帶一路」和粵港澳大灣區建設。這幾方面，相信會是在港中資企業對國家深化改革開放的下一個貢獻，更是香港以其所長為國家所需所能發揮的「一國兩制」的特殊優勢。

本章作者：李浩然

香港特區政府基本法推廣督導委員會教師及學生工作組召集人
華潤集團粵港澳大灣區發展辦公室主任

何禹欣

華潤集團戰略研究中心港澳研究室主任

附錄

附 錄 一

大事記

	1978 年
是年	華潤首創「三來一補」模式並大力推廣，開啟了香港製造業向內地轉移的先河。
7 月 15 日	國務院頒發《開展對外加工裝配業務試行辦法》。
8 月 30 日	東莞縣二輕局和香港信孚手袋製品公司簽下了全國第一個對外來料加工合同。
9 月 15 日	全國第一家「三來一補」企業東莞太平手袋廠開業。
11 月 17 日	來往香港及廣州的水上運輸復航，氣墊船分別由大角咀碼頭及黃埔港開出。
12 月 21 日	東莞縣來料加工裝配業務領導小組成立，下設辦公室，這是全國第一個加工貿易裝配辦公室。
	1979 年
是年	中英雙方達成協議，每日從內地持單程通行證到香港的定額為 150 人。
1 月 6 日	廣東省革命委員會和交通部將《關於我駐香港招商局在廣東寶安建立工業區的報告》上報國務院，31 日獲國務院副總理李先念批示同意。
1 月 8-25 日	廣東省委舉行常委擴大會議，明確提出要利用廣東毗鄰港澳的有利條件，利用外資，引進先進技術設備，搞補償貿易，搞加工裝配，搞合作經營。
1 月 12 日	深圳文錦渡口岸與香港正式直通貨運汽車。
1 月 19 日	以霍英東為團長的香港足球代表團抵達廣州，參加首屆「省港盃」足球賽第一場比賽。
1 月 28 日	廣東電視台和香港無綫電視合作，舉辦並直播《羊城賀歲萬家歡》春節文藝晚會，這是全國首個內地電視台與香港電視台合作的綜合性節目。
1 月 31 日	蛇口工業區誕生，成為內地第一個出口加工區。

2 月 1 日	中華全國體育總會廣東省分會、香港國弈會和澳門象棋總會在廣州東方賓館舉行省港澳埠際象棋賽制創立會議。
3 月	香港總商會會員訪問深圳,進行實地考察,了解當地的商機。
3 月 20 日	廣州鐵路局與香港九廣鐵路局簽訂協議,商定 4 月 4 日起新開廣州——九龍直達旅客特別快車。
3 月 24 日	香港總督麥理浩一行六人訪問中國內地。這是中華人民共和國成立後第一位正式到中國內地訪問的香港總督。
4 月 4 日	中斷 30 年的廣九直通車恢復通車典禮在廣州舉行。 中國港中旅集團公司成為港穗直通車票務總代理。
5 月 20 日 - 6 月 28 日	中國廣東粵劇團赴香港、澳門演出。這是文化大革命後廣東的粵劇團體首次赴港澳演出,也是中國內地出訪藝術團體率先實施商業演出。
7 月	暨南大學復辦後第二年開始恢復招收港澳台地區學生及僑生工作。
7 月 1 日	第五屆全國人民代表大會第二次會議通過《中外合資經營企業法》。
7 月 8 日	蛇口工業區炸山填海,破土動工。這一炮被稱為中國對外開放的第一聲「開山炮」。
7 月 10 日	廣東省公安局通告:8 月 1 日起,把一次使用有效的「港澳同胞回鄉介紹書」改為三年內多次使用有效的「港澳同胞回鄉證」。1980 年 12 月起,「港澳同胞回鄉證」的有效期由三年延長至 10 年。
7 月 15 日	中共中央、國務院下達文件,正式提出在深圳、珠海、汕頭三市試辦「出口特區」。
7 月 19 日	《中共中央、國務院批轉廣東省委、福建省委關於對外經濟活動實行特殊政策和靈活措施的兩個報告》正式出爐,允許廣東有權安排和經營自己的對外貿易,來料加工、補償貿易和合資經營等項目,廣東省可以自行審批。
7 月 25 日	中國旅行社開始承辦「港澳同胞回鄉證」。
8 月 1 日	即日起,「港澳同胞回鄉證」投入使用。
8 月 8 日	由港澳知名人士霍英東等合組的中澳投資建設有限公司與中山縣簽訂合作協議書,投資興建中山溫泉賓館。11 月正式動工,這是內地改革開放後首家中外合作旅遊賓館。
9 月	港商劉耀柱引進了「揚手即停」,開辦了全國第一家中外合資的出租小汽車公司——廣州市白雲小汽車出租公司。
9 月 3 日	國務院頒佈《開展對外加工裝配和中小型補償貿易辦法》,原《開展對外加工裝配業務試行辦法》失效。
9 月 18 日	深圳市第一家與港商合作的深圳水庫酒家開業。
12 月 25 日	中港合資的廣東省光明華僑電子工業有限公司(康佳前身)正式興建。次年 5 月 21 日正式投產。這是中國改革開放後誕生的第一家中外合資電子企業。
12 月 28 日	廣東蔬菜、水果首次進入香港超級市場銷售。

1980 年	
是年	廣州東方賓館成為中國第一間利用外資進行改造的賓館。
1 月 7 日	上海號客貨輪首航香港。停航 28 年的滬港客貨班輪復航。
1 月 11 日	中斷近 30 年的廣州—香港水上客運航綫復航。至 1985 年，汕頭、江門、湛江、開平三埠、肇慶、中山到香港的客運航綫陸續通航（或復航）。
1 月 29 日	廣東省交通局與香港招商局輪船股份有限公司簽訂《關於在廣東和香港合資經營汽車運輸聯營有限公司的協議》，開兩地汽車運輸之先河。
2 月 1 日	廣東田徑代表團一行 39 人，赴香港參加粵港澳田徑邀請賽，是改革開放後中國內地田壇第一支出訪港澳的隊伍，囊括 29 項第一名。
4 月 10 日	香港新合成發展有限公司與羊城服務發展公司簽訂了投資興建中國大酒店的合同，開啟穗港合作酒店的先河。
	北京航空食品有限公司成立，這是中國民航北京管理局與香港中國航空食品有限公司合資經營的航空配餐企業，是國家批准的第一家中外合資企業。
4 月 20 日	廣東省乒乓球協會、香港乒乓球總會和澳門乒乓球總會代表在廣州商定，每年由三地輪流舉辦一次省港澳乒乓球友誼杯賽。第一屆比賽於同年 7 月 26-28 日在香港舉行。
5 月	香港貿易發展局主席簡悅強率首個經貿代表團訪問廣州。
5 月 5 日	深圳市第一家港商獨資企業新南新印染廠在葵涌興建。
5 月 11 日	港英政府財政司夏鼎基訪問北京後轉經廣州，會見省長習仲勳，表示港方願意鼓勵香港商界到內地特區投資。
5 月 14 日	廣東省政府與港英政府簽訂《關於從東江取水供給香港九龍的補充協議》。
6 月 3 日	廣東省經濟機構在香港總代理——粵海企業有限公司在香港註冊成立，1981 年 1 月 5 日正式開業，1985 年 11 月 29 日更名為粵海企業（集團）有限公司。
6 月 29 日	港九工會聯合會會長楊光、港九洋務工會主席胡九率領 600 名工人抵達廣州，與廣東省、市總工會在廣州市第二工人文化宮舉行自中華人民共和國成立後第一次大規模的廣東省和香港工人聯歡遊園會。
7 月 4 日	中國、瑞士、香港三方合資的中國迅達電梯有限公司正式成立。8 日，中國迅達電梯有限公司上海電梯廠成立。該廠是全國機械工業第一家中外合資工廠，也是改革開放以後上海第一家中外合資工廠。
10 月 19-21 日	港督麥理浩一行四人到廣州訪問，商討進一步防止非法移民和經濟合作等問題。
12 月 11 日	廣東電力公司與香港中華電力有限公司在廣州就《在廣東合營核電站可行性研究聯合報告》舉行簽字儀式。
12 月 28 日	中山溫泉賓館開業。

1981 年	
1 月 1 日	廣東電視台在新聞中開設《港澳動態》專欄，這是中國內地電視台的首個港澳新聞欄目。
2 月 9 日	上海工業合作聯社投資收購香港培羅蒙公司，公司於同年 4 月 8 日開業。這是改革開放後上海第一個海外投資項目。
3 月	港英政府布政司姬達夫婦、政治顧問魏德巍等訪問廣州，與省委第一書記任仲夷、省長劉田夫就邊境道路等問題進行會談，雙方決定建立邊境會晤制度。
5 月 5-6 日	粵港雙方在廣州會談，討論建立邊境會晤關係，共同處理好陸路、水路旅客往來、過境勞動生產、走私偷渡犯罪等問題。
6 月	廣東省公路建設公司與香港合和中國發展有限公司簽訂一份《合作興建廣州、深圳、拱北（廣深拱）高速公路意願書》，建設廣深珠高速公路。
	粵港汽車運輸聯營有限公司首次開通香港至內地的直通公路客運班綫。
6 月 30 日	粵港雙方邊境會晤舉行首次會議。
7 月 26 日	上海與香港合資經營的上海聯合毛紡織有限公司成立，是上海第一個中外合資集團性公司，1992 年又成為中外合資第一個股份制上市公司。
8 月 14 日	深圳特區發展公司與香港聯城企業公司簽訂協議，合作開發後海灣，建設文錦渡工業區，合作年限 30 年。
8 月 26 日	經國務院批准，由香港長江實業（集團）有限公司董事局主席李嘉誠捐資創辦的汕頭大學成立。1983 年 10 月，汕頭大學舉行首屆本科生開學典禮。
9 月 25 日 - 10 月 13 日	廣東民間藝術團 50 人赴香港、澳門參加國慶和紀念辛亥革命 70 週年演出活動。
10 月	廣東省考古代表團訪問香港，這是文革後廣東首次出訪的文物考古團體。
10 月 31 日	粵港雙方達成《關於邊境會晤具體辦法的備忘錄》。
12 月 29 日	深圳特區發展公司與香港新奇世界旅行社簽約，合作改造舊城區。
12 月 30-31 日	香港總督麥理浩應梁湘市長邀請訪問深圳特區。這是香港高層領導首次造訪深圳。
1982 年	
1 月 1 日	粵港雙方商定，東江供水水費提高至每立方米 0.25 元。
1 月 9 日	南洋商業銀行在深圳經濟特區開設分行，成為新中國成立後第一家在內地經營的外資銀行。
1 月 15 日	廣州—香港直通汽車正式通車。
1 月 26 日	香港寶鼎公司與深圳市房地產公司簽約，獨資經營商住大廈。

1 月 29 日	深圳特區發展公司與香港深城投資公司協議投資 1.5 億港元，合作改建舊城區，合作年限 30 年。
4 月 30 日	《深圳—香港關於增闢兩地之間通道的協議》簽字儀式在深圳市政府大樓貴賓廳舉行。
5 月 12 日	深港雙方商議決定：凡來深圳特區投資的港商、集體旅遊團從羅湖口岸出境，時間可延長至晚上八時半。
6 月 14 日	中國第一家中外合資股份制企業——中國南山開發股份有限公司成立。
9 月 1 日	深港雙方同意，凡與深圳有經濟合作關係的港商私家車可從文錦渡進出。
12 月 17 日	香港與廣東口頭達成《關於持雙程（通行證）往港新措施的協議》，就內地持雙程證赴港人員逾期不歸問題達成協議。

1983 年

是年	香港商人胡應湘首次提出修建跨珠江口連接香港與珠海跨海大橋的構想，即建設伶仃洋大橋（港珠澳大橋的前稱）。
	華潤公司改組為華潤（集團）有限公司，開始建立現代企業制度。
2 月 6 日	由霍英東先生與廣東省政府投資合作興建的廣州白天鵝賓館開業，這是中國第一家中外合資的五星級賓館，也是內地首家五星級酒店。
8 月	廣東省旅遊服務公司開辦「香港遊」業務。11 月 15 日廣東省旅遊服務公司和廣東（香港）旅遊有限公司開辦的第一個「香港遊」旅遊團由廣州出發前往香港。
8 月 18 日	當年 5 月創立的紫光實業有限公司（中國光大集團前身）正式開業。
8 月 23 日	廣東省興華實業公司和香港旺譽有限公司簽訂《合作興建廣州國際科技貿易展覽交流中心協議書》。
8 月 30 日	廣州—香港微波電話綫路建成使用。
9 月 8 日	深圳市第一家駐外貿易業務機構——深業貿易有限公司在香港開業。
10 月 7 日	穗、深、港微波通訊系統正式開通。廣州至香港幹綫的最大容量達 2,700 個話路。這是中國內地通訊容量最大、技術設備較為先進的一項工程。
11 月 12 日	旅港知名人士郭得勝捐資 1,000 萬港元修建的孫中山紀念堂落成開放。

1984 年

1 月 1 日	廣州中國大酒店開業，是國內首家中外合作經營的大型酒店。
1 月 17 日	香港貿易發展局首次在廣州主辦香港產品展覽會。
5 月 1 日	廣州市電信局租賃香港興達投資有限公司的尋呼系統設備和電腦控制數字顯示傳呼設備（即 BP 機），並正式在廣州使用。這在中國內地是第一家。
5 月 24 日及 6 月 2 日	港方入境事務處與廣東省外事辦在深圳會談，口頭達成《關於廣九直通車列車員進出九龍車站持用證件問題的協議》。

7 月	暨南大學與香港城市理工學院建立校際交流關係，合作培養工商管理碩士研究生（MBA）。
8 月 21 日	廣州—香港長途電話直接撥號工程開通。
9 月 6 日	漢英對照的《廣州日報》海外、港澳專版創刊號在香港出版，9 月初開始向國內外發行。
9 月 6-16 日	「廣州市出口商品展銷會暨經濟技術合作洽談會」在香港舉行。
10 月	霍英東捐資的洛溪大橋動工。1988 年建成通車，在當時是亞洲同類橋樑之冠。
10 月 8 日	廣東省公路建設公司與香港合和中國有限公司在廣州簽訂《合作興建廣（州）深（圳）珠（海）高速公路協議書》。
10 月 24 日	廣州市政府制定了《廣州市華僑、港澳同胞投資優惠暫行辦法》，對為廣州市經濟建設作出重大貢獻的華僑、港澳同胞授予「廣州市榮譽市民」稱號。
11 月 8 日	「香港體育界贊助『廣東省體育基金會』籌募委員會」宣告成立，霍英東任主任委員。
11 月 14 日	「中國開放城市投資洽談會」在香港閉幕。廣東六市、區與香港簽訂合同協議意向書 138 項，投資總額 19.7 億美元。
11 月 30 日-12 月 15 日	首屆省港澳射擊賽在廣州舉行。此後比賽由粵港澳三地射擊總會輪流主辦。
12 月 1 日	廣東全省取消「港澳同胞回鄉戶口卡」，改為憑「港澳同胞回鄉證」入境、申請暫住戶口或在賓館旅店辦理住宿登記。
12 月 19 日	廣東省人民政府頒佈《廣東省華僑、港澳同胞捐辦公益事業支持家鄉建設優待辦法》，表彰香港同胞對廣東及家鄉所作出的貢獻。

1985 年

1 月	暨南大學在香港設立辦事處並成立暨南大學教育基金會。
2 月 9 日	由廣東核電投資有限公司與香港核電投資有限公司合資成立的廣東核電合營有限公司在深圳舉行開業典禮，並與香港中華電力投資有限公司合資共同建設和運營位於深圳市大亞灣的廣東核電站。1987 年 8 月 7 日主體工程正式開工。
2 月 10 日	深圳文錦渡口岸第二公路橋通車，實行出入境車輛分橋行駛。
2 月 28 日	沙頭角口岸正式對外開放，這是繼羅湖、文錦渡之後的第三個深港陸路邊境口岸。
3 月	京港學術交流中心在香港註冊成立。
3 月 7 日	粵港雙方在深圳就建立海上識別信號問題進行會談並達成口頭協議。
3 月 8 日	深圳經濟特區電力開發公司與香港合和電力（中國）有限公司在廣州舉行簽字儀式，合作興建沙角電廠 B 廠。這是廣東對外合作的第一座大型火力發電廠。
3 月 22 日	廣深拱高速公路正式動工。

4 月 1 日	穗港直通客車正式通車。
4 月 2 日	《國務院關於華僑投資優惠的暫行規定》頒佈實施。
5 月 1 日	粵港雙方商定，東江供水水費提高至每立方米 0.33 元。
6 月	首屆「穗深港杯」少年足球賽在廣州舉行。該賽事之後每年舉辦一次。
6 月 19 日	恒生銀行深圳代表處開業。這是恒生銀行在中國內地開設的第一間辦事處。
8 月 21 日	滙豐銀行在深圳設立分行。這是外資銀行在內地設立的第一家分行。
9 月	中山大學開始向港澳地區招生。
9 月 18 日	國務院批覆同意開放佛山港，及開闢佛山至香港的國輪客運直通航綫。
10 月 25 日	東亞銀行在深圳成立代表處。
10 月 29 日	香港中旅集團成立。
1986 年	
是年	廣州市人民政府經對外經濟貿易部批准收購香港破產企業明達電池廠，該廠成為廣州在香港興辦的首家企業。
1 月 3-11 日	廣東省經濟貿易展覽會在香港舉行。這是對外開放以來廣東省在香港舉辦的第一個大型經濟貿易展覽會。
2 月 26-27 日	中華人民共和國成立後首屆「粵港澳作家迎春聯誼會」在廣州白天鵝賓館舉行。
2 月 28 日	珠江電影製片公司與香港時代藝術有限公司、上海美術電影製片廠合辦的時代動畫公司在廣州開業。這是中國內地首家專營國際動畫市場業務的外向型文化企業。
4 月 2 日	霍英東教育基金會成立，致力於支持國家教育事業。
5 月	上海復旦大學在香港投資建立第一家高科技合資企業——香港裕華科技有限公司。
6 月	招商局集團收購了香港友聯銀行，創中資企業收購香港上市公司的先例，並成為中國首家擁有銀行的非金融性企業。
8 月	廣州市婦女聯合會、廣州市兒童活動中心與香港小童群益會合辦的首次穗港兒童交流活動在廣州舉行。
8 月 8-10 日	廣東青年社會科學工作者協會與香港當代中國學會在廣州市舉辦首屆省港青年學者學術交流會。
9 月 15 日	港英政府政治顧問布義德與廣東省外事辦主任張清平在深圳沙頭角就「水上新娘」問題舉行會談並達成協議。
10 月 4 日	廣東省電力工業局與香港中華電力公司簽訂以煤向香港換電的合同。

1987 年	
3 月	中山大學、中山醫科大學、華南工學院、暨南大學參加全國九所高等院校舉行的聯合招收華僑、港澳台學生的工作。
	中華護理學會廣東分會和香港護士會在廣州聯合舉辦首屆「粵港護理學術研討會」。
4 月 8 日	招商局創辦了中國內地自 1949 年以來的第一家股份制商業銀行──招商銀行，成為中國銀行業經營體制改革的起點。
4 月 23 日	由香港合和實業有限公司與廣東省合作興建的廣（州）深（圳）珠（海）高速公路動工興建。1994 年 7 月完成主綫路橋工程並試通車。1997 年 7 月 1 日正式通車營運。
7 月 1-3 日	首屆「國際粵方言研討會」在香港中文大學舉行。此後在穗港澳由三地語言學會輪流主辦。
8 月 18 日	廣東省外事辦主任黃群、港英政府政治顧問寇立夫等在廣州就越南難民有關問題達成協議，商定由廣東安置流入香港的越南難民 5,000 多人。
10 月 11 日	東江─深圳供水二期工程竣工，大大改善對香港地區的淡水供應。
12 月 1-17 日	香港工業署署長楊啟產率團考察珠江三角洲，參觀廣州經濟技術開發區、佛山、順德、東莞等地的港資企業。
12 月 23 日	粵港雙方在香港簽訂《廣東省政府代表團和香港政府代表團關於對港供水的會談協議》。
1988 年	
是年	招商局收購了倫敦和香港的兩家保險公司，成為第一家進入國際保險市場的中國企業。
1 月 11 日	首屆省港澳工人醒獅藝術邀請賽在廣州市舉行。
2 月 26 日	深圳電子行業協會與香港電子協會在香港簽署協議，雙方組成深港電子業協進委員會。
4 月 1 日	中國人民銀行總行批准招商局發起創立平安保險公司。這是新中國第一家由企業發起創辦的股份制保險公司。
4 月 29 日	由深圳經濟特區電力開發公司與香港合和電力（中國）有限公司合作興建的沙角 B 電廠舉行隆重的投產典禮。
7 月	霍英東率香港中華總商會考察團訪問珠江三角洲。
8 月 28 日	招商局投資 1 億港元建成香港第一家全空調無柱式米倉，這是香港最大的米倉。
10-12 月	應香港考古學會邀請，深圳市博物館派出六位考古人員到香港大嶼山東灣遺址進行發掘。這是中華人民共和國成立後廣東省考古人員首次在香港進行考古發掘工作。
10 月 21 日	廣州至香港的光纜通訊系統開通。

11 月 26-29 日	廣東比較文學研究會、香港比較文學研究會與福建比較文學研究會在中山市舉辦「粵港閩首屆比較文學研討會」。

1989 年

4 月 7-9 日	首屆穗港澳桌球錦標賽在廣州中國大酒店舉行。
11 月 15 日	中國內地最大的公路出入境口岸——深圳皇崗口岸主體工程完成。12 月 29 日正式開通。
12 月至次年 6 月	廣州雜技團在香港連續演出共 1,470 多場，觀眾達 44 萬多人次，成為中華人民共和國成立後內地赴香港演出場次最多的藝術團體。
12 月 21 日	廣東省政府與香港政府在香港簽訂《長期供水協議》。

1990 年

2 月 8 日	香港著名愛國人士李嘉誠先生捐巨資創辦的汕頭大學舉行落成典禮。
3 月 30 日	上海市有償出讓第一塊工業用地 50 年的土地使用權，由香港齊來貿易有限公司以 1,088 萬美元的協議受讓金獲得。
8 月 19 日	《國務院關於鼓勵華僑和香港澳門同胞投資的規定》發佈並實行。
9 月 17-19 日	廣東省檢察院和香港廉政公署共同派員在珠海市會晤並簽署首個《會晤紀要》，雙方開展個案協查工作的操作程序和方法逐步規範。
12 月 2 日	由香港南源永芳集團公司董事長姚美良先生捐贈千萬元興建的近代中國研究中心在中山大學奠基。

1991 年

7 月 27 日	內地華東地區發生水災，香港演藝界舉行「演藝界總動員忘我大匯演」，籌得善款超過 1 億港元。

1992 年

是年	華潤集團注資上市公司永達利，並更名為「華潤創業」，成為華潤系第一家上市公司，開創了中資企業進軍資本市場的先河。
1 月	廣東省政府批准成立省港澳工作協調領導小組。3 月 7 日召開首次會議，審議並通過領導小組工作規則和《關於粵港澳民間組織建立聯繫和往來的暫行規定》。
1 月 28 日	拱北口岸延長開關時間三小時，即從 21 時延長至零時。
2 月 2 日	佛山市成為中國繼廣州之後的第二個直通香港的鐵路客運口岸。
3 月 26 日	國務院同意航空航天部在香港設立一家獨資公司。
5 月 15 日	廣東省省長朱森林應港督邀請訪問香港。這次訪問推動了深圳河治理工程的雙方工作小組恢復工作，並促成深港間一些口岸延長開通時間。

5 月 27 日	由香港合和實業有限公司和廣東省電力集團公司合作的中國內地最大的燃煤發電廠——沙角電廠 C 廠奠基儀式在東莞舉行。1993 年 1 月 12 日正式動工興建。1996 年 8 月 26 日正式投產。
6 月	海虹集團（現招商局國際）在香港聯交所上市，開創了中資企業在港上市的先河，也是首家在香港上市的紅籌公司。
6 月 26 日	深圳和香港同時開通現代最新型通訊指揮調度系統——粵港過境車輛無線集群調度系統。這是中國第一個先進的邊境通訊指揮調度系統。
8 月 5 日	由霍英東捐資興建的中國內地第一個大學生體育訓練基地在中山大學命名。
11 月 11 日	香港中旅國際投資公司上市。
11 月 23 日	南洋商業銀行廣州分行正式開業。這是第一家在廣州市開業的香港銀行。
11 月 26 日	香港東亞銀行廣州分行開業。

1993 年

1 月 8 日	九龍—佛山直通火車客運綫開通。
1 月 12 日	香港行政局批准中銀香港由 1994 年起發行香港鈔票。
2 月 4 日	由廣州汽車集團公司與香港越秀企業（集團）有限公司合資成立的駿威投資有限公司新股公開發售，22 日在香港聯交所掛牌交易。這是第一家通過控股公司在香港上市的中國內地企業。
3 月 25 日	廣東省改革涉外車輛使用指標發放辦法，粵港澳直通貨車指標使用權首次公開競投會在廣州市舉行。
6 月 19 日	中國證監會、香港證監會、上海證券交易所、香港聯合交易所有限公司和深圳證券交易所簽署了五方《監管合作備忘錄》，正式開啟內地企業來港上市。
7 月 15 日	青島啤酒成為內地第一間到香港上市的企業。
7 月 21 日	廣州廣船國際股份有限公司在香港公開招股發售 1.45 億 H 股。8 月 6 日正式掛牌買賣。這是廣州市第一家在香港直接上市的國有企業。
9 月 2 日	招商局與其他股東同香港政府簽署了投資香港西區海底隧道的協議。
10 月 5 日	深圳市與香港和記黃埔有限公司在北京舉行《深圳鹽田國際集裝箱碼頭合資合同》簽字儀式。
12 月 2 日	中國首條粵港合作高速公路——廣深高速公路建成，1997 年 7 月 1 日正式通車營運。

1994 年

1 月 23 日	東江—深圳供水第三期擴建工程比原計劃提前一年建成開閘通水。3 月 1 日開始向香港和深圳供水。

4 月 9 日	珠海港務投資公司與和記黃埔珠海港口投資有限公司舉行《合資經營珠海港（高欄）兩個 2 萬噸級碼頭泊位協議》簽署儀式。
4 月 30 日	香港地區的全國人大代表、全國政協委員、香港特別行政區籌委會預委會委員、國務院港事顧問等 216 名香港知名人士專程前往參觀廣州軍區駐穗部隊。這是建國以來香港同胞首次大規模、有組織地參觀人民解放軍部隊。
5 月	中國銀行在港發行港元鈔票。
6 月 21 日	李嘉誠捐贈 1,000 萬港元給廣東救災。
7 月 2 日	李嘉誠捐資 1,100 萬港元在潮州市貧困山區興建 50 所基礎小學。
8 月 9 日	大亞灣核電站建成投產。這是中國內地最大的核電站，七成電力供應香港，三成電力供應廣東電網。
11 月 11 日	廣州、東莞、惠州、深圳、香港同時舉行中國第一條大容量信息「高速公路」——粵港 2.4Gb/S 環路同步數字光傳輸系統開通儀式。

1995 年	
是年	中國人民建設銀行、中國農業銀行及中國工商銀行獲發銀行牌照在港經營。
1 月 12 日	《深圳商報》與香港《大公報》聯合採編《大公報‧深圳新聞》版創刊，開創中國內地辦報「借船出海」先河。
3 月 6 日	中英關於香港和內地跨境大型基建協調委員會在珠海就伶仃洋大橋等涉及兩地的大型基建項目首次進行協調磋商。
3 月 27 日	廣州至香港九龍的准高速直通客車開行。
3 月 28 日	肇慶至香港九龍直通旅客列車正式開通；同時，肇慶鐵路口岸正式啟用。
8 月	深圳皇崗—香港落馬洲增闢新的旅客過境通道工作小組成立。

1996 年	
1 月 16 日	新華社香港分社社長周南在香港設宴，歡迎內地教育代表團到港參加邵逸夫先生捐款活動。
3 月 1 日	香港電訊資助內地教育發展計劃簽字儀式在北京舉行。
8 月 5 日	廣東省人民政府在香港隆重舉行廣東對外經濟貿易洽談會。
9 月 17 日	深圳市與香港亞洲電力有限公司簽署《合作建設和經營深圳市「九五」重點建設項目東部電廠意向書》。
9 月 23 日	國家教委發出《關於做好 1997 年從香港、澳門、台灣人士中招收研究生工作的通知》。
12 月 8 日	深圳市旅遊集團公司與香港百盛旅運有限公司、日本名鐵觀光株式會社達成協議，成立中國內地第一家中外合資旅行社——華名國際旅業有限公司。

1997 年	
3 月 19 日	深圳皇崗—香港落馬洲之間的過境穿梭公共汽車開通。
6 月 9 日	由香港合和實業有限公司與廣東省合作興建的虎門大橋正式通車。
6 月 19 日	粵港雙方在深圳簽署《粵港邊界管理範圍綫諒解備忘錄》。
10 月	首屆北京‧香港經濟合作研討洽談會舉行，此後每年輪流舉行。
12 月 30 日	經國務院批准，珠海至香港的伶仃洋大橋正式立項。

1998 年	
是年	香港高校首次委託內地大學「代招」本科生。
	粵港經濟合作座談會在南沙舉行，成為「泛珠三角」合作的始創地。
3 月 30 日	粵港合作聯席會議首次會議在廣州舉行，標誌粵港關係進入新時期。
7 月 13 日	教育部決定與李嘉誠及其領導的長江基建（集團）有限公司合作，投入專項資金，實施「長江學者獎勵計劃」。
8 月 28 日	中銀國際控股宣佈正式遷冊香港。
9 月 1 日	國務院學位委員會辦公室同意復旦大學與香港大學聯合培養工商管理碩士。此後，兩地高校合作辦學逐漸增多。

1999 年	
1 月 1 日	「港澳同胞回鄉證」停止簽發。
1 月 8 日	廣東省人民政府代表團與香港特別行政區政府代表團舉行粵港反盜版合作首次會晤，雙方將進一步加強反盜版聯手合作。
1 月 15 日	「港澳居民來往內地通行證」正式啟用。
2 月 5 日	教育部與國務院港澳事務辦公室聯合發文，題為「關於開展內地與香港教育交流若干問題的意見」，促進兩地學校交流。
3 月 4 日	香港特區政府駐北京辦事處成立。
4 月 2 日	教育部、國務院台辦、國務院港澳辦、公安部印發《關於普通高等學校招收和培養香港特別行政區、澳門地區及台灣省學生的暫行規定》。
11 月 8-9 日	內地與香港特區商貿聯委會在北京舉行第一次會議。
11 月 11 日	港商投資的武漢亞洲心臟病醫院掛牌成立，成為中國內地第一家大型民營心臟病專科醫院。

2000 年	
1 月 24 日	最高人民法院公佈《關於內地與香港特別行政區相互執行仲裁裁決的安排》。

6 月 8 日	粵港持續發展與環保合作小組第一次會議在廣州召開,隸屬於粵港合作聯席會議。
8 月 28 日	東江—深圳供水改造工程正式動工。

2001 年	
2 月 1 日	羅湖口岸、落馬洲管制區客運服務時間延長。
2 月 19 日	中國證券監督管理委員會(中國證監會)宣佈向內地的境內投資者開放 B 股市場。合法持有外匯的內地居民可開立 B 股賬戶作交易用途。
6 月 1 日	香港政府推出輸入內地專業人才計劃,對象包括資訊科技及金融業的內地專才。
7 月 22 日	國務院宣佈修訂《中華人民共和國中外合資經營企業法實施條例》。
8 月 30 日	香港特區行政長官會見廣東省省長,就多項促進粵港旅遊業的措施達成共識。
8 月 31 日	香港金融管理局(金管局)宣佈與中國人民銀行廣州分行達成協議,在現有粵港及深港港幣票據聯合結算機制上增加結算票據種類,以包括港幣本票及匯票。
9 月 1 日	參加「香港遊」旅行團計劃的內地訪港旅客配額,由每日 1,500 名增至 2,000 名。接辦這些旅行團的指定內地組團旅行社由四間增至 17 間。
10 月	中國銀行(香港)有限公司掛牌開業。
10 月 8 日	經國家有關部門批准,中旅國際投資有限公司在北京成立中旅國際旅行社有限公司,這是內地首家外資獨資經營的旅行社。
12 月 1 日	訪港內地商務旅客所獲多次有效商務簽證的有效期,由六個月延長至最長三年,每次逗留時間可達 14 天。
	羅湖及落馬洲口岸實施延長通關半小時至 12 點關閉。
12 月 3 日	中國工商銀行(亞洲)通過收購中保國際部分權益在港上市。
12 月 4-5 日	內地與香港特區商貿聯繫委員會在北京舉行第三次會議。
12 月 19 日	中央人民政府應行政長官的建議,同意考慮為內地與香港特區作出類似自由貿易區的安排,有關建議名為「內地與香港更緊密經貿關係安排」。

2002 年	
1 月 1 日	香港政府取消內地旅客根據「香港遊」計劃來港的配額制度。
1 月 15 日	香港金管局與中央國債登記結算有限責任公司(中央國債登記結算公司)原則上同意建立證券交收系統的聯繫。
1 月 25 日	《內地與香港關於建立更緊密經貿關係的安排》(CEPA)的磋商在北京啟動。
1 月 31 日	內地與香港特區大型基礎設施協作會議在北京召開。
2 月 1 日	中國人民銀行修訂《外資金融機構管理條例》。

2 月 21 日	國務院公佈《指導外商投資方向規定》，指導外國投資者如何配合內地的全國經濟及社會發展計劃。
3 月 18 日	香港金管局與中國人民銀行廣州分行達成協議，設立新的聯合結算機制，加快處理以廣東省銀行作為付款人，並在香港兌存的港元支票。
4 月 29 日	香港特區政府與廣東省政府就改善珠江三角洲地區空氣質素達成共識。
6 月 6 日	香港金管局宣佈與中國人民銀行廣州分行新設立的粵港港元支票雙向聯合結算機制自 6 月 22 日起正式運作。
6 月 29 日	全國人民代表大會常務委員會通過《中華人民共和國中小企業促進法》。
7 月 25 日	中國銀行（香港）在港上市。
8 月 27 日	香港貿易發展局（貿發局）及中國國際貿易促進委員會廣東省分會在港合辦粵港台經濟合作論壇。
10 月 1 日	皇崗口岸在午夜至早上七時期間，把貨檢通道由三條增至五條。
10 月 14 日	香港特區政府駐粵經濟貿易辦事處正式在廣州成立，這是特區政府於內地設立的首個經濟貿易辦事處。
11 月 7 日	中國證監會與中國人民銀行聯合發表《合格境外機構投資者境內證券投資管理暫行辦法》，准許合格境外機構投資者投資在中國股票交易所上市的 A 股及債券。
11 月 18 日	粵港澳文化合作第一次會議在港召開。
11 月 20 日	從香港上水到深圳東門的巴士快線正式開通。
11 月 28-29 日	內地與香港特區商貿聯繫委員會在港舉行第四次會議，並成立電子商務小組。
12 月 1 日	內地再開放五個城市，即廣州、珠海、武漢、南京及青島，讓外資銀行經營人民幣業務，之前外資銀行只可在上海、深圳、天津及大連經營人民幣業務。
12 月 2 日	香港特區政府與內地當局就內地輸港冰鮮雞的檢疫問題取得共識後，首三批冰鮮雞從內地運抵香港。
12 月 17 日	香港貿易發展局與香港物流發展局合辦香港物流服務博覽。這是香港為提高在內地市場的增值物流服務量而首次舉辦的大型活動。
2003 年	
是年	八所香港高校獲得教育部批准，在北京、上海、浙江、江蘇、廣東、福建自主招生。
1 月 27 日	落馬洲 / 皇崗實施全日 24 小時客運通關。
3 月 25 日	香港貿發局在北京舉辦香港時尚匯展。這是在內地舉辦的香港品牌及時裝設計服務的最大規模展覽會。
6 月 29 日	《內地與香港關於建立更緊密經貿關係的安排》（CEPA）在港簽署。

7 月 1 日	即日起，內地人員赴港就讀、任教、合作研究及高級勞務人員所持證件，由因公改為因私。
7 月 28 日	「自由行」在廣東東莞、中山、江門、佛山率先實施。
8 月 4 日	國務院正式批准粵港澳三地政府開展港珠澳大橋前期工作，同意成立「港珠澳大橋前期工作協調小組」。
8 月 5 日	粵港合作聯席會議第六次會議在港舉行，宣佈將成立「港珠澳大橋前期工作協調小組」。
8 月 15 日	《粵港澳藝文合作協議書》在廣州簽署，正式確立了粵港澳文化合作機制。
8 月 20 日	廣州、深圳、珠海、惠州四個城市獲准開放居民個人赴港澳地區旅遊。
8 月 25 日	香港金管局與中國銀行業監督管理委員會簽訂諒解備忘錄，訂明雙方就銀行監管的範疇互相提供監管信息及合作。
8 月 29 日	港珠澳大橋前期工作協調小組第一次會議舉行。
9 月 1 日	北京、上海獲准開放居民個人赴港澳地區旅遊。
9 月 29 日	深圳蛇口、深圳機場福永碼頭及東莞虎門（太平）港口岸至香港國際機場三條水上航線正式通航。
	中央人民政府與香港特別行政區政府簽署六份有關 CEPA 的附件，説明有關的實施細節。
10 月 1 日	根據 CEPA 開放電訊業的措施開始生效。
10 月 12 日	港珠澳大橋前期工作協調小組第二次會議決定在廣州市設立辦公室，負責大橋的前期具體工作。
10 月 23 日	廣東省人民政府、香港特別行政區政府在漢城首次聯合舉辦「2003 粵港—韓國經濟技術貿易合作交流會」。這是中國加入世界貿易組織後，廣東省人民政府、香港特別行政區政府首次在海外聯合舉辦的大型綜合性交流會。
10 月 27 日	滬港經貿合作會議第一次會議在港召開，正式建立滬港經貿合作會議機制。
11 月 4 日	《中國房地產估價師學會和香港測量師學會資格互認協議書》簽署，這標誌着內地與港澳的專業資格互認工作正式開始。
11 月 14 日	在粵港合作聯席會議下設立粵港高新技術合作專責小組，並舉行第一次會議。
11 月 17 日	香港交易所北京代表處在北京東方君悦大酒店舉行揭牌儀式。
11 月 18 日	經國務院批准，中國人民銀行同意為香港銀行試辦個人人民幣業務（存款、兑換、匯款及人民幣銀行卡）提供人民幣清算安排。
11 月 19 日	中國人民銀行與香港金管局合作備忘錄簽字儀式在北京人民大會堂舉行。

11 月 30 日	司法部簽發《香港特別行政區和澳門特別行政區居民參加國家司法考試若干規定》、《取得內地法律職業資格的香港特別行政區和澳門特別行政區居民在內地從事律師職業管理辦法》、《香港法律執業者和澳門執業律師受聘於內地律師事務所擔任法律顧問管理辦法》、《香港特別行政區和澳門特別行政區律師事務所與內地律師事務所聯營管理辦法》和《司法部關於修改〈香港、澳門特別行政區律師事務所駐內地代表機構管理辦法〉的決定》。
12 月 1 日	外資銀行在內地九個指定城市的人民幣業務，獲准擴大至內地企業。外資銀行獲准在內地另外四個城市，即濟南、福州、成都和重慶，向外資和內地企業提供人民幣服務。
12 月 3 日	香港知識產權署、廣東省知識產權局和澳門知識產權廳合作設立的「粵港澳知識產權數據庫」啟用。
12 月 5 日	香港證監會與中國證監會簽訂《內地與香港關於建立更緊密經貿關係的安排——與證券及期貨人員資格有關的安排》。
12 月 11-12 日	「內地、香港、澳門三地知識產權研討會」在北京舉行。
12 月 17 日	《內地與香港關於建立更緊密經貿關係的安排》聯合指導委員會在北京召開首次會議。
12 月 18 日	香港貿發局、深圳市政府聯合主辦，廣東省經貿委和外經貿廳支持的首屆香港專業服務博覽會在深圳舉行。
12 月 23 日	國家旅遊局與香港經濟發展及勞工局在香港簽訂《加強內地與香港更緊密旅遊合作協議書》。
12 月 24 日	中國銀行（香港）成為香港銀行個人人民幣業務清算行。

2004 年	
是年	福建與香港特區政府達成「閩港合作八大平台」的共識。
1 月 1 日	CEPA 正式啟動。
	廣東省汕頭、潮州、梅州、肇慶、清遠、雲浮六個城市獲准開放居民個人赴港澳地區旅遊。
	內地對 273 個稅號的原產香港、澳門的產品實行「零關稅」。同時，取消對港澳產品的非關稅措施和關稅配額。
	內地海關與香港、澳門有關部門之間建立了「原產地證書電子聯網核查系統」。
	內地在管理諮詢、會議展覽、廣告、會計、法律、醫療及牙醫、物流、貨代、倉儲、分銷、運輸、建築、視聽、旅遊、電訊、銀行、保險、證券等 18 個服務行業擴大對香港、澳門的開放。
	《取得內地法律職業資格的香港特別行政區和澳門特別行政區居民在內地從事律師職業管理辦法》實施。
1 月 2 日	北京出台落實 CEPA 的若干措施。

1 月 7 日	《中華人民共和國海關關於來往香港、澳門小型船舶及所載貨物、物品管理辦法》通過,3 月 15 日起執行。
1 月 18 日	內地銀行發行的「銀聯」人民幣卡可在香港 4,000 間商店購物。
2 月 25 日	即日起,經中國人民銀行允許,香港 27 家銀行正式開始辦理個人人民幣存款、兌換和匯款業務。
3 月 3 日	由廣東省經濟貿易委員會和香港貿發局共同主辦的首屆「粵港物流合作洽談會」在廣州中國出口商品交易會展館隆重舉行。這是 CEPA 正式生效後,首個在廣東省舉行的大型香港物流服務展覽會。
	無錫九龍公共交通股份有限公司掛牌成立,是國內公交系統第一家有港資介入的股份制合資企業。
3 月 18 日	大珠三角商務委員會召開首次會議。
3 月 25 日	國家教育部應香港、澳門特區政府教育主管部門的要求,同意香港、澳門特區的有關高等學校在內地部分省、自治區、直轄市招收自費生。
5 月 1 日	廣東省韶關、河源、汕尾、陽江、湛江、茂名、揭陽七個城市獲准開放居民個人赴港澳地區旅遊。至此,廣東全省居民皆可辦理個人赴港澳地區旅遊手續。
	即日起,持往來港澳通行證、因公往來香港澳門特別行政區通行證的內地出入境旅客免填出入境登記卡。
6 月 1 日	由九個內地省區、香港和澳門特別行政區聯合舉辦的首次「泛珠三角區域合作與發展論壇」在香港開幕。
7 月 1 日	福建省福州（僅限市區）、廈門、泉州,江蘇省南京、蘇州、無錫,浙江省杭州、寧波、台州九個城市獲准開放居民個人赴港澳地區旅遊。
7 月 11 日	國家教育部部長周濟與香港特區教育統籌局局長李國章簽署了《內地與香港關於相互承認高等教育學位證書的備忘錄》。
7 月 14 日	「首屆泛珠三角區域經貿合作洽談會」在廣州舉行。
8 月 10 日	深港西部通道口岸旅檢大樓工程在深圳動工。
	香港社會服務聯會與廣東省民政廳在香港簽署合作備忘錄,共同推進粵港兩地社會福利服務事業發展。
8 月 27 日	香港特別行政區政府與中央人民政府就 CEPA 第二階段達成協議,進一步擴大貨物及服務貿易的開放措施。
	《內地與香港註冊會計師部分考試科目相互豁免實施協議》在北京簽署。
	「廣東企業投資香港介紹會」在港開幕。
8 月 31 日	國家商務部、國務院港澳辦聯合下發《關於內地企業赴香港、澳門特別行政區投資開辦企業核准事項的規定》,支持內地企業赴香港、澳門投資、開辦企業。

9 月 2 日	京港經貿合作會議第一次會議召開。
9 月 6 日	招商局國際成功晉身為香港恒生指數成份股,並在恒生指數成份股中名列龍虎榜三甲。
9 月 18 - 19 日	港澳同胞首次可以報名參加國家司法考試。
10 月 9 日	《境外投資項目核准和備案管理辦法》發佈並實行。
10 月 26 日	廣東省人民政府與香港特別行政區政府在英國倫敦聯合舉辦「2004 粵港一歐洲經濟技術貿易合作交流會」。
10 月 27 日	商務部與香港特區財政司在港簽署《〈內地與香港關於建立更緊密經貿關係的安排〉補充協議》。
11 月 19 日	國家工商總局發佈《港澳居民在內地申辦個體工商戶登記管理工作的若干意見》。具備中國公民身份的香港永久性居民自 2005 年 1 月 1 日起,可在內地申請註冊個體工商戶。
11 月 26 日	內地與香港《保險監管合作協議》簽署儀式在北京舉行。

2005 年	
是年	教育部批准成立第一個具有獨立法人資格的內地與香港合作辦學機構——北京師範大學—香港浸會大學聯合國際學院。
	香港中文大學和香港城市大學加入全國普通高校統一招生計劃。
1 月 1 日	CEPA 第二階段措施正式生效。
1 月 2 日	廣東省對香港供水累計 40 年來突破 145 億立方米。
1 月 18 日	深港口岸三個跨境工程竣工開通。
1 月 19 日	落馬洲至皇崗新跨界橋及沙頭角口岸新跨界橋通車。兩項工程均為香港和深圳的合作項目。
2 月 1 日	國家商務部發佈的《商業特許經營管理辦法》實施。
2 月 7 日	北京市政府與香港地鐵公司簽署《特許經營協議》,內地軌道交通領域首次引入港資進行特許經營市場化運作。
3 月 1 日	「個人遊」計劃進一步放寬至天津和重慶兩個內地城市。
	內地對出口到所有地方(包括香港)的 216 個稅則號列的紡織及成衣產品實施出口自動許可證規定。
3 月 23 日	特區政府與國家鐵道部於廣州召開第四次廣深港高速鐵路規劃小組會議。
4 月 1-2 日	粵港澳三地政府就港珠澳大橋的走綫和着陸點取得共識。
4 月 15 日	香港機場管理局與杭州蕭山國際機場簽署協議,認購後者 35% 的股權。

5 月 24 日	香港與內地完成五個建造業專業資格互認安排。
	《香港特別行政區和澳門特別行政區居民參加國家司法考試若干規定》發佈並實施。
5 月 26 日	香港地鐵公司與深圳市政府簽署深圳軌道交通 4 號綫二期特許經營協議。
6 月 1 日	內地撤銷 81 個稅則號列涵蓋的紡織及成衣產品出口關稅，並豁免香港在內地加工的紡織及成衣產品的出口關稅。
6 月 17-18 日	第四屆「泛珠三角區域合作」信息產業廳（局）長聯席會議在江西舉行，並簽訂了《關於建立贛穗港軟件企業資源共享平台的合作備忘錄》。
6 月 23 日	交通銀行股份有限公司在香港上市，為首間在海外發行股票的內地銀行。
7 月 20 日	教育部出台《國（境）外學歷學位認證範圍説明》，認可在港澳台高等教育機構攻讀正規課程所獲學位證書或高等教育文憑。
7 月 24-26 日	第二屆「泛珠三角區域合作與發展論壇暨經貿合作洽談會」在成都舉行。
7 月 25 日	泛珠三角合作信息網（www.pprd.org.cn）正式啟用。這是一個提供全方位泛珠三角合作及發展信息的權威官方門戶網站。
	香港郵政與澳洲郵政、中國郵政、日本郵政、韓國郵政及美國郵政結盟，為亞太區市場提供更優質的限日特快專遞服務。
7 月 26 日	香港特區政府與泛珠區域九省區簽署《泛珠三角區域知識產權合作協議》。
8 月	首屆「香港品牌管理及設計服務博覽會」在廣州舉行。
9 月	廣東省外經貿廳與香港貿發局首次聯合舉辦「廣東企業赴港發展高級培訓班」。
9 月 5 日	香港特區政府政務司司長聯同深圳市市長舉行港深合作會議。
9 月 13 日	粵港城市規劃及發展專責小組專家組第一次會議在深圳召開，標誌着大珠三角城市規劃發展研究工作全面啟動。
9 月 30 日	第四次「泛珠三角區域科技合作聯席會議」在香港舉行。會議通過《泛珠三角區域科技創新合作「十一五」專項規劃》報告。
10 月 1 日	成都、濟南、瀋陽、大連四個城市獲准開放居民個人赴港澳地區旅遊。
10 月 8-11 日	中國共產黨第十六屆中央委員會第五次全體會議在北京舉行，並審議及通過了《中共中央關於制定國民經濟和社會發展第十一個五年規劃的建議》。《建議》首次提及香港，並述明支持香港特區發展金融、航運、旅遊及信息科技等服務業，以及保持其國際金融、貿易及航運中心的地位。
10 月 14 日	香港特別行政區政府和廣東省人民政府聯合主辦的「2005 粵港—美國經濟技術貿易合作交流會」在美國三藩市舉行。
10 月 18 日	國家商務部與香港特區財政司在香港簽署了《〈內地與香港關於建立更緊密經貿關係的安排〉補充協議二》。

10 月 24 日	廣東省人民政府和香港特別行政區政府聯合主辦的「2005 粵港―加拿大經濟技術貿易合作交流會」在加拿大溫哥華舉行,這是粵港兩地政府首次聯合在加拿大舉辦大型經貿活動。
10 月 27 日	全國人民代表大會常務委員會決定將《中華人民共和國外國中央銀行財產司法強制措施豁免法》列入香港基本法附件三。
	中國建設銀行在香港上市。成為四大國有銀行中首家赴港上市的銀行。
11 月 1 日	「個人遊」計劃進一步擴展至成都、濟南、大連及瀋陽。
	中國人民銀行決定擴大香港銀行辦理人民幣業務範圍。
11 月 9 日	國家文化部與香港特區政府民政事務局在香港簽署《內地與香港特區更緊密文化關係安排協議書》。
11 月 16 日	香港機場管理局聯同深圳蛇口碼頭推出全球首創的跨界預辦登機服務。
11 月 23 日	穗港落實 CEPA 市場准入機制下的協調小組正式成立。
11 月 30 日	粵港共同建立的珠江三角洲區域空氣質素監測網絡全面運作,同日開始每天發佈區域空氣質量指數。
12 月 18 日	廣深港高速鐵路廣東段動工。
12 月 8-9 日	「2005 年泛珠三角區域軟件產業合作與交易會」在珠海舉行。
12 月 9 日	《教育部、國家發展改革委、財政部、國務院港澳辦關於調整內地普通高校和科研院所招收香港、澳門特別行政區學生收費標準及有關政策問題的通知》發佈,自 2006 年秋季入學起,在內地就讀的港澳地區學生執行與內地學生相同的收費標準。
2006 年	
1 月 1 日	CEPA 第三階段全面實施。
	即日起,內地對原產於港澳的產品全面實行「零關稅」。
	即日起,內地在法律、會計、視聽、建築、分銷、銀行、證券、旅遊、運輸和個體工商戶等 10 個領域在原有開放承諾的基礎上,對港澳進一步放寬市場准入的條件。
3 月	內地高校面向港澳台地區招生信息網正式開通。
3 月 23 日	香港財經事務及庫務局舉辦「泛珠三角區域金融服務論壇」。
3 月 28 日	世界貿易組織區域貿易協定委員會第 42 次會議(日內瓦)結束了對內地與香港、澳門 CEPA 的審議。這是中國內地第一個通過 WTO 審議的自由貿易協議。
4 月 12 日	香港地鐵獲得北京地鐵 4 號線 30 年特許經營權。
4 月 20 日	內地與香港科技合作委員會第二次會議於香港舉行。
5 月 1 日	「個人遊」計劃進一步擴展至南昌、長沙、南寧、海口、貴陽和昆明。

5 月 16-17 日	香港大珠三角商務委員會聯合投資貿易推廣工作小組和投資推廣署合辦首個民企赴港投資考察活動。
5 月 17 日	在粵港合作聯席會議下成立的粵港信息化合作專責小組於廣州舉行首次會議。
5 月 31 日	深港海關合作構建的物流「綠色信道」開通。
6 月 1 日	中國銀行股份有限公司在香港上市,打破中國建設銀行股份有限公司 2005 年所創的香港首次公開招股集資紀錄。
6 月 2 日	香港民航處與中國民用航空總局和澳門民航局簽署互相認可航空器維修單位批准的合作安排文件。
6 月 4-7 日	第三屆「泛珠三角區域合作與發展論壇暨經貿合作洽談會」在昆明舉行。
6 月 6-7 日	由中國人民銀行和香港金管局聯合舉辦的「金融基礎設施研討會」分別於北京及上海舉行。
6 月 27 日	國家商務部與香港特區財政司在香港簽署了《〈內地與香港關於建立更緊密經貿關係的安排〉補充協議三》。
6 月 29 日	「內地與港澳經貿合作發展論壇」在港舉行。
7 月	粵港兩地政府首次在香港聯合主辦「粵港經濟技術貿易合作交流會」。
7 月 14 日	《關於內地與香港特別行政區法院相互認可和執行當事人協議管轄的民商事案件判決的安排》在港簽署。
8 月 21 日	香港與國家稅務局在港簽署《內地和香港特別行政區關於對所得避免雙重徵稅和防止偷漏稅的安排》。
8 月 23 日	香港從內地進口首批冰鮮豬肉。
9 月 1 日	《港澳及華僑學生獎學金管理暫行辦法》實施。
9 月 11 日	「『十一五』與香港發展」經濟高峰會在港舉行。
	中國建設銀行成為第一隻被納入恒指成份股的 H 股。
9 月 22 日	招商銀行在香港聯交所主板成功上市。招行 H 股創下了內地銀行股在香港上市的新紀錄。
9 月 28 日	香港特區政府駐成都經濟貿易辦事處開始運作。
10 月 27 日	中國工商銀行在滬港同時上市,成為內地首家 A 股與 H 股同步發行、同步定價、同步上市的企業,創下當時香港首次公開招股籌集資金最高紀錄。
11 月	面向港澳台研究生的招生信息網正式開通。
11 月 8 日	粵港政府在芬蘭赫爾辛基聯合舉辦「2006 粵港—芬蘭投資推介暨項目洽談會」。
11 月 10 日	粵港政府在法國巴黎聯合舉辦「2006 粵港—歐洲經濟技術貿易合作交流會」。

12 月 27 日	國務院決定由國家發改委牽頭成立「港珠澳大橋專責小組」。

2007 年	
是年	獲准在內地招生的香港高校增至 12 所，招收範圍擴大到 25 個省市。
1 月 1 日	CEPA《補充協議三》下的開放措施全面生效。
1 月 9 日	港珠澳大橋專責小組於廣州召開第一次會議。
1 月 10 日	國務院同意進一步擴大香港人民幣業務，內地金融機構經批准可以在香港發行人民幣債券。
4 月	香港首次組團參加第 101 屆中國進出口商品交易會。
5 月 10 日	內地、香港及澳門海關發表了《泛珠三角區域海關聯合宣言》，深化海關合作及穩步落實各項通關便利化措施。
5 月 11 日	中國銀行業監督管理委員會發出通告，擴大內地商業銀行代客境外理財業務的投資範圍，包括允許在一定條件內進行股票類投資。
5 月 15 日	粵港供港食品安全專責小組首次會議在京舉行。
5 月 21 日	深圳市政府與香港在港簽署「深港創新圈」合作協議。
5 月 29 日	中國工商銀行推出內地首個直接以人民幣投資境外股市的 QDII 金融服務產品。
6 月 1 日	港珠澳大橋前期工作協調小組在廣州市召開了第七次會議，討論了項目投融資建議實施方案和「三地三檢」口岸模式專題研究的進展情況。
6 月 8-12 日	第四屆「泛珠三角區域合作與發展論壇暨經貿洽談會」在長沙舉行。
6 月 8 日	中國人民銀行、國家發改委共同頒佈實施《境內金融機構赴香港特別行政區發行人民幣債券管理暫行辦法》。
6 月 20 日	中國證監會公佈《合格境內機構投資者境外證券投資管理試行辦法》和相關通知，擴大合格境內機構投資者計劃下的基金管理公司及證券行的投資範圍。
6 月 22 日	在粵港合作聯席會議下成立的粵港信息化合作專責小組於香港舉行第二次會議，以進一步推動兩地的信息化合作。
6 月 29 日	中央人民政府與香港特區政府簽署 CEPA《補充協議四》。
7 月 1 日	深港西部通道和深圳灣口岸開放使用。深圳灣口岸採用「一地兩檢」通關模式。
7 月 12 日	首筆香港人民幣債券成功發行。
7 月 18 日	香港大珠三角商務委員會聯合投資貿易推廣工作小組和投資推廣署合辦首個民企赴港投資考察活動。
7 月 20 日	活豬代理行數目由一家增加至三家，以穩定內地輸港活豬的供應。

7 月 25 日	中國保險監督管理委員會公佈《保險資金境外投資管理暫行辦法》，放寬可投資於內地以外的保險資金限額至 15%。
8 月 2 日	特區政府宣佈廣深港高速鐵路香港段將以「專用通道」方案建造。
	粵港合作聯席會議第十次會議在港舉行，成立了粵港加工貿易轉型升級專題專責小組，協助在粵的港資企業升級及轉型。
8 月 15 日	第二條過境鐵路通道——上水至落馬洲支綫開通啟用。
10 月 15 日	深港創新及科技合作督導委員會舉行首次會議。
12 月 6 日	中國審計準則委員會與香港會計師公會聯合發佈《內地會計審計準則與香港會計審計準則等效的聯合聲明》。
12 月 18 日	香港及深圳政府簽署了《關於近期開展重要基礎設施合作項目協議書》，並同意成立「港深邊界區發展聯合專責小組」，共同探討發展落馬洲河套區的可行性，還成立了港深機場合作聯合專責小組。
2008 年	
1 月 1 日	CEPA《補充協議四》的開放措施全面生效。
2 月 28 日	港珠澳大橋前期工作協調小組在第八次會議上，就港珠澳大橋項目的融資方案達成共識，三地政府同意各自建造及營運境內口岸設施及連接綫。
3 月 10 日	港深邊界區發展聯合專責小組在深圳市召開第一次會議，為兩地共同研究開發邊界區發展項目啟動了實質性的工作。
5 月 4 日	中國證監會公佈新措施，允許合資格的內地基金管理公司根據 CEPA 在香港設立業務。
7 月 29 日	香港政府與中央政府簽署 CEPA《補充協議五》，並公佈一系列深化粵港經貿合作的服務開放及便利化措施。
8 月 5 日	粵港澳三地就港珠澳大橋主體的融資達成共識，並進一步同意共同承擔大橋主體的建設。
	廣東省外經貿廳、公安廳、財政廳、勞動保障廳、地稅局、環保局、工商局、國稅局、廣東檢驗檢疫局、海關廣東分署、外匯管理局廣東省分局等 11 個省直部門和中央駐粵機構聯合發佈了《來料加工企業原地不停產轉型的操作指引》。
9 月 18 日	香港及深圳市政府共同宣佈落實在蓮塘／香園圍興建新口岸。
9 月 20-21 日	香港和澳門人士可在北京、上海、廣州三個考區參加土地估價師資格考試。
9 月 25 日	香港與廣東、深圳及澳門海事管理當局簽署合作安排，採納「珠江口區域海上船舶溢油應急計劃」作為珠江口區域重大海上船舶溢油應急合作的行動指南。
11 月 13 日	發展局和深圳市政府在港深合作會議上簽署合作協議書，按「共同研究、共同開發」的原則，探討發展落馬洲河套地區的可行性及有利於雙方的土地用途。

11 月 27 日	港珠澳大橋前期工作協調小組在第九次會議上，同意了項目的工程可行性研究報告。
11 月 29 日	國家旅遊局發佈《關於香港、澳門永久性居民中的中國公民報考全國導遊人員資格考試有關事項的通知》。
12 月 2 日	國家發改委正式批准香港中旅集團發行 20 億人民幣企業債券。
12 月 8 日	國務院辦公廳發出《國務院辦公廳關於當前金融促進經濟發展的若干意見》，第 13 條允許在內地有較多業務的香港企業或金融機構在港發行人民幣債券；第 22 條支持香港人民幣業務發展，擴大人民幣在周邊貿易中的計價結算規模。
12 月 11 日	新的東江水供應協議簽署。
12 月 19 日	中央政府宣佈非廣東籍的深圳常住居民可在深圳辦理「個人遊」簽注到港旅遊，合資格深圳戶籍居民可申請辦理一年多次往返香港的「個人遊」旅遊簽注。
2009 年	
1 月 1 日	即日起，香港、澳門永久性居民中的中國公民可報考全國導遊人員資格考試。
	CEPA《補充協議五》下的開放措施全面生效。
1 月 16 日	廣東省公佈《廣東省支持港澳台資企業應對國際金融危機和加快轉型升級若干政策措施的通知》。
1 月 20 日	中國人民銀行與香港金管局簽署貨幣互換協議，於必要時為兩地商業銀行設於另一方的分支機構提供短期流動性支持。
2 月 7 日	香港行政長官到深圳出席西氣東輸二綫東段工程的動工儀式，這項工程將為香港供應清潔能源。
2 月 19 日	粵港澳三方就落實國家發改委在 1 月公佈的《珠江三角洲地區改革發展規劃綱要》，首次在香港舉行聯席會議。
	粵港澳召開共同推進實施《珠江三角洲地區改革發展規劃綱要（2008-2020 年）》的首次聯絡協調會議。
2 月 20 日	粵港澳三地文化官員簽署了《粵港澳文化交流合作發展規劃 2009-2013》。
2 月 24 日	香港特區政府運輸及房屋局局長與國家鐵道部副部長就廣深港客運專綫內地段與香港段接口簽署技術安排備忘錄。
3 月 5 日	國務院總理溫家寶在第十一屆全國人大二次會議作《政府工作報告》。報告提及 2009 年的重點工作之一是進一步加強內地與港澳的合作。
	行政長官與國家商務部部長在北京共同主持「協助港資企業開拓內銷市場」交流會。
3 月 12 日	中國人民銀行與香港金融管理局簽訂諒解備忘錄，建立內地與香港多種貨幣支付系統互通安排。
3 月 16 日	內地與香港多種貨幣支付系統互通安排正式運行。

3 月 31 日	「深港創新及科技合作督導會議」第三次會議在深圳舉行。會議訂定「深港創新圈」未來三年的行動計劃。
4 月 1 日	內地開始為合資格的深圳戶籍居民辦理一年多次來港的「個人遊」簽注，便利深圳居民更多到香港旅遊。
4 月 9 日	國務院正式通過開展跨境貿易人民幣結算試點政策。
4 月 27 日	在港深邊界區發展聯合專責小組第三次會議上，港深雙方達成初步意見，落馬洲河套地區的發展可考慮以高等教育為主，輔以高新科技研發設施和文化創意產業的用途。
5 月 9 日	香港特區政府與中央人民政府簽署 CEPA《補充協議六》。
5 月 13 日	香港民航處、中國民用航空局和澳門民航局在澳門簽訂了互相認可適航證合作安排。
6 月 29 日	中國人民銀行與香港金管局就內地與香港跨境貿易人民幣結算試點業務簽訂《補充合作備忘錄（三）》。
7 月 3 日	中國人民銀行與中國銀行（香港）有限公司簽署了修訂後的《香港人民幣業務清算協議》，配合跨境貿易人民幣結算試點工作的開展。
7 月 6 日	人民幣貿易結算試點業務開始運作，香港企業與內地試點地區的試點企業可以以人民幣進行貿易結算。
7 月 21 日	香港與珠三角九市落實《珠江三角洲地區改革發展規劃綱要》交流會在香港舉行。
8 月 19 日	粵港合作聯席會議第十二次會議在港舉行。雙方同意在前海共同推進港深現代服務業合作。
	香港特區政府運輸及房屋局局長與深圳市長就推展港深西部快速軌道計劃簽訂合作安排。
8 月 28 日	粵港兩地政府共同推出「粵港清潔生產夥伴標誌計劃」，以嘉許港資企業在實行清潔生產方面的工作和成果。
9 月 28 日	人民幣國債在香港舉行發行儀式。中央政府在香港發行總值 60 億元的人民幣國債。
10 月 1 日	CEPA《補充協議六》下的開放措施全面生效。
	香港電訊管理局與國家工業和信息化部及廣東省通信管理局在北京就 CEPA 簽署一份《諒解備忘錄》，允許香港服務提供商在廣東省銷售在香港使用的固定及流動電話服務卡。
10 月 9 日	香港金管局與中國銀行業監督管理委員會同意進一步加強合作，以促進兩地銀行業的融合發展及有效監管相關業務。
10 月 12 日	香港機場管理局與上海機場（集團）有限公司簽署滬港機場合作項目協議。雙方同意合資成立上海滬港機場管理有限公司，負責擴建後的上海虹橋機場的管理，進一步加強滬港兩地機場合作。
10 月 28 日	香港特區政府發展局聯同廣東省住房和城鄉建設廳及澳門特別行政區政府運輸工務司發佈「大珠江三角洲城鎮群協調發展規劃研究」成果。

12 月 1 日	香港特區政府環境保護署公佈「港資企業在中國內地開展清潔發展機制（CDM）項目的補充說明」，讓港資企業參與內地的 CDM 項目。
12 月 15 日	港珠澳大橋主體工程動工。
	內地落實為常住深圳的非廣東籍居民在深圳辦理赴香港「個人遊」簽注的試點措施。

2010 年

1 月 19 日	香港與上海市金融服務辦公室簽署《關於加強滬港金融合作的備忘錄》。
2 月 11 日	香港金管局發佈《香港人民幣業務的監管原則及操作安排的詮釋》。
2 月 26 日	粵港澳三地政府就三地在港珠澳大橋的建造、營運、保養及管理的合作關係和權責，共同簽署三地政府協議。
3 月 5 日	國務院總理溫家寶在第十一屆全國人大第三次會議提交《政府工作報告》。報告重申將堅定不移地貫徹「一國兩制」、「港人治港」、高度自治的方針，支持香港鞏固並提升國際金融、貿易、航運中心地位，發展優勢產業。
4 月 7 日	廣東省人民政府和香港特區政府在北京簽署《粵港合作框架協議》。
5 月 16-22 日	香港財政司司長率領香港經貿代表團訪問內地黑龍江省及俄羅斯符拉迪沃斯托克市（海參崴），推動香港與兩地更緊密的經貿聯繫。
5 月 24 日	粵港澳三地政府成立「港珠澳大橋三地聯合工作委員會」，以監督大橋項目的建造、營運、保養及管理工作。
5 月 27 日	香港特區政府與中央人民政府簽署 CEPA《補充協議七》。
6 月 1 日	香港特區政府與廣東省人民政府在香港舉行宣講會，向社會各界代表講解《粵港合作框架協議》。
6 月 25 日	粵港澳三方簽署了《粵港澳文化交流合作示範點工作協議書》。
7 月 7 日	粵港澳三方政府召開粵港、粵澳城市規劃及發展專責小組聯席會議，審議《環珠江口宜居灣區建設重點行動計劃》初步方案，並同意進一步研究。
7 月 19 日	中國人民銀行與香港金管局在香港簽署《補充合作備忘錄（四）》，與中國銀行（香港）有限公司簽署修改後的《關於人民幣業務的清算協議》。
8 月 2 日	香港特區政府駐粵經濟貿易辦事處成立深圳聯絡組。
8 月 17 日	中國人民銀行發佈關於境外人民幣清算行等三類機構運用人民幣投資銀行間債券市場試點的通知。
8 月 26 日	國務院原則上批准《前海深港現代服務業合作區總體發展規劃》，將前海定位為粵港現代服務業創新合作示範區。
9 月 13-16 日	香港數碼港與上海的「創智天地」簽訂《諒解備忘錄》。
9 月 16 日	粵港合作聯席會議第十三次會議在廣州舉行，雙方簽訂了《共同推進粵港產學研合作協議》。

10 月 26 日	國家環境保護部與香港特區政府環境局／環境保護署簽訂了新的《空氣污染防治合作的安排》。
11 月 22 日	國家財政部與香港金管局簽訂《關於使用債務工具中央結算系統發行人民幣國債的合作備忘錄》。財政部亦宣佈通過金管局提供的債務工具中央結算系統債券投標平台，向機構投資者發行 50 億元人民幣國債。
11 月 30 日	國家財政部再次在香港發行人民幣國債。
12 月 6 日	深港合作會議在深圳舉行。
12 月 15 日	香港交易所實施新計劃，容許在香港上市的內地註冊成立公司選擇以內地的會計準則編制並由符合有關認可要求的內地會計師事務所審計財務報表。 為常住深圳的非廣東籍居民在深圳辦理赴香港「個人遊」簽注的試點措施的適用範圍，擴展至包括大部分在深圳受僱的有關居民。
12 月 31 日	香港從內地進口首批冰鮮牛肉。
2011 年	
1 月 1 日	CEPA《補充協議七》下的開放措施全面生效。 即日起，香港永久性居民、澳門永久性居民可在全國各考區報名參加土地估價師資格考試。
1 月 13 日	中國人民銀行公佈境外直接投資人民幣結算試點管理辦法。
1 月 20 日	香港投資推廣署、國家商務部對外投資和經濟合作司及中央人民政府駐香港特別行政區聯絡辦公室經濟部貿易處，於香港聯合舉辦兩地企業攜手「走出去」論壇。
3 月 5 日	國務院總理溫家寶在第十一屆全國人民代表大會第四次會議發表《政府工作報告》，提及將堅定不移地貫徹「一國兩制」、「港人治港」和高度自治的方針，支持香港鞏固國際金融、貿易、航運中心地位，以及支持粵港澳深化區域合作。
3 月 16 日	國家「十二五」規劃正式公佈，首次將港澳部分單獨成章。
3 月 17 日	香港金管局於悉尼舉行首場推介香港離岸人民幣業務中心的海外推廣活動。
3 月 25 日	「川港金融合作論壇」在香港舉行。
3 月 31 日	人民幣清算行宣佈，參與人民幣業務的認可機構（參加行）可以經人民幣清算行於中國人民銀行另行開立託管賬戶，以轉存超越其日常業務及結算所需的人民幣資金。
4 月 13 日	香港數碼港與上海創智天地簽訂為期五年的戰略合作協議。
4 月 17-20 日	香港財政司司長訪問成都及重慶，視察香港支持四川災後重建項目進度，並加強特區與兩地之間的經貿聯繫。
4 月 27 日	中國銀行間市場交易商協會（NAFMII）與香港財資市場公會（TMA）在北京簽署合作諒解備忘錄。
4 月 29 日	首隻以人民幣計價的房地產投資信託基金於香港上市。

5 月 23 日	香港特區政府與上海市金融服務辦公室在印度尼西亞和馬來西亞進行聯合路演，推廣滬港金融合作及人民幣業務的發展。
7 月 20 日	粵港澳三方政府在廣州召開粵港、粵澳城市規劃及發展專責小組聯席會議，修訂《環珠江口宜居灣區建設重點行動計劃》建議的進度。
8 月 17 日	國務院副總理李克強訪港，宣佈涉及六大範疇共 36 項的挺港措施。
	國家財政部第三度在港發行人民幣國債。
9 月 1 日	香港、廣東及澳門就《共建優質生活圈專項規劃》的初步建議，共同展開為期三個月的公眾諮詢。
9 月 7-8 日	香港財政司司長訪問廈門，並出席第 15 屆中國國際投資貿易洽談會。
9 月 25-26 日	香港商務及經濟發展局局長出席在太原召開的「第六屆中國中部投資貿易博覽會」。
9 月 27 日	深圳前海深港現代服務業合作區建設部際聯席會議第一次會議召開。
10 月 14 日	中國人民銀行及國家商務部公佈《外商直接投資人民幣結算業務管理辦法》。
10 月 20 日	國務院批准首家內地企業來港發行 65 億元人民幣債券。
10 月 27 日	香港投資推廣署和廣東省對外貿易經濟合作廳在波蘭華沙聯合舉辦「粵港—波蘭經濟技術貿易合作交流會」。
10 月 31 日	港深邊界區發展聯合專責小組在香港舉行第七次會議，就開發落馬洲河套地區各事項達成共識。
11 月 4 日	中國人民銀行授權中國銀行（香港）有限公司繼續擔任香港人民幣業務清算行。
11 月 22 日	中國人民銀行與香港金管局續簽為期三年的貨幣互換協議。
11 月 25 日	深港合作會議在香港召開，港深政府簽署《推進落馬洲河套地區共同開發工作的合作協議書》。
12 月 5 日	香港特區政府與廣東省人民政府簽訂 2012 至 2014 年供應東江水予香港的協議。
12 月 13 日	CEPA《補充協議八》簽署。
12 月 14 日	港珠澳大橋香港口岸動工。
12 月 16 日	中央政府公佈《基金管理公司、證券公司人民幣合格境外機構投資者境內證券投資試點辦法》，進一步促進在岸與離岸人民幣資金的循環流通。
12 月 21 日	國家開發銀行公佈利用香港金管局的債務工具中央結算系統（CMU）債券投標平台，在香港發行人民幣債券。
2012 年	
1 月 1 日	在 CEPA 下已制定原產地標準的產品增至 1,732 項。
1 月 15 日	香港特區政府駐重慶聯絡處舉行揭牌儀式。

2 月 14 日	首隻以人民幣計價的黃金交易所買賣基金（ETF）於香港上市。
2 月 27 日	香港特區政府在福州設立駐福建聯絡處。
4 月 1 日	CEPA《補充協議八》下的開放措施全面生效。
4 月 3 日	經國務院批准，香港地區人民幣合格境外機構投資者（RQFII）試點額度擴大 500 億元人民幣。
4 月 19 日	粵港澳共同簽署了《粵劇保護傳承意向書》。
5 月 2 日	國家發改委印發《關於境內非金融機構赴香港特別行政區發行人民幣債券有關事項的通知》。
5 月 21 日	粵港應對氣候變化聯絡協調小組第一次會議在廣州召開。
5 月 23-25 日	香港特區支持四川地震災後重建集體項目竣工典禮暨川港合作協議簽署儀式舉行。
6 月 25 日	粵港澳共同發佈《共建優質生活圈專項規劃》。
6 月 28 日	12 所香港高等院校和 17 所內地高等院校簽署《香港與內地高等學校關於進一步深化交流與合作的意向書》。
	國家財政部第四度在香港發行人民幣國債，並設立一個新的發行渠道——「金管局 CMU 央行配售統籌窗口」配售予國外中央銀行及貨幣管理當局。
6 月 29 日	香港特區政府與中央人民政府簽署 CEPA《補充協議九》。
	香港證監會認可全球首隻人民幣合格境外機構投資者試點計劃（RQFII）A 股 ETF 在香港上市。
6 月 30 日	國家主席胡錦濤率領代表團訪問香港，中央公佈了 39 項加強內地與香港合作的政策措施。
7 月 17 日	粵港雲計算服務和標準專家委員會成立。
	首隻以 RQFII 推出的 A 股 ETF 於香港上市。
7 月 24 日	香港會計師公會與中國註冊會計師協會簽訂實施協議，列明香港會計師申請豁免中國註冊會計師全國統一考試四科試卷的詳細安排。
8 月 10 日	粵港共同公佈「粵港兩地電子簽名證書互認」常規化。
8 月 14 日	中國移動在香港設立的環球網絡中心奠基。
8 月 22 日	香港投資推廣署與中央人民政府駐香港特別行政區聯絡辦公室經濟部貿易處聯合舉辦「同享香港優勢、開展海外市場」的大型研討會。
9 月 17 日	港交所推出首隻人民幣貨幣期貨。
10 月 29 日	首隻離岸人民幣交易股本證券於香港上市。
11 月 13 日	經國務院批准，香港地區 RQFII 試點額度擴大 2,000 億元人民幣。

11 月 15 日	首批以港元計價的 RQFII A 股 ETF 期權（窩輪）正式於香港上市。
12 月 7 日	第十一屆香港珠三角工商界合作交流會召開。
12 月 19 日	首家內地企業以 B 股轉 H 股形式於香港上市。
	首批以人民幣計價的 RQFII A 股 ETF 期權（窩輪）正式於香港掛牌交易。

2013 年	
1 月 1 日	CEPA《補充協議九》下的開放措施全面生效。
1 月 5 日	中國人民銀行深圳支行公佈《前海跨境人民幣貸款管理暫行辦法實施細則》。
3 月 6 日	中國證監會公佈《人民幣合格境外機構投資者境內證券投資試點辦法》和《關於實施的規定》，擴大 RQFII 試點機構種類及放寬 RQFII 資金的投資範圍限制。
3 月 21 日	內地首家香港獨資醫院——深圳希瑪林順潮眼科醫院正式開業。
6 月 18 日	首隻離岸人民幣債券指數交易所買賣基金（ETF）推出，並在香港聯合交易所（港交所）上市。
6 月 26 日	國家財政部第五度在港發行人民幣國債。
7 月 15 日	國家文化部出台《對港澳文化交流重點扶持辦法（試行）》，引導鼓勵各地及社會力量積極開展與港澳文化交流合作。
7 月 22 日	香港證監會認可首批有人民幣特色、可向公眾發售的非上市結構性投資產品。
8 月 29 日	香港特區政府與中央人民政府簽署 CEPA《補充協議十》。
9 月 1 日	即日起，在內地接受普通高等學歷教育的全日制港澳台學生納入內地城鎮居民基本醫療保險範圍。
9 月 16 日	粵港簽訂《粵港信息化合作框架協議》。
9 月 26-27 日	香港行政長官率領經貿代表團訪問重慶。
10 月 1 日	即日起，擴大取得內地法律職業資格並獲得內地律師執業證書的港澳居民在內地從事涉及港澳居民、法人的民事訴訟代理業務範圍。
10 月 29 日	香港海關與內地海關簽訂互認安排，讓中港兩地獲海關認證的公司在進出口貨物往來兩地時，可享有兩地海關給予的通關便利。
11 月 21 日	國家財政部第六度在港發行人民幣國債。
11 月 27-29 日	香港行政長官率領經貿代表團訪問廣西。

2014 年	
1 月 1 日	CEPA《補充協議十》下的開放措施全面生效。
1 月 24 日	閩港經貿交流會在福建舉行。

2 月 17 日	香港證監會認可首隻由一家內地證券公司的附屬公司管理的 RQFII A 股 ETF。
3 月 10 日	粵港合作聯席會議第 19 次工作會議在香港舉行，粵港簽署《實施〈粵港合作框架協議〉2014 年重點工作》。
4 月 10 日	香港證監會與中國證監會聯合公佈原則批准開展滬港股票市場交易機制試點計劃（滬港通）。
4 月 24 日	香港發展局與國家商務部簽署《關於引入香港顧問諮詢企業試點承擔對外援助成套項目施工監理任務的合作備忘錄》。
5 月	福建省政府印發《加強閩港合作三年（2014-2016 年）行動方案》。
5 月 14 日	國家財政部宣佈，總值 70 億元人民幣的三年期國債、40 億元人民幣的五年期國債、10 億元人民幣的七年期國債、10 億元人民幣的 10 年期國債、5 億元人民幣的 15 年期國債和 5 億元人民幣的 20 年期國債將在香港進行投標。
6 月 10 日	國務院新聞辦公室發表了《「一國兩制」在香港特別行政區的實踐》白皮書。
6 月 14 日	《粵港澳文化交流合作發展規劃 2014-2018》簽訂。
10 月	東亞銀行在福州開辦分行，成為福建省內擁有分支機構最多的外資銀行。
10 月 22 日	招商局集團、招商證券與香港交易所、倫敦金屬交易所（LME）在倫敦簽署戰略合作備忘錄，確定未來將在大宗商品物流倉儲設施、跨境人民幣產品交易等領域開啟戰略合作。
11 月 13 日	國家財政部宣佈，總值 40 億元人民幣的三年期國債、30 億元人民幣的五年期國債和 20 億元人民幣的 10 年期國債將在香港進行投標。
11 月 17 日	滬港通開通。
11 月 22 日	中國人民銀行與香港金管局續簽了規模為 4,000 億元人民幣 / 5,050 億港元的貨幣互換協議。
11 月 25 日	促進廣東前海南沙橫琴建設部際聯席會議第一次會議在北京舉行。
12 月 18 日	國家商務部與香港特區政府財政司在香港簽署了《內地與香港 CEPA 關於內地在廣東與香港基本實現服務貿易自由化的協議》。
2015 年	
1 月 22 日	首次閩港合作會議召開。雙方簽署了《關於加強閩港經貿合作的協議》和《關於加強閩港金融合作的協議》。
3 月 1 日	《關於內地在廣東與香港基本實現服務貿易自由化的協議》的開放措施正式實施。
3 月 28 日	國家發展改革委、外交部、商務部聯合發佈了《推動共建絲綢之路經濟帶和 21 世紀海上絲綢之路的願景與行動》。
4 月 1 日	香港特區政府與內地就對所得避免雙重徵稅和防止偷漏稅的安排簽訂第四議定書。
4 月 3 日	四位香港居民在深圳首獲內地法律執業資格。

4 月 8 日	香港特區政府駐武漢經貿辦成立。
4 月 13 日	深圳戶籍居民前往香港的「一簽多行」「個人遊」簽注改為「一週一行」。
5 月 14 日	國家財政部宣佈在香港發行總值人民幣 120 億元的人民幣國債，年期介乎三至 30 年。
5 月 21 日	港資滙豐銀行福州分行成立，成為福建自貿試驗區掛牌後首家設立的外資銀行。
5 月 22 日	中國證監會與香港證監會就開展內地與香港基金互認工作正式簽署《中國證券監督管理委員會與香港證券及期貨事務監察委員會關於內地與香港基金互認安排的監管合作備忘錄》，同時發佈《香港互認基金管理暫行規定》，自 7 月 1 日起施行。
5 月 28 日	香港行政長官與廣東省省長朱小丹出席儀式，紀念東江水供港 50 週年。
7 月 9 日	香港金管局宣佈債務工具中央結算系統投資基金平台服務推出與內地的新跨境聯網，為內地與香港的基金互認安排提供指令傳遞及交收支持。
9 月 17 日	浦發銀行香港分行在香港發行三年期中期票據 5 億美元。
11 月 20 日	國家財政部宣佈在香港發行總值人民幣 100 億元的人民幣國債，年期介乎三至 20 年。
11 月 27 日	香港與內地在 CEPA 框架下簽署《服務貿易協議》，是首個內地全境以准入前國民待遇加負面清單方式全面開放服務貿易領域的自由貿易協議，標誌着內地全境與香港基本實現服務貿易自由化。
12 月 6 日	國家文化部與香港特區政府在港簽署《內地與香港特區 2016-2018 年文化交流與合作執行計劃》。
12 月 9 日	中國國際貿易促進委員會和香港調解中心在香港共同成立「內地─香港聯合調解中心」。
12 月 11 日	泛珠三角區域合作行政首長聯席會議在福建省福州市召開。
12 月 18 日	香港證監會認可首批在內地與香港基金互認安排下的四隻內地基金在香港向公眾銷售。中國證監會亦批准首批三隻香港基金在內地市場向公眾銷售。

2016 年

2 月 29 日	香港發展局與深圳市前海深港現代服務業合作區管理局及深圳市住房和建設局簽署和發佈《在深圳市前海深港現代服務業合作區試行香港工程建設模式合作安排》。
3 月 17 日	國家「十三五」規劃正式公佈，其中涉及港澳部分的內容再次單獨成章。
3 月 20 日	香港與廣東省合作進行「大珠江三角洲城鎮群協調發展規劃研究」。
4 月 20 日	前海蛇口自貿片區及前海合作區開發建設工作領導小組會議召開，提出深港合作 10 大項目。
5 月 18 日	香港特區政府聯同香港貿發局首次舉辦「一帶一路」高峰論壇。

5 月 28 日	粵港澳三地民間團體簽署了《粵港澳青年戲劇節合作意向書》、《起勢珠三角——粵港澳現代舞聯盟 2016-2017 行動計劃》及《非遺協同戰略合作框架協議》。
6 月 1 日	《服務貿易協議》的開放措施正式實施。
6 月 13 日	香港與上海簽署《關於深化滬港金融合作的協議》。
6 月 29 日	國家財政部宣佈在香港向機構投資者發行總值 140 億元人民幣、年期介乎三至 20 年的人民幣國債。
7 月 1 日	恒生前海基金管理公司獲中國證監會批准設立成為內地第一家港資控股的公募基金管理公司。
7 月 11 日	中國銀行（香港）有限公司以直接參與者身份接入人民幣跨境支付系統（CIPS），成為 CIPS 的首家境外直接參與者。
7 月 20 日	香港與廣東省推出電子支票聯合結算服務。
10 月 7 日	股份代號為 6099 的招商證券 H 股成功在香港聯交所主板上市。
11 月 15 日	粵港澳高校聯盟在廣州中山大學正式創盟。
12 月 2 日	國家財政部宣佈在香港發行總值 140 億元人民幣、年期介乎三至 30 年的人民幣國債，其中向機構投資者、國外中央銀行及地區貨幣管理局發行 120 億元人民幣，向香港居民發行 20 億元人民幣。
12 月 5 日	深港通正式啟動，深港兩地證券市場成功實現聯通。
12 月 28 日	國家教育部等六部門印發《普通高等學校招收和培養香港特別行政區、澳門特別行政區及台灣地區學生的規定》。

2017 年	
1 月 3 日	香港特區政府與深圳市人民政府簽署《關於港深推進落馬洲河套地區共同發展的合作備忘錄》，共同推動在落馬洲河套地區發展「港深創新及科技園」。
3 月 5 日	十二屆全國人大五次會議上，國務院總理李克強在《政府工作報告》中提出，要推動內地與港澳深化合作，研究制定粵港澳大灣區城市群發展規劃，發揮港澳獨特優勢，提升在國家經濟發展和對外開放中的地位與功能。
5 月 16 日	全長 12 公里的港珠澳大橋香港接線全線貫通。
	香港保險業監理處與中國保險監督管理委員會於北京簽訂償付能力監管制度等效評估框架協議，開展內地與香港的保險償付能力監管制度等效評估工作。
6 月 1 日	粵港澳三方簽署了《粵港澳共同推進「一帶一路」文化交流合作意向書》、《粵港澳青少年文化交流合作意向書》、《粵港澳青年戲劇交流與合作意向書（第二階段）》等文件。
6 月 13 日	國家財政部宣佈在香港向機構投資者發行總值 70 億元人民幣、年期介乎三至五年的人民幣國債。

6 月 21 日	中國人民銀行發佈《內地與香港債券市場互聯互通合作管理暫行辦法》。
6 月 28 日	內地與香港簽署了 CEPA 下的《投資協議》和《經濟技術合作協議》，這兩個協議是 CEPA 升級的重要組成部分。
6 月 29 日	中國人民銀行與中國銀行（香港）有限公司續簽《關於人民幣業務的清算協議》。
	《興建香港故宮文化博物館合作協議》正式簽署。
7 月 1 日	國家發展和改革委員會主任、香港特區行政長官、廣東省省長和澳門特別行政區行政長官簽署《深化粵港澳合作推進大灣區建設框架協議》。
7 月 3 日	債券通的「北向通」開通。
7 月 4 日	國務院批准提高香港的 RQFII 投資額度，由 2,700 億元人民幣增加至 5,000 億元人民幣。
8 月 9 日	香港政府與國家旅遊局簽訂《關於進一步深化內地與香港旅遊合作協議》。
9 月 25 日	香港創新及科技局與國家科學技術部合辦「香江創科論壇 2017」。
10 月 16 日	國家財政部、教育部印發《港澳及華僑學生獎學金管理辦法》。
10 月 26 日	國家財政部在香港發行 20 億美元主權債券，包括 10 億美元五年期債券以及 10 億美元 10 年期債券。
11 月 18 日	香港發展局與廣東省住房和城鄉建設廳簽署《加強粵港建築及相關工程服務合作意向書》。
	香港特區與內地簽署《內地與香港特別行政區關於在廣深港高鐵西九龍站設立口岸實施「一地兩檢」的合作安排》，標誌着兩地正式啟動「三步走」程序。
11 月 22 日	國家財政部宣佈在香港向機構投資者、國外中央銀行及地區貨幣管理局發行總值 70 億元人民幣、年期介乎二至 10 年的人民幣國債。
11 月 27 日	中國人民銀行與香港金管局公佈，已續簽一份為期三年的貨幣互換協議。
11 月 28 日	國家文物局與香港特區政府政務司、民政事務局分別簽署《內地與香港特區深化更緊密文化關係安排協議書》及《國家文物局與香港特區政府民政事務局關於文化遺產領域交流與合作更緊密安排協議書》。
12 月 4 日	廣東省政府正式發佈《進一步擴大對外開放積極利用外資若干政策措施》。
12 月 5 日	廣東省委組織部、人社廳等 12 個部門聯合發佈《關於粵港澳人才合作示範區人才管理改革的若干政策》，在八方面提出便利措施。
12 月 14 日	東江水供水協議年底期滿。香港政府已與廣東省簽訂 2018 至 2020 年的新協議。
	國家發展和改革委員會與香港特區政府簽署了《國家發展和改革委員會與香港特別行政區政府關於支持香港全面參與和助力「一帶一路」建設的安排》。
12 月 18 日	國務院港澳事務辦公室公佈，國家社科基金決定向在內地高校和科研院所工作的港澳研究人員開放國家社科基金各類項目申報。

12 月 20 日	香港貿發局「一帶一路」委員會正式成立。
	《中華人民共和國海關關於來往香港、澳門小型船舶及所載貨物、物品管理辦法》部分修改，於 2018 年 2 月 1 日實施。
12 月 22 日	中國旅遊集團在港舉行港澳居民來往內地通行證（港澳同胞回鄉證）自助取證設備啟用儀式。
12 月 27 日	全國人民代表大會常務委員會作出決定，批准《內地與香港特別行政區關於在廣深港高鐵西九龍站設立口岸實施「一地兩檢」的合作安排》，標誌着兩地在「三步走」程序已經完成第二步。
12 月 28 日	國家住建部、國家財政部、中國人民銀行、國務院港澳辦、國務院台辦聯合制定了《關於在內地（大陸）就業的港澳台同胞享有住房公積金待遇有關問題的意見》。
2018 年	
1 月 2 日	國家商務部發佈《商務部關於下達港澳地區糧食製粉出口配額的通知》。
2 月 3 日	香港特區政府聯同「一帶一路」總商會在北京人民大會堂舉行「國家所需香港所長——共拓一帶一路策略機遇」論壇。
3 月 23 日	廣深港高鐵香港段項目主要工程竣工典禮在香港舉行。
3 月 31 日	首個粵港澳運動醫學醫師聯盟在廣州成立。
4 月 1 日	廣深港高速鐵路香港段進入試運行。
4 月 13 日	京港大學聯盟在香港科技大學正式成立，是京港兩地大學自願組成的非營利性大學合作聯盟。
5 月 11 日	香港特區政府與四川省人民政府在成都市舉行川港高層會晤暨「川港合作會議」第一次會議。
5 月 14 日	中國共產黨中央委員會總書記習近平首次表示，支持香港成為國際創新科技中心，中央容許科研資金可以跨境在香港使用。
6 月 25 日	香港首隻「同股不同權」新股小米開始公開招股。
8 月 19 日	國務院辦公廳正式公佈《港澳台居民居住證申領發放辦法》，9 月 1 日開始正式實施。
9 月 3 日	香港運輸及房屋局局長陳帆和廣東省人民政府副秘書長林積於西九龍站主持廣深港高鐵啟用儀式。
9 月 4 日	《廣深港高鐵（一地兩檢）條例》正式實施，中國內地人員即日開始在西九龍站內地口岸區工作，為廣深港高速鐵路香港段通車及一地兩檢實施作最後準備。
9 月 23 日	廣深港高速鐵路香港段通車，首班車早上 7 時於西九龍站開出。
10 月 23 日	港珠澳大橋通車儀式於珠海舉行，習近平、韓正、林鄭月娥、崔世安等人出席儀式。
10 月 24 日	港珠澳大橋於上午 9 時正式通車。

11 月 5 日	首屆中國國際進口博覽會在上海舉行，香港貿發局率領 37 家香港企業參展。
11 月 6 日	「滬港大學聯盟」在復旦大學成立。
11 月 8 日	香港特區政府和中國科學院簽署《關於中國科學院在香港設立院屬機構的備忘錄》。

資料來源：根據國家發改委、商務部、教育部、國務院港澳事務辦公室、廣東省政府、

深圳市政府、香港特區政府等有關部門網站及傳媒報導整理。

附件一整理：白小瑜

國務院港澳事務辦公室港澳研究所副研究員

附錄二

中國內地與香港之間貿易投資統計

一、貿易統計

表 1-1　中國內地貨物進出口總額及增長速度（1978-2017）　　　　　　　　　（億美元）

年份	進出口額	年增減（%）	出口額	年增減（%）	進口額	年增減（%）
1978	206.4	—	97.5	—	108.9	—
1979	293.3	42.1	136.6	39.7	156.7	43.9
1980	381.4	30.0	181.2	32.7	200.2	27.8
1981	440.3	15.4	220.1	21.5	220.2	10.0
1982	416.1	-5.5	223.2	1.5	192.9	-12.4
1983	436.2	4.8	222.3	-0.4	213.9	10.9
1984	535.5	22.8	261.4	17.4	274.1	28.1
1985	696.0	30.0	273.5	4.6	422.5	54.1
1986	738.5	6.1	309.4	13.1	429.1	1.6
1987	826.5	11.9	394.4	27.5	432.1	0.7
1988	1,027.9	24.4	475.2	20.5	552.7	27.9
1989	1,116.8	8.6	525.4	10.6	591.4	7.0
1990	1,154.4	3.4	620.9	18.2	533.5	-9.8
1991	1,357.0	17.6	719.1	15.8	637.9	19.6

年份	進出口額	年增減（%）	出口額	年增減（%）	進口額	年增減（%）
1992	1,655.3	22.0	849.4	18.1	805.9	26.3
1993	1,957.0	18.2	917.4	8.0	1,039.6	29.0
1994	2,366.2	20.9	1,210.1	31.9	1,156.1	11.2
1995	2,808.6	18.7	1,487.8	22.9	1,320.8	14.2
1996	2,898.8	3.2	1,510.5	1.5	1,388.3	5.1
1997	3,251.6	12.2	1,827.9	21.0	1,423.7	2.5
1998	3,239.5	-0.4	1,837.1	0.5	1,402.4	-1.5
1999	3,606.3	11.3	1,949.3	6.1	1,657.0	18.2
2000	4,742.9	31.5	2,492.0	27.8	2,250.9	35.8
2001	5,096.5	7.5	2,661.0	6.8	2,435.5	8.2
2002	6,207.7	21.8	3,256.0	22.4	2,951.7	21.2
2003	8,509.9	37.1	4,382.3	34.6	4,127.6	39.8
2004	11,545.5	35.7	5,933.3	35.4	5,612.3	36.0
2005	14,219.1	23.2	7,619.5	28.4	6,599.5	17.6
2006	17,604.4	23.8	9,689.8	27.2	7,914.6	19.9
2007	21,761.8	23.6	12,200.6	26.0	9,561.2	20.8
2008	25,632.6	17.8	14,306.9	17.2	11,325.7	18.5
2009	22,075.4	-13.9	12,016.1	-16.0	10,059.2	-11.2
2010	29,740.0	34.7	15,777.5	31.3	13,962.5	38.8
2011	36,418.6	22.5	18,983.8	20.3	17,434.8	24.9
2012	38,671.2	6.2	20,487.1	7.9	18,184.1	4.3
2013	41,589.9	7.5	22,090.0	7.8	19,499.9	7.2
2014	43,015.3	3.4	23,422.9	6.0	19,592.4	0.5
2015	39,530.3	-8.1	22,734.7	-2.9	16,795.6	-14.3
2016	36,855.6	-6.8	20,976.3	-7.7	15,879.3	-5.5
2017	41,071.6	11.4	22,633.7	7.9	18,437.9	16.1

資料來源：根據國家統計局各年《中國統計年鑒》整理計算所得。

表 1-2　中國出口總額佔世界出口總額的比重（1978-2017）　　　　　　　　　　　　（億美元）

年份	世界出口總額	中國出口總額	中國出口總額佔世界出口總額比重（%）
1978	11,098.77	97.8	0.9
1979	14,131.40	136.6	1.0
1980	17,063.86	181.2	1.1
1981	17,518.89	220.1	1.3
1982	16,238.01	223.4	1.4
1983	15,739.64	222.6	1.4
1984	16,755.99	261.4	1.6
1985	17,000.35	273.5	1.6
1986	18,453.75	309.4	1.7
1987	21,744.52	394.4	1.8
1988	24,990.55	475.2	1.9
1989	27,059.17	525.4	1.9
1990	31,083.60	620.9	2.0
1991	32,069.79	719.1	2.2
1992	34,905.89	849.4	2.4
1993	34,960.01	917.4	2.6
1994	40,025.36	1,210.1	3.0
1995	47,772.83	1,487.8	3.1
1996	49,979.13	1,510.5	3.0
1997	54,010.87	1,827.9	3.4
1998	52,824.66	1,837.1	3.5
1999	55,395.45	1,949.3	3.5
2000	62,321.39	2,492.0	4.0
2001	60,083.27	2,661.0	4.4
2002	62,960.80	3,256.0	5.2

年份	世界出口總額	中國出口總額	中國出口總額佔世界出口總額比重（%）
2003	73,673.38	4,382.3	5.9
2004	89,507.09	5,933.3	6.6
2005	102,143.95	7,619.5	7.5
2006	118,036.59	9,689.8	8.2
2007	136,361.11	12,204.6	9.0
2008	158,357.12	14,306.9	9.0
2009	121,647.76	12,016.1	9.9
2010	148,442.34	15,777.5	10.6
2011	178,058.68	18,983.8	10.7
2012	179,577.26	20,487.1	11.4
2013	183,466.51	22,090.0	12.0
2014	184,499.74	23,422.9	12.7
2015	161,009.40	22,734.7	14.1
2016	155,412.36	20,976.3	13.5
2017	—	22,634.9	—

資料來源：世界出口總額來自世界貿易組織（WTO）各年 *World Trade Statistical Review*；
中國出口總額來自國家統計局各年《中國統計年鑑》。

表 1-3 中國內地對香港進出口貿易（1978-2017）　　　　　　　　　　　　　　　　（億美元）

年份	進出口總值			內地出口值			內地進口值			貿易差額
	金額	年增減(%)	佔內地進出口(%)	金額	年增減(%)	佔內地出口(%)	金額	年增減(%)	佔內地進口(%)	
1978	26.1	—	12.6	25.3	—	25.9	0.7	—	0.7	24.6
1979	35.4	35.9	12.1	33.3	31.4	24.4	2.1	187.1	1.4	31.1
1980	49.2	39.0	12.9	43.5	30.8	24.0	5.7	165.7	2.8	37.8
1981	61.9	25.8	14.1	51.7	18.9	23.5	10.2	78.8	4.6	41.6
1982	60.8	-1.8	14.6	49.8	-3.8	22.3	11.1	8.7	5.7	38.7
1983	66.9	10.0	15.3	53.8	8.1	24.2	13.1	18.5	6.1	40.7
1984	89.5	33.8	16.7	54.8	1.8	21.0	34.8	164.9	12.7	20.0
1985	108.9	21.7	15.7	57.5	4.9	21.0	51.5	48.1	12.2	6.0
1986	115.2	0.0	15.6	75.6	0.0	24.4	39.6	0.0	9.2	36.1
1987	166.3	44.3	20.1	100.6	33.0	25.5	65.6	65.9	15.2	35.0
1988	220.7	32.8	21.5	128.6	27.8	27.1	92.2	40.4	16.7	36.4
1989	344.6	56.1	30.9	219.2	70.5	4.2	125.4	36.1	21.2	93.8
1990	409.0	18.7	35.4	266.5	21.6	42.9	142.5	13.7	26.7	124.0
1991	496.0	27.0	36.6	321.4	20.6	44.7	174.6	40.9	27.4	146.7
1992	580.5	17.0	35.1	375.1	16.7	44.2	205.3	17.6	25.5	169.8
1993	325.0	-44.0	16.6	220.5	-41.2	24.0	104.5	-49.1	10.0	116.0
1994	418.0	28.6	17.7	323.6	46.8	26.7	94.4	-9.6	8.2	229.2
1995	445.7	6.6	15.9	359.8	11.2	24.2	85.9	-9.0	6.5	273.9
1996	407.3	-8.6	14.1	329.1	-8.6	21.8	78.3	-8.9	5.6	250.8
1997	507.7	24.6	15.6	437.8	33.0	24.0	69.9	-10.7	4.9	367.9
1998	454.1	-10.6	14.0	387.5	-11.5	21.1	66.6	-4.7	4.7	320.9
1999	437.8	-3.6	12.1	368.9	-4.8	18.9	68.9	3.5	4.2	300.0
2000	539.5	23.2	11.4	445.2	20.7	17.9	94.3	36.8	4.2	350.9

年份	進出口總值			內地出口值			內地進口值			貿易差額
	金額	年增減 (%)	佔內地進出口 (%)	金額	年增減 (%)	佔內地出口 (%)	金額	年增減 (%)	佔內地進口 (%)	
2001	559.7	3.7	11.0	465.5	4.6	17.5	94.2	-0.1	3.9	371.2
2002	692.1	23.7	11.1	584.7	25.6	18.0	107.4	14.0	3.6	477.2
2003	874.1	26.3	10.3	762.9	30.5	17.4	111.2	3.5	2.7	651.7
2004	1,126.8	28.9	9.8	1,008.8	32.2	17.0	118.0	6.1	2.1	890.8
2005	1,367.1	21.3	9.6	1,244.8	23.4	16.3	122.3	3.6	1.9	1,122.5
2006	1,661.7	21.6	9.4	1,553.9	24.8	16.0	107.9	-11.8	1.4	1,446.0
2007	1,972.5	18.7	9.1	1,844.3	18.7	15.1	128.2	18.8	1.3	1,716.2
2008	2,036.7	3.3	7.9	1,907.4	3.4	13.3	129.2	0.8	1.1	1,778.2
2009	1,749.5	-14.1	7.9	1,662.3	-12.8	13.8	87.1	-32.6	0.9	1,575.2
2010	2,305.8	31.8	7.8	2,183.2	31.3	13.8	122.6	40.7	0.9	2,060.6
2011	2,835.2	23.0	7.8	2,680.3	22.8	14.1	155.0	26.4	0.9	2,525.3
2012	3,414.9	20.4	8.8	3,235.3	20.7	15.8	179.6	15.9	1.0	3,055.7
2013	4,010.1	17.4	9.6	3,847.9	18.9	17.4	162.2	-9.7	0.8	3,685.8
2014	3,760.9	-6.2	8.7	3,631.9	-5.6	15.5	129.0	-20.4	0.7	3,502.9
2015	3,436.0	-8.6	8.7	3,308.4	-8.9	14.6	127.7	-1.0	0.8	3,180.7
2016	3,045.7	-11.4	8.3	2,877.2	-13.0	13.7	168.5	31.9	1.1	2,708.8
2017	2,866.6	-5.9	7.0	2,793.5	-2.9	12.3	73.2	-56.6	0.4	2,720.3

資料來源：1978 至 1988 年數據來源於《中國對外經濟貿易年鑒》；
1989 至 1994 年數據來源於中國海關統計；1995 至 2017 年數據來源於萬得數據庫。

二、投資統計

表 2-1　香港對內地實際投資情況（1984-2016）　　　　　　　　　　　　　　　　（億美元）

年份	香港對內地實際直接投資	年增減（%）	內地實際利用外商直接投資	年增減（%）	香港對內地實際直接投資佔比（%）
1984	7.48	—	12.58	—	—
1985	9.56	27.85	19.56	55.48	—
1986	13.29	39.03	22.44	14.72	59.2
1987	15.88	19.51	23.14	3.12	68.6
1988	20.68	30.21	31.94	38.03	64.7
1989	20.37	-1.48	33.92	6.20	60.1
1990	18.8	-7.70	34.87	2.80	53.9
1991	24.05	27.94	43.66	25.21	55.1
1992	75.07	212.11	110.08	152.13	68.2
1993	172.75	130.11	275.15	149.95	62.8
1994	196.65	13.84	337.67	22.72	58.2
1995	200.60	2.01	375.21	11.12	53.5
1996	206.77	3.08	417.26	11.21	49.6
1997	206.32	-0.22	452.57	8.46	45.6
1998	185.08	-10.29	454.63	0.46	40.7
1999	163.63	-11.59	403.19	-11.31	40.6
2000	155.00	-5.27	407.15	0.98	38.1
2001	167.17	7.85	468.78	15.14	35.7
2002	178.61	6.84	527.43	12.51	33.9
2003	177.00	-0.90	535.05	1.44	33.1
2004	189.98	7.33	606.30	13.32	31.3

（續）

年份	香港對內地 實際直接投資	年增減 （%）	內地實際利用 外商直接投資	年增減 （%）	香港對內地實際 直接投資佔比（%）
2005	179.49	-5.52	603.25	-0.50	29.8
2006	202.33	12.73	630.21	4.47	32.1
2007	277.03	36.92	747.68	18.64	37.1
2008	410.36	48.13	923.95	23.58	44.4
2009	460.75	12.28	900.33	-2.56	51.2
2010	605.67	31.45	1,057.35	17.44	57.3
2011	705.00	16.40	1,160.11	9.72	60.8
2012	655.61	-7.01	1,117.16	-3.70	58.7
2013	733.97	11.95	1,175.86	5.25	62.4
2014	812.68	10.72	1,195.62	1.68	68.0
2015	863.87	6.30	1,262.67	5.61	68.4
2016	814.65	-5.70	1,260.01	-0.21	64.7

資料來源：各年《中國統計年鑑》。

表 2-2　內地對香港實際投資情況（2003-2016）　　　　　　　　　　　　　　　　（萬美元）

年份	內地對香港 直接投資	年增減 （%）	中國對外 直接投資	年增減 （%）	內地對香港直接 投資佔比（%）
2003	114,901.00	—	285,465.00	—	40.25
2004	262,840.00	128.75	549,799.00	92.60	47.81
2005	341,974.00	30.11	1,226,117.00	123.01	27.89
2006	693,096.00	102.68	1,763,397.00	43.82	39.30
2007	1,373,235.00	98.13	2,650,609.00	50.31	51.81
2008	3,864,030.00	181.38	4,185,917.00	57.92	92.31
2009	3,560,057.00	-7.87	4,779,525.00	14.18	74.49
2010	3,850,521.00	8.16	6,018,240.00	25.92	63.98
2011	3,565,484.00	-7.40	6,858,350.00	13.96	51.99
2012	5,123,844.00	43.71	7,773,269.00	13.34	65.92
2013	6,282,378.00	22.61	9,273,938.00	19.31	67.74
2014	7,086,730.00	12.80	10,720,204.00	15.59	66.11
2015	8,978,978.00	26.70	12,142,162.00	13.26	73.95
2016	11,423,259.00	27.22	18,123,134.00	49.26	63.03

資料來源：各年《中國統計年鑒》。

三、金融統計

表 3-1 香港人民幣業務主要指標（2004 年年底至 2017 年年底） （百萬元）

年份	香港人民幣存款	香港人民幣活期及儲蓄存款	香港人民幣定期存款	香港經營人民幣銀行業務的認可機構數目（家）	香港與跨境貿易結算有關的人民幣匯款總額
2004	12,127.00	5,417.00	6,710.00	38.00	—
2005	22,586.00	10,620.00	11,966.00	38.00	—
2006	23,403.00	12,228.00	11,175.00	38.00	—
2007	33,400.00	22,539.00	10,861.00	37.00	—
2008	56,060.00	38,118.00	17,942.00	39.00	—
2009	62,718.00	40,662.00	22,056.00	60.00	1,360.00
2010	314,938.00	117,573.00	197,365.00	111.00	100,885.00
2011	588,529.00	176,398.00	412,132.00	133.00	239,036.00
2012	602,996.00	123,542.00	479,453.00	139.00	264,105.00
2013	860,472.00	151,055.00	709,417.00	146.00	469,627.00
2014	1,003,557.28	176,967.17	826,590.12	149.00	657,765.00
2015	851,105.87	160,907.62	690,198.25	145.00	667,452.00
2016	546,706.71	135,520.09	411,186.62	144.00	287,628.00
2017	559,137.00	159,698.00	399,439.00	137.00	428,713.09

資料來源：萬得數據庫。

表 3-2　香港中資股統計（1993-2017）　　　　　　　　　　　　　　　（百萬港元）

年份	香港主板				香港創業板			
	中資股總市值	中資股總市值佔總市值比例（%）	中資股成交量（累計值）	中資股成交量佔總成交量比例（%）	中資股總市值	中資股總市值佔總市值比例（%）	中資股成交量（累計值）	中資股成交量佔總成交量比例（%）
1993	142,358.21	4.78	121,328.09	11.08	—	—	—	—
1994	104,260.65	5.00	91,724.38	8.91	—	—	—	—
1995	127,165.74	5.42	63,148.28	8.29	—	—	—	—
1996	294,861.53	8.49	160,249.54	12.45	—	—	—	—
1997	521,592.43	16.29	1,341,442.09	38.19	—	—	—	—
1998	368,498.87	13.84	442,925.47	27.76	—	—	—	—
1999	998,831.11	21.13	457,606.51	25.81	1,255.50	17.35	652.20	18.09
2000	1,288,691.53	26.90	839,166.55	29.37	1,797.69	2.69	7,732.73	9.17
2001	1,008,667.91	25.96	742,447.03	40.77	2,899.35	4.76	6,664.43	16.91
2002	935,655.78	26.29	449,065.66	30.54	3,223.81	6.17	4,226.69	9.61
2003	1,600,887.25	29.23	995,442.34	43.92	5,063.25	7.21	5,040.36	13.22
2004	1,864,508.88	28.13	1,548,588.19	45.58	7,103.92	10.67	7,223.89	28.04
2005	2,990,455.76	36.86	1,552,976.00	43.29	7,256.88	10.90	4,396.67	19.68
2006	6,315,369.51	47.67	3,622,272.98	56.39	15,742.35	17.71	15,494.65	35.48
2007	10,570,879.58	51.47	10,474,504.11	63.44	33,074.28	20.53	34,472.65	21.65
2008	5,595,095.45	54.57	8,413,820.36	66.61	12,539.27	27.76	9,706.73	18.64
2009	8,548,562.04	48.11	7,089,395.02	61.30	33,611.41	32.00	16,958.26	22.38
2010	9,591,012.02	45.80	6,629,554.53	54.00	25,439.35	18.89	19,254.02	14.41
2011	8,095,751.71	46.39	6,362,306.11	52.99	8,044.31	9.51	4,701.52	7.47
2012	9,726,183.61	44.47	5,141,269.24	54.14	8,874.87	11.32	1,222.92	3.65
2013	9,721,900.07	40.66	5,921,785.47	53.14	19,036.50	14.21	11,353.79	14.40
2014	10,938,961.09	43.94	6,296,345.61	50.49	18,717.73	10.43	7,878.07	4.76

（續）

年份	香港主板				香港創業板			
	中資股總市值	中資股總市值佔總值比例（%）	中資股成交量（累計值）	中資股成交量佔總成交量比例（%）	中資股總市值	中資股總市值佔總值比例（%）	中資股成交量（累計值）	中資股成交量佔總成交量比例（%）
2015	10,294,822.84	42.15	9,297,663.88	53.97	20,517.11	7.95	13,422.85	5.27
2016	10,215,106.42	41.78	5,547,649.18	50.17	20,363.09	6.55	7,336.76	6.30
2017	12,485,401.56	37.03	7,487,529.01	46.64	21,325.52	7.59	9,013.80	6.05

資料來源：萬得數據庫。

四、旅遊統計

表 4-1　香港赴中國內地的旅遊人數（1979-2017）　　　　　　　　　　　　　　　　（萬人次）

年份	北京	上海	廣州	總體
1979	—	6.3	—	—
1981	—	9.6	—	—
1991	11.4	10.3	101.9	—
1992	17.6	—	—	—
1993	24.6	—	—	—
1994	29.4	—	—	—
1995	25.7	—	—	—
1996	25.4	—	96.8	—
1997	25.5	—	—	—
1998	26.3	—	—	—
1999	25.0	—	138.9	—
2000	26.5	—	111.9	—
2001	25.0	17.6	108.3	—
2002	26.9	—	112.9	—
2003	25.5	23.0	245.5	—
2004	21.7	35.0	206.0	—
2005	27.7	49.0	237.6	—
2006	31.4	48.6	266.6	7,391.0
2007	30.3	47.7	284.9	7,794.9
2008	31.3	51.3	312.2	7,835.0
2009	28.1	52.4	319.6	7,733.6
2010	44.4	54.1	379.0	7,932.2

年份	北京	上海	廣州	總體
2011	40.3	77.5	418.3	7,935.8
2012	43.4	66.3	402.7	7,871.3
2013	37.6	63.3	397.1	7,688.5
2014	35.4	59.8	384.6	7,613.2
2015	34.2	66.9	377.7	7,944.8
2016	34.9	67.5	389.6	—
2017	35.3	70.5	421.7	—

資料來源：各年《北京統計年鑒》、《上海統計年鑒》、《廣州統計年鑒》。

表 4-2　中國內地赴香港旅遊人數（1976-2017）　　　　　　　　　（人次）

年份	內地訪港旅客數	訪港旅客數總計	內地訪港旅客佔比（%）
1976	4,223.00	1,559,977.00	0.30
1977	3,559.00	1,755,669.00	0.20
1978	24,291.00	2,054,739.00	1.20
1979	9,891.00	2,213,209.00	0.40
1980	14,994.00	2,301,473.00	0.70
1981	14,537.00	2,535,203.00	0.60
1982	20,092.00	2,609,100.00	0.80
1983	32,487.00	2,775,014.00	1.20
1984	214,854.00	3,303,719.00	6.50
1985	308,978.00	3,656,817.00	8.40
1986	363,479.00	4,052,641.00	9.00
1987	484,592.00	4,917,044.00	9.90
1988	683,604.00	6,167,221.00	11.10
1989	730,408.00	5,984,501.00	12.20
1990	754,376.00	6,580,850.00	11.50
1991	875,062.00	6,795,413.00	12.90

年份	內地訪港旅客數	訪港旅客數總計	內地訪港旅客佔比（%）
1992	1,149,002.00	8,010,524.00	14.30
1993	1,732,978.00	8,937,500.00	19.40
1994	1,943,678.00	9,331,156.00	20.80
1995	2,243,245.00	10,199,994.00	22.00
1996	2,389,341.00	12,973,764.00	18.40
1997	2,364,223.00	11,273,377.00	21.00
1998	2,671,628.00	10,159,646.00	26.30
1999	3,206,452.00	11,328,272.00	28.30
2000	3,785,845.00	13,059,477.00	29.00
2001	4,448,583.00	13,725,332.00	32.40
2002	6,825,199.00	16,566,382.00	41.20
2003	8,467,211.00	15,536,839.00	54.50
2004	12,245,862.00	21,810,630.00	56.10
2005	12,541,400.00	23,359,417.00	53.70
2006	13,591,342.00	25,251,124.00	53.80
2007	15,485,789.00	28,169,293.00	55.00
2008	16,862,003.00	29,506,616.00	57.10
2009	17,956,731.00	29,590,654.00	60.70
2010	22,684,388.00	36,030,331.00	63.00
2011	28,100,129.00	41,921,310.00	67.00
2012	34,911,395.00	48,615,113.00	71.80
2013	40,745,277.00	54,298,804.00	75.00
2014	47,247,675.00	60,838,836.00	77.70
2015	45,842,360.00	59,307,596.00	77.30
2016	42,778,145.00	56,654,903.00	75.50
2017	44,445,259.00	58,472,157.00	76.00

資料來源：香港旅遊發展局、香港旅業網。

五、區域經貿統計

表 5-1　京港貿易投資情況（1995-2016）　　　　　　　　　　　　　　（萬美元）

年份	北京出口香港	年增減（%）	北京進口香港	年增減（%）	北京對香港淨出口	北京實際利用香港外資	年增減（%）
1995	38,786	—	12,101	—	26,685	—	—
1996	29,412	-24.17	10,868	-10.19	18,544	74,999	—
1997	40,858	38.92	14,416	32.65	26,442	65,716	-12.38
1998	49,131	20.25	19,172	32.99	29,959	95,506.5	45.33
1999	41,721	-15.08	18,161	-5.27	23,560	54,345.6	-43.10
2000	80,645	93.30	19,171	5.56	61,474	59,488.9	9.46
2001	56,237	-30.27	30,467	58.92	25,770	52,380.4	-11.95
2002	80,217	42.64	87,714	187.90	-7,497	51,681.5	-1.33
2003	81,736	1.89	81,222	-7.40	514	51,589	-0.18
2004	94,338	15.42	48,068	-40.82	46,270	43,606	-15.47
2005	248,575	163.49	42,788	-10.98	205,787	57,170	31.11
2006	298,889	20.24	113,013	164.12	185,876	86,600	51.48
2007	350,690	17.33	159,716	41.33	190,974	149,291	72.39
2008	386,516	10.22	258,291	61.72	128,225	173,292	16.08
2009	311,600	-19.38	177,130	-31.42	134,470	270,295	55.98
2010	401,337	28.80	230,997	30.41	170,340	312,863	15.75
2011	458,932	14.35	473,831	105.12	-14,899	323,041	3.25
2012	478,361	4.23	476,084	0.48	2,277	440,357	36.32
2013	607,756	27.05	414,933	-12.84	192,823	360,481	-18.14
2014	507,876	-16.43	143,940	-65.31	363,936	541,495	50.21
2015	486,582	-4.19	184,397	28.11	302,185	993,199	83.42
2016	443,046	-8.95	631,482	242.46	-188,436	561,687	-43.45

資料來源：各年《北京統計年鑒》。

表 5-2　滬港貿易情況（1995-2016）　　　　　　　　　　　　　　　　　　（億美元）

年份	上海出口香港	年增減（%）	上海進口香港	年增減（%）	上海對香港淨出口	年增減（%）
1995	23.26	—	11.95	—	11.31	—
1996	23.09	-0.73	10.1	-15.48	12.99	14.85
1997	26.75	15.85	10.72	6.14	16.03	23.40
1998	20.5	-23.36	5.47	-48.97	15.03	-6.24
1999	16.08	-21.56	9.73	77.88	6.35	-57.75
2000	23.02	43.16	16.68	71.43	6.34	-0.16
2001	26.22	13.90	16.27	-2.46	9.95	56.94
2002	31.19	18.95	17.29	6.27	13.9	39.70
2003	45.26	45.11	15.66	-9.43	29.6	112.95
2004	69.2	52.89	11.62	-25.80	57.58	94.53
2005	85.66	23.79	11.33	-2.50	74.33	29.09
2006	102.02	19.10	8.63	-23.83	93.39	25.64
2007	125.08	22.60	14.61	69.29	110.47	18.29
2008	125.72	0.51	12.18	-16.63	113.54	2.78
2009	109.86	-12.62	9.91	-18.64	99.95	-11.97
2010	134.09	22.06	12.61	27.25	121.48	21.54
2011	161.46	20.41	10.47	-16.97	150.99	24.29
2012	159.69	-1.10	8.54	-18.43	151.15	0.11
2013	167.7	5.02	7.24	-15.22	160.46	6.16
2014	184.65	10.11	7.9	9.12	176.75	10.15
2015	193.43	4.75	21.26	169.11	172.17	-2.59
2016	181.4	-6.22	40.86	92.19	140.54	-18.37

資料來源：各年《上海統計年鑒》。

表 5-3　滬港投資情況（1997-2016）　　　　　　　　　　　　　　　　　（億美元）

年份	上海實際利用香港外資合同項目（個）	年增減（%）	上海實際利用香港資金合同金額	年增減（%）	上海實際利用香港資金規模	年增減（%）
1997	526	—	13.2427	—	17.5613	—
1998	356	-32.32	7.6814	-42.00	10.2612	-41.57
1999	347	-2.53	10.7201	39.56	11.7385	14.40
2000	419	20.75	9.4445	-11.90	7.8596	-33.04
2001	479	14.32	7.75	-17.94	11.59	47.46
2002	619	29.23	16.81	116.90	12.22	5.44
2003	864	39.58	20.28	20.64	14.96	22.42
2004	884	2.31	24.48	20.71	16.37	9.43
2005	916	3.62	31	26.63	8.74	-46.61
2006	919	0.33	35.39	14.16	13.53	54.81
2007	1,141	24.16	55.07	55.61	19.74	45.90
2008	1,267	11.04	136.74	148.30	31	57.04
2009	1,122	-11.44	74.84	-45.27	39.55	27.58
2010	1,335	18.98	68.08	-9.03	46.35	17.19
2011	1,448	8.46	86.01	26.34	56.44	21.77
2012	1,436	-0.83	120.65	40.27	68.43	21.24
2013	1,550	7.94	153.16	26.95	83.52	22.05
2014	1,808	16.65	198.51	29.61	115.79	38.64
2015	2,589	43.20	409.36	106.22	112.95	-2.45
2016	1,863	-28.04	376.14	-8.12	107.35	-4.96

資料來源：各年《上海統計年鑒》。

表 5-4 　粵港貿易投資情況（1996-2016）　　　　　　　　　　　　　　　　　　（億美元）

年份	廣東出口香港	年增減（%）	廣東進口香港	年增減（%）	廣東對香港淨出口	年增減（%）	實際利用外資	年增減（%）
1996	217.72	—	51.92	—	165.8	—	83.87	5.19
1997	291.85	34.05	46.19	-11.04	245.66	48.17	84.32	0.54
1998	265.03	-9.19	41.59	-9.96	223.44	-9.05	99.98	18.58
1999	263.7	-0.50	40.56	-2.48	223.14	-0.13	85.62	-14.37
2000	315.3	19.57	52.5	29.44	262.8	17.77	87.80	2.55
2001	336.83	6.83	50.93	-2.99	285.9	8.79	86.47	-1.52
2002	423.86	25.84	52.29	2.67	371.57	29.97	86.18	-0.33
2003	538.58	27.07	53.96	3.19	484.62	30.42	112.51	30.56
2004	686.41	27.45	58.84	9.04	627.57	29.50	50.12	-55.45
2005	837.22	21.97	61.88	5.17	775.34	23.55	58.24	16.19
2006	1,072.48	28.10	53.48	-13.57	1,019	31.43	68.09	16.93
2007	1,299.29	21.15	64.43	20.47	1,234.86	21.18	83.03	21.93
2008	1,338.71	3.03	60.99	-5.34	1,277.72	3.47	105.44	26.99
2009	1,159.4	-13.39	39.69	-34.92	1,119.71	-12.37	118.77	12.64
2010	1,527.86	31.78	59.74	50.52	1,468.12	31.12	129.17	8.76
2011	1,870.52	22.43	62.14323	4.02	1,808.37	23.18	140.30	8.62
2012	2,199.60	17.59	76.88089	23.72	2,122.72	17.38	147.85	5.38
2013	2,621.97	19.20	65.73061	-14.50	2,556.24	20.42	161.99	9.57
2014	2,293.69	-12.52	58.54771	-10.93	2,235.14	-12.56	171.40	5.81
2015	2,051.55	-10.56	46.24	-21.02	2,005.31	-10.28	204.79	19.48
2016	1,814.56	-11.55	42.26	-8.61	1,772.3	-11.62	174.19	-14.94

資料來源：各年《廣東統計年鑒》。

附錄二整理：楊麗

國務院港澳事務辦公室港澳研究所副研究員